THÉATRE

CHOISI

DE RACINE

Propriété de l'Éditeur.

TOUS DROITS RÉSERVÉS

Lille. — Typographie J. Lefort, rue Charles de Muyssart, 24.

THÉATRE

CHOISI

DE RACINE

CONTENANT

ANDROMAQUE — LES PLAIDEURS — BRITANNICUS —
IPHIGÉNIE — ESTHER — ATHALIE

ET DES EXTRAITS DE

LA THÉBAÏDE — ALEXANDRE — BÉRÉNICE —
BAJAZET — MITHRIDATE — PHÈDRE

avec notes, analyses, appréciations et questionnaires

PAR

LE P. A. SENGLER

de la Compagnie de Jésus.

ÉDITION CLASSIQUE

conforme au nouveau programme
à l'usage des candidats
au baccalauréat ès lettres, aux brevets de capacité
et au diplôme d'études de l'enseignement secondaire
classique et spécial.

LIBRAIRIE DE J. LEFORT

IMPRIMEUR ÉDITEUR

LILLE	PARIS
rue Charles de Muyssart, 24	rue des Saints-Pères, 30

1882

PRÉFACE

Notre but, en préparant ce *Théâtre choisi de Racine*, était d'offrir à la jeunesse française une édition vraiment classique du grand poète.

On voit par le titre même que nous ne reproduisons pas ses œuvres dramatiques tout entières. Quelques-unes de ses tragédies renferment des parties trop faibles pour être présentées comme des modèles ; nous n'en avons cité que les morceaux les plus remarquables. D'autre part, il y a dans le théâtre profane de Racine, des scènes qu'il eût été peu convenable de mettre sous les yeux de nos jeunes lecteurs. Les passages omis sont remplacés, comme dans notre *Théâtre choisi de Corneille*, par une courte analyse qui permet de suivre la marche de l'action.

Le texte a été collationné sur l'édition des *Grands Écrivains de la France*.

Pour être plus utile aux élèves, nous n'avons pas craint de recourir aux procédés didactiques ; cette méthode, nouvelle dans les éditions classiques de notre théâtre, sera, nous l'espérons, appréciée par MM. les professeurs.

Dans notre travail personnel, nous nous sommes proposé particulièrement quatre choses :

1° *L'étude, pour chaque pièce, de ce qu'on peut appeler ses préliminaires*, à savoir *ses origines, les circonstances de son apparition, ses fortunes diverses*. Comme les préfaces de l'auteur fournissent d'ordinaire les éléments les plus importants de cette étude, nous y avons rattaché nos observations complémentaires, en mettant en relief, par des titres placés en tête des alinéas, les différentes questions qui s'y trouvent traitées.

2° *L'examen critique des beautés littéraires et du système dramatique de l'auteur*. Dans ce but, nous avons toujours donné une analyse générale de l'action, et reproduit les textes les plus importants dont le poète s'est inspiré. Les vers et les passages plus remarquables sous le rapport du style, sont signalés en italique, du moins à partir de *Britannicus*; ce moyen nous a permis de réduire le nombre des notes.

3° *L'appréciation*, dans une formule courte et nette, *du caractère de chaque tragédie, de l'action, des personnages, du style*, et aussi *de la portée morale* de l'œuvre. Ce dernier point nous a d'autant plus préoccupé que notre époque a une tendance plus marquée vers le système de la *littérature indépendante*, affranchie des règles de la morale, comme si la raison pouvait appeler *beau* dans le noble sens du mot, ce qui est en opposition avec le *bien*.

4° Enfin *l'éclaircissement des points d'histoire, de géographie, de mythologie et d'archéologie*, nécessaires à la pleine intelligence du texte. Nous sommes entré dans plus de détails pour les tragédies sacrées, dont il est impossible de bien apprécier la couleur religieuse sans une connaissance approfondie des mœurs et de l'histoire du peuple Juif.

Des questionnaires joints aux pièces principales, permettront aux élèves et aux professeurs de contrôler facilement, de vive voix et par écrit, le résultat de leurs communes études. On trouvera en outre, à la fin du volume, plusieurs sujets de compositions littéraires sur Racine et son théâtre.

Puisse ce modeste travail aider la jeunesse à mieux comprendre, à aimer davantage et à lire avec plus de fruit le plus parfait de nos poètes, surtout dans les chefs-d'œuvre plus fortement marqués de son génie chrétien !

NOTICE BIOGRAPHIQUE SUR RACINE

Jean Racine naquit à la Ferté-Milon (Aisne), le 22 décembre 1639; son père était procureur au bailliage.

Orphelin à quatre ans, il fut recueilli par son aïeul qu'il perdit en 1649.

Le jeune Racine commença ses études au collège de la ville de Beauvais. En 1655, il entra à Port-Royal-des-Champs, où se trouvaient sa grand'mère et sa tante la Mère Agnès de Sainte-Thècle; il y resta trois ans : Lancelot le perfectionna dans la connaissance du grec; Lemaistre lui enseigna la rhétorique. En 1658, il fit son cours de logique à Paris au collège d'Harcourt (aujourd'hui le lycée Saint-Louis).

Son début poétique fut l'ode de *La Nymphe de la Seine* qu'il composa en 1660 pour le mariage de Louis XIV. De retour à Paris après un séjour de deux ans à Uzès, auprès de son oncle, il se lia avec La Fontaine, Molière et Boileau; une brouille de théâtre le sépara de Molière en 1666; Boileau fut le plus fidèle et le plus dévoué de ses amis.

Racine se voua, malgré Port-Royal, à la carrière dramatique, et composa :

en 1664, *la Thébaïde*, en 1670, *Bérénice*,
en 1665, *Alexandre*,   en 1672, *Bajazet*,
en 1667, *Andromaque*, en 1673, *Mithridate*,
en 1668, *les Plaideurs*, en 1674, *Iphigénie*,
en 1669, *Britannicus*, en 1677, *Phèdre*.

Il fut reçu à l'Académie française en 1673.

Cependant ses succès et son esprit caustique lui avaient fait beaucoup d'ennemis; leurs attaques passionnées ne contribuèrent pas peu à le détacher de la gloire humaine, et à réveiller ses sentiments chrétiens. En 1677, il épousa Catherine de Romanet, fille du maire de Montdidier, et fut nommé avec Boileau historiographe du roi. L'année suivante, il renonça définitivement au théâtre; il avait 38 ans.

Ce ne fut qu'à la prière de Mme de Maintenon, qu'il composa encore deux tragédies sacrées : *Esther* en 1689, et *Athalie* en 1691.

Louis XIV combla le poète de ses faveurs : il lui assura une pension, le fit trésorier de la généralité de Moulins et gentilhomme ordinaire.

Attaché à Port-Royal par reconnaissance, Racine sut se garder de l'esprit de secte ; si les principes jansénistes se glissèrent dans quelques parties de ses ouvrages, ils n'ébranlèrent ni sa piété ni sa foi. Quant à ses qualités poétiques, les Petites-Ecoles ne peuvent guère en revendiquer la gloire : Racine les dut à son heureux génie et à l'influence des modèles de l'antiquité. Qu'y a-t-il de commun entre le genre sec, terne et froid de ses maîtres, et les grâces du style, la vivacité des sentiments, l'onction de la piété, la pureté grecque de la forme, qui distinguent le plus tendre et le plus harmonieux de nos poètes ?

Racine mourut à Paris, à l'âge de 59 ans, le 21 avril 1699, et, sur sa demande, fut enterré à Port-Royal.

De ses sept enfants, la seconde, Anne-Nanette, avait pris le voile aux Ursulines de Melun ; et le dernier, Louis, honora plus tard le nom de son père par le poème de la *Religion*.

Jean Racine est un des plus beaux génies qui aient illustré la France ; ses tragédies sacrées et ses lettres attestent sa foi profonde et sa douce piété. Depuis sa retraite jusqu'à sa mort, il ne cessa de donner l'exemple de toutes les vertus chrétiennes.

« Il était, dit son fils, toute tendresse et toute sensibilité. »

Outre ses pièces de théâtre, Racine a laissé un *Abrégé de l'histoire de Port-Royal*, deux *Lettres à MM. de Port-Royal*, quelques *Fragments historiques*, des *Epigrammes*, quatre *Cantiques spirituels*, et un recueil de *Lettres* à ses amis et à son fils.

Boileau fit le quatrain suivant pour le portrait de son ami :

> Du théâtre français l'honneur et la merveille,
> Il sut ressusciter Sophocle en ses écrits ;
> Et dans l'art d'enchanter les cœurs et les esprits,
> Surpasser Euripide et balancer Corneille (1).

---

(1) Voir pour la vie de Racine : P. Mesnard, *Notice biographique* (Les grands Ecrivains de la France, I) ; Charaux, *La Critique idéale et catholique*, Racine, I.

JEAN
RACINE

1639-1699.

LE GÉNIE DE RACINE

Racine a été appelé avec raison *le plus parfait* de nos poètes.

Il a su joindre, en effet, au génie de l'invention, à la force et à la tendresse des sentiments, la perfection absolue et constante de la forme.

Comme Euripide, son modèle préféré, il excelle à manier les passions tragiques de la pitié et de la terreur; le pathétique est son trait distinctif. La contexture de ses pièces est d'une régularité irréprochable. Quant au style, la poésie française ne possède rien de plus pur, de plus élégant, de plus riche et de plus harmonieux.

S'il est moins grand que Corneille, il est plus touchant. La force et le sublime ne lui ont point manqué : il les a peut-être trop voilés d'élégance.

Le théâtre de Racine.

Le théâtre de Racine se divise en deux parties distinctes : les tragédies profanes et les tragédies sacrées.

Les tragédies profanes remplissent la première moitié de sa carrière (1664-1677); ses deux tragédies sacrées, composées vers la fin de sa vie (1689-1691), ont été le chant du cygne.

1° Dans ses pièces profanes, le genre de Racine est moins élevé et moins moral que celui de Corneille.

Au lieu de viser, comme son illustre devancier, à la représentation de l'héroïsme, et de provoquer l'admiration par le spectacle de la plus haute vertu, son âme plus tendre s'est attachée plutôt à toucher par la peinture du cœur humain (1); son système dramatique repose sur le savant développement des passions de l'âme, et tout spécialement de l'amour. Malheureusement, ce n'est pas d'ordinaire l'amour immolé au devoir; c'est trop souvent l'amour avec ses faiblesses coupables, ses orages et ses désespoirs. C'est pour cela que la représentation de ces pièces, et même leur lecture, offre des dangers, surtout pour la jeunesse (2).

Le grand poète le comprit lui-même plus tard ; s'il renonça au théâtre au milieu de sa gloire, ce fut par conscience plus encore que par dépit.

2° Aucune réserve n'est à faire pour *Esther* et pour *Athalie* : l'une et l'autre présentent le triomphe de la vertu et de la religion, célébré par la poésie à la fois la plus aimable et la plus majestueuse.

---

(1) « Corneille peint les hommes comme ils devraient être ; Racine les peint tels qu'ils sont.... Corneille est plus moral; Racine, plus naturel. » (LA BRUYÈRE, *Caractères*, ch. I.)

(2) « Racine se conformait au goût de son siècle. On ne connaissait point alors de tragédie sans amour...; et quand on lui a reproché, dans la suite, des héros trop tendres, il a bien pu dire : « Ils me les reprochent maintenant, » et ils me les ont demandés ; c'est la complaisance que j'ai eue pour leur goût » dont ils me font un crime. » (L. RACINE.)

LA THÉBAÏDE

ou

LES FRÈRES ENNEMIS

TRAGÉDIE

1664.

PRÉFACE

Le lecteur me permettra de lui demander un peu plus d'indulgence pour cette pièce que pour les autres qui la suivent. J'étais fort jeune quand je la fis (1). Quelques vers que j'avais faits alors tombèrent par hasard entre les mains de quelques personnes d'esprit. Elles m'excitèrent à faire une tragédie, et me proposèrent le sujet de la *Thébaïde*. Ce sujet avait été autrefois traité par Rotrou, sous le nom d'*Antigone* (2); mais il faisait mourir les deux frères dès le commencement de son troisième acte. Le reste était en quelque sorte le commencement d'une autre tragédie, où l'on entrait dans des intérêts tout nouveaux; et il avait réuni en une seule pièce deux actions différentes, dont l'une sert de matière aux *Phéniciennes* d'Euripide, et l'autre à l'*Antigone* de Sophocle. Je compris que cette duplicité d'action avait pu nuire à sa pièce, qui d'ailleurs était remplie de quantité de beaux endroits. Je dressai à peu près mon plan sur les *Phéniciennes* d'Euripide; car pour la *Thébaïde* qui est dans Sénèque, je suis un peu de l'opinion d'Heinsius, et je tiens, comme lui, que non seulement ce n'est point une tragédie de Sénèque, mais que c'est plutôt l'ouvrage d'un déclamateur, qui ne savait ce que c'était que tragédie (3).

La catastrophe de ma pièce est peut-être un peu trop sanglante. En effet, il n'y paraît presque pas un acteur qui ne meure à la fin : mais aussi c'est la *Thébaïde*, c'est-à-dire le sujet le plus tragique de l'antiquité.

(1) *La Thébaïde* fut jouée pour la première fois, au Palais-Royal, par la troupe de Monsieur, que dirigeait Molière. Racine avait vingt-quatre ans.

(2) Racine, dans la composition de sa pièce, s'est inspiré à la fois de Rotrou, d'Euripide, de Sénèque et d'Eschyle. L'*Antigone* de Rotrou lui a fourni plusieurs scènes; il a emprunté à Sénèque quelques-uns de ses traits les plus énergiques; d'Euripide, il a tiré la conférence des deux frères en présence de leur mère. Eschyle avait traité le premier ce sujet terrible avec une grandeur épique dans les *Sept Chefs devant Thèbes*; Stace l'a chanté dans son poème épique de la *Thébaïde*.

(3) Ce jugement est quelque peu sévère.

L'amour, qui a d'ordinaire tant de part dans les tragédies, n'en a presque point ici; et je doute que je lui en donnasse davantage si c'était à recommencer; car il faudrait, ou que l'un des deux frères fût amoureux, ou tous les deux ensemble. Et quelle apparence de leur donner d'autres intérêts que ceux de cette fameuse haine qui les occupait tout entiers? Ou bien il faut jeter l'amour sur un des seconds personnages, comme j'ai fait; et alors cette passion, qui devient comme étrangère au sujet, ne peut produire que de médiocres effets.

PERSONNAGES :

ÉTÉOCLE, roi de Thèbes.
POLYNICE, frère d'Étéocle.
JOCASTE, mère de ces deux princes et d'Antigone.
ANTIGONE, sœur d'Étéocle et de Polynice.
CRÉON, oncle des princes et de la princesse.
HÉMON, fils de Créon.
OLYMPE, confidente de Jocaste.
ATTALE, confident de Créon.
UN SOLDAT de l'armée de Polynice.
UN PAGE (1). — GARDES.

La scène est à Thèbes, dans une salle du palais.
(Vers l'an 1315 av. J.-C.)

Appréciation.

L. Racine a jugé *la Thébaïde* de son père avec justesse, en la nommant « le coup d'essai d'un génie qui donne de grandes espérances. Une pièce, où la haine est représentée avec des couleurs si fortes et si vives, annonçait un grand peintre des passions. »

L'action est conduite selon les règles; mais l'intrigue est froide, les caractères sont faiblement tracés, et le style se ressent trop du goût précieux de l'époque; de plus, le jeune poète a commis la même faute que Corneille dans son *Œdipe* : il a gâté son sujet en y mettant de l'amour. « C'est, dit-il lui-même, le sujet le plus tragique de l'antiquité; » dès lors, la haine et ses horribles effets devaient paraître seuls; tout autre intérêt ne pouvait qu'affaiblir l'impression de terreur que cette haine atroce doit produire.

(1) « C'est la seule fois que Racine, trop asservi au ton de la cour de France, a placé un page dans une tragédie ancienne. A la cour des princes grecs, il y avait des officiers, des hérauts, des soldats; mais ils n'avaient pour les servir que des esclaves, et ne connaissaient point les pages. Rotrou et Corneille avaient donné cet exemple à Racine; le premier dans son *Antigone*, le second dans son *Œdipe*. » (GEOFFROY.) Le page de *la Thébaïde* ne parle pas; il n'est mentionné, du reste, que dans l'édition de 1664.

LA THÉBAIDE

Sujet.

Après la catastrophe d'Œdipe leur père, Étéocle et Polynice convinrent qu'ils régneraient tous deux à tour de rôle, chacun pendant un an. Étéocle, l'aîné, commença; mais l'année révolue, il refusa de descendre du trône. Polynice vint revendiquer son droit, les armes à la main; aidé par Adraste, roi des Argiens dont il avait épousé la fille, et par six autres rois de la Grèce, il mit le siège devant Thèbes. Ce fut la guerre des *Sept Chefs*.

Entrevue des deux frères.
Acte IV, scène III [1].

JOCASTE, ÉTÉOCLE, POLYNICE, ANTIGONE, HÉMON, CRÉON.

JOCASTE.

Me voici donc tantôt (2) au comble de mes vœux,
Puisque déjà le Ciel vous rassemble tous deux (3).
Vous revoyez un frère, après deux ans d'absence,
Dans ce même palais où vous prîtes naissance;
Et moi, par un bonheur où je n'osais penser,
L'un et l'autre à la fois je vous puis embrasser.
Commencez donc, mes fils, cette union si chère;
Et que chacun de vous reconnaisse son frère.
Tous deux dans votre frère envisagez vos traits;
Mais, pour en mieux juger, voyez-les de plus près.
Surtout que le sang parle et fasse son office.
Approchez, Étéocle; avancez, Polynice....
Eh quoi! loin d'approcher, vous reculez tous deux (4)!
D'où vient ce sombre accueil et ces regards fâcheux?
N'est-ce point que chacun, d'une âme irrésolue,
Pour saluer son frère attend qu'il le salue;
Et qu'affectant l'honneur de céder le dernier,
L'un ni l'autre ne veut s'embrasser le premier?

(1) « Cette scène est la meilleure de la pièce; c'est la scène du sujet. » (LA HARPE.)

(2) *Tantôt* pour *bientôt*; ce mot ne s'emploie plus que familièrement pour désigner l'après-midi.

(3) La situation est tragique. La malheureuse reine a devant elle ses deux fils, animés l'un contre l'autre d'une haine implacable. L'ambition les dévore tous deux: Étéocle règne et refuse de céder le trône; Polynice réclame la couronne qui lui est due. La mère va épuiser toute la tendresse de son cœur: ce sera, hélas! en vain.

(4) Ce refus d'avancer, ces yeux qui s'évitent, ces regards farouches, peignent bien la haine qui remplit leurs cœurs.

Étrange ambition qui n'aspire qu'au crime,
Où le plus furieux passe pour magnanime !
Le vainqueur doit rougir en ce combat honteux ;
Et les premiers vaincus sont les plus généreux (1).
Voyons donc qui des deux aura plus de courage,
Qui voudra le premier triompher de sa rage.
Quoi ! vous n'en faites rien ! C'est à vous d'avancer ;
Et, venant de si loin, vous devez commencer :
Commencez, Polynice, embrassez votre frère ;
Et montrez....

ÉTÉOCLE.

Hé, Madame ! à quoi bon ce mystère ?
Tout ces embrassements ne sont guère à propos :
Qu'il parle, qu'il s'explique, et nous laisse en repos.

POLYNICE.

Quoi ! faut-il davantage expliquer mes pensées ?
On les peut découvrir par les choses passées :
La guerre, les combats, tant de sang répandu,
Tout cela dit assez que le trône m'est dû.

ÉTÉOCLE.

Et ces mêmes combats, et cette même guerre,
Ce sang qui tant de fois a fait rougir la terre,
Tout cela dit assez que le trône est à moi ;
Et tant que je respire, il ne peut être à toi.

POLYNICE.

Tu sais qu'injustement tu remplis cette place (2).

ÉTÉOCLE.

L'injustice me plaît, pourvu que je t'en chasse.

POLYNICE.

Si tu n'en veux sortir, tu pourras en tomber.

ÉTÉOCLE.

Si je tombe, avec moi tu pourras succomber.

JOCASTE.

O dieux ! que je me vois cruellement déçue !
N'avais-je tant pressé cette fatale vue
Que pour les désunir encor plus que jamais ?
Ah ! mes fils, est-ce là comme on parle de paix ?

(1) Ces vers sont fort beaux ; Racine a trouvé les mêmes pensées dans Sénèque, dans Rotrou et dans Garnier (*Antigone*) ; mais il leur a donné son élégance harmonieuse et son expression touchante.

(2) Étéocle avait refusé de céder le trône à son frère à la fin de la première année, selon les conventions.

Quittez, au nom des dieux, ces tragiques pensées :
Ne renouvelez point vos discordes passées ;
Vous n'êtes pas ici dans un champ inhumain.
Est-ce moi qui vous mets les armes à la main ?
Considérez ces lieux où vous prîtes naissance :
Leur aspect sur vos cœurs n'ont-ils point de puissance ?
C'est ici que tous deux vous reçûtes le jour ;
Tout ne vous parle ici que de paix et d'amour :
Ces princes, votre sœur, tout condamne vos haines (1) ;
Enfin moi qui pour vous pris toujours tant de peines,
Qui, pour vous réunir, immolerais.... Hélas !
Ils détournent la tête, et ne m'écoutent pas !
Tous deux, pour s'attendrir, ils ont l'âme trop dure :
Ils ne connaissent plus la voix de la nature.
  (*A Polynice.*)
Et vous que je croyais plus doux et plus soumis....

POLYNICE.

Je ne veux rien de lui que ce qu'il m'a promis :
Il ne saurait régner sans se rendre parjure.

JOCASTE.

Une extrême justice est souvent une injure.
Le trône vous est dû, je n'en saurais douter ;
Mais vous le renversez en voulant y monter.
Ne vous lassez-vous point de cette affreuse guerre ?
Voulez-vous sans pitié désoler cette terre,
Détruire cet empire afin de le gagner ?
Est-ce donc sur des morts que vous voulez régner ?
Thèbes avec raison craint le règne d'un prince
Qui de fleuves de sang inonde sa province.
Voudrait-elle obéir à votre injuste loi ?
Vous êtes son tyran avant qu'être son roi.
Dieux ! si devenant grand souvent on devient pire,
Si la vertu se perd quand on gagne l'empire,
Lorsque vous régnerez, que serez-vous, hélas !
Si vous êtes cruel quand vous ne régnez pas ?

POLYNICE.

Ah ! si je suis cruel, on me force de l'être (2) ;
Et de mes actions je ne suis pas le maître.

(1) Ces accents pathétiques sont bien ceux d'une mère : l'obstination fratricide des deux princes forme un contraste saisissant avec la tendresse et l'émotion de Jocaste.

(2) Polynice a pour lui la justice : cette circonstance fait supporter la férocité de son caractère : il fait la guerre parce qu'il y est contraint pour soutenir son droit.

J'ai honte des horreurs où je me vois contraint ;
Et c'est injustement que le peuple me craint.
Mais il faut en effet soulager ma patrie ;
De ses gémissements mon âme est attendrie.
Trop de sang innocent se verse tous les jours :
Il faut de ses malheurs que j'arrête le cours ;
Et, sans faire gémir ni Thèbes ni la Grèce,
A l'auteur de mes maux il faut que je m'adresse :
Il suffit aujourd'hui de son sang ou du mien.

JOCASTE.

Du sang de votre frère (1) ?

POLYNICE.

Oui, Madame, du sien.
Il faut finir ainsi cette guerre inhumaine.

(A Étéocle.)

Oui, cruel, et c'est là le dessein qui m'amène.
Moi-même à ce combat j'ai voulu t'appeler ;
A tout autre qu'à toi je craignais d'en parler ;
Tout autre aurait voulu condamner ma pensée,
Et personne en ces lieux ne te l'eût annoncée.
Je te l'annonce donc. C'est à toi de prouver
Si ce que tu ravis tu le sais conserver.
Montre-toi digne enfin d'une si belle proie (2).

ÉTÉOCLE.

J'accepte ton dessein, et l'accepte avec joie.
Créon sait là-dessus quel était mon désir :
J'eusse accepté le trône avec moins de plaisir.
Je te crois maintenant digne du diadème,
Et te le vais porter au bout de ce fer même.

JOCASTE.

Hâtez-vous donc, cruels, de me percer le sein ;
Et commencez par moi votre horrible dessein.
Ne considérez point que je suis votre mère,
Considérez en moi celle de votre frère.
Si de votre ennemi vous recherchez le sang,
Recherchez-en la source en ce malheureux flanc.
Je suis de tous les deux la commune ennemie,
Puisque votre ennemi reçut de moi la vie :
Cet ennemi, sans moi, ne verrait pas le jour.
S'il meurt, ne faut-il pas que je meure à mon tour?

(1) On conçoit quel coup une pareille proposition doit porter au cœur d'une mère.

(2) Cette tirade respire une énergie sauvage.

N'en doutez point, sa mort me doit être commune :
Il faut en donner deux, ou n'en donner pas une ;
Et sans être ni doux ni cruels à demi,
Il faut me perdre, ou bien sauver votre ennemi.
Si la vertu vous plaît, si l'honneur vous anime,
Barbares, rougissez de commettre un tel crime ;
Ou si le crime enfin vous plaît tant à chacun,
Barbares, rougissez de n'en commettre qu'un (1).
Aussi bien, ce n'est point que l'amour vous retienne,
Si vous sauvez ma vie en poursuivant la sienne.
Vous vous garderiez bien, cruels, de m'épargner,
Si je vous empêchais un moment de régner.
Polynice, est-ce ainsi que l'on traite une mère ?

POLYNICE.

J'épargne mon pays.

JOCASTE.

Et vous tuez un frère.

POLYNICE.

Je punis un méchant.

JOCASTE.

Et sa mort aujourd'hui
Vous rendra plus coupable et plus méchant que lui (2).

POLYNICE.

Faut-il que de ma main je couronne ce traître,
Et que de cour en cour j'aille chercher un maître ;
Qu'errant et vagabond je quitte mes Etats,
Pour observer des lois qu'il ne respecte pas ?
De ses propres forfaits serai-je la victime ?
Le diadème est-il le partage du crime ?
Quel droit ou quel devoir n'a-t-il point violé ?
Et cependant il règne, et je suis exilé !

JOCASTE.

Mais si le roi d'Argos vous cède une couronne....

(1) Cet éloquent discours est un magnifique exemple de la figure de concession. Jocaste, ne pouvant toucher ses fils par la tendresse et par les larmes, cherche à les arrêter par l'horreur d'un parricide ; elle-même se jette au-devant de leurs coups.

(2) De l'aveu de L. Racine, la fin de cette scène est languissante. — La Harpe en donne la raison : « C'est que Jocaste, le plus intéressant des personnages..., commence par le pathétique, et finit par le raisonnement ; au lieu que, dans l'ordre naturel, ses efforts auraient dû augmenter en raison de la résistance qu'on lui oppose, et amener à la fin les plus grands traits de sentiment. »

POLYNICE.

Dois-je chercher ailleurs ce que le sang me donne (1)?
En m'alliant chez lui n'aurai-je rien porté,
Et tiendrai-je mon rang de sa seule bonté?
D'un trône qui m'est dû faut-il que l'on me chasse,
Et d'un prince étranger que je brigue la place?
Non, non : sans m'abaisser à lui faire la cour,
Je veux devoir le sceptre à qui je dois le jour.

JOCASTE.

Qu'on le tienne, mon fils, d'un beau-père ou d'un père,
La main de tous les deux vous sera toujours chère.

POLYNICE.

Non, non, la différence est trop grande pour moi :
L'un me ferait esclave, et l'autre me fait roi.
Quoi! ma grandeur serait l'ouvrage d'une femme?
D'un éclat si honteux je rougirais dans l'âme.
Le trône, sans l'amour, me serait donc fermé?
Je ne régnerais pas, si l'on ne m'eût aimé?
Je veux m'ouvrir le trône, ou jamais n'y paraître;
Et quand j'y monterai, j'y veux monter en maître;
Que le peuple à moi seul soit forcé d'obéir,
Et qu'il me soit permis de m'en faire haïr.
Enfin, de ma grandeur je veux être l'arbitre,
N'être point roi, Madame, ou l'être à juste titre;
Que le sang me couronne; ou s'il ne suffit pas,
Je veux à son secours n'appeler que mon bras.

JOCASTE.

Faites plus, tenez tout de votre grand courage :
Que votre bras tout seul fasse votre partage;
Et dédaignant les pas des autres souverains,
Soyez, mon fils, soyez l'ouvrage de vos mains.
Par d'illustres exploits couronnez-vous vous-même :
Qu'un superbe laurier soit votre diadème;
Régnez et triomphez, et joignez à la fois
La gloire des héros à la pourpre des rois.
Quoi! votre ambition serait-elle bornée
A régner tour à tour l'espace d'une année?
Cherchez à ce grand cœur, que rien ne peut dompter,
Quelque trône où vous seul ayez droit de monter.
Mille sceptres nouveaux s'offrent à votre épée,
Sans que d'un sang si cher nous la voyions trempée.

---

(1) C'est la passion qui parle : l'indignation et la fureur éclatent par des exclamations et des interrogations enflammées. La phrase est brève, vive, ardente.

Vos triomphes pour moi n'auront rien que de doux,
Et votre frère même ira vaincre avec vous (1).

POLYNICE.

Vous voulez que mon cœur, flatté de ces chimères,
Laisse un usurpateur au trône de mes pères?

JOCASTE.

Si vous lui souhaitez en effet tant de mal,
Elevez-le vous-même à ce trône fatal.
Ce trône fut toujours un dangereux abîme:
La foudre l'environne aussi bien que le crime (2).
Votre père et les rois qui vous ont devancés,
Sitôt qu'ils y montaient, s'en sont vus renversés.

POLYNICE.

Quand je devrais au ciel rencontrer le tonnerre,
J'y monterais plutôt que de ramper à terre (3).
Mon cœur, jaloux du sort de ces grands malheureux,
Veut s'élever, Madame, et tomber avec eux.

ÉTÉOCLE.

Je saurai t'épargner une chute si vaine.

POLYNICE.

Ah! ta chute, crois-moi, précédera la mienne!

JOCASTE.

Mon fils, son règne plaît.

POLYNICE.

Mais il m'est odieux (4).

(1) Jocaste épuise toutes les raisons qui peuvent faire quelque impression sur Polynice; la marche du dialogue est admirable de vivacité, de force et de variété : 1° en tuant votre frère, vous devenez plus coupable que lui; 2° s'il vous faut un trône, vous aurez celui d'Argos; 3° allez plutôt conquérir un royaume nouveau, votre gloire n'en sera que plus belle; 4° du reste, le trône de Thèbes est maudit. Quels efforts de l'amour maternel! ils échouent tous devant l'ambition forcenée de Polynice.

(2) Très beau vers, digne de Corneille par la grandeur terrible de l'image et par l'énergique concision des mots.

(3) Ce cri de l'ambition est sublime; il rappelle le fameux cri de rage de Cléopâtre dans *Rodogune* :

Tombe sur moi le ciel, pourvu que je me venge!

Racine a trouvé l'image dans Euripide : « Je monterais jusqu'aux astres, je descendrais dans les abîmes, pour avoir une couronne (v. 507). » Le poète français a donné à la pensée une expression effrayante par le contraste des deux images.

(4) Ce dialogue si vif montre que le jeune poète a profité à l'école de Corneille.

JOCASTE.

Il a pour lui le peuple.

POLYNICE.

Et j'ai pour moi les dieux (1).

ÉTÉOCLE.

Les dieux de ce haut rang te voulaient interdire,
Puisqu'ils m'ont élevé le premier à l'empire :
Ils ne savaient que trop, lorsqu'ils firent ce choix,
Qu'on veut régner toujours quand on règne une fois.
Jamais dessus le trône on ne vit plus d'un maître;
Il n'en peut tenir deux, quelque grand qu'il puisse être :
L'un des deux, tôt ou tard, se verrait renversé;
Et d'un autre soi-même on y serait pressé.
Jugez donc, par l'horreur que ce méchant me donne,
Si je puis avec lui partager la couronne (2).

POLYNICE.

Et moi je ne veux plus, tant tu m'es odieux,
Partager avec toi la lumière des cieux (3).

JOCASTE.

Allez donc, j'y consens, allez perdre la vie (4);
A ce cruel combat tous deux je vous convie;
Puisque tous mes efforts ne sauraient vous changer,
Que tardez-vous? allez vous perdre et me venger.
Surpassez, s'il se peut, les crimes de vos pères;
Montrez, en vous tuant, comme vous êtes frères :
Le plus grand des forfaits vous a donné le jour;
Il faut qu'un crime égal vous l'arrache à son tour.
Je ne condamne plus la fureur qui vous presse;
Je n'ai plus pour mon sang ni pitié ni tendresse.

(1) « Dans la grande scène, les deux frères, animés par leurs défis mutuels, tiraient l'épée en présence de leur mère; et sans doute, Créon et Hémon dégainaient aussi, pour les séparer. Racine nous apprend que cette scène trouva plusieurs censeurs : « Je ne goûtais point, ni les autres non plus, toutes les épées tirées. » Et pour contenter ces Aristarques, il retrancha plus de deux cents vers. » (P. MESNARD.)

(2) Etéocle est plus calme, parce qu'il est en possession du trône et qu'il est résolu à n'en pas descendre; Polynice est plus animé et plus furieux, parce qu'il est impatient d'y monter et qu'il se heurte à un obstacle invincible. Racine cependant n'a pas aussi bien distingué les deux caractères qu'Euripide : le poète grec donne à Polynice un cœur sensible qui contraste avec la dureté de son frère.

(3) La haine ne saurait aller plus loin.

(4) Le désespoir de Jocaste est rendu avec énergie dans ces apostrophes indignées, où la malheureuse mère excite elle-même ses enfants à s'entr'égorger sur son propre cadavre. La reine va en effet se donner la mort.

Votre exemple m'apprend à ne le plus chérir ;
Et moi je vais, cruels, vous apprendre à mourir.
ANTIGONE.
Madame.... O ciel ? que vois-je ? Hélas ! rien ne les touche (1) !
HÉMON.
Rien ne peut ébranler leur constance farouche.
ANTIGONE.
Princes....
ÉTÉOCLE.
Pour ce combat, choisissons quelque lieu.
POLYNICE.
Courons. Adieu, ma sœur.
ÉTÉOCLE.
Adieu, princesse, adieu.
ANTIGONE.
Mes frères, arrêtez. Gardes, qu'on les retienne ;
Joignez, unissez tous vos douleurs à la mienne.
C'est leur être cruels que de les respecter.
HÉMON.
Madame, il n'est plus rien qui les puisse arrêter.
ANTIGONE.
Ah ! généreux Hémon, c'est vous seul que j'implore.
Si la vertu vous plaît, si vous m'aimez encore,
Et qu'on puisse arrêter leurs parricides mains,
Hélas ! pour me sauver, sauvez ces inhumains.

Mort des deux frères.
Acte V, scène III.
ANTIGONE, CRÉON, ATTALE, OLYMPE.
CRÉON.
Mais ne savez-vous pas cette sanglante histoire ?
ANTIGONE.
J'ai su que Polynice a gagné la victoire,
Et qu'Hémon a voulu les séparer en vain (2).
CRÉON.
Madame, ce combat est bien plus inhumain.

(1) Après les vains efforts de la mère, la sœur intervient auprès de ses frères dénaturés ; Hémon, son fiancé, appuie ses prières : tout est inutile ; la haine a endurci leurs cœurs.

(2) Antigone ne savait encore que la mort d'Etéocle ; Olympe, comme Julie dans *Horace*, n'avait vu que la première partie du combat ; voyant tomber le roi, elle s'était empressée de l'annoncer à Antigone.

Vous ignorez encor mes pertes et les vôtres ;
Mais, hélas ! apprenez les unes et les autres.

ANTIGONE.

Rigoureuse Fortune, achève ton courroux.
Ah ! sans doute, voici le dernier de tes coups.

CRÉON.

Vous avez vu, Madame, avec quelle furie
Les deux princes sortaient pour s'arracher la vie ;
Que d'une ardeur égale ils fuyaient de ces lieux,
Et que jamais leurs cœurs ne s'accordèrent mieux.
La soif de se baigner dans le sang de leur frère
Faisait ce que jamais le sang n'avait su faire :
Par l'excès de leur haine ils semblaient réunis ;
Et prêts à s'égorger, ils paraissaient amis.
Ils ont choisi d'abord pour leur champ de bataille
Un lieu près des deux camps, au pied de la muraille.
C'est là que, reprenant leur première fureur,
Ils commencent enfin ce combat plein d'horreur.
D'un geste menaçant, d'un œil brûlant de rage,
Dans le sein l'un de l'autre ils cherchent un passage ;
Et la seule fureur précipitant leurs bras,
Tous deux semblent courir au-devant du trépas (1).
Mon fils, qui de douleur en soupirait dans l'âme,
Et qui se souvenait de vos ordres, Madame (2),
Se jette au milieu d'eux, et méprise pour vous
Leurs ordres absolus qui nous arrêtaient tous.
Il leur retient le bras, les repousse, les prie,
Et pour les séparer s'expose à leur furie ;
Mais il s'efforce en vain d'en arrêter le cours ;
Et ces deux furieux se rapprochent toujours.
Il tient ferme pourtant, et ne perd point courage ;
De mille coups mortels il détourne l'orage,
Jusqu'à ce que du roi le fer trop rigoureux,
Soit qu'il cherchât son frère ou ce fils malheureux,
Le renverse à ses pieds, prêt à rendre la vie (3).

(1) Cette description est fort belle. Rotrou n'avait pas été moins expressif dans son *Antigone* (Acte III, scène II) :

> Pareils à deux lions, et plus cruels encore,
> Du geste chacun d'eux l'un l'autre se dévore.
> Avant qu'en être aux mains, ils combattent des yeux,
> Et se lancent d'abord cent regards furieux.

(2) C'est Hémon, qu'Antigone avait prié d'arrêter la fureur de ses frères.

(3) L'intervention et la mort d'Hémon sont de l'invention de Racine ; son héroïsme repose le cœur au milieu de cette scène sauvage.

ANTIGONE.

Et la douleur encor ne me l'a pas ravie!

CRÉON.

J'y cours, je le relève et le prends dans mes bras;
Et me reconnaissant : « Je meurs, dit-il tout bas,
» Trop heureux d'expirer pour ma belle princesse (1).
» En vain à mon secours votre amitié s'empresse :
» C'est à ces furieux que vous devez courir.
» Séparez-les, mon père, et me laissez mourir. »
Il expire à ces mots. Ce barbare spectacle
A leur noire fureur n'apporte point d'obstacle ;
Seulement Polynice en paraît affligé :
« Attends, Hémon, dit-il, tu vas être vengé. »
En effet, sa douleur renouvelle sa rage,
Et bientôt le combat tourne à son avantage.
Le roi, frappé d'un coup qui lui perce le flanc,
Lui cède la victoire, et tombe dans son sang.
Les deux camps aussitôt s'abandonnent en proie,
Le nôtre à la douleur, et les Grecs à la joie ;
Et le peuple, alarmé du trépas de son roi,
Sur le haut de ses tours témoigne son effroi.
Polynice, tout fier du succès de son crime,
Regarde avec plaisir expirer sa victime ;
Dans le sang de son frère il semble se baigner :
« Et tu meurs, lui dit-il, et moi je vais régner.
» Regarde dans mes mains l'empire et la victoire;
» Va rougir aux enfers de l'excès de ma gloire ;
» Et pour mourir encore avec plus de regret,
» Traître, songe en mourant que tu meurs mon sujet (2). »
En achevant ces mots, d'une démarche fière
Il s'approche du roi couché sur la poussière,
Et pour le désarmer il avance le bras.
Le roi, qui semble mort, observe tous ses pas :
Il le voit, il l'attend, et son âme irritée
Pour quelque grand dessein semble s'être arrêtée.
L'ardeur de se venger flatte encor ses désirs,
Et retarde le cours de ses derniers soupirs.
Prêt à rendre la vie, il en cache le reste,
Et sa mort au vainqueur est un piège funeste;
Et dans l'instant fatal que ce frère inhumain
Lui veut ôter le fer qu'il tenait à la main,

(1) Rien n'est plus froid dans un moment si tragique.

(2) Ce tableau de Polynice triomphant est une conception très heureuse ; sa rage inhumaine et insensée va recevoir son châtiment.

Il lui perce le cœur ; et son âme ravie,
En achevant ce coup, abandonne la vie.
Polynice frappé pousse un cri dans les airs,
Et son âme en courroux s'enfuit dans les enfers (1).
Tout mort qu'il est, Madame, il garde sa colère ;
Et l'on dirait qu'encore il menace son frère :
Son visage, où la mort a répandu ses traits,
Demeure plus terrible et plus fier que jamais (2).

ANTIGONE.

Fatale ambition, aveuglement funeste (3) !
D'un oracle cruel suite trop manifeste !
De tout le sang royal il ne reste que nous ;
Et plût aux dieux, Créon, qu'il ne restât que vous,
Et que mon désespoir, prévenant leur colère,
Eût suivi de plus près le trépas de ma mère !

Le dénoûment est aussi froid que révoltant.

Créon, qui vient de perdre dans cette fatale journée ses deux fils, sa sœur et ses deux neveux, n'est préoccupé que de son égoïste ambition. La mort de Jocaste, d'Etéocle et de Polynice, lui assure le trône de Thèbes : il ose demander la main d'Antigone au moment où elle pleure sa mère et ses frères. Antigone le repousse avec indignation, et dans son désespoir se donne la mort : Créon veut aussi se percer de son épée ; ses gardes arrêtent sa main, et il tombe accablé de remords (4).

(1) Trait énergique, imité de Virgile (*En.* IV) :

Vitaque cum gemitu fugit indignata sub umbras.

La fureur qui transportait l'âme durant la vie, l'emporte avec la même impétuosité dans les enfers.

(2) Salluste dit de Catilina étendu mort sur le champ de bataille : « *ferociam animi, quam habuerat vivus, in vultu retinens.* » (*Cat.* LXI.)

La tradition rapporte que la mort même n'éteignit pas la haine des deux frères, et que leurs corps ayant été mis sur le même bûcher, la flamme se divisa en deux langues qui parurent se combattre.

(3) Cette exclamation de douleur renferme la moralité de la tragédie. Rotrou l'avait exprimée d'une manière plus explicite (Acte I, scène III) :

Maudite ambition, abominable peste,
Monstre altéré de sang, que ton fruit est funeste !

Cette sanglante catastrophe des *Deux Frères ennemis* est, en effet, un des exemples les plus tragiques des cruels effets de l'ambition.

(4) Racine, quand il écrivit plus tard sa *Préface*, se déclara peu satisfait de cette immense *tuerie* : Etéocle, Polynice, Hémon et Ménécée s'égorgent les uns les autres sur le champ de bataille ; Jocaste et Antigone se percent de leurs poignards ; il ne reste en vie que Créon et les deux confidents.

ALEXANDRE LE GRAND

TRAGÉDIE

1665.

PRÉFACE [1]

Il n'y a guère de tragédie où l'histoire soit plus fidèlement suivie que dans celle-ci (2). Le sujet en est tiré de plusieurs auteurs, mais surtout du huitième livre de Quinte-Curce. C'est là qu'on peut voir tout ce qu'Alexandre fit lorsqu'il entra dans les Indes, les ambassades qu'il envoya aux rois de ce pays-là, les différentes réceptions qu'ils firent à ses envoyés, l'alliance que Taxile fit avec lui, la fierté avec laquelle Porus refusa les conditions qu'on lui présentait, l'inimitié qui était entre Porus et Taxile, et enfin la victoire qu'Alexandre remporta sur Porus, la réponse généreuse que ce brave Indien fit au vainqueur, qui lui demandait comment il voulait qu'on le traitât, et la générosité avec laquelle Alexandre lui rendit tous ses États, et en ajouta beaucoup d'autres.

Cette action d'Alexandre a passé pour une des plus belles que ce prince ait faites en sa vie, et le danger que Porus lui fit courir dans la bataille lui parut le plus grand où il se fût jamais trouvé. Il le confessa lui-même, en disant qu'il avait trouvé enfin un péril digne de son courage. Et ce fut en cette même occasion qu'il s'écria : « O Athéniens, combien de travaux j'endure pour me faire louer de vous ! » J'ai tâché de représenter en Porus un ennemi digne d'Alexandre, et je puis dire

---

(1) C'est la seconde préface, publiée dans l'édition de 1676 ; la première, qui avait paru en 1666, sous le coup des critiques les plus passionnées, était écrite sur un ton plus vif et plus aigre.

(2) Les événements sans doute sont retracés fidèlement : mais ce qui, dans une œuvre littéraire, est plus important que les faits matériels, la couleur locale, la vérité des caractères, le goût de l'antiquité, la grandeur simple des héros, tout cela manque à peu près complètement dans la tragédie de Racine. Saint-Evremond était dans le vrai quand il écrivait : « Gardons-nous de faire un Antoine d'Alexandre.... Qu'on ne croie pas que le premier but de la tragédie soit d'exciter des tendresses dans nos cœurs. Aux sujets véritablement héroïques, la grandeur d'âme doit être ménagée devant toutes choses.... Il est ridicule d'occuper Porus de son seul amour sur le point d'un grand combat qui allait décider pour lui de toutes choses ; il ne l'est pas moins d'en faire sortir Alexandre, quand les ennemis se rallient.... L'histoire se trouve défigurée.... »

que son caractère a plu extrêmement sur notre théâtre, jusque-là que des personnes m'ont reproché que je faisais ce prince plus grand qu'Alexandre. Mais ces personnes ne considèrent pas que dans la bataille et dans la victoire, Alexandre est en effet plus grand que Porus; qu'il n'y a pas un vers dans la tragédie qui ne soit à la louange d'Alexandre; que les invectives mêmes de Porus et d'Axiane sont autant d'éloges de la valeur de ce conquérant. Porus a peut-être quelque chose qui intéresse davantage, parce qu'il est dans le malheur; car, comme dit Sénèque : « Nous sommes de telle nature, qu'il n'y a rien au monde qui se fasse tant admirer qu'un homme qui sait être malheureux avec courage. »

Appréciation.

La tragédie d'*Alexandre* fut accueillie avec faveur; Louis XIV, qui aimait à voir son portrait dans le héros généreux et galant de Racine, en avait accepté la dédicace. Cependant, la pièce ne put se soutenir au théâtre. « Le bruit qu'elle fit à sa naissance, disait plus tard L. Racine, est depuis longtemps oublié; elle ne rappelle plus de spectateurs, quoiqu'elle puisse toujours mériter des lecteurs. »

Cette seconde tragédie de Racine a, en effet, de grandes beautés déparées par de grandes taches.

Le style se distingue par la correction, l'élégance, l'harmonie et la fermeté; dans la conférence de Porus, de Taxile et d'Ephestion, et dans la scène finale entre Alexandre et Porus, on reconnaît le genre grandiose de *Cinna*, de *Pompée* et de *Sertorius*.

Mais « le grand défaut qui règne dans la tragédie, est un amour qui en paraît faire tout le nœud, tandis qu'un des plus glorieux exploits d'Alexandre n'en paraît que l'épisode. » (L. RACINE.) Alexandre et Porus ont trop souvent le langage des héros de roman; Alexandre surtout a perdu presque toute sa grandeur antique.

Si Corneille faisait parler les Romains mieux que les Romains n'avaient parlé, Racine représentait les rois grecs et indiens en princes français, dépouillés du prestige dont ils sont entourés dans l'histoire (1).

(1) C'est pour cette raison que Corneille se montra si sévère pour cette œuvre. Racine, par déférence, lui avait lu son *Alexandre* avant la représentation; le vieux poète aurait conseillé, dit-on, à son jeune émule d'appliquer son talent à tout autre genre de poésie, le jugeant incapable de réussir dans la tragédie. En effet, le héros de Racine ne répondait nullement à l'idéal de Corneille : ce n'était qu'une mauvaise copie de *César* dans la *Mort de Pompée*.

PERSONNAGES :

ALEXANDRE.
PORUS, }
TAXILE, } rois dans les Indes.
AXIANE, reine d'une autre partie des Indes (1).
CLÉOFILE, sœur de Taxile.
ÉPHESTION, favori d'Alexandre.

La scène est sur les bords de l'Hydaspe, dans le camp de Taxile.

(L'an 326 av. J.-C.)

Conférence de Porus, de Taxile et d'Ephestion.

Acte II, scène II.

Alexandre est campé sur le bord de l'Hydaspe : en face de lui, sur la rive orientale, sont rangées les armées réunies de Porus, de Taxile et d'Axiane. Avant d'engager l'action, Alexandre envoie Ephestion avec des propositions de paix pour les rois indiens (2).

PORUS, TAXILE, ÉPHESTION.

ÉPHESTION.

Avant que le combat qui menace vos têtes
Mette tous vos Etats au rang de nos conquêtes,
Alexandre veut bien différer ses exploits,
Et vous offrir la paix pour la dernière fois.
Vos peuples prévenus de l'espoir qui vous flatte,
Prétendaient arrêter le vainqueur de l'Euphrate ;
Mais l'Hydaspe, malgré tant d'escadrons épars,
Voit enfin sur ses bords flotter nos étendards.
Vous les verriez plantés jusque sur vos tranchées,
Et de sang et de morts vos campagnes jonchées,
Si ce héros, couvert de tant d'autres lauriers,
N'eût lui-même arrêté l'ardeur de nos guerriers.
Il ne vient point ici souillé du sang des princes,
D'un triomphe barbare effrayer vos provinces,
Et cherchant à briller d'une triste splendeur,

---

(1) Le personnage d'Axiane est inventé par l'auteur.

(2) Cette délibération est faite sur le modèle des grandes délibérations de Corneille ; la scène aurait plus de force et de majesté, si Alexandre en personne venait conférer avec ses ennemis. Un lieutenant, un ambassadeur ne peut avoir dans son langage la hauteur et l'énergie qui appartiennent à un roi.

Sur le tombeau des rois élever sa grandeur (1).
Mais vous-mêmes, trompés d'un vain espoir de gloire,
N'allez point dans ses bras irriter la victoire (2);
Et lorsque son courroux demeure suspendu,
Princes, contentez-vous de l'avoir attendu.
Ne différez point tant à lui rendre l'hommage
Que vos cœurs, malgré vous, rendent à son courage (3);
Et recevant l'appui que vous offre son bras,
D'un si grand défenseur honorez vos Etats.
Voilà ce qu'un grand roi veut bien vous faire entendre,
Prêt à quitter le fer, et prêt à le reprendre.
Vous savez son dessein : choisissez aujourd'hui,
Si vous voulez tout perdre ou tenir tout de lui.

TAXILE.

Seigneur, ne croyez point qu'une fierté barbare
Nous fasse méconnaître une vertu si rare,
Et que dans leur orgueil nos peuples affermis
Prétendent, malgré vous, être vos ennemis.
Nous rendons ce qu'on doit aux illustres exemples :
Vous adorez des dieux qui nous doivent leurs temples;
Des héros qui chez vous passaient pour des mortels,
En venant parmi nous ont trouvé des autels (4);
Mais en vain l'on prétend, chez des peuples si braves,
Au lieu d'adorateurs se faire des esclaves :
Croyez-moi, quelque éclat qui les puisse toucher,
Ils refusent l'encens qu'on leur veut arracher.
Assez d'autres Etats, devenus vos conquêtes,
De leurs rois, sous le joug, ont vu ployer les têtes.
Après tous ces Etats qu'Alexandre a soumis,
N'est-il pas temps, Seigneur, qu'il cherche des amis?
Tout ce peuple captif, qui tremble au nom d'un maître,
Soutient mal un pouvoir qui ne fait que de naître.
Ils ont, pour s'affranchir, les yeux toujours ouverts ;
Votre empire n'est plein que d'ennemis couverts.
Ils pleurent en secret leurs rois sans diadèmes;
Vos fers trop étendus se relâchent d'eux-mêmes;
Et déjà dans leur cœur les Scythes mutinés

(1) On trouve dans ces belles périodes l'abondance, la richesse, le nombre et l'harmonie du style de Racine.

(2) « Ce vers est digne des chefs-d'œuvre de Racine : *irriter la victoire* est une figure aussi juste qu'elle est neuve et hardie. » (GEOFFROY.)

(3) Alexandre demande l'hommage des rois de l'Inde, comme marque de soumission.

(4) Allusion à Hercule et à Bacchus.

Vont sortir de la chaîne où vous nous destinez.
Essayez, en prenant notre amitié pour gage,
Ce que peut une foi qu'aucun serment n'engage :
Laissez un peuple au moins qui puisse quelquefois
Applaudir sans contrainte au bruit de vos exploits.
Je reçois à ce prix l'amitié d'Alexandre (1) ;
Et je l'attends déjà comme un roi doit attendre
Un héros dont la gloire accompagne les pas,
Qui peut tout sur mon cœur, et rien sur mes Etats.

PORUS.

Je croyais, quand l'Hydaspe, assemblant ses provinces,
Au secours de ses bords fit voler tous ses princes,
Qu'il n'avait avec moi, dans des desseins si grands,
Engagé que des rois ennemis des tyrans.
Mais puisqu'un roi, flattant la main qui nous menace,
Parmi ses alliés brigue une indigne place,
C'est à moi de répondre aux vœux de mon pays,
Et de parler pour ceux que Taxile a trahis (2).
Que vient chercher ici le roi qui vous envoie?
Quel est ce grand secours que son bras nous octroie?
De quel front ose-t-il prendre sous son appui
Des peuples qui n'ont point d'autre ennemi que lui (3)?
Avant que sa fureur ravageât tout le monde,
L'Inde se reposait dans une paix profonde ;
Et si quelques voisins en troublaient les douceurs,
Il portait dans son sein d'assez bons défenseurs.

(1) Taxile offre son amitié au roi de Macédoine, en lui refusant son hommage; il consent à être l'allié d'Alexandre, mais non son tributaire.

(2) Porus s'indigne de la prudence de Taxile : il ne voit plus en lui qu'un traître, un déserteur de la gloire nationale. Pour lui, il soutiendra les vœux de son pays, l'honneur et l'indépendance de l'Inde. Les deux caractères sont nettement tranchés; la grandeur de Porus se dessine plus fortement par le contraste de la modération de Taxile.

« Taxile avait cependant parlé noblement, mais d'un ton trop modéré pour l'humeur altière de Porus. Un roi sage et prudent n'est qu'un lâche et un traître pour un guerrier aussi fier, aussi audacieux que Porus, dont toute la politique est dans son épée. » (GEOFFROY.)

(3) Ces fiers accents montrent un héros. En plusieurs endroits de ce beau discours, Racine s'est inspiré du vigoureux langage adressé à Alexandre par les envoyés scythes : « Si dii habitum corporis tui aviditati animi parem esse voluissent, orbis te non caperet : altera manu Orientem, altera Occidentem contingeres.... Quid nobis tecum est? nunquam terram tuam attigimus. Quis sis, unde venias, licetne ignorari in vastis silvis viventibus? nec servire ulli possumus; nec imperare desideramus.... At tu, qui te gloriaris ad latrones persequendos venire, omnium gentium quas adisti, latro es. » (Q.-C., l. VII, ch. 8.)

Pourquoi nous attaquer? par quelle barbarie
A-t-on de votre maître excité la furie?
Vit-on jamais chez lui nos peuples en courroux
Désoler un pays inconnu parmi nous?
Faut-il que tant d'Etats, de déserts, de rivières,
Soient entre nous et lui d'impuissantes barrières?
Et ne saurait-on vivre au bout de l'univers
Sans connaître son nom et le poids de ses fers?
Quelle étrange valeur, qui, ne cherchant qu'à nuire,
Embrase tout sitôt qu'elle commence à luire;
Qui n'a que son orgueil pour règle et pour raison;
Qui veut que l'univers ne soit qu'une prison,
Et que, maître absolu de tous tant que nous sommes,
Ses esclaves en nombre égalent tous les hommes (1)!
Plus d'Etats, plus de roi. Ses sacrilèges mains
Dessous un même joug rangent tous les humains.
Dans son avide orgueil je sais qu'il nous dévore (2);
De tant de souverains nous seuls régnons encore.
Mais que dis-je, nous seuls? Il ne reste que moi
Où l'on découvre encor les vestiges d'un roi.
Mais c'est pour mon courage une illustre matière.
Je vois d'un œil content trembler la terre entière,
Afin que par moi seul les mortels secourus,
S'ils sont libres, le soient de la main de Porus,
Et qu'on dise partout, dans une paix profonde :
« Alexandre vainqueur eût dompté tout le monde;
» Mais un roi l'attendait au bout de l'univers,
» Par qui le monde entier a vu briser ses fers (3). »

ÉPHESTION.

Votre projet du moins nous marque un grand courage.
Mais, Seigneur, c'est bien tard s'opposer à l'orage.
Si le monde penchant n'a plus que cet appui,
Je le plains, et vous plains vous-même autant que lui.

(1) « Boileau vantait beaucoup ce portrait d'Alexandre : « Il est, disait-il, de la main d'un poète héroïque, et celui que j'ai fait est de la main d'un poète satirique. » (L. RACINE.)

(2) « La tirade de Porus est magnifique. Ce vers est un des plus brillants et des plus hardis que Racine ait jamais composés.... Toute cette tragédie n'est qu'une lutte continuelle du talent de Racine contre le génie de Corneille. » (GEOFFROY.)

(3) A côté de l'indignation qui éclate dans ces vigoureuses apostrophes, on admire une ardeur chevaleresque qui relève beaucoup le noble caractère de Porus; il ne suffit pas à son grand cœur de repousser les fers, de rejeter l'alliance du conquérant : il veut, par sa résistance, abattre le tyran des peuples, et affranchir l'univers.

Je ne vous retiens point : marchez contre mon maître.
Je voudrais seulement qu'on vous l'eût fait connaître,
Et que la renommée eût voulu, par pitié,
De ses exploits au moins vous conter la moitié ;
Vous verriez....

PORUS.

Que verrais-je ? et que pourrais-je apprendre
Qui m'abaisse si fort au-dessous d'Alexandre ?
Serait-ce sans effort les Persans subjugués,
Et vos bras tant de fois de meurtres fatigués ?
Quelle gloire, en effet, d'accabler la faiblesse.
D'un roi déjà vaincu par sa propre mollesse,
D'un peuple sans vigueur et presque inanimé,
Qui gémissait sous l'or dont il était armé,
Et qui, tombant en foule au lieu de se défendre,
N'opposait que des morts au grand cœur d'Alexandre ?
Les autres, éblouis de ses moindres exploits,
Sont venus à genoux lui demander des lois ;
Et leur crainte écoutant je ne sais quels oracles,
Ils n'ont pas cru qu'un dieu pût trouver des obstacles.
Mais nous qui d'un autre œil jugeons des conquérants,
Nous savons que les dieux ne sont pas des tyrans ;
Et de quelque façon qu'un esclave le nomme,
Le fils de Jupiter (1) passe ici pour un homme.
Nous n'allons point de fleurs parfumer son chemin ;
Il nous trouve partout les armes à la main ;
Il voit à chaque pas arrêter ses conquêtes ;
Un seul rocher ici lui coûte plus de têtes (2),
Plus de soins, plus d'assauts, et presque plus de temps,
Que n'en coûte à son bras l'empire des Persans.
Ennemis du repos qui perdit ces infâmes,
L'or qui naît sous nos pas ne corrompt point nos âmes.
La gloire est le seul bien qui nous puisse tenter,
Et le seul que mon cœur cherche à lui disputer ;
C'est elle....

ÉPHESTION, *en se levant.*

Et c'est aussi ce que cherche Alexandre.
A de moindres objets son cœur ne peut descendre.

(1) Alexandre s'était fait donner ce nom par les prêtres de Jupiter Ammon, en Libye.

(2) Le rocher d'Aorne, sur le bord de l'Indus, de tous côtés coupé à pic, est inaccessible. Les habitants de plusieurs villes voisines s'y étaient retirés. Alexandre tenta plusieurs assauts qui lui coûtèrent ses meilleurs soldats ; il ne put s'en emparer que quand les Indiens l'eurent évacué, en s'enfuyant dans les montagnes. (Q.-C., l. VIII, ch. 11.)

C'est ce qui, l'arrachant du sein de ses États,
Au trône de Cyrus lui fit porter ses pas,
Et, du plus ferme empire ébranlant les colonnes,
Attaquer, conquérir, et donner les couronnes ;
Et puisque votre orgueil ose lui disputer
La gloire du pardon qu'il vous fait présenter,
Vos yeux, dès aujourd'hui témoins de sa victoire,
Verront de quelle ardeur il combat pour la gloire (1).
Bientôt le fer en main vous le verrez marcher.

PORUS.

Allez donc : je l'attends, ou je le vais chercher.

Portrait d'Alexandre.
Acte III, scène III.

TAXILE, *à Cléofile.*

Oui, ma sœur, j'ai vu votre Alexandre.
D'abord ce jeune éclat qu'on remarque en ces traits
M'a semblé démentir le nombre de ses faits.
Mon cœur, plein de son nom, n'osait, je le confesse,
Accorder tant de gloire avec tant de jeunesse ;
Mais de ce même front l'héroïque fierté,
Le feu de ses regards, sa haute majesté,
Font connaître Alexandre. Et certes son visage
Porte de sa grandeur l'infaillible présage ;
Et sa présence auguste appuyant ses projets,
Ses yeux, comme son bras, font partout des sujets.
Il sortait du combat. Ebloui de sa gloire,
Je croyais dans ses yeux voir briller la victoire.
Toutefois, à ma vue, oubliant sa fierté,
Il a fait à son tour éclater sa bonté.

(1) Ephestion donne ici une noble idée de son maître : l'amour de la gloire était la passion de sa grande âme. Par malheur, quand Alexandre se présente lui-même sur la scène, il se montre moins grand qu'il ne l'est dans les discours d'Ephestion, de Taxile et de Porus.

« Si vous comparez Darius avec Alexandre ; son esprit avec ce génie perçant et sublime ; sa valeur avec la hauteur et la fermeté de ce courage invincible qui se sentait animé par les obstacles, avec cette ardeur immense d'accroître tous les jours son nom qui lui faisait préférer à tous les périls, à tous les travaux et à mille morts, le moindre degré de gloire... vous jugerez aisément auquel des deux appartenait la victoire. » (BOSSUET, *Hist. univ.*, III, 5.)

Dénoûment.

Grandeur d'âme de Porus. — Générosité d'Alexandre.

Acte V, scène III.

Après la conférence, la bataille s'était engagée entre les troupes d'Alexandre et celles de Porus. Lâchement abandonné par Taxile, privé du secours d'Axiane que le traître avait retenue captive dans sa tente, Porus fut défait après la résistance la plus héroïque.

Poursuivi par les vainqueurs, il est pris, et amené devant Alexandre.

PORUS, ALEXANDRE, AXIANE, CLÉOFILE, ÉPHESTION, GARDES.

ALEXANDRE.

Eh bien! de votre orgueil, Porus, voilà le fruit.
Où sont ces beaux succès qui vous avaient séduit?
Cette fierté si haute est enfin abaissée.
Je dois une victime à ma gloire offensée :
Rien ne vous peut sauver. Je veux bien toutefois
Vous offrir un pardon refusé tant de fois.
Cette reine, elle seule à mes bontés rebelle,
Aux dépens de vos jours veut vous être fidèle,
Et que, sans balancer, vous mouriez seulement
Pour porter au tombeau le nom de son amant.
N'achetez point si cher une gloire inutile :
Vivez; mais consentez au bonheur de Taxile (1).

PORUS.

Taxile?

ALEXANDRE.

Oui.

PORUS.

Tu fais bien, et j'approuve tes soins (2) :
Ce qu'il a fait pour toi ne mérite pas moins.
C'est lui qui m'a des mains arraché la victoire (3);
Il t'a donné sa sœur; il t'a vendu sa gloire;
Il t'a livré Porus. Que feras-tu jamais
Qui te puisse acquitter d'un seul de ses bienfaits?

---

(1) Axiane, dont Taxile avait ambitionné la main, avait résisté à ses instances et à celles d'Alexandre, pour rester fidèle à Porus. Alexandre demande au vaincu de renoncer à la reine, et de la céder à Taxile : la proposition est peu digne du vainqueur.

(2) Porus, en tutoyant Alexandre, fait paraître dès l'abord la fierté de son caractère.

(3) Taxile avait abandonné Porus au milieu de sa victoire.

Mais j'ai su prévenir le soin qui te travaille :
Va le voir expirer sur le champ de bataille.

ALEXANDRE.

Quoi ! Taxile !

CLÉOFILE.

Qu'entends-je ?

ÉPHESTION.

Oui, Seigneur, il est mort :
Il s'est livré lui-même aux rigueurs de son sort.
Porus était vaincu ; mais au lieu de se rendre,
Il semblait attaquer, et non pas se défendre.
Ses soldats, à ses pieds étendus et mourants,
Le mettaient à l'abri de leurs corps expirants.
Là, comme dans un fort, son audace enfermée
Se soutenait encor contre toute une armée,
Et d'un bras qui portait la terreur et la mort,
Aux plus hardis guerriers en défendait l'abord (1).
Je l'épargnais toujours. Sa vigueur affaiblie
Bientôt en mon pouvoir aurait laissé sa vie,
Quand sur ce champ fatal Taxile est descendu (2).
« Arrêtez, c'est à moi que ce captif est dû.
C'en est fait, a-t-il dit, et ta perte est certaine,
Porus ; il faut périr, ou me céder la reine (3). »
Porus, à cette voix ranimant son courroux,
A relevé ce bras lassé de tant de coups ;
Et cherchant son rival d'un œil fier et tranquille :
« N'entends-je pas, dit-il, l'infidèle Taxile,
Ce traître à sa patrie, à sa maîtresse, à moi ?
Viens, lâche, poursuit-il, Axiane est à toi :
Je veux bien te céder cette illustre conquête ;
Mais il faut que ton bras l'emporte avec ma tête.
Approche. » A ce discours, ces rivaux irrités
L'un sur l'autre à la fois se sont précipités.
Nous nous sommes en foule opposés à leur rage ;
Mais Porus parmi nous court et s'ouvre un passage,
Joint Taxile, le frappe ; et lui perçant le cœur,
Content de sa victoire, il se rend au vainqueur.

(1) « Les louanges qu'on donne au vaincu retournent à la gloire du vainqueur. » (RACINE, 1re Préface.)

(2) Cette action de Taxile était une lâcheté ; il profitait de la défaite de Porus pour lui arracher son consentement ; il reçut le châtiment qu'il méritait. (Comparez à ce récit celui de la mort de Polynice, p. 15.)

(3) Dans Quinte-Curce, c'est le frère de Taxile qui vint presser Porus de se rendre et que Porus perça d'un trait.

CLÉOFILE.

Seigneur, c'est donc à moi de répandre des larmes :
C'est sur moi qu'est tombé tout le faix de vos armes (1).
Mon frère a vainement recherché votre appui,
Et votre gloire, hélas! n'est funeste qu'à lui.
Que lui sert au tombeau l'amitié d'Alexandre?
Sans le venger, Seigneur, l'y verrez-vous descendre?
Souffrirez-vous qu'après l'avoir percé de coups,
On en triomphe aux yeux de sa sœur et de vous?

AXIANE.

Oui, Seigneur, écoutez les pleurs de Cléofile.
Je la plains. Elle a droit de regretter Taxile :
Tous ses efforts en vain l'ont voulu conserver ;
Elle en a fait un lâche et ne l'a pu sauver.
Ce n'est point que Porus ait attaqué son frère ;
Il s'est offert lui-même à sa juste colère.
Au milieu du combat que venait-il chercher?
Au courroux du vainqueur venait-il l'arracher?
Il venait accabler dans son malheur extrême
Un roi que respectait la Victoire elle-même.
Mais pourquoi vous ôter un prétexte si beau?
Que voulez-vous de plus? Taxile est au tombeau.
Immolez-lui, Seigneur, cette grande victime ;
Vengez-vous ; mais songez que j'ai part à son crime.
Oui, oui, Porus, mon cœur n'aime point à demi ;
Alexandre le sait, Taxile en a gémi.
Vous seul vous l'ignoriez ; mais ma joie est extrême
De pouvoir en mourant vous le dire à vous-même (2).

PORUS.

Alexandre, il est temps que tu sois satisfait.
Tout vaincu que j'étais, tu vois ce que j'ai fait (3).

(1) Cléofile, aveuglée par son amour pour Alexandre, avait, dès le commencement de l'action (acte I, sc. I), cherché à lui gagner Taxile; elle fut la première cause de sa trahison.

(2) Axiane est une héroïne formée sur le modèle des héroïnes de Corneille : sa fierté contraste avec l'indigne faiblesse de Cléofile.

(3) Cette bravade si fière est imitée de Corneille. Dans *Pompée*, Cornélie prisonnière dit à César (acte III, sc. IV) :

> Et quoique ta captive, un cœur comme le mien,
> De peur de s'oublier, ne te demande rien.
> Ordonne ; et sans vouloir qu'il tremble ou s'humilie,
> Souviens-toi seulement que je suis Cornélie.

La fierté du vaincu devait irriter le vainqueur. Racine, comme Corneille, accentue la situation, afin de donner plus de lustre à la générosité d'Alexandre.

Crains Porus ; crains encor cette main désarmée
Qui venge sa défaite au milieu d'une armée.
Mon nom peut soulever de nouveaux ennemis,
Et réveiller cent rois dans leurs fers endormis (1).
Etouffe dans mon sang ces semences de guerre ;
Va vaincre en sûreté le reste de la terre.
Aussi bien n'attend pas qu'un cœur comme le mien
Reconnaisse un vainqueur, et te demande rien.
Parle ; et sans espérer que je blesse ma gloire,
Voyons comme tu sais user de la victoire.

ALEXANDRE.

Votre fierté, Porus, ne se peut abaisser :
Jusqu'au dernier soupir vous m'osez menacer.
En effet, ma victoire en doit être alarmée,
Votre nom peut encor plus que toute une armée :
Je m'en dois garantir. Parlez donc. Dites-moi,
Comment prétendez-vous que je vous traite ?

PORUS.

En roi (2).

ALEXANDRE.

Eh bien ! c'est donc en roi qu'il faut que je vous traite.
Je ne laisserai point ma victoire imparfaite.
Vous l'avez souhaité, vous ne vous plaindrez pas.
Régnez toujours, Porus : je vous rends vos Etats (3).
Avec mon amitié recevez Axiane :
A des liens si doux tous deux je vous condamne.

(1) « Grande et magnifique image. Racine, dans cette pièce, est presque toujours sublime quand il fait parler Porus, et presque toujours froid et recherché lorsqu'il fait parler Alexandre. » (AIMÉ-MARTIN.)

(2) Racine a su conserver la belle parole de Porus dans son énergique concision. La réponse est historique. « Porus ayant été pris, Alexandre lui demanda comment il voulait être traité : « En roi, » dit Porus. Et comme Alexandre le pressait de s'expliquer davantage : « Ce mot *en roi* dit tout, » répondit Porus. » (PLUT., *Alexandre*, ch. 60.)

Pour mettre en relief cette parole sublime, le poète l'a placée seule, à la fin du vers, comme avait fait Corneille dans *Nicomède* (acte III, sc. III) :

PRUSIAS.

Et que dois-je être ?

NICOMÈDE.

Roi.

Le *moi* de Médée est placé de même. (Acte I, sc. V.)

(3) La magnanimité d'Alexandre répondit à la grandeur de Porus. « Cette action, dit Racine, a passé pour une des plus belles que ce prince ait faites en sa vie. » (2de *Préface*.) Non content de lui laisser la vie, le héros ajoute à son royaume la main et les Etats d'Axiane.

Vivez, régnez tous deux; et seul de tant de rois
Jusques aux bords du Gange allez donner vos lois.

PORUS.

Seigneur, jusqu'à ce jour l'univers en alarmes
Me forçait d'admirer le bonheur de vos armes;
Mais rien ne me forçait, en ce commun effroi,
De reconnaître en vous plus de vertu qu'en moi :
Je me rends; je vous cède une pleine victoire.
Vos vertus, je l'avoue, égalent votre gloire (1).
Allez, Seigneur : rangez l'univers sous vos lois;
Il me verra moi-même appuyer vos exploits.
Je vous suis; et je crois devoir tout entreprendre
Pour lui donner un maître aussi grand qu'Alexandre (2).

(1) Cette fin ressemble à celle de *Nicomède*. Comme Arsinoé dépose sa haine devant la clémence de son jeune vainqueur, de même Porus, désarmé par la générosité d'Alexandre, admire ses vertus et fait des vœux pour sa gloire.

(2) « Le vers est beau; mais le sentiment qu'il exprime est-il digne de Porus?... Convient-il à Porus de conspirer contre la liberté du monde?... Cet élan de la reconnaissance n'est-il pas trop peu mesuré? » (GEOFFROY.)

ANDROMAQUE

TRAGÉDIE

1667.

Epître dédicatoire.

A MADAME [1].

MADAME,

Ce n'est pas sans sujet que je mets votre illustre nom à la tête de cet ouvrage. Et de quel autre nom pourrais-je éblouir les yeux de mes lecteurs, que de celui dont mes spectateurs ont été si heureusement éblouis? On savait que Votre Altesse Royale avait daigné prendre soin de la conduite de ma tragédie; on savait que vous m'aviez prêté quelques-unes de vos lumières pour y ajouter de nouveaux ornements; on savait enfin que vous l'aviez honorée de quelques larmes dès la première lecture que je vous en fis (2). Pardonnez-moi, Madame, si j'ose me vanter de cet heureux commencement de sa destinée. Il me console bien glorieusement de la dureté de ceux qui ne voudraient pas s'en laisser toucher. Je leur permets de condamner l'*Andromaque* tant qu'ils voudront, pourvu qu'il me soit permis d'appeler de toutes les subtilités de leur esprit au cœur de Votre Altesse Royale.

Mais, Madame, ce n'est pas seulement du cœur que vous jugez de la bonté d'un ouvrage, c'est avec une intelligence qu'aucune fausse lueur ne saurait tromper. Pouvons-nous mettre sur la scène une histoire que vous ne possédiez aussi bien que nous? pouvons-nous faire jouer une intrigue dont vous ne pénétriez tous les ressorts? et pouvons-nous concevoir des sentiments si nobles et si délicats qui ne soient infiniment au-dessous de la noblesse et de la délicatesse de vos pensées?

On sait, Madame, et Votre Altesse Royale a beau s'en cacher, que dans ce haut degré de gloire où la nature et la fortune ont pris plaisir de vous élever, vous ne dédaignez pas cette gloire obscure que les gens de lettres s'étaient réservée. Et il semble que vous ayez voulu avoir au-

---

(1) Henriette d'Angleterre, duchesse d'Orléans, dont Bossuet a fait l'oraison funèbre; née en 1644 de Charles Ier, roi d'Angleterre, et de Henriette de France, elle épousa en 1661 Philippe de France, duc d'Orléans, et mourut à vingt-six ans, le 30 juin 1670.

(2) Mme de Sévigné, malgré son attachement pour Corneille, se surprit aussi à pleurer à la pièce de Racine : « Je fus à la comédie : ce fut *Andromaque* qui me fit pleurer plus de six larmes; c'est assez pour une troupe de campagne. » (*De Vitré, à Mme de Grignan.*)

tant d'avantages sur notre sexe, par les connaissances et par la solidité de votre esprit, que vous excellez dans le vôtre par toutes les grâces qui vous environnent (1). La cour vous regarde comme l'arbitre de tout ce qui se fait d'agréable. Et nous qui travaillons pour plaire au public, nous n'avons plus que faire de demander aux savants si nous travaillons selon les règles : la règle souveraine est de plaire à Votre Altesse Royale (2).

Voilà, sans doute, la moindre de vos excellentes qualités. Mais, Madame, c'est la seule dont j'ai pu parler avec quelque connaissance : les autres sont trop élevées au-dessus de moi. Je n'en puis parler sans les rabaisser par la faiblesse de mes pensées, et sans sortir de la profonde vénération avec laquelle je suis,

MADAME,

DE VOTRE ALTESSE ROYALE,

Le très humble, très obéissant
et très fidèle serviteur,
RACINE.

PREMIÈRE PRÉFACE (1668).

Personnages. — Mes personnages sont si fameux dans l'antiquité, que, pour peu qu'on la connaisse, on verra fort bien que je les ai rendus tels que les anciens poètes nous les ont donnés (3). Aussi n'ai-je pas pensé qu'il me fût permis de rien changer à leurs mœurs.

Pyrrhus. — Toute la liberté que j'ai prise, ç'a été d'adoucir un peu la férocité de Pyrrhus, que Sénèque, dans sa *Troade*, et Virgile, dans le second de l'*Enéide*, ont poussée beaucoup plus loin que je n'ai cru le devoir faire.

(1) Mme de Sévigné écrivait, huit jours après sa mort (6 juillet 1670), qu'on avait perdu en elle « toute la joie, tous les agréments et tous les plaisirs de la cour. »

(2) Bossuet célébrait aussi la finesse de son esprit et la délicatesse de son goût : « Je pourrais vous faire remarquer qu'elle connaissait si bien la beauté des ouvrages de l'esprit, que l'on croyait avoir atteint la perfection, quand on avait su plaire à Madame. » (*Or. fun.*) Ce fut elle qui inspira *Bérénice*. On raconte qu'un jour, ayant aperçu Boileau au milieu des courtisans, elle le regarda avec un léger sourire, lui fit signe du doigt d'approcher, et se penchant à son oreille, elle lui dit tout bas ce vers de son *Lutrin* qu'il venait de publier :

Soupire, étend les bras, ferme l'œil et s'endort.

(3) Dans sa seconde Préface, Racine a supprimé ce jugement, trop peu conforme à la vérité. « Racine s'aveuglait lui-même : il n'a point rendu Pyrrhus et Andromaque tels que les anciens nous les ont donnés; et il ne le pouvait pas. Non seulement il lui était permis de changer quelque chose à leurs mœurs, mais il le devait s'il voulait réussir. » (GEOFFROY.)

Encore s'est-il trouvé des gens qui se sont plaints qu'il s'emportât contre Andromaque, et qu'il voulût épouser cette captive à quelque prix que ce fût.... (1) Mais que faire? Pyrrhus n'avait pas lu nos romans; il était violent de son naturel, et tous les héros ne sont pas faits pour être des Céladons (2).

Personnages tragiques. — Quoi qu'il en soit, le public m'a été trop favorable pour m'embarrasser du chagrin particulier de deux ou trois personnes qui voudraient qu'on réformât tous les héros de l'antiquité pour en faire des héros parfaits (3). Je trouve leur intention fort bonne de vouloir qu'on ne mette sur la scène que des hommes impeccables; mais je les prie de se souvenir que ce n'est pas à moi de changer les règles du théâtre. Horace nous recommande de dépeindre Achille farouche, inexorable, violent, tel qu'il était, et tel qu'on dépeint son fils (4).

Et Aristote, bien éloigné de nous demander des héros parfaits, veut au contraire que les personnages tragiques, c'est-à-dire ceux dont le malheur fait la catastrophe de la tragédie, ne soient ni tout à fait bons, ni tout à fait méchants. Il ne veut pas qu'ils soient extrêmement bons, parce que la punition d'un homme de bien exciterait plutôt l'indignation que la pitié du spectateur; ni qu'ils soient méchants avec excès, parce qu'on n'a point pitié d'un scélérat. Il faut donc qu'ils aient une bonté médiocre, c'est-à-dire une vertu capable de faiblesse, et qu'ils tombent dans le malheur par quelque faute, qui les fasse plaindre sans les faire détester (5).

(1) Peut-être Condé; car « Pyrrhus parut au grand Condé trop violent et trop emporté. » (L. RACINE.) Le caractère de Pyrrhus méritait plutôt un reproche tout opposé, celui de n'être plus le farouche fils d'Achille, le guerrier brutal et sanguinaire dont Virgile nous a dépeint les odieux exploits. Mais un tel personnage n'était guère possible sur la scène française au XVII° siècle.

(2) Personnage de l'*Astrée*, roman pastoral d'Honoré d'Urfé (1568-1625).

(3) Sans doute le duc de Créqui et le comte d'Olonne; le poète se vengea par de mordantes épigrammes. Subligny, un autre de ses détracteurs, fit jouer au Palais-Royal une parodie où étaient relevées spécialement les fautes de style, comme l'abus des mots *yeux* et *feux* employés par trop souvent dans *Andromaque*.

(4) Impiger, iracundus, inexorabilis, acer... (*Art poét.*, v. 121.)

(5) Les critiques d'ailleurs furent utiles à Racine, comme le constatait plus tard Boileau (Ep. VII) :

    Mais par les envieux un génie excité
    Au comble de son art est mille fois monté...
    Et peut-être ta plume aux censeurs de Pyrrhus
    Doit les plus nobles traits dont tu peignis Burrhus.

ANDROMAQUE

SECONDE PRÉFACE (1676).

Sources historiques et poétiques. — Virgile au IIIe livre de l'*Énéide* : c'est Énée qui parle :

> Littoraque Epiri legimus, portuque subimus
> Chaonio, et celsam Buthroti ascendimus urbem.
> Solemnes tum forte dapes, et tristia dona
> Libabat cineri Andromache, Manesque vocabat
> Hectoreum ad tumulum, viridi quem cespite inanem,
> Et geminas, causam lacrymis, sacraverat aras...
> Dejecit vultum, et demissa voce locuta est :
> « O felix una ante alias Priameia virgo,
> » Hostilem ad tumulum, Trojæ sub mœnibus altis,
> » Jussa mori! quæ sortitus non pertulit ullos,
> » Nec victoris heri tetigit captiva cubile !
> » Nos, patria incensa, diversa per æquora vectæ,
> » Stirpis Achilleæ fastus, juvenemque superbum,
> » Servitio enixæ, tulimus, qui deinde secutus
> » Ledæam Hermionem, lacedæmoniosque hymenæos...
> » Ast illum, ereptæ magno inflammatus amore
> » Conjugis, et scelerum Furiis agitatus, Orestes
> » Excipit incautum, patriasque obtruncat ad aras.

« Après avoir côtoyé le rivage d'Épire, nous entrons dans un port de la Chaonie, et gravissons la colline sur laquelle s'élève la ville de Buthrote... C'était le jour solennel où la triste Andromaque honorait les cendres de son époux par des offrandes et des libations funèbres. Elle invoquait les mânes d'Hector auprès d'un tombeau de gazon et de deux autels qu'elle lui avait consacrés, vains monuments qui renouvelaient ses larmes.... Elle baissa les yeux ; et d'une voix plaintive : « O Polyxène ! ô la plus
» heureuse des filles de Priam ! condamnée à mourir sur le tombeau d'un
» ennemi au pied des hautes murailles de Troie, le sort ne lui donna
» point un maître, et captive, elle ne connut point le lit d'un vainqueur.
» Et moi, après avoir vu ma patrie dévorée par les flammes, après avoir
» été traînée de mer en mer, esclave, il m'a fallu supporter les dédains
» du fils d'Achille et les transports d'un guerrier superbe ! Devenue mère,
» je me suis vue abandonnée pour la fille d'Hélène et l'alliance du roi de
» Lacédémone.... Cependant, égaré par l'amour et tourmenté par les
» Furies, Oreste surprend le ravisseur de son épouse, et l'immole au pied
» des autels de sa patrie. »

Voilà, en peu de vers, tout le sujet de cette tragédie.

Voilà le lieu de la scène, l'action qui s'y passe, les quatre principaux acteurs, et même leurs caractères, excepté celui d'Hermione, dont la jalousie et les emportements sont assez marqués dans l'*Andromaque* d'Euripide.

Andromaque dans Euripide et dans Racine. — C'est presque la seule chose que j'emprunte ici de cet auteur; car, quoique ma tragédie porte le même nom que la sienne, le sujet en est pourtant très différent. Andromaque, dans Euripide, craint pour la vie de Molossus, qui est un fils qu'elle a eu de Pyrrhus, et qu'Hermione veut faire mourir avec sa mère. Mais ici il ne s'agit point de Molossus : Andromaque ne connaît point d'autre mari qu'Hector, ni d'autre fils qu'Astyanax. J'ai cru en cela me conformer à l'idée que nous avons maintenant de cette princesse. La plupart de ceux qui ont entendu parler d'Andromaque ne la connaissent guère que pour la veuve d'Hector et pour la mère d'Astyanax (1). On ne croit point qu'elle doive aimer ni un autre mari, ni un autre fils ; et je doute que les larmes d'Andromaque eussent fait sur l'esprit de mes spectateurs l'impression qu'elles y ont faite, si elles avaient coulé pour un autre fils que celui qu'elle avait d'Hector (2).

Astyanax. — Il est vrai que j'ai été obligé de faire vivre Astyanax un peu plus qu'il n'a vécu; mais j'écris dans un pays où cette liberté ne pouvait pas être mal reçue. Car, sans parler de Ronsard, qui a choisi ce même Astyanax pour le héros de sa *Franciade*, qui ne sait que l'on fait descendre nos anciens rois de ce fils d'Hector, et que nos vieilles chroniques sauvent la vie à ce jeune prince, après la désolation de son pays, pour en faire le fondateur de notre monarchie (3)?

Combien Euripide a-t-il été plus hardi dans sa tragédie d'*Hélène*! il y choque ouvertement la créance commune de toute la Grèce.

Il suppose qu'Hélène n'a jamais mis le pied dans Troie ; et qu'après l'embrasement de cette ville, Ménélas trouve sa femme en Égypte, dont elle n'était point partie; tout cela fondé sur une opinion qui n'était reçue que parmi les Égyptiens, comme on le peut voir dans Hérodote.

Modifications historiques essentielles et accidentelles. — Je ne crois pas que j'eusse besoin de cet exemple d'Euripide pour justifier le

---

(1) Dans Virgile, Andromaque, veuve de Pyrrhus, est la femme d'Hélénus, toujours fidèle cependant au pieux souvenir d'Hector et de son fils.

(2) Comparaison des deux *Andromaque*.
Dans Euripide et dans Racine, Andromaque est le type de l'amour maternel; c'est la seule ressemblance. — Les différences sont nombreuses.
1° Dans Euripide, Andromaque est l'esclave et l'épouse de Pyrrhus dont elle a un fils, Molossus; dans Racine, la veuve d'Hector et la mère d'Astyanax refuse d'épouser Pyrrhus qui la traite presque en reine.
2° Dans Euripide, Andromaque et Molossus sont menacés de mort par Hermione; dans Racine, Astyanax doit succomber si la veuve d'Hector refuse d'épouser Pyrrhus; Euripide montre la mère, Racine montre la mère et l'épouse.
3° Dans Euripide, Andromaque a l'amour maternel que donne la nature; dans Racine, ses vertus de mère et d'épouse ont le charme surnaturel du christianisme.

(3) Après la prise de Troie, Astyanax fut précipité par les Grecs du haut des remparts, de peur qu'il ne restaurât un jour le royaume de Priam.

peu de liberté que j'ai prise ; car il y a bien de la différence entre détruire le principal fondement d'une fable, et en altérer quelques incidents qui changent presque de face dans toutes les mains qui les traitent. Ainsi, Achille, selon la plupart des poètes, ne peut être blessé qu'au talon, quoique Homère le fasse blesser au bras, et ne le croie invulnérable en aucune partie de son corps. Ainsi Sophocle fait mourir Jocaste aussitôt après la reconnaissance d'Œdipe, tout au contraire d'Euripide, qui la fait vivre jusqu'au combat et à la mort de ses deux fils. Et c'est à propos de quelques contrariétés de cette nature qu'un ancien commentateur de Sophocle remarque fort bien « qu'il ne faut point s'amuser à chicaner les » poètes pour quelques changements qu'ils ont pu faire dans la fable ; » mais qu'il faut s'attacher à considérer l'excellent usage qu'ils ont fait de » ces changements, et la manière ingénieuse dont ils ont su accommoder » la fable à leur sujet. »

PERSONNAGES :

ANDROMAQUE, veuve d'Hector, captive de Pyrrhus (1).
PYRRHUS, fils d'Achille, roi d'Épire (2).
ORESTE, fils d'Agamemnon (3).
HERMIONE, fille d'Hélène, accordée avec Pyrrhus (4).
PYLADE, ami d'Oreste (5).
CLÉONE, confidente d'Hermione.
CÉPHISE, confidente d'Andromaque.
PHŒNIX, gouverneur d'Achille, et ensuite de Pyrrhus.
Suite d'Oreste.

La scène est à Buthrote, ville d'Épire, dans une salle du palais de Pyrrhus.

(1) V. dans Homère les adieux d'Andromaque et d'Hector (*Iliade*, ch. VI).

(2) Pyrrhus ou Néoptolème, fils d'Achille et de Déidamie, contribua puissamment à la prise de Troie ; à son retour en Grèce, il fonda un royaume en Épire, épousa Hermione et Andromaque, et fut assassiné à Delphes par Oreste qui avait demandé avant lui la main d'Hermione.

(3) Oreste, fils d'Agamemnon et de Clytemnestre, tua sa mère pour venger sur elle le meurtre de son père.

(4) Hermione, fille de Ménélas et d'Hélène, épousa Pyrrhus ; mais, le voyant préférer Andromaque, elle le fit tuer par Oreste, son cousin, qu'elle épousa bientôt après.

(5) Pylade, fils de Strophius, roi de Phocide et oncle d'Oreste. Après le meurtre d'Agamemnon par Clytemnestre et Egisthe, Electre avait envoyé son jeune frère à la cour de Strophius qui éleva sa jeunesse. C'est là qu'Oreste et Pylade contractèrent ensemble cette amitié qui les a rendus si célèbres.

Analyse générale de l'action.

I. Après la prise de Troie, Andromaque, la veuve d'Hector, avait été emmenée en captivité par le fils d'Achille, Pyrrhus, roi d'Epire. Elle avait près d'elle son jeune fils Astyanax, qu'elle avait su dérober à la vengeance des Grecs. A la cour de Pyrrhus se trouve aussi Hermione, la fille de Ménélas et d'Hélène : son père l'avait fiancée au roi d'Epire ; mais depuis son arrivée, elle presse vainement Pyrrhus de l'épouser. Pyrrhus, loin de répondre à ses vœux, sollicite la main d'Andromaque, dont il ne peut d'ailleurs fléchir la fierté.

Sur ces entrefaites, Oreste arrive à la cour de Pyrrhus, et lui demande, de la part des Grecs, de lui livrer Astyanax. Pyrrhus repousse la demande des Grecs, mais il se prévaut de cet acte de générosité pour faire auprès d'Andromaque de nouvelles instances. La veuve d'Hector s'indigne et persiste dans son refus.

II. D'autre part, Oreste aspire à la main d'Hermione ; cette princesse, se voyant abandonnée, lui laisse d'abord quelque espoir ; mais bientôt Pyrrhus, irrité de la résistance obstinée d'Andromaque, déclare à Oreste qu'il lui abandonne Astyanax, et qu'il épousera Hermione.

III. Oreste et Pylade, à cette nouvelle, forment le projet d'enlever Hermione avant le mariage. De son côté, Andromaque supplie Hermione d'user de son crédit en faveur d'Astyanax ; sa cruelle rivale lui répond par un refus méprisant. Pyrrhus est moins dur : Astyanax sera sauvé, si Andromaque cède aux vœux du vainqueur.

IV. Désespérée, Andromaque ne consulte plus que l'amour maternel, et pour arracher son fils au trépas, elle consent à épouser Pyrrhus, résolue d'ailleurs de se donner la mort aussitôt après son hymen. Quant à Hermione, furieuse du triomphe de sa rivale, elle n'écoute plus que ses désirs de vengeance, et promet sa main à Oreste s'il assassine Pyrrhus.

V. A peine, en effet, Pyrrhus a-t-il épousé Andromaque au pied des autels, qu'il est massacré par les Grecs ; mais Oreste, au lieu de la récompense promise, ne reçoit d'Hermione que des malédictions ; la princesse se tue sur le corps de Pyrrhus, et tandis qu'Andromaque et son fils sont acclamés par le peuple, Oreste, en proie à une sombre fureur, profère des malédictions contre le ciel.

ANDROMAQUE

Appréciation.

La pièce et le poète.

Le génie de Racine se révéla dans *Andromaque* : ce fut son premier chef-d'œuvre et son premier triomphe. Ce fut aussi une révolution dramatique, et comme le commencement d'une ère nouvelle pour la tragédie : le *genre pathétique* remplaça le *genre héroïque* (1).

Le jeune poète avait été jusque-là le disciple de Corneille; dans *Andromaque*, il fut lui-même; il créa et il exécuta avec originalité.

Il n'avait encore que vingt-sept ans.

« Racine, dit Geoffroy, a des pièces plus parfaites, il n'en a point où il y ait plus d'élan et de verve; partout on reconnaît le jet d'un talent jeune et vigoureux : tout est en mouvement, tout est en feu; les intérêts se croisent, les passions se heurtent. »

Ce qui est plus remarquable encore, c'est la vérité des caractères, la peinture vivante des sentiments les plus naturels, l'intérêt pathétique répandu partout, c'est enfin le développement facile et naturel d'une intrigue fondée tout entière sur le jeu des passions (2).

L'action.

Le *sujet* de la tragédie est l'union de Pyrrhus et d'Andromaque.

Deux obstacles s'y opposent : la fidélité de la veuve d'Hector à la mémoire du héros troyen, et l'amour d'Hermione pour Pyrrhus.

Le *nœud* est formé par l'arrivée d'Oreste, envoyé par les Grecs pour réclamer le jeune fils d'Hector.

---

(1) « Cette tragédie fit le même bruit à peu près que *le Cid*, lorsqu'il fut représenté. » (PERRAULT.) — « *Le Cid* et *Andromaque* font, l'un et l'autre, époque dans l'histoire de l'art. Avec *le Cid*, on vit naître chez nous la tragédie fière, sublime, héroïque, qui agrandit les âmes; avec *Andromaque*, la tragédie pathétique, qui connaît tous les secrets, toutes les faiblesses du cœur dans leurs nuances les plus délicates, dans leurs replis les plus profonds, et qui sait peindre avec la vérité la plus saisissante les plus terribles orages des passions. » (P. MESNARD, *Les grands Écrivains*.)

(2) Saint-Evremond, grand admirateur de Corneille, ne put s'empêcher de rendre hommage au jeune poète; son jugement est célèbre. De Londres, où on lui avait envoyé *Andromaque* et *Attila* (joué trois mois auparavant), il écrivait à M. de Lionne : « Il me paraît qu'*Andromaque* a bien l'air des belles choses; il ne s'en faut presque rien qu'il y ait du grand. Ceux qui n'entreront pas assez dans les choses, l'admireront; ceux qui veulent des beautés pleines, y chercheront je ne sais quoi qui les empêchera d'être tout à fait contents.... Mais à tout prendre, c'est une belle pièce, et qui est fort au-dessus du médiocre, quoique un peu au-dessous du grand. Elle a besoin de grands comédiens qui remplissent par l'action ce qui lui manque. » On a dit avec plus de vérité qu'*Andromaque* a toujours fait les grands acteurs, au lieu d'être fait par eux. En 1685, d'après Baillet, la cour et le public préféraient encore *Andromaque* aux autres chefs-d'œuvre de Racine.

Les *trois unités* sont parfaitement gardées.

L'*action*, il est vrai, paraît double : d'un côté, Andromaque veut sauver son fils et rester fidèle aux mânes d'Hector; de l'autre, Hermione prétend se servir d'Oreste pour triompher de Pyrrhus. Mais cette seconde *intrigue* est habilement mêlée et subordonnée à la première qui est la principale.

Un triple amour provoque les *péripéties* les plus pathétiques (1) : l'amour de Pyrrhus pour Andromaque, celui d'Hermione pour Pyrrhus, et celui d'Oreste pour Hermione (2).

Personnages.

Andromaque. — Andromaque est la figure la plus noble de toute la tragédie : elle a l'héroïsme de la tendresse maternelle et le sublime de la foi conjugale. Sous le pinceau de Racine, la veuve antique s'est transfigurée en une femme chrétienne, admirable de délicatesse, de douceur, de modestie, de fermeté et d'indépendance; ce n'est plus, comme dans Euripide, l'esclave et l'épouse humiliée de Pyrrhus; bien que captive, l'Andromaque de Racine a la dignité d'une reine. Un seul trait païen dépare la pureté touchante de cette belle figure, c'est la pensée du suicide qu'elle a conçue pour frustrer l'attente de son cruel vainqueur (3).

(1) Les péripéties principales sont : 1° le refus de livrer Astyanax, opposé par Pyrrhus à la demande d'Oreste (Acte I, sc. II); 2° la résolution prise par Pyrrhus d'épouser Hermione et de livrer Astyanax (Acte II, sc. IV); 3° la résignation d'Andromaque acceptant la main de Pyrrhus pour sauver Astyanax; 4° la vengeance d'Hermione (Acte IV, sc. III); 5° les imprécations d'Hermione contre Oreste, après le meurtre de Pyrrhus.

(2) Les scènes les plus belles sont :
Acte I, *sc. II*, où Pyrrhus refuse Astyanax à Oreste; *sc. IV*, où Pyrrhus menace Andromaque de livrer Astyanax;
Acte II, *sc. IV*, où Pyrrhus déclare son dessein d'épouser Hermione;
Acte III, *sc. IV et VI*, Andromaque aux pieds d'Hermione; de Pyrrhus;
Acte IV, *sc. III*, où Hermione demande à Oreste de tuer Pyrrhus; *sc. IV*, dernière entrevue d'Hermione et de Pyrrhus;
Acte V, *sc. I*, monologue d'Hermione; *sc. II*, récit de Cléone; *sc. III*, imprécations d'Hermione; *sc. IV*, monologue d'Oreste; *sc. V*, ses fureurs.

(3) « Andromaque ressemble à ces veuves des premiers siècles païens, où l'idée d'un second mariage eût semblé profane et presque coupable, à ces *Paulle* et *Marcelle* qui, retirées dans un cloître, indifférentes à tous les spectacles du monde, et toujours vêtues de deuil, ne regardaient plus que le tombeau de l'époux à qui elles avaient gardé leur foi, et le ciel où leurs premiers nœuds devaient les rejoindre éternellement. Il est donc vrai que le caractère de la veuve d'Hector, en prenant les couleurs sévères du christianisme, devient plus pur et plus touchant que dans l'antiquité même. »
(DE FONTANES.) — Selon Saint-Marc-Girardin (*Litt. dram.*, I), l'*Andromaque* moderne est un des plus curieux exemples de la manière dont Racine composait ses personnages, mêlant avec un art infini, dans ses conceptions, les souvenirs de l'antiquité à l'inspiration des idées modernes.

Hermione, Oreste, Pyrrhus. — Tous trois sont, comme Andromaque, des personnages éminemment tragiques ; mais chez tous les trois, l'*égoïsme* de l'amour a remplacé l'*héroïsme* de la vertu : nous sommes loin de Corneille.

Hermione. — Ce rôle, créé tout entier par le poète, est la conception la plus dramatique de la pièce. Hermione, avec son âme ardente, son humeur altière et son impétuosité sauvage, présente le plus frappant contraste avec l'amour pur et la douce gravité de la veuve d'Hector. Au point de vue psychologique, son caractère offre l'étude la plus profonde et la plus fine d'un cœur dominé par la passion, ballotté sans cesse entre la crainte et l'espérance, irrésolu, abattu, se relevant par des soubresauts étranges, prenant des résolutions extrêmes, les démentant un instant après, emporté enfin à toutes les fureurs du désespoir. Au point de vue moral, Hermione est l'égoïsme même de la passion avec son cortège de malheurs et de crimes : jalouse et dure pour Andromaque, dissimulée et impérieuse avec Oreste, emportée et féroce envers Pyrrhus, sa vengeance commande le meurtre et aboutit au suicide. L'abandon immérité de Pyrrhus ôte aux transports de sa jalousie ce qu'ils ont de trop odieux.

Oreste. — Comme Hermione, Oreste est le jouet et la victime de sa passion ; comme elle, on le voit sacrifier le devoir à l'amour ; pour ne pas désobéir à une furie qui le méprise, il se fait lâche assassin. De l'Oreste sombre et effrayant de la tragédie antique, l'Oreste de Racine n'a conservé qu'une teinte de mélancolie et une impression légère de la fatalité : le poète français ne fait apparaître les Furies qu'après la consommation de son nouveau crime (1).

Pyrrhus. — C'est le fier et bouillant fils d'Achille, moins violent cependant, parfois trop doucereux. Sa dureté pour sa noble captive et son infidélité envers Hermione sont un peu adoucies par la générosité hautaine avec laquelle il refuse de livrer un enfant innocent (2).

(1) *Tristis Orestes*, dit Horace. « Quoique absous du meurtre de sa mère par l'Aréopage, quoique lavé de ce crime par une célèbre expiation chez les Trézéniens, les Furies n'avaient cessé de le tourmenter ; et il n'en fut entièrement délivré qu'après avoir enlevé dans la Tauride la statue de Diane. Alors il songea à revoir Hermione que Pyrrhus avait épousée. Il n'était donc plus poursuivi par les Furies quand il tua Pyrrhus ; mais il était toujours poursuivi par les remords de sa conscience, par les Furies de ses crimes, comme dit Virgile, *scelerum Furiis agitatus Orestes* : c'est pourquoi, au dénoûment, il croit voir revenir les Furies. Dans cette pièce, il ne parle jamais du meurtre de sa mère ; et Hermione elle-même, au milieu de sa fureur, ne lui reproche pas ce crime.... La vue d'un homme souillé du sang de sa mère eût été odieuse aux spectateurs. Le poète a si bien ménagé les choses, qu'Oreste paraît accablé de tristesse, sans qu'on en soupçonne la véritable raison. » (L. RACINE.)

(2) Il peut, Seigneur, il peut, dans ce désordre extrême,
    Epouser ce qu'il hait, et perdre ce qu'il aime. (A. I. sc. I.)

Ces vers peignent admirablement le caractère de Pyrrhus ; toute la pièce dépend de ce cœur incertain et violent.

Personnages secondaires. — *Pylade* est l'ami fidèle et dévoué ; mais il est trop obséquieux pour les coupables extravagances d'Oreste (1).

Phœnix, *Cléone* et *Céphise* sont des personnages subalternes sans importance ; le vieux gouverneur d'Achille a trop peu d'empire sur Pyrrhus.

Style.

Le *style*, comme la conception, dénote un progrès notable. On rencontre encore, il est vrai, quelques tirades de galanterie romanesque, quelques expressions affectées ou peu justes ; mais la pièce, en général, est écrite d'un ton simple, noble et naturel, avec élégance et harmonie, parfois avec une vigueur digne de Corneille.

QUESTIONS GÉNÉRALES

En quelle année parut *Andromaque* ? Age du poète.
A qui Racine dédia-t-il sa pièce ?
Que dit Racine des personnages de Pyrrhus ? d'Astyanax ?
Comment répondit-il aux critiques ?
Que doivent être les personnages tragiques d'après Horace et Aristote ?
Quelles sont les sources historiques et poétiques d'*Andromaque* ?
Comparez l'*Andromaque* d'Euripide à celle de Racine.
Notions historiques sur Pyrrhus, Oreste, Hermione et Pylade.
Quel est le lieu de la scène ?
Donnez l'analyse générale de l'action.
Donnez une appréciation générale de la pièce.
Quelle différence y a-t-il entre le genre de Corneille et celui de Racine ?
Quelle est la perfection propre de cette tragédie ?
Pourquoi *Andromaque* fait-elle époque dans l'histoire de l'art ?
Quel fut le sentiment de Saint-Evremond sur *Andromaque* ?
Quel fut le sentiment de Mme de Sévigné, de la cour et du public ?
Quel est le sujet de la pièce ?
Comment est formé le nœud ?
N'y a-t-il pas deux actions mêlées l'une à l'autre ?
D'où viennent les péripéties de la pièce ?
Quelles sont les péripéties principales ? et les scènes les plus belles ?
Quel est le personnage le plus noble ? — Caractère d'Andromaque.
Caractère d'Hermione (dramatique, psychologique et moral).
Tracez les caractères d'Oreste, de Pyrrhus.
Quels sont les personnages secondaires ?
Quels sont les qualités et les défauts du style ?

(1) « Si Racine a cru devoir mettre quelque inégalité entre Oreste et Pylade, il a du moins relevé le rôle de cet illustre ami par la noblesse et la beauté des sentiments. » (GEOFFROY.)

ACTE PREMIER

Exposition. — Nœud.

Pyrrhus refuse Astyanax. — Il menace Andromaque.

Scène I. — Oreste exprime à Pylade sa joie de le retrouver après six mois de séparation cruelle (1). Il lui raconte comment il vient, au nom des Grecs, demander que Pyrrhus leur livre Astyanax.

> J'entends de tous côtés qu'on menace Pyrrhus ;
> Toute la Grèce éclate en murmures confus :
> On se plaint qu'oubliant son sang et sa promesse,
> Il élève en sa cour l'ennemi de la Grèce,
> Astyanax, d'Hector jeune et malheureux fils,
> Reste de tant de rois sous Troie ensevelis.
> J'apprends que pour ravir son enfance au supplice
> Andromaque trompa l'ingénieux Ulysse,
> Tandis qu'un autre enfant, arraché de ses bras,
> Sous le nom de son fils fut conduit au trépas.
> On dit que, peu sensible aux charmes d'Hermione,
> Mon rival porte ailleurs son cœur et sa couronne.
> Ménélas, sans le croire, en paraît affligé,
> Et se plaint d'un hymen si longtemps négligé.

Oreste avoue cependant que cette ambassade n'a été pour lui qu'un prétexte : son véritable but est de revoir Hermione qu'il avait connue à Sparte et dont il veut de nouveau solliciter la main.

SCÈNE II

PYRRHUS, ORESTE, PHOENIX.

ORESTE.

> Avant que tous les Grecs vous parlent par ma voix,
> Souffrez que j'ose ici me flatter de leur choix,
> Et qu'à vos yeux, Seigneur, je montre quelque joie
> De voir le fils d'Achille et le vainqueur de Troie.

---

(1) La rencontre d'Oreste et de Pylade est fortuite ; elle n'est cependant pas invraisemblable : séparé de son ami par une tempête qui le retint six mois loin de la Grèce, Pylade était en Epire quand Oreste y arriva.

Oreste ouvre ainsi la pièce :

> Oui, puisque je retrouve un ami si fidèle,
> Ma fortune va prendre une face nouvelle ;
> Et déjà son courroux semble s'être adouci,
> Depuis qu'elle a pris soin de nous rejoindre ici.

On dit qu'André Chénier et Roucher, conduits sur la même charrette à l'échafaud en 1794, se consolèrent en récitant ensemble ces premiers vers d'*Andromaque*.

Oui, comme ses exploits nous admirons vos coups :
Hector tomba sous lui, Troie expira sous vous (1);
Et vous avez montré, par une heureuse audace,
Que le fils seul d'Achille a pu remplir sa place (2).
Mais, ce qu'il n'eût point fait, la Grèce avec douleur
Vous voit du sang troyen relever le malheur,
Et vous laissant toucher d'une pitié funeste,
D'une guerre si longue entretenir le reste (3).
Ne vous souvient-il plus, Seigneur, quel fut Hector?
Nos peuples affaiblis s'en souviennent encor.
Son nom seul fait frémir nos veuves et nos filles,
Et dans toute la Grèce il n'est point de familles
Qui ne demandent compte à ce malheureux fils
D'un père ou d'un époux qu'Hector leur a ravis.
Et qui sait ce qu'un jour ce fils peut entreprendre?
Peut-être dans nos ports nous le verrons descendre,
Tel qu'on a vu son père, embraser nos vaisseaux,
Et la flamme à la main, les suivre sur les eaux (4).
Oserai-je, Seigneur, dire ce que je pense?
Vous-même de vos soins craignez la récompense,
Et que dans votre sein ce serpent élevé
Ne vous punisse un jour de l'avoir conservé.
Enfin, de tous les Grecs satisfaites l'envie,
Assurez leur vengeance, assurez votre vie ;
Perdez un ennemi d'autant plus dangereux,
Qu'il s'essaiera sur vous à combattre contre eux (5).

(1) Oreste est l'ambassadeur des Grecs ; sa mission est délicate : il commence par un exorde insinuant. Pompée, dans Corneille, emploie le même langage en abordant Sertorius (*Sertorius*, acte III, scène I).

(2) Pyrrhus était arrivé, quoique très jeune, devant Troie, la dixième année du siège, parce qu'un oracle avait déclaré que la ville ne pouvait être prise sans lui. Il entra le premier dans le cheval de bois, et se signala dans le sac de la ville par sa cruauté farouche. (V. SOPHOCLE, *Philoctète* ; VIRGILE, *En.*, II, et FÉNELON, *Télémaque*, XII.)

(3) Andromaque, la veuve d'Hector, et son jeune enfant Astyanax.

(4) Souvenir de Virgile (Songe d'Énée, *En.*, II, 274) :

« Qu'il était différent de cet Hector, qui revenait chargé des dépouilles d'Achille, ou qui rentrait dans nos murs, après avoir lancé la flamme sur les vaisseaux des Grecs ! »

(5) « L'art du discours d'Oreste, dit Geoffroy, consiste à ne présenter à Pyrrhus que des motifs plus capables d'affermir que d'ébranler la résolution qu'il a prise de ne point livrer le fils d'Hector. L'orateur lui parle de l'intérêt des Grecs qui ne le touche point; il essaie de l'effrayer, et il ne fait que l'enhardir. On sent que l'ambassadeur craint d'obtenir ce qu'il demande, Pylade avait dit à Oreste (sc. I) :

Pressez : demandez tout, *pour ne rien obtenir.* »

ACTE I, SCÈNE II

PYRRHUS.

La Grèce en ma faveur est trop inquiétée.
De soins plus importants je l'ai crue agitée,
Seigneur ; et sur le nom de son ambassadeur,
J'avais dans ses projets conçu plus de grandeur.
Qui croirait en effet qu'une telle entreprise
Du fils d'Agamemnon méritât l'entremise ;
Qu'un peuple tout entier, tant de fois triomphant,
N'eût daigné conspirer que la mort d'un enfant (1)?
Mais à qui prétend-on que je le sacrifie?
La Grèce a-t-elle encor quelque droit sur sa vie?
Et seul de tous les Grecs, ne m'est-il pas permis
D'ordonner d'un captif que le sort m'a soumis (2)?
Oui, Seigneur, lorsqu'au pied des murs fumants de Troie
Les vainqueurs tout sanglants partagèrent leur proie,
Le sort, dont les arrêts furent alors suivis,
Fit tomber en mes mains Andromaque et son fils.
Hécube (3) près d'Ulysse acheva sa misère (4) ;
Cassandre dans Argos a suivi votre père (5) :
Sur eux, sur leurs captifs, ai-je étendu mes droits?
Ai-je enfin disposé du fruit de leurs exploits?
On craint qu'avec Hector Troie un jour ne renaisse (6) ;
Son fils peut me ravir le jour que je lui laisse.
Seigneur, tant de prudence entraîne trop de soin :
Je ne sais point prévoir les malheurs de si loin.
Je songe quelle était autrefois cette ville
Si superbe en remparts, en héros si fertile,
Maîtresse de l'Asie (7) ; et je regarde enfin
Quel fut le sort de Troie, et quel est son destin.
Je ne vois que des tours que la cendre a couvertes,

(1) Pyrrhus répond avec une hauteur ironique et dédaigneuse qui fait pressentir un refus.

(2) Le premier argument de Pyrrhus, c'est l'injure qu'on prétend faire à ses droits souverains ; Andromaque est sa conquête.

(3) Hécube, épouse de Priam, dernier roi de Troie, et mère d'Hector.

(4) « *Acheva sa misère*, façon de parler hardie et poétique, pour *acheva sa misérable vie*. *Misère* est un terme noble en poésie ; il ne signifie pas seulement *pauvreté*, *infamie*, mais *malheur*, *infortune*. » (GEOFFROY.)

(5) Cassandre, sœur d'Hector, échut à Agamemnon.

(6) Pyrrhus réfute ensuite, avec la même force de raison et la même ironie, les vaines craintes des Grecs.

(7) Ce repos après le premier hémistiche, comme un peu plus loin après les mots *un enfant dans les fers*, montre avec quel art Racine sait couper ses belles périodes, et comment, par la variété du rythme, il échappe à la monotonie des vers accouplés en distiques.

Un fleuve teint de sang, des campagnes désertes,
Un enfant dans les fers; et je ne puis songer
Que Troie en cet état aspire à se venger.
Ah! si du fils d'Hector la perte était jurée,
Pourquoi d'un an entier l'avons-nous différée (1)?
Dans le sein de Priam n'a-t-on pu l'immoler?
Sous tant de morts, sous Troie, il fallait l'accabler.
Tout était juste alors : la vieillesse et l'enfance
En vain sur leur faiblesse appuyaient leur défense;
La victoire et la nuit, plus cruelles que nous,
Nous excitaient au meurtre, et confondaient nos coups.
Mon courroux aux vaincus ne fut que trop sévère (2).
Mais que ma cruauté survive à ma colère?
Que, malgré la pitié dont je me sens saisir,
Dans le sang d'un enfant je me baigne à loisir?
Non, Seigneur. Que les Grecs cherchent quelque autre proie;
Qu'ils poursuivent ailleurs ce qui reste de Troie :
De mes inimitiés le cours est achevé;
L'Epire sauvera ce que Troie a sauvé.

ORESTE.

Seigneur, vous savez trop avec quel artifice
Un faux Astyanax fut offert au supplice
Où le seul fils d'Hector devait être conduit.
Ce n'est pas les Troyens, c'est Hector qu'on poursuit.
Oui, les Grecs sur le fils persécutent le père;
Il a par trop de sang acheté leur colère.
Ce n'est que dans le sien qu'elle peut expirer;
Et jusque dans l'Epire il les peut attirer (3).
Prévenez-les.

PYRRHUS.

Non, non. J'y consens avec joie :
Qu'ils cherchent dans l'Épire une seconde Troie;
Qu'ils confondent leur haine, et ne distinguent plus
Le sang qui les fit vaincre, et celui des vaincus.
Aussi bien ce n'est pas la première injustice
Dont la Grèce d'Achille a payé le service.

(1) L'action se passe donc un an après le départ de Troie. « Il n'eût point été vraisemblable que les Grecs eussent laissé vivre plusieurs années Astyanax, qui est dépeint dans cette pièce comme un enfant. » (L. RACINE.)

(2) Le poète, en prêtant à Pyrrhus ces regrets et de si nobles sentiments, efface dans l'esprit du spectateur l'impression des cruautés dont l'histoire a chargé le fils d'Achille.

(3) L'insatiable vengeance des Grecs est une raison à la fois odieuse et futile : Oreste y ajoute la menace.

C'était le plus sûr moyen d'irriter Pyrrhus.

ACTE I, SCÈNE IV

Hector en profita, Seigneur; et quelque jour
Son fils en pourrait bien profiter à son tour.

ORESTE.

Ainsi la Grèce en vous trouve un enfant rebelle?

PYRRHUS.

Et je n'ai donc vaincu que pour dépendre d'elle?

ORESTE.

Hermione, Seigneur, arrêtera vos coups :
Ses yeux s'opposeront entre son père et vous.

PYRRHUS.

Hermione, Seigneur, peut m'être toujours chère;
Je puis l'aimer, sans être esclave de son père;
Et je saurai peut-être accorder quelque jour
Les soins de ma grandeur et ceux de mon amour.
Vous pouvez cependant voir la fille d'Hélène :
Du sang qui vous unit je sais l'étroite chaîne.
Après cela, Seigneur, je ne vous retiens plus,
Et vous pourrez aux Grecs annoncer mon refus (1).

Scène III. Phœnix s'étonne que Pyrrhus ait permis à Oreste de se présenter devant Hermione. Pyrrhus lui répond qu'il l'autoriserait volontiers à emmener Hermione à Sparte.

SCÈNE IV
PYRRHUS, ANDROMAQUE, CÉPHISE ².

PYRRHUS.

            Me cherchiez-vous, Madame?
Un espoir si charmant me serait-il permis?

ANDROMAQUE.

Je passais jusqu'aux lieux où l'on garde mon fils.
Puisqu'une fois le jour vous souffrez que je voie
Le seul bien qui me reste et d'Hector et de Troie (3),

---

(1) « Cette scène, pour l'intérêt du sujet et pour l'éloquence du style, mérite d'être citée parmi les plus belles du théâtre français. Il est rare que dès la seconde scène d'une tragédie, où le poète est encore occupé de son exposition, il puisse trouver matière à tant de beautés. » (GEOFFROY.)

(2) Il est peu naturel, dit Geoffroy, que la même salle où Pyrrhus a écouté les propositions d'Oreste, soit encore celle où il s'entretient avec Andromaque, avec Hermione, celle où Hermione reçoit Oreste et Andromaque; dans *Athalie* cette espèce d'unité est parfaite.

(3) Pourquoi cette rigueur envers une mère qui n'a plus que cette seule consolation dans sa captivité? C'est que Pyrrhus espère, en la privant de son fils, triompher plus facilement de ses refus, comme il le dira bientôt :

            Attend-elle en ce jour
Que je lui laisse un fils pour nourrir son amour? (A. II. sc. V.)

J'allais, Seigneur, pleurer un moment avec lui :
Je ne l'ai point encore embrassé d'aujourd'hui (1).

PYRRHUS.

Ah! Madame, les Grecs, si j'en crois leurs alarmes,
Vous donneront bientôt d'autres sujets de larmes.

ANDROMAQUE.

Et quelle est cette peur dont leur cœur est frappé,
Seigneur? Quelque Troyen vous est-il échappé?

PYRRHUS.

Leur haine pour Hector n'est pas encore éteinte.
Ils redoutent son fils.

ANDROMAQUE.

    Digne objet de leur crainte (2)!
Un enfant malheureux, qui ne sait pas encor
Que Pyrrhus est son maître, et qu'il est fils d'Hector (3).

PYRRHUS.

Tel qu'il est, tous les Grecs demandent qu'il périsse.
Le fils d'Agamemnon vient hâter son supplice.

ANDROMAQUE.

Et vous prononcerez un arrêt si cruel?
Est-ce mon intérêt qui le rend criminel?
Hélas! on ne craint point qu'il venge un jour son père;
On craint qu'il n'essuyât les larmes de sa mère (4).

(1) « Voilà de ces vers qui se gravent d'eux-mêmes dans la mémoire de tous ceux qui les ont lus et entendus. Le cœur les a faits et le cœur les retient : il y en a une foule de ce genre dans le rôle d'Andromaque. Cet inimitable rôle respire, dès son début, cette simplicité attendrissante qui ne se dément pas un instant. » (LA HARPE.)

(2) « Jamais les secrets du cœur humain, les illusions, les craintes, les espérances de l'amour maternel n'ont été peints avec tant de profondeur et d'habileté. On ne cesse de s'étonner, en lisant les quatorze premiers vers de cette scène, de tout ce qu'ils renferment. » (AIMÉ-MARTIN.)

(3) Andromaque, par instinct maternel, s'empresse de montrer à Pyrrhus l'impuissance d'un enfant qui s'ignore encore, et que, du reste, le fils d'Achille tient en son pouvoir.

(4) Quel cœur ne serait ému de ces plaintes si touchantes? C'est l'élégie d'une veuve qui pleure son époux, d'une mère qui n'a plus qu'un enfant pour essuyer ses larmes. Sa douleur s'épanche sans effort, et les paroles tombent naturellement de son cœur. La Harpe en fait justement la remarque : ici presque point de figures, d'inversions, d'épithètes; si multipliées et si hardies dans le rôle d'Hermione, elles sont rares et ménagées dans celui-ci : c'est que la douleur nourrie par le temps ne parle point avec l'impétuosité ardente de la passion.

Il m'aurait tenu lieu d'un père et d'un époux ;
Mais il me faut tout perdre, et toujours par vos coups.

PYRRHUS.

Madame, mes refus ont prévenu vos larmes.
Tous les Grecs m'ont déjà menacé de leurs armes ;
Mais dussent-ils encore, en repassant les eaux,
Demander votre fils avec mille vaisseaux ;
Coûtât-il tout le sang qu'Hélène a fait répandre ;
Dussé-je après dix ans voir mon palais en cendre,
Je ne balance point, je vole à son secours :
Je défendrai sa vie aux dépens de mes jours (1).
Mais parmi ces périls où je cours pour vous plaire,
Me refuserez-vous un regard moins sévère ?
Haï de tous les Grecs, pressé de tous côtés,
Me faudra-t-il combattre encor vos cruautés ?
Je vous offre mon bras. Puis-je espérer encore
Que vous accepterez un cœur qui vous adore ?
En combattant pour vous, me sera-t-il permis
De ne vous point compter parmi mes ennemis ?

ANDROMAQUE.

Seigneur, que faites-vous, et que dira la Grèce ?
Faut-il qu'un si grand cœur montre tant de faiblesse ?
Voulez-vous qu'un dessein si beau, si généreux,
Passe pour le transport d'un esprit amoureux ?
Captive, toujours triste, importune à moi-même,
Pouvez-vous souhaiter qu'Andromaque vous aime ?
Quels charmes ont pour vous des yeux infortunés
Qu'à des pleurs éternels vous avez condamnés ?
Non, non, d'un ennemi respecter la misère,
Sauver des malheureux, rendre un fils à sa mère,
De cent peuples pour lui combattre la rigueur
Sans me faire payer son salut de mon cœur,
Malgré moi, s'il le faut, lui donner un asile :
Seigneur, voilà des soins dignes du fils d'Achille (2).

PYRRHUS.

Hé quoi ! votre courroux n'a-t-il pas eu son cours ?
Peut-on haïr sans cesse ? et punit-on toujours ?

---

(1) Soit sincérité, soit calcul, Pyrrhus cherche par ses protestations de dévouement, à gagner le cœur de la mère ; la fin de son discours se ressent trop des fadeurs du temps.

(2) Andromaque n'est pas seulement mère : sa foi conjugale s'accorde admirablement avec sa tendresse maternelle ; sans oublier son fils, elle reste la veuve d'Hector, et repousse noblement les avances de Pyrrhus, en faisant appel à son amour-propre, à sa dignité, à sa générosité.

J'ai fait des malheureux, sans doute; et la Phrygie
Cent fois de votre sang a vu ma main rougie.
Mais que vos yeux sur moi se sont bien exercés!
Qu'ils m'ont vendu bien cher les pleurs qu'ils ont versés!
De combien de remords m'ont-ils rendu la proie!
Je souffre tous les maux que j'ai faits devant Troie.
Vaincu, chargé de fers, de regrets consumé,
Brûlé de plus de feux que je n'en allumai (1),
Tant de soins, tant de pleurs, tant d'ardeurs inquiètes....
Hélas! fus-je jamais si cruel que vous l'êtes?
Mais enfin, tour à tour c'est assez nous punir :
Nos ennemis communs devraient nous réunir;
Madame, dites-moi seulement que j'espère,
Je vous rends votre fils, et je lui sers de père;
Je l'instruirai moi-même à venger les Troyens;
J'irai punir les Grecs de vos maux et des miens.
Animé d'un regard, je puis tout entreprendre :
Votre Ilion encor peut sortir de sa cendre;
Je puis, en moins de temps que les Grecs ne l'ont pris,
Dans ses murs relevés couronner votre fils (2).

ANDROMAQUE.

Seigneur, tant de grandeurs ne nous touchent plus guère :
Je les lui promettais tant qu'a vécu son père.
Non, vous n'espérez plus de nous revoir encor,
Sacrés murs, que n'a pu conserver mon Hector (3).
A de moindres faveurs des malheureux prétendent,
Seigneur : c'est un exil que mes pleurs vous demandent.
Souffrez que loin des Grecs, et même loin de vous,
J'aille cacher mon fils, et pleurer mon époux (4).
Votre amour contre nous allume trop de haine :
Retournez, retournez à la fille d'Hélène.

(1) Cette antithèse est un reste du style précieux de l'époque.

(2) Il y a de l'éloquence dans cet abandon chevaleresque du farouche Pyrrhus. Mais l'argument sur lequel il compte le plus, c'est celui par lequel il termine : sauver Astyanax, lui servir de père, le former à la gloire, relever Troie et replacer le fils d'Hector sur le trône de ses aïeux : quelle perspective pour l'ambition d'une mère, pour le cœur d'Andromaque!

(3) Cette apostrophe est si naturelle et si touchante, qu'au lieu de penser à l'effet désagréable du mot *sacrés* placé avant le nom, on ne voit, selon la remarque de Geoffroy, que la poésie d'une expression qui rappelle l'origine sacrée de ces murs bâtis par la main des dieux.

(4) Andromaque ne se laisse pas éblouir : quel fond, du reste, peut-elle faire sur ces promesses brillantes? Elle soupire, il est vrai, au souvenir si cher de Troie et de son Hector; mais son cœur n'aspire plus qu'à une chose : pleurer son époux en pressant son fils dans ses bras.

Racine atteint ici le sublime de la douleur héroïquement fidèle au devoir.

ACTE I, SCÈNE IV

PYRRHUS.

Et le puis-je, Madame? Ah! que vous me gênez (1)!
Comment lui rendre un cœur que vous me retenez?
Je sais que de mes vœux on lui promit l'empire;
Je sais que pour régner elle vint dans l'Épire;
Le sort vous y voulut l'une et l'autre amener :
Vous, pour porter des fers, elle pour en donner.
Cependant ai-je pris quelque soin de lui plaire?
Et ne dirait-on pas, en voyant au contraire
Vos charmes tout-puissants, et les siens dédaignés,
Qu'elle est ici captive, et que vous y régnez?
Ah! qu'un seul des soupirs que mon cœur vous envoie,
S'il s'échappait vers elle, y porterait de joie!

ANDROMAQUE.

Et pourquoi vos soupirs seraient-ils repoussés?
Aurait-elle oublié vos services passés?
Troie, Hector, contre vous révoltent-ils son âme?
Aux cendres d'un époux doit-elle enfin sa flamme?
Et quel époux encor! Ah! souvenir cruel!
Sa mort seule a rendu votre père immortel.
Il doit au sang d'Hector tout l'éclat de ses armes,
Et vous n'êtes tous deux connus que par mes larmes (2).

PYRRHUS.

Eh bien, Madame, eh bien, il faut vous obéir :
Il faut vous oublier, ou plutôt vous haïr.
Oui, mes vœux ont trop loin poussé leur violence
Pour ne plus s'arrêter que dans l'indifférence.
Songez-y bien : il faut désormais que mon cœur,
S'il n'aime avec transport, haïsse avec fureur (3).
Je n'épargnerai rien dans ma juste colère :
Le fils me répondra des mépris de la mère;
La Grèce le demande; et je ne prétends pas
Mettre toujours ma gloire à sauver des ingrats.

ANDROMAQUE.

Hélas! il mourra donc. Il n'a pour sa défense

---

(1) *Gêner*, de *gêne* (gehenna) signifiait encore du temps de Racine *tourmenter*, et non pas seulement *incommoder*, comme aujourd'hui.

(2) Tout est sentiment sur les lèvres d'Andromaque ; pas de sentences, pas de dissertations froides et prétentieuses. Pour montrer quelle distance doit à jamais séparer le cœur de Pyrrhus de celui de sa captive, elle se plaît, au risque de renouveler ses douleurs, à rappeler la mort d'Hector, tombant sous les coups d'Achille.

(3) Pyrrhus essaie la menace; ce vers peint son caractère violent.

Que les pleurs de sa mère, et que son innocence.
Et peut-être après tout, en l'état où je suis,
Sa mort avancera la fin de mes ennuis.
Je prolongeais pour lui ma vie et ma misère;
Mais enfin sur ses pas j'irai revoir son père (1).
Ainsi, tous trois, Seigneur, par vos soins réunis (2),
Nous vous....

PYRRHUS.

Allez, Madame, allez voir votre fils.
Peut-être, en le voyant, votre amour plus timide
Ne prendra pas toujours sa colère pour guide.
Pour savoir nos destins j'irai vous retrouver.
Madame, en l'embrassant, songez à le sauver (3).

QUESTIONS SUR LE Ier ACTE.

Que renferme le 1er acte?
Comment et par qui se fait l'exposition?
Pour quels motifs Oreste vient-il en Epire?
Sa rencontre avec Pylade est-elle vraisemblable?
Quelles sont les deux scènes principales du Ier acte?
Quels sont les arguments d'Oreste? quels sont ceux de Pyrrhus?
Pourquoi Pyrrhus permet-il à Oreste de revoir Hermione?
Dans quel but secret Pyrrhus refuse-t-il de livrer Astyanax?
Pourquoi Andromaque fait-elle la rencontre de Pyrrhus?
Sous quel aspect se montre dès le début la veuve d'Hector?
Quelles sont les raisons, les promesses et les menaces de Pyrrhus?
Comment Andromaque y répond-elle?
Que se passe-t-il dans le 1er entr'acte?

(1) Au lieu de supplier, l'héroïque mère se résigne à la mort de son fils; elle prévoit même que cette mort hâtera la sienne : mais ce sera la délivrance, ce sera la réunion avec son cher Hector. Ce regard d'espérance vers une vie meilleure n'appartient qu'à une âme chrétienne, qui aspire à la mort, parce qu'elle est certaine de retrouver ceux qu'elle a perdus.

(2) « Les larmes les plus douces qui coulent au théâtre sont toujours celles qu'arrache l'admiration d'une vertu sublime. Les fureurs d'Oreste et la rage d'Hermione font frémir et ne font point pleurer. Si quelque chose touche dans *Andromaque*, c'est l'héroïque fidélité et la tendresse maternelle de la veuve d'Hector. Ainsi le caractère qui intéresse dans cette tragédie de Racine, est précisément celui qui se rapproche du genre de Corneille. » (GEOFFROY.)

(3) Pyrrhus a entrevu la menace si discrètement voilée par la résignation ; sa colère tombe tout d'un coup, pour rendre quelque espérance à sa captive. « Mais déjà la terreur est établie. Le dernier vers de cet acte dit tout ce que peut faire Pyrrhus, et tout ce que doit craindre Andromaque. On ne pouvait mieux finir. » (LA HARPE.) Andromaque, en sortant, va voir son fils.

ACTE SECOND

Pyrrhus annonce son mariage avec Hermione.

Scène I. Hermione expose ses ennuis à Cléone, sa confidente : elle aime Pyrrhus qui la trahit; elle n'aime point Oreste qui la poursuit. Peut-être cependant, pour se venger des mépris de Pyrrhus, consentira-t-elle à partir avec Oreste; déjà elle va lui accorder une entrevue (1). — *Scène II.* Oreste déclare à Hermione qu'il aspire toujours à sa main. Hermione se contente de lui répondre qu'elle l'estime, mais en lui laissant voir qu'elle aime Pyrrhus. Sur les instances d'Oreste, elle lui promet de le suivre, si Ménélas ou Pyrrhus lui envoie l'ordre de partir. Elle charge Oreste de sommer Pyrrhus d'épouser la fille de Ménélas ou de livrer Astyanax (2). — *Scène III.* Oreste, resté seul, se promet d'obtenir que Pyrrhus renvoie Hermione. Mais Pyrrhus, qui avait refusé de livrer le fils d'Hector, vient lui annoncer qu'il a changé d'avis.

SCÈNE IV

PYRRHUS, ORESTE, PHOENIX.

PYRRHUS.

Je vous cherchais, Seigneur. Un peu de violence
M'a fait de vos raisons combattre la puissance,
Je l'avoue; et depuis que je vous ai quitté,
J'en ai senti la force et connu l'équité.
J'ai songé, comme vous, qu'à la Grèce, à mon père,
A moi-même, en un mot, je devenais contraire;
Que je relevais Troie, et rendais imparfait
Tout ce qu'a fait Achille, et tout ce que j'ai fait.
Je ne condamne plus un courroux légitime,
Et l'on vous va, Seigneur, livrer votre victime (3).

(1) Les incertitudes, les craintes, les espérances si opposées d'Oreste et d'Hermione dépendent toujours des résolutions de Pyrrhus, qui elles-mêmes dépendent de celles d'Andromaque. C'est ainsi que des intérêts si divers se rattachent à la personne unique de la veuve d'Hector; l'unité d'action se maintient à travers les incidents les plus variés.

(2) Hermione donne quelque espoir à Oreste, parce qu'elle se croit abandonnée par Pyrrhus; Oreste, de son côté, accepte la mission avec joie, sachant combien Pyrrhus est attaché à Andromaque.

(3) Ce brusque changement de Pyrrhus, si vraisemblable dans son caractère après les refus réitérés d'Andromaque, forme une des plus belles *péripéties* de la pièce. Oreste en est atterré. Sa situation est d'autant plus dramatique, qu'après avoir réclamé le fils d'Hector avec l'espoir de ne pas l'obtenir, il se voit forcé de l'accepter presque avec reconnaissance.

ORESTE.
Seigneur, par ce conseil prudent et rigoureux,
C'est acheter la paix du sang d'un malheureux (1).

PYRRHUS.
Oui. Mais je veux, Seigneur, l'assurer davantage :
D'une éternelle paix Hermione est le gage;
Je l'épouse (2). Il semblait qu'un spectacle si doux
N'attendît en ces lieux qu'un témoin tel que vous.
Vous y représentez tous les Grecs et son père,
Puisqu'en vous Ménélas voit revivre son frère.
Voyez-la donc. Allez. Dites-lui que demain
J'attends avec la paix son cœur de votre main (3).

ORESTE, *à part.*
Ah! dieux (4)!

SCÈNE V
PYRRHUS, PHOENIX.

PYRRHUS.
      Hé bien, Phœnix, l'amour est-il le maître?
Tes yeux refusent-ils encor de me connaître?

PHOENIX.
Ah! je vous reconnais; et ce juste courroux,
Ainsi qu'à tous les Grecs, Seigneur, vous rend à vous.
Ce n'est plus le jouet d'une flamme servile :
C'est Pyrrhus, c'est le fils et le rival d'Achille,
Que la gloire à la fin ramène sous ses lois,
Qui triomphe de Troie une seconde fois (5).

PYRRHUS.
Dis plutôt qu'aujourd'hui commence ma victoire.
D'aujourd'hui seulement je jouis de ma gloire;

---

(1) La réponse d'Oreste trahit son trouble : en louant comme ambassadeur la prudence de Pyrrhus, il cherche à faire naître un remords qui le fasse revenir sur sa sentence.

(2) Ce mot est un coup de foudre pour Oreste. Le malheureux doit être lui-même le messager de son désastre, et assister au triomphe de son rival.

(3) Si Pyrrhus était véritablement changé pour Hermione, il lui porterait lui-même la nouvelle; mais il doute de son propre cœur.

(4) « Cette scène si courte est d'autant plus admirable qu'elle change tout à coup la situation de tous les personnages : elle détruit les espérances d'Oreste, elle tourmente le spectateur de la résolution de Pyrrhus, du danger d'Andromaque et de son fils, de la fureur jalouse d'Hermione.... Cette scène, qui n'a que vingt vers, est unique au théâtre. » (AIMÉ-MARTIN.)

(5) Phœnix est la voix du devoir : l'amour de Pyrrhus pour la veuve d'Hector était, en effet, indigne d'un Grec, indigne surtout du fils d'Achille.

Et mon cœur, aussi fier que tu l'as vu soumis,
Croit avoir en l'amour vaincu mille ennemis.
Considère, Phœnix, les troubles que j'évite,
Quelle foule de maux l'amour traîne à sa suite,
Que d'amis, de devoirs, j'allais sacrifier,
Quels périls... un regard m'eût tout fait oublier.
Tous les Grecs conjurés fondaient sur un rebelle.
Je trouvais du plaisir à me perdre pour elle.

PHŒNIX.

Oui, je bénis, Seigneur, l'heureuse cruauté
Qui vous rend....

PYRRHUS.

Tu l'as vu, comme elle m'a traité (1).
Je pensais, en voyant sa tendresse alarmée,
Que son fils me la dût renvoyer désarmée.
J'allais voir le succès de ses embrassements :
Je n'ai trouvé que pleurs mêlés d'emportements.
Sa misère l'aigrit; et toujours plus farouche,
Cent fois le nom d'Hector est sorti de sa bouche.
Vainement à son fils j'assurais mon secours :
« C'est Hector, disait-elle en l'embrassant toujours ;
» Voilà ses yeux, sa bouche, et déjà son audace (2);
» C'est lui-même, c'est toi, cher époux, que j'embrasse. »
Eh! quelle est sa pensée? Attend-elle en ce jour
Que je lui laisse un fils pour nourrir son amour?

PHŒNIX.

Sans doute. C'est le prix que vous gardait l'ingrate.
Mais laissez-la, Seigneur.

PYRRHUS.

Je vois ce qui la flatte.
Sa beauté la rassure; et malgré mon courroux,
L'orgueilleuse m'attend encore à ses genoux.
Je la verrais aux miens, Phœnix, d'un œil tranquille.
Elle est veuve d'Hector, et je suis fils d'Achille :
Trop de haine sépare Andromaque et Pyrrhus.

PHŒNIX.

Commencez donc, Seigneur, à ne m'en parler plus.
Allez voir Hermione; et content de lui plaire,

---

(1) Pyrrhus a eu avec Andromaque une nouvelle entrevue où il a échoué comme dans la première : cet insuccès l'a déterminé à livrer Astyanax et à épouser Hermione.

(2) Sic oculos, sic ille manus, sic ora ferebat,
dit Andromaque dans Virgile, à la vue du jeune Ascagne qui lui rappelait son cher Astyanax (*En.*, III).

Oubliez à ses pieds jusqu'à votre colère.
Vous-même à cet hymen venez la disposer.
Est-ce sur un rival qu'il s'en faut reposer?
Il ne l'aime que trop.

PYRRHUS.

Crois-tu, si je l'épouse,
Qu'Andromaque en son cœur n'en sera pas jalouse?

PHŒNIX.

Quoi! toujours Andromaque occupe votre esprit!
Que vous importe, ô dieux! sa joie ou son dépit?
Quel charme, malgré vous, vers elle vous attire?

PYRRHUS.

Non, je n'ai pas bien dit tout ce qu'il lui faut dire :
Ma colère à ses yeux n'a paru qu'à demi;
Elle ignore à quel point je suis son ennemi.
Retournons-y. Je veux la braver à sa vue,
Et donner à ma haine une libre étendue.
Viens voir tous ses attraits, Phœnix, humiliés.
Allons (1).

Dans la fin de cette scène, Phœnix achève de déterminer Pyrrhus à rompre avec Andromaque, et à rendre sa foi à Hermione.

QUESTIONS SUR LE II^d ACTE.

Quels sont les faits qui remplissent le 2^d acte?
Quelle est la plus belle scène de cet acte?
Comment se passe la première entrevue d'Oreste et d'Hermione?
Pourquoi l'arrivée de Pyrrhus fait-elle un si grand effet?
Dans quelles dispositions se trouvait Oreste?
Quelle nouvelle Pyrrhus vient-il annoncer à Oreste?
Comment Oreste reçoit-il cette nouvelle?
Pourquoi Pyrrhus a-t-il pris ce parti? Est-il bien décidé?
Quel rôle Phœnix remplit-il auprès de Pyrrhus?
Quel est le défaut de la dernière scène entre Pyrrhus et Phœnix?

(1) Au témoignage de L. Racine, Boileau, après avoir longtemps admiré cette scène, la blâma plus tard, comme indigne de la tragédie; il trouvait que Pyrrhus s'y montrait trop doucereux, « un héros à la Scudéry. » (*Bolœana*.)

ACTE TROISIÈME

Andromaque aux pieds d'Hermione et de Pyrrhus.

Scène I. Oreste annonce à Pylade sa résolution d'enlever Hermione. Pylade lui donne d'abord des conseils de modération et de prudence ; se voyant impuissant à calmer son ami, il lui promet son concours, par un excès même de son amitié (1). — *Scène II.* Oreste revoit Hermione et lui parle avec une indifférence affectée de sa prochaine union avec Pyrrhus. — *Scène III.* Hermione s'étonne de cette indifférence apparente et ne songe plus qu'à jouir de son bonheur. La vue d'Andromaque lui est odieuse : elle fuit à son approche.

SCÈNE IV
ANDROMAQUE, HERMIONE, CLÉONE, CÉPHISE.

ANDROMAQUE.

Où fuyez-vous, Madame?
N'est-ce point à vos yeux un spectacle assez doux
Que la veuve d'Hector pleurant à vos genoux (2)?
Je ne viens point ici, par de jalouses larmes,
Vous envier un cœur qui se rend à vos charmes.
Par une main cruelle, hélas! j'ai vu percer
Le seul où mes regards prétendaient s'adresser.
Ma flamme par Hector fut jadis allumée;
Avec lui dans la tombe elle s'est enfermée.
Mais il me reste un fils. Vous saurez quelque jour,
Madame, pour un fils jusqu'où va notre amour;
Mais vous ne saurez pas, du moins je le souhaite,
En quel trouble mortel son intérêt nous jette,
Lorsque de tant de biens qui pouvaient nous flatter,
C'est le seul qui nous reste, et qu'on veut nous l'ôter.
Hélas! lorsque, lassés de dix ans de misère,
Les Troyens en courroux menaçaient votre mère,
J'ai su de mon Hector lui procurer l'appui.
Vous pouvez sur Pyrrhus ce que j'ai pu sur lui.
Que craint-on d'un enfant qui survit à sa perte?
Laissez-moi le cacher en quelque île déserte.
Sur les soins de sa mère on peut s'en assurer,
Et mon fils avec moi n'apprendra qu'à pleurer.

(1) Il est difficile de comprendre pourquoi Racine insiste dans toute une scène sur ce projet extravagant et odieux qui, du reste, n'a aucune suite.

(2) On ne peut voir sans un profond attendrissement l'infortunée Andromaque aux pieds de sa rivale triomphante. Combien cette démarche avait dû coûter à sa fierté! L'héroïsme de l'amour conjugal et maternel nous apparaît d'autant plus beau dans cette scène, qu'on voit en face, dans toute sa laideur, l'égoïsme de la passion.

HERMIONE.

Je conçois vos douleurs. Mais un devoir austère,
Quand mon père a parlé, m'ordonne de me taire.
C'est lui qui de Pyrrhus fait agir le courroux.
S'il faut fléchir Pyrrhus, qui le peut mieux que vous?
Vos yeux assez longtemps ont régné sur son âme.
Faites-le prononcer : j'y souscrirai, Madame (1).

SCÈNE V
ANDROMAQUE, CÉPHISE.

ANDROMAQUE.

Quel mépris la cruelle attache à ses refus (2)!

CÉPHISE.

Je croirais ses conseils, et je verrais Pyrrhus.
Un regard confondrait Hermione et la Grèce....
Mais lui-même il vous cherche.

SCÈNE VI
PYRRHUS, ANDROMAQUE, PHOENIX, CÉPHISE.

PYRRHUS, à *Phœnix.*

Où donc est la princesse?
Ne m'avais-tu pas dit qu'elle était en ces lieux (3)?

PHOENIX.

Je le croyais.

ANDROMAQUE, à *Céphise.*

Tu vois le pouvoir de mes yeux.

PYRRHUS.

Que dit-elle, Phœnix?

ANDROMAQUE.

Hélas! tout m'abandonne.

PHOENIX.

Allons, Seigneur, marchons sur les pas d'Hermione.

(1) Voilà tout ce que cette femme orgueilleuse et jalouse trouve à répondre à une mère qui l'implore pour son fils! Quelques mots brefs et secs, un refus assaisonné de l'ironie la plus amère. Rien de plus dur et de plus cruel qu'un cœur égoïste.

(2) Repoussée par Hermione, que va faire la pauvre mère? Le hasard lui ramène son tyran.

(3) Pyrrhus pensait rencontrer Hermione que Phœnix voulait lui faire voir. Le départ précipité de cette princesse le met en présence d'Andromaque : de là sa surprise. C'est une combinaison ingénieuse du poète, amenée tout naturellement par le jeu des passions : elle donne lieu à une situation fort intéressante et à de nouvelles explications avec Andromaque.

CÉPHISE.
Qu'attendez-vous ? Rompez ce silence obstiné.
ANDROMAQUE.
Il a promis mon fils.
CÉPHISE.
Il ne l'a pas donné.
ANDROMAQUE.
Non, non, j'ai beau pleurer, sa mort est résolue.
PYRRHUS.
Daigne-t-elle sur nous tourner au moins la vue ?
Quel orgueil !
ANDROMAQUE.
Je ne fais que l'irriter encor.
Sortons.
PYRRHUS.
Allons aux Grecs livrer le fils d'Hector (1).
ANDROMAQUE, *se jetant aux pieds de Pyrrhus.*
Ah ! Seigneur ! arrêtez ! Que prétendez-vous faire ?
Si vous livrez le fils, livrez-leur donc la mère.
Vos serments m'ont tantôt juré tant d'amitié :
Dieux ! ne pourrai-je au moins toucher votre pitié ?
Sans espoir de pardon m'avez-vous condamnée (2) ?
PYRRHUS.
Phœnix vous le dira, ma parole est donnée.
ANDROMAQUE.
Vous qui braviez pour moi tant de périls divers !
PYRRHUS.
J'étais aveugle alors : mes yeux se sont ouverts.
Sa grâce à vos désirs pouvait être accordée ;

(1) Ces dix premiers vers présentent un jeu de scène des plus dramatiques. Pyrrhus et Andromaque s'observent mutuellement, agités l'un et l'autre des sentiments les plus opposés. Céphise presse sa maîtresse de s'adresser au roi ; Phœnix, de son côté, veut entraîner Pyrrhus, de peur qu'il ne cède de nouveau à son amour. Le spectateur partage toutes ces angoisses.
L'émotion est au comble, quand Andromaque désespérée se lève pour sortir, et que Pyrrhus lui lance la terrible parole qui la fait tomber, éplorée et frémissante, à ses pieds. Pour la seconde fois, l'héroïque veuve d'Hector sacrifie sa fierté légitime à l'amour maternel. Aussi bien, c'est le moment le plus touchant de la tragédie : c'est ici que durent couler les larmes de Henriette d'Angleterre et de Mme de Sévigné.

(2) La mère suppliante n'abdique pas sa dignité ; rien dans ces humbles prières ne trahit la pensée d'une faiblesse.

Mais vous ne l'avez pas seulement demandée.
C'en est fait (1).

ANDROMAQUE.

Ah! Seigneur, vous entendiez assez
Des soupirs qui craignaient de se voir repoussés.
Pardonnez à l'éclat d'une illustre fortune
Ce reste de fierté qui craint d'être importune (2).
Vous ne l'ignorez pas : Andromaque sans vous
N'aurait jamais d'un maître embrassé les genoux.

PYRRHUS.

Non, vous me haïssez; et dans le fond de l'âme
Vous craignez de devoir quelque chose à ma flamme.
Ce fils même, ce fils, l'objet de tant de soins,
Si je l'avais sauvé, vous l'en aimeriez moins.
La haine, le mépris, contre moi tout s'assemble;
Vous me haïssez plus que tous les Grecs ensemble.
Jouissez à loisir d'un si noble courroux.
Allons, Phœnix.

ANDROMAQUE.

Allons rejoindre mon époux (3).

CÉPHISE.

Madame....

ANDROMAQUE, *à Céphise*.

Et que veux-tu que je lui dise encore?
Auteur de tous mes maux, crois-tu qu'il les ignore?

(*A Pyrrhus*).
Seigneur, voyez l'état où vous me réduisez (4).
J'ai vu mon père mort et nos murs embrasés;
J'ai vu trancher les jours de ma famille entière,

(1) Pyrrhus affecte une froideur glaciale : il se venge avec cruauté de la noble fermeté de sa captive.

(2) Ce beau vers ne renferme aucune incorrection : l'accord se fait avec la pensée exprimée par le mot principal, comme dans cette phrase adoptée par l'Académie : *toutes sortes de livres ne sont pas bons*.

(3) Cette résolution est sublime : la simplicité de l'expression la rend plus touchante. La veuve d'Hector, remarque Geoffroy, n'est pas si fière, si martiale et si sublime que la veuve de Pompée; mais elle est plus aimable, parce qu'elle est plus naturelle et plus femme : peut-être même son courage est-il plus admirable, du moins si le courage doit se mesurer sur la difficulté vaincue : Andromaque a peut-être plus besoin de vertu pour résister à l'amour de Pyrrhus, que Cornélie pour braver la victoire de César.

(4) « Tout ce discours d'Andromaque est un chef-d'œuvre d'art, de sentiment et d'éloquence. Pyrrhus ne résiste pas. » (GEOFFROY.)

Et mon époux sanglant traîné sur la poussière,
Son fils seul avec moi, réservé pour les fers.
Mais que ne peut un fils ! Je respire, je sers.
J'ai fait plus : je me suis quelquefois consolée
Qu'ici, plutôt qu'ailleurs, le sort m'eût exilée ;
Qu'heureux dans son malheur, le fils de tant de rois,
Puisqu'il devait servir, fût tombé sous vos lois.
J'ai cru que sa prison deviendrait son asile.
Jadis Priam soumis fut respecté d'Achille :
J'attendais de son fils encor plus de bonté.
Pardonne, cher Hector, à ma crédulité.
Je n'ai pu soupçonner ton ennemi d'un crime ;
Malgré lui-même enfin je l'ai cru magnanime.
Ah ! s'il l'était assez pour nous laisser du moins
Au tombeau qu'à ta cendre ont élevé mes soins,
Et que, finissant là sa haine et nos misères,
Il ne séparât point des dépouilles si chères (1) !

PYRRHUS.

Va m'attendre, Phœnix (2).

SCÈNE VII

PYRRHUS, ANDROMAQUE, CÉPHISE.

PYRRHUS.

Madame, demeurez.
On peut vous rendre encor ce fils que vous pleurez.
Oui, je sens à regret qu'en excitant vos larmes
Je ne fais contre moi que vous donner des armes.
Je croyais apporter plus de haine en ces lieux.
Mais, Madame, du moins tournez vers moi les yeux :
Voyez si mes regards sont d'un juge sévère,
S'ils sont d'un ennemi qui cherche à vous déplaire.

(1) « Cette apostrophe à Hector, ce pardon qu'elle lui demande, cette manière de lui égaler Pyrrhus, afin de relever Pyrrhus à ses propres yeux ; ce sublime mouvement,

Je n'ai pu soupçonner ton ennemi d'un crime !

et ce touchant détour de la douleur suppliante qui invoque Pyrrhus sans s'adresser à lui, et qui mêle les reproches et les leçons à la prière et aux larmes ; tout ce morceau, d'un bout à l'autre, est un modèle de pathétique noble.... Avec quel art le poète a terminé ce couplet attendrissant par une phrase qui demeure comme suspendue de manière que l'affliction d'Andromaque attend, dans le silence de l'accablement, ce que va répondre Pyrrhus. Et quel nombre dans les vers ! quelle harmonie dans les périodes ! » (LA HARPE.)

(2) Pyrrhus est gagné ; du moins il compte profiter de la douleur d'Andromaque et faire un dernier assaut à son cœur. Pour être plus libre, il renvoie Phœnix dont la présence le gêne.

Pourquoi me forcez-vous vous-même à vous trahir?
Au nom de votre fils, cessons de nous haïr.
A le sauver enfin c'est moi qui vous convie.
Faut-il que mes soupirs vous demandent sa vie?
Faut-il qu'en sa faveur j'embrasse vos genoux?
Pour la dernière fois, sauvez-le, sauvez-vous.
Je sais de quels serments je romps pour vous les chaînes,
Combien je vais sur moi faire éclater de haines.
Je renvoie Hermione, et je mets sur son front,
Au lieu de ma couronne, un éternel affront.
Je vous conduis au temple où son hymen s'apprête;
Je vous ceins du bandeau préparé pour sa tête.
Mais ce n'est plus, Madame, une offre à dédaigner :
Je vous le dis, il faut ou périr, ou régner.
Mon cœur, désespéré d'un an d'ingratitude,
Ne peut plus de son sort souffrir l'incertitude.
C'est craindre, menacer, et gémir trop longtemps.
Je meurs si je vous perds, mais je meurs si j'attends.
Songez-y : je vous laisse; et je viendrai vous prendre
Pour vous mener au temple où ce fils doit m'attendre;
Et là vous me verrez, soumis ou furieux,
Vous couronner, Madame, ou le perdre à vos yeux (1).

SCÈNE VIII
ANDROMAQUE, CÉPHISE.

CÉPHISE.

Je vous l'avais prédit, qu'en dépit de la Grèce,
De votre sort encor vous seriez la maîtresse.

ANDROMAQUE.

Hélas! de quel effet tes discours sont suivis!
Il ne me restait plus qu'à condamner mon fils.

CÉPHISE.

Madame, à votre époux c'est être assez fidèle :
Trop de vertu pourrait vous rendre criminelle.
Lui-même il porterait votre âme à la douceur (2).

ANDROMAQUE.

Quoi! je lui donnerais Pyrrhus pour successeur!

(1) L'*ultimatum* est terrible. Le discours de Pyrrhus est à la fois pressant et spécieux ; s'il a radouci le ton, il n'en reste pas moins impérieux dans ses conclusions. Il faut qu'Andromaque se décide : son farouche vainqueur lui annonce qu'il viendra lui-même la conduire au temple pour la couronner, ou pour lui arracher son fils.

(2) Céphise, qui veut le bonheur d'Andromaque, combat ses scrupules et ses répugnances.

ACTE III, SCÈNE VIII

CÉPHISE.

Ainsi le veut son fils, que les Grecs vous ravissent.
Pensez-vous qu'après tout ses mânes en rougissent;
Qu'il méprisât, Madame, un roi victorieux
Qui vous fait remonter au rang de vos aïeux,
Qui foule aux pieds pour vous vos vainqueurs en colère,
Qui ne se souvient plus qu'Achille était son père,
Qui dément ses exploits et les rend superflus?

ANDROMAQUE.

Dois-je les oublier, s'il ne s'en souvient plus?
Dois-je oublier Hector privé de funérailles,
Et traîné sans honneur autour de nos murailles?
Dois-je oublier son père à mes pieds renversé,
Ensanglantant l'autel qu'il tenait embrassé?
Songe, songe, Céphise, à cette nuit cruelle
Qui fut pour tout un peuple une nuit éternelle (1).
Figure-toi Pyrrhus, les yeux étincelants,
Entrant à la lueur de nos palais brûlants,
Sur tous mes frères morts se faisant un passage,
Et de sang tout couvert, échauffant le carnage.
Songe aux cris des vainqueurs, songe aux cris des mourants
Dans la flamme étouffés, sous le fer expirants.
Peins-toi dans ces horreurs Andromaque éperdue :
Voilà comme Pyrrhus vint s'offrir à ma vue;
Voilà par quels exploits il sut se couronner;
Enfin, voilà l'époux que tu me veux donner.
Non, je ne serai point complice de ses crimes (2);

(1) Ce brillant morceau est tout plein des souvenirs de Virgile (*En.*, II). Le poète n'a choisi dans la description lugubre du siège et de la prise de Troie que les traits de cruauté d'Achille et de Pyrrhus qui ont plus particulièrement frappé le cœur d'Andromaque : Hector si indignement traité par Achille, Priam tué au pied des autels, Pyrrhus surtout se baignant dans le sang de son père et de ses frères.

    . . . . . Vidi ipse furentem
  Cæde Neoptolemum..., Priamumque per aras
  Sanguine fœdantem quos ipse sacraverat, ignes....
  . . . . . Altaria ad ipsa trementem
  Traxit et in multo lapsantem sanguine nati,
  Implicuitque comam læva, dextraque coruscum
  Extulit, ac lateri capulo tenus abdidit ensem.

« J'ai vu moi-même sur le seuil du palais Pyrrhus s'enivrant de carnage; j'ai vu Priam souillant de son sang les feux sacrés que lui-même avait allumés... Le vieillard tremblant est traîné à l'autel; il chancelle, il glisse dans le sang de son fils; Pyrrhus, de la main gauche, le saisit par les cheveux, et de la droite levant son glaive étincelant, il le lui plonge dans le flanc jusqu'à la garde. »

(2) La conclusion est naturelle : Andromaque ne peut donner sa main au meurtrier de sa famille.

Qu'il nous prenne, s'il veut, pour dernières victimes.
Tous mes ressentiments lui seraient asservis (1).

CÉPHISE.

Eh bien! allons donc voir expirer votre fils :
On n'attend plus que vous.... Vous frémissez, Madame (2)!

ANDROMAQUE.

Ah! de quel souvenir viens-tu frapper mon âme!
Quoi! Céphise, j'irai voir expirer encor
Ce fils, ma seule joie, et l'image d'Hector :
Ce fils, que de sa flamme il me laissa pour gage!
Hélas! je m'en souviens, le jour que son courage
Lui fit chercher Achille, ou plutôt le trépas,
Il demanda son fils, et le prit dans ses bras :
« Chère épouse, dit-il en essuyant mes larmes,
» J'ignore quel succès le sort garde à mes armes;
» Je te laisse mon fils pour gage de ma foi :
» S'il me perd, je prétends qu'il me retrouve en toi.
» Si d'un heureux hymen la mémoire t'est chère,
» Montre au fils à quel point tu chérissais le père (3). »
Et je puis voir répandre un sang si précieux!
Et je laisse avec lui périr tous ses aïeux!
Roi barbare, faut-il que mon crime l'entraîne?
Si je te hais, est-il coupable de ma haine?
T'a-t-il de tous les siens reproché le trépas?
S'est-il plaint à tes yeux des maux qu'il ne sent pas?
Mais cependant, mon fils, tu meurs si je n'arrête
Le fer que le cruel tient levé sur ta tête.
Je l'en puis détourner, et je t'y vais offrir!...
Non, tu ne mourras point : je ne le puis souffrir.
Allons trouver Pyrrhus. Mais non, chère Céphise,
Va le trouver pour moi.

CÉPHISE.

Que faut-il que je dise?

ANDROMAQUE.

Dis-lui que de mon fils l'amour est assez fort....
Crois-tu que dans son cœur il ait juré sa mort?
L'amour peut-il si loin pousser sa barbarie?

(1) Ce dernier vers est froid et obscur.
(2) Céphise a touché le point sensible : l'amour maternel se réveille dans toute sa force.
(3) C'est, en raccourci, le tableau touchant des adieux d'Hector et d'Andromaque dans l'*Iliade* (ch. VI).

ACTE III, SCÈNE VIII

CÉPHISE.
Madame, il va bientôt revenir en furie.
ANDROMAQUE.
Eh bien! va l'assurer....
CÉPHISE.
De quoi? de votre foi?
ANDROMAQUE.
Hélas! pour la promettre est-elle encore à moi?
O cendres d'un époux! O Troyens! ô mon père!
O mon fils, que tes jours coûtent cher à ta mère!
Allons.
CÉPHISE.
Où donc, Madame? et que résolvez-vous?
ANDROMAQUE.
Allons sur son tombeau consulter mon époux (1).

QUESTIONS SUR LE IIIᵉ ACTE.

Quelles sont les plus belles scènes du 3ᵉ acte?
Quel projet odieux a formé Oreste? Pylade le combat-il?
Comment se passe la deuxième entrevue d'Oreste et d'Hermione?
Pourquoi Andromaque vient-elle à Hermione?
Comment plaide-t-elle la cause de son fils?
Quelle réponse reçoit-elle?
Comment Pyrrhus se rencontre-t-il de nouveau avec Andromaque?
Pourquoi Andromaque se jette-t-elle aux pieds de Pyrrhus?
Quelle est la réponse de Pyrrhus? quel est son *ultimatum*?
Pourquoi renvoie-t-il Phœnix?
Comparez Andromaque et Cornélie.
Pourquoi Andromaque est-elle si incertaine?
Où se rend-elle avec Céphise?

(1) « Quelle rapidité de mouvement! quelle admirable peinture du combat qui se livre dans le cœur d'Andromaque! quelle vivacité, quelle abondance de tours et d'expressions! La fin de cette scène est parfaite; et Andromaque, qui va consulter Hector sur son tombeau, laisse les spectateurs dans l'incertitude de ce qu'elle fera, et imprime d'avance un caractère auguste et solennel au parti généreux qu'elle va prendre. Il fallait un art prodigieux pour amener Andromaque à épouser Pyrrhus sans s'avilir elle-même, et pour concilier les devoirs de la veuve d'Hector avec ceux de la mère d'Astyanax. » (GEOFFROY.)

ACTE QUATRIÈME

Résignation d'Andromaque. — Vengeance d'Hermione.

SCÈNE I
ANDROMAQUE, CÉPHISE.

CÉPHISE.

Ah! je n'en doute point : c'est votre époux, Madame,
C'est Hector qui produit ce miracle en votre âme (1).
Il veut que Troie encor se puisse relever
Avec cet heureux fils qu'il vous fait conserver.
Pyrrhus vous l'a promis. Vous venez de l'entendre,
Madame : il n'attendait qu'un mot pour vous le rendre.
Croyez-en ses transports : père, sceptres, alliés,
Content de votre cœur, il met tout à vos pieds.
Sur lui, sur tout son peuple il vous rend souveraine.
Est-ce là ce vainqueur digne de tant de haine?
Déjà contre les Grecs plein d'un noble courroux,
Le soin de votre fils le touche autant que vous :
Il prévient leur fureur, il lui laisse sa garde ;
Pour ne pas l'exposer, lui-même il se hasarde.
Mais tout s'apprête au temple ; et vous avez promis.

ANDROMAQUE.

Oui, je m'y trouverai. Mais allons voir mon fils (2).

CÉPHISE.

Madame, qui vous presse? Il suffit que sa vue
Désormais à vos yeux ne soit plus défendue.
Vous lui pourrez bientôt prodiguer vos bontés,
Et vos embrassements ne seront plus comptés.
Quel plaisir d'élever un enfant qu'on voit croître (3),
Non plus comme un esclave élevé par son maître,
Mais pour voir avec lui renaître tant de rois!

ANDROMAQUE.

Céphise, allons le voir pour la dernière fois.

---

(1) Pendant l'entr'acte, Andromaque a été prendre sur le tombeau d'Hector sa résolution suprême ; puis elle est allée l'annoncer à Pyrrhus : c'est ce que Céphise nous apprend. La situation de tous les personnages a changé en un clin d'œil : Pyrrhus, au comble de ses vœux, a donné ses ordres : sa garde veille sur Astyanax pour le protéger contre les Grecs ; au temple tout se prépare pour son union avec la veuve d'Hector ; Hermione est abandonnée ; Oreste reprend de l'espoir.

(2) La pauvre mère est loin de partager la joie de sa confidente ; elle ne pense qu'à son fils : on sent qu'une pensée secrète oppresse son cœur.

(3) Les éditions imprimées du vivant de Racine portent *craistre* de *crescere*.

ACTE IV, SCÈNE I

CÉPHISE.

Que dites-vous? O dieux!

ANDROMAQUE.

O ma chère Céphise,
Ce n'est point avec toi que mon cœur se déguise.
Ta foi, dans mon malheur, s'est montrée à mes yeux;
Mais j'ai cru qu'à mon tour tu me connaissais mieux.
Quoi donc! as-tu pensé qu'Andromaque infidèle
Pût trahir un époux qui croit revivre en elle;
Et que, de tant de morts réveillant la douleur,
Le soin de mon repos me fît troubler le leur?
Est-ce là cette ardeur tant promise à sa cendre?
Mais son fils périssait : il l'a fallu défendre.
Pyrrhus en m'épousant s'en déclare l'appui;
Il suffit : je veux bien m'en reposer sur lui.
Je sais quel est Pyrrhus. Violent, mais sincère,
Céphise, il fera plus qu'il n'a promis de faire.
Sur le courroux des Grecs je m'en repose encor :
Leur haine va donner un père au fils d'Hector.
Je vais donc, puisqu'il faut que je me sacrifie,
Assurer à Pyrrhus le reste de ma vie;
Je vais, en recevant sa foi sur les autels,
L'engager à mon fils par des nœuds immortels.
Mais aussitôt ma main, à moi seule funeste,
D'une infidèle vie abrégera le reste,
Et sauvant ma vertu, rendra ce que je doi (1)
A Pyrrhus, à mon fils, à mon époux, à moi.
Voilà de mon amour l'innocent stratagème;
Voilà ce qu'un époux m'a commandé lui-même (2).
J'irai seule rejoindre Hector et mes aïeux.
Céphise, c'est à toi de me fermer les yeux.

(1) La première pers. du sing. de l'ind. prés. s'écrivait autrefois sans s : *doi* de *debeo*, *voi* de *video*.

(2) Ce n'est plus la chrétienne que nous entendons : c'est une Andromaque païenne. Cet héroïsme n'est plus selon la raison, et le recours au suicide appartient à l'école fastueuse du stoïcisme qui, sans tenir compte du devoir de la vie, mettait son honneur suprême à se draper dans une orgueilleuse mort. La vraie vertu, selon l'excellente remarque de M. Charaux (*Critique idéale et catholique*, Racine, I.), conseillait à cette épouse magnanime de consommer son sacrifice, au risque de succomber à sa douleur.

Du reste, Andromaque se fait trop illusion sur la générosité de Pyrrhus : comment peut-elle se flatter qu'un homme si violent serve de père au fils d'une femme qui s'est jouée de son amour? Elle a voulu sauver Astyanax par un sacrifice héroïque : en le faisant à demi, en recourant à un stratagème si peu digne, elle le perdra infailliblement.

CÉPHISE.

Ah! ne prétendez pas que je puisse survivre....

ANDROMAQUE.

Non, non, je te défends, Céphise, de me suivre.
Je confie à tes soins mon unique trésor :
Si tu vivais pour moi, vis pour le fils d'Hector.
De l'espoir des Troyens seule dépositaire,
Songe à combien de rois tu deviens nécessaire.
Veille auprès de Pyrrhus; fais-lui garder sa foi :
S'il le faut, je consens qu'on lui parle de moi.
Fais-lui valoir l'hymen où je me suis rangée ;
Dis-lui qu'avant ma mort je lui fus engagée,
Que ses ressentiments doivent être effacés ;
Qu'en lui laissant mon fils, c'est l'estimer assez.
Fais connaître à mon fils les héros de sa race ;
Autant que tu pourras, conduis-le sur leur trace.
Dis-lui par quels exploits leurs noms ont éclaté,
Plutôt ce qu'ils ont fait que ce qu'ils ont été;
Parle-lui tous les jours des vertus de son père;
Et quelquefois aussi parle-lui de sa mère (1).
Mais qu'il ne songe plus, Céphise, à nous venger :
Nous lui laissons un maître, il le doit ménager.
Qu'il ait de ses aïeux un souvenir modeste :
Il est du sang d'Hector, mais il en est le reste;
Et pour ce reste enfin j'ai moi-même, en un jour,
Sacrifié mon sang, ma haine, et mon amour.

CÉPHISE.

Hélas!

(1) Trait d'une exquise délicatesse. Nous retrouvons la vraie Andromaque dans ces suprêmes recommandations de l'amour maternel.

Les Grecs, dit Geoffroy, n'avaient pas même l'idée du caractère créé par Racine. Cette délicatesse de sentiments, cette dignité, cette politesse, ce ton noble et touchant, cette alliance de la douceur, de la modestie et de l'héroïsme, sont des beautés qu'on ne peut imaginer que dans une riche et puissante monarchie, dans une cour brillante, dans un siècle de luxe — ajoutons, dans une société chrétienne. — Ce qu'il y a de grec dans l'*Andromaque* de Racine, c'est le goût, c'est la grâce, c'est la pureté du trait et l'élégance des formes; c'est une simplicité savante et pleine d'art; mais toutes les pensées, tous les sentiments sont français — et chrétiens, sauf la réserve faite dans la note précédente.

On peut regretter cependant que Racine ne nous ait jamais montré la mère accompagnée de son enfant : la présence d'Astyanax aurait, comme dans Euripide, doublé l'émotion du spectateur. Le poète a été arrêté sans doute, comme Corneille dans *Médée*, par les préjugés de l'époque sur la dignité de la scène.

ACTE IV, SCÈNE II

ANDROMAQUE.

Ne me suis point, si ton cœur en alarmes
Prévoit qu'il ne pourra commander à tes larmes.
On vient. Cache tes pleurs, Céphise; et souviens-toi
Que le sort d'Andromaque est commis à ta foi.
C'est Hermione. Allons, fuyons sa violence (1).

SCÈNE II

HERMIONE, CLÉONE.

CLÉONE.

Non, je ne puis assez admirer ce silence.
Vous vous taisez, Madame; et ce cruel mépris
N'a pas du moindre trouble agité vos esprits?
Vous soutenez en paix une si rude attaque,
Vous qu'on voyait frémir au seul nom d'Andromaque?
Vous qui sans désespoir ne pouviez endurer
Que Pyrrhus d'un regard la voulût honorer?
Il l'épouse : il lui donne, avec son diadème,
La foi que vous venez de recevoir vous-même,
Et votre bouche encor, muette à tant d'ennui,
N'a pas daigné s'ouvrir pour se plaindre de lui!
Ah! que je crains, Madame, un calme si funeste (2)!
Et qu'il vaudrait bien mieux....

HERMIONE.

Fais-tu venir Oreste?

CLÉONE.

Il vient, Madame, il vient; et vous pouvez juger
Que bientôt à vos pieds il allait se ranger.
Prêt à servir toujours sans espoir de salaire,
Vos yeux ne sont que trop assurés de lui plaire.
Mais il entre.

SCÈNE III

ORESTE, HERMIONE, CLÉONE.

ORESTE.

Ah! Madame, est-il vrai qu'une fois
Oreste en vous cherchant obéisse à vos lois?
Ne m'a-t-on point flatté d'une fausse espérance?

---

(1) Andromaque a raison d'éviter sa rivale : elle connaît sa fierté et ses emportements. Cette première scène nous instruit des résolutions d'Andromaque, mais elle est inutile à l'action.

(2) Ce calme étrange, ce silence morne, après un outrage si sanglant, glacent d'épouvante; la tempête, quand elle éclatera, n'en sera que plus terrible.

Avez-vous en effet souhaité ma présence?
Croirai-je que vos yeux, à la fin désarmés,
Veulent....

HERMIONE.

Je veux savoir, Seigneur, si vous m'aimez.

ORESTE.

Si je vous aime? ô dieux! Mes serments, mes parjures,
Ma fuite, mon retour, mes respects, mes injures,
Mon désespoir, mes yeux de pleurs toujours noyés,
Quels témoins croirez-vous, si vous ne les croyez?

HERMIONE.

Vengez-moi, je crois tout (1).

ORESTE.

Eh bien! allons, Madame :
Mettons encore un coup toute la Grèce en flamme;
Prenons, en signalant mon bras et votre nom,
Vous, la place d'Hélène, et moi, d'Agamemnon;
De Troie en ce pays réveillons les misères ;
Et qu'on parle de nous ainsi que de nos pères.
Partons, je suis tout prêt (2).

HERMIONE.

Non, Seigneur, demeurons :
Je ne veux pas si loin porter de tels affronts.
Quoi! de mes ennemis couronnant l'insolence,
J'irais attendre ailleurs une lente vengeance?
Et je m'en remettrai au destin des combats,
Qui peut-être à la fin ne me vengerait pas?
Je veux qu'à mon départ toute l'Épire pleure.
Mais, si vous me vengez, vengez-moi dans une heure.
Tous vos retardements sont pour moi des refus.
Courez au temple. Il faut immoler....

ORESTE.

Qui?

HERMIONE.

Pyrrhus.

---

(1) Autant Oreste témoigne de joie et d'empressement, autant Hermione est froide et sèche : son laconisme trahit un cœur qui concentre sa rage et couve une horrible vengeance.

(2) La galanterie d'Oreste, dit Geoffroy, est le défaut du siècle ; mais ce qui appartient au poète, c'est le caractère d'Hermione, l'art du dialogue, et les traits terribles qui rendent cette scène une des plus tragiques de la pièce.

ACTE IV, SCÈNE III

ORESTE.

Pyrrhus, Madame?

HERMIONE.

Eh quoi! votre haine chancelle?
Ah! courez, et craignez que je ne vous rappelle.
N'alléguez point des droits que je veux oublier;
Et ce n'est pas à vous à le justifier (1).

ORESTE.

Moi, je l'excuserais? Ah! vos bontés, Madame,
Ont gravé trop avant ses crimes dans mon âme.
Vengeons-nous, j'y consens, mais par d'autres chemins.
Soyons ses ennemis, et non ses assassins :
Faisons de sa ruine une juste conquête.
Quoi! pour réponse aux Grecs porterai-je sa tête?
Et n'ai-je pris sur moi le soin de tout l'Etat,
Que pour m'en acquitter par un assassinat?
Souffrez, au nom des dieux, que la Grèce s'explique,
Et qu'il meure chargé de la haine publique.
Souvenez-vous qu'il règne, et qu'un front couronné....

HERMIONE.

Ne vous suffit-il pas que je l'ai condamné (2)?
Ne vous suffit-il pas que ma gloire offensée
Demande une victime à moi seule adressée;
Qu'Hermione est le prix d'un tyran opprimé;
Que je le hais; enfin, Seigneur, que je l'aimai?
Je ne m'en cache point : l'ingrat m'avait su plaire,
Soit qu'ainsi l'ordonnât mon amour ou mon père,
N'importe; mais enfin réglez-vous là-dessus.
Malgré mes vœux, Seigneur, honteusement déçus,
Malgré la juste horreur que son crime me donne,
Tant qu'il vivra, craignez que je ne lui pardonne.
Doutez jusqu'à sa mort d'un courroux incertain :
S'il ne meurt aujourd'hui, je puis l'aimer demain (3).

ORESTE.

Eh bien, il faut le perdre, et prévenir sa grâce;

(1) De quel ton impérieux, avec quel sang-froid et quelle hauteur cette femme atroce commande le crime !

(2) Cette parole altière montre le cas qu'elle fait du vil instrument de sa vengeance. Hermione parle à un esclave; Oreste doit obéir en aveugle.

(3) Cette menace devrait ouvrir les yeux au malheureux Oreste. Hermione n'est qu'une furie avide de vengeance; il n'a pas son cœur, il ne l'aura jamais; et cependant il recule, il chancelle; il accepte l'odieux mandat; s'il formule encore quelques objections, c'est pour obtenir un moment de répit, et mieux se préparer au crime.

Il faut.... Mais cependant que faut-il que je fasse ?
Comment puis-je sitôt servir votre courroux ?
Quel chemin jusqu'à lui peut conduire mes coups ?
A peine suis-je encore arrivé dans l'Epire,
Vous voulez par mes mains renverser un empire ;
Vous voulez qu'un roi meure, et pour son châtiment
Vous ne donnez qu'un jour, qu'une heure, qu'un moment (1).
Aux yeux de tout son peuple il faut que je l'opprime !
Laissez-moi vers l'autel conduire ma victime,
Je ne m'en défends plus ; et je ne veux qu'aller
Reconnaître la place où je dois l'immoler.
Cette nuit je vous sers, cette nuit je l'attaque.

HERMIONE.

Mais cependant, ce jour, il épouse Andromaque.
Dans le temple déjà le trône est élevé ;
Ma honte est confirmée, et son crime achevé.
Enfin qu'attendez-vous ? Il vous offre sa tête :
Sans gardes, sans défense, il marche à cette fête ;
Autour du fils d'Hector il les fait tous ranger ;
Il s'abandonne au bras qui me voudra venger.
Voulez-vous malgré lui prendre soin de sa vie (2) ?
Armez, avec vos Grecs, tous ceux qui m'ont suivie ;
Soulevez vos amis : tous les miens sont à vous.
Il me trahit, vous trompe, et nous méprise tous.
Mais quoi ! déjà leur haine est égale à la mienne :
Elle épargne à regret l'époux d'une Troyenne.
Parlez : mon ennemi ne vous peut échapper,
Ou plutôt il ne faut que les laisser frapper.
Conduisez ou suivez une fureur si belle ;
Revenez tout couvert du sang de l'infidèle ;
Allez : en cet état soyez sûr de mon cœur (3).

ORESTE.

Mais, Madame, songez....

HERMIONE.

    Ah ! c'en est trop, Seigneur.
Tant de raisonnements offensent ma colère.
J'ai voulu vous donner les moyens de me plaire,
Rendre Oreste content ; mais enfin je vois bien

(1) Belle gradation descendante.

(2) La période a disparu ; tout est bref, rapide, impétueux, comme l'ardeur de la vengeance, qui a hâte de toucher au but.

(3) Cruelle ironie : qui voudrait d'un cœur si égoïste, si atroce ? Et puis, quel fond peut-on faire sur ce cœur hypocrite et incertain !

Qu'il veut toujours se plaindre, et ne mériter rien.
Partez : allez ailleurs vanter votre constance,
Et me laissez ici le soin de ma vengeance.
De mes lâches bontés mon courage est confus,
Et c'est trop en un jour essuyer de refus.
Je m'en vais seule au temple où leur hymen s'apprête,
Où vous n'osez aller mériter ma conquête.
Là, de mon ennemi je saurai m'approcher :
Je percerai le cœur que je n'ai pu toucher ;
Et mes sanglantes mains, sur moi-même tournées,
Aussitôt, malgré lui, joindront nos destinées ;
Et tout ingrat qu'il est, il me sera plus doux
De mourir avec lui que de vivre avec vous (1).

ORESTE.

Non, je vous priverai de ce plaisir funeste,
Madame : il ne mourra que de la main d'Oreste.
Vos ennemis par moi vont vous être immolés,
Et vous reconnaîtrez mes soins, si vous voulez.

HERMIONE.

Allez. De votre sort laissez-moi la conduite,
Et que tous vos vaisseaux soient prêts pour notre fuite.

SCÈNE IV
HERMIONE, CLÉONE.

CLÉONE.

Vous vous perdez, Madame ; et vous devez songer....

HERMIONE.

Que je me perde ou non, je songe à me venger (1).
Je ne sais même encor, quoi qu'il m'ait pu promettre,
Sur d'autres que sur moi si je dois m'en remettre.
Pyrrhus n'est pas coupable à ses yeux comme aux miens,
Et je tiendrais mes coups bien plus sûrs que les siens.
Quel plaisir de venger moi-même mon injure,
De retirer mon bras teint du sang du parjure,
Et pour rendre sa peine et mes plaisirs plus grands,
De cacher ma rivale à ses regards mourants !

(1) Ce trait sanglant devrait révolter Oreste et le désabuser tout ensemble ; c'est, au contraire, celui qui le détermine ; tant la passion rend aveugle et lâche ! il court maintenant avec joie à une action qui lui avait paru d'abord le plus monstrueux des attentats.

(2) Cléopâtre, dans Corneille, est plus énergique encore (*Rodogune*, V, 1) :
Tombe sur moi le ciel, pourvu que je me venge !

Ah! si du moins Oreste, en punissant son crime,
Lui laissait le regret de mourir ma victime!
Va le trouver : dis-lui qu'il apprenne à l'ingrat
Qu'on l'immole à ma haine, et non pas à l'Etat.
Chère Cléone, cours. Ma vengeance est perdue
S'il ignore en mourant que c'est moi qui le tue (1).

CLÉONE.

Je vous obéirai. Mais qu'est-ce que je vois?
O dieux! qui l'aurait cru, Madame? c'est le roi!

HERMIONE.

Ah! cours après Oreste; et dis-lui, ma Cléone,
Qu'il n'entreprenne rien sans revoir Hermione.

SCÈNE V

PYRRHUS, HERMIONE, PHOENIX.

PYRRHUS.

Vous ne m'attendiez pas, Madame (2); et je vois bien
Que mon abord ici trouble votre entretien.
Je ne viens point, armé d'un indigne artifice,
D'un voile d'équité couvrir mon injustice :
Il suffit que mon cœur me condamne tout bas;
Et je soutiendrais mal ce que je ne crois pas.
J'épouse une Troyenne. Oui, Madame, et j'avoue
Que je vous ai promis la foi que je lui voue.
Un autre vous dirait que dans les champs troyens
Nos deux pères sans nous formèrent ces liens,
Et que, sans consulter ni mon choix ni le vôtre,
Nous fûmes sans amour engagés l'un à l'autre;
Mais c'est assez pour moi que je me sois soumis.
Par mes ambassadeurs mon cœur vous fut promis;
Loin de les révoquer, je voulus y souscrire.

---

(1) Hermione trouve qu'elle ne serait pas assez vengée, si Pyrrhus ignorait en mourant qu'elle est la cause de sa perte ; c'est le raffinement de la vengeance.

(2) « L'arrivée de Pyrrhus dans un pareil moment est un véritable coup de théâtre. Elle est absolument imprévue, et comme il est impossible d'en deviner le motif, l'attente est aussi vive que la surprise. Qu'est-ce que Pyrrhus peut avoir à dire à Hermione quand il est prêt à épouser Andromaque? Rien n'est si hasardeux que de mettre en scène des personnages lorsqu'ils doivent être également embarrassés l'un de l'autre. Cette hardiesse de conception est d'un maître, et l'exécution doit y répondre : une pareille scène médiocrement traitée ferait un très mauvais effet; mais celle-ci est une des plus belles de la pièce. »
(La Harpe.)

Je vous vis avec eux arriver en Epire;
Et quoique d'un autre œil l'éclat victorieux
Eût déjà prévenu le pouvoir de vos yeux,
Je ne m'arrêtai point à cette ardeur nouvelle :
Je voulus m'obstiner à vous être fidèle,
Je vous reçus en reine; et jusques à ce jour
J'ai cru que mes serments me tiendraient lieu d'amour.
Mais cet amour l'emporte, et par un coup funeste,
Andromaque m'arrache un cœur qu'elle déteste.
L'un par l'autre entraînés, nous courons à l'autel
Nous jurer malgré nous un amour immortel.
Après cela, Madame, éclatez contre un traître,
Qui l'est avec douleur, et qui pourtant veut l'être.
Pour moi, loin de contraindre un si juste courroux,
Il me soulagera peut-être autant que vous.
Donnez-moi tous les noms destinés aux parjures :
Je crains votre silence, et non pas vos injures;
Et mon cœur, soulevant mille secrets témoins,
M'en dira d'autant plus que vous m'en direz moins (1).

HERMIONE.

Seigneur, dans cet aveu dépouillé d'artifice,
J'aime à voir que du moins vous vous rendiez justice,
Et que, voulant bien rompre un nœud si solennel,
Vous vous abandonniez au crime en criminel.
Est-il juste, après tout, qu'un conquérant s'abaisse
Sous la servile loi de garder sa promesse?
Non, non, la perfidie a de quoi vous tenter;
Et vous ne me cherchez que pour vous en vanter.
Quoi! sans que ni serment ni devoir vous retienne,
Rechercher une Grecque, amant d'une Troyenne?
Me quitter, me reprendre, et retourner encor
De la fille d'Hélène à la veuve d'Hector?
Couronner tour à tour l'esclave et la princesse;
Immoler Troie aux Grecs, au fils d'Hector la Grèce?
Tout cela part d'un cœur toujours maître de soi,

---

(1) Pyrrhus vient se justifier avec une franchise qui peut paraître brutale. Le grand Condé, dit-on, blâmait ce caractère, comme celui d'un *malhonnête homme qui manque de parole à Hermione.*
La conduite de Pyrrhus n'a certainement rien de loyal ni de chevaleresque; ses raisons cependant ont une apparence assez spécieuse au point de vue de l'art, pour l'empêcher d'être odieux. Son union avec Hermione n'était qu'un mariage politique arrêté d'abord entre Achille et Ménélas, puis conclu par ambassadeurs; son cœur n'y avait jamais consenti. Il est vrai qu'en recevant Hermione à sa cour, il semblait avoir pris des engagements qu'il ne lui était plus loisible de rompre. Ces torts de Pyrrhus expliquent et excusent quelque peu, sans les justifier, l'indignation d'Hermione.

D'un héros qui n'est point esclave de sa foi.
Pour plaire à votre épouse, il vous faudrait peut-être
Prodiguer les doux noms de parjure et de traître.
Vous veniez de mon front observer la pâleur,
Pour aller dans ses bras rire de ma douleur.
Pleurante après son char vous voulez qu'on me voie;
Mais, Seigneur, en un jour ce serait trop de joie;
Et sans chercher ailleurs des titres empruntés,
Ne vous suffit-il pas de ceux que vous portez?
Du vieux père d'Hector la valeur abattue
Aux pieds de sa famille expirante à sa vue,
Tandis que dans son sein votre bras enfoncé
Cherche un reste de sang que l'âge avait glacé;
Dans des ruisseaux de sang Troie ardente plongée (1);
De votre propre main Polyxène égorgée
Aux yeux de tous les Grecs indignés contre vous :
Que peut-on refuser à ces généreux coups (2)?

PYRRHUS.

Madame, je sais trop à quel excès de rage
La vengeance d'Hélène emporta mon courage :
Je puis me plaindre à vous du sang que j'ai versé;
Mais enfin je consens d'oublier le passé.
Je rends grâces au ciel que votre indifférence
De mes heureux soupirs m'apprenne l'innocence.
Mon cœur, je le vois bien, trop prompt à se gêner,
Devait mieux vous connaître et mieux s'examiner.
Mes remords vous faisaient une injure mortelle;
Il faut se croire aimé pour se croire infidèle.
Vous ne prétendiez point m'arrêter dans vos fers :
J'ai craint de vous trahir, peut-être je vous sers.
Nos cœurs n'étaient point faits dépendants l'un de l'autre;
Je suivais mon devoir, et vous cédiez au vôtre.
Rien ne vous engageait à m'aimer en effet.

(1) « Je ne connais rien de plus original et de plus énergique en alliance de mots et en images que *Troie ardente, plongée* dans des ruisseaux de sang : l'inversion ajoute à l'effet. » (LA HARPE.)

(2) Ce terrible réquisitoire ne souffre point de réplique : le manque de foi de Pyrrhus est exposé avec une force et une éloquence accablantes. L'implacable Hermione n'a garde de lui remettre sous les yeux, avec une cruelle ironie, ses barbares exploits contre un vieillard et une faible jeune fille. Ce n'est plus ce Pyrrhus que naguère, dans son triomphe, elle proclamait (Acte III, sc. III) :

> Intrépide, et partout suivi de la victoire,
> Charmant, fidèle enfin.... rien ne manque à sa gloire.

ACTE IV, SCÈNE V

HERMIONE.

Je ne t'ai point aimé, cruel? Qu'ai-je donc fait?
J'ai dédaigné pour toi les vœux de tous nos princes;
Je t'ai cherché moi-même au fond de tes provinces;
J'y suis encor, malgré tes infidélités,
Et malgré tous mes Grecs honteux de mes bontés.
Je leur ai commandé de cacher mon injure;
J'attendais en secret le retour d'un parjure;
J'ai cru que tôt ou tard, à ton devoir rendu,
Tu me rapporterais un cœur qui m'était dû.
Je t'aimais inconstant, qu'aurais-je fait fidèle (1)?
Et même en ce moment où ta bouche cruelle
Vient si tranquillement m'annoncer le trépas,
Ingrat, je doute encor si je ne t'aime pas.
Mais, Seigneur, s'il le faut, si le ciel en colère
Réserve à d'autres yeux la gloire de vous plaire,
Achevez votre hymen, j'y consens. Mais du moins
Ne forcez pas mes yeux d'en être les témoins.
Pour la dernière fois je vous parle peut-être :
Différez-le d'un jour; demain vous serez maître (2).
Vous ne répondez point? Perfide, je le voi,
Tu comptes les moments que tu perds avec moi (3)!
Ton cœur, impatient de revoir ta Troyenne,
Ne souffre qu'à regret qu'une autre t'entretienne.
Tu lui parles du cœur, tu la cherches des yeux.
Je ne te retiens plus, sauve-toi de ces lieux :
Va lui jurer la foi que tu m'avais jurée,
Va profaner des dieux la majesté sacrée (4).
Ces dieux, ces justes dieux n'auront pas oublié
Que les mêmes serments avec moi t'ont lié.

(1) *Je t'aimais* (quand tu étais) *inconstant; qu'aurais-je fait*, (si tu avais été) *fidèle* ? Voilà, dit La Harpe, de toutes les ellipses connues la plus hardie et la plus naturelle. Elle a toujours été admirée, parce que le génie l'a placée dans un de ces élans d'éloquence passionnée, qui ne permettent pas une parole inutile.

(2) Hermione, prenant tout d'un coup un ton suppliant, demande le délai d'un jour, dans l'espoir secret de toucher encore le cœur de Pyrrhus.

(3) Pyrrhus garde un silence obstiné : Hermione, dès lors, laisse éclater sa colère. N'ayant pu toucher Pyrrhus, elle cherche à l'irriter par ses mépris et à l'effrayer par ses menaces.

(4) Les beautés de style éclatent partout dans ce morceau célèbre : on y trouve les figures les plus hardies, les interrogations, les exclamations, les apostrophes, les traits de l'ironie la plus amère, les répétitions, les accumulations, les passages subits du *vous* au *toi* et du *toi* au *vous* suivant la nuance du sentiment, des familiarités de langage qui doublent l'énergie de la pensée, comme *ta Troyenne, sauve-toi de ces lieux*, etc.

Porte aux pieds des autels ce cœur qui m'abandonne ;
Va, cours. Mais crains encor d'y trouver Hermione (1).

SCÈNE VI

PYRRHUS, PHŒNIX.

PHŒNIX.

Seigneur, vous entendez. Gardez de négliger
Une amante en fureur qui cherche à se venger.
Elle n'est en ces lieux que trop bien appuyée ;
La querelle des Grecs à la sienne est liée ;
Oreste l'aime encore ; et peut-être à ce prix....

PYRRHUS.

Andromaque m'attend. Phœnix, garde son fils (2).

QUESTIONS SUR LE IVe ACTE.

Que s'est-il passé entre le 3e et le 4e acte ?
Quelles sont les plus belles scènes du 4e acte ?
A quel parti s'est arrêtée Andromaque ?
Quelle révélation fait-elle à Céphise ?
Que faut-il penser de son *stratagème* ?
Pourquoi Oreste se présente-t-il une troisième fois devant Hermione ?
Que lui demande-t-elle ?
Quels motifs fait valoir Oreste ?
Comment Hermione triomphe-t-elle de ses hésitations ?
Pourquoi Pyrrhus vient-il trouver Hermione ?
Comment Hermione répond-elle à sa déloyauté ?
Quel conseil Phœnix donne-t-il à Pyrrhus ?
Que se passe-t-il entre le 4e et le 5e acte ?

(1) Ces foudroyantes apostrophes rappellent les invectives de Médée dans Corneille. Mais quelle distance entre le langage de ces deux femmes dans une disgrâce égale ! Ce qui donne tant de supériorité à ce discours d'Hermione, c'est le mélange continuel du pathétique tendre et du pathétique terrible, c'est la succession rapide des mouvements les plus divers, les plus touchants et les plus effrayants. On dirait des éclairs, des éclats de tonnerre, remplacés soudain par un rayon de soleil, que suivent bientôt de nouveaux coups de foudre, jusqu'à cette menace finale qui, pour le spectateur instruit des projets d'Hermione, est l'annonce de la plus épouvantable catastrophe.

(2) Pyrrhus reste froid et insensible, tant il est occupé d'Andromaque ; il va la rejoindre pour la conduire au temple, et procéder à la cérémonie du mariage.

ACTE CINQUIÈME
Dénoûment.

(Mort de Pyrrhus et d'Hermione. — Fureurs d'Oreste.)

SCÈNE I
HERMIONE, *seule* (1).

Où suis-je? Qu'ai-je fait? Que dois-je faire encore (2)?
Quel transport me saisit? Quel chagrin me dévore?
Errante et sans dessein, je cours dans ce palais.
Ah! ne puis-je savoir si j'aime ou si je hais?
Le cruel! de quel œil il m'a congédiée!
Sans pitié, sans douleur au moins étudiée.
L'ai-je vu s'attendrir, se troubler un moment:
En ai-je pu tirer un seul gémissement?
Muet à mes soupirs, tranquille à mes alarmes,
Semblait-il seulement qu'il eût part à mes larmes?
Et je le plains encore? Et pour comble d'ennui,
Mon cœur, mon lâche cœur s'intéresse pour lui!
Je tremble au seul penser du coup qui le menace!
Et prête à me venger je lui fais déjà grâce!
Non, ne révoquons point l'arrêt de mon courroux :
Qu'il périsse! aussi bien il ne vit plus pour nous.
Le perfide triomphe, et se rit de ma rage :
Il pense voir en pleurs dissiper cet orage;
Il croit que, toujours faible, et d'un cœur incertain,
Je parerai d'un bras les coups de l'autre main.
Il juge encor de moi par mes bontés passées.
Mais plutôt le perfide a bien d'autres pensées.
Triomphant dans le temple, il ne s'informe pas
Si l'on souhaite ailleurs sa vie ou son trépas.
Il me laisse, l'ingrat! cet embarras funeste.
Non, non, encore un coup : laissons agir Oreste.
Qu'il meure, puisqu'enfin il a dû le prévoir,
Et puisqu'il m'a forcée enfin à le vouloir.
A le vouloir? Eh quoi! c'est donc moi qui l'ordonne?
Sa mort sera l'effet de l'amour d'Hermione?

(1) Hermione est seule, parce qu'elle a chargé Cléone de suivre le cortège du roi et de lui rapporter ce qui se passe.

(2) Ce monologue met à nu les ravages qu'une passion désordonnée exerce dans un cœur : le trouble, le dépit, la jalousie, les angoisses, les remords, les hésitations plus cruelles que la mort. Voilà ce qu'il en coûte de s'abandonner à un amour insensé! Combien la sérénité de Pauline immolant l'amour au devoir, est préférable! le ciel est dans le cœur de Pauline; dans celui d'Hermione, c'est l'enfer.

Ce prince, dont mon cœur se faisait autrefois
Avec tant de plaisir redire les exploits,
A qui même en secret je m'étais destinée
Avant qu'on eût conclu ce fatal hyménée,
Je n'ai donc traversé tant de mers, tant d'Etats,
Que pour venir si loin préparer son trépas?
L'assassiner, le perdre? Ah! devant qu'il expire.... (1)

SCÈNE II
HERMIONE, CLÉONE.

HERMIONE.

Ah! qu'ai-je fait, Cléone? et que viens-tu me dire?
Que fait Pyrrhus?

CLÉONE.

Il est au comble de ses vœux,
Le plus fier des mortels, et le plus amoureux.
Je l'ai vu vers le temple, où son hymen s'apprête,
Mener en conquérant sa nouvelle conquête;
Et d'un œil où brillaient sa joie et son espoir,
S'enivrer en marchant du plaisir de la voir.
Andromaque, au travers de mille cris de joie,
Porte jusqu'aux autels le souvenir de Troie :
Incapable toujours d'aimer et de haïr,
Sans joie et sans murmure elle semble obéir (2).

HERMIONE.

Et l'ingrat? jusqu'au bout il a poussé l'outrage?
Mais as-tu bien, Cléone, observé son visage?
Goûte-t-il des plaisirs tranquilles et parfaits?
N'a-t-il point détourné ses yeux vers le palais?
Dis-moi, ne t'es-tu point présentée à sa vue?
L'ingrat a-t-il rougi lorsqu'il t'a reconnue?
Son trouble avouait-il son infidélité?
A-t-il jusqu'à la fin soutenu sa fierté?

CLÉONE.

Madame, il ne voit rien. Son salut et sa gloire
Semblent être avec vous sortis de sa mémoire.
Sans songer qui le suit, ennemis ou sujets,
Il poursuit seulement ses amoureux projets.
Autour du fils d'Hector il a rangé sa garde,
Et croit que c'est lui seul que le péril regarde.

---

(1) On ne dit plus aujourd'hui *devant que*, mais *avant que*.

(2) Ce tableau si vrai répond parfaitement à la situation ! Pyrrhus triomphant, Andromaque obéissant *sans joie et sans murmure*.

ACTE V, SCÈNE II

Phœnix même en répond, qui l'a conduit exprès
Dans un fort éloigné du temple et du palais.
Voilà dans ses transports le seul soin qui lui reste.

HERMIONE.
Le perfide! Il mourra. Mais que t'a dit Oreste?

CLÉONE.
Oreste avec ses Grecs dans le temple est entré.

HERMIONE.
Eh bien! à me venger n'est-il pas préparé (1)?

CLÉONE.
Je ne sais.

HERMIONE.
Tu ne sais? Quoi donc! Oreste encore,
Oreste me trahit?

CLÉONE.
Oreste vous adore.
Mais de mille remords son esprit combattu
Croit tantôt son amour et tantôt sa vertu.
Il respecte en Pyrrhus l'honneur du diadème;
Il respecte en Pyrrhus Achille et Pyrrhus même;
Il craint la Grèce, il craint l'univers en courroux;
Mais il se craint, dit-il, soi-même plus que tous.
Il voudrait en vainqueur vous apporter sa tête :
Le seul nom d'assassin l'épouvante et l'arrête.
Enfin il est entré, sans savoir dans son cœur
S'il en devait sortir coupable ou spectateur.

HERMIONE.
Non, non, il les verra triompher sans obstacle :
Il se gardera bien de troubler ce spectacle.
Je sais de quels remords son courage est atteint :
Le lâche craint la mort, et c'est tout ce qu'il craint.
Quoi! sans qu'elle employât une seule prière,
Ma mère en sa faveur arma la Grèce entière?
Ses yeux pour leur querelle, en dix ans de combats,
Virent périr vingt rois qu'ils ne connaissaient pas?
Et moi, je ne prétends que la mort d'un parjure,
Et je charge un amant du soin de mon injure;
Il peut me conquérir à ce prix, sans danger;
Je me livre moi-même, et ne puis me venger!
Allons : c'est à moi seule à me rendre justice.

(1) Hermione ne s'inquiète que d'une chose : *si elle est oubliée*; et dans ce cas, *si Oreste s'apprête à la venger*.

Que de cris de douleur le temple retentisse ;
De leur hymen fatal troublons l'événement,
Et qu'ils ne soient unis, s'il se peut, qu'un moment.
Je ne choisirai point dans ce désordre extrême :
Tout me sera Pyrrhus, fût-ce Oreste lui-même.
Je mourrai ; mais au moins ma mort me vengera.
Je ne mourrai pas seule, et quelqu'un me suivra (1).

SCÈNE III
ORESTE, HERMIONE, CLÉONE.

ORESTE.

Madame, c'en est fait, et vous êtes servie (2) :
Pyrrhus rend à l'autel son infidèle vie.

HERMIONE.

Il est mort (3)?

ORESTE.

Il expire ; et nos Grecs irrités
Ont lavé dans son sang ses infidélités.
Je vous l'avais promis ; et quoique mon courage
Se fît de ce complot une funeste image,
J'ai couru vers le temple, où nos Grecs dispersés
Se sont jusqu'à l'autel dans la foule glissés.
Pyrrhus m'a reconnu. Mais sans changer de face,
Il semblait que ma vue excitât son audace,
Que tous les Grecs, bravés en leur ambassadeur,
Dussent de son hymen relever la splendeur.
Enfin, avec transport prenant son diadème,
Sur le front d'Andromaque il l'a posé lui-même.
« Je vous donne, a-t-il dit, ma couronne et ma foi :
» Andromaque, régnez sur l'Epire et sur moi.
» Je voue à votre fils une amitié de père ;
» J'en atteste les dieux, je le jure à sa mère.
» Pour tous mes ennemis je déclare les siens,
» Et je le reconnais pour le roi des Troyens. »
A ces mots, qui du peuple attiraient le suffrage,
Nos Grecs n'ont répondu que par un cri de rage ;
L'infidèle s'est vu partout envelopper,

---

(1) C'est le délire de la passion, et le paroxysme de la vengeance. Se croyant trahie, Hermione veut elle-même chercher sa victime et lui plonger le fer dans le sein, dût-elle frapper Oreste pour Pyrrhus. On croit voir et entendre une furie. La terreur est à son comble ; et cependant le poète nous ménage des coups plus effrayants encore.

(2) Le retour d'Oreste calme subitement ces emportements frénétiques.

(3) C'est un cri d'effroi, suivi d'une morne stupeur.

ACTE V, SCÈNE III

Et je n'ai pu trouver de place pour frapper.
Chacun se disputait la gloire de l'abattre.
Je l'ai vu dans leurs mains quelque temps se débattre (1),
Tout sanglant à leurs coups vouloir se dérober;
Mais enfin à l'autel il est allé tomber.
Du peuple épouvanté j'ai traversé la presse
Pour venir de ces lieux enlever ma princesse,
Et regagner le port, où bientôt nos amis
Viendront couverts du sang que je vous ai promis.

HERMIONE.

Qu'ont-ils fait (2) !

ORESTE.

Pardonnez à leur impatience :
Ils ont, je le vois bien, trahi votre vengeance.
Vous vouliez que ma main portât les premiers coups,
Qu'il sentît en mourant qu'il expirait pour vous;
Mais c'est moi dont l'ardeur leur a servi d'exemple :
Je les ai pour vous seule entraînés dans le temple,
Madame; et vous pouvez justement vous flatter
D'une mort que leurs bras n'ont fait qu'exécuter.
Vous seule avez poussé les coups....

HERMIONE.

Tais-toi, perfide (3),
Et n'impute qu'à toi ton lâche parricide (4).
Va faire chez tes Grecs admirer ta fureur :

(1) « Il y a beaucoup d'art dans ce récit. Quoi qu'Oreste ait promis à Hermione, ce n'est point lui qui massacre à l'autel un roi sans défense; c'est la vengeance des Grecs outragés et furieux, qui se précipitent sur l'époux d'une Troyenne. Oreste n'est coupable qu'autant qu'il le faut pour son caractère, pour l'action, pour le châtiment qu'il va recevoir, et ne l'est pas assez pour être indigne de pitié. Ce sont ces nuances qui fondent l'intérêt. » (La Harpe.)

(2) Le sens profond de cette exclamation de douleur échappe à Oreste : il croit toucher au comble de ses vœux, et il ne songe qu'à vanter le service qu'il a rendu à la vengeance d'Hermione.

(3) *Perfide!* quel nom! l'assassin reçoit son salaire. Hermione, si altérée naguère de la mort de Pyrrhus, au lieu de s'en réjouir, en est consternée; elle la reproche à Oreste avec le même emportement qu'elle avait mis à le pousser au crime. Ces retours sont naturels à la passion. Oubliant qu'elle a donné les ordres, elle va jusqu'à faire l'éloge de celui qu'elle poursuivait de sa haine.

(4) *Parricide.* « On se sert de ce mot, disait Vaugelas (1585-1660), pour tous ceux qui commettent des crimes énormes et dénaturés de cette espèce, tellement qu'on le dira aussi bien de celui qui aura tué sa mère, son prince, ou trahi sa patrie, que d'un autre qui aurait tué son père; car tout cela tient lieu de père. » Depuis Corneille et Racine, *fratricide*, *suicide* et *régicide* se sont introduits dans la langue.

Va, je la désavoue, et tu me fais horreur.
Barbare, qu'as-tu fait? Avec quelle furie
As-tu tranché le cours d'une si belle vie!
Avez-vous pu, cruels, l'immoler aujourd'hui,
Sans que tout votre sang se soulevât pour lui?
Mais parle : de son sort qui t'a rendu l'arbitre?
Pourquoi l'assassiner? Qu'a-t-il fait? A quel titre?
Qui te l'a dit (1)?

ORESTE.

O dieux! Quoi! ne m'avez-vous pas
Vous-même, ici, tantôt, ordonné son trépas?

HERMIONE.

Ah! fallait-il en croire une amante insensée?
Ne devais-tu pas lire au fond de ma pensée?
Et ne voyais-tu pas dans mes emportements,
Que mon cœur démentait ma bouche à tous moments?
Quand je l'aurais voulu, fallait-il y souscrire?
N'as-tu pas dû cent fois te le faire redire?
Toi-même avant le coup me venir consulter,
Y revenir encore, ou plutôt m'éviter?
Que ne me laissais-tu le soin de ma vengeance?
Qui t'amène en des lieux où l'on fuit ta présence?
Voilà de ton amour le détestable fruit :
Tu m'apportais, cruel, le malheur qui te suit.
C'est toi dont l'ambassade, à tous les deux fatale,
L'a fait pour son malheur pencher vers ma rivale.
Nous le verrions encor nous partager ses soins;
Il m'aimerait peut-être, il le feindrait du moins.
Adieu. Tu peux partir. Je demeure en Epire :
Je renonce à la Grèce, à Sparte, à son empire,
A toute ma famille; et c'est assez pour moi,
Traître, qu'elle ait produit un monstre comme toi (2).

(1) Voilà, dit La Harpe, le fameux *qui te l'a dit?* Plus j'y réfléchis, plus ce mot me paraît admirable. C'est à mon gré le plus hardi, le plus profond, le plus étonnant que la passion ait jamais inspiré. La révolution a été subite dans le cœur d'Hermione. Deux cris de désespoir l'ont fait pressentir. Mais quand on lui attribue ce meurtre, elle est hors d'elle-même; elle devient pour Oreste la véritable Euménide qui tourmente le coupable, et le punit des crimes qu'elle lui a fait commettre.

(2) Quel torrent d'invectives, de reproches, d'injures, de malédictions! Le dernier trait est digne de terminer une tirade si véhémente. Hermione, après avoir enfoncé ce trait avec une expression indicible de rage et d'horreur, s'enfuit en laissant l'assassin en proie à son désespoir.

SCÈNE IV

ORESTE, *seul*.

Que vois-je? est-ce Hermione? Et que viens-je d'entendre (1)?
Pour qui coule le sang que je viens de répandre?
Je suis, si je l'en crois, un traître, un assassin.
Est-ce Pyrrhus qui meurt? et suis-je Oreste enfin?
Quoi! j'étouffe en mon cœur la raison qui m'éclaire;
J'assassine à regret un roi que je révère;
Je viole en un jour les droits des souverains,
Ceux des ambassadeurs, et tous ceux des humains,
Ceux même des autels où ma fureur l'assiège :
Je deviens parricide, assassin, sacrilège.
Pour qui? pour une ingrate à qui je le promets,
Qui même, s'il ne meurt, ne me verra jamais,
Dont j'épouse la rage. Et quand je l'ai servie,
Elle me redemande et son sang et sa vie!
Elle l'aime! et je suis un monstre furieux!
Je la vois pour jamais s'éloigner de mes yeux!
Et l'ingrate en fuyant me laisse pour salaire
Tous les noms odieux que j'ai pris pour lui plaire!

SCÈNE V

ORESTE, PYLADE, SOLDATS D'ORESTE.

PYLADE.

Il faut partir, Seigneur. Sortons de ce palais,
Ou bien résolvons-nous de n'en sortir jamais (2).
Nos Grecs pour un moment en défendent la porte :
Tout le peuple assemblé nous poursuit à main-forte.
Aux ordres d'Andromaque ici tout est soumis;
Ils la traitent en reine, et nous comme ennemis.
Andromaque elle-même, à Pyrrhus si rebelle,
Lui rend tous les devoirs d'une veuve fidèle,
Commande qu'on le venge, et peut-être sur nous
Veut venger Troie encore et son premier époux.
Allons. N'attendons pas que l'on nous environne :
Nos Grecs nous rejoindront; et tandis qu'Hermione

---

(1) Dans ce monologue, Oreste revient peu à peu de son étourdissement; une sinistre lumière lui fait voir toute l'énormité de son crime; il juge sa situation avec un sang-froid qui fait frissonner. Mais d'autres châtiments attendent le coupable.

(2) Le spectateur, ému et haletant, est jeté avec Oreste dans des troubles nouveaux et de plus en plus saisissants. Abandonné et maudit par Hermione, Oreste est menacé de la vengeance d'Andromaque et des sujets de Pyrrhus; et cependant le malheureux ne pense qu'à Hermione.

Tient encore le peuple autour d'elle arrêté,
Voilà votre chemin, sortons en sûreté.

ORESTE.

Non, non, c'est Hermione, amis, que je veux suivre.
A son dernier arrêt je ne puis plus survivre.
Partez : j'ai fait le crime, et je vais l'expier.

PYLADE.

Hermione, Seigneur? Il la faut oublier.
Quoi! toujours l'instrument et l'objet de sa rage,
Cherchez-vous chez les morts quelque nouvel outrage?
Et parce qu'elle meurt faut-il que vous mouriez?

ORESTE.

Elle meurt! Dieux! qu'entends-je?

PYLADE.

Eh quoi! vous l'ignoriez?
En rentrant dans ces lieux nous l'avons rencontrée
Qui courait vers le temple, inquiète, égarée.
Elle a trouvé Pyrrhus porté sur des soldats
Que son sang excitait à venger son trépas.
Sans doute à cet objet sa rage s'est émue.
Mais du haut de la porte enfin nous l'avons vue
Un poignard à la main sur Pyrrhus se courber,
Lever les yeux au ciel, se frapper, et tomber (1).

ORESTE.

Grâce aux dieux! mon malheur passe mon espérance (2).
Oui, je te loue, ô Ciel, de ta persévérance.

---

(1) On voit ici le dernier terme, le terme fatal d'une passion déréglée. Après avoir semé autour d'elle le trouble, la discorde, la jalousie, la fureur et le crime, après s'être faite elle-même le bourreau de sa propre vie, la malheureuse Hermione se jette en désespérée dans le suicide, pour tomber enfin aux pieds d'un Dieu vengeur.

Le dernier vers est magnifique de peinture : on voit, on entend la victime qui tombe.

(2) « C'est dans ces huit vers, les plus beaux du rôle d'Oreste, que l'ironie est sublime à force d'être amère. Cette ironie ressemble au rire effrayant et convulsif qui saisit quelquefois un malheureux dans l'aliénation de la douleur. L'ironie est ici la dernière ressource de la rage, qui feint d'applaudir aux dieux et à la destinée, faute d'expressions pour la maudire. Il faudrait avoir vu Le Kain prononcer ces mots : *Eh bien! je meurs content*, pour comprendre tout ce qu'ils ont d'effroyable dans la bouche d'Oreste. A peine les a-t-il proférés qu'il est saisi par les Furies. Ce morceau fameux n'est point un lieu commun : il est conforme à la tradition mythologique et à la situation. S'il n'y était pas, il manquerait à la pièce et au dénoûment : on ne pouvait pas mieux terminer ce sujet funeste et terrible. » (LA HARPE.)

ACTE V, SCÈNE V

Appliqué sans relâche au soin de me punir,
Au comble des douleurs tu m'as fait parvenir.
Ta haine a pris plaisir à former ma misère ;
J'étais né pour servir d'exemple à ta colère,
Pour être du malheur un modèle accompli.
Eh bien ! je meurs content, et mon sort est rempli.
Où sont ces deux amants ? Pour couronner ma joie,
Dans leur sang, dans le mien, il faut que je me noie ;
L'un et l'autre en mourant je les veux regarder.
Réunissons trois cœurs qui n'ont pu s'accorder.
Mais quelle épaisse nuit tout à coup m'environne ?
De quel côté sortir ? D'où vient que je frissonne ?
Quelle horreur me saisit ? Grâce au Ciel, j'entrevoi....
Dieux ! quels ruisseaux de sang coulent autour de moi !

PYLADE.

Ah ! Seigneur.

ORESTE.

Quoi ! Pyrrhus, je te rencontre encore (1) ?
Trouverai-je partout un rival que j'abhorre ?
Percé de tant de coups, comment t'es-tu sauvé ?
Tiens, tiens, voilà le coup que je t'ai réservé.
Mais que vois-je ? A mes yeux Hermione l'embrasse ?
Elle vient l'arracher au coup qui le menace ?
Dieux ! quels affreux regards elle jette sur moi !
Quels démons, quels serpents traîne-t-elle après soi ?
Eh bien ! filles d'enfer, vos mains sont-elles prêtes ?
Pour qui sont ces serpents qui sifflent sur vos têtes (2) ?
A qui destinez-vous l'appareil qui vous suit ?
Venez-vous m'enlever dans l'éternelle nuit ?

---

(1) Le Kain et Talma se sont illustrés dans le rôle d'Oreste ; leur jeu cependant était bien différent : « Talma, disait Geoffroy en 1804, est toujours en possession des plus vifs applaudissements dans les fureurs d'Oreste. Il les joue avec une effrayante vérité, qui doit frapper la multitude. Le Kain avait une autre manière : pénétré de la noblesse de son art, il était persuadé qu'il fallait conserver à Oreste une sorte de dignité, même dans ses moments d'aliénation.... Talma étonne, épouvante... Le Kain était plus touchant et plus pathétique. » Les fureurs d'Oreste ont été, paraît-il, la cause de la mort du comédien Montfleury, en 1668.

(2) L'harmonie imitative qui distingue ce vers, l'a rendu célèbre. Boileau, dans son *Traité du Sublime* (ch. XIII) a traduit ainsi le passage de l'*Oreste* d'Euripide imité par Racine :

> Mère cruelle, arrête ; éloigne de mes yeux
> Ces filles de l'enfer, ces spectres odieux.
> Ils viennent, je les vois : mon supplice s'apprête.
> Quels horribles serpents leur sifflent sur la tête !

Venez, à vos fureurs Oreste s'abandonne.
Mais non, retirez-vous, laissez faire Hermione :
L'ingrate mieux que vous saura me déchirer ;
Et je lui porte enfin mon cœur à dévorer (1).

PYLADE.

Il perd le sentiment. Amis, le temps nous presse :
Ménageons les moments que ce transport nous laisse.
Sauvons-le. Nos efforts deviendraient impuissants
S'il reprenait ici sa rage avec ses sens (2).

QUESTIONS SUR LE Ve ACTE.

Que renferme le 5e acte ?
Comment Hermione exprime-t-elle les sentiments qui l'agitent ?
Pourquoi dans un monologue ?
Quel est le récit de Cléone ? De quoi surtout s'informe Hermione ?
Quelle résolution prend-elle tout d'un coup ?
Qu'est-ce qui en arrête l'exécution ?
Pourquoi Oreste fait-il le récit de la mort de Pyrrhus ?
Comment Hermione l'écoute-t-elle d'abord ?
Quelle part Oreste a-t-il dans cette mort ?
Quel salaire Oreste reçoit-il de son crime ?
Que fait Hermione après avoir quitté Oreste ? Comment meurt-elle ?
Quels dangers menacent Oreste ? Qui vient les lui annoncer ?
Quel est le dernier coup qui jette Oreste dans le désespoir ?
Quelles formes affecte successivement le désespoir d'Oreste ?
Pourquoi le poète y fait-il intervenir les Furies ?
Comment Le Kain et Talma rendaient-ils les fureurs d'Oreste ?
Le dénoûment répond-il à la pièce ? Est-il moral ?

(1) C'est le désespoir anticipé de l'enfer : l'image affreuse du dernier vers nous présente ces monstres à face humaine qui dans les cachots éternels se déchirent entre eux, en s'accusant les uns les autres de leur irrémédiable malheur.

(2) « L'état où tombe Oreste paraît une punition divine qui satisfait le spectateur, aussi bien que la mort d'Hermione, qui s'est fait justice à elle-même. Les trois coupables sont punis, et la vertueuse Andromaque paraît récompensée : mais comme elle a perdu son défenseur, la Grèce n'a plus rien à craindre du fils d'Hector. Ainsi la catastrophe délivrant la Grèce de ses inquiétudes, cause une révolution, et elle est comme l'achèvement complet de son triomphe sur Troie. » (L. RACINE.)

LES PLAIDEURS
COMÉDIE
1668.

AU LECTEUR

Origines de la pièce. — Quand je lus les *Guêpes* d'Aristophane (1), je ne songeais guère que j'en dusse faire les *Plaideurs* (2). J'avoue qu'elles me divertirent beaucoup, et que j'y trouvai quantité de plaisanteries qui me tentèrent d'en faire part au public; mais c'était en les mettant dans la bouche des Italiens, à qui je les avais destinées, comme une chose qui leur appartenait de plein droit (3). Le juge qui saute par les fenêtres, le chien criminel, et les larmes de sa famille, me semblaient autant d'incidents dignes de la gravité de Scaramouche (4). Le départ de cet acteur (5) interrompit mon dessein, et fit naître l'envie à quelques-uns

(1) Aristophane, le plus célèbre des poëtes comiques de l'antiquité (452-386 avant J.-C.); la comédie *ancienne*, si terrible par ses cruelles personnalités, eut en lui son plus illustre représentant.

La comédie des *Guêpes* fut jouée l'an 423 avant J.-C. C'était une satire politique dirigée contre l'organisation judiciaire d'Athènes. Aristophane y attaquait non seulement des juges qui avaient la manie de juger, mais encore le démagogue Cléon qui, pour se rendre populaire, avait porté à trois oboles par jour (45 centimes) l'indemnité payée à tout citoyen qui viendrait siéger au tribunal. — Le juge d'Aristophane s'appelle *Philocléon* (l'ami de Cléon): il est possédé de la fureur de juger pour gagner de l'argent; son fils *Bdélycléon* (l'ennemi de Cléon) le tient enfermé dans sa maison; le vieillard s'échappe par la fenêtre, par les gouttières; il se met sous le ventre d'un âne, comme Ulysse était sorti, sous un bélier, de l'antre du Cyclope. Pendant qu'il est enfermé, ses confrères, travestis en *guêpes*, essaient de le délivrer; ils bourdonnent, ils piquent; Bdélycléon parvient néanmoins à les chasser, et pour satisfaire la manie de son père, lui fait juger le chien *Labès* (allusion au général *Lachès*) qui vient de dévorer un fromage de Sicile. La cause s'instruit, se plaide; les enfants de l'accusé, les petits chiens, jappent, prient et pleurent: le juge attendri absout Labès, tout en déplorant cette faiblesse, la première de sa vie.

(2) Racine intitula sa pièce *les Plaideurs*, parce qu'il y représentait les ridicules des gens de robe, juges, *plaideurs* et avocats.

(3) La troupe italienne, alors fort en faveur à Paris, jouait plutôt la farce; c'est à elle que convenaient les incidents burlesques dont parle Racine. Le départ de son acteur principal décida le poète à faire une pièce en règle pour les comédiens français de l'hôtel de Bourgogne.

(4) *Scaramouche*, personnage bouffon de l'ancienne comédie italienne, toujours habillé de noir.

(5) Cet acteur était Tiberio Fiurilli, Napolitain (1608-1694), qui importa en France le personnage de Scaramouche; Molière profita beaucoup à son école.

de mes amis (1) de voir sur notre théâtre un échantillon d'Aristophane. Je ne me rendis pas à la première proposition qu'ils m'en firent : je leur dis que, quelque esprit que je trouvasse dans cet auteur, mon inclination ne me porterait pas à le prendre pour modèle si j'avais à faire une comédie ; et que j'aimerais beaucoup mieux imiter la régularité de Ménandre et de Térence que la liberté de Plaute et d'Aristophane (2). On me répondit que ce n'était pas une comédie qu'on me demandait, et qu'on voulait seulement voir si les bons mots d'Aristophane auraient quelque grâce dans notre langue. Ainsi, moitié en m'encourageant, moitié en mettant eux-mêmes la main à l'œuvre, mes amis me firent commencer une pièce qui ne tarda guère à être achevée (3).

Fortunes diverses de la pièce. — Cependant la plupart du monde ne se soucie point de l'intention ni de la diligence des auteurs. On examina d'abord mon amusement comme on aurait fait une tragédie. Ceux mêmes qui s'y étaient le plus divertis eurent peur de n'avoir pas ri dans les règles, et trouvèrent mauvais que je n'eusse pas songé plus sérieusement à les faire rire. Quelques autres s'imaginèrent qu'il était bienséant à eux de s'y ennuyer, et que les matières de palais ne pouvaient pas être un sujet de divertissement pour des gens de cour. La pièce fut bientôt après jouée à Versailles. On ne fit point de scrupule de s'y réjouir ; et ceux qui avaient cru se déshonorer de rire à Paris, furent peut-être obligés de rire à Versailles pour se faire honneur (4).

1er grief : la chicane. — Ils auraient tort, à la vérité, s'ils me

(1) Ces amis étaient les joyeux habitués de l'auberge du *Mouton-Blanc*, à savoir, Boileau, La Fontaine, Chapelle, Furetière ; « les jeunes seigneurs les plus spirituels de la cour, » dit Brossette, assistaient aussi à leurs réunions.

(2) Ménandre, poète comique d'Athènes, créateur de la *comédie nouvelle* ou comédie de caractère (342-290 av. J.-C.) ; il ne reste que quelques fragments de ses pièces.
Térence, poète comique latin, imitateur de Ménandre (194-158 av. J.-C.). Plaute, autre poète comique latin, moins élégant et moins délicat que Térence, se rapproche plus d'Aristophane (vers l'an 200 av. J.-C.).

(3) La pièce s'acheva en trois mois. Les collaborateurs de Racine paraissent avoir été surtout Boileau et Furetière. Boileau lui fournit la dispute de la comtesse de Pimbesche et de Chicanneau ; Furetière (l'auteur du *Dictionnaire universel*) dut l'enrichir de plusieurs traits satiriques sur le Palais qu'il connaissait à merveille.

(4) La comédie des *Plaideurs* fut d'abord mal reçue. « Aux deux premières représentations, dit Valincour, les acteurs furent presque sifflés, et n'osèrent pas hasarder la troisième. » Molière, quoique brouillé avec Racine depuis 1666, protesta en disant tout haut que « ceux qui se moquaient de cette pièce méritaient qu'on se moquât d'eux. » Le bon goût de Louis XIV la releva. Les comédiens ayant, un mois après, risqué *les Plaideurs* à la suite d'une tragédie, « le feu roi, qui était très sérieux, en fut frappé, y fit même de grands éclats de rire ; et toute la cour... n'eut pas besoin de complaisance pour l'imiter. » Dès lors, la cause était gagnée.

reprochaient d'avoir fatigué leurs oreilles de trop de chicane. C'est une langue qui m'est plus étrangère qu'à personne, et je n'ai employé que quelques mots barbares que je puis avoir appris dans le cours d'un procès que ni mes juges ni moi n'avons jamais bien entendu (1).

2ᵉ grief : le burlesque. — Si j'appréhende quelque chose, c'est que des personnes un peu sérieuses ne traitent de badineries le procès du chien et les extravagances du juge. Mais enfin je traduis Aristophane, et l'on doit se souvenir qu'il avait affaire à des spectateurs assez difficiles. Les Athéniens savaient apparemment ce que c'était que le sel attique; et ils étaient bien sûrs, quand ils avaient ri d'une chose, qu'ils n'avaient pas ri d'une sottise.

Pour moi, je trouve qu'Aristophane a eu raison de pousser les choses au delà du vraisemblable. Les juges de l'Aréopage n'auraient pas peut-être trouvé bon qu'il eût marqué au naturel leur avidité de gagner, les bons tours de leurs secrétaires, et les forfanteries de leurs avocats. Il était à propos d'outrer un peu les personnages pour les empêcher de se reconnaître. Le public ne laissait pas de discerner le vrai au travers du ridicule; et je m'assure qu'il vaut mieux avoir occupé l'impertinente éloquence de deux orateurs autour d'un chien accusé, que si l'on avait mis sur la sellette un véritable criminel, et qu'on eût intéressé les spectateurs à la vie d'un homme.

Gaieté honnête de la pièce. — Quoi qu'il en soit, je puis dire que notre siècle n'a pas été de plus mauvaise humeur que le sien; et que si le but de ma comédie était de faire rire, jamais comédie n'a mieux attrapé son but. Ce n'est pas que j'attende un grand honneur d'avoir assez longtemps réjoui le monde. Mais je me sais quelque gré de l'avoir fait sans qu'il m'en ait coûté une seule de ces sales équivoques et de ces malhonnêtes plaisanteries qui coûtent maintenant si peu à la plupart de nos écrivains (2), et qui font retomber le théâtre dans la turpitude d'où quelques auteurs plus modestes (3) l'avaient tiré.

(1) Le procès dont il est question ici, s'était engagé au sujet du prieuré d'Epinay, dont Racine fut dépouillé. L. Racine dit que son père n'a écrit *les Plaideurs* qu'à l'occasion de ce procès et pour s'en consoler, en se vengeant des juges et des avocats qui le lui avaient fait perdre.

(2) Racine, disait plus tard son fils, « était naturellement porté à la raillerie et la savait manier finement; » il aurait pu ajouter, cruellement. Les solitaires de Port-Royal en savaient quelque chose. N'est-ce pas à Molière que ce dernier trait est adressé? Depuis que Racine, mécontent de la troupe de Molière qui avait mal interprété son *Alexandre*, le lui eut enlevé, les deux poètes étaient brouillés. En 1668, Molière régnait en maître sur le théâtre; plusieurs de ses pièces n'encourent que trop le reproche d'immoralité que relève ici Racine.

(3) *Plus modestes*, c'est-à-dire plus réservés, plus soucieux des bonnes mœurs. Corneille avait purgé la scène des turlupinades qui la souillaient : c'est le témoignage que lui rend Voltaire à propos *du Menteur*.

PERSONNAGES :

DANDIN, juge (1).
LÉANDRE, fils de Dandin.
CHICANNEAU, bourgeois (2).
ISABELLE, fille de Chicanneau.
LA COMTESSE (3).
PETIT JEAN.
L'INTIMÉ, secrétaire (4).
LE SOUFFLEUR.

La scène est dans une ville de basse Normandie (5).

---

(1) Le nom de *Perrin Dandin* vient de Rabelais, qui en avait fait un *appointeur* (*arrangeur*) *de procès*. La Fontaine, dans la fable de l'*Huître et des Plaideurs*, donne le même nom à son juge :
    Perrin Dandin arrive : ils le prennent pour juge.
(2) Le nom de *Chicanneau* (on écrit aujourd'hui Chicaneau) est aussi emprunté à Rabelais, qui appelle les huissiers les *chicanous* (de *chicane*, abus des formalités de la justice).
(3) La comtesse de Pimbesche. — *Pimbêche* (disait déjà en 1694 le *Dictionnaire de l'Académie*), terme de mépris, dont on se sert en parlant d'une femme impertinente qui fait la capable, qui se donne des airs de hauteur.
(4) L'*Intimé*, dans la langue du Palais, désigne le défendeur qui, après avoir gagné sa cause, est cité en appel par la partie qui a perdu.
(5) La Basse-Normandie, cap. Caen. La Normandie est réputée le pays de la chicane. Boileau disait dans son *Epître II* sur les Plaideurs :
    Soutenons bien nos droits ; sot est celui qui donne.
    C'est ainsi devers Caen que tout Normand raisonne.
Caen paraît être la ville où la scène se passe, d'après le vers suivant de la scène V de l'acte II :
    Mais fripon le plus franc qui soit de Caen à Rome.
« Le lieu de la scène, dit L. Racine, est, comme dans les comédies anciennes, une place publique. L'action se passe vis-à-vis la maison du juge, près de laquelle est la maison de Chicanneau. »

Analyse générale de l'action.

I. Perrin Dandin a la manie de vouloir toujours juger. Son fils Léandre, pour l'empêcher de se rendre au palais, l'a fait enfermer dans sa propre maison. Perrin Dandin tente de s'évader, mais sans succès. Après avoir fait rentrer son père dans une chambre gardée à vue, Léandre imagine un stratagème de concert avec l'Intimé, pour demander à Chicanneau la main de sa fille Isabelle. Une querelle survenue entre Chicanneau et la comtesse de Pimbesche, tous deux plaideurs de profession, permet à l'Intimé déguisé en huissier de remettre à Isabelle une lettre de Léandre, sous le couvert d'une citation de la comtesse.

II. Léandre à son tour s'habille en commissaire, et procède à un interrogatoire, où il fait signer à Chicanneau un prétendu procès-verbal qui n'est qu'un contrat de mariage. Mais l'Intimé, qui a été maltraité par Chicanneau, le traduit devant Dandin; en même temps la comtesse se présente. Dandin qui est parvenu à s'échapper, entend leurs plaintes. Léandre réussit à grand'peine à se débarrasser des deux importuns plaideurs.

III. Pour occuper son père, Léandre fait comparaître à son tribunal un chien, nommé Citron, coupable d'avoir volé un chapon. Chicanneau revient ensuite avec Isabelle, et Léandre fait ratifier par son père le mariage qu'il a négocié. Chicanneau prétend s'y opposer; mais le contrat qu'il a signé le contraint de se rendre. Pour mettre le comble à la joie, le juge prononce l'acquittement du chien.

Appréciation.

Mérite de la pièce. — La comédie des *Plaideurs* est une des meilleures du théâtre français; pour le bon comique, le style et le dialogue, elle mérite d'être rangée immédiatement après les chefs-d'œuvre de Molière (1).

Sujet. — Le sujet de l'action est le mariage de Léandre avec Isabelle.

Le véritable sujet de la pièce, c'est, comme l'indique son titre, la

---

(1) « *Les Plaideurs* sont aujourd'hui un monument qui rend témoignage de cette merveilleuse souplesse du talent de Racine, qui aurait été tout ce qu'il aurait voulu, s'il n'eût pas voulu, avant toute chose, être parfait : il n'a qu'effleuré la comédie, l'ode et l'épigramme, parce qu'il ambitionnait le premier rang dans la tragédie. La manie de mener de front plusieurs genres est un des plus grands symptômes de la médiocrité. On voit dans *les Plaideurs*, pièce abondante en proverbes qui sont restés, que Molière aurait eu un égal, du moins pour le sel de la plaisanterie et pour le vers comique, si Racine n'eût mieux aimé balancer Corneille. C'est ainsi qu'au jugement de Quintilien, César eût été l'égal de Cicéron, s'il n'eût mieux aimé être l'égal d'Alexandre, et si le titre de maître du monde ne l'eût plus flatté que celui d'orateur. » (GEOFFROY).

représentation comique des travers des *Plaideurs*, associés aux juges, aux avocats, aux officiers de la justice.

Genre mixte. — La pièce appartient au genre mixte de la *comédie-farce*. Le procès du chien qui remplit le 3ᵉ acte, n'est qu'une farce, prise dans Aristophane et reproduite avec les allures burlesques du poète athénien. Mais la verve de Racine a semé dans l'ensemble de la pièce une gaieté charmante et la plus fine raillerie.

Caractères. — Les caractères des deux plaideurs, la comtesse et Chicanneau, sont fort bien tracés.

Chicanneau est l'homme de la chicane, qui veut avoir raison, coûte que coûte; qui peste de ne pouvoir faire triompher son droit; qui épuise toutes les ressources de la procédure; qui subit les déboires et les frais d'un procès de vingt ans; qui, débouté ou condamné dix fois, en appelle toujours plutôt que de perdre deux bottes de foin.

La comtesse de Pimbesche est le type des plaideuses infatigables et hargneuses : elle plaide pour l'amour de plaider; c'est sa vie, son bonheur; elle plaide depuis trente ans contre tout le monde, contre son père, contre son mari, contre ses enfants; et son désespoir, c'est d'être condamnée par sentence du tribunal à jouir d'une pension fort honnête sans pouvoir plus plaider.

Le portrait du *juge* est une caricature, dit Geoffroy, et la plaidoirie une parade. Mais il est utile parfois, comme dit Racine dans sa *Préface*, « de pousser les choses au delà du vraisemblable; » il est nécessaire d'enfler la voix et de grossir les traits pour mieux montrer le ridicule des personnages et de leurs défauts.

Satire littéraire. — L'importance donnée aux plaidoiries comiques des deux avocats fait de la pièce une vraie *satire littéraire*.

Petit Jean est le type du genre *emphatique*, et *l'Intimé*, celui du genre *pédantesque* (1).

Qualités. — « Ce qui distingue cette espèce de comédie-farce entre toutes les autres, c'est que le style est de la bonne comédie, le naturel élégant et facile, animé par une gaieté franche, et assaisonné de ce sel piquant sans âcreté, que la muse comique jette à pleines mains sur les travers et les ridicules. » (LA HARPE.) Le comique des personnages et la gaieté des détails rachètent la faiblesse de l'intrigue (2).

Imitation et Invention. — Racine a pris dans Aristophane l'idée

---

(1) Racine, d'après le *Menagiana*, a joué la plupart des avocats de son temps, et tout particulièrement le fameux Gautier, surnommé la Gueule, à cause de son éloquence criarde; quelques auteurs pensent que le poète ne ménagea ni le célèbre Patru, ni même son ancien professeur de Port-Royal, Antoine le Maistre.

(2) Les principaux incidents de l'intrigue sont : 1° l'arrivée simultanée des deux plaideurs et leur querelle; 2° la conduite d'Isabelle et de Chicanneau vis-à-vis du faux sergent; 3° l'apparition de Dandin au grenier et à la cave; 4° l'attentat de Citron sur un chapon.

de sa comédie, le type de son juge et le procès du chien ; il a tiré de son propre génie la petite intrigue de la pièce, le caractère de ses deux plaideurs, leur querelle, le 2ᵉ acte tout entier, et au 3ᵉ le portrait des avocats (1).

Côté moral. — Le côté moral cependant n'est pas irréprochable. Sans parler des faux et des mensonges qui triomphent finalement, convenait-il de *faire rire* des représentants de la justice ? Aristophane pouvait avoir d'excellentes raisons pour décrier la vénalité des juges d'Athènes, en stigmatisant leur fureur intéressée de juger ; Racine trouvait-il dans les magistrats de son temps des motifs suffisants pour jeter le ridicule sur un corps dont le respect importe tant à la société ? Il est permis d'en douter (2).

QUESTIONS GÉNÉRALES.

De quelle manière fut composée la comédie des *Plaideurs* ?
Quelles sont les origines littéraires de la pièce ?
Donnez une idée des *Guêpes* d'Aristophane.
Pourquoi le poète destinait-il d'abord sa pièce à la troupe italienne ?
Pourquoi la donna-t-il aux comédiens français ?

(1) Les scènes les plus belles sont :
ACTE I, *scène* I, monologue de Petit Jean ; *scène* IV, les conseils de Dandin ; *scènes* VII *et* VIII, la querelle des deux plaideurs.
ACTE II, *scène* IV, scène du procès-verbal ; *scène* VI, l'interrogatoire ; *scènes* VIII-XII, le plaidoyer dans la rue.
ACTE III, *scène* III, procès du chien.

(2) Présenter comme type dans une comédie un magistrat dont on a composé la figure avec les traits plus ou moins grotesques ou odieux de quelques individus, c'est exposer le public à conclure du particulier au général, et des défauts de quelques juges au vice du corps tout entier. Si la comédie fut d'abord si mal reçue, n'était-ce point parce que « plusieurs conseillers et le public lui-même se scandalisèrent des libertés de la pièce contre la magistrature. » (CHARAUX, *Racine*, II.)

Racine, dans cette pièce, s'est montré aussi peu respectueux pour le génie de Corneille. Pour se venger du vieux poète qui avait censuré un peu trop sévèrement ses premières tragédies, il se permit de parodier quelques-uns de ses plus beaux vers.

L'Intimé dit de son père, huissier de son vivant (Acte I, sc. 5) :
   Ses rides sur son front gravaient tous ses exploits (Cf. *le Cid*, I, 1) ;
puis s'adressant à sa fille qui a fait semblant de déchirer un exploit :
   Tu défendras ton bien. Viens, mon sang, viens, ma fille (Cf. *le Cid*, I, 5).
Dandin dit à Léandre (Acte II, sc. 13) :
   Achève, prends ce sac, prends vite (Cf. *le Cid*, I, 3).

« J'ai vu feu M. Corneille fort en colère contre M. Racine... Quoi, disait-il, ne tient-il qu'à un jeune homme de venir tourner en ridicule les plus beaux vers des gens ? » (*Menagiana*.)

Quels furent les collaborateurs de Racine ?
Quelles furent les fortunes diverses des *Plaideurs*?
Qui en fit le succès ? Qu'en pensait Molière ?
Quels sont les deux griefs principaux qu'on formula contre la pièce ?
Comment Racine y répondit-il ?
Comment le poète apprit-il la langue de la chicane ?
Quel est le genre de gaieté qui règne dans *les Plaideurs* ?
Quels sont les principaux personnages de la pièce ?
Où se passe la scène ? Combien y a-t-il d'actes ?
Donnez une analyse générale de l'action.
Quel est le mérite de cette comédie ?
Quel est le sujet de l'action ?
Quel est le véritable sujet de la pièce ?
Quels sont les principaux incidents de l'intrigue ?
Quelles sont les scènes les plus belles ?
Que dites-vous des caractères des plaideurs, du juge, des avocats ?
A quel genre appartient cette comédie ?
N'est-elle pas aussi une satire littéraire ?
Quelles sont les qualités qui distinguent les *Plaideurs* ?
Quels emprunts Racine a-t-il faits à Aristophane ?
Quelle est la part de son propre génie ?
La pièce est-elle irréprochable au point de vue moral ?
Racine ne s'est-il pas montré peu respectueux envers Corneille ?

ACTE PREMIER

SCÈNE I

PETIT JEAN, *traînant un gros sac de procès.*

Ma foi, sur l'avenir bien fou qui se fîra :
Tel qui rit vendredi, dimanche pleurera (1).
Un juge, l'an passé, me prit à son service ;
Il m'avait fait venir d'Amiens pour être Suisse (2).
Tous ces Normands voulaient se divertir de nous :
On apprend à hurler, dit l'autre, avec les loups (3).

(1) Petit Jean, en homme du peuple, aime les *proverbes*, qui sont comme la monnaie courante du bon sens populaire. Ce monologue en est rempli.

(2) Les concierges autrefois étaient pris ordinairement parmi les Suisses. Le nom de suisse n'est resté aujourd'hui qu'à celui qui est chargé de maintenir l'ordre dans une église et qui précède le clergé dans les processions.

(3) Autre proverbe. — *Dit l'autre*, locution populaire, pour *dit-on*.

Tout Picard que j'étais (1), j'étais un bon apôtre (2),
Et je faisais claquer mon fouet tout comme un autre (3).
Tous les plus gros Monsieurs (4) me parlaient chapeau bas :
Monsieur de Petit Jean, ah! gros comme le bras (5).
Mais sans argent l'honneur n'est qu'une maladie.
Ma foi, j'étais un franc portier de comédie :
On avait beau heurter et m'ôter son chapeau,
On n'entrait point chez nous sans graisser le marteau (6).
Point d'argent, point de Suisse (7), et ma porte était close.
Il est vrai qu'à Monsieur j'en rendais quelque chose :
Nous comptions quelquefois. On me donnait le soin
De fournir la maison de chandelle et de foin;
Mais je n'y perdais rien. Enfin, vaille que vaille (8),
J'aurais sur le marché fort bien fourni la paille.
C'est dommage : il avait le cœur trop au métier;
Tous les jours le premier aux plaids (9), et le dernier,
Et bien souvent tout seul; si l'on l'eût voulu croire,
Il y serait couché (10) sans manger et sans boire.
Je lui disais parfois : « Monsieur Perrin Dandin,
Tout franc, vous vous levez tous les jours trop matin :
Qui veut voyager loin ménage sa monture (11).
Buvez, mangez, dormez, et faisons feu qui dure. »
Il n'en a tenu compte. Il a si bien veillé
Et si bien fait, qu'on dit que son timbre est brouillé (12).

(1) Un *Picard* qu'on a fait *Suisse* : antithèse plaisante.

(2) *Bon apôtre*, ironiquement et par antiphrase, homme habile et rusé. La Fontaine dit de même (*Le Chat, la Belette et le petit Lapin*) :

    Grippeminaud, *le bon apôtre*,
 Jetant des deux côtés la griffe en même temps,
 Mit les plaideurs d'accord en croquant l'un et l'autre.

(3) Se donner de l'importance, comme le cocher qui fait *claquer son fouet*.

(4) *Monsieurs* pour *Messieurs*, populaire, comme Molière fait dire à la servante Georgette :

 Lorsque leurs femmes sont avec les biaux *Monsieurs*.

Mme de Sévigné dit de même les *Madames*; La Fontaine, des *Monseigneurs*.

(5) *Gros comme le bras*, c'est-à-dire souvent et avec emphase.

(6) C'est-à-dire mettre de l'argent dans la main.

(7) Proverbe. — Les Suisses ne s'engageaient au service des princes étrangers que pour de l'argent.

(8) C'est-à-dire à tout hasard, quel que fût le prix.

(9) Aux audiences. — Le *plaid* désignait primitivement l'assemblée où se jugeaient les procès sous les deux premières races de nos rois.

(10) Pour *il y aurait couché*.

(11) Proverbe, qui répond à l'italien : *chi va piano, va sano*.

(12) *Son timbre*, c'est-à-dire sa cervelle.

Il nous veut tous juger les uns après les autres (1).
Il marmotte toujours certaines patenôtres (2)
Où je ne comprends rien. Il veut, bon gré, mal gré,
Ne se coucher qu'en robe et qu'en bonnet carré (3).
Il fit couper la tête à son coq, de colère,
Pour l'avoir éveillé plus tard qu'à l'ordinaire ;
Il disait qu'un plaideur dont l'affaire allait mal
Avait graissé la patte à ce pauvre animal (4).
Depuis ce bel arrêt, le pauvre homme a beau faire,
Son fils ne souffre plus qu'on lui parle d'affaire.
Il nous le fait garder jour et nuit, et de près :
Autrement, serviteur (5), et mon homme est aux plaids.
Pour s'échapper de nous, Dieu sait s'il est allaigre (6).
Pour moi, je ne dors plus : aussi je deviens maigre,
C'est pitié. Je m'étends, et ne fais que bâiller.
Mais, veille qui voudra, voici mon oreiller.
Ma foi, pour cette nuit il faut que je m'en donne (7).
Pour dormir dans la rue on n'offense personne.
Dormons (8).

(Il se couche par terre.)

(1) Petit Jean fait très bien connaître la manie de son maître : le portrait est imité d'Aristophane : « Je vais vous dire la maladie de notre maître : il aime le tribunal, comme pas un homme ; sa passion est de juger ; il gémit, s'il ne siège au premier banc. Il ne ferme pas l'œil de toute la nuit. Comme il entendait son coq chanter le soir : Il a, dit-il, reçu de l'argent des accusés pour me réveiller tard. »

(2) *Les patenôtres* (de *pater noster*), certaines formules inintelligibles, comme les *pater* marmottés précipitamment et par routine.

(3) Le bonnet carré des juges est remplacé aujourd'hui par une toque.

(4) *Graisser la patte*, comme plus haut *graisser le marteau*, c'est-à-dire corrompre quelqu'un par de l'argent (qu'on lui met dans la *main*).

(5) Locution elliptique et ironique, pour *je suis votre serviteur*, c'est-à-dire je n'en puis rien faire.

(6) Aujourd'hui *allègre*, de *alacer*, vif, prompt.

(7) Il va être quatre heures du matin (Acte I, sc. VI).

(8) Ce monologue, dit Geoffroy, est remarquable par la gaieté, la bonne plaisanterie, le vrai comique du style ; il est long à la vérité au théâtre ; mais la manière dont il est écrit le fait trouver court à la lecture. Il faut avouer qu'il n'est pas naturel que Petit Jean vienne dans la rue pour dormir; qu'avant de dormir, il se parle si longtemps. On s'aperçoit que le poëte a besoin d'instruire le spectateur ; et Petit Jean ne songe qu'il a envie de dormir, qu'après avoir débité ce qu'il est nécessaire de savoir pour l'intelligence de la pièce : il y a peu d'art dans cette exposition, mais beaucoup de vers que tout le monde sait par cœur, d'excellents vers de comédie et des proverbes qui sont restés.

SCÈNE II

L'INTIMÉ, PETIT JEAN.

L'INTIMÉ.

Hé! Petit Jean! Petit Jean!

PETIT JEAN.

L'Intimé!
Il a déjà bien peur de me voir enrhumé.

L'INTIMÉ.

Que diable! si matin que fais-tu dans la rue?

PETIT JEAN.

Est-ce qu'il faut toujours faire le pied de grue (1),
Garder toujours un homme et l'entendre crier?
Quelle gueule! Pour moi, je crois qu'il est sorcier.

L'INTIMÉ.

Bon!

PETIT JEAN.

Je lui disais donc, en me grattant la tête,
Que je voulais dormir. « Présente ta requête
Comme tu veux dormir, » m'a-t-il dit gravement (2).
Je dors en te contant la chose seulement.
Bonsoir.

L'INTIMÉ.

Comment, bonsoir? Que le diable m'emporte
Si.... Mais j'entends du bruit au-dessus de la porte.

SCÈNE III

DANDIN, L'INTIMÉ, PETIT JEAN.

DANDIN, *à la fenêtre* (3).

Petit Jean! l'Intimé!

---

(1) C'est-à-dire attendre longtemps sur les pieds : la grue dort debout sur une jambe.

(2) « Il y avait alors, raconte L. Racine, un président si amoureux de son métier, qu'il l'exerçait dans son domestique. Quand son fils lui représentait qu'il avait besoin d'un habit neuf, il lui répondait gravement : *Présente ta requête*; et quand son fils lui avait présenté sa requête, il y répondait par un *soit communiqué à sa mère*. » La *requête* est proprement une demande par écrit et motivée, que l'on présente à qui de droit, et suivant certaines formes établies. — *Comme*, c'est-à-dire comme quoi.

(3) Dandin était enfermé et gardé par ordre de son fils, comme Petit Jean vient de le dire.

L'INTIMÉ, *à Petit Jean.*
Paix !

DANDIN.
Je suis seul ici.
Voilà mes guichetiers en défaut, Dieu merci.
Si je leur donne temps (1), ils pourront comparaître.
Çà, pour nous élargir, sautons par la fenêtre.
Hors de cour (2).

L'INTIMÉ.
Comme il saute !

PETIT JEAN.
Oh ! Monsieur, je vous tien.

DANDIN.
Au voleur ! au voleur !

PETIT JEAN.
Oh ! nous vous tenons bien.

L'INTIMÉ.
Vous avez beau crier.

DANDIN.
Main forte ! l'on me tue (3) !

SCÈNE IV

LÉANDRE, DANDIN, L'INTIMÉ, PETIT JEAN.

LÉANDRE.
Vite un flambeau ! j'entends mon père dans la rue.
Mon père, si matin qui vous fait déloger ?
Où courez-vous la nuit ?

DANDIN.
Je veux aller juger.

LÉANDRE.
Et qui juger ? tout dort.

---

(1) On dit aujourd'hui : *donner du temps.*

(2) Dandin ne sait parler que la langue du Palais : *guichetier*, valet de geôlier dans les prisons ; *comparaître*, se présenter devant le juge ; *élargir*, faire sortir de prison ; mettre *hors de cour*, renvoyer les parties, comme n'ayant pas lieu de poursuivre ou de condamner (ACAD.) ; *main forte*, assistance que le pouvoir donne à la justice.

(3) Cette première évasion par la fenêtre est un peu grotesque : elle devient surtout plaisante par la vivacité tragique que le poète y a mise. Les cris *au voleur !... l'on me tue !* sont fort comiques dans la bouche d'un vieux juge qui se sauve de chez lui, et qui se voit arrêté par son propre portier.

PETIT JEAN.
　　　　Ma foi, je ne dors guères (1).
　　　　　LÉANDRE.
Que de sacs (2)! il en a jusques aux jarretières.
　　　　　DANDIN.
Je ne veux de trois mois rentrer dans la maison.
De sacs et de procès j'ai fait provision.
　　　　　LÉANDRE.
Et qui vous nourrira?
　　　　　DANDIN.
　　　　Le buvetier, je pense (3).
　　　　　LÉANDRE.
Mais où dormirez-vous, mon père?
　　　　　DANDIN.
　　　　　　　　A l'audience (4).
　　　　　LÉANDRE.
Non, mon père : il vaut mieux que vous ne sortiez pas.
Dormez chez vous. Chez vous faites tous vos repas.
Souffrez que la raison enfin vous persuade;
Et pour votre santé....
　　　　　DANDIN.
　　　　Je veux être malade (5).
　　　　　LÉANDRE.
Vous ne l'êtes que trop. Donnez-vous du repos :
Vous n'avez tantôt plus que la peau sur les os.
　　　　　DANDIN.
Du repos? Ah! sur toi tu veux régler ton père.
Crois-tu qu'un juge n'ait qu'à faire bonne chère,
Qu'à battre le pavé comme un tas de galants,
Courir le bal la nuit, et le jour les brelans (6)?

(1) *Guère* en prose; *guère* ou *guères* en poésie.

(2) Les pièces du procès se mettaient autrefois dans de petits sacs de toile; *dossier* est aujourd'hui le terme du Palais.

(3) Il y avait autrefois pour chaque chambre du parlement (comme aujourd'hui dans les chambres législatives) une buvette « où ces Messieurs se chauffent, boivent et mangent quelque peu, et c'est le roi qui paie cette dépense. » (RICHELET.)

(4) Trait satirique à l'adresse des juges.

(5) Le poète charge à dessein, pour mieux faire ressortir la manie de Dandin.

(6) Jeu qui se joue avec trois cartes données à chacun des joueurs; par extension, maison de jeu.

L'argent ne nous vient pas si vite que l'on pense.
Chacun de tes rubans me coûte une sentence (1).
Ma robe vous fait honte : un fils de juge! Ah, fi!
Tu fais le gentilhomme. Hé! Dandin, mon ami,
Regarde dans ma chambre et dans ma garde-robe
Les portraits des Dandins : tous ont porté la robe;
Et c'est le bon parti. Compare, prix pour prix,
Les étrennes d'un juge à celles d'un marquis (2) :
Attends que nous soyons à la fin de décembre.
Qu'est-ce qu'un gentilhomme? Un pilier d'antichambre.
Combien en as-tu vu, je dis des plus huppés (3),
A souffler dans leurs doigts dans ma cour occupés,
Le manteau sur le nez, ou la main dans la poche;
Enfin, pour se chauffer, venir tourner ma broche!
Voilà comme on les traite. Hé! mon pauvre garçon,
De ta défunte mère est-ce là la leçon?
La pauvre Babonnette! Hélas! lorsque j'y pense,
Elle ne manquait pas une seule audience.
Jamais, au grand jamais, elle ne me quitta,
Et Dieu sait bien souvent ce qu'elle en rapporta :
Elle eût du buvetier emporté les serviettes,
Plutôt que de rentrer au logis les mains nettes (4).
Et voilà comme on fait les bonnes maisons. Va,
Tu ne seras qu'un sot (5).

(1) « Les hommes, du temps de Louis XIV, faisaient beaucoup d'usage des rubans ; et depuis, lorsque la mode fut passée, les comédiens s'avisèrent de substituer le mot *boutons* à *rubans*. Les comédiens ont eu tort : il faut conserver les anciens termes et les anciens costumes dans les pièces où l'on peint les anciennes mœurs. » (GEOFFROY.) Le poète veut dire que Dandin ne peut suffire aux dépenses de son fils qu'à force de juger, son revenu dépendant du nombre des procès ; c'est pour cela qu'il en a fait provision pour un mois.

(2) Le parallèle du juge et du gentilhomme est fort piquant. Dandin est fou d'une profession si honorable et si lucrative : il voudrait en inspirer l'amour à son fils.

(3) *Huppé* se dit proprement des oiseaux qui ont une huppe sur la tête. Au figuré, homme de haut parage, considérable par le rang ou la richesse.

(4) D'après Brossette, ce vers fait allusion à la femme d'un lieutenant criminel de Paris, Mme Tardieu, qui, dit-il, « n'entrait jamais dans une maison qu'elle n'escroquât quelque chose, et quand elle n'y pouvait rien prendre, elle empruntait, sans rendre jamais rien. Elle avait effectivement pris quelques serviettes chez le buvetier du Palais. » Boileau (satire X) retrace l'histoire de ce magistrat *de hideuse mémoire* (Jacques Tardieu) et de sa femme (Marie Ferrier).

(5) Ce discours si plein d'entrain et de bonhomie, est une critique très fine de l'amour du lucre poussé chez Dandin et chez la *pauvre Babonnette* jusqu'à l'avarice sordide et à l'escroquerie.

ACTE I, SCÈNE V

LÉANDRE.

Vous vous morfondez là (1),
Mon père. Petit Jean, remenez votre maître ;
Couchez-le dans son lit ; fermez porte, fenêtre ;
Qu'on barricade tout, afin qu'il ait plus chaud (2).

PETIT JEAN.

Faites donc mettre au moins des garde-fous là-haut.

DANDIN.

Quoi ! l'on me mènera coucher sans autre forme ?
Obtenez un arrêt (3) comme il faut que je dorme.

LÉANDRE.

Eh ! par provision, mon père, couchez-vous.

DANDIN.

J'irai ; mais je m'en vais vous faire enrager tous :
Je ne dormirai point.

LÉANDRE.

Hé bien, à la bonne heure !
Qu'on ne le quitte pas. Toi, l'Intimé, demeure.

SCÈNE V

L'Intimé offre à Léandre de se déguiser en huissier, pour porter un faux exploit à Chicanneau et une lettre à Isabelle.

Dans cette scène, Racine trace ainsi le portrait de son *plaideur* :

... Vous devez songer que Monsieur Chicanneau
De son bien en procès consume le plus beau.
Qui ne plaide-t-il point ? je crois qu'à l'audience
Il fera, s'il ne meurt, venir toute la France.
Tout auprès de son juge il s'est venu loger :
L'un veut plaider toujours, l'autre toujours juger.

Un peu plus loin, c'est le portrait du *sergent* ou *huissier* :

LÉANDRE. Ne connaîtrais-tu pas quelque honnête faussaire (4)
Qui servît ses amis, en le payant, s'entend,

(1) *Morfondre*, causer un froid qui pénètre ; *se morfondre*, prendre froid.

(2) C'est un souvenir d'Aristophane : « *Bdélycléon*. Esclave, tiens la porte, pèse dessus, allons, fort, ferme, du cœur ; je vais venir moi-même. Veille à la serrure et au verrou. — *Philocléon*. Qu'allez-vous faire ? ne me lâcherez-vous pas, misérables, pour aller juger ? »

(3) *Arrêt*, décision rendue par une cour souveraine ; *par provision*, par sentence provisoire, en attendant le jugement définitif ou l'arrêt que réclame Dandin. « On rit, parce que tous ces traits peignent la passion de ce juge, et que cette passion est le ridicule que le poète attaque. » (L. RACINE.)

(4) Anthithèse aussi fine qu'imprévue.

	Quelque sergent zélé (1)?
L'Int.	Bon, l'on en trouve tant (2)!
Léandre.	Mais encor?
L'Int.	Ah! Monsieur, si feu mon pauvre père

Etait encore vivant, c'était bien votre affaire.
Il gagnait en un jour plus qu'un autre en six mois?
Ses rides sur son front gravaient tous ses exploits.
Il vous eût arrêté le carrosse d'un prince ;
Il vous l'eût pris lui-même; et si dans la province
Il se donnait en tout vingt coups de nerfs de bœuf,
Mon père pour sa part en emboursait dix-neuf.
Mais de quoi s'agit-il? Suis-je pas fils de maître (3)?

SCÈNE VI
CHICANNEAU, PETIT JEAN.

CHICANNEAU, *allant et revenant.*

La Brie (4),
Qu'on garde la maison, je reviendrai bientôt.
Qu'on ne laisse monter aucune âme là-haut.
Fais porter cette lettre à la poste du Maine.
Prends-moi dans mon clapier trois lapins de garenne,
Et chez mon procureur porte-les ce matin.
Si son clerc vient céans (5), fais-lui goûter mon vin.
Ah! donne-lui ce sac qui pend à ma fenêtre.
Est-ce tout? Il viendra me demander peut-être
Un grand homme sec, là, qui me sert de témoin,
Et qui jure pour moi lorsque j'en ai besoin (6) :

(1) Le sergent, en justice (huissier aujourd'hui), est un officier dont la fonction est de donner des exploits, des assignations, de faire des exécutions, des contraintes, des saisies, d'arrêter ceux contre lesquels il y a contrainte par corps. (Acad.)

(2) La verve satirique du poète flagelle ici les sergents ou huissiers de son temps. La passion du gain leur donnait bien souvent trop de zèle et d'audace. Molière parle de leur rapacité et de leur violence dans les *Fourberies de Scapin*. Au XVI° siècle déjà, un orateur les avait appelés les *harpyes* et les *griffons* du peuple. Racine y ajoute le métier de *faussaire*.

(3) Dans les anciennes corporations, on distinguait l'*apprenti*, le *compagnon* et le *maître*. Les maîtres étaient les artisans qui, après avoir été apprentis, étaient reçus avec les formes ordinaires dans quelque corps de métier. (Acad.)

(4) Valet de comédie désigné par le nom de sa province d'origine.

(5) *Céans*, ici dedans.

(6) Les lapins portés au procureur, le vin offert à son clerc, le témoin qui jure aux ordres du plaideur, six écus qui font gagner six procès : traits sanglants contre les mœurs judiciaires de l'époque.

ACTE I, SCÈNE VI

Qu'il m'attende. Je crains que mon juge ne sorte.
Quatre heures vont sonner (1). Mais frappons à sa porte.

PETIT JEAN, *entr'ouvrant la porte.*

Qui va là?

CHICANNEAU.

Peut-on voir Monsieur?

PETIT JEAN, *refermant la porte.*

Non.

CHICANNEAU.

Pourrait-on
Dire un mot à Monsieur son secrétaire?

PETIT JEAN.

Non.

CHICANNEAU.

Et Monsieur son portier?

PETIT JEAN.

C'est moi-même.

CHICANNEAU.

De grâce,
Buvez à ma santé, Monsieur.

PETIT JEAN.

Grand bien vous fasse!
Mais revenez demain (2).

CHICANNEAU.

Hé! rendez donc l'argent.
Le monde est devenu, sans mentir, bien méchant.
J'ai vu que les procès ne donnaient point de peine :
Six écus en gagnaient une demi-douzaine.
Mais, aujourd'hui, je crois que tout mon bien entier
Ne me suffirait pas pour gagner un portier.
Mais j'aperçois venir Madame la comtesse
De Pimbesche (3). Elle vient pour affaire qui presse.

(1) Il fait jour à peine, et déjà le plaideur est à la porte de son juge ; la comtesse n'est pas moins matinale.

(2) Chicanneau sait *graisser la patte* au portier de son juge ; Petit Jean, avec le sang-froid le plus impudent, accepte l'argent et renvoie le naïf plaideur.

(3) Racine ne craint pas l'enjambement dans le style familier de la comédie ; il en tire les effets les plus pittoresques. Le nom de la fameuse comtesse est parfaitement mis en relief par ce rejet en tête du vers.

SCÈNE VII
CHICANNEAU, LA COMTESSE (1).

CHICANNEAU.

Madame, on n'entre plus.

LA COMTESSE.

Hé bien ! l'ai-je pas dit (2)?
Sans mentir, mes valets me font perdre l'esprit.
Pour les faire lever, c'est en vain que je gronde :
Il faut que tous les jours j'éveille tout mon monde.

CHICANNEAU.

Il faut absolument qu'il se fasse celer (3).

LA COMTESSE.

Pour moi, depuis deux jours je ne lui puis parler.

CHICANNEAU.

Ma partie (4) est puissante, et j'ai lieu de tout craindre.

LA COMTESSE.

Après ce qu'on m'a fait, il ne faut plus se plaindre.

CHICANNEAU.

Si pourtant j'ai bon droit.

LA COMTESSE.

Ah ! Monsieur, quel arrêt !

---

(1) « On prétend que l'actrice chargée du rôle de la comtesse de Pimbesche parut sur la scène dans le même costume que la comtesse de Crissé, plaideuse éternelle, avait coutume de porter à la ville ; elle avait une robe couleur de rose sèche, avec un masque sur l'oreille. On dit encore qu'Aristophane, qui joua lui-même le rôle de Cléon dans sa comédie des Chevaliers, se présenta avec un masque très ressemblant à la figure de ce fameux démagogue. Molière fit aussi acheter à la friperie un habit de l'abbé Cotin, et donna à son personnage principal le nom de Tricotin, qu'il changea depuis en celui de Trissotin, moins ressemblant au nom véritable de la personne, mais plus injurieux encore : ces exemples ne justifient pas une pareille licence. D'ailleurs, Molière avait moins besoin que personne de cet attrait de la satire et des personnalités qui blessent à la fois les lois divines et humaines. » (GEOFFROY.)

(2) En 1704, l'Académie (dans ses *observations sur Vaugelas*) proscrivit la suppression de *ne* avec *pas*. On en trouve des exemples, au XVIIe siècle, chez les meilleurs auteurs, même dans le style noble. Racine fait dire à Assuérus (*Esther*, acte II, sc. 7) :

Esther, que craignez-vous? *Suis-je pas* votre frère?

(3) *Se faire celer*, faire dire qu'on n'est pas chez soi, bien qu'on ne soit pas sorti. (ACAD.) Cf. Molière, *Critique de l'Ecole des Femmes*, scène 4.

(4) *La partie*, terme de Palais qui désigne le demandeur ou le défendeur.

ACTE I, SCÈNE VII

CHICANNEAU.

Je m'en rapporte à vous. Ecoutez, s'il vous plaît (1).

LA COMTESSE.

Il faut que vous sachiez, Monsieur, la perfidie.

CHICANNEAU.

Ce n'est rien dans le fond.

LA COMTESSE.

     Monsieur, que je vous die (2)....

CHICANNEAU.

Voici le fait (3). Depuis quinze ou vingt ans en çà (4),
Au travers d'un mien pré certain ânon passa,
S'y vautra, non sans faire un notable dommage,
Dont je formai ma plainte au juge du village.
Je fais saisir l'ânon. Un expert est nommé,
A deux bottes de foin le dégât estimé.
Enfin, au bout d'un an, sentence par laquelle
Nous sommes renvoyés hors de cour. J'en appelle.
Pendant qu'à l'audience on poursuit un arrêt,
Remarquez bien ceci, Madame, s'il vous plaît,
Notre ami Drolichon, qui n'est pas une bête,
Obtient pour quelque argent un arrêt sur requête,
Et je gagne ma cause. A cela que fait-on?
Mon chicaneur s'oppose à l'exécution.
Autre incident : tandis qu'au procès on travaille,
Ma partie en mon pré laisse aller sa volaille.
Ordonné qu'il sera fait rapport à la cour
Du foin que peut manger une poule en un jour :
Le tout joint au procès enfin, et toute chose
Demeurant en état, on appointe la cause
Le cinquième ou sixième avril cinquante-six.
J'écris sur nouveaux frais. Je produis, je fournis
De dits, de contredits, enquêtes, compulsoires,
Rapports d'experts, transports, trois interlocutoires,

(1) Cet empressement réciproque des deux plaideurs à se conter leur procès, est très naturel et fort comique. C'est un besoin qu'éprouve tout homme qui est en discussion avec un autre, de s'ouvrir à quelque confident, afin d'avoir son approbation.

(2) *Die* pour *dise*, condamné par l'Académie en 1704.

(3) Ce discours est un modèle du genre. Le récit est vif, le style familier, piquant, et d'une exactitude technique remarquable. Au dire de L. Racine, le poète aurait appris ces termes de Palais de M. de Brilhac, conseiller au Parlement de Paris.

(4) Expressions familières et vieillies : *en çà*, *un mien* pré, *six-vingts*.

Griefs et faits nouveaux, baux et procès-verbaux (1).
J'obtiens lettres royaux, et je m'inscris en faux.
Quatorze appointements, trente exploits, six instances,
Six-vingts productions, vingt arrêts de défenses,
Arrêt enfin. Je perds ma cause avec dépens,
Estimés environ cinq à six mille francs.
Est-ce là faire droit? est-ce là comme on juge?
Après quinze ou vingt ans! Il me reste un refuge :
La requête civile est ouverte pour moi,
Je ne suis pas rendu (2). Mais vous, comme je voi,
Vous plaidez.

LA COMTESSE.
Plût à Dieu (3)!
CHICANNEAU.
J'y brûlerai mes livres.
LA COMTESSE.
Je....
CHICANNEAU.
Deux bottes de foin, cinq à six mille livres (4)!

(1) Termes de Palais : *appointer* une cause, régler (par *appointement*) que les parties produiront par écrit; *le cinquième avril cinquante-six*, 5 avril 1656; *produire*, donner par écrit ses moyens de défense; *fournir de dits*, allégations; *contredits*, écritures qui réfutent les pièces de la partie adverse; *enquête*, audition de témoins en justice; *compulsoire*, autorisation donnée par le juge de prendre connaissance des titres déposés chez une personne publique: *transport*, cession d'une chose à une autre, faite devant notaire; *interlocutoire*, jugement qui ordonne une instruction préalable; *griefs*, (au pl.), écritures que l'on fait pour montrer en quoi on a été lésé par un jugement dont on est appelant; *faits nouveaux*, faits non encore allégués; *baux*, contrats de location; *procès-verbal*, acte par lequel un officier de justice relate ce qu'il a vu, entendu (procès ou procédure verbale, parce qu'autrefois on ne l'écrivait pas); *lettres royaux* (expression autorisée par l'usage), certains actes expédiés en chancellerie au nom du prince; *s'inscrire en faux*, soutenir en justice qu'une pièce produite par la partie adverse est fausse; *exploit*, acte de l'huissier pour assigner, notifier, saisir; *instance*, poursuite d'un procès; *production*, pièces qu'on produit; *arrêt de défense*, jugement qui défend de procéder, de passer outre à l'exécution; *arrêt*, jugement d'une justice souveraine; *requête civile*, voie extraordinaire pour obtenir qu'un arrêt soit rétracté.

(2) Le pauvre Chicanneau doit être fatigué de tant de procédures et essoufflé de cette énumération interminable; mais non, son dernier mot, *je ne suis pas rendu*, peint à merveille sa rage de plaider.

(3) Ce *plût à Dieu!* a quelque chose de sublime. La pauvre comtesse serait au comble du bonheur, si elle pouvait plaider.

(4) « Les traits des poètes comiques paraissent quelquefois outrés, et ne le sont pas. M. Boivin l'aîné, soutint un procès pour une redevance de vingt-quatre sous, dont il prétendait qu'une maison qu'il avait achetée en Normandie devait être exempte : ce procès, qu'il perdit, dura douze ans, et lui coûta douze mille livres de frais. » (L. RACINE.)

ACTE I, SCÈNE VII

LA COMTESSE.

Monsieur, tous mes procès allaient être finis ;
Il ne m'en restait plus que quatre ou cinq petits :
L'un contre mon mari, l'autre contre mon père,
Et contre mes enfants. Ah ! Monsieur, la misère !
Je ne sais quel biais ils ont imaginé,
Ni tout ce qu'ils ont fait ; mais on leur a donné
Un arrêt par lequel, moi vêtue et nourrie,
On me défend, Monsieur, de plaider de ma vie (1).

CHICANNEAU.

De plaider ?

LA COMTESSE.

    De plaider.

CHICANNEAU.

        Certes, le trait est noir.
J'en suis surpris.

LA COMTESSE.

    Monsieur, j'en suis au désespoir.

CHICANNEAU.

Comment ! lier les mains aux gens de votre sorte !
Mais cette pension, Madame, est-elle forte ?

LA COMTESSE.

Je n'en vivrais, Monsieur, que trop honnêtement.
Mais vivre sans plaider, est-ce contentement ?

CHICANNEAU.

Des chicaneurs viendront nous manger jusqu'à l'âme,
Et nous ne dirons mot (2) ! Mais, s'il vous plaît, Madame,
Depuis quand plaidez-vous ?

LA COMTESSE.

        Il ne m'en souvient pas.
Depuis trente ans au plus.

CHICANNEAU.

    Ce n'est pas trop.

LA COMTESSE.

        Hélas !

(1) Tous les traits de ce petit discours sont admirablement bien choisis. Quand *tous* ses procès *allaient être finis*, et qu'il n'en restait plus que *quatre* ou *cinq petits*, dont l'un contre *son mari*, l'autre contre *son père* et contre *ses enfants*, un arrêt qui lui assure une *pension honnête*, lui défend de *plaider de sa vie* : imagine-t-on un sort plus affreux ?

(2) Chicanneau, voyant le faible de son interlocutrice, appuie ses plaintes pour satisfaire sa démangeaison de donner ses conseils de plaideur.

CHICANNEAU.
Et quel âge avez-vous? Vous avez bon visage.
LA COMTESSE.
Eh! quelque soixante ans.
CHICANNEAU.
Comment! c'est le bel âge
Pour plaider.
LA COMTESSE.
Laissez faire, ils ne sont pas au bout :
J'y vendrai ma chemise; et je veux rien ou tout.
CHICANNEAU.
Madame, écoutez-moi. Voici ce qu'il faut faire.
LA COMTESSE.
Oui, Monsieur, je vous crois comme mon propre père.
CHICANNEAU.
J'irais trouver mon juge.
LA COMTESSE.
Oh! oui, Monsieur, j'irai.
CHICANNEAU.
Me jeter à ses pieds.
LA COMTESSE.
Oui, je m'y jetterai.
Je l'ai bien résolu.
CHICANNEAU.
Mais daignez donc m'entendre.
LA COMTESSE.
Oui, vous prenez la chose ainsi qu'il la faut prendre.
CHICANNEAU.
Avez-vous dit, Madame?
LA COMTESSE.
Oui.
CHICANNEAU.
J'irais sans façon
Trouver mon juge.
LA COMTESSE.
Hélas! que ce Monsieur est bon!
CHICANNEAU.
Si vous parlez toujours, il faut que je me taise.

ACTE I, SCÈNE VII

LA COMTESSE.

Ah! que vous m'obligez! Je ne me sens pas d'aise.

CHICANNEAU.

J'irais trouver mon juge, et lui dirais....

LA COMTESSE.

Oui.

CHICANNEAU.

Voi (1)!

Et lui dirais : Monsieur....

LA COMTESSE.

Oui, Monsieur.

CHICANNEAU.

Liez-moi....

LA COMTESSE.

Monsieur, je ne veux point être liée (2).

CHICANNEAU.

A l'autre!

LA COMTESSE.

Je ne la serai point (3).

CHICANNEAU.

Quelle humeur est la vôtre?

(1) *Voi!* interjection d'impatience, qui se prononçait à peu près comme *ouais!*

(2) Un malentendu va provoquer la dispute la plus curieuse, matière à nouveau procès entre les deux plaideurs. Le fait, paraît-il, est historique. « La comtesse de Crissé, dit Brossette, était une plaideuse de profession, qui a passé toute sa vie dans les procès, et qui a dissipé de grands biens dans cette occupation ruineuse. Le Parlement, fatigué de son obstination à plaider, lui défendit d'intenter aucun procès sans l'avis par écrit de deux avocats que la cour lui donna. Cette interdiction de plaider la mit dans une fureur inconcevable. Après avoir fatigué de son désespoir les juges, les avocats et son procureur, elle alla encore porter ses plaintes à M. Boileau le greffier, chez qui se trouva par hasard M. de L. (Balthasar de Lyonne). Cet homme, qui voulait se rendre nécessaire partout, s'avisa de donner des conseils à cette plaideuse. Elle les écouta d'abord avec avidité; mais, par un malentendu qui survint entre eux, elle crut qu'il voulait l'insulter, et l'accabla d'injures. M. Despréaux qui était présent à cette scène, en fit le récit à M. Racine, qui l'accommoda au théâtre et l'inséra dans la comédie des *Plaideurs*. Il n'a presque fait que la rimer. »

(3) Aujourd'hui il faut *je ne le serai point*. Vaugelas avait déjà posé la règle; mais elle ne fut observée ni par Corneille, ni par Racine, ni par Mme de Sévigné.

LA COMTESSE.

Non.

CHICANNEAU.

Vous ne savez pas, Madame, où je viendrai.

LA COMTESSE.

Je plaiderai, Monsieur, ou bien je ne pourrai.

CHICANNEAU.

Mais....

LA COMTESSE.

Mais je ne veux point, Monsieur, que l'on me lie.

CHICANNEAU.

Enfin quand une femme en tête a sa folie....

LA COMTESSE.

Fou vous-même.

CHICANNEAU.

Madame!

LA COMTESSE.

Et pourquoi me lier?

CHICANNEAU.

Madame....

LA COMTESSE.

Voyez-vous? il se rend familier.

CHICANNEAU.

Mais, Madame....

LA COMTESSE.

Un crasseux, qui n'a que sa chicane,
Veut donner des avis!

CHICANNEAU.

Madame!

LA COMTESSE.

Avec son âne!

CHICANNEAU.

Vous me poussez.

LA COMTESSE.

Bonhomme, allez garder vos foins (1).

---

(1) « Un des traits les plus originaux de la manie des plaideurs consiste dans cette espèce de joie qu'ils ressentent des invectives grossières dont on les accable, parce qu'ils se flattent d'y trouver la matière d'un bon procès, qui leur fera obtenir ce qu'ils appellent dans leur langue des *dommages et intérêts*. » (GEOFFROY.)

Comparez à cette scène la dispute entre Trissotin et Vadius dans Molière (*Femmes savantes*, III, 5).

CHICANNEAU.

Vous m'excédez.

LA COMTESSE.

Le sot!

CHICANNEAU.

Que n'ai-je des témoins!

SCÈNE VIII

PETIT JEAN, LA COMTESSE, CHICANNEAU.

PETIT JEAN.

Voyez le beau sabbat qu'ils font à notre porte.
Messieurs, allez plus loin tempêter de la sorte.

CHICANNEAU.

Monsieur, soyez témoin....

LA COMTESSE.

Que Monsieur est un sot (1).

CHICANNEAU.

Monsieur, vous l'entendez : retenez bien ce mot.

PETIT JEAN, *à la Comtesse.*

Ah! vous ne deviez pas lâcher cette parole.

LA COMTESSE.

Vraiment, c'est bien à lui de me traiter de folle!

PETIT JEAN, *à Chicanneau.*

Folle! Vous avez tort. Pourquoi l'injurier?

CHICANNEAU.

On la conseille.

PETIT JEAN.

Oh!

LA COMTESSE.

Oui, de me faire lier.

PETIT JEAN.

Oh! Monsieur.

CHICANNEAU.

Jusqu'au bout que ne m'écoute-t-elle?

PETIT JEAN.

Oh! Madame.

(1) L'arrivée de Petit Jean ne fait qu'envenimer la querelle. La fureur des deux plaideurs est telle qu'ils s'adressent au premier venu, pour le prendre à témoin de leurs torts réciproques.

LA COMTESSE.
Qui ? moi ? souffrir qu'on me querelle ?
CHICANNEAU.
Une crieuse !
PETIT JEAN.
Hé ! paix !
LA COMTESSE.
Un chicaneur !
PETIT JEAN.
Holà !
CHICANNEAU.
Qui n'ose plus plaider !
LA COMTESSE.
Que t'importe cela ?
Qu'est-ce qui t'en revient, faussaire abominable,
Brouillon, voleur ?
CHICANNEAU.
Et bon, et bon, de par le diable !
Un sergent, un sergent !
LA COMTESSE.
Un huissier, un huissier !
PETIT JEAN.
Ma foi, juge et plaideurs, il faudrait tout lier (1).

QUESTIONS SUR LE Ier ACTE.

Quel est le sujet du 1er acte ?
Quelles sont les plus belles scènes de cet acte ?
Par qui et comment se fait l'exposition ?
Par quoi se distingue le monologue de Petit Jean ?
Pourquoi Dandin sort-il de chez lui ?
Comment son caractère se dessine-t-il dans les conseils qu'il donne à son fils ?
Quels travers et quels abus le poëte censure-t-il dans cette scène ?
Comment critique-t-il les sergents ou huissiers ?
Comment Chicanneau est-il reçu par Petit Jean ?
Qu'était-ce que la comtesse de Pimbesche ?
Parallèle entre Chicanneau et la comtesse.
Comment chacun des deux plaideurs expose-t-il son affaire ?
Qu'est-ce qui donne lieu à leur querelle ?
Comment se séparent-ils ?
Que se passe-t-il dans l'entr'acte ?

(1) Cette fin est très vive, et laisse tout en suspens. Les deux disputeurs s'en vont chacun de son côté instrumenter l'un contre l'autre.

ACTE SECOND

Scène. I. L'Intimé conseille à Léandre de s'habiller en commissaire pour pénétrer à sa suite chez Chicanneau. — *Scène II.* L'Intimé remet à Isabelle la lettre de Léandre. — *Scène III.* Isabelle, surprise par l'arrivée de Chicanneau, fait semblant d'avoir reçu un exploit et se retire après l'avoir déchiré.

SCÈNE IV
CHICANNEAU, L'INTIMÉ.

L'INTIMÉ, *se mettant en état d'écrire.*

Or çà,
Verbalisons.

CHICANNEAU.

Monsieur, de grâce, excusez-la :
Elle n'est pas instruite; et puis, si bon vous semble,
En voici les morceaux, que je vais mettre ensemble.

L'INTIMÉ.

Non.

CHICANNEAU.

Je le lirai bien.

L'INTIMÉ.

Je ne suis pas méchant :
J'en ai sur moi copie (1).

CHICANNEAU.

Ah! le trait est touchant.
Mais je ne sais pourquoi, plus je vous envisage,
Et moins je me remets, Monsieur, votre visage.
Je connais force huissiers (2).

L'INTIMÉ.

Informez-vous de moi :
Je m'acquitte assez bien de mon petit emploi.

CHICANNEAU.

Soit. Pour qui venez-vous?

L'INTIMÉ.

Pour une brave dame,

---

(1) L'Intimé, pour donner le change à Chicanneau, feint de dresser procès-verbal contre sa fille, comme si elle avait déchiré un exploit; et comme le père s'apprête à ramasser les morceaux du billet, le faux huissier se hâte de lui présenter l'exploit véritable qu'il tenait en réserve pour lui.

(2) Le vieil habitué du Palais est étonné de ne pas reconnaître cet étrange huissier.

Monsieur, qui vous honore, et de toute son âme
Voudrait que vous vinssiez à ma sommation
Lui faire un petit mot de réparation.

CHICANNEAU.

De réparation? Je n'ai blessé personne.

L'INTIMÉ.

Je le crois : vous avez, Monsieur, l'âme trop bonne.

CHICANNEAU.

Que demandez-vous donc?

L'INTIMÉ.

Elle voudrait, Monsieur,
Que devant des témoins vous lui fissiez l'honneur
De l'avouer pour sage, et point extravagante.

CHICANNEAU.

Parbleu! c'est ma comtesse.

L'INTIMÉ.

Elle est votre servante.

CHICANNEAU.

Je suis son serviteur.

L'INTIMÉ.

Vous êtes obligeant,
Monsieur.

CHICANNEAU.

Oui, vous pouvez l'assurer qu'un sergent
Lui doit porter pour moi tout ce qu'elle demande.
Hé quoi donc! les battus, ma foi, paîront l'amende!
Voyons ce qu'elle chante. Hon.... « Sixième janvier,
» Pour avoir faussement dit qu'il fallait lier,
» Etant à ce porté par esprit de chicane,
» Haute et puissante dame Yolande Cudasne,
» Comtesse de Pimbesche, Orbesche, *et cœtera*,
» Il soit dit que sur l'heure il se transportera
» Au logis de la dame; et là, d'une voix claire,
» Devant quatre témoins, assistés d'un notaire,
» ZESTE (1)! ledit Hiérôme avoûra hautement
» Qu'il la tient pour sensée et de bon jugement.
» LE BON. » C'est donc le nom de votre seigneurie?

L'INTIMÉ.

(*A part.*)
Pour vous servir. Il faut payer d'effronterie.

(1) Interjection d'étonnement et de répulsion ; on écrit d'ordinaire *zest!*

ACTE II, SCÈNE IV

CHICANNEAU.

Le Bon! jamais exploit ne fut signé Le Bon.
Monsieur Le Bon....

L'INTIMÉ.

Monsieur....

CHICANNEAU.

Vous êtes un fripon.

L'INTIMÉ.

Monsieur, pardonnez-moi, je suis fort honnête homme. (1).

CHICANNEAU.

Mais fripon le plus franc qui soit de Caen à Rome.

L'INTIMÉ.

Monsieur, je ne suis pas pour vous désavouer :
Vous aurez la bonté de me le bien payer.

CHICANNEAU.

Moi, payer? en soufflets.

L'INTIMÉ.

Vous êtes trop honnête :
Vous me le paîrez bien.

CHICANNEAU.

Oh! tu me romps la tête.
Tiens, voilà ton paîment.

L'INTIMÉ.

Un soufflet! Ecrivons :
« Lequel Hiérôme, après plusieurs rébellions,
» Aurait atteint, frappé, moi, sergent, à la joue,
» Et fait tomber, d'un coup, mon chapeau dans la boue. »

CHICANNEAU, *lui donnant un coup de pied.*

Ajoute cela.

L'INTIMÉ.

Bon : c'est de l'argent comptant;
J'en avais bien besoin. « Et, de ce non content,
» Aurait avec le pied réitéré. » Courage!
« Outre plus, le susdit serait venu, de rage,
» Pour lacérer ledit présent procès-verbal. »
Allons, mon cher Monsieur, cela ne va pas mal.
Ne vous relâchez point.

(1) Le ton poli et doucereux de l'huissier tranche avec la mauvaise humeur et la violence du chicaneur.

CHICANNEAU.

Coquin!

L'INTIMÉ.

Ne vous déplaise,
Quelques coups de bâton, et je suis à mon aise.

CHICANNEAU, *tenant un bâton.*

Oui-dà. Je verrai bien s'il est sergent.

L'INTIMÉ, *en posture d'écrire.*

Tôt donc,
Frappez : j'ai quatre enfants à nourrir.

CHICANNEAU.

Ah! pardon!
Monsieur, pour un sergent je ne pouvais vous prendre;
Mais le plus habile homme enfin peut se méprendre.
Je saurai réparer ce soupçon outrageant (1).
Oui, vous êtes sergent, Monsieur, et très sergent.
Touchez là. Vos pareils sont gens que je révère;
Et j'ai toujours été nourri par feu mon père
Dans la crainte de Dieu, Monsieur, et des sergents (2).

L'INTIMÉ.

Non, à si bon marché l'on ne bat point les gens.

CHICANNEAU.

Monsieur, point de procès !

L'INTIMÉ.

Serviteur. Contumace (3),
Bâton levé, soufflets, coup de pied. Ah!

CHICANNEAU.

Dè grâce,
Rendez-les-moi plutôt (4).

(1) Etonné du calme et des ripostes spirituelles de l'huissier, Chicanneau se ravise; il a peur, il veut réparer ses torts. Mais la scène change: l'Intimé, fort de la faiblesse de Chicanneau, hausse le ton et se montre inflexible.

(2) L'antithèse est plaisante. Le style, dans toutes ces scènes, est du meilleur comique; rien ne manque à la vivacité et au naturel du dialogue.

(3) C'est-à-dire révolte; on appelle *contumace*, la non comparution d'un prévenu devant le tribunal où il est déféré.

(4) Ces larmoyantes supplications, après de si fières menaces et des soufflets si lestement distribués, présentent le spectacle le plus amusant. L'arrivée d'un commissaire (Léandre) augmente le trouble du pauvre plaideur et l'hilarité du parterre.

L'INTIMÉ.

Suffit qu'ils soient reçus :
Je ne les voudrais pas donner pour mille écus (1).

SCÈNE V

LÉANDRE, *en robe de commissaire;* CHICANNEAU, L'INTIMÉ.

L'INTIMÉ.

Voici fort à propos Monsieur le commissaire.
Monsieur, votre présence est ici nécessaire.
Tel que vous me voyez, Monsieur, ici présent,
M'a d'un fort grand soufflet fait un petit présent.

LÉANDRE.

A vous, Monsieur ?

L'INTIMÉ.

A moi, parlant à ma personne.
Item, un coup de pied ; plus, les noms qu'il me donne.

LÉANDRE.

Avez-vous des témoins ?

L'INTIMÉ.

Monsieur, tâtez plutôt :
Le soufflet sur ma joue est encore tout chaud.

LÉANDRE.

Pris en flagrant délit. Affaire criminelle (2).

CHICANNEAU.

Foin de moi (3) !

L'INTIMÉ.

Plus, sa fille, au moins soi-disant telle (4),

---

(1) « Cette scène étincelle de traits, de saillies, de proverbes gravés dans la mémoire de tout le monde. Notez que ces endroits, les meilleurs de la pièce, appartiennent à Racine : il n'a presque emprunté d'Aristophane que les farces; le vrai comique, les traits de génie sont à lui. L'huissier du *Tartufe*, M. Loyal, a quelques traits de ressemblance avec celui des *Plaideurs* ; mais la scène de Racine est bien plus forte : l'huissier n'est qu'un accessoire dans le *Tartufe* ; mais c'est un personnage essentiel dans une pièce qui a pour objet de peindre les ridicules de la chicane et les vices des plaideurs. » (GEOFFROY.)

(2) Le commissaire improvisé remplit parfaitement son rôle : il instruit l'affaire de son rusé compère avec une gravité et une autorité qui font trembler le prévenu.

(3) Interj. de répulsion, peut-être du latin *phui*! fi! La Font. : *foin du loup!*

(4) « *Au moins soi-disant telle* est fort plaisant, en ce qu'on y retrouve la réserve ordinaire du langage des gens de justice, qui parlent toujours comme s'ils verbalisaient, c'est-à-dire se gardant bien de rien affirmer, si ce n'est à bon escient. » (LA HARPE.)

A mis un mien papier en morceaux, protestant
Qu'on lui ferait plaisir, et que d'un œil content
Elle nous défiait.

LÉANDRE, *à l'Intimé.*

Faites venir la fille.
L'esprit de contumace est dans cette famille.

CHICANNEAU, *à part.*

Il faut absolument qu'on m'ait ensorcelé :
Si j'en connais pas un (1), je veux être étranglé.

LÉANDRE.

Comment ! battre un huissier ! Mais voici la rebelle.

SCÈNE VI

LÉANDRE, ISABELLE, CHICANNEAU, L'INTIMÉ.

L'INTIMÉ, *à Isabelle.*

Vous le reconnaissez.

LÉANDRE.

Eh bien, Mademoiselle (2),
C'est donc vous qui tantôt braviez notre officier,
Et qui si hautement osiez nous défier ?
Votre nom ?

ISABELLE.

Isabelle.

LÉANDRE.

Ecrivez. Et votre âge ?

ISABELLE.

Dix-huit ans.

CHICANNEAU.

Elle en a quelque peu davantage,
Mais n'importe.

LÉANDRE.

Etes-vous en pouvoir de mari ?

ISABELLE.

Non, Monsieur.

(1) *Pas un*, c'est-à-dire un seul (des deux) : le vieux plaideur qui depuis si longtemps a hanté le Palais, et qui sait par cœur jusqu'aux moindres figures, est tout dérouté de ne reconnaître ni l'huissier ni le commissaire qui le tiennent sur la sellette.

(2) « L'auteur, qui dans sa dernière tragédie composa la scène sublime de l'interrogatoire qu'Athalie fait subir à Joas, nous offre ici le modèle d'un interrogatoire naïf et comique. La scène est neuve, pleine de goût et de grâce, et du meilleur genre de plaisanterie. » (GEOFFROY.)

LÉANDRE.
Vous riez? Ecrivez qu'elle a ri.
CHICANNEAU.
Monsieur, ne parlons point de mari à des filles :
Voyez-vous, ce sont là des secrets de familles.
LÉANDRE.
Mettez qu'il interrompt.
CHICANNEAU.
Eh! je n'y pensais pas.
Prends bien garde, ma fille, à ce que tu diras.
LÉANDRE.
Là, ne vous troublez point. Répondez à votre aise.
On ne veut pas rien faire ici qui vous déplaise.
N'avez-vous pas reçu de l'huissier que voilà
Certain papier tantôt?
ISABELLE.
Oui, Monsieur.
CHICANNEAU.
Bon cela.
LÉANDRE.
Avez-vous déchiré ce papier sans le lire?
ISABELLE.
Monsieur, je l'ai lu.
CHICANNEAU.
Bon.
LÉANDRE, *à l'Intimé.*
Continuez d'écrire.

(*A Isabelle.*)
Et pourquoi l'avez-vous déchiré?
ISABELLE.
J'avais peur
Que mon père ne prît l'affaire trop à cœur,
Et qu'il ne s'échauffât le sang à sa lecture.
CHICANNEAU.
Et tu fuis les procès? C'est méchanceté pure.
LÉANDRE.
Vous ne l'avez donc pas déchiré par dépit,
Ou par mépris de ceux qui vous l'avaient écrit?
ISABELLE.
Monsieur, je n'ai pour eux ni mépris ni colère.

LES PLAIDEURS

LÉANDRE, *à l'Intimé.*

Ecrivez.

CHICANNEAU.

Je vous dis qu'elle tient de son père :
Elle répond fort bien.

LÉANDRE.

Vous montrez cependant
Pour tous les gens de robe un mépris évident.

ISABELLE.

Une robe toujours m'avait choqué la vue;
Mais cette aversion à présent diminue.

CHICANNEAU.

La pauvre enfant! Va, va, je te marîrai bien,
Dès que je le pourrai, s'il ne m'en coûte rien.

LÉANDRE.

A la justice donc vous voulez satisfaire?

ISABELLE.

Monsieur, je ferai tout pour ne vous pas déplaire.

L'INTIMÉ.

Monsieur, faites signer.

LÉANDRE.

Dans les occasions
Soutiendrez-vous au moins vos dépositions?

ISABELLE.

Monsieur, assurez-vous qu'Isabelle est constante.

LÉANDRE.

Signez. Cela va bien : la justice est contente (1).
Çà, ne signez-vous pas, Monsieur?

CHICANNEAU.

Oui-dà, gaîment,

---

(1) La scène de l'interrogatoire est sans aucun doute une des plus agréables de la pièce : le sérieux du commissaire, la présence d'esprit d'Isabelle, les inquiétudes paternelles de Chicanneau forment un tableau aussi vivant que varié. Il est à regretter cependant que le but et le résultat d'un jeu si charmant soient de tromper un père et de tendre un piège à sa bonne foi : Chicanneau va signer, sans s'en douter, le contrat de mariage d'Isabelle avec Léandre. Du reste, comme l'observe avec raison M. Aimé-Martin, rien, dans la pièce, ne semble obliger à surprendre la signature de Chicanneau. Si Léandre demandait la main d'Isabelle, Chicanneau s'empresserait de la donner au fils d'un juge. Cette alliance flatterait sa passion, et lui promettrait quelque faveur dans ses procès.

A tout ce qu'elle a dit, je signe aveuglément (1).

LÉANDRE, *bas à Isabelle.*

Tout va bien. A mes vœux le succès est conforme :
Il signe un bon contrat écrit en bonne forme.
Et sera condamné tantôt sur son écrit.

CHICANNEAU, *à part.*

Que lui dit-il? Il est charmé de son esprit.

LÉANDRE.

Adieu. Soyez toujours aussi sage que belle :
Tout ira bien. Huissier, remenez-la chez elle.
Et vous, Monsieur, marchez.

CHICANNEAU.

Où, Monsieur?

LÉANDRE.

Suivez-moi.

CHICANNEAU.

Où donc?

LÉANDRE.

Vous le saurez. Marchez, de par le roi.

CHICANNEAU.

Comment ?

SCÈNE VII

PETIT JEAN, LÉANDRE, CHICANNEAU.

PETIT JEAN.

Holà ! quelqu'un n'a-t-il point vu mon maître?
Quel chemin a-t-il pris? la porte ou la fenêtre?

LÉANDRE.

A l'autre!

PETIT JEAN.

Je ne sais qu'est devenu son fils;
Et pour le père, il est où le diable l'a mis.

(1) « Ce moyen, aujourd'hui si usé, d'escamoter la signature d'un contrat, ne l'était pas à beaucoup près autant à l'époque des *Plaideurs*. On en a fait depuis le dénoûment de vingt comédies, sans songer que le plus souvent il n'est guère vraisemblable, et surtout que le succès d'une friponnerie ne doit pas faire le dénoûment d'une pièce.... Dans une pièce d'un genre plus sérieux, Racine, si fidèle observateur des convenances, n'aurait pas fait signer *aveuglément* un plaideur de profession, qui ne signe jamais rien sans y regarder deux fois plutôt qu'une. » (LA HARPE.)

Il me redemandait sans cesse ses épices (1);
Et j'ai tout bonnement couru dans les offices
Chercher la boîte au poivre; et lui, pendant cela,
Est disparu.

SCÈNE VIII

DANDIN, *à une lucarne*, LÉANDRE, CHICANNEAU, L'INTIMÉ, PETIT JEAN.

DANDIN.

Paix! paix! que l'on se taise là.

LÉANDRE.

Hé! grand Dieu!

PETIT JEAN.

Le voilà, ma foi, dans les gouttières (2).

DANDIN.

Quelles gens êtes-vous? Quelles sont vos affaires?
Qui sont ces gens en robe? Êtes-vous avocats?
Çà, parlez.

PETIT JEAN.

Vous verrez qu'il va juger les chats.

DANDIN.

Avez-vous eu le soin de voir mon secrétaire?
Allez lui demander si je sais votre affaire (3).

LÉANDRE.

Il faut bien que je l'aille arracher de ces lieux.
Sur votre prisonnier, huissier, ayez les yeux.

PETIT JEAN.

Ho! ho! Monsieur.

LÉANDRE.

Tais-toi, sur les yeux de ta tête (4),
Et suis-moi.

(1) *Epices*, au pl., se disait anciennement des dragées et des confitures, et spécialement de celles qui étaient dues aux juges pour le jugement d'un procès par écrit : c'est le sens ici. Dans l'origine, les épices étaient volontaires, et se payaient en nature : elles furent remplacées plus tard par une somme d'argent.

(2) Le juge aux gouttières est encore une réminiscence d'Aristophane. Cette apparition étrange s'explique par l'absence momentanée de Petit Jean descendu dans les offices.

(3) C'est-à-dire s'il m'a instruit et saisi de votre affaire.

(4) Petit Jean, reconnaissant Léandre, a failli le trahir : Léandre l'emmène et le met au courant de la farce.

SCÈNE IX

DANDIN, CHICANNEAU, LA COMTESSE, L'INTIMÉ.

DANDIN.
Dépêchez, donnez votre requête.

CHICANNEAU.
Monsieur, sans votre aveu on me fait prisonnier.

LA COMTESSE.
Hé, mon Dieu! j'aperçois Monsieur dans son grenier.
Que fait-il là?

L'INTIMÉ.
Madame, il y donne audience.
Le champ vous est ouvert.

CHICANNEAU.
On me fait violence,
Monsieur; on m'injurie; et je venais ici
Me plaindre à vous.

LA COMTESSE.
Monsieur, je viens me plaindre aussi.

CHICANNEAU ET LA COMTESSE.
Vous voyez devant vous mon adverse partie.

L'INTIMÉ.
Parbleu! je me veux mettre aussi de la partie.

CHICANNEAU, LA COMTESSE ET L'INTIMÉ.
Monsieur, je viens ici pour un petit exploit (1).

CHICANNEAU.
Eh! Messieurs, tour à tour exposons notre droit.

LA COMTESSE.
Son droit? Tout ce qu'il dit sont autant d'impostures.

DANDIN.
Qu'est-ce qu'on vous a fait?

CHICANNEAU, LA COMTESSE, L'INTIMÉ.
On m'a dit des injures.

---

(1) Ce qui est vraiment comique dans ces dernières scènes, ce n'est pas d'apercevoir le juge au grenier ou dans la cave, pures farces d'Aristophane, mais de le voir instruire l'affaire du haut des gouttières ou à un soupirail, de voir Chicanneau et la comtesse exposer leurs griefs dans la rue comme en plein tribunal, tant ils sont possédés tous trois de leur passion de plaider ou de juger. L'Intimé, se mettant de la partie, augmente la confusion.

L'INTIMÉ, *continuant.*

Outre un soufflet, Monsieur, que j'ai reçu plus qu'eux.

CHICANNEAU.

Monsieur, je suis cousin de l'un de vos neveux.

LA COMTESSE.

Monsieur, père Cordon vous dira mon affaire.

L'INTIMÉ.

Monsieur, je suis bâtard de votre apothicaire.

DANDIN.

Vos qualités?

LA COMTESSE.

Je suis comtesse.

L'INTIMÉ.

Huissier.

CHICANNEAU.

Bourgeois.

Messieurs....

DANDIN, *se retirant de la lucarne.*

Parlez toujours : je vous entends tous trois (1).

CHICANNEAU.

Monsieur....

L'INTIMÉ.

Bon! le voilà qui fausse compagnie.

LA COMTESSE.

Hélas!

CHICANNEAU.

Hé quoi! déjà l'audience est finie?
Je n'ai pas eu le temps de lui dire deux mots (2).

SCÈNE X

CHICANNEAU; LÉANDRE, *sans robe*, LA COMTESSE, L'INTIMÉ.

LÉANDRE.

Messieurs, voulez-vous bien nous laisser en repos?

CHICANNEAU.

Monsieur, peut-on entrer?

---

(1) Je vous *entends*, c'est-à-dire je vous écoute; le poète joue sur le mot.

(2) Au moment où les cris redoublent de plus belle, le juge disparaît : grande déception pour les plaideurs; ils se précipitent sur la porte dès qu'ils la voient s'ouvrir; leur obstination égale leur rage.

ACTE II, SCÈNE XI

LÉANDRE.

Non, Monsieur, ou je meure !

CHICANNEAU.

Et pourquoi ? j'aurai fait en une petite heure,
En deux heures au plus.

LÉANDRE.

On n'entre point, Monsieur.

LA COMTESSE.

C'est bien fait de fermer la porte à ce crieur.
Mais moi....

LÉANDRE.

L'on n'entre point, Madame, je vous jure.

LA COMTESSE.

Ho ! Monsieur, j'entrerai.

LÉANDRE.

Peut-être.

LA COMTESSE.

J'en suis sûre.

LÉANDRE.

Par la fenêtre donc.

LA COMTESSE.

Par la porte.

LÉANDRE.

Il faut voir.

CHICANNEAU.

Quand je devrais ici demeurer jusqu'au soir.

SCÈNE XI

PETIT JEAN, LÉANDRE, CHICANNEAU, LA COMTESSE,
L'INTIMÉ.

PETIT JEAN, *à Léandre*.

On ne l'entendra pas, quelque chose qu'il fasse,
Parbleu ! je l'ai fourré dans notre salle basse,
Tout auprès de la cave.

LÉANDRE.

En un mot comme en cent,
On ne voit pas mon père.

CHICANNEAU.

Hé bien donc! Si pourtant (1)
Sur toute cette affaire il faut que je le voie....
(*Dandin paraît par le soupirail.*)
Mais que vois-je? Ah! c'est lui que le ciel nous renvoie!

LÉANDRE.

Quoi! par le soupirail?

PETIT JEAN.

Il a le diable au corps.

CHICANNEAU.

Monsieur....

DANDIN.

L'impertinent! Sans lui, j'étais dehors.

CHICANNEAU.

Monsieur....

DANDIN.

Retirez-vous, vous êtes une bête.

CHICANNEAU.

Monsieur, voulez-vous bien....

DANDIN.

Vous me rompez la tête.

CHICANNEAU.

Monsieur, j'ai commandé....

DANDIN.

Taisez-vous, vous dit-on.

CHICANNEAU.

Que l'on portât chez vous....

DANDIN.

Qu'on le mène en prison.

CHICANNEAU.

Certain quartaut de vin.

DANDIN.

Hé! je n'en ai que faire.

CHICANNEAU.

C'est de très bon muscat.

(1) *Si pourtant*, comme plus haut, signifie *cependant*.

ACTE II, SCÈNE XI

DANDIN.
Redites votre affaire (1).

LÉANDRE, à l'Intimé.
Il faut les entourer ici de tous côtés.

LA COMTESSE.
Monsieur, il va vous dire autant de faussetés.

CHICANNEAU.
Monsieur, je vous dis vrai.

DANDIN.
Mon Dieu, laissez-la dire.

LA COMTESSE.
Monsieur, écoutez-moi.

DANDIN.
Souffrez que je respire.

CHICANNEAU.
Monsieur....

DANDIN.
Vous m'étranglez.

LA COMTESSE.
Tournez les yeux vers moi.

DANDIN.
Elle m'étrangle. Ay! ay!

CHICANNEAU.
Vous m'entraînez, ma foi!
Prenez garde, je tombe.

PETIT JEAN.
Ils sont, sur ma parole,
L'un et l'autre encavés (2).

LÉANDRE.
Vite, que l'on y vole :
Courez à leur secours. Mais au moins je prétends
Que Monsieur Chicanneau, puisqu'il est là-dedans,
N'en sorte d'aujourd'hui. L'Intimé, prends-y garde.

L'INTIMÉ.
Gardez le soupirail.

LÉANDRE.
Va vite : je le garde.

(1) Cette reprise, faite par le poète dans une intention si méchante, pein au naturel l'avidité du vieux juge ; étourdi un moment par tant de cri confus, il se ravise, quand il entend une note si agréable.

(2) *Encaver* se dit proprement du vin qu'on met en cave.

SCÈNE XII

LA COMTESSE, LÉANDRE.

LA COMTESSE.

Misérable! il s'en va lui prévenir l'esprit.
(*Par le soupirail.*)
Monsieur, ne croyez rien de tout ce qu'il vous dit ;
Il n'a point de témoins: c'est un menteur.

LÉANDRE.

Madame,
Que leur contez-vous là? Peut-être ils rendent l'âme.

LA COMTESSE.

Il lui fera, Monsieur, croire ce qu'il voudra.
Souffrez que j'entre.

LÉANDRE.

Oh non! personne n'entrera.

LA COMTESSE.

Je le vois bien, Monsieur, le vin muscat opère
Aussi bien sur le fils que sur l'esprit du père (1).
Patience! je vais protester comme il faut
Contre Monsieur le juge et contre le quartaut.

LÉANDRE.

Allez donc, et cessez de nous rompre la tête.
Que de fous! Je ne fus jamais à telle fête.

SCÈNE XIII

DANDIN, L'INTIMÉ, LÉANDRE.

L'INTIMÉ.

Monsieur, où courez-vous? c'est vous mettre en danger,
Et vous boitez tout bas.

DANDIN.

Je veux aller juger.

LÉANDRE.

Comment, mon père! Allons, permettez qu'on vous panse.
Vite, un chirurgien.

DANDIN.

Qu'il vienne à l'audience.

---

(1) La Comtesse, tout entière à son affaire, prévoit à l'instant combien pourra lui être funeste l'encavement de sa partie auprès d'un juge gagné par le quartaut de vin muscat.

ACTE II, SCÈNE XIII

LÉANDRE.

Hé! mon père, arrêtez....

DANDIN.

Oh! je vois ce que c'est :
Tu prétends faire ici de moi ce qui te plaît;
Tu ne gardes pour moi respect ni complaisance :
Je ne puis prononcer une seule sentence.
Achève, prends ce sac, prends vite.

LÉANDRE.

Hé! doucement,
Mon père. Il faut trouver quelque accommodement.
Si pour vous, sans juger, la vie est un supplice,
Si vous êtes pressé de rendre la justice,
Il ne faut point sortir pour cela de chez vous :
Exercez le talent, et jugez parmi nous.

DANDIN.

Ne raillons point ici de la magistrature.
Vois-tu : je ne veux point être un juge en peinture (1).

LÉANDRE.

Vous serez, au contraire, un juge sans appel,
Et juge du civil comme du criminel (2).
Vous pourrez tous les jours tenir deux audiences :
Tout vous sera chez vous matière de sentences.
Un valet manque-t-il de rendre un verre net,
Condamnez-le à l'amende (3); ou, s'il le casse, au fouet.

DANDIN.

C'est quelque chose. Encor passe quand on raisonne.
Et mes vacations (4), qui les paîra? personne?

LÉANDRE.

Leurs gages vous tiendront lieu de nantissement.

---

(1) Corneille avait dit dans *Agésilas* (Acte III, sc. 1) :
    Général en idée et monarque *en peinture*;
et dans *Nicomède* (Acte V, sc. 7) :
    Puisque le roi veut bien n'être roi qu'*en peinture*.

(2) Le *criminel*, en jurisprudence, concerne le jugement des crimes, c'est-à-dire des infractions punies d'une peine afflictive ou infamante. Le *civil* se dit, par opposition *au criminel*, des procès relatifs à l'état des personnes et à leurs biens.

(3) Cette élision du pronom *le* est désagréable ; Racine ne l'a laissée qu'en cet endroit.

(4) Les *vacations*, honoraires des hommes d'affaires et des gens de loi.

LES PLAIDEURS

DANDIN.
Il parle, ce me semble, assez pertinemment.

LÉANDRE.
Contre un de vos voisins....

SCÈNE XIV [1].
DANDIN, LÉANDRE, L'INTIMÉ, PETIT JEAN.

PETIT JEAN.
Arrête! arrête! attrape!

LÉANDRE, *à l'Intimé.*
Ah! c'est mon prisonnier, sans doute, qui s'échappe!

L'INTIMÉ.
Non, non, ne craignez rien.

PETIT JEAN.
Tout est perdu.... Citron....
Votre chien... vient là-bas de manger un chapon.
Rien n'est sûr devant lui : ce qu'il trouve, il l'emporte (2).

LÉANDRE.
Bon! voilà pour mon père une cause. Main forte!
Qu'on se mette après lui. Courez tous.

DANDIN.
Point de bruit.
Tout doux. Un amené sans scandale suffit (3).

LÉANDRE.
Çà, mon père, il faut faire un exemple authentique (4):
Jugez sévèrement ce voleur domestique.

DANDIN.
Mais je veux faire au moins la chose avec éclat.
Il faut de part et d'autre avoir un avocat;
Nous n'en avons pas un.

LÉANDRE.
Hé bien! il en faut faire.

---

(1) Les scènes XIII et XIV sont empruntées à Aristophane.

(2) Cet incident vient fort à propos, à la suite des conseils donnés par Léandre à son père. Léandre le saisit avec empressement pour satisfaire la manie de Perrin Dandin.

(3) *Un amené sans scandale*, un ordre d'amener quelqu'un devant le juge sans bruit, sans lui faire affront. (ACAD.)

(4) *Authentique* se dit des actes reçus, dressés par des officiers publics, et avec la solennité requise. (ACAD.)

Voilà votre portier et votre secrétaire :
Vous en ferez, je crois, d'excellents avocats (1) ;
Ils sont fort ignorants.

L'INTIMÉ.

Non pas, Monsieur, non pas.
J'endormirai Monsieur tout aussi bien qu'un autre.

PETIT JEAN.

Pour moi, je ne sais rien ; n'attendez rien du nôtre.

LÉANDRE.

C'est ta première cause, et l'on te la fera.

PETIT JEAN.

Mais je ne sais pas lire.

LÉANDRE.

Hé ! l'on te soufflera.

DANDIN.

Allons nous préparer. Çà, Messieurs, point d'intrigue !
Fermons l'œil aux présents (2), et l'oreille à la brigue.
Vous, maître Petit Jean, serez le demandeur (3) ;
Vous, maître l'Intimé, soyez le défendeur (4).

QUESTIONS SUR LE IIe ACTE ?

Quel est le sujet du 2e acte ?
Comment l'Intimé se présente-t-il à Isabelle ?
Pourquoi l'Intimé veut-il verbaliser contre elle ?
Quel exploit remet-il à Chicanneau ?
Comment est-il traité par celui-ci ?
Sous quel costume se présente Léandre ?

(1) C'est une critique méchante. Le cruel satirique, après avoir raillé les juges, les huissiers et les plaideurs, commence à s'attaquer aux avocats.

(2) Dandin a déjà oublié son *vin muscat*.

(3) Le *demandeur* est celui qui intente un procès, qui forme une demande en justice ; le *défendeur* est celui à qui on demande en justice (ACAD.), et qui se défend des demandes qu'on lui fait.

(4) Les rôles sont distribués ; les ordres sont donnés, et le juge a fait avec autorité ses recommandations solennelles, pour que toute chose dans ce grave procès se passe selon les règles de la plus scrupuleuse impartialité. On va se préparer : les avocats vont étudier la cause et préparer leurs plaidoyers. Le jugement de Citron a le tort cependant de jeter à l'arrière-plan Chicanneau et la Comtesse dont l'instance n'est pas vidée encore.

« Cet acte, à l'exception des dernières scènes, est tout entier à Racine ; il abonde en traits d'une excellente verve. Les scènes de l'Intimé et de Chicanneau, et l'interrogatoire d'Isabelle, sont des chefs-d'œuvre de naïveté, de dialogue, et d'énergie comique. » (GEOFFROY.)

Comment procède-t-il à l'interrogatoire d'Isabelle ?
Quelle est la conclusion de cet interrogatoire ?
Cette surprise de la signature de Chicanneau est-elle nécessaire à la pièce ?
Comment voit-on apparaître Dandin ?
Que font Chicanneau, la comtesse et l'Intimé en le voyant ?
Que devient Chicanneau ? et la comtesse ?
Comment Léandre parvient-il à calmer son père ?
Que se passe-t-il dans l'entr'acte ?
Quel est le mérite spécial du 2d acte ?

ACTE TROISIÈME

SCÈNE I

CHICANNEAU, LÉANDRE, LE SOUFFLEUR.

CHICANNEAU.

Oui, Monsieur, c'est ainsi qu'ils ont conduit l'affaire.
L'huissier m'est inconnu, comme le commissaire.
Je ne mens pas d'un mot.

LÉANDRE.

              Oui, je crois tout cela ;
Mais, si vous m'en croyez, vous les laisserez là.
En vain vous prétendez les pousser l'un et l'autre,
Vous troublerez bien moins leur repos que le vôtre.
Les trois quarts de vos biens sont déjà dépensés
A faire enfler des sacs l'un sur l'autre entassés (1) ;
Et dans une poursuite à vous-même contraire....

CHICANNEAU.

Vraiment vous me donnez un conseil salutaire,
Et devant qu'il soit peu je veux en profiter ;
Mais je vous prie au moins de bien solliciter (2).
Puisque Monsieur Dandin va donner audience,
Je vais faire venir ma fille en diligence.
On peut l'interroger, elle est de bonne foi ;
Et même elle saura mieux répondre que moi.

LÉANDRE.

Allez et revenez : l'on vous fera justice (3).

LE SOUFFLEUR.

Quel homme !

   (1) C'est-à-dire les dossiers ; l'image est pittoresque.
   (2) *Solliciter,* en procédure, c'est faire les démarches nécessaires pour obtenir un jugement, pour s'assurer un heureux succès. (ACAD.)
   (3) Ce vers prépare le dénoûment.

SCÈNE II
LÉANDRE, LE SOUFFLEUR.

LÉANDRE.

Je me sers d'un étrange artifice ;
Mais mon père est un homme à se désespérer,
Et d'une cause en l'air il le faut bien leurrer.
D'ailleurs, j'ai mon dessein, et je veux qu'il condamne
Ce fou qui réduit tout au pied de la chicane (1).
Mais voici tous nos gens qui marchent sur nos pas.

SCÈNE III [2].
DANDIN, LÉANDRE, L'INTIMÉ, PETIT JEAN *en robe*;
LE SOUFFLEUR.

DANDIN.

Çà, qu'êtes-vous ici ?

LÉANDRE.

Ce sont les avocats.

DANDIN, *au Souffleur.*

Vous ?

LE SOUFFLEUR.

Je viens secourir leur mémoire troublée (3).

DANDIN.

(*A Léandre*).

Je vous entends. Et vous ?

LÉANDRE.

Moi ? je suis l'assemblée.

---

(1) *Réduire tout au pied* (à la mesure) *de la chicane*, c'est ne rêver que procès.

(2) « Il n'y a pas dans cette scène un vers qui ne soit un trait de critique, et pas un trait qui ne soit aussi juste que piquant. On peut assurer que la censure de tous les abus de la rhétorique de Palais est épuisée dans une scène. La prétention des exordes, qu'on fait remonter au déluge, l'étalage de l'érudition déplacée; la manie des citations accumulées hors de propos, le charlatanisme des autorités et des lois alléguées au hasard, l'affectation d'agrandir les petites choses, et de s'échauffer à froid ; la recherche puérile de tous les détails qu'on veut également faire valoir, et de toutes les circonstances qu'on veut également aggraver ; et surtout et partout l'incroyable profusion de mots inutiles et dénués de sens ; tout s'y trouve. » (LA HARPE.)

(3) Racine a peut-être pris l'idée de son *Souffleur* dans le *Roman bourgeois* de Furetière, où il est question d'un certain prévôt nommé Belastre : « Il y avait un avocat qui montait au siège auprès de lui, pour lui servir de conseil ou de trucheman, qui lui soufflait mot à mot tout ce qu'il aurait à prononcer. »

DANDIN.

Commencez donc.

LE SOUFFLEUR.

Messieurs....

PETIT JEAN.

Ho ! prenez-le plus bas :
Si vous soufflez si haut, l'on ne m'entendra pas.
Messieurs....

DANDIN.

Couvrez-vous (1).

PETIT JEAN.

Oh ! Mes....

DANDIN.

Couvrez-vous, vous dis-je.

PETIT JEAN.

Oh ! Monsieur, je sais bien à quoi l'honneur m'oblige.

DANDIN.

Ne te couvre donc pas.

PETIT JEAN, *se couvrant*.

(*Au Souffleur.*)

Messieurs (2).... Vous, doucement;
Ce que je sais le mieux, c'est mon commencement.
Messieurs, quand je regarde avec exactitude
L'inconstance du monde et sa vicissitude ;
Lorsque je vois, parmi tant d'hommes différents,
Pas une étoile fixe, et tant d'astres errants ;
Quand je vois les Césars, quand je vois leur fortune (3);

(1) Petit Jean, improvisé avocat, ignore que les avocats ont coutume de se couvrir.

(2) Petit Jean est le type du *genre emphatique* : Racine ridiculise en lui l'emphase dans les mots, dans la période, dans le ton, dans le geste. Le concours burlesque du Souffleur, les noms propres estropiés, le dépit simulé de Petit Jean refusant de parler quand on l'interrompt, son improvisation pleine de bon sens mais débitée au galop, les injures du Souffleur répétées gravement comme partie intégrante du plaidoyer, les réflexions pleines de sel semées à travers la harangue, les témoins grotesques produits par l'avocat, sont les moyens mis en jeu par la verve comique du poète pour mettre le défaut en relief, en amusant le spectateur.

(3) Dans les plaidoyers de Gautier-la-Gueule, avocat fameux du XVIIᵉ siècle, on trouve l'exorde suivant que Racine semble avoir eu devant les yeux en faisant le discours de Petit Jean : « Messieurs. *Quand je vois* dans cette cause ce concours de tant de puissances, qui dans leur appareil pompeux et magnifique semblent disputer à l'envi pour la victoire ; *quand je considère* ce

Quand je vois le soleil, et quand je vois la lune;
Quand je vois les Etats des Babiboniens (1)
Transférés des Serpents aux Nacédoniens;
Quand je vois les Lorrains, de l'état dépotique,
Passer au démocrite, et puis au monarchique;
Quand je vois le Japon (2)....

L'INTIMÉ.

Quand aura-t-il tout vu?

PETIT JEAN.

Oh! pourquoi celui-là m'a-t-il interrompu?
Je ne dirai plus rien.

DANDIN.

Avocat incommode,
Que ne lui laissez-vous finir sa période?
Je suais sang et eau pour voir si du Japon
Il viendrait à bon port au fait de son chapon,
Et vous l'interrompez par un discours frivole.
Parlez donc, avocat.

PETIT JEAN.

J'ai perdu la parole.

LÉANDRE.

Achève, Petit Jean; c'est fort bien débuté.
Mais que font là tes bras pendants à ton côté?
Te voilà sur tes pieds droit comme une statue.
Dégourdis-toi. Courage! allons, qu'on s'évertue.

PETIT JEAN, *remuant ses bras*.

Quand... je vois.... Quand... je vois....

LÉANDRE.

Dis donc ce que tu vois.

partage de *brigues et de faveurs*, et que toute la cour assemblée dans ce barreau s'efforce de combattre la liberté de vos jugements, il me souvient de cette fameuse division des dieux, à l'occasion du siège de Troie. Tout l'Olympe était en désordre, et le succès de cette guerre tenait en suspens toutes les divinités partagées.

Mulciber in Trojam, pro Troja stabat Apollo.

— Que dirai-je davantage? le ciel qui décide du droit des combats a pris notre parti contre vous :

Victrix causa diis placuit.

Et faites *les Catons* tant que vous voudrez.... » (*Plaidoyer XIV.*)

(1) Mots estropiés à dessein. — Lisez *Babyloniens, Persans, Macédoniens, Romains, despotique, démocratique.*

(2) Scudéry, dans son *Alaric* (l. X) a une tirade de vers, où les mots *Je vois* sont répétés jusqu'à soixante-six fois.

PETIT JEAN.

Oh dame! on ne court pas deux lièvres à la fois.

LE SOUFFLEUR.

On lit....

PETIT JEAN.

On lit....

LE SOUFFLEUR.

Dans la....

PETIT JEAN.

Dans la....

LE SOUFFLEUR.

Métamorphose....

PETIT JEAN.

Comment?

LE SOUFFLEUR.

Que la métem....

PETIT JEAN.

Que la métem....

LE SOUFFLEUR.

Psychose....

PETIT JEAN.

Psychose....

LE SOUFFLEUR.

Hé! le cheval!

PETIT JEAN.

Et le cheval....

LE SOUFFLEUR.

Encor!

PETIT JEAN.

Encor....

LE SOUFFLEUR.

Le chien!

PETIT JEAN.

Le chien....

LE SOUFFLEUR.

Le butor!

PETIT JEAN.

Le butor....

LE SOUFFLEUR.

Peste de l'avocat!

PETIT JEAN.
Ah! peste de toi-même!
Voyez cet autre avec sa face de carême!
Va-t'en au diable.

DANDIN.
Et vous, venez au fait. Un mot
Du fait.

PETIT JEAN.
Hé! faut-il tant tourner autour du pot (1)?
Ils me font dire aussi des mots longs d'une toise,
De grands mots qui tiendraient d'ici jusqu'à Pontoise.
Pour moi, je ne sais point tant faire de façon
Pour dire qu'un mâtin vient de prendre un chapon.
Tant y a qu'il n'est rien que votre chien ne prenne (2);
Qu'il a mangé là-bas un bon chapon du Maine;
Que la première fois que je l'y trouverai,
Son procès est tout fait, et je l'assommerai.

LÉANDRE.
Belle conclusion, et digne de l'exorde!

PETIT JEAN.
On l'entend bien toujours. Qui voudra mordre y morde.

DANDIN.
Appelez les témoins.

LÉANDRE.
C'est bien dit, s'il le peut :
Les témoins sont fort chers, et n'en a pas qui veut.

PETIT JEAN.
Nous en avons pourtant, et qui sont sans reproche.

DANDIN.
Faites-les donc venir.

PETIT JEAN.
Je les ai dans ma poche.
Tenez, voilà la tête et les pieds du chapon.
Voyez-les, et jugez.

L'INTIMÉ.
Je les récuse.

DANDIN.
Bon.
Pourquoi les récuser?

(1) C'est-à-dire user de circonlocutions, au lieu d'aborder nettement le sujet.

(2) *Tant y a*, c'est-à-dire ce qui est certain, c'est que....

LES PLAIDEURS

L'INTIMÉ.

Monsieur, ils sont du Maine.

DANDIN.

Il est vrai que du Mans il en vient par douzaine (1).

L'INTIMÉ.

Messieurs....

DANDIN.

Serez-vous long, avocat? dites-moi,

L'INTIMÉ.

Je ne réponds de rien.

DANDIN.

Il est de bonne foi (2).

L'INTIMÉ, *d'un ton finissant en fausset.*

Messieurs, tout ce qui peut étonner un coupable (3),
Tout ce que les mortels ont de plus redoutable,
Semble s'être assemblé contre nous par hasar :
Je veux dire la brigue et l'éloquence. Car (4),
D'un côté le crédit du défunt m'épouvante ;
Et, de l'autre côté, l'éloquence éclatante

(1) « Ce trait inattendu contre les *témoins manceaux* (espèce de métier dans la chicane) est de la plus fine satire, et la manière dont il est amené à propos de la *tête et des pieds d'un chapon*, est de la verve comique d'Aristophane, quand elle est de bon goût. » (LA HARPE.) Le Maine, pays des chapons, passait aussi pour être le pays des témoins à gages.

(2) « On rapporte que le premier président du Parlement de Paris ayant fait un jour la même question à un avocat nommé Montauban, l'avocat répondit affirmativement ; le président le loua de sa bonne foi. »

(3) « Cet exorde est celui du discours de Cicéron *pro Quintio*. Patru, en plaidant pour un pâtissier contre un boulanger, s'était servi du même exorde. Cette éloquence avait été autrefois fort à la mode. Believre demandant à la reine Elisabeth la grâce de Marie Stuart, dans un long discours que rapporte M. de Thou, l. 86, non content de raconter plusieurs traits de l'histoire ancienne, cite des passages d'Homère, de Platon et de Callimaque.

» Du temps de notre poète, nos avocats avaient encore coutume de remonter au déluge, de raconter des faits inutiles à leur cause, de remplir leurs discours de longs passages des anciens, et, pour faire voir leur érudition, de rapporter beaucoup de citations, c'est pour cela qu'on voit ici des passages d'Ovide et de Lucain, et qu'on entend citer non seulement le *Digeste*, mais Aristote, Pausanias, etc., etc. Ce qu'il y a de singulier, c'est que personne ne vit le ridicule de cette manière de plaider. La finesse des plaisanteries de Racine ne fut pas sentie. Le parterre ne rit point de ce qu'il appelait des termes de chicane, et la pièce tomba aux premières représentations. » (L. RACINE.)

(4) Ce *car* est placé d'une manière fort pittoresque à la fin du vers ; l'avocat déclamateur a besoin de prendre haleine.

ACTE III, SCÈNE III

De maître Petit Jean m'éblouit (1).

DANDIN.

     Avocat,
De votre ton vous-même adoucissez l'éclat.

L'INTIMÉ, *du beau ton.*

Oui-da, j'en ai plusieurs.... Mais quelque défiance
Que nous doive donner la susdite éloquence
Et le susdit crédit, ce néanmoins, Messieurs,
L'ancre de vos bontés nous rassure d'ailleurs.
Devant le grand Dandin l'innocence est hardie ;
Oui, devant ce Caton de Basse Normandie (2),
Ce soleil d'équité qui n'est jamais terni :
Victrix causa Diis placuit, sed victa Catoni (3).

DANDIN.

Vraiment, il plaide bien.

L'INTIMÉ.

     Sans craindre aucune chose,
Je prends donc la parole, et je viens à ma cause (4).
Aristote, primo, *peri Politicon* (5),
Dit fort bien....

DANDIN.

    Avocat, il s'agit d'un chapon,
Et non point d'Aristote et de sa *Politique*.

L'INTIMÉ.

Oui ; mais l'autorité du *Péripatétique*
Prouverait que le bien et le mal....

DANDIN.

        Je prétends

---

(1) « Un jeune avocat, ayant à plaider contre un nommé Desfitas, bon praticien et non autre chose, s'avisa de prendre l'exorde de l'oraison pour *Quintius*. Desfitas aussitôt prit la parole, et dit : « Messieurs, l'avocat de la partie adverse ne se tiendra pas pour interrompu : je ne me pique point d'éloquence, et ma partie est un savetier. » (TALLEMANT.)

(2) Caton l'ancien ou le censeur (232-147 av. J.-C.), Romain célèbre par la sévérité qu'il déploya dans sa charge : type du magistrat grave et intègre.

(3) « Les dieux sont pour les vainqueurs, mais Caton pour les vaincus. » (LUCAIN, *Pharsale*, I.) Le poète parle de Caton d'Utique.

(4) L'Intimé est le type du *genre pédantesque* : Racine stigmatise en lui la sotte affectation des pensées, des figures, des accumulations, de l'érudition, des citations latines ; la manie du plagiat, l'amphigouri, l'emploi des textes forgés, les digressions à perte de vue, le pathétique à contre-temps.

(5) Aristote, fameux philosophe grec, chef de l'école péripatéticienne (384-322 av. J.-C.) Il s'agit ici de sa *Politique*, livre I.

Qu'Aristote n'a point d'autorité céans.
Au fait (1).

L'INTIMÉ.

Pausanias, en ses *Corinthiaques* (2)....

DANDIN.

Au fait.

L'INTIMÉ.

Rebuffe (3)....

DANDIN.

Au fait, vous dis-je.

L'INTIMÉ.

Le grand Jacques (4)....

DANDIN.

Au fait, au fait, au fait.

L'INTIMÉ.

Armeno Pul, *in Prompt* (5)....

DANDIN.

Oh ! je vais te juger.

L'INTIMÉ.

Oh ! vous êtes si prompt !

(*Vite.*)
Voici le fait. Un chien vient dans une cuisine ;
Il y trouve un chapon, lequel a bonne mine.
Or, celui pour lequel je parle est affamé ;
Celui contre lequel je parle *autem* plumé ;
Et celui pour lequel je suis prend en cachette
Celui contre lequel je parle. L'on décrète :
On le prend. Avocat pour et contre appelé ;
Jour pris. Je dois parler, je parle, j'ai parlé.

(1) « A Toulouse, un jeune avocat commença son plaidoyer par : « Le roy Pyrrhus. » Il y avait alors un président fort rébarbatif, qui lui dit : *Au fait! au fait!* Quelqu'un eut pitié du pauvre garçon, et représenta que c'était une première cause. « Eh bien ! dit le président, parlez donc, l'advocat du roy Pyrrhus. » (TALLEMANT.)

(2) Pausanias, géographe grec du IIe siècle après J.-C., a fait un *Itinéraire de la Grèce*, divisé en dix livres dont chacun porte pour titre le nom de la province qu'il décrit.

(3) Rebuffe, jurisconsulte français (1487-1557).

(4) Peut-être *Jacques Cujas*, fameux jurisconsulte français du XVIe siècle (1520-1590).

(5) Constantin Harmenopul, jurisconsulte grec du XIVe siècle, a fait un *Manuel des lois* (en latin *Promptuarium juris civilis*).

ACTE III, SCÈNE III

DANDIN.

Ta, ta, ta, ta. Voilà bien instruire une affaire !
Il dit fort posément ce dont on n'a que faire,
Et court le grand galop quand il est à son fait.

L'INTIMÉ.

Mais le premier, Monsieur, c'est le beau.

DANDIN.

C'est le laid.
A-t-on jamais plaidé d'une telle méthode ?
Mais qu'en dit l'assemblée ?

LÉANDRE.

Il est fort à la mode.

L'INTIMÉ, *d'un ton véhément.*

Qu'arrive-t-il, Messieurs ? On vient. Comment vient-on ?
On poursuit ma partie. On force une maison.
Quelle maison ? maison de notre propre juge !
On brise le cellier qui nous sert de refuge !
De vol, de brigandage on nous déclare auteurs !
On nous traîne, on nous livre à nos accusateurs,
A maître Petit Jean, Messieurs. Je vous atteste :
Qui ne sait que la loi *Si quis canis*, Digeste
De vi, paragrapho, Messieurs.... *Caponibus* (1),
Est manifestement contraire à cet abus ?
Et quand il serait vrai que Citron ma partie
Aurait mangé, Messieurs, le tout ou bien partie
Dudit chapon : qu'on mette en compensation
Ce que nous avons fait avant cette action.
Quand ma partie a-t-elle été réprimandée ?
Par qui votre maison a-t-elle été gardée ?
Quand avons-nous manqué d'aboyer au larron ?
Témoin trois procureurs, dont icelui Citron
A déchiré la robe. On en verra les pièces.
Pour nous justifier, voulez-vous d'autres pièces ?

PETIT JEAN.

Maître Adam (2)....

L'INTIMÉ.

Laissez-nous.

PETIT JEAN.

L'Intimé....

---

(1) La loi *Si quelque chien*, tirée du titre *de la violence*, est imaginaire, aussi bien que le paragraphe *des chapons*. Le *Digeste* est un recueil de décisions de jurisconsultes, composé par l'ordre de l'empereur Justinien.

(2) *Maître Adam*, titre d'honneur donné à l'Intimé.

L'INTIMÉ.

Laissez-nous.

PETIT JEAN.

S'enroue.

L'INTIMÉ.

Hé! laissez-nous. Euh! Euh (1)!

DANDIN.

Reposez-vous,
Et concluez.

L'INTIMÉ, *d'un ton pesant.*

Puis donc qu'on nous permet de prendre (2)
Haleine, et que l'on nous défend de nous étendre,
Je vais, sans rien omettre, et sans prévariquer,
Compendieusement énoncer, expliquer,
Exposer à vos yeux l'idée universelle
De ma cause, et des faits renfermés en icelle.

DANDIN.

Il aurait plus tôt fait de dire tout vingt fois
Que de l'abréger une. Homme, ou qui que tu sois,
Diable, conclus; ou bien que le ciel te confonde!

L'INTIMÉ.

Je finis.

DANDIN.

Ah!

L'INTIMÉ.

Avant la naissance du monde....

(1) L'orateur s'est essoufflé, il reprend haleine.

(2) « Ce qui peut-être est au-dessus de tout le reste, ce sont les six vers employés par l'Intimé, pour dire seulement qu'il veut abréger; cette phrase est le modèle de l'art d'allonger. Il ne veut pas même prendre haleine, sans séparer ces deux mots qu'on n'a jamais séparés. Le poète, par un trait de génie, l'arrête sur la fin du vers, au mot prendre, et le rejette à l'autre vers, sur le mot haleine, où il se repose tout à son aise; et parce qu'on lui défend de s'étendre, il va reprendre alors toute sa cause, déjà si longuement plaidée; mais comment et en quels termes?

Je vais, sans rien omettre et sans prévariquer,
Compendieusement énoncer, expliquer....

« Où l'auteur a-t-il été chercher ce mot de six syllabes, qui tient un demi-vers, et qui signifie *en abrégé?* C'est une bonne fortune. » Jamais un avocat de sept heures (comme on les appelait) ne s'est contenté d'un seul mot pour une seule idée : il énonce, il expose, il explique, etc. » (LA HARPE.)

— *Compendieusement*, en latin *compendiose*, de *compendium*, abrégé, exprime par sa longueur tout le contraire de ce qu'il signifie.

ACTE III, SCÈNE III

DANDIN, *bâillant.*

Avocat, ah! passons au déluge (1).

L'INTIMÉ.

Avant donc
La naissance du monde et sa création,
Le monde, l'univers, tout, la nature entière
Etait ensevelie au fond de la matière.
Les éléments, le feu, l'air, et la terre, et l'eau,
Enfoncés, entassés, ne faisaient qu'un monceau,
Une confusion, une masse sans forme ;
Un désordre, un chaos, une cohue énorme :
Unus erat toto naturæ vultus in orbe,
Quem Græci dixere chaos, rudis indigestaque moles (2)

(*Dandin endormi se laisse tomber.*)

LÉANDRE.

Quelle chute! mon père!

PETIT JEAN.

Ay, Monsieur. Comme il dort!

LÉANDRE.

Mon père, éveillez-vous.

PETIT JEAN.

Monsieur, êtes-vous mort?

LÉANDRE.

Mon père!

DANDIN.

Hé bien? hé bien? quoi? qu'est-ce? Ah! ah! quel homme!
Certes, je n'ai jamais dormi d'un si bon somme.

LÉANDRE.

Mon père, il faut juger.

DANDIN.

Aux galères (3).

---

(1) « Un avocat, en plaidant, se mit à parler d'Annibal et était fort longtemps à lui faire passer les Alpes. « Hé, avocat, lui dit le premier président de Harlay, faites avancer vos troupes. » (TALLEMANT.)

(2) « L'univers n'offrait qu'un aspect informe, masse grossière et confuse, à laquelle les Grecs donnèrent le nom de chaos. » (OVIDE, *Métam.* I.) Racine, en ajoutant *Græci*, a fait à dessein un vers de sept pieds.

(3) « Un juge avait dormi pendant toute une audience : on lui demanda son avis; il répondit, en se frottant les yeux : « Je suis de l'avis de M***, » et ce Monsieur n'y était pas. Un autre était assoupi, pendant qu'on exposait la cause d'un homme qui avait commis un délit dans un pré : « A quoi condamnez-vous, lui dit-on, le coupable ? — A être pendu, s'écria-t-il en s'éveillant. — Comment! lui dit-on, il s'agit d'un pré. — Qu'on le fauche! » Dans la comédie des *Guêpes*, le juge veut pareillement envoyer le chien Labès *aux corbeaux.* C'étaient des poulies auxquelles on suspendait les esclaves coupables, les mains attachées derrière le dos, pour leur donner les étrivières. » (LUNEAU DE BOISJERMAIN.)

LÉANDRE.
Un chien
Aux galères !

DANDIN.
Ma foi ! je n'y conçois plus rien :
De monde, de chaos, j'ai la tête troublée.
Hé ! concluez.

L'INTIMÉ, *lui présentant de petits chiens.*
Venez, famille désolée ;
Venez, pauvres enfants, qu'on veut rendre orphelins :
Venez faire parler vos esprits enfantins.
Oui, Messieurs, vous voyez ici notre misère :
Nous sommes orphelins ; rendez-nous notre père,
Notre père, par qui nous fûmes engendrés,
Notre père qui nous....

DANDIN.
Tirez, tirez, tirez (1).

L'INTIMÉ.
Notre père, Messieurs....

DANDIN.
Tirez donc. Quels vacarmes !
Ils ont pissé partout.

L'INTIMÉ.
Monsieur, voyez nos larmes.

DANDIN.
Ouf ! je me sens déjà pris de compassion.
Ce que c'est qu'à propos toucher la passion !
Je suis bien empêché. La vérité me presse ;
Le crime est avéré : lui-même il le confesse.
Mais, s'il est condamné, l'embarras est égal :
Voilà bien des enfants réduits à l'hôpital.
Mais je suis occupé, je ne veux voir personne.

SCÈNE IV

Léandre demande à son père de ratifier son mariage avec Isabelle ; Perrin Dandin y consent. Chicanneau veut en appeler, mais Léandre lui présente le contrat qu'il a signé et le réduit au silence — Dandin, tout joyeux, acquitte le chien et retourne voir des procès.

LÉANDRE.
Mon père, êtes-vous content de l'audience ?

(1) *Tirez, tirez*, terme dont on se servait autrefois pour chasser un chien. (ACAD.)

ACTE III, SCÈNE IV

DANDIN.

Oui-da. Que les procès viennent en abondance,
Et je passe avec vous le reste de mes jours.
Mais que les avocats soient désormais plus courts.
Et notre criminel?

LÉANDRE.

Ne parlons que de joie!
Grâce! grâce! mon père.

DANDIN.

Hé bien, qu'on le renvoie :
C'est en votre faveur, ma bru, ce que j'en fais.
Allons nous délasser à voir d'autres procès (1).

QUESTIONS SUR LE IIIᵉ ACTE.

Quel est le sujet du 3ᵉ acte?
Comment Léandre renvoie-t-il Chicanneau?
Pourquoi se fait le procès de Citron?
Par qui ce procès se plaide-t-il?
Quels sont les ridicules que le poète y met en relief?
Quels sont les défauts ridiculisés dans le plaidoyer de Petit Jean?
Dans celui de l'Intimé?
Quels sont les ridicules et les abus que le poète poursuit dans le juge?
Quelle est la sentence de Dandin?
Quels traits de satire renferme la dernière scène?
Quel est le dénoûment de la pièce?

(1) Cette dernière scène renferme quelques traits de satire des plus sanglants. Le vieux juge ose demander à Isabelle :

Dis-nous, à qui veux-tu faire perdre la cause?

Un peu plus loin, il propose à la jeune fille de la faire jouir du spectacle de la question qu'elle n'avait jamais vue; Isabelle lui répond avec un vrai sentiment d'humanité :

Hé! Monsieur, peut-on voir souffrir des malheureux?
— Bon! cela fait toujours passer une heure ou deux,

dit le juge avec un cynisme jovial. « Le fouet d'Aristophane ne frappait guère plus fort, au milieu de la licence de la démocratie athénienne. On comprend sans peine que quelques magistrats s'en soient émus. » (P. MESNARD.)

« Le dénoûment est plaisant. On ne pouvait pas terminer d'une manière plus agréable et plus ingénieuse un acte consacré presque tout entier à la farce la plus extravagante. » (L. RACINE.) Dandin reste dans son caractère.

BRITANNICUS
TRAGÉDIE
1669.

A MONSEIGNEUR LE DUC DE CHEVREUSE (1)

Monseigneur,

Vous serez peut-être étonné de voir votre nom à la tête de cet ouvrage; et si je vous avais demandé la permisssion de vous l'offrir, je doute si je l'aurais obtenue. Mais ce serait être en quelque sorte ingrat, que de cacher plus longtemps au monde les bontés dont vous m'avez toujours honoré. Quelle apparence qu'un homme qui ne travaille que pour la gloire se puisse taire d'une protection aussi glorieuse que la vôtre?

Non, Monseigneur, il m'est trop avantageux que l'on sache que mes amis mêmes ne vous sont pas indifférents, que vous prenez part à tous mes ouvrages, et que vous m'avez procuré l'honneur de lire celui-ci devant un homme dont toutes les heures sont précieuses (2). Vous fûtes témoin avec quelle pénétration d'esprit il jugea de l'économie de la pièce, et combien l'idée qu'il s'est formée d'une excellente tragédie est au delà de tout ce que j'en ai pu concevoir.

Ne craignez pas, Monseigneur, que je m'engage plus avant, et que, n'osant le louer en face, je m'adresse à vous pour le louer avec plus de liberté. Je sais qu'il serait dangereux de le fatiguer de ses louanges; et j'ose dire que cette même modestie, qui vous est commune avec lui, n'est pas un des moindres liens qui vous attachent l'un à l'autre.

La modération n'est qu'une vertu ordinaire quand elle ne se rencontre qu'avec des qualités ordinaires. Mais qu'avec toutes les qualités et du cœur et de l'esprit, qu'avec un jugement qui, ce semble, ne devrait être le fruit que de l'expérience de plusieurs années, qu'avec mille belles connaissances que vous ne sauriez cacher à vos amis particuliers, vous ayez encore cette sage retenue que tout le monde admire en vous, c'est sans doute une vertu rare en un siècle où l'on fait vanité des

---

(1) Charles-Honoré d'Albert, duc de Luynes, de Chevreuse et de Chaulnes (1646-1712), avait été élève de Lancelot comme Racine. C'est pour lui que fut composée la *Logique de Port-Royal*. Il fut l'ami du duc de Beauvilliers, son beau-frère, et de Fénelon.

(2) C'est Colbert, dont le duc de Chevreuse avait épousé la fille en 1667, grand protecteur des gens de lettres; pour les apprécier, il avait, à défaut de connaissances littéraires, un sens droit et un esprit juste.

moindres choses. Mais je me laisse emporter insensiblement à la tentation de parler de vous. Il faut qu'elle soit bien violente, puisque je n'ai pu y résister dans une lettre où je n'avais autre dessein que de vous témoigner avec combien de respect je suis, Monseigneur....

PREMIÈRE PRÉFACE [1] (1670).

La cabale. — De tous les ouvrages que j'ai donnés au public, il n'y en a point qui m'ait attiré plus d'applaudissements ni plus de censeurs que celui-ci. Quelque soin que j'aie pris pour travailler cette tragédie, il semble qu'autant que je me suis efforcé de la rendre bonne, autant de certaines gens se sont efforcés de la décrier. Il n'y a point de cabale qu'ils n'aient faite, point de critique dont ils ne se soient avisés (2).

Griefs : 1º contre Néron. — Il y en a qui ont pris même le parti de Néron contre moi : ils ont dit que je le faisais trop cruel. Pour moi, je croyais que le nom seul de Néron faisait entendre quelque chose de plus que cruel. Mais peut-être qu'ils raffinent sur son histoire, et veulent dire qu'il était honnête homme dans ses premières années. Il ne faut qu'avoir lu Tacite pour savoir que, s'il a été quelque temps un bon empereur, il a toujours été un très méchant homme. Il ne s'agit point dans ma tragédie des affaires du dehors. Néron est ici dans son particulier et dans sa famille ; et ils me dispenseront de leur rapporter tous les passages qui pourraient bien aisément leur prouver que je n'ai point de réparation à lui faire.

D'autres ont dit, au contraire, que je l'avais fait trop bon. J'avoue que je ne m'étais pas formé l'idée d'un bon homme en la personne de Néron : je l'ai toujours regardé comme un monstre. Mais c'est ici un monstre naissant. Il n'a pas encore mis le feu à Rome ; il n'a pas tué sa mère, sa femme, ses gouverneurs : à cela près, il me semble qu'il lui échappe assez de cruautés pour empêcher que personne ne le méconnaisse.

2º Contre Narcisse. — Quelques-uns ont pris l'intérêt de Narcisse, et se sont plaints que j'en eusse fait un très méchant homme, et le confident de Néron. Il suffit d'un passage pour leur répondre. « Néron, dit Tacite, porta impatiemment la mort de Narcisse, parce que cet affranchi

---

(1) Quand Racine fait deux préfaces, il donne presque toujours la première au ressentiment ; la seconde est pour la réflexion.

(2) Les ennemis de Racine avaient formé contre *Britannicus* la plus terrible cabale. D'après Boursault, l'un des plus animés, au lieu de s'asseoir au *banc formidable* où se réunissaient d'ordinaire les auteurs pour décider souverainement des pièces de théâtre, ils s'étaient dispersés dans la salle, sans doute pour mieux agir sans se faire reconnaître ; Corneille se trouvait seul dans une loge. Boileau, qui assistait aussi à la représentation, applaudit chaudement l'œuvre de son ami. Tout le monde trouva le style magnifique, mais la pièce fut jugée froide : on s'attaqua surtout à l'action et aux caractères. Racine, dans sa première préface, répond aux principales critiques.

avait une conformité merveilleuse avec les vices du prince encore cachés: *Cujus abditis adhuc vitiis mire congruebat.* »

3° **Contre Britannicus.** — Les autres se sont scandalisés que j'eusse choisi un homme aussi jeune que Britannicus pour le héros d'une tragédie. Je leur ai déclaré, dans la préface d'*Andromaque*, les sentiments d'Aristote sur le héros de la tragédie ; et que, bien loin d'être parfait, il faut toujours qu'il ait quelque imperfection. Mais je leur dirai encore ici qu'un jeune prince de dix-sept ans, qui a beaucoup de cœur, beaucoup d'amour, beaucoup de franchise et beaucoup de crédulité, qualités ordinaires d'un jeune homme, m'a semblé très capable d'exciter la compassion. Je n'en veux pas davantage.

Mais, disent-ils, ce prince n'entrait que dans sa quinzième année lorsqu'il mourut. On le fait vivre, lui et Narcisse, deux ans plus qu'ils n'ont vécu. Je n'aurais point parlé de cette objection, si elle n'avait été faite avec chaleur par un homme qui s'est donné la liberté de faire régner vingt ans un empereur qui n'en a régné que huit, quoique ce changement soit bien plus considérable dans la chronologie, où l'on suppute les temps par les années des empereurs (1).

4° **Contre Junie.** — Junie ne manque pas non plus de censeurs. Ils disent que d'une vieille coquette, nommée Junia Silana, j'en ai fait une jeune fille très sage. Qu'auraient-ils à me répondre, si je leur disais que cette Junie est un personnage inventé, comme l'Émilie de *Cinna*, comme la Sabine d'*Horace*? Mais j'ai à leur dire que s'ils avaient bien lu l'histoire, ils auraient trouvé une Junia Calvina, de la famille d'Auguste, sœur de Silanus, à qui Claudius avait promis Octavie. Cette Junie était jeune, belle, et comme dit Sénèque, *festivissima omnium puellarum* (2). Elle aimait tendrement son frère.... Si je la présente plus retenue qu'elle n'était, je n'ai pas ouï dire qu'il nous fût défendu de rectifier les mœurs d'un personnage, surtout lorsqu'il n'est pas connu (3).

L'on trouve étrange qu'elle paraisse sur le théâtre après la mort de Britannicus. Certainement la délicatesse est grande de ne pas vouloir qu'elle dise en quatre vers assez touchants qu'elle passe chez Octavie (4). Mais disent-ils, cela ne valait pas la peine de la faire revenir; un autre l'aurait pu raconter pour elle. Ils ne savent pas qu'une des règles du théâtre est de ne mettre en récit que les choses qui ne se peuvent passer en action, et que tous les anciens font venir souvent sur la scène des acteurs qui n'ont autre chose à dire, sinon qu'ils viennent d'un endroit, et qu'ils s'en retournent en un autre.

(1) Il s'agit de Corneille qui, dans son *Héraclius*, a prolongé de douze ans la durée du règne de Phocas.

(2) « La plus enjouée des jeunes filles. » (SEN., *Apocolokyntose*, VIII.

(3) Racine pouvait s'en tenir à sa première réponse, et ne présenter Junie que comme un personnage de son invention.

(4) Racine a supprimé ces vers en 1676 ; c'était la sc. VI de l'acte V.

5° **Longueur du dénoûment**. — Tout cela est inutile, disent mes censeurs : la pièce est finie au récit de la mort de Britannicus ; et l'on ne devrait point écouter le reste. On l'écoute pourtant, et même avec autant d'attention qu'aucune fin de tragédie. Pour moi, j'ai toujours compris que la tragédie étant l'imitation d'une action complète, où plusieurs personnes concourent, cette action n'est point finie que l'on ne sache en quelle situation elle laisse ces mêmes personnes. C'est ainsi que Sophocle en use presque partout : c'est ainsi que dans l'*Antigone* il emploie autant de vers à représenter la fureur d'Hémon et la punition de Créon après la mort de cette princesse, que j'en ai employé aux imprécations d'Agrippine, à la retraite de Junie, à la punition de Narcisse, et au désespoir de Néron, après la mort de Britannicus (1).

Théorie sur la simplicité de l'action. — Que faudrait-il faire pour contenter des juges si difficiles ? La chose serait aisée, pour peu qu'on voulût trahir le bon sens. Il ne faudrait que s'écarter du naturel pour se jeter dans l'extraordinaire. Au lieu d'une action simple, chargée de peu de matière, telle que doit être une action qui se passe en un seul jour, et qui, s'avançant par degrés vers sa fin, n'est soutenue que par les intérêts, les sentiments et les passions des personnages, il faudrait remplir cette même action de quantité d'incidents qui ne se pourraient passer qu'en un mois, d'un grand nombre de jeux de théâtre d'autant plus surprenants qu'ils seraient moins vraisemblables, d'une infinité de déclamations où l'on ferait dire aux acteurs tout le contraire de ce qu'ils devraient dire (2).

Vengeance du poète contre Corneille. — Il faudrait, par exemple, représenter quelque héros ivre qui se voudrait faire haïr de sa maîtresse de gaîté de cœur, un Lacédémonien grand parleur, un conquérant qui ne débiterait que des maximes d'amour, une femme qui donnerait des leçons de fierté à des conquérants (3). Voilà sans doute de quoi faire récrier tous

---

(1) Toutes ces raisons de Racine, excellentes au fond, n'empêchent pas qu'il y ait de la longueur dans les dernières scènes. Le poète pouvait nous apprendre en moins de vers, et par des récits plus vifs, quel était le sort final des personnages qui nous intéressent.

(2) Racine donne ici l'idée la plus juste et la plus nette de l'action d'une tragédie. Elle doit être simple, et se développer graduellement par le jeu naturel des passions, sans appeler à son secours, pour soutenir l'intérêt des spectateurs, des incidents venant du dehors, des jeux de théâtre surprenants ou invraisemblables. C'était l'idéal qu'il s'était formé de la tragédie ; toutes ses pièces en font foi. Son système, à cet égard, était plus parfait que celui de Corneille, dont les pièces sont souvent compliquées d'événements extraordinaires.

(3) Les quatre personnages que vise Racine sont tous des personnages de Corneille : Attila, Agésilas, César et Cornélie. Le jeune poète, trop sensible à la critique, s'est laissé entraîner à son humeur railleuse et mordante ; son langage n'est pas seulement irrespectueux, il est injuste. Du reste, un trait de satire ne fut jamais une réponse. Tout ce passage a disparu dans la seconde préface.

ces Messieurs. Mais que dirait cependant le petit nombre de gens sages auxquels je m'efforce de plaire? De quel front oserais-je me montrer, pour ainsi dire, aux yeux de ces grands hommes de l'antiquité que j'ai choisis pour modèles? Car, pour me servir de la pensée d'un ancien, voilà les véritables spectateurs que nous devons nous proposer; et nous devons sans cesse nous demander : « Que diraient Homère et Virgile, s'ils lisaient ces vers? que dirait Sophocle, s'il voyait représenter cette scène (1)? » Quoi qu'il en soit, je n'ai point prétendu empêcher qu'on ne parlât contre mes ouvrages; je l'aurais prétendu inutilement : *Quid de te alii loquantur ipsi videant*, dit Cicéron, *sed loquentur tamen* (2).

Je prie seulement le lecteur de me pardonner cette petite préface que j'ai faite pour lui rendre raison de ma tragédie. Il n'y a rien de plus naturel que de se défendre quand on se croit injustement attaqué. Je vois que Térence même semble n'avoir fait des prologues que pour se justifier contre les critiques d'un vieux poète malintentionné, *malevoli veteris poetæ*, et qui venait briguer des voix contre lui jusqu'aux heures où l'on représentait ses comédies (3).

. . . . Occœpta est agi :
Exclamat, etc. (4).

Les vestales. — On me pouvait faire une difficulté qu'on ne m'a point faite. Mais ce qui est échappé aux spectateurs pourra être remarqué par les lecteurs. C'est que je fais entrer Junie dans les vestales, où, selon Aulu-Gelle, on ne recevait personne au-dessous de six ans, ni au-dessus de dix. Mais le peuple prend ici Junie sous sa protection, et j'ai cru qu'en considération de sa naissance, de sa vertu et de son malheur, il pouvait la dispenser de l'âge prescrit par les lois, comme il a dispensé de l'âge pour le consulat tant de grands hommes qui avaient mérité ce privilège.

Les censeurs ignorants. — Enfin, je suis très persuadé qu'on me peut faire bien d'autres critiques, sur lesquelles je n'aurais d'autre parti à prendre que celui d'en profiter à l'avenir. Mais je plains fort le malheur d'un homme qui travaille pour le public. Ceux qui voient le mieux nos

(1) Racine reproduit les idées et presque les termes d'un magnifique passage de Longin dans son *Traité du Sublime* (ch. XII).

(2) «Quant à ce que les autres diront de vous, c'est leur affaire; ils parleront à coup sûr. » (*Songe de Scipion*.)

(3) Racine revient encore à Corneille; sa vengeance dépasse toute mesure. En 1676, il eut le bon goût de retrancher ces inconvenantes récriminations contre un homme dont il devait respecter la gloire. Si le vieux poète n'applaudit pas aux œuvres de son rival, comme celui-ci l'aurait voulu, si même il se permit quelques critiques, il était loin d'être le chef de la cabale. L. Racine lui-même ne veut pas qu'on soupçonne Corneille d'une basse jalousie; il eut le malheur de ne pas s'apercevoir que les envieux de Racine s'abritaient derrière son grand nom, pour mieux assurer leurs coups.

(4) « On commence à jouer la pièce : il s'exclame, etc. » (TER. *Eun.*, prol.)

défauts sont ceux qui les dissimulent le plus volontiers : ils nous pardonnent les endroits qui leur ont déplu, en faveur de ceux qui leur ont donné du plaisir. Il n'y a rien, au contraire, de plus injuste qu'un ignorant (1). Il croit toujours que l'admiration est le partage des gens qui ne savent rien : il condamne toute une pièce pour une scène qu'il n'approuve pas ; il s'attaque même aux endroits les plus éclatants, pour faire croire qu'il a de l'esprit ; et pour peu que nous résistions à ses sentiments, il nous traite de présomptueux qui ne veulent croire personne, et ne songe pas qu'il tire quelquefois plus de vanité d'une critique fort mauvaise que nous n'en tirons d'une assez bonne pièce de théâtre :

Homine imperito nunquam quidquam injustius. (TER., *Adelph.*)

SECONDE PRÉFACE ² (1676).

Succès pénible et lent de la pièce. — Voici celle de mes tragédies que je puis dire que j'ai le plus travaillée. Cependant j'avoue que le succès ne répondit pas d'abord à mes espérances (3). A peine elle parut sur le théâtre, qu'il s'éleva quantité de critiques qui semblaient la devoir détruire (4). Je crus moi-même que sa destinée serait à l'avenir moins heureuse que celle de mes autres tragédies. Mais enfin il est arrivé de cette pièce ce qui arrivera toujours des ouvrages qui auront quelque bonté : les critiques se sont évanouies ; la pièce est demeurée. C'est maintenant celle des miennes que la cour et le public revoient le plus volontiers. Et si j'ai fait quelque chose de solide, et qui mérite quelque louange, la plupart des connaisseurs (5) demeurent d'accord que c'est ce même *Britannicus*

Sources de la pièce : Tacite. — A la vérité, j'avais travaillé sur des modèles qui m'avaient extrêmement soutenu dans la peinture que je voulais faire de la cour d'Agrippine et de Néron J'avais copié mes personnages d'après le plus grand peintre de l'antiquité, je veux dire d'après Tacite ; et j'étais alors si rempli de la lecture de cet excellent historien,

(1) C'est la traduction du vers cité à la fin de la préface.

(2) Cette seconde préface reproduit la première en abrégé ; elle est surtout plus modérée et plus digne. Racine indique ses sources et justifie ses personnages.

(3) *Britannicus* fut représenté pour la première fois à l'Hôtel de Bourgogne, le vendredi 13 décembre 1669. Une exécution en place de Grève nuisit à l'affluence des spectateurs.

(4) Le succès de *Britannicus* fut médiocre et tomba bientôt ; la pièce, paraît-il, n'eut que huit représentations au plus. Il fallut du temps et de la réflexion pour amener le public à apprécier la beauté sévère de ce chef-d'œuvre. Racine constata ce retour dès 1676.

(5) Cette expression rappelle le mot de Voltaire : « *Britannicus* fut la pièce des connaisseurs. »

qu'il n'y a presque pas un trait éclatant dans ma tragédie dont il ne m'ait donné l'idée (1). J'avais voulu mettre dans ce recueil un extrait des plus beaux endroits que j'ai tâché d'imiter (2) ; mais j'ai trouvé que cet extrait tiendrait presque autant de place que la tragédie. Ainsi le lecteur trouvera bon que je le renvoie à cet auteur, qui aussi bien est entre les mains de tout le monde ; et je me contenterai de rapporter ici quelques-uns de ses passages sur chacun des personnages que j'introduis sur la scène.

Néron. — Pour commencer par Néron, il faut se souvenir qu'il est ici dans les premières années de son règne, qui ont été heureuses, comme l'on sait. Ainsi, il ne m'a pas été permis de le représenter aussi méchant qu'il a été depuis. Je ne le représente pas non plus comme un homme vertueux, car il ne l'a jamais été. Il n'a pas encore tué sa mère, sa femme, ses gouverneurs ; mais il a en lui les semences de tous ses crimes. Il commence à vouloir secouer le joug ; il les hait les uns et les autres, et il leur cache sa haine sous de fausses caresses, *factus natura velare odium fallacibus blanditiis* (3). En un mot, c'est ici un monstre naissant, mais qui n'ose encore se déclarer, et qui cherche des couleurs à ses méchantes actions, *hactenus Nero flagitiis et sceleribus velamenta quæsivit* (4). Il ne pouvait souffrir Octavie, princesse d'une bonté et d'une vertu exemplaires.

Narcisse. — Je lui donne Narcisse pour confident. J'ai suivi en cela Tacite, qui dit que Néron porta impatiemment la mort de Narcisse, parce que cet affranchi avait une conformité merveilleuse avec les vices du prince encore cachés : *Cujus abditis adhuc vitiis mire congruebat.* Ce passage prouve deux choses : il prouve et que Néron était déjà vicieux, mais qu'il dissimulait ses vices, et que Narcisse l'entretenait dans ses mauvaises inclinations.

Burrhus. — J'ai choisi Burrhus pour opposer un honnête homme à cette peste de cour ; et je l'ai choisi plutôt que Sénèque ; en voici la raison : ils étaient tous deux gouverneurs de la jeunesse de Néron, l'un pour les armes, et l'autre pour les lettres ; et ils étaient fameux, Burrhus pour son expérience dans les armes et pour la sévérité de ses mœurs, *militaribus curis et severitate morum ;* Sénèque pour son éloquence et le tour agréable de son esprit, *Seneca præceptis eloquentiæ et comitate honesta.* Burrhus, après sa mort, fut extrêmement regretté à cause de sa vertu,

(1) Racine a été digne de Tacite : son pinceau, en bien des endroits, rivalise de vigueur et de fermeté avec le grand modèle qu'il avait sous les yeux. Nous reproduisons en note les principaux passages de Tacite.

(2) Corneille avait fait ainsi pour *le Cid* et pour *la Mort de Pompée.*

(3) « Formé par la nature à voiler sa haine sous de fausses caresses. » (TAC., *Ann.* XIV, 56.)

(4) « Jusque-là Néron avait cherché à voiler ses vices et ses crimes. » (*Ib.*, XIII, 47).

civitati grande desiderium ejus mansit per memoriam virtutis (1).

Agrippine. — Toute leur peine était de résister à l'orgueil et à la férocité d'Agrippine, *quæ, cunctis malæ dominationis cupidinibus flagrans, habebat in partibus Pallantem* (2). Je ne dis que ce mot d'Agrippine, car il y aurait trop de choses à en dire. C'est elle que je me suis surtout efforcé de bien exprimer, et ma tragédie n'est pas moins la disgrâce d'Agrippine que la mort de Britannicus. Cette mort fut un coup de foudre pour elle; et il parut, dit Tacite, par sa frayeur et par sa consternation, qu'elle était aussi innocente de cette mort qu'Octavie. Agrippine perdait en lui sa dernière espérance, et ce crime lui en faisait craindre un plus grand : *Sibi supremum auxilium ereptum, et parricidii exemplum intelligebat* (3).

Britannicus. — L'âge de Britannicus était si connu, qu'il ne m'a pas été permis de le représenter autrement que comme un jeune prince qui avait beaucoup de cœur, beaucoup d'amour et beaucoup de franchise, qualités ordinaires d'un jeune homme. Il avait quinze ans, et on dit qu'il avait beaucoup d'esprit, soit qu'on dise vrai, ou que ses malheurs aient fait croire cela de lui, sans qu'il ait pu en donner des marques : *Neque segnem ei fuisse indolem ferunt; sive verum, seu, periculis commendatus, retinuit famam sine experimento.*

Il ne faut pas s'étonner s'il n'a auprès de lui qu'un aussi méchant homme que Narcisse; car il y avait longtemps qu'on avait donné ordre qu'il n'y eût auprès de Britannicus que des gens qui n'eussent ni foi ni honneur : *Nam ut proximus quisque Britannico neque fas neque fidem pensi haberet, olim provisum erat.*

Junie. — Il me reste à parler de Junie. Il ne la faut pas confondre avec une vieille coquette qui s'appelait *Junia Silana*. C'est ici une autre Junie, que Tacite appelle *Junia Calvina*, de la famille d'Auguste, sœur de Silanus, à qui Claudius avait promis Octavie. Cette Junie était jeune, belle, et comme dit Sénèque, *festivissima omnium puellarum*. Son frère et elle s'aimaient tendrement.... Elle vécut jusqu'au règne de Vespasien.

(1) « Sa mort laissa d'immenses regrets, à cause du souvenir qu'on gardait de sa vertu. » (*Ib.* XIV, 51.)

Dans la lutte qui va s'engager, il faut à Néron les sages conseils de la vertu et de la politique, et non les préceptes du rhéteur : Burrhus était renommé pour l'austérité de sa vertu (du moins dans les premières années de Néron); la vertu de Sénèque ne valait pas ses talents littéraires. Racine établit bien la différence (Acte IV, sc. 4) :

> Burrhus conduit son cœur, Sénèque son esprit.

(2) « Cette femme, dévorée de toutes les passions d'une tyrannie malfaisante, avait dans son parti Pallas. » (*Ib.* XIII, 2.)

(3) « Elle comprenait que sa dernière ressource lui était enlevée, et que c'était un acheminement au parricide. » (*Ib.* XIII, 16.)

Je la fais entrer dans les vestales (1), quoique, selon Aulu-Gelle, on n'y reçût jamais personne au-dessous de six ans, ni au-dessus de dix. Mais le peuple prend ici Junie sous sa protection ; et j'ai cru qu'en considération de sa naissance, de sa vertu et de son malheur, il pouvait la dispenser de l'âge prescrit par les lois (2), comme il a dispensé de l'âge pour le consulat tant de grands hommes qui avaient mérité ce privilège (3).

FAMILLE DES CÉSARS

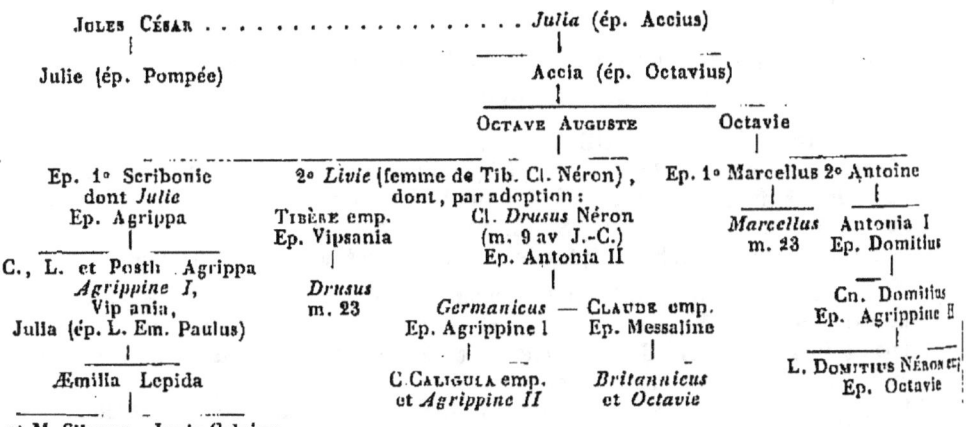

(1) Les Vestales, ou prêtresses de Vesta (au nombre de quatre sous Numa, de six à partir de Tarquin l'Ancien), étaient chargées d'entretenir le feu sacré sur l'autel de la déesse ; choisies d'ordinaire dans les premières familles, elles étaient consacrées au culte à l'âge de six à dix ans ; leur ministère durait trente années, pendant lesquelles elles étaient tenues de garder la chasteté. Elles étaient très honorées et jouissaient de grands privilèges. Le collège des Vestales, fondé par Numa, fut aboli par Théodose (389).

(2) Sous l'empire, le peuple romain n'avait plus le pouvoir qu'il exerçait sous la république ; comme il ne faisait plus les lois, il ne pouvait pas en dispenser.

Ce dénoûment présentait un défaut plus choquant. Dans les siècles chrétiens, il n'était pas rare de voir la faiblesse chercher à l'ombre d'un cloître un abri contre la persécution ; mais supposer cela du temps de Néron, c'est faire un anachronisme de mœurs assez étrange.

(3) Boileau, dit Monchesnay, critiquait ce dénoûment ; « il disait qu'il était trop puéril ; que Junie, voyant son amant mort, se fait tout à coup religieuse, comme si le couvent des Vestales était un couvent d'Ursulines, au lieu qu'il fallait des formalités infinies pour recevoir une vestale. »

BRITANNICUS

PERSONNAGES :

NÉRON, empereur, fils d'Agrippine (1).
BRITANNICUS, fils de l'empereur Claudius et de Messaline.
AGRIPPINE, veuve de Domitius Ænobarbus, père de Néron, et en secondes noces, veuve de l'empereur Claudius (2).
JUNIE, amante de Britannicus (3).
BURRHUS, gouverneur de Néron (4).
NARCISSE, gouverneur de Britannicus (5).
ALBINE, confidente d'Agrippine.
GARDES.

La scène est à Rome, dans une chambre du palais de Néron (6).
L'an 57 après J.-C. (7)

(1) Néron (Lucius Domitius), fils de Cn. Domitius Ænobarbus et d'Agrippine, né l'an 37, fut adopté par l'empereur Claude après le mariage de ce prince avec sa mère, au détriment du jeune Britannicus. Il régna de l'an 54 à l'an 68 après J.-C. Ses crimes, ses débauches et ses cruautés ont rendu son nom exécrable. Il fut le premier persécuteur des chrétiens.

(2) Agrippine, fille du grand Germanicus et de la première Agrippine, épousa Domitius Ænobarbus dont elle eut Néron. Devenue veuve, elle épousa l'empereur Claude, son oncle, et après lui avoir fait adopter Néron au préjudice de Britannicus, son fils, elle le fit empoisonner, l'an 54. Née à Cologne, l'an 16 de J.-C., elle mourut, tuée par ordre de son fils Néron, au mois de juin 59.

(3) Junie (Junia Calvina), de la famille d'Auguste, sœur de L. Silanus. Claude avait promis à ce L. Silanus sa fille Octavie, qui fut mariée ensuite à Néron par les soins d'Agrippine.

(4) Burrhus, gouverneur de Néron, fut mis à mort, par son ordre, l'an 62.

(5) Narcisse, un des affranchis les plus puissants de Claude, amassa d'immenses richesses, grâce aux confiscations. Messaline ayant voulu le perdre, il dénonça ses débordements et provoqua sa chute. Exilé par les intrigues d'Agrippine, il se tua de désespoir, l'an 54. Racine prolonge sa vie de deux ans et demi.

(6) Le palais impérial, *palatium*, était situé sur le côté N.-E. du Palatin, au-dessus de la *Via Sacra*, et près du temple de Vesta.
La chambre où se passe la scène est un de ces lieux de convention, où les divers personnages de la tragédie sont censés se rencontrer pour traiter des intérêts qui les occupent.

(7) La date réelle de la mort de Britannicus est l'an 55, au mois de mars; Racine l'a reculée de près de trois ans, en la portant en décembre 57.
L'âge réel de Néron, en 54, était de 17 ans et trois mois; Britannicus avait près de 15 ans. Racine suppose donc à Néron 20 ans, et à Britannicus 17 ans et demi.

BRITANNICUS
Analyse générale de l'action.

Néron était monté sur le trône, l'an 54 après Jésus-Christ, grâce aux intrigues de sa mère Agrippine qui l'avait fait adopter à Claude, son second mari, au détriment de Britannicus, fils de cet empereur et de Messaline. Mais Agrippine prétendait régner sous le nom de son fils. Ce joug pèse à Néron : il lui tarde de le secouer. Sachant que sa mère, pour fortifier son parti, avait le dessein d'unir à Britannicus une descendante d'Auguste, Junia Calvina, Néron fait enlever cette princesse pendant la nuit pour la tenir sous bonne garde dans son propre palais. C'était au printemps de l'année 55 (Racine suppose le fait en 57). Telle est la situation quand l'action commence.

I. Agrippine vient au palais pour se plaindre à Néron de l'enlèvement de Junie. Rencontrant Burrhus à la porte des appartements de Néron, elle lui reproche de détruire à son profit son ascendant sur l'empereur. Elle voit arriver ensuite Britannicus qui lui demande son secours contre Néron; Agrippine le lui promet en lui donnant rendez-vous chez Pallas. Narcisse encourage hypocritement Britannicus à entrer dans cette alliance.

II. Néron, après avoir fait exiler Pallas, s'ouvre à Narcisse de son amour pour Junie; il apprend de lui qu'elle est aimée de Britannicus. D'abord Néron propose à Junie de l'épouser; comme elle ne répond pas à ses avances, il lui annonce qu'il assistera invisible à son entretien avec Britannicus, et que le moindre signe d'affection donné par elle au malheureux prince le perdra infailliblement. L'entrevue a lieu; Junie trouve dans son amour la force de rester impassible, et Britannicus se croit trahi. Néron triomphe de sa douleur, et pour l'accroître encore, il envoie Narcisse le confirmer dans ses soupçons.

III. Burrhus essaie en vain de détourner Néron de son projet de mariage avec Junie. Il n'est pas plus heureux auprès d'Agrippine, lorsqu'il prend devant elle la défense de Néron. La mère de l'empereur s'emporte à la pensée de perdre, par suite de cette nouvelle union, le peu de crédit qui lui reste encore à la cour. Tout à coup Junie, échappée du palais, se présente à Britannicus, lui raconte l'horrible contrainte de leur dernière entrevue et le rassure sur sa fidélité. Néron les surprend. Britannicus reproche fièrement à Néron sa conduite insolente, mais l'empereur le fait séparer de Junie et conduire dans un appartement gardé. Sur le soupçon qu'Agrippine avait ménagé cette rencontre entre Britannicus et Junie, il ordonne à Burrhus de la retenir au palais.

IV. Agrippine, introduite en présence de son fils, éclate en reproches contre son ingratitude, et lui arrache le rappel de Pallas, la liberté pour Junie de choisir un époux à son gré, enfin le droit pour elle-même d'entrer à toute heure dans le palais impérial. Mais Néron, qui n'a promis tout cela que pour la forme, révèle à Burrhus ses projets de meurtre contre Britannicus. Burrhus parvient cependant à fléchir son élève.

Cette conversion dure peu. Narcisse fait avec une habileté infernale le siège des bonnes dispositions de Néron, et la victoire lui reste. L'empereur revient à l'idée d'empoisonner son rival.

V. Malgré les funestes pressentiments de Junie, Britannicus se rend au festin donné par Néron en gage de leur réconciliation. Un moment après, Burrhus vient apprendre à Junie et à Agrippine que Britannicus est tombé expirant; Néron lui a présenté une coupe empoisonnée, et la mort de sa victime ne lui a causé aucune émotion. D'ailleurs l'empereur, accusé ouvertement par sa mère de ce crime odieux, s'en glorifie par la bouche de Narcisse. Agrippine lui prédit, avec des imprécations horribles, qu'il ne s'arrêtera plus désormais dans la voie du mal. Un messager annonce que Junie s'est enfuie du palais pour se faire vestale, et que Narcisse, qui voulait s'y opposer, a été massacré par la foule. Burrhus et Agrippine retournent auprès de Néron, dans la crainte qu'il ne se donne la mort.

Appréciation.

I. La pièce.

Britannicus est une *tragédie historique* de premier ordre; c'est là son grand mérite. Racine y a lutté avec Corneille, et dans plusieurs scènes, il a su l'égaler par la profondeur de ses vues politiques et par la vigueur de son pinceau. *Britannicus*, sous ce rapport, peut être placé à côté de *Cinna*.

Mais la part principale, dans cette admirable composition historique, revient à Tacite, « le plus grand peintre de l'antiquité », que Racine lui-même déclare avoir pris pour modèle.

C'est ce genre de beauté sévère et savante, moins accessible au vulgaire, qui a fait appeler *Britannicus* la pièce des *connaisseurs*.

Le vulgaire est sensible surtout au pathétique; il faut des hommes instruits pour apprécier la ressemblance des personnages empruntés à l'histoire, et la peinture fidèle d'une grande époque. La même cause explique le succès tardif de ce chef-d'œuvre (1).

Racine avait trente ans, quand il composa *Britannicus*.

(1) « Cette pièce si belle, dit L. Racine, et qui fait faire tant d'utiles réflexions, fut très mal reçue, parce qu'on ne va point au spectacle pour réfléchir, et qu'on y cherche le plaisir du cœur plutôt que celui de l'esprit. Pour découvrir toutes les beautés que celle-ci renferme, il faut la méditer comme on médite Tacite. »
Boileau, pour consoler son ami, lui disait avec raison : « Vous n'avez rien fait de plus fort. » — « Ce n'est qu'avec le temps que les connaisseurs firent revenir le public. On vit que cette pièce était la peinture fidèle de la cour de Néron. On admira enfin toute l'énergie de Tacite exprimée dans des vers dignes de Virgile... *Britannicus* fut la pièce des connaisseurs, qui conviennent des défauts, et qui apprécient les beautés. » (VOLT.)
Britannicus fut la première pièce que Louis XIV fit voir au jeune duc de Bourgogne et à ses frères (à Versailles, le 17 nov. 1698).

II. L'action.

Le *sujet* de la pièce est la mort de Britannicus; il serait plus exact de dire, la disgrâce d'Agrippine consommée par la mort de Britannicus.

L'*action* qui amène ce double dénoûment, c'est la résistance de Néron à la tyrannie de sa mère. Agrippine, pour dominer son fils, lui oppose Britannicus; c'était le successeur légitime de Claude, et quoique déshérité, il est toujours pour Néron un rival. Néron le redoute d'autant plus qu'Agrippine avait le dessein d'unir Britannicus à Junie, la descendante d'Auguste, pour doubler les droits du jeune prince et augmenter son crédit.

L'*intrigue*, nouée par les menées ambitieuses d'Agrippine, se complique par la rivalité d'amour de Britannicus et de Néron.

Le *nœud* est formé, dès le 1er acte, par l'alliance d'Agrippine, de Britannicus et de Pallas.

Différentes *péripéties* sont amenées par les influences contraires d'Agrippine, de Burrhus et de Narcisse (1).

La catastrophe de la mort de Britannicus forme le *dénoûment*. Le poète l'a rendu moral par les imprécations d'Agrippine contre le prince coupable, par le châtiment de Narcisse, et par la disgrâce définitive de l'orgueilleuse impératrice.

La *contexture* de la pièce est parfaite; chaque acte présente deux ou trois scènes remarquables (2).

Les *trois unités* sont exactement observées.

Unité d'action. — Tous les incidents, toutes les passions qui sont mises en jeu, tendent à arrêter ou à précipiter la mort de Britannicus, qui elle-même décide de la disgrâce d'Agrippine.

Unité de lieu. — Tout se passe dans le palais de Néron (3).

(1) Les principales péripéties sont : 1° la conjuration d'Agrippine, de Britannicus et de Pallas (Acte I, fin); 2° l'exil de Pallas ordonné par Néron, et l'amour de Néron pour Junie (Acte II, commencement); 3° la résistance de Britannicus (Acte III); 4° les interventions successives d'Agrippine, de Burrhus et de Narcisse auprès de Néron (Acte IV).

(2) Les plus belles scènes sont : Acte I, sc. *I*, confidence d'Agrippine (exposition); sc. *II*, contestation d'Agrippine et de Burrhus.
Acte II, sc. *III*, entre Néron et Junie; sc. *VI*, entre Britannicus et Junie écoutés par Néron.
Acte III, sc. *III*, menaces d'Agrippine à Burrhus; sc. *VIII*, dispute entre Néron et Britannicus.
Acte IV, sc. *II*, entre Agrippine et Néron (les reproches); sc. *III*, entre Néron et Burrhus; sc. *IV*, entre Néron et Narcisse.
Acte V, sc. *V*, récit de la mort de Britannicus; sc. *VI*, imprécations d'Agrippine.

(3) Le troisième vers de la 1re scène du 1er acte indique le lieu de la scène :
Errant dans le palais sans suite et sans escorte.

BRITANNICUS

Unité de temps. — L'action commence le matin, et s'achève le soir (1).

III. Personnages.

Les personnages principaux sont, en première ligne, Agrippine et Néron ; puis Britannicus, Junie, Burrhus et Narcisse.

Ces caractères présentent trois beaux contrastes : celui d'Agrippine et de Junie, celui de Néron et de Britannicus, celui de Burrhus et de Narcisse.

Agrippine. — Le caractère d'*Agrippine* est de tous le mieux tracé : c'est le type de l'ambition et de l'orgueil dans une mère qui veut dominer sous le nom de son fils. Agrippine a la passion des honneurs et du commandement : il faut qu'elle règne, qu'elle gouverne, qu'elle ait son siège au Sénat, qu'elle distribue les emplois, que les légions jurent par son nom. Pour y arriver, elle n'a reculé devant aucun crime ; si elle fait déshériter Britannicus et empoisonner Claude, c'est pour s'asseoir elle-même sur le trône de Néron. Son indignation ne connaît plus de bornes, quand elle voit Burrhus façonner l'empereur au commandement. La vertu de son fils lui importe peu, c'est sa propre ambition qu'elle a en vue. La mère n'apparaît que pour soutenir les griefs de l'impératrice en disgrâce.

Aussi cette femme égoïste, altière, emportée et criminelle, ne nous inspire aucune sympathie ; elle impose par sa fierté impérieuse, mais comme elle n'a pas l'énergie sauvage de Cléopâtre dans *Rodogune*, ni la scélératesse perfide d'Arsinoé dans *Nicomède*, elle ne saurait nous causer un effroi tragique. Ses récriminations nous laissent assez froids, parce que Néron, en lui résistant, est dans son droit, et même remplit un devoir de souverain.

L'Agrippine de l'histoire a un courage plus viril, elle est plus sauvage, plus criminelle et plus corrompue : le poète a dû adoucir les traits de cette hideuse figure.

Néron. — *Néron*, dans cette tragédie, n'est encore qu'un *monstre naissant*, dit Racine. Il montre déjà des instincts mauvais et féroces, mais il est encore sensible à la voix de la vertu ; il prête l'oreille à la raison qui lui parle par la bouche de Burrhus ; il craint le nom de tyran ; et s'il n'était obsédé par le plus vil de tous les flatteurs, le fratricide peut-être eût été écarté, du moins pour un temps (2).

(1) Les deux premiers vers de la pièce indiquent que l'action commence au lever du jour ; Albine dit à Agrippine (Acte 1, sc. 1) :

Quoi ! tandis que Néron s'abandonne au sommeil,
Faut-il que vous veniez attendre son réveil ?

Au 5e acte, scène 5, Burrhus, racontant la mort de Britannicus, rapporte ces paroles de Néron, prononcées au commencement du festin :

Pour achever ce jour sous de meilleurs auspices.

(2) Racine représente Néron à l'âge de vingt ans ; il était dans la 3e année de son règne ; il n'avait encore commis aucun des crimes qui l'ont

Racine nous présente, dans le caractère de Néron, le développement tragique d'un naturel méchant qui, par degrés, et avec une rapidité effrayante, passe dans l'espace d'un jour, des dernières contraintes de la conscience à l'exécution du plus monstrueux attentat (1).

Britannicus — *Britannicus* est un jeune prince de dix-sept ans, franc, généreux, confiant, téméraire et crédule comme on l'est à cet âge; il nous intéresse par la dignité avec laquelle il porte son malheur, et surtout par le courage et la noble fierté dont il fait preuve en face de rendu odieux à l'univers. L'empoisonnement de Britannicus est le premier de ses forfaits. Cependant il montrait dès lors des instincts féroces qui ne furent que trop secondés par ses flatteurs. C'est pour cela que Racine l'appelle très justement un *monstre naissant*.

Ce moment psychologique est choisi avec beaucoup d'art par le poète : un Néron trop méchant eût été odieux, un Néron trop bon choquait ouvertement l'histoire.

Les acteurs qui ont donné le plus d'éclat au rôle de Néron, sont Baron (1653-1729), Lekain (1728-1778) et Talma (1763-1826). Quelques mois après la mort du célèbre Lekain, Grimm écrivait : « Il n'est presque aucune tragédie de Racine que nous ayons vue plus suivie dans ces derniers temps (que *Britannicus*), et c'est au rôle de Néron qu'elle dut tout son effet. L'art de Lekain y sut présenter la vive et frappante image de la jeunesse d'un tyran échappant pour la première fois aux liens de la contrainte et de l'habitude. »

(1) Voici par quels degrés Racine fait passer successivement Néron, pour le conduire de l'innocence au crime.

1° Néron débute par l'arrestation de Junie : acte d'audace qui peut passer pour une mesure politique, excusable à certains égards, vu les projets d'Agrippine.

2° Il fait exiler Pallas, le favori d'Agrippine : acte plus hardi encore, puisqu'il s'attaque plus directement à sa mère; acte cependant de l'ordre politique encore, et que Burrhus même peut justifier (Acte II).

3° Cédant à un amour coupable, il annonce à Junie qu'il veut l'épouser, qu'il répudiera Octavie; il lui ordonne en même temps de rompre avec son fiancé : un seul signe d'affection de la part de Junie sera une sentence de mort pour Britannicus. C'est le premier pas dans la carrière du crime (Acte II).

4° Averti par Narcisse, Néron surprend Junie et Britannicus ; furieux de l'énergie que lui oppose le jeune prince, il le fait garder à vue dans l'appartement de sa sœur Octavie; il ordonne d'enfermer Junie et de donner sa propre garde à sa mère pour la retenir au palais (Acte III) : ce sont de nouveaux pas dans le crime.

5° Exaspéré par l'orgueil d'Agrippine, il se décide à perdre Britannicus, en promettant hypocritement de se réconcilier avec lui. Les sages raisons de Burrhus le font renoncer à son dessein ; mais excité de nouveau par l'infâme Narcisse, il s'arrête définitivement au projet du fratricide.

6° Néron consomme son crime en empoisonnant Britannicus.

7° Assassin de son frère, il montre un calme et une dissimulation qui font frémir; voyant que Junie lui échappe, il se livre à un sombre désespoir.

« Le *plaisir*, dit Massillon (*Sur les tentations des grands*), commence à leur corrompre le cœur; l'*adulation* leur ferme toutes les voies de la vérité; l'*ambition* consomme l'aveuglement. » C'est l'histoire de la crise morale que va traverser Néron, et de la chute lamentable qui en sera le dénoûment.

Néron. Dans ses entrevues avec Junie, son rôle est généralement fade comme son langage (1).

Junie. — *Junie* est un type de douceur, de modestie et de délicatesse ; sa vertu a de la dignité, de la noblesse et de la fermeté ; à ces touchantes qualités se joint l'intuition du cœur, souvent plus sûre dans les dangers que l'expérience (Acte V).

L'attitude de cette jeune fille devant Néron est héroïque ; la prudence qu'elle montre dans la scène si délicate où elle se voit obligée de recevoir Britannicus sous le regard scrutateur du tyran, est aussi admirable que l'élévation de ses sentiments ; son action dans la pièce se borne à la noble résistance qu'elle oppose à son oppresseur.

Sa résolution suprême de s'enfermer dans le collège des vestales, quoique peu vraisemblable pour son temps, a du moins l'avantage de compléter cette physionomie si pure par un dernier trait de piété et de vertu.

Le rôle de Junie est une création originale de Racine.

Burrhus. — Burrhus est le soldat intègre et le gouverneur vertueux : c'est l'austère représentant de la conscience et du devoir. Il a l'idée vraie de l'autorité, il est soucieux de former son élève pour l'empire ; il affronte avec une fermeté pleine de bienséance, les invectives et les menaces d'Agrippine ; enfin son cœur alarmé épuise toutes les raisons pour retenir son élève sur la pente du crime (2).

Mais que pouvait faire un honnête homme dans une cour si corrompue, où le fils apprenait le vice à l'école de sa mère ?

---

(1) « On dit qu'il avait de la vivacité et de l'énergie, soit que cela ait été vrai, soit que ses malheurs lui aient fait une réputation qu'il ne put justifier. » (TAC., *Ann* XII. 26.)

« Britannicus allait accomplir sa quatorzième année. Néron était tout préoccupé, pensant tantôt aux violences de sa mère, tantôt au caractère du jeune prince, annoncé tout récemment par un indice léger, mais qui lui avait acquis une grande affection. Aux fêtes de Saturne, Néron et Britannicus jouaient avec quelques jeunes gens de leur âge ; on tira au sort la royauté ; elle échut à Néron. Aux autres il donna divers ordres qui ne pouvaient les embarrasser ; quant à Britannicus, il lui dit de se lever, de s'avancer au milieu de la société et de chanter, espérant faire rire d'un enfant peu habitué aux assemblées sérieuses, et moins encore aux orgies. Britannicus chanta avec fermeté des vers qui rappelaient qu'il avait été précipité du trône de ses pères et du faîte des grandeurs. La compassion dont il fut l'objet, fut d'autant plus manifeste que la nuit et la gaieté bannissaient toute dissimulation. Néron comprit le reproche, et sa haine en redoubla. » (TAC., *Ann.* XII¹. 15.)

Boileau, si l'on en croit Monchesnay, aurait dit que « Britannicus est trop petit devant Néron. »

(2) Le Burrhus de l'histoire ne fait pas aussi belle figure. Après le meurtre de Britannicus, il resta au service de Néron, approuvant ses assassinats, justifiant même son parricide, jusqu'au jour où il fut frappé lui-même par le tyran (l'an 57 ap. J.-C.).

Narcisse. — Pour faire contraste avec le vertueux Burrhus, Racine a fait de l'affranchi Narcisse un scélérat consommé. A l'habileté la plus artificieuse, ce vil flatteur joint la bassesse, l'hypocrisie, la méchanceté, la cruauté ; il est le mauvais génie de Néron. D'une part, il trompe indignement le jeune prince dont il est le gouverneur ; de l'autre, il s'applique à caresser les passions de son maître, à irriter son orgueil, à allumer sa jalousie ; il lui apprend à mépriser le remords, et peu à peu il accoutume son âme au crime. C'est un personnage *tragique*, parce qu'il est cruel par ambition : il trame la perte des misérables (1).

Tacite ne reproche à Narcisse que sa cupidité et son amour du luxe (2).

IV. Style.

Le style de Racine, dans cette tragédie, est arrivé à sa perfection. Ses envieux, dès le premier jour, le proclamaient *magnifique*.

Avec la facilité, l'élégance et la richesse, on y admire une maturité qui manque à *Andromaque*, et une vigueur digne de Tacite et de Corneille. Les grands discours d'Agrippine et de Burrhus comptent parmi les morceaux les plus achevés de notre langue (3).

V. Défauts.

On peut reprocher trois défauts à cette tragédie :

1° *Trop peu de pathétique.* — « *Britannicus*, dit La Harpe, est au second rang pour l'effet théâtral ; il est au premier pour la conception originale, la vérité et la profondeur des vues morales et politiques, et par le fini de l'exécution. »

L'action, en effet, est bien moins dramatique que dans *Andromaque* ; le pathétique tendre manque presque complètement : Junie seule touche et attendrit dans deux moments trop fugitifs ; la terreur n'est pas non plus assez forte pour maîtriser le spectateur.

La raison principale de ce manque d'émotion tragique, c'est, d'une part, l'importance prédominante des trois personnages peu sympathiques de la pièce, Néron, Agrippine et Narcisse ; et de l'autre, le rôle trop effacé des trois personnages vertueux, Britannicus, Junie et Burrhus. Le cœur est presque toujours resserré par une impression pénible dont il a peine à se défendre

Si Agrippine se montrait mère, comme elle devrait, pour sauver son

---

(1) C'est le Iago de Shakespeare, mais plus élégant, plus raffiné, plus hypocrite, plus habile à distiller le poison goutte à goutte. Narcisse passe en scélératesse tous les personnages vils et odieux que Corneille et Racine ont mis sur le théâtre : Maxime dans *Cinna*, Aman dans *Esther*, Mathan dans *Athalie*.

(2) Pour s'enrichir, il fit entreprendre les travaux du port d'Ostie et du lac Fucin.

(3) Pour ne pas multiplier les remarques relatives aux beautés de style, nous avons mis en italique les expressions les plus heureuses et les vers saillants : les élèves n'auront pas de peine à en comprendre le mérite.

fils dans une crise morale qui va décider de sa vertu, de son honneur, de sa vie tout entière, quelle grandeur et quelle source d'émotions vraies et profondes ! Mais une telle Agrippine n'était plus celle de l'histoire. Le vice de ce caractère est inhérent au sujet (1).

2° *La faiblesse du 5ᵉ acte.* — A part le récit éloquent de la mort de Britannicus, et les fameuses imprécations d'Agrippine, le 5ᵉ acte est languissant. Les scènes qui suivent les imprécations sont froides et longues. (V. plus haut, p. 149.)

3° *Le ton de galanterie*, qui règne presque toujours dans les entrevues de Junie et de Britannicus, ainsi que dans celle de Néron et de Junie (2).

QUESTIONS GÉNÉRALES.

Dédicace et Préfaces.

Date de *Britannicus*. — A qui fut-il dédié ?
Quelle différence y a-t-il entre les deux préfaces ?
Quel était le but et le ton de la 1ʳᵉ ?
Qu'avaient fait les ennemis de Racine ?
Que reprochaient-ils à Néron, à Narcisse, à Britannicus, à Junie ?
Que reprochaient-ils au dénoûment ?
Comment Racine réfute-t-il chacun de leurs griefs ?
Quelle est sa théorie sur l'action d'une tragédie ?
Comment se vengea-t-il de Corneille ?

---

(1) Le jugement de Saint-Evremond, sous sa forme alambiquée, renferme un grand fond de vérité : « J'ai lu *Britannicus* avec assez d'attention, pour y remarquer de belles choses. Il passe, à mon sens, l'*Alexandre* et l'*Andromaque* ; les vers en sont plus magnifiques ; et je ne serais pas étonné qu'on y trouvât du sublime. Cependant je déplore le malheur de cet auteur d'avoir si dignement travaillé sur un sujet qui ne peut souffrir une représentation agréable. En effet, l'idée de Narcisse, d'Agrippine et de Néron, l'idée, dis-je, si noire et si horrible qu'on se fait de leurs crimes, ne saurait s'effacer de la mémoire du spectateur, et quelques efforts qu'il fasse pour se défaire de la pensée de leurs cruautés, l'horreur qu'il s'en forme détruit en quelque manière la pièce. » (*Œuvres*, II.)

De fait, l'idée si noire qu'on a de ces trois personnages, n'est pas suffisamment corrigée par le développement de la pièce.

(2) On a formulé de nos jours un autre grief contre la pièce. « *Britannicus*, dit Sainte-Beuve (*Portraits litt.*, I), n'est pas dans les mœurs romaines, » parce qu'il ne reproduit pas toute la corruption impériale. Ce reproche de l'école *réaliste*, loin d'atteindre Racine, lui fait honneur : la poésie ne peut, sans s'avilir, renoncer à l'idéal qui est de son essence et au but moral qui est son honneur. La tragédie, du reste, n'est pas de l'histoire ; l'histoire elle-même a sa dignité, qui lui défend de devenir une école de turpitudes. Les personnages de Racine ont gardé de l'histoire assez de traits caractéristiques pour être vivants et se faire reconnaître.

Quel est le ton et l'objet de la 2ᵈᵉ préface ?
Quel fut le succès de *Britannicus ?*
Quel est le jugement de Racine sur Tacite ?
Que dit Racine de ses personnages ? — de Néron et de Narcisse ? — de Burrhus, d'Agrippine, de Britannicus, de Junie ?
Comment justifie-t-il l'entrée de Junie parmi les vestales ?
Donnez la généalogie de la famille des Césars ?
Comment Agrippine, Junie, Octavie, Britannicus et Néron remontent-ils à Auguste et à César ?

Personnages et action.

Donnez quelques détails historiques sur Néron, Agrippine, Junie, Burrhus, Narcisse.
Où se passe la scène ? — En quelle année ?
Quel était l'âge réel de Néron et de Britannicus ?
Quel est leur âge fictif dans la pièce de Racine ?
Donnez l'analyse générale de l'action ?
Comment est-elle partagée par les différents actes ?
Quel est le genre et le grand mérite de *Britannicus ?*
Pourquoi l'appelle-t-on la pièce des connaisseurs ?
Pourquoi son succès a-t-il été si tardif ?
Quel âge avait le poète ?
Quel est le sujet de la pièce ? — En quoi consiste l'action ?
Comment se complique l'intrigue ?
Comment est formé le nœud ?
Quel est le dénoûment ?
Comment le poète a-t-il rendu le dénoûment moral ?
Quelles sont les principales péripéties ?
Quelles sont les plus belles scènes ?
Les trois unités sont-elles observées ? — Comment ?
Quels sont les personnages principaux ? — Quels contrastes présentent-ils ?
Quel est le caractère d'Agrippine ?
Pourquoi n'inspire-t-elle aucune sympathie ?
Quel est le caractère de Néron ?
Pourquoi Racine l'appelle-t-il un *monstre naissant ?*
Par quels degrés successifs Racine fait-il passer Néron ?
Quel est le caractère de Britannicus ? — de Junie ?
Quel est le caractère de Burrhus ? — est-il conforme à l'histoire ?
Quel est le caractère de Narcisse ?
Quelles sont les qualités du style de *Britannicus ?*
Quels sont les défauts de cette tragédie ?
Jugements de Saint-Évremond, de Voltaire et de Sainte-Beuve.

ACTE PREMIER

Exposition

Agrippine s'attaque à Burrhus, promet de soutenir Britannicus.

SCÈNE I

AGRIPPINE, ALBINE.

ALBINE.

Quoi! tandis que Néron s'abandonne au sommeil,
Faut-il que vous veniez attendre son réveil (1)?
Qu'errant dans le palais, sans suite et sans escorte,
La mère de César veille seule à sa porte (2)?
Madame, retournez dans votre appartement.

AGRIPPINE.

Albine, il ne faut pas s'éloigner un moment.
Je veux l'attendre ici. Les chagrins qu'il me cause
M'occuperont assez tout le temps qu'il repose (3).
Tout ce que j'ai prédit n'est que trop assuré :
Contre Britannicus Néron s'est déclaré ;
L'impatient Néron cesse de se contraindre ;
Las de se faire aimer, il veut se faire craindre.
Britannicus le gêne, Albine ; et chaque jour
Je sens que je deviens importune à mon tour (4).

ALBINE.

Quoi! vous à qui Néron doit le jour qu'il respire,
Qui l'avez appelé de si loin à l'empire?
Vous qui, déshéritant le fils de Claudius,
Avez nommé César l'heureux Domitius (5)?
Tout lui parle, Madame, en faveur d'Agrippine :
Il vous doit son amour.

(1) Ce début saisit vivement le spectateur : il partage l'étonnement attristé d'Albine, en voyant la mère de César, errant dans le palais sans suite et sans escorte, et veillant à la porte de son fils en attendant son réveil.

(2) Ces vers rappellent ceux de Juvénal (*Sat. X*) :

       Sedet ad prætoria regis,
  Donec Bithyno libeat vigilare tyranno.

(3) Sentiment digne d'une mère : que n'est-il plus désintéressé?

(4) Ces cinq vers exposent parfaitement la situation : Néron s'est déclaré contre Britannicus dont il redoute l'influence ; aimé jusqu'alors, il veut se faire craindre ; sa mère elle-même lui devient importune.

(5) Nom de Néron avant son adoption par Claude.

AGRIPPINE.

Il me le doit, Albine :
Tout, s'il est généreux, lui prescrit cette loi ;
Mais tout, s'il est ingrat, lui parle contre moi.

ALBINE.

S'il est ingrat, Madame? Ah! toute sa conduite
Marque dans son devoir une âme trop instruite.
Depuis trois ans entiers, qu'a-t-il dit, qu'a-t-il fait
Qui ne promette à Rome un empereur parfait?
Rome, depuis trois ans par ses soins gouvernée (1),
Au temps de ses consuls croit être retournée :
Il la gouverne en père. Enfin Néron naissant
A toutes les vertus d'Auguste vieillissant (2).

AGRIPPINE.

Non, non, mon intérêt ne me rend point injuste :
Il commence, il est vrai, par où finit Auguste;
Mais crains que, l'avenir détruisant le passé,
Il ne finisse ainsi qu'Auguste a commencé.
Il se déguise en vain : je lis sur son visage
Des fiers Domitius l'humeur triste et sauvage (3);
Il mêle avec l'orgueil qu'il a pris dans leur sang
La fierté des Nérons (4) qu'il puisa dans mon flanc.
Toujours la tyrannie a d'heureuses prémices :
De Rome, pour un temps, Caïus fut les délices (5);
Mais sa feinte bonté se tournant en fureur,
Les délices de Rome en devinrent l'horreur.
Que m'importe, après tout, que Néron, plus fidèle,

---

(1) Léger anachronisme : Néron était monté sur le trône au milieu d'octobre de l'an 54, et il empoisonna Britannicus avant le printemps de l'année suivante.

(2) Sénèque rend ce témoignage aux premières années de Néron. (*De Clem.* I. 11.)

(3) Néron était de la *gens Domitia*, et appartenait à la branche des *Ænobarbus* (à la barbe d'airain). Les Domitius avaient la réputation d'être durs et violents : « Têtes de fer, disait Crassus, et cœurs de plomb. » D'après Suétone (*Néron*, ch. 2-5), le père de Néron, son grand-père, son bisaïeul, son trisaïeul, et son quatrième aïeul s'étaient distingués par leur humeur farouche et barbare. Le père de Néron avait de propos délibéré écrasé un enfant sous le galop de son cheval, et crevé un œil en plein forum à un chevalier qui avait osé le contredire.

(4) Agrippine était, par son père Germanicus, petite-fille de Cl. Drusus Néron, et arrière-petite-fille de Tib. Cl. Néron, premier mari de Livie, qui devint la femme d'Auguste. La fierté des deux Agrippine est connue.

(5) Caïus Caligula, frère d'Agrippine et fils de Germanicus, signala son règne par ses folies (37-41); il fut assassiné par Chéréas.

ACTE I, SCÈNE I

D'une longue vertu laisse un jour le modèle (1)?
Ai-je mis dans sa main le timon de l Etat
Pour le conduire au gré du peuple et du sénat?
Ah! que de la patrie il soit, s'il veut, le père;
Mais qu'il songe un peu plus qu'Agrippine est sa mère (2).
De quel nom cependant pouvons-nous appeler
L'attentat que le jour vient de nous révéler (3)?
Il sait, car leur amour ne peut être ignorée,
Que de Britannicus Junie est adorée ;
Et ce même Néron, que la vertu conduit,
Fait enlever Junie au milieu de la nuit.
Que veut-il? Est-ce haine, est-ce amour qui l'inspire?
Cherche-t-il seulement le plaisir de leur nuire?
Ou plutôt n'est-ce point que sa malignité
Punit sur eux l'appui que je leur ai prêté?

ALBINE.

Vous leur appui, Madame?

AGRIPPINE.

Arrête, chère Albine.
Je sais que j'ai moi seule avancé leur ruine;
Que du trône, où le sang l'a dû faire monter,
Britannicus par moi s'est vu précipiter.
Par moi seule, éloigné de l'hymen d'Octavie (4),
Le frère de Junie abandonna la vie,
Silanus (5), sur qui Claude avait jeté les yeux,
Et qui comptait Auguste au rang de ses aïeux.
Néron jouit de tout ; et moi, pour récompense,
Il faut qu'*entre eux et lui je tienne la balance*,
Afin que quelque jour, par une même loi,

(1) Ces vers nous montrent dans Agrippine une femme ambitieuse, sans vertu et sans cœur. Que Néron soit vertueux ou criminel, le père du peuple ou un tyran, peu lui importe, pourvu qu'elle soit toute-puissante : c'est bien l'Agrippine de Tacite.

(2) Il suffit de rapprocher de cette parole égoïste le mot si noble et si délicat d'Andromaque, pour voir la différence des deux mères :
   Et quelquefois aussi parle-lui de sa mère. (Acte IV, sc. 1.)

(3) Cet attentat qu'elle vient d'apprendre ne devrait-il pas tourmenter le cœur d'une mère? Comment son premier cri, dès son arrivée, n'a-t-il pas été un cri d'indignation, d'horreur et de pitié pour son fils coupable? Mais elle n'est préoccupée que de son ambition.

(4) Octavie, fille de Claude et de Messaline, sœur de Britannicus, mariée à Néron qui la répudia après la mort d'Agrippine; envoyée en exil, elle reçut l'ordre de mourir : on lui ouvrit les veines (l'an 62).

(5) L. Silanus était par sa mère, Emilia Lepida, arrière-petit-fils de Julie, la fille d'Auguste.

Britannicus la tienne entre mon fils et moi (1).

ALBINE.

Quel dessein !

AGRIPPINE.

Je m'assure un port dans la tempête.
Néron m'échappera, si ce frein ne l'arrête.

ALBINE.

Mais prendre contre un fils tant de soins superflus ?

AGRIPPINE.

Je le craindrais bientôt, s'il ne me craignait plus.

ALBINE.

Une injuste frayeur vous alarme peut-être.
Mais si Néron pour vous n'est plus ce qu'il doit être,
Du moins son changement ne vient pas jusqu'à nous,
Et ce sont des secrets entre César et vous.
Quelques titres nouveaux que Rome lui défère,
Néron n'en reçoit point qu'il ne donne à sa mère.
Sa prodigue amitié ne se réserve rien.
Votre nom est dans Rome aussi saint que le sien.
A peine parle-t-on de la triste Octavie.
Auguste votre aïeul honora moins Livie.
Néron devant sa mère a permis le premier
Qu'on portât les faisceaux couronnés de laurier (2).
Quels effets voulez-vous de sa reconnaissance ?

AGRIPPINE.

Un peu moins de respect, et plus de confiance.
Tous ces présents, Albine, irritent mon dépit ;
Je vois mes honneurs croître et tomber mon crédit.
Non, non, le temps n'est plus que Néron, jeune encore,
Me renvoyait les vœux d'une cour qui l'adore,
Lorsqu'il se reposait sur moi de tout l'Etat,
Que mon ordre au palais assemblait le sénat,
Et que derrière un voile, *invisible et présente,*

---

(1) Toute la politique d'Agrippine consiste à tenir en respect Britannicus et Junie par Néron, et Néron par Britannicus et Junie : grâce à ce double jeu, elle espère conserver son influence. Mais un homme tel que Néron ne se prêtera pas longtemps à ces calculs ambitieux : poussé à bout par les intrigues de sa mère, ce cœur ingrat et violent ne reculera devant aucun crime pour se débarrasser d'un joug odieux. Dans *Britannicus*, dit La Harpe, Racine fait voir où mènent les fureurs de l'orgueil et de l'ambition.

(2) « Omnes in eam honores cumulabantur ; signumque more militiæ petenti tribuno dedit, *optimæ matris*. Decreti et a senatu duo lictores. » (Tacite, *Ann.* XII, 2.)

J'étais de ce grand corps l'âme toute-puissante (1).
Des volontés de Rome alors mal assuré,
Néron de sa grandeur n'était point enivré.
Ce jour, ce triste jour, frappe encor ma mémoire,
Où Néron fut lui-même ébloui de sa gloire,
Quand les ambassadeurs de tant de rois divers
Vinrent le reconnaître au nom de l'univers.
Sur son trône avec lui j'allais prendre ma place.
J'ignore quel conseil prépara ma disgrâce (2);
Quoi qu'il en soit, Néron, d'aussi loin qu'il me vit,
Laissa sur son visage éclater son dépit.
Mon cœur même en conçut un malheureux augure.
L'ingrat, d'un faux respect colorant son injure,
Se leva par avance ; et courant m'embrasser,
Il m'écarta du trône où je m'allais placer.
Depuis ce coup fatal le pouvoir d'Agrippine
Vers sa chute à grands pas chaque jour s'achemine (3).
L'ombre seule m'en reste ; et l'on n'implore plus
Que le nom de Sénèque (4) et l'appui de Burrhus.

ALBINE.

Ah ! si de ce soupçon votre âme est prévenue,
Pourquoi nourrissez-vous le venin qui vous tue?
Daignez avec César vous éclaircir du moins.

AGRIPPINE.

César ne me voit plus, Albine, sans témoins.
En public, à mon heure, on me donne audience.
Sa réponse est dictée, et même son silence (5).

(1) « Qui (patres) in palatium ob id vocabantur ut (Agrippina) adstaret abditis a tergo foribus velo discreta, quod visum arceret, auditum non adimeret. » (*Ib.* XIII, 5.)

(2) Ce fut à la suggestion de Sénèque que Néron, par une apparence de respect, comme dit Tacite, prévint un déshonneur public ; Agrippine ne put dévorer cet affront : « Quin et legatis Armeniorum, causam gentis apud Neronem orantibus, escendere suggestum Imperatoris et præsidere simul parabat (Agrippina); nisi, cæteris pavore defixis, Seneca admonuisset venienti matri occurreret. Ita, specie pietatis, obviam itum dedecori. » (*Ib.*)

(3) Corneille a dit de Rome dans *Nicomède* (Acte V, sc. I) :

  Je sais par quels moyens sa sagesse profonde
  S'achemine à grands pas à l'empire du monde.

(4) Sénèque, philosophe stoïcien, né à Cordoue (3-65 après J.-C.) ; chargé par Agrippine de l'éducation de Néron (l'an 50), il orna son esprit sans former son cœur. Quand Néron fut monté sur le trône, il resta près de lui comme un de ses principaux ministres ; ayant été enveloppé dans la conspiration de Pison, il se donna la mort en se faisant ouvrir les veines.

(5) Figure très belle par sa hardiesse même.

Je vois deux surveillants, ses maîtres et les miens,
Présider l'un ou l'autre à tous nos entretiens.
Mais je le poursuivrai d'autant plus qu'il m'évite :
De son désordre, Albine, il faut que je profite.
J'entends du bruit; on ouvre. Allons subitement
Lui demander raison de cet enlèvement (1).
Surprenons, s'il se peut, les secrets de son âme.
Mais quoi! déjà Burrhus sort de chez lui (2)?

SCÈNE II
AGRIPPINE, BURRHUS, ALBINE.

BURRHUS.

Madame,
Au nom de l'empereur j'allais vous informer
D'un ordre qui d'abord a pu vous alarmer,
Mais qui n'est que l'effet d'une sage conduite,
Dont César a voulu que vous soyez instruite.

AGRIPPINE.
Puisqu'il le veut, entrons : il m'en instruira mieux.

BURRHUS.
César pour quelque temps s'est soustrait à nos yeux.
Déjà par une porte au public moins connue
L'un et l'autre consul vous avaient prévenue,
Madame. Mais souffrez que je retourne exprès....

AGRIPPINE.
Non, je ne trouble point ses augustes secrets (3);
Cependant voulez-vous qu'avec moins de contrainte
L'un et l'autre une fois nous nous parlions sans feinte?

BURRHUS.
Burrhus pour le mensonge eut toujours trop d'horreur.

---

(1) Le motif qui amène Agrippine, est de demander raison de l'enlèvement de Junie; c'est une occasion pour elle de ressaisir son autorité.

(2) Cette exposition est savante et intéressante, mais froide et peu vraisemblable. Le spectateur y est instruit de la situation de la cour de Néron; il apprend à connaître les principaux personnages. Mais il n'entrevoit danger sérieux pour nul d'entre eux; le premier attentat de Néron est au second plan par l'ambition de sa mère. Les plaintes d'Agrippine nous laissent indifférents, car nous ne voyons en elle qu'une femme orgueille qui prétend régner contre toute raison. D'autre part, on conçoit difficilement que la *confidente* d'Agrippine ne sache pas depuis longtemps chagrins, toute son histoire et celle de son fils. Les discours d'Agrippine sont trop uniquement faits pour le spectateur, pas assez pour l'action.

(3) Le dépit perce sous l'ironie ; mais Agrippine n'insiste pas; elle a explications plus graves à demander à Burrhus.

AGRIPPINE.

Prétendez-vous longtemps me cacher l'empereur ?
Ne le verrai-je plus qu'à titre d'importune ?
Ai-je donc élevé si haut votre fortune
Pour mettre une barrière entre mon fils et moi ?
Ne l'osez-vous laisser un moment sur sa foi ?
Entre Sénèque et vous disputez-vous la gloire
A qui m'effacera plus tôt de sa mémoire ?
Vous l'ai-je confié pour en faire un ingrat ?
Pour être, sous son nom, les maîtres de l'Etat ?
Certes, plus je médite, et moins je me figure
Que vous m'osiez compter pour votre créature,
Vous dont j'ai pu *laisser vieillir l'ambition*
Dans les honneurs obscurs de quelque légion,
Et moi qui sur le trône ai suivi mes ancêtres (1),
Moi, fille, femme, sœur et mère de vos maîtres (2) !
Que prétendez-vous donc ? Pensez-vous que ma voix
Ait fait un empereur pour m'en imposer trois ?
Néron n'est plus enfant : n'est-il pas temps qu'il règne ?
Jusqu'à quand voulez-vous que l'empereur vous craigne ?
Ne saurait-il rien voir qu'il n'emprunte vos yeux ?
Pour se conduire, enfin, n'a-t-il pas ses aïeux ?
Qu'il choisisse, s'il veut, d'Auguste ou de Tibère ;
Qu'il imite, s'il peut, Germanicus mon père.
Parmi tant de héros je n'ose me placer ;
Mais il est des vertus que je lui puis tracer.
Je puis l'instruire au moins combien sa confidence
Entre un sujet et lui doit laisser de distance (3).

(1) Ce contraste entre l'obscur légionnaire et la fière impératrice est présenté de la manière la plus saisissante.

(2) Agrippine, dit Tacite, offrait « un exemple unique jusqu'alors d'une princesse fille, femme, sœur et mère d'empereur. » (*Ann.* XII, 42.)
Agrippine était fille de Germanicus proclamé *imperator*, sœur de l'empereur Caligula, femme de l'empereur Claude, et mère de l'empereur Néron. Ce vers rappelle celui de l'*Enéide* (I, 50) où Junon s'écrie avec le même orgueil :

　　　　Ast ego quæ divum incedo regina, Jovisque
　　　　　Et soror et conjux ;

et l'exorde fameux où Bossuet appelle Henriette de France « une grande reine, fille, femme, mère de rois si puissants. » (*Or. fun. de la reine d'Angleterre*, prononcée en nov. 1669, un mois avant la première représentation de *Britannicus*.)

(3) Agrippine accuse les ministres de Néron d'en faire un ingrat, d'absorber son pouvoir à leur profit, de régner à sa place : son réquisitoire aigre et hautain est habilement conçu ; elle couvre son ambition des motifs les plus spécieux ; il lui est impossible cependant de ne pas laisser paraître les secrètes visées de son égoïsme.

BURRHUS.

Je ne m'étais chargé dans cette occasion
Que d'excuser César d'une seule action.
Mais puisque sans vouloir que je le justifie
Vous me rendez garant du reste de sa vie,
Je répondrai, Madame, avec la liberté
D'un soldat qui sait mal farder la vérité (1).
Vous m'avez de César confié la jeunesse,
Je l'avoue, et je dois m'en souvenir sans cesse.
Mais vous avais-je fait serment de le trahir,
D'en faire un empereur qui ne sût qu'obéir?
Non. Ce n'est plus à vous qu'il faut que j'en réponde.
Ce n'est plus votre fils, c'est le maître du monde.
J'en dois compte, Madame, à l'empire romain,
Qui croit voir son salut ou sa perte en ma main.
Ah! si dans l'ignorance il le fallait instruire,
N'avait-on que Sénèque et moi pour le séduire?
Pourquoi de sa conduite éloigner les flatteurs?
Fallait-il dans l'exil chercher des corrupteurs?
La cour de Claudius, en esclaves fertile,
Pour deux que l'on cherchait en eût présenté mille,
Qui tous auraient brigué l'honneur de l'avilir :
Dans une longue enfance ils l'auraient fait vieillir.
De quoi vous plaignez-vous, Madame? On vous révère.
Ainsi que par César, on jure par sa mère (2).
L'empereur, il est vrai, ne vient plus chaque jour
Mettre à vos pieds l'empire, et grossir votre cour.
Mais le doit-il, Madame? et sa reconnaissance
Ne peut-elle éclater que dans sa dépendance?
Toujours humble, toujours le timide Néron
N'ose-t-il être Auguste et César que de nom?
Vous le dirai-je enfin? Rome le justifie.
Rome, à trois affranchis si longtemps asservie (3),

(1) Burrhus se présente avec la figure franche et loyale du soldat Il montre, en parlant à l'altière Agrippine, une fermeté et une indépendance qui l'honorent; son discours est empreint d'une conviction profonde et d'une noble éloquence; il sent qu'il est dans le vrai, qu'il défend une cause juste, l'intérêt de son prince et de l'empire; il comprend la haute responsabilité que lui impose sa charge.

(2) Cet honneur ne fut jamais rendu à Agrippine. Selon Tacite, ce fut un des moyens que Néron employa pour justifier le meurtre de sa mère. « Elle avait espéré, dit-il dans sa lettre au sénat, de partager l'empire, de faire jurer aux cohortes prétoriennes obéissance à une femme, et que le peuple et le sénat descendraient jusqu'à la même ignominie. » (*Ann.* XIV, 11.)

(3) Narcisse, Pallas et Calliste avaient été les affranchis les plus puissants de Claude.

A peine respirant du joug qu'elle a porté,
Du règne de Néron compte sa liberté.
Que dis-je? la vertu semble même renaître (1).
Tout l'empire n'est plus la dépouille d'un maître.
Le peuple au champ de Mars nomme ses magistrats;
César nomme les chefs sur la foi des soldats;
Thraséas au sénat, Corbulon dans l'armée (2),
Sont encore innocents, malgré leur renommée (3);
Les déserts, autrefois peuplés de sénateurs,
Ne sont plus habités que par leurs délateurs.
Qu'importe que César continue à nous croire,
Pourvu que nos conseils ne tendent qu'à sa gloire;
Pourvu que dans le cours d'un règne florissant
Rome soit toujours libre, et César tout-puissant (4)?
Mais, Madame, Néron suffit pour se conduire.
J'obéis, sans prétendre à l'honneur de l'instruire.
Sur ses aïeux, sans doute, il n'a qu'à se régler;
Pour bien faire, Néron n'a qu'à se ressembler :
Heureux si ses vertus, l'une à l'autre enchaînées,
Ramènent tous les ans ses premières années!

AGRIPPINE.

Ainsi, sur l'avenir n'osant vous assurer,
Vous croyez que sans vous Néron va s'égarer.
Mais vous qui, jusqu'ici content de votre ouvrage,
Venez de ses vertus nous rendre témoignage,
Expliquez-nous pourquoi, devenu ravisseur,
Néron de Silanus fait enlever la sœur.
Ne tient-il qu'à marquer de cette ignominie
Le sang de mes aïeux qui brille dans Junie?
De quoi l'accuse-t-il? Et par quel attentat

(1) Ce tableau du sage gouvernement de Néron est propre à lui gagner la sympathie des spectateurs, et fait ressortir ce qu'il y a d'odieux dans l'égoïste ambition d'Agrippine.

(2) Pétus Thraséas, sénateur romain de l'école stoïcienne, renommé par sa vertu; condamné à mort par Néron, il se fit ouvrir les veines (68). — Gn. Domitius Corbulon, général romain, célèbre par ses victoires sur les Parthes; ayant appris à Corinthe que Néron, jaloux de ses triomphes, l'avait condamné à mort, il se perça de son épée, l'an 67 après Jésus-Christ.

(3) On voit ici l'énergie de Tacite unie à l'harmonie de Racine.
« Le caractère le plus frappant de cette tragédie est précisément ce mélange du génie du plus profond des historiens avec celui du plus éloquent de nos poètes. C'est un genre de perfection presque unique qui n'a pu être surpassé que par un autre mélange plus étonnant encore du génie de Racine avec le sublime des livres saints. Au delà il n'y a rien. » (GEOFFROY.)

(4) Dans la *Vie d'Agricola*, Tacite loue Néron d'avoir su réunir « res olim dissociabiles, principatum ac libertatem, » la liberté et le pouvoir d'un seul.

Devient-elle en un jour criminelle d'Etat :
Elle qui, sans orgueil jusqu'alors élevée,
N'aurait point vu Néron, s'il ne l'eût enlevée,
Et qui même aurait mis au rang de ses bienfaits
L'heureuse liberté de ne le voir jamais?

BURRHUS.

Je sais que d'aucun crime elle n'est soupçonnée;
Mais jusqu'ici César ne l'a point condamnée,
Madame. Aucun objet ne blesse ici ses yeux :
Elle est dans un palais tout plein de ses aïeux.
Vous savez que les droits qu'elle porte avec elle
Peuvent de son époux faire un prince rebelle;
Que le sang de César ne se doit allier
Qu'à ceux à qui César le veut bien confier (1);
Et vous-même avoûrez qu'il ne serait pas juste
Qu'on disposât sans lui de la nièce d'Auguste (2).

AGRIPPINE.

Je vous entends : Néron m'apprend par votre voix
Qu'en vain Britannicus s'assure sur mon choix.
En vain, pour détourner ses yeux de sa misère,
J'ai flatté son amour d'un hymen qu'il espère :
A ma confusion, Néron veut faire voir
Qu'Agrippine promet par delà son pouvoir.
Rome de ma faveur est trop préoccupée :
Il veut par cet affront qu'elle soit détrompée,
Et que tout l'univers apprenne avec terreur
A ne confondre plus mon fils et l'empereur.
Il le peut. Toutefois j'ose encore lui dire
Qu'il doit avant ce coup affermir son empire;
Et qu'en me réduisant à la nécessité
D'éprouver contre lui ma faible autorité,
Il expose la sienne; *et que dans la balance
Mon nom peut-être aura plus de poids qu'il ne pense* (3).

BURRHUS.

Quoi! Madame, toujours soupçonner son respect!

(1) D'après Burrhus, l'arrestation de Junie est un acte politique : comme cette princesse est de la famille d'Auguste, il importe, dit-il, qu'elle ne contracte aucune alliance qui puisse favoriser des ambitions dangereuses pour l'Etat. Le parti de Britannicus, si ce prince l'épousait, s'en affermirait contre Néron.

(2) *Nièce*, pris poétiquement, signifie *descendante*, comme *neptis* en latin.

(3) Agrippine voit ses projets traversés, et son autorité ébranlée : la fière impératrice ne peut supporter cet affront, et elle menace le ministre d'un éclat qui pourra devenir fatal au jeune empereur.

ACTE I, SCÈNE III

Ne peut-il faire un pas qui ne vous soit suspect?
L'empereur vous croit-il du parti de Junie?
Avec Britannicus vous croit-il réunie?
Quoi! de vos ennemis devenez-vous l'appui
Pour trouver un prétexte à vous plaindre de lui?
Sur le moindre discours qu'on pourra vous redire
Serez-vous toujours prête à partager l'empire?
Vous craindrez-vous sans cesse, *et vos embrassements*
Ne se passeront-ils qu'en éclaircissements?
Ah! quittez d'un censeur la triste diligence;
D'une mère facile affectez l'indulgence;
Souffrez quelques froideurs sans les faire éclater,
Et n'avertissez point la cour de vous quitter.

AGRIPPINE.

Et qui s'honorerait de l'appui d'Agrippine (1),
Lorsque Néron lui-même annonce ma ruine?
Lorsque de sa présence il semble me bannir?
Quand Burrhus à sa porte ose me retenir?

BURRHUS.

Madame, je vois bien qu'il est temps de me taire,
Et que ma liberté commence à vous déplaire.
La douleur est injuste, et toutes les raisons
Qui ne la flattent point aigrissent ses soupçons.
Voici Britannicus : je lui cède ma place.
Je vous laisse écouter et plaindre sa disgrâce,
Et peut-être, Madame, en accuser les soins
De ceux que l'empereur a consultés le moins (2).

SCÈNE III

AGRIPPINE, BRITANNICUS, NARCISSE, ALBINE.

AGRIPPINE.

Ah! prince, où courez-vous? Quelle ardeur inquiète
Parmi vos ennemis en aveugle vous jette?

---

(1) Ce sont les plaintes de Junon dans Virgile (*En.*, I. 48-49) :

Et quisquam numen Junonis adoret — Præterea?

« Qui honorera désormais la divinité de Junon? »

(2) En partant, Burrhus laisse entendre qu'il n'a pas été consulté par Néron sur l'arrestation de Junie ; en serviteur fidèle, il a cependant justifié l'action de son maître par des raisons d'Etat qui lui paraissaient plausibles.

Cette scène a de la grandeur et de la vie ; elle est magnifique de style et de développement oratoire. Burrhus y déploie son beau caractère ; Agrippine y montre son orgueil et ses menaces : la lutte est déclarée entre la mère de Néron et ses ministres. Les passions sont en jeu et l'on s'intéresse à l'action.

Que venez-vous chercher (1)?

BRITANNICUS.

Ce que je cherche? Ah dieux!
Tout ce que j'ai perdu, Madame, est en ces lieux.
De mille affreux soldats Junie environnée
S'est vue en ce palais indignement traînée.
Hélas! de quelle horreur ses timides esprits
A ce nouveau spectacle auront été surpris?
Enfin on me l'enlève. Une loi trop sévère
Va séparer deux cœurs qu'assemblait leur misère.
Sans doute on ne veut pas que, *mêlant nos douleurs,*
Nous nous aidions l'un l'autre à porter nos malheurs (2).

AGRIPPINE.

Il suffit. Comme vous je ressens vos injures :
Mes plaintes ont déjà précédé vos murmures ;
Mais je ne prétends pas qu'un impuissant courroux
Dégage ma parole et m'acquitte envers vous.
Je ne m'explique point. Si vous voulez m'entendre,
Suivez-moi chez Pallas, où je vais vous attendre (3).

SCÈNE IV

BRITANNICUS, NARCISSE.

BRITANNICUS.

La croirai-je, Narcisse? et dois-je sur sa foi
La prendre pour arbitre entre son fils et moi?
Qu'en dis-tu? N'est-ce pas cette même Agrippine
Que mon père épousa jadis pour ma ruine,
Et qui, si je t'en crois, a de ses derniers jours,
Trop lents pour ses desseins, précipité le cours?

(1) Cette arrivée brusque de Britannicus, sa douleur et ses alarmes, donnent du mouvement à la scène.

(2) La simplicité touchante de ces derniers vers inspire une profonde sympathie pour les deux nobles victimes. Britannicus, indignement déshérité par son père et privé du trône, voyait l'empire entre les mains du fils de sa marâtre ; Junie avait vu périr coup sur coup ses deux frères ; l'un, Lucius, s'était donné la mort le jour même du mariage d'Agrippine et de Claude ; l'autre, Junius, avait été empoisonné par ordre d'Agrippine (54).

(3) Agrippine lui donne rendez-vous chez Pallas, l'un des affranchis de Claude. Pallas, d'après Tacite (*Ann.* XI I, 14), était un de ceux « sur qui s'appuyait l'orgueil d'Agrippine.» Ce fut lui qui persuada à Claude d'épouser Agrippine et d'adopter Néron ; de concert avec Agrippine, il hâta par le poison la mort de l'empereur. Devenu odieux à Néron par son arrogance, il fut empoisonné par ses ordres, l'an 60 ; le tyran confisqua ses biens (environ 60 millions de francs).

NARCISSE.

N'importe. Elle se sent comme vous outragée ;
A vous donner Junie elle s'est engagée :
Unissez vos chagr.ns ; liez vos intérêts.
Ce palais retentit en vain de vos regrets :
Tandis qu'on vous verra d'une voix suppliante
Semer ici la plainte et non pas l'épouvante,
Que vos ressentiments se perdront en discours,
Il n'en faut pas douter, vous vous plaindrez toujours (1).

BRITANNICUS.

Ah ! Narcisse, tu sais si de la servitude
Je prétends faire encore une longue habitude ;
Tu sais si pour jamais, de ma chute étonné,
Je renonce à l'empire où j'étais destiné (2).
Mais je suis seul encor. Les amis de mon père
Sont autant d'inconnus que glace ma misère ;
Et ma jeunesse même écarte loin de moi
Tous ceux qui dans le cœur me réservent leur foi.
Pour moi, depuis un an qu'un peu d expérience
M'a donné de mon sort la triste connaissance,
Que vois-je autour de moi que des amis vendus
Qui sont de tous mes pas les témoins assidus.
Qui, choisis par Néron pour ce commerce infâme,
Trafiquent avec lui des secrets de mon âme ?
Quoi qu'il en soit, Narcisse, on me vend tous les jours :
Il prévoit mes desseins, il entend mes discours ;
Comme toi, dans mon cœur il sait ce qui se passe (3).
Que t'en semble, Narcisse ?

NARCISSE.

           Ah ! quelle âme assez basse....
C'est à vous de choisir des confidents discrets,
Seigneur, et de ne pas prodiguer vos secrets.

BRITANNICUS.

Narcisse, tu dis vrai. Mais cette défiance

---

(1) Narcisse pousse le jeune prince à la résistance ; il l'engage à se liguer avec Agrippine et à faire trembler Néron sur son trône. On verra tout à l'heure quel parti le traître tirera des résolutions qu'il inspire, pour perdre le crédule Britannicus.

(2) Britannicus découvre les desseins qu'il nourrit au sujet de l'empire : il n'y a pas renoncé pour toujours. Cette noblesse de sentiments relève son caractère.

(3) Le pauvre prince ne se doute pas que celui qui l'écoute, est de tous ces *amis vendus* le plus perfide ; c'est par ce traître lui-même que Néron lit dans son cœur.

Est toujours d'un grand cœur la dernière science :
On le trompe longtemps. Mais enfin je te croi,
Ou plutôt je fais vœu de ne croire que toi.
Mon père, il m'en souvient, m'assura de ton zèle (1).
Seul de ses affranchis tu m'es toujours fidèle ;
Tes yeux, sur ma conduite incessamment ouverts,
M'ont sauvé jusqu'ici de mille écueils couverts.
Va donc voir si le bruit de ce nouvel orage
Aura de nos amis excité le courage.
Examine leurs yeux, observe leurs discours ;
Vois si j'en puis attendre un fidèle secours (2).
Surtout dans ce palais remarque avec adresse
Avec quel soin Néron fait garder la princesse.
Sache si du péril ses beaux yeux (3) sont remis,
Et si son entretien m'est encore permis.
Cependant de Néron je vais trouver la mère
Chez Pallas, comme toi l'affranchi de mon père.
Je vais la voir, l'aigrir, la suivre, et s'il se peut,
M'engager sous son nom plus loin qu'elle ne veut (4).

QUESTIONS SUR LE Ier ACTE.

Quel est le sujet du 1er acte ?
Comment et par qui se fait l'exposition ?
Comment les circonstances de temps et de lieu sont-elles marquées ?
Quel motif amène Agrippine au palais ?
De quoi se plaint-elle ? — A qui surtout s'attaque-t-elle ?
Comment le poète nous fait-il connaître les principaux personnages ?

(1) Narcisse avait été l'un des principaux auteurs de la mort de Messaline, la mère de Britannicus ; Agrippine l'avait fait périr dès les premiers jours du règne de Néron, sans doute parce que, par opposition à son rival Pallas, favori de l'impératrice, il avait semblé s'attacher dans la suite au parti de Britannicus. « Dans une assemblée secrète de ses amis, après avoir invectivé contre la mère de Néron, Narcisse embrassait Britannicus : il eût voulu hâter son adolescence. Tendant les mains vers les dieux, tantôt vers cet enfant : qu'il grandisse, disait-il, qu'il confonde les ennemis de son père, qu'il punisse aussi les meurtriers de sa mère. » (TAC., Ann. XII, 65.) C'est pour cela sans doute que Racine l'a donné pour gouverneur au jeune prince. Dans Tacite, Narcisse est avare et prodigue tout ensemble ; Racine lui donne une âme basse et cruelle, pour mieux l'opposer au noble caractère de Burrhus.

(2) Ce vers indique chez Britannicus une fermeté de résolution et des vues politiques qui excitent l'attente du spectateur.

(3) Ces expressions, indignes de la tragédie, deviennent de plus en plus rares chez notre poète.

(4) Pendant l'entr'acte, Britannicus se rend chez Pallas où il trouve Agrippine. Tandis qu'ils concertent leurs plans, Narcisse va dénoncer leur complot à Néron.

Comment nous instruit-il du sujet de l'action ?
En quoi consistait la politique d'Agrippine ?
Sa disgrâce était-elle déjà commencée ?
Qualités et défauts de l'exposition ?
Que se passe-t-il dans la première entrevue d'Agrippine et de Burrhus ?
Quels sont les griefs d'Agrippine ?
Quelle est la réponse de Burrhus ?
Quelle idée Burrhus donne-t-il des commencements de Néron ?
Pourquoi Agrippine s'élève-t-elle contre l'arrestation de Junie ?
Comment Burrhus justifie-t-il cet acte ?
Quel est le mérite dramatique et littéraire de cette 2ᵉ scène ?
Pourquoi Britannicus arrive-t-il au palais ?
Comment Agrippine répond-elle à ses plaintes ?
Comment Britannicus s'ouvre-t-il à Narcisse ?
Pourquoi lui témoigne-t-il tant de confiance ?
Quels secrets lui révèle-t-il ?
En quoi consiste le jeu perfide de Narcisse dans cette scène ?
Quelle mission Britannicus lui confie-t-il ?
Que se passe-t-il dans le 1ᵉʳ entr'acte ?

ACTE SECOND

Perfidie de Néron. — Scène de la tapisserie.

SCÈNE I

NÉRON, BURRHUS, NARCISSE, GARDES.

NÉRON.

N'en doutez point, Burrhus (1) : malgré ses injustices,
C'est ma mère, et je veux ignorer ses caprices (2).
Mais je ne prétends plus ignorer ni souffrir
Le ministre insolent qui les ose nourrir.
Pallas de ses conseils empoisonne ma mère ;
Il séduit, chaque jour, Britannicus mon frère.
Ils l'écoutent lui seul ; et qui suivrait leurs pas
Les trouverait peut-être assemblés chez Pallas.

(1) Ce discours de quatorze vers peint très bien Néron, aux premières heures de cette journée fatale. La trahison de Narcisse a commencé à porter ses fruits ; Néron, prévenu par lui des intrigues combinées d'Agrippine et de Britannicus, se hâte de les arrêter en enlevant à sa mère son principal appui : il exile Pallas. Mais déjà aussi se dévoile sa politique rusée : il excuse Agrippine en rejetant tout sur son favori. Le ton impératif qui domine dans ces mots : *je le veux, je l'ordonne*, annonce l'autocrate.

(2) « Il faut, répétait Néron, souffrir l'humeur de ses parents, et calmer les ressentiments d'Agrippine. » (Tac., *Ann.* XIV, 4.)

C'en est trop. De tous deux il faut que je l'écarte.
Pour la dernière fois, qu'il s'éloigne, qu'il parte (1) :
Je le veux, je l'ordonne ; et que la fin du jour
Ne le retrouve plus dans Rome ou dans ma cour.
Allez : cet ordre importe au salut de l'empire (2).
Vous, Narcisse, approchez. Et vous (3), qu'on se retire.

SCÈNE II
NÉRON, NARCISSE.

NARCISSE.

Grâces aux dieux, Seigneur, Junie entre vos mains
Vous assure aujourd'hui du reste des Romains.
Vos ennemis, déchus de leur vaine espérance,
Sont allés chez Pallas pleurer leur impuissance (4).
Mais que vois-je? Vous-même, inquiet, étonné,
Plus que Britannicus paraissez consterné.
Que présage à mes yeux cette tristesse obscure,
Et ces sombres regards errants à l'aventure?
Tout vous rit : la fortune obéit à vos vœux (5)....

(1) L'exil de Pallas est historique. « Ennemi de ceux qui nourrissaient l'orgueil de sa mère, Néron éloigne Pallas de l'administration du trésor qui lui avait été confiée par Claude, et qui le rendait comme l'arbitre de l'empire. On rapporte que Néron, voyant cet affranchi suivi de la foule de ses créatures, dit assez plaisamment que Pallas allait prononcer son abdication. » (Ib. XIII, 14.) Pallas avait stipulé qu'il ne serait poursuivi sur aucun fait du passé, et qu'on ratifierait tous ses comptes avec l'Etat.

(2) Pourquoi Burrhus ne répond-il rien à un ordre si brusque, sur lequel il n'a pas été consulté, et qui va déchaîner la tempête? — Burrhus voit une mesure de salut dans le départ de Pallas. La tyrannie d'Agrippine est un obstacle à la paix et au gouvernement normal de l'empire ; laissée à ses seules forces, Agrippine se taira : c'est du moins ce qu'il espère.

(3) Aux gardes.

(4) Narcisse félicite Néron de la victoire qu'il vient de remporter sur ses ennemis : la captivité de Junie les a déconcertés et abattus. Mais une passion nouvelle s'est emparée de Néron : il veut enlever Junie à Britannicus, et l'épouser lui-même en répudiant Octavie. Mais que d'obstacles se dressent devant lui : Agrippine, Octavie, Burrhus, Rome et la conscience. Le devoir sera-t-il écouté ou sacrifié? C'est la tragédie du cœur qui commence.

(5) Cette scène est une des plus importantes pour le rôle de Narcisse. Racine nous le montre à l'œuvre, exerçant son influence perverse sur l'âme encore indécise de Néron. Après avoir flatté la passion de son maître et excité sa jalousie contre son rival, il le pousse au divorce, en abattant devant lui toutes les barrières. Néron, dit-il, ne doit pas se laisser arrêter par Octavie : il a trop de raisons pour la répudier ; le divorce, d'ailleurs, est habituel dans sa famille. Quant à Agrippine, il est temps de secouer son joug. Enfin il conseille à Néron d'éloigner Britannicus de Junie.

NÉRON.
A combien de chagrins il faut que je m'apprête !
Que d'importunités !

NARCISSE.
Quoi donc ! qui vous arrête,
Seigneur ?

NÉRON.
Tout : Octavie, Agrippine, Burrhus,
Sénèque, Rome entière, et trois ans de vertus (1).
Non que pour Octavie un reste de tendresse
M'attache à son hymen et plaigne sa jeunesse.
Mes yeux, depuis longtemps fatigués de ses soins,
Rarement de ses pleurs daignent être témoins :
Trop heureux si bientôt la faveur d'un divorce (2)
Me soulageait d'un joug qu'on m'imposa par force !

NARCISSE.
Vous seul, jusques ici, contraire à vos désirs,
N'osez par un divorce assurer vos plaisirs (3).

NÉRON.
Eh ! ne connais-tu pas l'implacable Agrippine ?
Mon amour inquiet déjà se l'imagine
Qui m'amène Octavie, et d'un œil enflammé
Atteste les saints droits d'un nœud qu'elle a formé ;
Et, portant à mon cœur des atteintes plus rudes,
Me fait un long récit de mes ingratitudes.
De quel front soutenir ce fâcheux entretien (4) ?

NARCISSE.
N'êtes-vous pas, Seigneur, votre maître et le sien ?

(1) Il semble, à la manière dont Néron parle de ses trois ans de vertu, qu'ils lui pèsent comme trois ans de vices. Cette innocence due à une contrainte hypocrite, est cependant un obstacle encore qui l'empêche de se jeter ouvertement dans le mal.

(2) La loi romaine autorisait le divorce : sous les empereurs, il avait pris des proportions effrayantes ; c'était une des plaies de cette société gangrenée qui ne trouva son salut que dans le christianisme.

(3) Auguste répudia Scribonie, sa première femme, pour épouser Livie qui divorça elle-même avec Tib. Cl. Néron, dont elle avait déjà deux fils, Tibère l'empereur, et Cl. Drusus Néron, le père de Germanicus. Tibère répudia Julie, fille d'Auguste et de Scribonie, pour épouser Vipsania, dont il eut Drusus, chanté par Horace. « Le traître se garde bien de dire que l'empire est la dot apportée par Octavie à Néron, et que son mariage avec la fille de Claude lui a servi de degré pour monter au trône. » (GOFFROY.)

(4) Néron redoute d'avance la terrible entrevue qu'il aura bientôt avec sa mère.

Vous verrons-nous toujours trembler sous sa tutelle?
Vivez, régnez pour vous : c'est trop régner pour elle.
Craignez-vous? Mais, Seigneur, vous ne la craignez pas:
Vous venez de bannir le superbe Pallas,
Pallas, dont vous savez qu'elle soutient l'audace.

NÉRON.

Eloigné de ses yeux, j'ordonne, je menace,
J'écoute vos conseils, j'ose les approuver;
Je m'excite contre elle, et tâche à la braver.
Mais (je t'expose ici mon âme toute nue)
Sitôt que mon malheur me ramène à sa vue,
Soit que je n'ose encor démentir le pouvoir
De ces yeux où j'ai lu si longtemps mon devoir;
Soit qu'à tant de bienfaits ma mémoire fidèle
Lui soumette en secret tout ce que je tiens d'elle (1);
Mais enfin mes efforts ne me servent de rien :
Mon génie étonné tremble devant le sien (2).
Et c'est pour m'affranchir de cette dépendance,
Que je la fuis partout, que même je l'offense,
Et que, de temps en temps, j'irrite ses ennuis,
Afin qu'elle m'évite autant que je la fuis.
Mais je t'arrête trop. Retire-toi, Narcisse.
Britannicus pourrait t'accuser d'artifice.

NARCISSE.

Non, non: Britannicus s'abandonne à ma foi.
Par son ordre, Seigneur, il croit que je vous voi,
Que je m'informe ici de tout ce qui le touche,
Et veut de vos secrets être instruit par ma bouche.
Impatient surtout de revoir ses amours,
Il attend de mes soins ce fidèle secours.

NÉRON.

J'y consens, porte-lui cette douce nouvelle :
Il la verra.

NARCISSE.

Seigneur, bannissez-le loin d'elle.

---

(1) Ce discours nous montre dans Néron ce que le poète s'est efforcé de peindre : un cœur fatigué sans doute d'obéir et aspirant à l'indépendance, mais retenu encore par un reste de respect pour sa mère, et dominé par l'ascendant de cette femme hautaine.

(2) Plutarque raconte qu'Antoine, se voyant toujours vaincu au jeu par Octave, consulta un devin d'Egypte qui lui dit : « *Ton génie* redoute le sien; fier et hardi quand il est seul, il perd devant celui de César toute sa grandeur et devient faible et timide. » (*Vie d'Antoine*, 33.)

NÉRON.

J'ai mes raisons, Narcisse; et tu peux concevoir
Que je lui vendrai cher le plaisir de la voir.
Cependant vante-lui ton heureux stratagème :
Dis-lui qu'en sa faveur on me trompe moi-même,
Qu'il la voit sans mon ordre (1). On ouvre : la voici.
Va retrouver ton maître, et l'amener ici.

SCÈNE III
NÉRON, JUNIE.

NÉRON.

Vous vous troublez, Madame, et changez de visage.
Lisez-vous dans mes yeux quelque triste présage?

JUNIE.

Seigneur, je ne vous puis déguiser mon erreur :
J'allais voir Octavie, et non pas l'empereur (2).

NÉRON.

Je le sais bien, Madame, et n'ai pu sans envie
Apprendre vos bontés pour l'heureuse Octavie.

JUNIE.

Vous, Seigneur?

NÉRON.

Pensez-vous, Madame, qu'en ces lieux
Seule pour vous connaître, Octavie ait des yeux?

JUNIE.

Et quel autre, Seigneur, voulez-vous que j'implore?
A qui demanderai-je un crime que j'ignore?
Vous qui le punissez, vous ne l'ignorez pas.
De grâce, apprenez-moi, Seigneur, mes attentats (3).

(1) Néron commence à montrer sa fourberie; la faveur qu'il accorde à Britannicus est un piège. Il ne s'en ouvre qu'à demi à Narcisse, de peur d'être trahi; il lui recommande même de faire croire au jeune prince, par un mensonge habile, qu'il n'est pour rien dans cette entrevue. Néron a profité à l'école de Narcisse.

(2) Junie, à peine remise de son trouble après une nuit si horrible, cherche des consolations et des explications auprès d'Octavie, la sœur de Britannicus. Sa rencontre fortuite avec Néron ressemble à la première entrevue d'Andromaque avec Pyrrhus (Andromaque, acte I, sc. 4); elle excite la même curiosité, et peut-être plus d'émotion encore : Andromaque se présente devant son tyran avec la dignité de la mère et la majesté de la veuve d'Hector; la jeune fille vient avec les seules armes de son innocence, de sa modestie, de sa fidélité à Britannicus.

(3) Cette question légèrement ironique annonce de la noblesse et de la fermeté.

NÉRON.

Quoi ! Madame, est-ce donc une légère offense
De m'avoir si longtemps caché votre présence?
Ces trésors dont le ciel voulut vous embellir,
Les avez vous reçus pour les ensevelir?
L'heureux Britannicus verra-t-il sans alarmes
Croître, loin de nos yeux, son amour et vos charmes?
Pourquoi, de cette gloire exclu jusqu'à ce jour,
M'avez-vous, sans pitié, relégué dans ma cour?
On dit plus : vous souffrez, sans en être offensée,
Qu'il vous ose, Madame, expliquer sa pensée.
Car je ne croirai point que sans me consulter
La sévère Junie ait voulu le flatter,
Ni qu'elle ait consenti d'aimer et d'être aimée,
Sans que j'en sois instruit que par la renommée.

JUNIE.

Je ne vous nîrai point, Seigneur, que ses soupirs
M'ont daigné quelquefois expliquer ses désirs.
Il n'a point détourné ses regards d'une fille
Seul reste du débris d'une illustre famille.
Peut-être il se souvient qu'en un temps plus heureux
Son père me nomma pour l'objet de ses vœux.
Il m'aime ; il obéit à l'empereur son père,
Et j'ose dire encore, à vous, à votre mère.
Vos désirs sont toujours si conformes aux siens (1)....

NÉRON.

Ma mère a ses desseins, Madame ; et j'ai les miens.
Ne parlons plus ici de Claude et d'Agrippine :
Ce n'est point par leur choix que je me détermine.
C'est à moi seul, Madame, à répondre de vous ;
Et je veux de ma main vous choisir un époux (2).

JUNIE.

Ah ! Seigneur, songez-vous que toute autre alliance
Fera honte aux Césars, auteurs de ma naissance?

NÉRON.

Non, Madame, l'époux dont je vous entretiens

---

(1) Tout en faisant la différence de l'âge et de la condition, Racine a prêté à Junie la douceur, la délicatesse, la finesse d'ironie qu'on admire dans Andromaque.

(2) Junie a parlé avec une ingénuité terrible : Néron en est visiblement embarrassé ; avec un ton d'autorité hautaine, il prétend imposer un époux à une princesse de la famille impériale. Les raisons qu'il fait valoir sentent un peu trop la cour de Versailles.

Peut, sans honte, assembler vos aïeux et les siens :
Vous pouvez, sans rougir, consentir à sa flamme.

JUNIE.

Et quel est donc, Seigneur, cet époux ?

NÉRON.

Moi, Madame.

JUNIE.

Vous ?

NÉRON.

Je vous nommerais, Madame, un autre nom,
Si j'en savais quelque autre au-dessus de Néron (1).
Oui, pour vous faire un choix où vous puissiez souscrire,
J'ai parcouru des yeux la cour, Rome, et l'empire.
Plus j'ai cherché, Madame, et plus je cherche encor
En quelles mains je dois confier ce trésor,
Plus je vois que César, digne seul de vous plaire,
En doit être lui seul l'heureux dépositaire,
Et ne peut dignement vous confier qu'aux mains
A qui Rome a commis l'empire des humains.
Vous-même consultez vos premières années.
Claudius à son fils les avait destinées;
Mais c'était en un temps où de l'empire entier
Il croyait quelque jour le nommer l'héritier.
Les dieux ont prononcé. Loin de leur contredire,
C'est à vous de passer du côté de l'empire.
En vain de ce présent ils m'auraient honoré,
Si votre cœur devait en être séparé;
Si tant de soins ne sont adoucis par vos charmes;
Si, tandis que je donne aux veilles, aux alarmes,
Des jours toujours à plaindre et toujours enviés,
Je ne vais quelquefois respirer à vos pieds.
Qu'Octavie à vos yeux ne fasse point d'ombrage :
Rome, aussi bien que moi, vous donne son suffrage,
Répudie Octavie, et me fait dénouer
Un hymen que le ciel ne veut point avouer.
Songez-y donc, Madame, et pesez en vous-même
Ce choix digne des soins d'un prince qui vous aime,
Digne de vos beaux yeux trop longtemps captivés,
Digne de l'univers à qui vous vous devez.

JUNIE.

Seigneur, avec raison je demeure étonnée.

(1) Avec quelle brutale impudence Néron s'impose à la jeune fille ! Son long discours, insinuant et perfide, permet à Junie de se remettre de sa stupeur, et de repousser ses prétentions avec une dignité parfaite.

Je me vois, dans le cours d'une même journée,
Comme une criminelle amenée en ces lieux ;
Et lorsque avec frayeur je parais à vos yeux,
Que sur mon innocence à peine je me fie,
Vous m'offrez tout d'un coup la place d'Octavie.
J'ose dire pourtant que je n'ai mérité
Ni cet excès d'honneur, ni cette indignité.
Et pouvez-vous, Seigneur, souhaiter qu'une fille
Qui vit presque en naissant éteindre sa famille,
Qui, dans l'obscurité nourrissant sa douleur,
S'est fait une vertu conforme à son malheur,
Passe subitement de cette nuit profonde
Dans un rang qui l'expose aux yeux de tout le monde,
Dont je n'ai pu de loin *soutenir la clarté*,
Et dont une autre enfin *remplit la majesté* (1) ?

NÉRON.

Je vous ai déjà dit que je la répudie (2).
Ayez moins de frayeur, ou moins de modestie.
N'accusez point ici mon choix d'aveuglement ;
Je vous réponds de vous : consentez seulement.
Du sang dont vous sortez rappelez la mémoire ;
Et ne préférez point à la solide gloire
Des honneurs dont César prétend vous revêtir,
La gloire d'un refus sujet au repentir.

JUNIE.

Le ciel connaît, Seigneur, le fond de ma pensée.
Je ne me flatte point d'une gloire insensée :
Je sais de vos présents mesurer la grandeur ;
Mais plus ce rang sur moi répandrait de splendeur,
Plus il me ferait honte, et mettrait en lumière
Le crime d'en avoir dépouillé l'héritière.

NÉRON.

C'est de ses intérêts prendre beaucoup de soin,
Madame ; et l'amitié ne peut aller plus loin.
Mais ne nous flattons point, et laissons le mystère.

(1) Ce rôle de Junie est admirable par l'union constante de la douceur, de la modestie, de la finesse, de la délicatesse, et d'une fermeté vertueuse tempérée par la plus parfaite bienséance. C'est avec un tact infini qu'elle fait ressortir tout d'abord ce qu'il y aurait d'odieux pour elle à détrôner l'épouse légitime, Octavie.

(2) Néron ne peut souffrir qu'on lui résiste : au refus si courtois de Junie, il répond avec brusquerie et incivilité. Puis, tout à coup, avec un art de comédien exercé, il voile son dépit d'une politesse affectée qui ne trompe point la princesse.

ACTE II, SCÈNE III

La sœur vous touche ici beaucoup moins que le frère ;
Et pour Britannicus....

JUNIE.

Il a su me toucher,
Seigneur ; et je n'ai point prétendu m'en cacher (1).
Cette sincérité, sans doute, est peu discrète ;
Mais toujours de mon cœur ma bouche est l'interprète.
Absente de la cour, je n'ai pas dû penser,
Seigneur, qu'en l'art de feindre il fallût m'exercer.
J'aime Britannicus Je lui fus destinée
Quand l'empire devait suivre son hyménée.
Mais ces mêmes malheurs qui l'en ont écarté,
Ses honneurs abolis, son palais déserté,
La fuite d'une cour que sa chute a bannie,
Sont autant de liens qui retiennent Junie.
Tout ce que vous voyez conspire à vos désirs ;
Vos jours toujours sereins coulent dans les plaisirs.
L'empire en est pour vous l'inépuisable source ;
Ou, si quelque chagrin en interrompt la course,
Tout l'univers, soigneux de les entretenir,
S'empresse à l'effacer de votre souvenir.
Britannicus est seul. Quelque ennui qui le presse,
Il ne voit, dans son sort, que moi qui s'intéresse,
Et n'a pour tous plaisirs, Seigneur, que quelques pleurs
Qui lui font quelquefois oublier ses malheurs (2).

NÉRON.

Et ce sont ces plaisirs et ces pleurs que j'envie,
Que tout autre que lui me paîrait de sa vie.
Mais je garde à ce prince un traitement plus doux.
Madame, il va bientôt paraître devant vous.

JUNIE.

Ah ! Seigneur, vos vertus m'ont toujours rassurée.

NÉRON.

Je pouvais de ces lieux lui défendre l'entrée ;
Mais, Madame, je veux prévenir le danger
Où son ressentiment le pourrait engager.

(1) Un aveu si sincère en face d'un rival jaloux, est sans doute imprudent de la part de Junie : mais il relève son caractère par une franchise qui ne sait rien dissimuler.

(2) La générosité de Junie éclate avec un charme merveilleux dans cet amour désintéressé et compatissant qu'elle garde à un jeune prince malheureux.

Je ne veux point le perdre (1). Il vaut mieux que lui-même
Entende son arrêt de la bouche qu'il aime.
Si ses jours vous sont chers, éloignez-le de vous
Sans qu'il ait aucun lieu de me croire jaloux.
De son bannissement prenez sur vous l'offense;
Et soit par vos discours, soit par votre silence,
Du moins par vos froideurs, faites-lui concevoir
Qu'il doit porter ailleurs ses vœux et son espoir.

JUNIE.

Moi ! que je lui prononce un arrêt si sévère !
Ma bouche mille fois lui jura le contraire.
Quand même jusque-là je pourrais me trahir,
Mes yeux lui défendront, Seigneur, de m'obéir.

NÉRON.

Caché près de ces lieux, je vous verrai, Madame.
Renfermez votre amour dans le fond de votre âme.
Vous n'aurez point pour moi de langages secrets :
J'entendrai des regards que vous croirez muets (2);
Et sa perte sera l'infaillible salaire
D'un geste ou d'un soupir échappé pour lui plaire.

JUNIE.

Hélas ! si j'ose encor former quelques souhaits,
Seigneur, permettez-moi de ne le voir jamais !

SCÈNE IV
NÉRON, JUNIE, NARCISSE.

NARCISSE.

Britannicus, Seigneur, demande la princesse :
Il approche.

NÉRON.

   Qu'il vienne.

JUNIE.

      Ah ! Seigneur.

NÉRON.

          Je vous laisse.

---

(1) Déjà Néron parle de perdre son rival : ce n'est peut-être encore que pour effrayer sa fiancée. Mais on sent combien son cœur violent et jaloux s'irrite de la résistance.

(2) Le tigre commence à se montrer : ce qu'il demande à la jeune fille est indigne, lâche et cruel tout ensemble. C'est en même temps de la part de Néron un jeu féroce et perfide. En imposant à Junie le silence même du regard, il compte désespérer ou même exaspérer Britannicus; et par là diviser à jamais deux cœurs si bien unis; cela fait, il lui sera facile de triompher des répugnances de la princesse.

Sa fortune dépend de vous plus que de moi.
Madame, en le voyant, songez que je vous voi (1).

SCÈNE V
JUNIE, NARCISSE.

JUNIE.

Ah! cher Narcisse, cours au devant de ton maître;
Dis-lui (2).... Je suis perdue, et je le vois paraître.

SCÈNE VI [3]
BRITANNICUS, JUNIE, NARCISSE.

BRITANNICUS.

Madame, quel bonheur me rapproche de vous?
Quoi! je puis donc jouir d'un entretien si doux?
Mais parmi ce plaisir quel chagrin me dévore?
Hélas! puis-je espérer de vous revoir encore?
Faut-il que je dérobe, avec mille détours,
Un bonheur que vos yeux m'accordaient tous les jours?
Quelle nuit! Quel réveil! Vos pleurs, votre présence,
N'ont point de ces cruels désarmé l'insolence?
Que faisait votre amant? Quel démon envieux
M'a refusé l'honneur de mourir à vos yeux?
Hélas! dans la frayeur dont vous étiez atteinte,
M'avez-vous, en secret, adressé quelque plainte?

(1) Ce dernier mot fait trembler; le spectateur est indigné d'un guet-apens si odieux, et touché en même temps d'une vive compassion pour la victime.

(2) Junie voudrait éviter cette entrevue terrible : en s'adressant à Narcisse, elle ignore qu'il n'est que l'instrument de son bourreau.

(3) On a nommé cette scène la scène de la *tapisserie*, parce que Néron y assiste caché derrière une *tapisserie* : sa présence invisible fait planer la terreur sur toute cette entrevue. Le spectateur est dans une inquiétude mortelle; il craint que la jeune fille ne laisse échapper un mot, un soupir, un geste, un regard dont le monstre qui l'épie, puisse profiter pour prononcer la mort du malheureux Britannicus. La scène est si émouvante, parce que Britannicus ignore la position de Junie et son propre danger; d'autre part, la fougue de la jeunesse et l'ardeur d'un amour cruellement éprouvé par les événements de la dernière nuit, exposent le prince à une vivacité de langage et à des démonstrations d'autant plus dangereuses que Junie ne peut y répondre sans le compromettre.

C'est sans contredit une des situations les plus délicates que l'on connaisse au théâtre. Racine en est sorti vainqueur, parce qu'il a su armer la vertu et l'amour de Junie d'une circonspection merveilleuse, d'un véritable héroïsme; pour sauver la vie à son fiancé, elle s'est résignée non seulement à faire violence à son cœur, mais à laisser croire à Britannicus qu'elle lui a retiré son affection. Le moyen employé par Néron, petit en lui-même, est vraisemblable et produit un effet terrible; la situation pathétique qu'il amène, l'anxiété cruelle de Junie et du spectateur, justifient pleinement le poète.

Ma princesse, avez-vous daigné me souhaiter?
Songiez-vous aux douleurs que vous m'alliez coûter?
Vous ne me dites rien? Quel accueil! Quelle glace!
Est-ce ainsi que vos yeux consolent ma disgrâce?
Parlez : nous sommes seuls. Notre ennemi, trompé,
Tandis que je vous parle, est ailleurs occupé (1).
Ménageons les moments de cette heureuse absence.

JUNIE.

*Vous êtes en des lieux tout pleins de sa puissance.
Ces murs mêmes, Seigneur, peuvent avoir des yeux;
Et jamais l'empereur n'est absent de ces lieux* (2).

BRITANNICUS.

Et depuis quand, Madame, êtes-vous si craintive?
Quoi! déjà votre amour souffre qu'on le captive?
Qu'est devenu ce cœur qui me jurait toujours
De faire à Néron même envier nos amours?
Mais bannissez, Madame, une inutile crainte.
La foi dans tous les cœurs n'est pas encore éteinte;
Chacun semble des yeux approuver mon courroux;
La mère de Néron se déclare pour nous.
Rome, de sa conduite elle-même offensée (3)....

JUNIE.

Ah! Seigneur, vous parlez contre votre pensée (4).
Vous-même vous m'avez avoué mille fois
Que Rome le louait d'une commune voix;
Toujours à sa vertu vous rendiez quelque hommage.
Sans doute la douleur vous dicte ce langage.

BRITANNICUS.

Ce discours me surprend, il le faut avouer.
Je ne vous cherchais pas pour l'entendre louer.
Quoi! pour vous confier la douleur qui m'accable,
A peine je dérobe un moment favorable;
Et ce moment si cher, Madame, est consumé
A louer l'ennemi dont je suis opprimé?
Qui vous rend à vous-même, en un jour, si contraire?
Quoi! *même vos regards ont appris à se taire* (5)?

(1) Cette assurance si trompeuse donne le frisson. Néron entend tout cela.

(2) Avec quelle présence d'esprit, avec quelle adresse Junie cherche à arrêter les imprudences de Britannicus!

(3) Nouvelle imprudence : Britannicus apprend lui-même à Néron l'appui que lui prête Agrippine, et la faveur dont l'entourent les Romains indignés.

(4) Junie s'empresse d'excuser tant d'imprudence.

(5) Ce vers exprime à quel point Junie s'évertue à ne pas laisser parler ses regards, selon les recommandations du tyran.

Que vois-je? vous craignez de rencontrer mes yeux?
Néron vous plairait-il? Vous serais-je odieux?
Ah! si je le croyais.... Au nom des dieux, Madame,
Eclaircissez le trouble où vous jetez mon âme.
Parlez. Ne suis-je plus dans votre souvenir?

JUNIE.

Retirez-vous, Seigneur, l'empereur va venir (1).

BRITANNICUS.

Après ce coup, Narcisse, à qui dois-je m'attendre (2)?

SCÈNE VII
NÉRON, JUNIE, NARCISSE.

NÉRON.

Madame....

JUNIE.

Non, Seigneur, je ne puis rien entendre.
Vous êtes obéi. Laissez couler du moins
Des larmes dont ses yeux ne seront pas témoins (3).

SCÈNE VIII
NÉRON, NARCISSE.

NÉRON.

Eh bien! de leur amour tu vois la violence,
Narcisse : elle a paru jusque dans son silence.
Elle aime mon rival, je ne puis l'ignorer;
Mais je mettrai ma joie à le désespérer.
Je me fais de sa peine une image charmante (4),
Et je l'ai vu douter du cœur de son amante.
Je la suis. Mon rival t'attend pour éclater.
Par de nouveaux soupçons, va, cours le tourmenter;

(1) « Quand Junie ne peut plus soutenir les reproches de Britannicus, elle met fin à cette douloureuse scène par ce vers si cruel pour lui :
Retirez-vous, Seigneur; l'empereur va venir;
mais qui n'est, aux yeux du spectateur, que le dernier terme des forces de Junie. Elle les reprend toutes dans ces mots si heureux : *Non, Seigneur, je ne puis rien entendre;* qui soulagent le spectateur ainsi qu'elle. » (LA HARPE.)

(2) Britannicus se croit abandonné et trahi : il part désespéré.

(3) Junie se dérobe par la fuite : aussi bien son émotion est extrême; il n'y avait pas de moyen plus naturel de couper court à une entrevue, que Junie ne pouvait soutenir sans compromettre Britannicus, en laissant éclater sa douleur ou son indignation; le spectateur aussi n'aurait pu supporter davantage le triomphe insolent de Néron.

(4) La méchanceté de Néron s'accroît de scène en scène avec les fureurs de sa jalousie; c'est le tyran qui prend plaisir à torturer sa victime.

Et tandis qu'à mes yeux on le pleure, on l'adore,
Fais-lui payer bien cher un bonheur qu'il ignore.

NARCISSE, *seul.*

La fortune t'appelle une seconde fois,
Narcisse : voudrais-tu résister à sa voix ?
Suivons jusques au bout ses ordres favorables ;
Et, pour nous rendre heureux, perdons les misérables (1).

QUESTIONS SUR LE IIe ACTE.

Que se passe-t-il dans le 2e acte ?
Comment Néron s'annonce-t-il en paraissant sur la scène ?
Quel ordre donne-t-il à Burrhus ?
Pourquoi Burrhus garde-t-il le silence ?
Quelle est la question que Néron traite ensuite avec Narcisse ?
Quelle est, dans ce débat, l'attitude de Néron ? celle de Narcisse ?
Quel ordre perfide Néron donne-t-il à Narcisse ?
Comment Junie se rencontre-t-elle avec Néron ?
Quelle proposition Néron lui fait-il ?
Comment Junie l'accueille-t-elle ? Quelles raisons fait-elle valoir ?
Comment se montrent les caractères de Junie et de Néron dans cette
    première entrevue ? A quelle épreuve Néron soumet-il Junie ?
Qu'appelle-t-on la scène de la tapisserie ?
Quel est le rôle de Junie dans cette scène ?
Comment Britannicus se compromet-il par son imprudence ?
Pourquoi Junie se dérobe-t-elle à Néron ?
Comment se montre la méchanceté de Néron ?
Comment Narcisse montre-t-il sa perversité ?
Que se passe-t-il entre le 2e acte et le 3e ?

(1) « Ce vers, dit L. Racine, excite ordinairement des murmures : c'est parce qu'il exprime trop crûment une idée odieuse et basse ; parce que le personnage énonce à froid, seul avec lui-même, ce qu'on pourrait supporter tout au plus dans un mouvement de passion et dans la chaleur du dialogue ; enfin, c'est parce qu'il est malheureux de terminer un acte par un petit monologue si désagréable à entendre. Boileau, qui engagea son ami à sacrifier une scène très bien écrite mais inutile (au commencement du 3e acte, entre Burrhus et Narcisse), aurait pu lui demander la suppression de ces quatre vers, qui n'était pas un sacrifice. »

Un sentiment aussi vil ne peut, en effet, sortir que d'une âme basse et perverse : perdre un malheureux pour s'établir sur sa ruine, c'est l'égoïsme le plus hideux. Photin, du moins, quand il conseille à Ptolomée de sacrifier Pompée, colore sa lâcheté d'un semblant de religion (*Mort de Pompée*, Acte I, sc. 1) : Et pour leur obéir (aux dieux), perdez le malheureux.

Pendant l'entr'acte, Narcisse, obéissant aux ordres de Néron, va trouver Britannicus pour lui faire croire que Junie infidèle s'est donnée à son rival.

ACTE TROISIÈME

**Obstination de Néron. — Menaces d'Agrippine.
Explications de Junie. — Altercation de Britannicus et de Néron.**

SCÈNE I
NÉRON, BURRHUS.

BURRHUS.

Pallas obéira, Seigneur.

NÉRON.

Et de quel œil
Ma mère a-t-elle vu confondre son orgueil?

BURRHUS.

Ne doutez point, Seigneur, que ce coup ne la frappe,
Qu'en reproches bientôt sa douleur ne s'échappe.
Ses transports dès longtemps commencent d'éclater :
A d'inutiles cris puissent-ils s'arrêter!

NÉRON.

Quoi! de quelque dessein la croyez-vous capable?

BURRHUS.

Agrippine, Seigneur, est toujours redoutable.
Rome et tous vos soldats révèrent ses aïeux;
Germanicus son père est présent à leurs yeux.
Elle sait son pouvoir; vous savez son courage;
Et ce qui me la fait redouter davantage,
C'est que vous appuyez vous-même son courroux,
Et que vous lui donnez des armes contre vous.

NÉRON.

Moi, Burrhus?

BURRHUS.

Cet amour, Seigneur, qui vous possède...

NÉRON.

Je vous entends, Burrhus. Le mal est sans remède.
Mon cœur s'en est plus dit que vous ne m'en direz.
Il faut que j'aime enfin (1).

---

(1) Cette scène met sous nos yeux une des différences capitales qui distinguent le genre dramatique de Racine de celui de Corneille. Pour les héros de Corneille,

L'amour n'est qu'un plaisir, l'honneur est un devoir (*Le Cid*, III, 6);

leur cœur est le théâtre des luttes les plus généreuses, et la victoire enfin

BURRHUS.

Vous vous le figurez,
Seigneur; et, satisfait de quelque résistance,
Vous redoutez un mal faible dans sa naissance.
Mais si dans son devoir votre cœur affermi
Voulait ne point s'entendre avec son ennemi;
Si de vos premiers ans vous consultiez la gloire;
Si vous daigniez, Seigneur, rappeler la mémoire
Des vertus d'Octavie indignes de ce prix,
Et de son chaste amour vainqueur de vos mépris;
Surtout si, de Junie évitant la présence,
Vous condamniez vos yeux à quelques jours d'absence :
Croyez-moi, quelque amour qui semble vous charmer,
On n'aime point, Seigneur, si l'on ne veut aimer.

NÉRON.

Je vous croirai, Burrhus, lorsque dans les alarmes
Il faudra soutenir la gloire de nos armes,
Ou lorsque, plus tranquille, assis dans le sénat,
Il faudra décider du destin de l'Etat:
Je m'en reposerai sur votre expérience.
Mais, croyez-moi, l'amour est une autre science,
Burrhus; et je ferais quelque difficulté
D'abaisser jusque-là votre sévérité.
Adieu. Je souffre trop éloigné de Junie.

SCÈNE II

BURRHUS.

*Enfin, Burrhus, Néron découvre son génie.
Cette férocité que tu croyais fléchir*

reste à la vertu. Racine nous montre dans Néron l'amour coupable régnant en maître, du moment où il est entré dans son cœur. Nous ne voyons pas l'ombre d'une résistance; et bien que Néron prétende que *son cœur s'en est plus dit que Burrhus ne lui en dira*, on sent que c'est une excuse banale qui n'a rien de sérieux; il s'abandonne à sa passion, comme à une puissance fatale qui l'entraîne malgré lui. Burrhus a beau lui faire entendre le langage de la raison, et lui rappeler la puissance de son libre arbitre; le malheureux ne veut rien entendre.

Cette théorie fausse et énervante, que le poète développera plus largement encore dans *Phèdre*, est extrêmement dangereuse. Les caractères faibles ne sont que trop portés à invoquer cette prétendue fatalité du mal, pour se dispenser de résister aux assauts du vice.

Pour la théorie de Corneille sur l'emploi de l'amour sur la scène, v. *Théâtre choisi de Corneille*, p. 366, note 1.

De tes faibles liens est prête à s'affranchir (1).
En quels excès peut-être elle va se répandre !
O dieux ! en ce malheur quel conseil dois-je prendre ?
Sénèque, dont les soins me devraient soulager,
Occupé loin de Rome, ignore ce danger (2).
Mais quoi ! si d'Agrippine excitant la tendresse
Je pouvais.... La voici : mon bonheur me l'adresse.

SCÈNE III
AGRIPPINE, BURRHUS, ALBINE.

AGRIPPINE.

Eh bien ! je me trompais, Burrhus, dans mes soupçons ?
Et vous vous signalez par d'illustres leçons !
On exile Pallas, dont le crime peut-être
Est d'avoir à l'empire élevé votre maître.
Vous le savez trop bien. Jamais, sans ses avis,
Claude qu'il gouvernait n'eût adopté mon fils.
Que dis-je ? A son épouse on donne une rivale ;
On affranchit Néron de la foi conjugale.
Digne emploi d'un ministre ennemi des flatteurs,
Choisi pour mettre un frein à ses jeunes ardeurs,
De les flatter lui-même, et nourrir dans son âme
Le mépris de sa mère et l'oubli de sa femme (3) !

BURRHUS.

Madame, jusqu'ici c'est trop tôt m'accuser ;
L'empereur n'a rien fait qu'on ne puisse excuser.
N'imputez qu'à Pallas un exil nécessaire :
Son orgueil dès longtemps exigeait ce salaire ;
Et l'empereur ne fait qu'accomplir à regret
Ce que toute la cour demandait en secret.
Le reste est un malheur qui n'est point sans ressource :
Des larmes d'Octavie on peut tarir la source.
Mais calmez vos transports. Par un chemin plus doux,
Vous lui pourrez plus tôt ramener son époux :

(1) Burrhus commence à entrevoir les abîmes où va se jeter la nature fougueuse et mal domptée de son élève. Aussi bien les froids principes du stoïcisme n'ont guère de prise sur des caractères si violents ; seul le sentiment religieux et la crainte des justices éternelles sont capables de les tenir en respect.

(2) Le poète suppose que Sénèque est loin de Rome, pour expliquer son absence sur la scène. Du reste, de quel secours ce froid rhéteur, qui ne montrait sa vertu que dans ses livres, pouvait-il être à Burrhus en ce moment critique ?

(3) Au lieu de conspirer avec Burrhus pour arrêter les entraînements coupables de son fils, l'orgueil d'Agrippine vient, par ses récriminations égoïstes, irriter le mal. Son ambition éclate, avec une ironie insolente et féroce, contre le ministre impuissant.

Les menaces, les cris, le rendront plus farouche (1).

AGRIPPINE.

Ah ! l'on s'efforce en vain de me fermer la bouche (2).
Je vois que mon silence irrite vos dédains ;
Et c'est trop respecter l'ouvrage de mes mains.
Pallas n'emporte pas tout l'appui d'Agrippine :
Le ciel m'en laisse assez pour venger ma ruine.
Le fils de Claudius commence à ressentir
Des crimes dont je n'ai que le seul repentir.
J'irai, n'en doutez point, le montrer à l'armée,
Plaindre aux yeux des soldats son enfance opprimée,
Leur faire, à mon exemple, expier leur erreur.
On verra d'un côté le fils d'un empereur
Redemandant la foi jurée à sa famille,
Et de Germanicus on entendra la fille ;
De l'autre, l'on verra le fils d'Ænobarbus,
Appuyé de Sénèque et du tribun Burrhus (3),
Qui, tous deux de l'exil rappelés par moi-même,
Partagent à mes yeux l'autorité suprême.
De nos crimes communs je veux qu'on soit instruit :
On saura les chemins par où je l'ai conduit.
Pour rendre sa puissance et la vôtre odieuses,
J'avoûrai les rumeurs les plus injurieuses ;
Je confesserai tout, exils, assassinats,
Poison même....

(1) Burrhus est dans le vrai : il connaît son élève ; et il parle à une femme ambitieuse trop pressée d'écraser ses ennemis pour reprendre le pouvoir, au risque de tout perdre par un éclat imprudent.

(2) Ce discours si véhément est une magnifique imitation de Tacite : « À la nouvelle de l'exil de Pallas, Agrippine ne se contient plus, elle éclate en menaces, elle cherche à épouvanter, elle crie, aux oreilles même du prince, que Britannicus n'est plus un enfant, que c'est le véritable, le digne héritier de l'empire, que l'empire est occupé par un étranger, par un enfant adoptif, grâce aux crimes de sa mère ; elle ne craindra pas, dit-elle, de mettre au jour tous les désastres de sa malheureuse famille, la honte de son mariage et ses empoisonnements ; les dieux et sa propre prévoyance ont seuls conservé la vie à Britannicus ; elle ira avec lui dans le camp ; on entendra d'un côté la fille de Germanicus, de l'autre le misérable Burrhus et l'exilé Sénèque, réclamant l'un d'une main mutilée, l'autre d'une voix de rhéteur, le gouvernement du genre humain. En proférant ces paroles, ses gestes étaient menaçants ; elle accumulait les outrages ; elle attestait la divinité de Claude, les mânes de Silanus, et tant de forfaits qui lui avaient été inutiles. » (Ann., XIII, 14.) Ces emportements forcenés précipitèrent l'attentat de Néron sur l'infortuné Britannicus.

(3) Le fils d'Ænobarbus ! elle ne l'appelle plus son fils, ni César, ni l'empereur. Toute cette tirade respire la fureur de l'ambition aux abois : Agrippine s'emporte, menace, pour effrayer le ministre qui la gêne.

ACTE III, SCÈNE III

BURRHUS.

Madame, ils ne vous croiront pas (1).
Ils sauront récuser l'injuste stratagème
D'un témoin irrité qui s'accuse lui-même (2).
Pour moi, qui le premier secondai vos desseins,
Qui fis même jurer l'armée entre ses mains,
Je ne me repens point de ce zèle sincère.
Madame, c'est un fils qui succède à son père (3).
En adoptant Néron, Claudius, par son choix,
De son fils et du vôtre a confondu les droits.
Rome l'a pu choisir. Ainsi, sans être injuste,
Elle choisit Tibère adopté par Auguste;
Et le jeune Agrippa, de son sang descendu (4),
Se vit exclu du rang vainement prétendu.
Sur tant de fondements sa puissance établie
Par vous même aujourd'hui ne peut être affaiblie;
Et s'il m'écoute encor, Madame, sa bonté
Vous en fera bientôt perdre la volonté.
J'ai commencé, je veux poursuivre mon ouvrage (5).

(1) Ce mot si calme est d'un effet admirable. Il est de Corneille, et l'imitation en est très heureuse.
Pressé par les invectives furieuses d'Arsinoé, Prusias dit à Nicomède du ton le plus courroucé (*Nicomède*, IV, 2) :

Purge-toi d'un forfait si honteux et si bas.

Nicomède répond avec une tranquille assurance :

M'en purger! moi, Seigneur! *vous ne le croyez pas!*

Burrhus arrête très habilement Agrippine au mot de *poison*, pour lui faire comprendre à quel point elle s'avilirait, et que, du reste, ces excès ne lui serviraient de rien.

(2) « Quand les méchants se divisent, il ne leur en coûte pas plus d'avouer leurs crimes pour nuire, qu'il ne leur en a coûté de les commettre. Voilà cette Agrippine si fière, prête à se placer elle-même dans le rang des derniers scélérats pour se venger de son complice (Néron), et ressaisir le pouvoir qui échappe à son ambition trompée; et, pour comble de punition, Burrhus lui fait comprendre qu'elle s'avilirait inutilement, et qu'elle ne peut rien contre le maître que ses crimes lui ont donné. Quelle leçon! » (LA HARPE.)

(3) Burrhus s'efforce de réfuter les allégations d'Agrippine, pour lui démontrer l'inanité de ses projets, et la faire renoncer à son entreprise. Au sujet de l'élévation de Néron, v. plus loin (Acte IV, sc. 2).

(4) M. Julius Agrippa Posthumus, fils d'Agrippa et de Julie la fille d'Auguste, relégué par ce prince dans l'île de Planasie, et mis à mort par ordre de Tibère : ce fut le premier crime de ce tyran, comme le meurtre de Britannicus fut le premier de Néron.

(5) Burrhus se retire brusquement sous prétexte de calmer Néron; de fait, il voit, par les dispositions d'Agrippine, qu'il ne peut compter sur elle pour ramener son fils dans le devoir.

SCÈNE IV
AGRIPPINE, ALBINE.

ALBINE.

Dans quel emportement la douleur vous engage,
Madame ! L'empereur puisse-t-il l'ignorer !

AGRIPPINE.

Ah ! lui-même à mes yeux puisse-t-il se montrer !

ALBINE.

Madame, au nom des dieux, cachez votre colère.
Quoi ! pour les intérêts de la sœur ou du frère,
Faut-il sacrifier le repos de vos jours ?
Contraindrez-vous César jusque dans ses amours (1)?

AGRIPPINE.

Quoi ! tu ne vois donc pas jusqu'où l'on me ravale,
Albine ? C'est à moi qu'on donne une rivale.
Bientôt, si je ne romps ce funeste lien,
Ma place est occupée, et je ne suis plus rien (2).
Jusqu'ici d'un vain titre Octavie honorée,
Inutile à la cour, en était ignorée.
Les grâces, les honneurs, par moi seule versés,
M'attiraient des mortels les vœux intéressés.
Une autre de César a surpris la tendresse :
Elle aura le pouvoir d'épouse et de maîtresse.
Le fruit de tant de soins, la pompe des Césars,
Tout deviendra le prix d'un seul de ses regards.
Que dis-je ? l'on m'évite, et déjà délaissée (3)....
Ah ! je ne puis, Albine, en souffrir la pensée.
Quand je devrais du ciel hâter l'arrêt fatal (4),
Néron, l'ingrat Néron.... Mais voici son rival.

(1) Ce langage d'Albine reflète bien la corruption de la cour impériale : l'égoïsme et la flatterie ont effacé la notion du devoir le plus sacré pour une mère.

(2) Voilà Agrippine tout entière : comme la Cléopâtre de *Rodogune*, elle ne peut souffrir qu'une rivale occupe sa place. Dévorée d'ambition, elle préfère la mort à une disgrâce. (Cf. *Rodogune*, Acte V, sc. I.) Tacite avait caractérisé cette femme ambitieuse par ce mot : « Elle pouvait donner l'empire à son fils, mais non le voir commander. » (*Ann.*, XII, 64.)

(3) Après avoir raconté le meurtre d'Agrippine, Tacite ajoute : « Telle fut la fin d'Agrippine : elle l'avait apprise plusieurs années auparavant, sans toutefois s'en inquiéter ; car, ayant consulté des astrologues sur les destins de Néron, il lui avait été répondu qu'il régnerait, mais qu'il tuerait sa mère : Qu'il me tue, dit-elle, pourvu qu'il règne. » (*Ann.*, XIV, 9.)

(4) Néron, craignant le ressentiment de sa mère, lui ôta sa garde et lui défendit d'habiter le palais impérial : « de ce jour, dit Tacite, le palais

ACTE III, SCÈNE V

SCÈNE V.
BRITANNICUS, AGRIPPINE, NARCISSE, ALBINE.

BRITANNICUS.

Nos ennemis communs ne sont pas invincibles,
Madame; nos malheurs trouvent des cœurs sensibles.
Vos amis et les miens, jusqu'alors si secrets,
Tandis que nous perdions le temps en vains regrets,
Animés du courroux qu'allume l'injustice,
Viennent de confier leur douleur à Narcisse.
Néron n'est pas encor tranquille possesseur
De l'ingrate qu'il aime au mépris de ma sœur.
Si vous êtes toujours sensible à son injure,
On peut dans son devoir ramener le parjure.
La moitié du sénat s'intéresse pour nous :
Sylla, Pison, Plautus (1)....

AGRIPPINE.

Prince, que dites-vous ?
Sylla, Pison, Plautus! les chefs de la noblesse !

BRITANNICUS.

Madame, je vois bien que ce discours vous blesse,
Et que votre courroux, tremblant, irrésolu,
Craint déjà d'obtenir tout ce qu'il a voulu (2).
Non, vous avez trop bien établi ma disgrâce :
D'aucun ami pour moi ne redoutez l'audace.
Il ne m'en reste plus ; et vos soins trop prudents
Les ont tous écartés ou séduits dès longtemps.

AGRIPPINE.

Seigneur, à vos soupçons donnez moins de créance :

d'Agrippine fut désert; personne ne la consolait, ne la visitait, excepté quelques femmes, et l'on doute si c'était par amour ou par haine, » tant il est vrai, c'est la réflexion du grave historien, que « de toutes les choses mortelles, il n'en est pas de plus inconstante et de plus fragile que le prestige d'un pouvoir qui ne tire pas sa force de lui-même. » (Ann. XIII, 19.)

(1) Corn. Sylla était le gendre de Claude par son mariage avec Antonia (Tac., Ann., XIII, 23) ; Pison descendait d'Auguste par les femmes au même degré que Néron ; Rubellius Plautus et Sylla, exilés bientôt après par Néron, furent tués par son ordre après la chute de Sénèque (Ann., XIV, 47-48). Ce Pison fut le chef de la grande conjuration qui faillit renverser Néron, l'an 64, et qui fut le signal de tant de meurtres.

(2) Britannicus s'aperçoit trop tard de son imprudence : il ne connaît pas assez Agrippine. Elle veut bien se servir de son nom comme d'un épouvantail pour Néron ; mais favoriser ses projets jusqu'à lui rendre le trône de son père, c'est lui demander trop. Aussi, alarmée du mouvement qui se fait à Rome, elle se hâte de réduire toute l'action à ses prières et à ses larmes.

Notre salut dépend de notre intelligence.
J'ai promis, il suffit. Malgré vos ennemis,
Je ne révoque rien de ce que j'ai promis.
Le coupable Néron fuit en vain ma colère :
Tôt ou tard il faudra qu'il entende sa mère.
J'essaîrai tour à tour la force et la douceur ;
Ou moi-même, avec moi conduisant votre sœur,
J'irai semer partout ma crainte et ses alarmes,
Et ranger tous les cœurs du parti de ses larmes.
Adieu. J'assiégerai Néron de toutes parts.
Vous, si vous m'en croyez, évitez ses regards.

SCÈNE VI

BRITANNICUS, NARCISSE.

BRITANNICUS.

Ne m'as-tu point flatté d'une fausse espérance ?
Puis-je sur ton récit fonder quelque assurance,
Narcisse ?

NARCISSE.

Oui. Mais, Seigneur, ce n'est pas en ces lieux
Qu'il faut développer ce mystère à vos yeux.
Sortons. Qu'attendez-vous ?

BRITANNICUS.

Ce que j'attends, Narcisse ?
Hélas !

NARCISSE.

Expliquez-vous.

BRITANNICUS.

Si par ton artifice,
Je pouvais revoir...

NARCISSE.

Qui ?

BRITANNICUS.

J'en rougis. Mais enfin
D'un cœur moins agité j'attendrais mon destin.

NARCISSE.

Après tous mes discours, vous la croyez fidèle ?

BRITANNICUS.

Non, je la crois, Narcisse, ingrate, criminelle,
Digne de mon courroux ; mais je sens, malgré moi,
Que je ne le crois pas autant que je le doi.

Dans ses égarements, mon cœur opiniâtre
Lui prête des raisons, l'excuse, l'idolâtre.
Je voudrais vaincre enfin mon incrédulité :
Je la voudrais haïr avec tranquillité.
Et qui croira qu'un cœur si grand en apparence,
D'une infidèle cour ennemi dès l'enfance,
Renonce à tant de gloire, et dès le premier jour,
Trame une perfidie inouïe à la cour?

NARCISSE.

Eh! qui sait si l'ingrate, en sa longue retraite,
N'a point de l'empereur médité la défaite?
Trop sûre que ses yeux ne pouvaient se cacher,
Peut-être elle fuyait pour se faire chercher,
Pour exciter Néron par la gloire pénible
De vaincre une fierté jusqu'alors invincible (1).

BRITANNICUS.

Je ne la puis donc voir?

NARCISSE.

     Seigneur, en ce moment
Elle reçoit les vœux de son nouvel amant.

BRITANNICUS.

Eh bien! Narcisse, allons. Mais que vois-je? c'est elle.

NARCISSE, *à part*.

Ah! dieux! A l'empereur portons cette nouvelle.

SCÈNE VII
BRITANNICUS, JUNIE.

JUNIE.

Retirez-vous, Seigneur, et fuyez un courroux
Que ma persévérance allume contre vous.
Néron est irrité. Je me suis échappée
Tandis qu'à l'arrêter sa mère est occupée (2).
Adieu, réservez-vous, sans blesser mon amour,
Au plaisir de me voir justifier un jour.

---

(1) Narcisse, toujours fidèle à son rôle, excite les soupçons jaloux de Britannicus; puis il s'empresse d'annoncer à Néron la nouvelle entrevue des deux infortunés.

(2) Racine explique l'arrivée subite de Junie par l'entretien d'Agrippine avec Néron : grâce à cette intervention, elle a pu s'échapper; mais craignant que l'empereur ne la suive de près, elle conjure Britannicus de se retirer. Racine met un soin minutieux à expliquer et à rendre vraisemblables les moindres mouvements de ses personnages.

Votre image sans cesse est présente à mon âme :
Rien ne l'en peut bannir.

BRITANNICUS.

Je vous entends, Madame :
Vous voulez que ma fuite assure vos désirs,
Que je laisse un champ libre à vos nouveaux soupirs.
Sans doute, en me voyant, une pudeur secrète
Ne vous laisse goûter qu'une joie inquiète.
Eh bien ! il faut partir.

JUNIE.

Seigneur, sans m'imputer...

BRITANNICUS.

Ah ! vous deviez du moins plus longtemps disputer.
Je ne murmure point qu'une amitié commune
Se range du parti que flatte la fortune,
Que l'éclat d'un empire ait pu vous éblouir,
Qu'aux dépens de ma sœur vous en vouliez jouir ;
Mais que, de ces grandeurs comme une autre occupée,
Vous m'en ayez paru si longtemps détrompée :
Non, je l'avoue encor, mon cœur désespéré
Contre ce seul malheur n'était point préparé.
J'ai vu sur ma ruine élever l'injustice ;
De mes persécuteurs j'ai vu le ciel complice.
Tant d'horreurs n'avaient point épuisé son courroux,
Madame : il me restait d'être oublié de vous.

JUNIE.

Dans un temps plus heureux, ma juste impatience
Vous ferait repentir de votre défiance.
Mais Néron vous menace : en ce pressant danger,
Seigneur, j'ai d'autres soins que de vous affliger.
Allez, rassurez-vous, et cessez de vous plaindre :
Néron nous écoutait, et m'ordonnait de feindre (1).

BRITANNICUS.

Quoi ! le cruel....

JUNIE.

Témoin de tout notre entretien,
D'un visage sévère examinait le mien,
Prêt à faire sur vous éclater la vengeance
D'un geste confident de notre intelligence.

---

(1) Cette justification, si naturelle, si touchante, prolonge un entretien dont Britannicus ne comprend pas l'imprudence : Néron, averti par Narcisse, aura le temps d'accourir pour le surprendre ; ce sera l'occasion de la belle scène où le caractère de Britannicus se révélera avec plus de grandeur.

BRITANNICUS.

Néron nous écoutait, Madame ! Mais, hélas !
Vos yeux auraient pu feindre, et ne m'abuser pas.
Ils pouvaient me nommer l'auteur de cet outrage.
L'amour est-il muet, ou n'a-t-il qu'un langage ?
De quel trouble un regard pouvait me préserver ?
Il fallait....

JUNIE.

       Il fallait me taire et vous sauver.
Combien de fois, hélas ! puisqu'il faut vous le dire,
Mon cœur de son désordre allait-il vous instruire !
De combien de soupirs interrompant le cours,
Ai-je évité vos yeux que je cherchais toujours !
Quel tourment de se taire en voyant ce qu'on aime !
De l'entendre gémir, de l'affliger soi-même,
Lorsque par un regard on peut le consoler !
Mais quels pleurs ce regard aurait-il fait couler !
Ah ! dans ce souvenir, inquiète, troublée,
Je ne me sentais pas assez dissimulée.
De mon front effrayé je craignais la pâleur ;
Je trouvais mes regards trop pleins de ma douleur.
Sans cesse il me semblait que Néron en colère
Me venait reprocher trop de soin de vous plaire ;
Je craignais mon amour vainement renfermé ;
Enfin, j'aurais voulu n'avoir jamais aimé.
Hélas ! pour son bonheur, Seigneur, et pour le nôtre,
Il n'est que trop instruit de mon cœur et du vôtre !
Allez, encore un coup, cachez-vous à ses yeux :
Mon cœur plus à loisir vous éclaircira mieux.
De mille autres secrets j'aurais compte à vous rendre.

BRITANNICUS.

Ah ! n'en voilà que trop : c'est trop me faire entendre,
Madame, mon bonheur, mon crime, vos bontés.
Et savez-vous pour moi tout ce que vous quittez ?
Quand pourrai-je à vos pieds expier ce reproche ?

JUNIE.

Que faites-vous ? Hélas ! votre rival s'approche.

SCÈNE VIII
NÉRON, BRITANNICUS, JUNIE.

NÉRON.

Prince, continuez des transports si charmants.
Je conçois vos bontés par ses remercîments,
Madame ; à vos genoux je viens de le surprendre.

Mais il aurait aussi quelque grâce à me rendre ;
Ce lieu le favorise, et je vous y retiens
Pour lui faciliter de si doux entretiens.

BRITANNICUS.

Je puis mettre à ses pieds ma douleur ou ma joie
Partout où sa bonté consent que je la voie ;
Et l'aspect de ces lieux où vous la retenez
N'a rien dont mes regards doivent être étonnés (1).

NÉRON.

Et que vous montrent-ils qui ne vous avertisse
Qu'il faut qu'on me respecte, et que l'on m'obéisse ?

BRITANNICUS.

Ils ne nous ont pas vu l'un et l'autre élever,
Moi pour vous obéir, et vous pour me braver ;
Et ne s'attendaient pas, lorsqu'ils nous virent naître,
Qu'un jour Domitius me dût parler en maître (2).

NÉRON.

Ainsi par le destin nos vœux sont traversés :
J'obéissais alors, et vous obéissez.
Si vous n'avez appris à vous laisser conduire,
Vous êtes jeune encore, et l'on peut vous instruire.

BRITANNICUS.

Et qui m'en instruira ?

NÉRON.

Tout l'empire à la fois,
Rome.

BRITANNICUS.

Rome met-elle au nombre de vos droits
Tout ce qu'a de cruel l'injustice et la force,
Les emprisonnements, le rapt et le divorce ?

---

(1) Cette altercation excite le plus vif intérêt : tout en admirant le courage du jeune prince, on tremble pour ses jours. Chacune de ses paroles est un trait sanglant pour l'usurpateur qui, après lui avoir enlevé le trône, lui dispute maintenant sa dernière consolation. Néron, humilié, confondu, ne sait répondre que par des menaces furieuses, et par la violence.

(2) Quelque temps après l'adoption de Néron par Claude et la disgrâce de Britannicus (l'an 51), « les deux jeunes gens s'étant rencontrés, dit Tacite, Néron salua son frère du nom de Britannicus ; celui-ci répondit par le nom de *Domitius*. Agrippine en fit à son époux des plaintes amères comme d'un commencement de discorde : On méprise votre adoption, dit-elle ; ce qu'a réglé le sénat, ce qu'a ordonné le peuple, on l'annule dans l'intérieur du palais ; et si l'on ne réprime la méchanceté des maîtres qui donnent ces leçons de haine, elle entraînera quelque malheur public. » (*Ann.*, XII, 41.)

NÉRON.

Rome ne porte point ses regards curieux
Jusque dans des secrets que je cache à ses yeux.
Imitez son respect.

BRITANNICUS.

On sait ce qu'elle en pense.

NÉRON.

Elle se tait du moins : imitez son silence.

BRITANNICUS.

Ainsi Néron commence à ne se plus forcer.

NÉRON.

Néron de vos discours commence à se lasser.

BRITANNICUS.

Chacun devait bénir le bonheur de son règne.

NÉRON.

Heureux ou malheureux, il suffit qu'on me craigne (1).

BRITANNICUS.

Je connais mal Junie, ou de tels sentiments
Ne mériteront pas ses applaudissements.

NÉRON.

Du moins, si je ne sais le secret de lui plaire,
Je sais l'art de punir un rival téméraire.

BRITANNICUS.

Pour moi, quelque péril qui me puisse accabler,
Sa seule inimitié peut me faire trembler.

NÉRON.

Souhaitez-la (2) : c'est tout ce que je puis vous dire.

BRITANNICUS.

Le bonheur de lui plaire est le seul où j'aspire.

(1) Sénèque, dans son traité de la *Colère* (l. I, 16) cite ce mot abominable, exécrable, comme il l'appelle : « qu'ils me haïssent, pourvu qu'ils me craignent, » *dira et abominanda* (vox) : *oderint dum metuant*; mot qui respire le siècle sanglant de Sylla. »

Le mot remonte jusqu'à Ennius qui le prête à un tyran dans une de ses tragédies.

(2) Lekain, dit Geoffroy, prononçait *souhaitez-la* avec un accent que n'ont pu oublier ceux qui ont vu jouer Néron par ce grand acteur. — Ce mot rappelle la parole sublime de César à Ptolomée, en lui parlant de sa clémence : *Souhaitez-la plutôt.* (*Mort de Pompée*, Acte III, sc. 2.)

NÉRON.

Elle vous l'a promis, vous lui plairez toujours.

BRITANNICUS.

Je ne sais pas du moins épier ses discours.
Je la laisse expliquer sur tout ce qui me touche,
Et ne me cache point pour lui fermer la bouche.

NÉRON.

Je vous entends. Eh bien ! gardes !

JUNIE.

Que faites-vous ?
C'est votre frère. Hélas ! c'est un amant jaloux.
Seigneur, mille malheurs persécutent sa vie.
Ah ! son bonheur peut-il exciter votre envie ?
Souffrez que, de vos cœurs rapprochant les liens,
Je me cache à vos yeux, et me dérobe aux siens.
Ma fuite arrêtera vos discordes fatales ;
Seigneur, j'irai remplir le nombre des vestales (1).
Ne lui disputez plus mes vœux infortunés :
Souffrez que les dieux seuls en soient importunés.

NÉRON.

L'entreprise, Madame, est étrange et soudaine.
Dans son appartement, gardes, qu'on la remène.
Gardez Britannicus dans celui de sa sœur.

BRITANNICUS.

C'est ainsi que Néron sait disputer un cœur.

JUNIE.

Prince, sans l'irriter, cédons à cet orage.

NÉRON.

Gardes, obéissez sans tarder davantage (2).

---

(1) Junie, avec une générosité touchante, s'offre comme victime pour apaiser les deux rivaux. Inquiète pour la vie de Britannicus, elle se résigne à le perdre pour elle-même, pourvu qu'il vive. Racine, par ce cri héroïque, prépare le dénoûment en ce qui concerne Junie. Geoffroy néanmoins a raison de dire que cette proposition de Junie n'est ni théâtrale ni intéressante ; d'autre part, elle choque trop, aux yeux de Neron, les mœurs et les usages des Romains.

(2) Néron reste maître de la position, comme les tyrans, par l'abus de la force ; Junie et Britannicus sont emmenés chacun séparément et gardés à vue.

SCÈNE IX
NÉRON, BURRHUS.

BURRHUS.

Que vois-je ? O ciel (1) !

NÉRON, *sans voir Burrhus.*

Ainsi leurs feux sont redoublés.
Je reconnais la main qui les a rassemblés.
Agrippine ne s'est présentée à ma vue,
Ne s'est dans ses discours si longtemps étendue,
Que pour faire jouer ce ressort odieux.

(*Apercevant Burrhus.*)

Qu'on sache si ma mère est encore en ces lieux.
Burrhus, dans ce palais je veux qu'on la retienne.
Et qu'au lieu de sa garde on lui donne la mienne (2).

BURRHUS.

Quoi ! Seigneur ? sans l'ouïr ? Une mère ?

NÉRON.

Arrêtez :
J'ignore quels projets, Burrhus, vous méditez ;
Mais, depuis quelques jours, tout ce que je désire
Trouve en vous un censeur prêt à me contredire.
Répondez-m'en, vous dis-je ; ou, sur votre refus,
D'autres me répondront et d'elle et de Burrhus (3).

QUESTIONS SUR LE IIIe ACTE.

Que se passe-t-il dans le 3e acte ?
Quel sacrifice Burrhus demande-t-il à Néron ? Pourquoi échoue-t-il ?
Racine traite-t-il l'amour comme Corneille ?

(1) Burrhus, en quittant Agrippine, avait annoncé qu'il tâcherait de calmer Néron : il vient, mais c'est pour apprendre de nouveaux attentats, et le commencement de sa propre disgrâce.

(2) Néron, furieux de son échec, s'en prend maintenant à sa mère : il lui attribue d'avoir concerté l'entrevue de Britannicus et de Junie, et de l'avoir favorisée en l'arrêtant par ses longs discours : la lutte, désormais, va se concentrer entre le fils et la mère.

(3) « La progression est ici également marquée, et dans l'intrigue et dans le caractère du tyran. Son frère est arrêté, parce qu'il est aimé de Junie ; sa mère est arrêtée en même temps, parce qu'elle favorise leurs amours ; et son gouverneur est menacé des fers, parce qu'il a dit un mot en leur faveur. L'intrigue se noue comme il doit arriver dans un troisième acte, et Néron et la pièce marchent du même pas. » (LA HARPE.)

Pourquoi Agrippine laisse-t-elle éclater sa fureur contre Burrhus ?
Comment Burrhus justifie-t-il son maître ?
Quelles sont les menaces d'Agrippine ?
Quelle est la réponse de Burrhus ?
Quel est le vrai motif des violences d'Agrippine ?
Pourquoi reçoit-elle avec tant de froideur les propositions de Britannicus ?
Pourquoi Britannicus reste-t-il après le départ d'Agrippine ?
Comment Narcisse le trompe-t-il de nouveau ?
Comment Junie explique-t-elle sa conduite à Britannicus ?
Pourquoi le poète prolonge-t-il cette scène ?
Pourquoi Néron survient-il tout à coup ?
Quel est le caractère de l'entrevue de Néron et de Britannicus ?
Comment Junie cherche-t-elle à les apaiser tous deux ?
Comment Néron reste-t-il maître de la position ?
Comment reçoit-il Burrhus ?
Quels ordres donne-t-il par rapport à sa mère ?

ACTE QUATRIÈME

La Lutte suprême :
Néron entre Agrippine, Burrhus et Narcisse (1).

SCÈNE I
AGRIPPINE, BURRHUS.

BURRHUS.

Oui, Madame, à loisir vous pourrez vous défendre :
César lui-même ici consent de vous entendre.
Si son ordre au palais vous a fait retenir,
C'est peut-être à dessein de vous entretenir.
Quoi qu'il en soit, si j'ose expliquer ma pensée,
Ne vous souvenez plus qu'il vous ait offensée :
Préparez-vous plutôt à lui tendre les bras ;
Défendez-vous, Madame, et ne l'accusez pas (2).
Vous voyez, c'est lui seul que la cour envisage.

---

(1) Le quatrième acte est le plus beau de la tragédie ; trois grandes scènes, ou plutôt trois grandes luttes le remplissent :

1° la lutte entre Néron et sa mère, entre l'ambition et la ruse, où Néron reste vainqueur par sa fourberie ;

2° la lutte entre Néron et Burrhus, entre le vice et la vertu, où Néron cède à la voix éloquente du devoir ;

3° la lutte entre Néron et Narcisse, entre la vertu hésitante et la perfide scélératesse du flatteur : la vertu succombe avec Neron.

(2) Burrhus craint un orage : le caractère altier d'Agrippine, s'il éclate, portera Néron aux dernières extrémités. Aussi prend-il soin d'adoucir son humeur, avant qu'elle aborde son fils.

Quoiqu'il soit votre fils, et même votre ouvrage,
Il est votre empereur. Vous êtes, comme nous,
Sujette à ce pouvoir qu'il a reçu de vous.
Selon qu'il vous menace, ou bien qu'il vous caresse,
La cour autour de vous ou s'écarte ou s'empresse.
C'est son appui qu'on cherche en cherchant votre appui.
Mais voici l'empereur.

AGRIPPINE.

Qu'on me laisse avec lui.

SCÈNE II[1].

AGRIPPINE, NÉRON.

AGRIPPINE, *s'asseyant*.

Approchez-vous, Néron, et prenez votre place (2).
On veut sur vos soupçons que je vous satisfasse.
J'ignore de quel crime on a pu me noircir :
De tous ceux que j'ai faits je vais vous éclaircir.
Vous régnez. Vous savez combien votre naissance
Entre l'empire et vous avait mis de distance.
Les droits de mes aïeux, que Rome a consacrés,
Étaient même sans moi d'inutiles degrés.

(1) Cette grande scène est calquée sur la fameuse entrevue d'Auguste et de Cinna (*Cinna*, Acte V, sc. 1) : l'idée est la même, ainsi que la marche du discours; mais l'intérêt dramatique est bien différent. Auguste, dans Corneille, a le beau rôle : ses bienfaits, partis d'un cœur généreux, n'ont fait qu'un ingrat qui veut l'assassiner ; le spectateur admire et plaint le malheureux empereur, tandis qu'il déteste le traître et jouit de son humiliation. Agrippine, au contraire, a mauvaise grâce de reprocher à son fils des faveurs qui toutes portent la marque du plus pur égoïsme : l'énumération même de ces prétendus bienfaits est odieuse, parce qu'on n'y voit, comme du reste Agrippine s'en vante, qu'une longue série de crimes. D'autre part, Néron, en résistant aux exigences de sa mère, ne fait preuve d'aucune ingratitude.
Le beau rôle, s'il y en avait un dans ces explications pénibles, serait du côté de Néron. L'émotion pathétique manque : une secrète inquiétude seule tient le spectateur en suspens.
Le discours de Cléopâtre à ses fils que Racine parait avoir pris aussi pour modèle, est plus effrayant, à cause du but qu'elle poursuit. (V. *Théâtre choisi de Corneille*, *Rodogune*, Acte II, sc. 3.)

(2) Agrippine parle à Néron avec la même autorité qu'Auguste à Cinna ; Néron obéit avec la même docilité ; et cependant quelle différence de situation ! Auguste est empereur, et il vient confondre un sujet coupable ; Agrippine vient pour se justifier devant son empereur, mais sa fierté se refuse à voir en lui autre chose que son fils : c'est ainsi qu'elle répond aux conseils de Burrhus.

AUG. Prends un siège, Cinna, prends, et sur toute chose
    Observe exactement la loi que je t'impose....
CINNA. Je vous obéirai, Seigneur....

Quand de Britannicus la mère condamnée
Laissa de Claudius disputer l'hyménée,
Parmi tant de beautés qui briguèrent son choix,
Qui de ses affranchis mendièrent les voix,
Je souhaitai son lit, dans la seule pensée
De vous laisser au trône où je serais placée.
Je fléchis mon orgueil, j'allais prier Pallas.
Son maître, chaque jour caressé dans mes bras,
Prit insensiblement dans les yeux de sa nièce
L'amour où je voulais amener sa tendresse.
Mais ce lien du sang qui nous joignait tous deux
Ecartait Claudius d'un lit incestueux.
Il n'osait épouser la fille de son frère.
Le sénat fut séduit : une loi moins sévère
Mit Claude dans mon lit, et Rome à mes genoux.
C'était beaucoup pour moi, ce n'était rien pour vous.
Je vous fis sur mes pas entrer dans sa famille :
Je vous nommai son gendre, et vous donnai sa fille.
Silanus, qui l'aimait, s'en vit abandonné,
Et marqua de son sang ce jour infortuné (1).
Ce n'était rien encore. Eussiez-vous pu prétendre
Qu'un jour Claude à son fils pût préférer son gendre?
De ce même Pallas j'implorai le secours :
Claude vous adopta, vaincu par ses discours ;
Vous appela Néron (2) ; et du pouvoir suprême

(1) Après la mort de Messaline (l'an 48), « les affranchis balançaient, pour le choix d'une impératrice, entre *Lollia Paullina*, fille du consulaire M. Lollius, Julie Agrippine, fille de Germanicus, et Elia Petina, de la famille des Tubéron. La première avait pour appui Calliste ; la seconde, Pallas ; la troisième, Narcisse. Les raisons de Pallas, soutenues de toutes les séductions d'Agrippine, prévalurent. Sous prétexte de rendre ses devoirs à son oncle, elle ne le quitte plus ; dès qu'elle est assurée de son union, elle élève ses vues, elle projette le mariage de son fils Domitius avec Octavie, la fille de César. Elle n'y pouvait parvenir que par un forfait, puisque César avait fiancé Octavie à L. Silanus. Agrippine invente contre Silanus une affreuse calomnie : chassé du sénat, forcé d'abdiquer la préture, Silanus se voit priver d'Octavie. Un décret, arraché au sénat, légitima désormais les mariages entre l'oncle et la nièce. Le jour même des noces d'Agrippine et de Claude, Silanus se donna la mort. Junia Calvina, sa sœur, fut exilée d'Italie. » (TAC., *Ann.* XII, 1-8.)

(2) « Pallas, par son crédit, hâte l'adoption de Domitius (l'an 50), sous prétexte de donner à l'enfance de Britannicus un appui solide.... Claude préfère à son propre fils, Domitius, plus âgé de deux ans..., et on promulgue une loi par laquelle il est introduit dans la famille Claudia et reçoit le surnom de Néron ; Agrippine elle-même est honorée du titre d'Augusta. Ce plan consommé, personne n'eut le cœur assez dur pour ne pas plaindre le sort de Britannicus. » (*Ib.* XII, 25-26.)

Voulut, avant le temps, vous faire part lui-même (1).
C'est alors que chacun, rappelant le passé,
Découvrit mon dessein déjà trop avancé;
Que de Britannicus la disgrâce future
Des amis de son père excita le murmure.
Mes promesses aux uns éblouirent les yeux;
L'exil me délivra des plus séditieux (2);
Claude même, lassé de ma plainte éternelle,
Éloigna de son fils tous ceux de qui le zèle,
Engagé dès longtemps à suivre son destin,
Pouvait du trône encor lui rouvrir le chemin.
Je fis plus : je choisis moi-même dans ma suite
Ceux à qui je voulais qu'on livrât sa conduite;
J'eus soin de vous nommer par un contraire choix,
Des gouverneurs que Rome honorait de sa voix.
Je fus sourde à la brigue, et crus la renommée.
J'appelai de l'exil, je tirai de l'armée,
Et ce même Sénèque, et ce même Burrhus,
Qui depuis.... Rome alors estimait leurs vertus (3).
De Claude en même temps épuisant les richesses,
Ma main, sous votre nom, répandait ses largesses.
Les spectacles, les dons, invincibles appas (4),
Vous attiraient les cœurs du peuple et des soldats,
Qui d'ailleurs, réveillant leur tendresse première,
Favorisaient en vous Germanicus mon père.
Cependant Claudius penchait vers son déclin.

(1) « On devança le temps où Néron devait prendre la robe virile, afin qu'il parût en état de prendre part aux affaires publiques. Claude accorda volontiers aux adulations du sénat, que Néron fût consul à vingt ans, qu'en attendant, il eût le titre de consul désigné, et le pouvoir proconsulaire en dehors de la ville, enfin qu'il fût appelé prince de la jeunesse. » (*Ib.* XII, 41.)

(2) « Les centurions et les tribuns qui compatissaient au sort de Britannicus, furent éloignés..., ses maîtres les plus vertueux tués ou exilés. Claude confia son éducation aux instituteurs que lui présenta sa marâtre. » (*Ib.*)

(3) « Agrippine obtient pour Sénèque son rappel de l'exil et en même temps la préture. Elle espérait plaire au public à cause de sa haute réputation dans les lettres; elle voulait aussi donner un maître si distingué à la jeunesse de Néron; ses conseils, du reste, aideraient la mère et le fils à s'assurer l'empire. Sénèque, pensait-elle, en souvenir de ce bienfait, lui serait à jamais fidèle, et le ressentiment de sa disgrâce passée l'animerait toujours contre Claude. » (*Ib.* XII, 8.)

(4) « On fit au nom de Néron une gratification au soldat, une distribution de vivres au peuple; et dans les jeux du Cirque qu'on donnait pour lui gagner l'affection de la multitude, on fit paraître Britannicus avec la prétexte, et Néron avec la robe triomphale. Le peuple put les voir tous deux revêtus, l'un des attributs du commandement, et l'autre des habits de l'enfance, et par là pressentir leurs futures destinées. » (*Ib.*)

Ses yeux, longtemps fermés, s'ouvrirent à la fin :
Il connut son erreur. Occupé de sa crainte,
Il laissa pour son fils échapper quelque plainte,
Et voulut, mais trop tard, assembler ses amis.
Ses gardes, son palais, son lit, m'étaient soumis.
Je lui laissai sans fruit consumer sa tendresse ;
De ses derniers soupirs je me rendis maîtresse.
Mes soins, en apparence, épargnant ses douleurs,
De son fils, en mourant, lui cachèrent les pleurs.
Il mourut. Mille bruits en courent à ma honte (1).
J'arrêtai de sa mort la nouvelle trop prompte ;
Et tandis que Burrhus allait secrètement
De l'armée en vos mains exiger le serment,
Que vous marchiez au camp, conduit sous mes auspices,
Dans Rome les autels fumaient de sacrifices ;
Par mes ordres trompeurs tout le peuple excité
Du prince déjà mort demandait la santé.
Enfin, des légions l'entière obéissance
Ayant de votre empire affermi la puissance,
On vit Claude ; et le peuple, étonné de son sort,
Apprit en même temps votre règne et sa mort (2).
C'est le sincère aveu que je voulais vous faire :
Voilà tous mes forfaits. En voici le salaire (3).

(1) Pour prévenir un retour de tendresse pour Britannicus, Agrippine fit empoisonner Claude. (TAC., *Ann.* XII, 56-57.)

(2) « Cependant on convoquait le sénat ; les consuls et les prêtres faisaient des vœux pour le salut du prince, tandis que son corps, déjà sans vie, était soigneusement enveloppé dans son lit, jusqu'à ce que tout fût préparé pour assurer l'empire à Néron. D'abord Agrippine, feignant d'être accablée par la douleur et de chercher des consolations, serrait Britannicus dans ses bras, l'appelait la vivante image de son père, et le retenait par divers artifices, pour qu'il ne sortît point de l'appartement. Elle fit aussi retenir Antonia et Octavie ses sœurs ; elle avait fermé toutes les issues en y mettant des gardes, et faisait annoncer fréquemment que la santé de l'empereur s'améliorait, afin d'entretenir l'espérance des soldats, et d'attendre le moment favorable marqué par les astrologues. Enfin, à midi, le 3 avant les ides d'octobre (13 oct. 54), les portes du palais s'ouvrent tout à coup, et Néron, accompagné de Burrhus, s'avance vers la cohorte qui était de garde. Là, par ordre du préfet, il est reçu avec des acclamations et placé dans une litière. Quelques-uns, dit-on, hésitèrent, regardant avec inquiétude et demandant où était Britannicus ; enfin, personne ne faisant opposition, ils suivirent l'impulsion qu'on leur donnait. Transporté dans le camp, Néron fait une harangue appropriée à la circonstance, promet une gratification à l'exemple de son père ; il est salué empereur. Les décrets du sénat confirmèrent le choix des soldats, et on n'hésita point dans les provinces. » (TAC., *Ann.* XII, 68-69.)

(3) Ce vers indique la division du discours, et l'objet de chacune des deux parties. Dans la première partie, Agrippine rappelle à son fils les bienfaits dont

ACTE IV, SCÈNE II. 213

Du fruit de tant de soins à peine jouissant
En avez-vous six mois paru reconnaissant,
Que, lassé d'un respect qui vous gênait peut-être,
Vous avez affecté de ne me plus connaître.
J'ai vu Burrhus, Sénèque, *aigrissant vos soupçons,*
De l'infidélité vous tracer des leçons,
Ravis d'être vaincus dans leur propre science (1).
J'ai vu favorisés de votre confiance
Othon, Sénécion (2), jeunes voluptueux,
Et de tous vos plaisirs flatteurs respectueux ;
Et lorsque, vos mépris excitant mes murmures,
Je vous ai demandé raison de tant d'injures,
(Seul recours d'un ingrat qui se voit confondu)
Par de nouveaux affronts vous m'avez répondu.
Aujourd'hui je promets Junie à votre frère ;
Ils se flattent tous deux du choix de votre mère :
Que faites-vous ? Junie, enlevée à la cour,
Devient en une nuit l'objet de votre amour ;
Je vois de votre cœur Octavie effacée,
Prête à sortir du lit où je l'avais placée ;
Je vois Pallas banni, votre frère arrêté ;
Vous attentez enfin jusqu'à ma liberté :
Burrhus ose sur moi porter ses mains hardies.
Et lorsque, convaincu de tant de perfidies,
Vous deviez ne me voir que pour les expier,
C'est vous qui m'ordonnez de me justifier.

NÉRON.

Je me souviens toujours que je vous dois l'empire ;
Et, sans vous fatiguer du soin de le redire,
Votre bonté, Madame, avec tranquillité
Pouvait se reposer sur ma fidélité.
Aussi bien ces soupçons, ces plaintes assidues
Ont fait croire à tous ceux qui les ont entendues
Que jadis, j'ose ici vous le dire entre nous,
Vous n'aviez, sous mon nom, travaillé que pour vous (3).

elle l'a comblé, c'est-à-dire ce qu'elle a fait pour le placer sur le trône :
injustices, perfidies, *exils, assassinats, poison même*.... (Acte III, sc. III);
dans la deuxième partie, elle reproche à Néron son ingratitude.

(1) « Cependant la puissance d'Agrippine s'ébranlait... Néron, pour être
plus libre dans ses passions, se dépouilla peu à peu de tout respect pour sa
mère, et s'abandonna à Sénèque » qui ne se montra que trop complaisant.
(TAC., *Ann.* XIII. 12-13.)

(2) Othon, futur empereur (l'an 69). V. Corneille, *Othon*, Acte II, sc. 4.
—Sénécion, fils d'un affranchi de Claude.

(3) « Ce fils qui découvre à sa mère l'hypocrisie de son amour maternel

« Tant d'honneurs, disaient-ils, et tant de déférences (1),
» Sont-ce de ses bienfaits de faibles récompenses?
» Quel crime a donc commis ce fils tant condamné?
» Est-ce pour obéir qu'elle l'a couronné?
» N'est-il de son pouvoir que le dépositaire? »
Non que, si jusque-là j'avais pu vous complaire,
Je n'eusse pris plaisir, Madame, à vous céder
Ce pouvoir que vos cris semblaient redemander.
Mais Rome veut un maître, et non une maîtresse.
Vous entendiez les bruits qu'excitait ma faiblesse :
Le sénat chaque jour et le peuple, irrités
De s'ouïr par ma voix dicter vos volontés,
Publiaient qu'en mourant Claude avec sa puissance
M'avait encor laissé sa simple obéissance.
Vous avez vu cent fois nos soldats en courroux
Porter en murmurant leurs aigles devant vous,
Honteux de rabaisser par cet indigne usage
Les héros dont encore elles portent l'image.
Toute autre se serait rendue à leurs discours ;
Mais si vous ne régnez, vous vous plaignez toujours (2).
Avec Britannicus contre moi réunie,
Vous le fortifiez du parti de Junie ;
Et la main de Pallas trame tous ces complots ;
Et lorsque malgré moi j'assure mon repos,
On vous voit de colère et de haine animée.
Vous voulez présenter mon rival à l'armée :
Déjà jusques au camp le bruit en a couru (3).

AGRIPPINE.

Moi, le faire empereur, ingrat? l'avez-vous cru?
Quel serait mon dessein? qu'aurais-je pu prétendre?

avec un cruel sang-froid, inspire une horreur secrète, et nous serions tentés de quelque pitié pour Agrippine, si la confusion paraissait sur son visage. » (CHARAUX, *Racine*, I.)

(1) Sous une forme indirecte, Néron prononce contre l'ambition de sa mère un véritable réquisitoire ; on reconnaît à sa parole insolente la brutalité de son caractère ; accusé, il se défend en accusant à son tour.

(2) La première Agrippine, veuve de Germanicus et sœur de Claude, avait déjà mérité le même reproche de la part de Tibère : « Le prince lui adressa, pour réprimande, ce vers d'un auteur grec : ce n'est pas vous faire tort que de vous empêcher de régner. » (TAC., *Ann.* IV. 52.)

(3) Les reproches de Néron blessent d'autant plus vivement Agrippine, qu'elle le voit instruit de toutes ses intrigues ; elle entend rappeler mot pour mot les menaces que naguère elle faisait sonner si haut aux oreilles de Burrhus : Narcisse avait tout révélé à Néron.

Quels honneurs dans sa cour, quel rang pourrais-je attendre (1) ?
Ah! si sous votre empire on ne m'épargne pas,
Si mes accusateurs observent tous mes pas,
Si de leur empereur ils poursuivent la mère,
Que ferais-je au milieu d'une cour étrangère ?
Ils me reprocheraient, non des cris impuissants,
Des desseins étouffés aussitôt que naissants,
Mais des crimes pour vous commis à votre vue,
Et dont je ne serais que trop tôt convaincue.
Vous ne me trompez point, je vois tous vos détours :
Vous êtes un ingrat, vous le fûtes toujours (2).
Dès vos plus jeunes ans, mes soins et mes tendresses
N'ont arraché de vous que de feintes caresses.
Rien ne vous a pu vaincre ; et votre dureté
Aurait dû dans son cours arrêter ma bonté.
Que je suis malheureuse ! et par quelle infortune
Faut-il que tous mes soins me rendent importune ?
Je n'ai qu'un fils. O ciel, qui m'entends aujourd'hui,
T'ai-je fait quelques vœux qui ne fussent pour lui ?
Remords, crainte, périls, rien ne m'a retenue ;
J'ai vaincu ses mépris ; j'ai détourné ma vue
Des malheurs qui dès lors me furent annoncés ;
J'ai fait ce que j'ai pu : vous régnez, c'est assez.
Avec ma liberté, que vous m'avez ravie,
Si vous le souhaitez, prenez encor ma vie,
Pourvu que par ma mort tout le peuple irrité
Ne vous ravisse pas ce qui m'a tant coûté (3).

NÉRON.

Eh bien donc ! prononcez. Que voulez-vous qu'on fasse ?

AGRIPPINE.

De mes accusateurs qu'on punisse l'audace,

(1) Obligée par Néron de se justifier, Agrippine dit à Burrhus et à Sénèque : « Pouvais-je vivre si Britannicus eût possédé l'empire ? Que Plautus ou tout autre devienne notre maître et notre juge, alors manquera-t-il d'accusateurs pour me reprocher, non des paroles quelquefois échappées imprudemment à l'impatience de ma tendresse, mais ces crimes dont je ne puis être absoute que par un fils ? Dans l'entrevue qu'elle eut ensuite avec son fils, elle ne parla ni de son innocence, ni de ses bienfaits (c'eût été les reprocher), mais elle obtint la punition de ses accusateurs et des récompenses pour ses amis. » (TAC., *Ann*. XIII. 21.)

(2) Voyant tous ses desseins percés à jour, Agrippine éclate ; sa fureur ne connaît plus de bornes ; elle accuse son fils d'être un ingrat.

(3) Cette apostrophe serait touchante, si elle sortait du cœur, mais tout cet amour n'est qu'affecté ; Agrippine joue un rôle pour effrayer d'abord, puis pour émouvoir : son hypocrisie ne réussit qu'à faire de son fils un hypocrite

Que de Britannicus on calme le courroux,
Que Junie à son choix puisse prendre un époux,
Qu'ils soient libres tous deux, et que Pallas demeure,
Que vous me permettiez de vous voir à toute heure,
Que ce même Burrhus, qui nous vient écouter (1),
A votre porte enfin n'ose plus m'arrêter.

NÉRON.

Oui, Madame, je veux que ma reconnaissance
Désormais dans les cœurs grave votre puissance;
Et je bénis déjà cette heureuse froideur
Qui de notre amitié va rallumer l'ardeur.
Quoi que Pallas ait fait, il suffit, je l'oublie;
Avec Britannicus je me réconcilie;
Et quant à cet amour qui nous a séparés,
Je vous fais notre arbitre, et vous nous jugerez.
Allez donc, et portez cette joie à mon frère.
Gardes, qu'on obéisse aux ordres de ma mère (2).

SCÈNE III
NÉRON, BURRHUS.

BURRHUS.

Que cette paix, Seigneur, et ces embrassements
Vont offrir à mes yeux de spectacles charmants!
Vous savez si jamais ma voix lui fut contraire,
Si de son amitié j'ai voulu vous soustraire,
Et si j'ai mérité cet injuste courroux.

NÉRON.

Je ne vous flatte point, je me plaignais de vous,
Burrhus: je vous ai crus tous deux d'intelligence;
Mais son inimitié vous rend ma confiance.
Elle se hâte trop, Burrhus, de triompher.
J'embrasse mon rival, mais c'est pour l'étouffer (3).

BURRHUS.

Quoi, Seigneur?

(1) Apercevant Burrhus dans le fond du théâtre.

(2) Comment une femme si rusée, si expérimentée dans le crime, se laisse-t-elle tromper si aisément? ses prétentions, dans les circonstances où elle se trouve, passent toute mesure : Néron y souscrit cependant, mais pour ne rien tenir ; il prodigue promesses et embrassements, et Agrippine se retire contente. La mère est jouée par le fils : triste fruit de l'ambition de cette femme coupable. Une entrevue, qui devait ramener Néron à son devoir, l'affermit par un nouveau pas dans le crime, par la plus odieuse fourberie.

(3) Cette parole abominable peint le monstre dans sa férocité perfide. Le sang-froid qui accompagne une si atroce déclaration, témoigne des progrès que le mal a faits dans ce cœur pervers.

ACTE IV, SCÈNE III

NÉRON.

C'en est trop, il faut que sa ruine
Me délivre à jamais des fureurs d'Agrippine.
Tant qu'il respirera, je ne vis qu'à demi (1).
Elle m'a fatigué de ce nom ennemi ;
Et je ne prétends pas que sa coupable audace
Une seconde fois lui promette ma place.

BURRHUS.

Elle va donc bientôt pleurer Britannicus.

NÉRON.

Avant la fin du jour je ne le craindrai plus.

BURRHUS.

Et qui de ce dessein vous inspire l'envie?

NÉRON.

Ma gloire, mon amour, ma sûreté, ma vie (2).

BURRHUS.

Non, quoi que vous disiez, cet horrible dessein
Ne fut jamais, Seigneur, conçu dans votre sein.

NÉRON.

Burrhus (3) !

BURRHUS.

De votre bouche, ô ciel! puis-je l'apprendre (4)?
Vous-même, sans frémir, avez-vous pu l'entendre?
Songez-vous dans quel sang vous allez vous baigner?

(1) Ce qui a décidé le crime, c'est la crainte d'un rival pour l'empire ; et ce rival, c'est l'ambition seule de sa mère qui le présente à ses yeux ; la première coupable, c'est donc l'orgueilleuse Agrippine.

(2) Quatre motifs pour justifier un si horrible dessein ! On voit que Néron s'arme de raisons contre sa propre conscience et contre les reproches de son ministre ; mais quelles raisons ! Comment ose-t-il invoquer un amour coupable? depuis quand la gloire, la sûreté, la crainte même de la mort peuvent-elles autoriser le meurtre d'un innocent?

(3) Cette exclamation est effrayante : Néron s'étonne qu'on lui suppose encore de la vertu.

(4) Burrhus, dans cette scène capitale, se montre à la hauteur de sa tâche. C'est le moment le plus critique de l'action. Néron va se baigner dans le sang de son frère : quelle digue opposer à sa rage? Burrhus invoque tous les sentiments qui peuvent encore agir sur le cœur du jeune empereur : c'est l'amour de son peuple, c'est le bonheur de la vertu, c'est l'horreur du nom de tyran, c'est le souvenir des joies pures qu'il a goûtées aux premiers jours de son règne. L'amour sincère du maître pour son élève, du ministre pour son prince, donne aux accents de Burrhus une éloquence irrésistible.

Néron dans tous les cœurs est-il las de régner?
Que dira-t-on de vous? quelle est votre pensée?

NÉRON.

Quoi! toujours enchaîné de ma gloire passée,
J'aurai devant les yeux je ne sais quel amour
Que le hasard nous donne et nous ôte en un jour?
Soumis à tous leurs vœux, à mes désirs contraire,
Suis-je leur empereur seulement pour leur plaire?

BURRHUS.

Et ne suffit-il pas, Seigneur, à vos souhaits
Que le bonheur public soit un de vos bienfaits?
C'est à vous à choisir, vous êtes encor maître.
Vertueux jusqu'ici, vous pouvez toujours l'être :
Le chemin est tracé, rien ne vous retient plus;
Vous n'avez qu'à marcher de vertus en vertus.
Mais si de vos flatteurs vous suivez la maxime,
Il vous faudra, Seigneur, courir de crime en crime (1),
Soutenir vos rigueurs par d'autres cruautés,
Et laver dans le sang vos bras ensanglantés.
Britannicus mourant excitera le zèle
De ses amis, tout prêts à prendre sa querelle.
Ces vengeurs trouveront de nouveaux défenseurs,
Qui, même après leur mort, auront des successeurs :
Vous allumez un feu qui ne pourra s'éteindre.
Craint de tout l'univers, il vous faudra tout craindre (2),
Toujours punir, toujours trembler dans vos projets,
Et pour vos ennemis compter tous vos sujets.
Ah! de vos premiers ans l'heureuse expérience

(1) Racine a pris dans le traité de la *Clémence* de Sénèque les plus beaux traits de ce magnifique discours de Burrhus. Voici quelques-uns de ces passages : « Ce que la cruauté a de pire, c'est qu'on est forcé d'y persévérer... Il faut protéger le crime par le crime... Le malheureux se fait à lui-même plus d'horreur qu'à ceux qu'il opprime.... La cruauté accroit, en les frappant, le nombre de ses ennemis : les parents, les amis, les enfants prennent la place de chaque victime qu'il immole.... Qu'il est doux de pouvoir se dire à soi-même : seul entre tous les mortels, j'ai été trouvé digne de représenter les dieux sur la terre. Je suis l'arbitre de la vie et de la mort des hommes.... Et dans un si haut degré de puissance, ni la colère, ni la fougue de la jeunesse, n'ont pu m'arracher un seul acte de tyrannie.... Mon glaive reste caché, ou plutôt il est enchaîné, et je suis avare même du sang le plus vil.... Celui-là seul jouit d'une puissance solide, qui montre à tous qu'il n'est au-dessus d'eux que pour leur bien. En le voyant sortir de son palais, le peuple ne prend pas la fuite, comme à l'aspect de quelque animal féroce; mais il accourt en foule, comme pour contempler un astre bienfaisant. » (L. I, 3-13.)

(2) C'est, avec moins d'énergie, le *timet timentes* d'Ennius, « il craint ceux qui le craignent. »

Vous fait-elle, Seigneur, haïr votre innocence?
Songez-vous au bonheur qui les a signalés?
Dans quel repos, ô ciel! les avez-vous coulés!
Quel plaisir de penser et de dire en vous-même :
« Partout en ce moment on me bénit, on m'aime ;
» On ne voit point le peuple à mon nom s'alarmer ;
» Le ciel dans tous leurs pleurs ne m'entend point nommer ;
» Leur sombre inimitié ne fuit point mon visage ;
» Je vois voler partout les cœurs à mon passage ! »
Tels étaient vos plaisirs. Quel changement, ô dieux !
Le sang le plus abject vous était précieux.
Un jour, il m'en souvient, le sénat équitable
Vous pressait de souscrire à la mort d'un coupable ;
Vous résistiez, Seigneur, à leur sévérité :
Votre cœur s'accusait de trop de cruauté ;
Et plaignant les malheurs attachés à l'empire,
« Je voudrais, disiez-vous, ne savoir pas écrire (1). »
Non, ou vous me croirez, ou bien de ce malheur
Ma mort m'épargnera la vue et la douleur.
On ne me verra point survivre à votre gloire.
Si vous allez commettre une action si noire,

(Il se jette à genoux.)

Me voilà prêt, Seigneur : avant que de partir,
Faites percer ce cœur qui n'y peut consentir ;
Appelez les cruels qui vous l'ont inspirée ;
Qu'ils viennent essayer leur main mal assurée....
Mais je vois que mes pleurs touchent mon empereur ;
Je vois que sa vertu frémit de leur fureur.
Ne perdez point de temps, nommez-moi les perfides
Qui vous osent donner ces conseils parricides
Appelez votre frère, oubliez dans ses bras (2)...

(1) « Votre préfet du prétoire Burrhus, cet homme illustre dont vous avez bien connu la vertu, obligé de sévir contre deux malfaiteurs, vous priait un jour de signer leur condamnation; vous aviez longtemps différé ; comme son devoir le forçait de vous presser davantage, vous prîtes à regret la fatale sentence, en vous écriant : « Je voudrais ne savoir pas écrire. » (*Ib.*, l. II, 1.) Suétone rapporte cette même parole de Néron (ch. 10).

(2) Burrhus parvient à toucher Néron, et à le faire renoncer au fratricide : nous voyons en lui le *vir bonus dicendi peritus*. Pourquoi cependant l'effet de son éloquence se dissipera-t-il si tôt ? pourquoi la voix de Narcisse détruira-t-elle si vite son ouvrage ? C'est que le discours de Burrhus ne repose que sur des motifs d'intérêt : il ne dit pas un mot du devoir, du sentiment religieux, de la responsabilité au tribunal d'un Dieu vengeur; la belle morale du ministre stoïcien manque de base. Aussi suffira-t-il à Narcisse de montrer à Néron dans un mirage trompeur que son intérêt, son repos, son honneur, sa gloire réclament la mort de son rival : Néron reprendra son projet.

NÉRON.

Ah ! que demandez-vous ?

BURRHUS.

Non, il ne vous hait pas,
Seigneur ; on le trahit : je sais son innocence ;
Je vous réponds pour lui de son obéissance.
J'y cours. Je vais presser un entretien si doux.

NÉRON.

Dans mon appartement qu'il m'attende avec vous (1).

SCÈNE IV
NÉRON, NARCISSE.

NARCISSE.

Seigneur, j'ai tout prévu pour une mort si juste.
Le poison est tout prêt. La fameuse Locuste
A redoublé pour moi ses soins officieux :
Elle a fait expirer un esclave à mes yeux ;
Et le fer est moins prompt, pour trancher une vie,
Que le nouveau poison que sa main me confie (2).

NÉRON.

Narcisse, c'est assez ; je reconnais ce soin,

(1) Néron ne peut résister aux larmes de son vertueux maître qui presse. genoux ; il consent à revoir Britannicus ; la sentence de mort est révo dans le cœur.

« Le plus grand éloge du discours de Burrhus, c'est qu'il parvient toucher Néron même, et qu'on n'en soit pas surpris ; comme le plus gr éloge de la scène suivante, c'est qu'on la supporte après celle-ci ; car c'est comble de l'art que de faire supporter Narcisse. Au reste, il est remarqua que c'est la curiosité seule qui soutient cette scène. Comment Narcisse fera-t pour ramener Néron de si loin ? Voilà ce que tout le monde se dit, en le voy aborder Néron au fort de l'émotion dont il n'a pas été le maître, et qui d encore ? » (LA HARPE.)

(2) « Les menaces d'Agrippine pressaient Néron ; mais comme il n'a à reprocher aucun crime à Britannicus, et qu'il n'osait ordonner s assassinat ouvertement, il trama sa perte en secret ; il fait préparer poison par Julius Pollion, tribun de la cohorte prétorienne, qui avait s sa garde Locuste, condamnée pour empoisonnement, et fameuse par nombreux forfaits. Un premier poison fut donné au jeune prince par gouverneurs mêmes, mais il resta sans effet. Impatient de la lenteur crime, Néron menace le tribun, ordonne le supplice de l'empoisonneuse. Ils lui promirent alors une mort aussi rapide que si elle était donnée par fer ; le poison, composé de drogues dont on a éprouvé l'effet rapide, distillé près de l'appartement même de l'empereur. » (TAC., Ann. XIII,

Suétone raconte que « le poison fut essayé sur un bouc qui vécut en cinq heures ; la potion ayant été cuite et recuite, on la fit avaler à un m cassin qui expira à l'instant même. » (Néron, 33.)

ACTE IV, SCÈNE IV

Et ne souhaite pas que vous alliez plus loin.

NARCISSE.

Quoi ! pour Britannicus votre haine affaiblie
Me défend....

NÉRON.

Oui, Narcisse, *on nous réconcilie* (1).

NARCISSE.

Je me garderai bien de vous en détourner,
Seigneur; mais il s'est vu tantôt emprisonner (2) :
Cette offense en son cœur sera longtemps nouvelle.
Il n'est point de secrets que le temps ne révèle :
Il saura que ma main lui devait présenter
Un poison que votre ordre avait fait apprêter.
Les dieux de ce dessein puissent-ils le distraire !
Mais peut-être il fera ce que vous n'osez faire.

NÉRON.

On répond de son cœur; et je vaincrai le mien.

NARCISSE.

Et l'hymen de Junie en est-il le lien?
Seigneur, lui faites-vous encor ce sacrifice?

NÉRON.

C'est prendre trop de soin. Quoi qu'il en soit, Narcisse,
Je ne le compte plus parmi mes ennemis.

NARCISSE.

Agrippine, Seigneur, se l'était bien promis :
Elle a repris sur vous son souverain empire.

(1) Ce mot si vague et si froid indique bien que la conversion n'a pas atteint le cœur; Néron subit une pression étrangère, et la réconciliation n'est que sur les lèvres.

(2) Ici commence le jeu infâme du corrupteur. Avec une adresse et une perfidie infernales, il fait évanouir l'un après l'autre tous les scrupules; à mesure que Néron formule ses objections, Narcisse ravive ses ressentiments, ses craintes, son amour, sa haine, sa jalousie, sa vanité :
1° Britannicus ne vous pardonnera pas son emprisonnement; votre vie peut-être est en jeu ;
2° Lui laisserez-vous Junie ?
3° Agrippine sera plus impérieuse que jamais ;
4° Les Romains ne sont que des esclaves prêts à applaudir;
5° Burrhus est un hypocrite qui se moque de votre docilité.
Tout cela est enveloppé de tant de ménagements, présenté d'un air si sincère, d'un ton si convaincu, que le mal s'insinue dans le cœur de Néron comme à son insu, et y produit insensiblement la plus effrayante révolution. Quelques minutes suffiront pour renverser l'œuvre de Burrhus.

NÉRON.

Quoi donc? qu'a-t-elle dit? et que voulez-vous dire (1)?

NARCISSE.

Elle s'en est vantée assez publiquement.

NÉRON.

De quoi?

NARCISSE.

Qu'elle n'avait qu'à vous voir un moment :
Qu'à tout ce grand éclat, à ce courroux funeste,
On verrait succéder un silence modeste;
Que vous-même à la paix souscririez le premier,
Heureux que sa bonté daigna tout oublier!

NÉRON.

Mais, Narcisse, dis-moi, que veux-tu que je fasse?
Je n'ai que trop de pente à punir son audace;
Et, si je m'en croyais, ce triomphe indiscret
Serait bientôt suivi d'un éternel regret.
Mais de tout l'univers quel sera le langage?
Sur les pas des tyrans veux-tu que je m'engage,
Et que Rome, effaçant tant de titres d'honneur,
Me laisse pour tous noms celui d'empoisonneur?
Ils mettront ma vengeance au rang des parricides (2).

NARCISSE.

Et prenez-vous, Seigneur, leurs caprices pour guides?
Avez-vous prétendu qu'ils se tairaient toujours?
Est-ce à vous de prêter l'oreille à leurs discours?
De vos propres désirs perdrez-vous la mémoire?
Et serez-vous le seul que vous n'oserez croire?
Mais, Seigneur, les Romains ne vous sont pas connus.
Non, non, dans leurs discours ils sont plus retenus.
Tant de précaution affaiblit votre règne :
Ils croiront, en effet, mériter qu'on les craigne.

(1) Cet emploi de *vous* est remarquable : Néron, qui tutoie toujours Narcisse, oublie dans son trouble à qui il adresse la parole.
Par cette reprise si vive, le poète nous montre que ce qui excite le plus Néron, ce qui le décidera au crime, c'est l'horreur qu'il a du joug d'Agrippine. Aussi Narcisse a soin de lui rappeler son odieuse tyrannie.

(2) Néron a compris le langage éloquent de Burrhus : il est encore sensible à l'honneur et à l'infamie; il faut être descendu au dernier degré de la dégradation morale, pour ne plus s'inquiéter de l'opinion publique. Le langage de Néron est un reflet de celui qu'il vient d'entendre de Burrhus; mais ce reflet va s'affaiblissant sous l'impression du discours de Narcisse; celui-ci ne fait que reprendre les objections que Néron opposait tout à l'heure à son ministre : voilà pourquoi Narcisse se fait si bien écouter.

Au joug, depuis longtemps, ils se sont façonnés :
Ils adorent la main qui les tient enchaînés (1).
Vous les verrez toujours ardents à vous complaire.
Leur prompte servitude a fatigué Tibère.
Moi-même, revêtu d'un pouvoir emprunté,
Que je reçus de Claude avec la liberté,
J'ai cent fois, dans le cours de ma gloire passée,
Tenté leur patience, et ne l'ai point lassée.
D'un empoisonnement vous craignez la noirceur?
Faites périr le frère, abandonnez la sœur :
Rome, sur les autels prodiguant les victimes,
Fussent-ils innocents, leur trouvera des crimes ;
Vous verrez mettre au rang des jours infortunés
Ceux où jadis la sœur et le frère sont nés (2).

NÉRON.

Narcisse, encore un coup, je ne puis l'entreprendre.
J'ai promis à Burrhus, il a fallu me rendre.
Je ne veux point encore, en lui manquant de foi,
Donner à sa vertu des armes contre moi.
J'oppose à ses raisons un courage inutile :
Je ne l'écoute point avec un cœur tranquille (3).

NARCISSE.

Burrhus ne pense pas, Seigneur, tout ce qu'il dit (4) :
Son adroite vertu ménage son crédit ;
Ou plutôt ils n'ont tous qu'une même pensée :
Ils verraient par ce coup leur puissance abaissée ;

(1) Ce que dit Narcisse de la Rome impériale, n'est que trop conforme à l'histoire : chaque page des *Annales* de Tacite met sous nos yeux le hideux avilissement du sénat et du peuple. « On raconte que Tibère, chaque fois qu'il sortait du sénat, disait en grec : quels hommes prêts à la servitude ! Lui qui ne voulait pas de la liberté publique, il était dégoûté de tant d'empressement pour l'esclavage. » (TAC., *Ann*. III, 65.)

(2) Personne ne s'émut, en effet, de la mort de Britannicus. Ce que dit Narcisse arriva après le parricide d'Agrippine : « Une merveilleuse émulation s'élève entre les sénateurs pour décerner des prières dans tous les temples, pour ajouter des jeux annuels aux fêtes de Minerve, jours où les prétendus complots avaient été découverts, pour que le jour de la naissance d'Agrippine fût mis au nombre des jours néfastes.... Au retour de Néron à Rome, les tribuns accourent à sa rencontre, le sénat est en habits de fête... L'esclavage public est sa victoire, il monte au Capitole et rend grâces aux dieux.... » (*Ib*. XIV, 12-13.)

(3) Cette parole fait encore honneur au tyran : tous ses remords ne sont pas étouffés. Il faut un Narcisse pour le précipiter dans l'abîme.

(4) En d'autres termes, Burrhus n'est qu'un hypocrite, un ambitieux qui vous joue pour mieux vous dominer. La calomnie d'un rival jaloux va porter le dernier coup et décider de la victoire.

Vous seriez libre alors (1), Seigneur; et devant vous
Ces maîtres orgueilleux fléchiraient comme nous.
Quoi donc! ignorez-vous tout ce qu'ils osent dire?
« Néron, s'ils en sont crus, n'est point né pour l'empire;
» Il ne dit, il ne fait que ce qu'on lui prescrit :
» Burrhus conduit son cœur, Sénèque son esprit.
» Pour toute ambition, pour vertu singulière,
» Il excelle à conduire un char dans la carrière (2),
» A disputer des prix indignes de ses mains,
» A se donner lui-même en spectacle aux Romains,
» A venir prodiguer sa voix sur un théâtre (3),
» A réciter des chants qu'il veut qu'on idolâtre;
» Tandis que des soldats, de moments en moments,
» Vont arracher pour lui les applaudissements (4). »
Ah! ne voulez-vous pas les forcer à se taire (5)?

NÉRON.

Viens, Narcisse. Allons voir ce que nous devons faire (6).

(1) Comme cette décevante promesse doit flatter l'esprit d'indépendance de Néron! *Vous serez comme des dieux!* c'est toujours le même langage.

(2) Racine fait ici un anachronisme : ce n'est que quelques années plus tard, après la mort de sa mère, que Néron se donna ainsi en spectacle au public. Mais le poète a tiré de cette inexactitude historique, très permise d'ailleurs, un effet admirable. Cette peinture ironique, faite avec une complaisance amère par le perfide courtisan, blesse au vif la vanité et l'orgueil du tyran; et, pour porter un coup plus terrible à ses ennemis, à ses rivaux, c'est dans leur bouche qu'il met ces critiques dédaigneuses.

(3) Néron avait la folle prétention d'être un artiste : *qualis artifex pereo!* « quelle mort pour un si grand artiste! » disait-il en mourant. Sa jalousie d'histrion, au dire de Tacite et de Suétone, augmenta sa haine pour Britannicus; ce jeune prince avait la voix plus belle que lui, Néron ne le lui pardonna pas : *non minus æmulatione vocis quæ illi jucundior.*

(4) On lit dans une lettre de Boileau à Monchesnay (sept. 1707) : « Un grand prince, qui avait dansé à plusieurs ballets, ayant vu jouer le *Britannicus* de M. Racine, où la fureur de Néron à monter sur le théâtre est si bien attaquée, il ne dansa plus à aucun ballet, non pas même au temps du carnaval. » Il paraît certain cependant, que Louis XIV avait déjà cessé à peu près de danser en public, quand *Britannicus* parut.

(5) Voltaire voudrait que Narcisse *eût un plus grand intérêt à la perte de Britannicus.* — L'intérêt qui le pousse, c'est son ambition : l'égoïsme est tout-puissant sur un homme sans conscience. Pallas renversé, Britannicus disparu, Agrippine est abattue à jamais, Burrhus et Sénèque sont relégués à l'arrière-plan, et Narcisse, à qui Néron doit sa *liberté* dans le mal, sera seul maître de l'empire. Que l'on voie dans l'*Othon* de Corneille le tableau du règne des affranchis et la fameuse scène de la conspiration (Acte II, sc. 2 et 4) entre Martian et Lacus : leur politique égoïste et leurs calculs machiavéliques étaient de tradition à la cour depuis Tibère et Caligula.

(6) Néron n'y tient plus : il rend les armes. Son dernier mot, dans sa vague expression, jette le spectateur dans l'anxiété la plus vive. On pressent

QUESTIONS SUR LE IVᵉ ACTE.

Quel est le sujet du 4ᵉ acte ?
Quelle est la beauté particulière de cet acte ?
Comment Burrhus prépare-t-il Agrippine à son entrevue avec Néron ?
Quel ton et quelle attitude Agrippine prend-elle dans cette entrevue ?
Analysez son discours : combien renferme-t-il de parties ?
Quel est le vers qui indique le partage du discours ?
Comment Agrippine développe-t-elle la première partie ?
Comment développe-t-elle la seconde ?
Comment Néron répond-il au réquisitoire de sa mère ?
De quoi l'accuse-t-il à son tour ?
Comment Agrippine réfute-t-elle les griefs de Néron ?
De quoi l'accuse-t-elle en finissant ?
Quelle satisfaction Néron donne-t-il à sa mère ?
Quelles sont les exigences d'Agrippine ?
Néron est-il sincère ?
Quelle est la parole qui indique sa fourberie et sa férocité ?
Quels motifs Burrhus fait-il valoir pour toucher Néron ?
Quel est le succès de son éloquence ?
Que manque-t-il cependant au discours de Burrhus ?
Comment Narcisse se présente-t-il à Néron ?
Par quels moyens réveille-t-il la haine de Néron ?
Sur quels motifs insiste-t-il particulièrement ?
Quel est le résultat final de la lutte ?
Que se passe-t-il entre le 4ᵉ acte et le 5ᵉ ?

le crime, sans en avoir la certitude. Que peut-il sortir de bon de ce dernier conseil avec Narcisse ? Néron évidemment va se concerter avec lui sur les moyens de l'exécution. L'action cependant reste en suspens, comme l'art le demande.

« Le quatrième acte est sans contredit un des plus beaux du théâtre français ; il en est peu qui rassemblent trois scènes capitales de cette force et de cette variété. » (LA HARPE.)

L'intervalle du quatrième au cinquième acte est rempli par la dernière délibération de Néron avec Narcisse, et par les apprêts du festin.

ACTE CINQUIÈME

Dénoûment :
Mort de Britannicus. — Imprécations d'Agrippine.

SCÈNE I
BRITANNICUS, JUNIE.

BRITANNICUS.

Oui, Madame, Néron, qui l'aurait pu penser ?
Dans son appartement m'attend pour m'embrasser (1).
Il y fait de sa cour inviter la jeunesse ;
Il veut que d'un festin la pompe et l'allégresse
Confirment à leurs yeux la foi de nos serments,
Et réchauffent l'ardeur de nos embrassements ;
Il éteint cet amour, source de tant de haine ;
Il vous fait de mon sort arbitre souveraine.
Pour moi, quoique banni du rang de mes aïeux,
Quoique de leur dépouille il se pare à mes yeux,
Depuis qu'à mon amour cessant d'être contraire
Il semble me céder la gloire de vous plaire,
Mon cœur, je l'avoûrai, lui pardonne en secret,
Et lui laisse le reste avec moins de regret.
Quoi ! je ne serai plus séparé de vos charmes ?
Quoi ! même en ce moment, je puis voir sans alarmes
Ces yeux que n'ont émus ni soupirs ni terreur,
Qui m'ont sacrifié l'empire et l'empereur ?
Ah ! Madame.... Mais quoi ! Quelle nouvelle crainte
Tient parmi mes transports votre joie en contrainte ?
D'où vient qu'en m'écoutant, *vos yeux, vos tristes yeux*
Avec de longs regards se tournent vers les cieux (2) ?
Qu'est-ce que vous craignez ?

JUNIE.
Je l'ignore moi-même ;
Mais je crains (3).

---

(1) Cette longue scène d'épanchements doucereux commence mal un cinquième acte qui doit être tout en action.

(2) Ces beaux vers sont inspirés sans doute par le magnifique passage de l'*Énéide* (II. 405), où Virgile nous montre « la fille de Priam, Cassandre, traînée hors du sanctuaire, et levant en vain vers le ciel *ses yeux* ardents ; *ses yeux*, car ses faibles mains étaient retenues par des chaînes : »

Ad cœlum tendens ardentia *lumina* frustra,
Lumina, nam teneras arcebant vincula palmas.

(3) Junie est inquiète, et Britannicus confiant : ces sentiments sont conformes à leurs caractères, et achèvent de les peindre. (Cf. *Esther*, III, 1.)

ACTE V, SCÈNE I

BRITANNICUS.

Vous m'aimez?

JUNIE.

Hélas! si je vous aime?

BRITANNICUS.

Néron ne trouble plus notre félicité.

JUNIE.

Mais me répondez-vous de sa sincérité?

BRITANNICUS.

Quoi! vous le soupçonnez d'une haine couverte?

JUNIE.

Néron m'aimait tantôt, il jurait votre perte;
Il me fuit, il vous cherche : un si grand changement
Peut-il être, Seigneur, l'ouvrage d'un moment?

BRITANNICUS.

Cet ouvrage, Madame, est un coup d'Agrippine :
Elle a cru que ma perte entraînait sa ruine.
Grâce aux préventions de son esprit jaloux,
Nos plus grands ennemis ont combattu pour nous.
Je m'en fie aux transports qu'elle m'a fait paraître :
Je m'en fie à Burrhus; j'en crois même son maître;
Je crois qu'à mon exemple, impuissant à trahir,
Il hait à cœur ouvert, ou cesse de haïr.

JUNIE.

Seigneur, ne jugez pas de son cœur par le vôtre :
Sur des pas différents vous marchez l'un et l'autre.
Je ne connais Néron et la cour que d'un jour;
Mais, si j'ose le dire, hélas! dans cette cour
Combien tout ce qu'on dit est loin de ce qu'on pense!
Que la bouche et le cœur sont peu d'intelligence!
Avec combien de joie on y trahit sa foi!
Quel séjour étranger et pour vous et pour moi!

BRITANNICUS.

Mais que son amitié soit véritable ou feinte,
Si vous craignez Néron, lui-même est-il sans crainte?
Non, non, il n'ira point, par un lâche attentat,
Soulever contre lui le peuple et le sénat.
Que dis-je? il reconnaît sa dernière injustice.
Ses remords ont paru, même aux yeux de Narcisse.
Ah! s'il vous avait dit, ma princesse, à quel point....

JUNIE.

Mais Narcisse, Seigneur, ne vous trahit-il point?

BRITANNICUS.

Et pourquoi voulez-vous que mon cœur s'en défie?

JUNIE.

Et que sais-je? Il y va, Seigneur, de votre vie.
Tout m'est suspect : je crains que tout ne soit séduit;
Je crains Néron; je crains le malheur qui me suit.
D'un noir pressentiment malgré moi prévenue,
Je vous laisse à regret éloigner de ma vue.
Hélas! si cette paix dont vous vous repaissez
Couvrait contre vos jours quelques pièges dressés;
Si Néron, irrité de notre intelligence,
Avait choisi la nuit pour cacher sa vengeance!
S'il préparait ses coups tandis que je vous vois!
Et si je vous parlais pour la dernière fois!
Ah! prince.

BRITANNICUS.

Vous pleurez! Ah! ma chère princesse!
Et pour moi jusque-là votre cœur s'intéresse!
Quoi, Madame! en un jour où, plein de sa grandeur,
Néron croit éblouir vos yeux de sa splendeur,
Dans des lieux où chacun me fuit et le révère,
Aux pompes de sa cour préférer ma misère!
Quoi! dans ce même jour et dans ces mêmes lieux,
Refuser un empire, et pleurer à mes yeux!
Mais, Madame, arrêtez ces précieuses larmes :
Mon retour va bientôt dissiper vos alarmes.
Je me rendrais suspect par un plus long séjour :
Adieu. Je vais, le cœur tout plein de mon amour,
Au milieu des transports d'une aveugle jeunesse,
Ne voir, n'entretenir que ma belle princesse.
Adieu.

JUNIE.

Prince....

BRITANNICUS.

On m'attend, Madame, il faut partir.

JUNIE.

Mais du moins attendez qu'on vous vienne avertir.

SCÈNE II
AGRIPPINE, BRITANNICUS, JUNIE.

AGRIPPINE.

Prince, que tardez-vous? partez en diligence :
Néron impatient se plaint de votre absence.
La joie et le plaisir de tous les conviés
Attend, pour éclater, que vous vous embrassiez.
Ne faites point languir une si juste envie :
Allez. Et nous, Madame, allons chez Octavie.

BRITANNICUS.

Allez, belle Junie, et d'un esprit content,
Hâtez-vous d'embrasser ma sœur qui vous attend.
Dès que je le pourrai, je reviens sur vos traces,
Madame; et de vos soins j'irai vous rendre grâces.

SCÈNE III
AGRIPPINE, JUNIE.

AGRIPPINE.

Madame, ou je me trompe, ou durant vos adieux,
Quelques pleurs répandus ont obscurci vos yeux.
Puis-je savoir quel trouble a formé ce nuage?
Doutez-vous d'une paix dont je fais mon ouvrage?

JUNIE.

Après tous les ennuis que ce jour m'a coûtés,
Ai-je pu rassurer mes esprits agités?
Hélas! à peine encor je conçois ce miracle.
Quand même à vos bontés je craindrais quelque obstacle,
Le changement, Madame, est commun à la cour;
Et toujours quelque crainte accompagne l'amour.

AGRIPPINE.

Il suffit, j'ai parlé, tout a changé de face (1) :
Mes soins à vos soupçons ne laissent point de place.
Je réponds d'une paix jurée entre mes mains (2) :
Néron m'en a donné des gages trop certains.

---

(1) Tant de crédulité peut paraître étrange dans une femme consommée dans l'art de la dissimulation et dans l'expérience de la cour. Mais tel est l'excès de son ambition et de son orgueil : elle se figure que sa seule entrevue avec son fils a suffi pour produire une révolution si subite et si complète.

(2) Cette assurance présomptueuse peint l'orgueil d'Agrippine : un mot de sa bouche a tout changé. Avec quelle complaisance elle fait le tableau enchanteur de sa nouvelle fortune! Ce discours si fier ranime un peu l'intérêt, en inspirant quelque confiance.

Ah! si vous aviez vu par combien de caresses
Il m'a renouvelé la foi de ses promesses (1)!
Par quels embrassements il vient de m'arrêter!
Ses bras, dans nos adieux, ne pouvaient me quitter ;
*Sa facile bonté, sur son front répandue,
Jusqu'aux moindres secrets est d'abord descendue.
Il s'épanchait en fils qui vient en liberté
Dans le sein de sa mère oublier sa fierté.*
Mais bientôt reprenant un visage sévère,
*Tel que d'un empereur qui consulte sa mère,
Sa confidence auguste a mis entre mes mains
Des secrets d'où dépend le destin des humains.*
Non, il le faut ici confesser à sa gloire,
Son cœur n'enferme point une malice noire ;
Et nos seuls ennemis, *altérant sa bonté,
Abusaient contre nous de sa facilité.*
Mais enfin, à son tour, *leur puissance décline ;
Rome encore une fois va connaître Agrippine :
Déjà de ma faveur on adore le bruit* (2).
Cependant en ces lieux n'attendons pas la nuit.
Passons chez Octavie, et donnons-lui le reste
D'un jour autant heureux que je l'ai cru funeste (3).
Mais qu'est-ce que j'entends? Quel tumulte confus?
Que peut-on faire?

JUNIE.

O ciel, sauvez Britannicus!

SCÈNE IV

AGRIPPINE, JUNIE, BURRHUS.

AGRIPPINE.

Burrhus, où courez-vous? Arrêtez. Que veut dire....

(1) Agrippine rend compte d'un nouvel entretien qu'elle vient d'avoir avec son fils : Néron s'y était comporté avec la dissimulation qu'il montra dans la dernière entrevue de Baïes, la veille de son parricide : « Là, il dissipa par ses caresses les craintes de sa mère : il l'accueillit avec des prévenances infinies, la fit placer au-dessus de lui. Tantôt il s'épanchait avec l'enjouement familier d'un jeune homme; tantôt, affectant la gravité, comme s'il lui révélait les secrets importants de l'Etat, il prolongea à dessein le festin. Il la reconduisit à son départ, se pressant contre son sein, et fixant sur elle des regards plus tendres, soit pour mettre le comble à sa dissimulation, soit que le dernier aspect d'une mère qu'il envoyait à la mort eût attendri ce cœur dénaturé. » (TAC., *Ann.* XIV, 4.)

(2) Tout ce morceau est plein d'expressions neuves et sublimes.

(3) Ce calme et cette confiance préparent l'impression de terreur que doivent produire les scènes suivantes.

BURRHUS.
Madame, c'en est fait, Britannicus expire (1)?
JUNIE.
Ah, mon prince!
AGRIPPINE.
Il expire?
BURRHUS.
Ou plutôt il est mort,
Madame.
JUNIE.
Pardonnez, Madame, à ce transport,
Je vais le secourir, si je puis, ou le suivre (2).

SCÈNE V
AGRIPPINE, BURRHUS.

AGRIPPINE.
Quel attentat, Burrhus (3)!
BURRHUS.
Je n'y pourrai survivre,
Madame : il faut quitter la cour et l'empereur.
AGRIPPINE.
Quoi! du sang de son frère il n'a point eu d'horreur?
BURRHUS.
Ce dessein s'est conduit avec plus de mystère (4).
A peine l'empereur a vu venir son frère,
Il se lève, il l'embrasse, on se tait, et soudain
César prend le premier une coupe à la main :

(1) Cette nouvelle affreuse glace d'effroi; le coup en est d'autant plus foudroyant qu'il est plus inattendu.

(2) Le départ de Junie est fort naturel; son cœur l'emporte au secours de Britannicus.

(3) Pourquoi ni Agrippine, ni Junie, ni Octavie n'ont-elles été invitées à ce festin solennel de la réconciliation ? Il est difficile d'en donner des raisons plausibles en dehors des exigences de la scène. Il semble qu'Agrippine au moins y dût avoir sa place. Dans Tacite, Agrippine et Octavie assistèrent à l'horrible catastrophe.

(4) Le reproche qu'on a fait à Racine d'avoir éloigné des yeux la scène du festin (SAINTE-BEUVE, *Portraits litt.*), est plutôt un témoignage de son bon goût : les scènes matérielles qui plaisent tant au romantisme contemporain, n'étaient, aux yeux de nos grands tragiques du XVII° siècle, ni assez dignes de l'art, ni compatibles avec la peinture morale du cœur humain qu'ils se proposaient avant tout dans la tragédie.

« Pour achever ce jour sous de meilleurs auspices,
» Ma main de cette coupe épanche les prémices,
» Dit-il ; Dieux, que j'appelle à cette effusion,
» Venez favoriser notre réunion. »
Par les mêmes serments Britannicus se lie ;
La coupe dans ses mains par Narcisse est remplie ;
Mais ses lèvres à peine en ont touché les bords,
Le fer ne produit point de si puissants efforts,
Madame : la lumière à ses yeux est ravie ;
Il tombe sur son lit sans chaleur et sans vie.
Jugez combien ce coup frappe tous les esprits :
La moitié s'épouvante et sort avec des cris ;
Mais ceux qui de la cour ont un plus long usage,
Sur les yeux de César composent leur visage.
Cependant sur son lit il demeure penché ;
D'aucun étonnement il ne paraît touché :
« Ce mal dont vous craignez, dit-il, la violence,
» A souvent sans péril attaqué son enfance (1). »
Narcisse veut en vain affecter quelque ennui,
Et sa perfide joie éclate malgré lui.
Pour moi, dût l'empereur punir ma hardiesse,
D'une odieuse cour j'ai traversé la presse ;

(1) Cet admirable récit est un modèle du genre : bref, rapide, varié, pathétique, il se distingue encore par la beauté poétique de l'expression et par la profondeur de la pensée. Racine, du reste, avait sous les yeux un tableau fait de main de maître : « C'était l'usage, dit Tacite, que dans les festins les enfants des princes, réunis à ceux des premières familles de Rome, fussent assis sous les yeux de leurs parents, à une table particulière et servie plus simplement ; là se trouvait Britannicus. Les mets et les vins qu'on lui présentait étaient goûtés par un officier choisi de sa maison. Comme on ne voulait ni manquer à cette coutume, ni trahir le secret du crime par la mort de deux personnes, voici la ruse qu'on imagina. On essaie devant Britannicus un breuvage innocent, mais si chaud qu'il ne peut le supporter. Alors on y introduit, avec l'eau froide qu'on y verse, un poison subtil, qui pénètre tous ses membres avec une telle rapidité, qu'il lui ravit à la fois la parole et la vie. On se trouble autour de lui ; quelques imprudents prennent la fuite ; d'autres, plus pénétrants et plus profonds, restent à leur place, immobiles et les yeux fixés sur Néron, *at quibus altior intellectus, resistunt defixi et Neronem intuentes.* Lui, négligemment couché sur son lit comme un homme étranger à ce qui se passe, se borne à dire que c'est un de ces accès d'épilepsie dont Britannicus est affligé depuis ses premières années, et que peu à peu il reprendra ses forces et ses sens. Mais Agrippine fit de vains efforts pour dissimuler son effroi ; la consternation se peignit si vivement sur son visage, qu'on la jugea innocente du crime aussi bien qu'Octavie, la sœur de Britannicus ; car elle comprenait qu'elle perdait sa dernière ressource, et que ce crime était le prélude du parricide. Pour Octavie, malgré l'inexpérience de son âge, elle avait appris à cacher sa douleur, sa tendresse, toutes ses affections. Ainsi, après un moment de silence, on se livra de nouveau à la joie du festin. » (*Ann.*, XIII, 16).

Et j'allais, accablé de cet assassinat,
Pleurer Britannicus, César et tout l'Etat (1).

AGRIPPINE.

Le voici. Vous verrez si c'est moi qui l'inspire.

SCÈNE VI

AGRIPPINE, NÉRON, BURRHUS, NARCISSE.

NÉRON, *voyant Agrippine.*

Dieux!

AGRIPPINE.

Arrêtez, Néron : j'ai deux mots à vous dire.
Britannicus est mort, je reconnais les coups;
Je connais l'assassin.

NÉRON.

Et qui, Madame?

AGRIPPINE.

Vous.

NÉRON.

Moi! Voilà les soupçons dont vous êtes capable (2).
Il n'est point de malheur dont je ne sois coupable;
Et, si l'on veut, Madame, écouter vos discours,
Ma main de Claude même aura tranché les jours (3).
Son fils vous était cher : sa mort peut vous confondre;
Mais des coups du destin je ne puis pas répondre.

AGRIPPINE.

Non, non, Britannicus est mort empoisonné:
Narcisse a fait le coup, vous l'avez ordonné (4).

---

(1) Ces derniers traits achèvent de peindre Burrhus. Ce n'est pas un courtisan qui compose son visage sur celui du prince; si, à la vue de l'attentat, il ne peut laisser éclater son indignation, il ne veut pas du moins l'approuver par sa présence; son départ précipité sera la protestation de sa conscience, et une dernière leçon pour son indigne élève.

(2) Néron continue son rôle de dissimulation avec le sang-froid d'un scélérat qui s'endurcit dans le mal; désormais c'est le Néron de l'histoire, le monstre qui se joue de la vie des hommes, et qui s'endort tranquille après le crime, comme le tigre après avoir déchiré sa proie.

(3) L'impudence de cette insinuation est pour Agrippine une leçon d'autant plus terrible qu'elle lui vient de son fils, pour qui elle a commis tant de forfaits.

(4) Le poète a fait Agrippine plus hardie qu'elle ne le fut dans l'histoire. Tacite nous la montre consternée par la mort de Britannicus; comme le reste des convives, elle se contint, garda le silence, et dans la suite, loin d'adresser à son fils des plaintes ou des reproches, elle fut réduite au rôle d'une accusée en disgrâce, trop heureuse de faire valoir quelquefois sa justification.

NÉRON.
Madame, mais qui peut vous tenir ce langage?
NARCISSE.
Eh! Seigneur, ce soupçon vous fait-il tant d'outrage (1)?
Britannicus, Madame, eut des desseins secrets
Qui vous auraient coûté de plus justes regrets.
Il aspirait plus loin qu'à l'hymen de Junie:
De vos propres bontés il vous aurait punie.
Il vous trompait vous-même; et son cœur offensé
Prétendait tôt ou tard rappeler le passé.
Soit donc que malgré vous le sort vous ait servie,
Soit qu'instruit des complots qui menaçaient sa vie,
Sur ma fidélité César s'en soit remis,
Laissez les pleurs, Madame, à vos seuls ennemis.
Qu'ils mettent ce malheur au rang des plus sinistres,
Mais vous....
AGRIPPINE.
Poursuis, Néron, avec de tels ministres (2).
Par des faits glorieux tu te vas signaler.
Poursuis. Tu n'as pas fait ce pas pour reculer :
Ta main a commencé par le sang de ton frère ;
Je prévois que tes coups viendront jusqu'à ta mère (3).
Dans le fond de ton cœur je sais que tu me hais ;
Tu voudras *t'affranchir du joug de mes bienfaits.*
Mais je veux que ma mort te soit même inutile.
Ne crois pas qu'en mourant je te laisse tranquille.
Rome, ce ciel, ce jour que tu reçus de moi,

(1) Ce trait si profond trace la distance qui sépare encore Néron de Narcisse. Néron, sans doute, n'a pas reculé devant le fratricide, il n'en témoigne ni remords ni repentir, mais il n'ose encore s'en vanter : Narcisse, au contraire, avec l'impudence d'un scélérat consommé, avec l'assurance d'un courtisan qui se sent le maître, avoue hautement l'attentat et le justifie. Son audace soutient et enhardit le cœur de Néron encore mal assuré dans le crime.

(2) Agrippine, voyant qu'elle n'a plus rien à espérer de son fils asservi par un tel scélérat, soit pour donner un libre cours à sa fureur, soit pour effrayer Néron, l'accable des imprécations les plus terribles. Ces imprécations, à défaut d'un châtiment effectif, donnent à la pièce sa moralité dramatique : sortant avec autorité de la bouche d'une mère ; elles sont la réprobation solennelle du crime; de plus par l'exactitude de leur accomplissement dans l'histoire, elles sont comme des coups de tonnerre annonçant la foudre vengeresse de Dieu. Cf. les imprécations de Cléopâtre (dans *Rodogune*, Acte V, sc. 4), et celles d'Athalie (Acte V, sc. 6).

(3) Ce fut l'an 59 que Néron consomma le parricide. Après avoir essayé de noyer sa mère, en la faisant monter sur un navire qui devait s'entr'ouvrir subitement et la précipiter dans les flots, le tyran la fit égorger dans son lit. (TAC.; *Ann.* XIV, 5-8.)

Partout, à tout moment, m'offriront devant toi.
Tes remords te suivront comme autant de furies (1);
Tu croiras les calmer par d'autres barbaries;
Ta fureur s'irritant soi-même dans son cours,
D'un sang toujours nouveau marquera tous tes jours.
Mais j'espère qu'enfin le ciel, las de tes crimes,
Ajoutera ta perte à tant d'autres victimes;
Qu'après t'être couvert de leur sang et du mien,
Tu te verras forcé de répandre le tien (2);
Et ton nom paraîtra, dans la race future,
Aux plus cruels tyrans une cruelle injure (3).
Voilà ce que mon cœur se présage de toi.
Adieu : tu peux sortir.

NÉRON.

Narcisse, suivez-moi (4).

SCÈNE VII

AGRIPPINE, BURRHUS.

AGRIPPINE.

Ah ciel! de mes soupçons quelle était l'injustice!
Je condamnais Burrhus pour écouter Narcisse.

(1) « Quand Néron eut commis le meurtre, c'est alors enfin qu'il en comprit la grandeur. Il passa le reste de la nuit, tantôt plongé dans un morne silence, tantôt se relevant avec effroi et comme hors de lui; il attendait le retour du jour comme son heure suprême. » (*Ib.* 10.)

(2) Voici, d'après Suétone, comment Néron fut réduit à se donner la mort. A la nouvelle de la conjuration dirigée contre lui, Néron se fit donner du poison par Locuste, passa dans les jardins de Servilius et se dirigea vers le Tibre pour s'y précipiter... S'étant échappé à cheval, pieds nus et en tunique, enveloppé d'un manteau usé et le visage couvert d'un voile, il gagna une villa de son affranchi Phaon. Mais à l'approche des cavaliers chargés par le sénat de le prendre vivant, pour lui faire subir le supplice des ennemis de la patrie, il s'enfonça le fer dans la gorge, aidé par son secrétaire Epaphrodite. Il expira les yeux ouverts et fixes, de manière à faire peur à ceux qui le voyaient.

(3) La peinture des forfaits et du supplice de Néron est d'une énergie terrible : ce dernier trait est sublime; on ne peut concevoir, même pour Néron, un affront plus sanglant.

(4) « La froideur avec laquelle Néron entend les imprécations d'Agrippine, son silence, cet ordre sec et laconique, sont le dernier trait du caractère de cet empereur : on voit déjà un scélérat endurci, déterminé à se livrer à ses flatteurs et à ses passions, et qui va hâter l'accomplissement des imprécations de sa mère. » (GEOFFROY.)

Le dénoûment est terrible jusqu'à ce moment; la consternation est dans tous les cœurs; il fallait terminer ici. Ce qui suit ne peut qu'affaiblir l'impression d'horreur et d'effroi qu'a produite une si affreuse catastrophe. (V. plus haut la 1re préface de Racine, p. 163.)

Burrhus, avez-vous vu quels regards furieux
Néron en me quittant m'a laissés pour adieux?
C'en est fait: le cruel n'a plus rien qui l'arrête;
Le coup qu'on m'a prédit va tomber sur ma tête.
Il vous accablera vous-même à votre tour.

BURRHUS.

Ah! Madame, pour moi, j'ai vécu trop d'un jour.
Plût au ciel que sa main, heureusement cruelle,
Eût fait sur moi l'essai de sa fureur nouvelle!
Qu'il ne m'eût pas donné, par ce triste attentat,
Un gage trop certain des malheurs de l'Etat!
Son crime seul n'est pas ce qui me désespère;
Sa jalousie a pu l'armer contre son frère;
Mais s'il vous faut, Madame, expliquer ma douleur,
Néron l'a vu mourir sans changer de couleur.
*Ses yeux indifférents ont déjà la constance
D'un tyran dans le crime endurci dès l'enfance.*
Qu'il achève, Madame, et qu'il fasse périr
Un ministre importun qui ne le peut souffrir.
Hélas! loin de vouloir éviter sa colère,
La plus soudaine mort me sera la plus chère.

SCÈNE VIII

AGRIPPINE, BURRHUS, ALBINE.

ALBINE.

Ah! Madame, ah! Seigneur! courez vers l'empereur;
Venez sauver César de sa propre fureur.
Il se voit pour jamais séparé de Junie.

AGRIPPINE.

Quoi! Junie elle-même a terminé sa vie?

ALBINE.

Pour accabler César d'un éternel ennui,
Madame, sans mourir elle est morte pour lui.
Vous savez de ces lieux comme elle s'est ravie:
Elle a feint de passer chez la triste Octavie;
Mais bientôt elle a pris des chemins écartés,
Où mes yeux ont suivi ses pas précipités.
Des portes du palais elle sort éperdue.
D'abord elle a d'Auguste aperçu la statue;
Et mouillant de ses pleurs le marbre de ses pieds,
Que de ses bras pressants elle tenait liés:
« Prince, par ces genoux, dit-elle, que j'embrasse,

ACTE V, SCÈNE VIII

» Protège en ce moment le reste de ta race.
» Rome, dans ton palais, vient de voir immoler
» Le seul de tes neveux qui te pût ressembler.
» On veut après sa mort que je lui sois parjure ;
» Mais pour lui conserver une foi toujours pure,
» Prince, je me dévoue à ces dieux immortels
» Dont ta vertu t'a fait partager les autels. »
Le peuple cependant, que ce spectacle étonne,
Vole de toutes parts, se presse, l'environne,
S'attendrit à ses pleurs ; et plaignant son ennui,
D'une commune voix la prend sous son appui.
Ils la mènent au temple où depuis tant d'années
Au culte des autels nos vierges destinées
Gardent fidèlement le dépôt précieux
Du feu toujours ardent qui brûle pour nos dieux.
César les voit partir sans oser les distraire.
Narcisse, plus hardi, s'empresse pour lui plaire.
Il vole vers Junie ; et, sans s'épouvanter,
D'une profane main commence à l'arrêter.
De mille coups mortels son audace est punie ;
Son infidèle sang rejaillit sur Junie.
César, de tant d'objets en même temps frappé,
Le laisse entre les mains qui l'ont enveloppé.
Il rentre. Chacun fuit son silence farouche ;
Le seul nom de Junie échappe de sa bouche.
Il marche sans dessein ; *ses yeux mal assurés*
N'osent lever au ciel leurs regards égarés ;
Et l'on craint, si la nuit jointe à la solitude
Vient de son désespoir aigrir l'inquiétude,
Si vous l'abandonnez plus longtemps sans secours,
Que sa douleur bientôt n'attente sur ses jours.
Le temps presse : courez. Il ne faut qu'un caprice,
Il se perdrait, Madame.

AGRIPPINE.

Il se ferait justice (1).
Mais, Burrhus, allons voir jusqu'où vont ses transports.
Voyons quel changement produiront ses remords,
S'il voudra désormais suivre d'autres maximes.

(1) Une pareille sentence est cruelle dans la bouche d'une mère. Mais, il ne faut pas l'oublier, Agrippine n'est pas une mère, c'est la femme égoïste qui ne pense qu'à son ambition du commencement de la tragédie jusqu'à la fin. Le dépit qu'elle ressent de sa disgrâce, explique cette froide condamnation de son fils. Si elle consent à le voir, c'est moins pour calmer ses transports que pour s'assurer d'un retour favorable à ses désirs.

BURRHUS.

Plût aux dieux que ce fût le dernier de ses crimes (1) !

QUESTIONS SUR LE V⁰ ACTE.

Quels sentiments animent Junie et Britannicus dans leur dernière entrevue ? — Cette scène est-elle dramatique ?
Dans quelles dispositions se trouve Agrippine, en venant presser Britannicus de se rendre au festin ?
D'où vient sa confiance ? — Quel est son espoir ?
Qui vient annoncer la mort de Britannicus ? — Pourquoi Junie sort-elle ?
Comment ce crime a-t-il été commis ?
Racontez la mort de Britannicus d'après Tacite.
Pourquoi Racine a-t-il éloigné de nos yeux la scène du festin ?
Pourquoi n'y fait-il assister ni Agrippine ni Junie ?
Quelle fut l'attitude de Néron pendant la catastrophe ?
Pourquoi Burrhus a-t-il précédé Néron auprès d'Agrippine ?
Comment Agrippine reçoit-elle Néron ?
Quelle attitude Néron garde-t-il vis-à-vis de sa mère ?
Quelle est celle de Narcisse ?
Pourquoi le poète prête-t-il à Agrippine de si terribles imprécations ?
Ces imprécations se vérifièrent-elles ? — Comment Néron mourut-il ?
Pourquoi Albine vient-elle chercher l'impératrice ?
Comment Junie échappe-t-elle à ses persécuteurs ?
Quel fut le sort de Narcisse ?
Que devient Néron après son crime ?
Le dénoûment est-il moral ?
Quel est le défaut du 5⁰ acte ?

(1) « Narcisse est mis en pièces par le peuple, et abandonné par le tyran qu'il a servi : son châtiment est complet. Celui de Néron n'est qu'en prédiction, comme le sujet et l'histoire l'exigeaient. Mais il perd Junie qu'il croyait posséder, et on nous le représente dans un état d'épouvante et de désespoir qui fait même craindre qu'il n'attente sur sa vie. Junie est dans une retraite sacrée, à l'abri des attentats de Néron. Le poète a fait tout ce que demandait son art, et tiré de son sujet tout ce qu'il pouvait donner. Il n'en est pas moins vrai que ce dernier acte est d'un effet médiocre et fort inférieur à celui du quatrième. » (LA HARPE.)

BÉRÉNICE

TRAGÉDIE

1670.

PERSONNAGES :

TITUS, empereur de Rome (1).
BÉRÉNICE, reine de Palestine (2).
ANTIOCHUS, roi de Comagène (3).
PAULIN, confident de Titus.
ARSACE, confident d'Antiochus.
PHÉNICE, confidente de Bérénice (4).
RUTILE, Romain.
SUITE DE TITUS.

La scène est à Rome, dans un cabinet qui est entre l'appartement de Titus et celui de Bérénice.

(L'an 79 après J.-C.)

(1) Titus, empereur romain, fils aîné de Vespasien, né l'an 41, prit et ruina Jérusalem, succéda à son père l'an 79, et mérita, par la douceur de son gouvernement, d'être appelé *les délices du genre humain* ; il mourut l'an 81.

(2) Bérénice était ou la fille d'Agrippa I, roi de Judée, ou une fille de Marianne, sœur de cette fille d'Agrippa. Racine en a fait une reine de Palestine, bien qu'elle n'eût jamais ni royaume ni principauté ; Suétone l'appelait reine, sans doute parce qu'elle était fille de roi.

(3) Antiochus Epiphane, fils d'Antiochus, ancien roi de Comagène (une des provinces de la Syrie). Quand son père fut dépouillé de son royaume par Césennius Pétus sous Vespasien, il se réfugia chez les Parthes ; il vint ensuite se fixer à Rome.

(4) Il y a manifestement abus des confidents. Ces personnages, absolument nuls pour l'action, ne rendent d'ordinaire qu'un seul service, c'est de permettre aux personnages principaux de découvrir au spectateur leurs pensées secrètes et les desseins qu'ils méditent. Racine n'en a qu'un dans *Athalie*, la pièce parfaite entre toutes.

PRÉFACE.

Conditions d'une tragédie. — .... Ce n'est point une nécessité qu'il y ait du sang et des morts dans une tragédie : il suffit que l'action en soit grande, que les acteurs en soient héroïques, que les passions y soient excitées, et que tout s'y ressente de cette tristesse majestueuse qui fait tout le plaisir de la tragédie.

Simplicité de l'action. — Je crus que je pourrais rencontrer toutes ces parties dans mon sujet ; mais ce qui m'en plut davantage, c'est que je le trouvai extrêmement simple. Il y avait longtemps que je voulais essayer si je pourrais faire une tragédie avec cette simplicité d'action qui a été si fort du goût des anciens ; car c'est un des premiers préceptes qu'ils nous ont laissés : « Que ce que vous ferez, dit Horace, soit toujours simple et ne soit qu'un. » Ils ont admiré l'*Ajax* de Sophocle, qui n'est autre chose qu'Ajax qui se tue de regret, à cause de la fureur où il était tombé après le refus qu'on lui avait fait des armes d'Achille. Ils ont admiré le *Philoctète*, dont tout le sujet est Ulysse qui vient pour surprendre les flèches d'Hercule. L'*Œdipe* même, quoique tout plein de reconnaissances, est moins chargé de matière que la plus simple tragédie de nos jours. Nous voyons enfin que les partisans de Térence, qui l'élèvent avec raison au-dessus de tous les poètes comiques, pour l'élégance de sa diction et pour la vraisemblance de ses mœurs, ne laissent pas de confesser que Plaute a un grand avantage sur lui par la simplicité qui est dans la plupart des sujets de Plaute. Et c'est sans doute cette simplicité merveilleuse qui a attiré à ce dernier toutes les louanges que les anciens lui ont données. Combien Ménandre était-il encore plus simple, puisque Térence est obligé de prendre deux comédies de ce poète pour en faire une des siennes !

Et il ne faut point croire que cette règle ne soit fondée que sur la fantaisie de ceux qui l'ont faite : il n'y a que le vraisemblable qui touche dans la tragédie ; et quelle vraisemblance y a-t-il qu'il arrive en un jour une multitude de choses qui pourraient à peine arriver en plusieurs semaines (1) ?

En quoi consiste l'invention. — Il y en a qui pensent que cette simplicité est une marque de peu d'invention. Ils ne songent pas qu'au contraire toute l'invention consiste à faire quelque chose de rien, et que tout ce grand nombre d'incidents a toujours été le refuge des poètes qui

---

(1) Il y a dans cette doctrine de Racine un très grand fond de vérité; il ne faut pas oublier cependant qu'il est de l'essence du drame d'être une *action* : le nom le dit, c'est sa définition, toute l'antiquité l'a entendu de la sorte. S'il n'est pas nécessaire qu'il y ait dans une tragédie des poignards et du sang, comme le disait Geoffroy à l'adresse des disciples de Voltaire, il est vrai de dire aussi que Racine, dans *Bérénice* et dans cette Préface faite pour la justifier, a donné à *l'action* un rôle trop secondaire : les beaux sentiments et la magie du style ne suffisent pas.

ne sentaient dans leur génie ni assez d'abondance ni assez de force pour
attacher durant cinq actes leurs spectateurs par une action simple, soutenue
de la violence des passions, de la beauté des sentiments, et de l'élégance
de l'expression (1).

Succès de Bérénice. — Je suis bien éloigné de croire que toutes
ces choses se rencontrent dans mon ouvrage; mais aussi je ne puis
croire que le public me sache mauvais gré de lui avoir donné une
tragédie qui a été honorée de tant de larmes, et dont la trentième représentation a été aussi suivie que la première.

Ce n'est pas que quelques personnes ne m'aient reproché cette même
simplicité que j'avais recherchée avec tant de soin. Ils ont cru qu'une
tragédie qui était si peu chargée d'intrigues ne pouvait être selon les
règles du théâtre. Je m'informai s'ils se plaignaient qu'elle les eût
ennuyés. On me dit qu'ils avouaient tous qu'elle n'ennuyait point, qu'elle
les touchait même en plusieurs endroits, et qu'ils la verraient encore
avec plaisir....

I. Sujet.

Le sujet de la pièce est tout entier dans ce mot de Suétone : « *Titus
reginam Berenicen, cui etiam nuptias pollicitus ferebatur, statim ab
urbe dimisit invitus invitam*; Titus qui, à ce qu'on croyait, avait été
jusqu'à promettre à la reine Bérénice de l'épouser, la renvoya de Rome,
malgré lui et malgré elle, dès les premiers jours de son empire (2). »

Bérénice était une étrangère, et les lois romaines n'autorisaient pas de
semblables alliances; de plus, elle était reine, nom odieux aux Romains.
Titus, en montant sur le trône, comprit son devoir, et eut le courage de
l'accomplir (3).

(1) Si Racine a eu l'intention, comme il est vraisemblable, d'opposer
la simplicité d'action de sa tragédie à la complication de celles de Corneille,
il est évidemment injuste, en refusant à son illustre rival *l'abondance et
la force*.

(2) Ce sujet, on le sait, fut traité en même temps par Racine et par
Corneille. La duchesse d'Orléans, par l'intermédiaire du marquis de Dangeau,
les avait mis aux prises à leur insu. Le fait dont il s'agit, rappelait la victoire
que le jeune Louis XIV avait remportée sur son propre cœur, en sacrifiant
son inclination pour la nièce du Cardinal Mazarin (Marie Mancini, plus tard
la connétable de Colonne), ou, selon certains auteurs, pour sa cousine
Henriette d'Angleterre elle-même. Le sujet était trop conforme au génie
tendre de Racine pour que la victoire pût lui échapper; mais la princesse
n'eut pas le bonheur d'applaudir à son triomphe : une mort subite l'avait
enlevée six mois auparavant (30 juin 1670).

La pièce de Racine fut représentée le vendredi 21 novembre, à l'Hôtel
de Bourgogne, et celle de Corneille (*Tite et Bérénice*) le 28, au Palais-Royal.

(3) L'hymen chez les Romains n'admet qu'une *Romaine*;
Rome hait tous les rois, et Bérénice est *reine* (I. 5.).

II. Analyse de l'action.

I. Antiochus, roi de Comagène, avait espéré la main de Bérénice ; apprenant sa prochaine union avec Titus, il vient prendre congé de la reine qui reste indifférente à son égard.

II. Titus est décidé à sacrifier l'amour au devoir ; mais il n'ose déclarer sa résolution à Bérénice ; celle-ci, de son côté, craint qu'il ne soit jaloux d'Antiochus.

III. Antiochus, chargé par Titus d'apprendre à la reine que l'empereur ne peut l'épouser, est renvoyé avec mépris par Bérénice qui refuse de le croire.

IV. Titus s'en explique lui-même à Bérénice qui s'indigne de cet abandon.

V. Dans une dernière entrevue, Bérénice menace de se tuer ; si elle le fait, Titus et Antiochus se déclarent prêts à l'imiter. Enfin, triomphant de sa douleur, la reine se décide à vivre loin de Rome, et engage Antiochus à se vaincre comme elle et comme l'empereur.

III. Appréciation.

Qualités. — La tragédie de *Bérénice* n'offre ni grands caractères, ni faits merveilleux, ni situations terribles ; les deux qualités qui la distinguent et qui l'ont d'abord fait réussir, c'est la douceur des sentiments et le charme du style.

L'intrigue est d'une extrême simplicité ; il a fallu la prodigieuse fécondité de Racine pour tirer cinq actes d'un fait qui ne se complique d'aucun incident. Toute la trame est fournie par le développement des ressorts les plus délicats de l'âme.

Personnages. — *Bérénice* a l'âme tendre et ardente, mais son amour est égoïste jusqu'au dénoûment où un éclair de générosité vient l'illuminer un peu tard.

Titus a de la grandeur, et son rôle est pathétique ; mais son héroïsme est trop sentimental.

Antiochus est fade et inutile : son rôle sent trop le remplissage.

La présence de *trois confidents* ralentit la marche de la pièce.

Défauts. — Cette tragédie présente quatre défauts notables : 1° L'action est languissante ; 2° les accents généreux sont rares ; 3° le projet de suicide conçu à la fois par Titus, Bérénice et Antiochus, tient du roman ; 4° enfin la teinte générale de la pièce est trop molle, trop énervante pour le cœur (1).

La moralité du théâtre a baissé de nouveau d'un degré. *Tite et Bérénice* de Corneille, à défaut d'autres mérites, a du moins celui de présenter une action plus virile et plus héroïque.

(1) La pièce finit par un hélas ! d'Antiochus. Cette exclamation résume assez bien le ton général d'une tragédie qu'on a pu nommer avec quelque raison une églogue en dialogues (VOLT.), ou encore la plus touchante des élégies.

Titus présidant l'apothéose de Vespasien.

Acte I, scène V.

BÉRÉNICE.

De cette nuit, Phénice, as-tu vu la splendeur (1)?
Tes yeux ne sont-ils pas tout pleins de sa grandeur?
Ces flambeaux, ce bûcher, cette nuit enflammée,
Ces aigles (2), ces faisceaux, ce peuple, cette armée,
Cette foule de rois, ces consuls, ce sénat,
Qui tous de mon amant empruntaient leur éclat;
Cette pourpre, cet or, que rehaussait sa gloire,
Et ces lauriers encor témoins de sa victoire (3);
Tous ces yeux qu'on voyait venir de toutes parts
Confondre sur lui seul leurs avides regards;
Ce port majestueux, cette douce présence.
Ciel! avec quel respect et quelle complaisance
Tous les cœurs en secret l'assuraient de leur foi!
Parle : peut-on le voir sans penser comme moi
Qu'en quelque obscurité que le sort l'eût fait naître,
Le monde, en le voyant, eût reconnu son maître (4)?
Mais, Phénice, où m'emporte un souvenir charmant?
Cependant Rome entière, en ce même moment,
Fait des vœux pour Titus, et par des sacrifices,
De son règne naissant consacre les prémices.

(1) Cette description si poétique et si vive donne une idée du style enchanteur de la pièce.

(2) « Sur les médailles des apothéoses, on voit des aigles qui s'envolent. Le peuple s'imaginait voir l'âme de l'empereur voler vers le ciel. » (L. RACINE.)

(3) Dans ces vers, dit L. Racine, le poète a rassemblé toutes les cérémonies de ces apothéoses que nous a décrites Hérodien.

(4) Ces vers étaient appliqués naturellement à Louis XIV alors couvert de gloire, et comblé par la nature de tous les avantages physiques qui commandent le respect. (Cf. *le portrait de Louis XIV* dans *Alexandre*, acte III, sc. 3, et dans *Attila*, acte II, sc. 5.)

BAJAZET

TRAGÉDIE

1672.

PRÉFACE.

Histoire de Bajazet. — Sultan Amurat, ou sultan Morat, empereur des Turcs (1), celui qui prit Babylone en 1638, a eu quatre frères. Le premier, c'est à savoir Osman, fut empereur avant lui, et régna environ trois ans, au bout desquels les janissaires lui ôtèrent l'empire et la vie (2). Le second se nommait Orcan. Amurat, dès les premiers jours de son règne, le fit étrangler. Le troisième était Bajazet, prince de grande espérance; et c'est lui qui est le héros de ma tragédie. Amurat, ou par politique, ou par amitié, l'avait épargné jusqu'au siège de Babylone. Après la prise de cette ville, le sultan victorieux envoya un ordre à Constantinople pour le faire mourir, ce qui fut conduit et exécuté à peu près de la manière que je le représente. Amurat avait encore un frère, qui fut depuis le sultan Ibrahim, et que ce même Amurat négligea comme un prince stupide, qui ne lui donnait point d'ombrage. Sultan Mahomet, qui règne aujourd'hui (3), est fils de cet Ibrahim, et, par conséquent, neveu de Bajazet (4).

Les particularités de la mort de Bajazet ne sont encore dans aucune histoire imprimée. M. le comte de Cézy était ambassadeur à Constantinople lorsque cette aventure tragique arriva dans le sérail. Il fut instruit des amours de Bajazet, et des jalousies de la sultane; il vit même plusieurs fois Bajazet, à qui on permettait de se promener quelquefois à la pointe du sérail, sur le canal de la mer Noire. M. le comte de Cézy disait que c'était un prince de bonne mine. Il a écrit depuis les circonstances de sa mort.

(1) Amurat IV (1609-1640) succéda en 1623 à son oncle Mustapha, qui n'avait régné que quelques mois; il soumit les Druses, fit la guerre à la Pologne, et enleva Bagdad aux Persans (1638). Il permit ouvertement l'usage du vin; ses débauches hâtèrent sa mort (à l'âge de 31 ans).

(2) Osman ou Othman II (1618-1622) mourut étranglé pour avoir essayé de détruire les janissaires. Pour Bajazet et Ibrahim, v. p. 246 et 254.

(3) Mahomet IV, né en 1643, succéda en 1648 à son père Ibrahim; il fut déposé en 1687.

(4) Mézeray (1610-1683), dans son *Histoire des Turcs*, confirme le récit de Racine : « La cruauté du sultan Amurat lui avait fait massacrer ses deux frères, Orcan et Bajazet, n'ayant pardonné qu'à Ibrahim parce qu'il lui paraissait imbécile d'esprit. » — L. Racine. était moins affirmatif, quand il disait : « Dans *Bajazet*, tout est vraisemblable, quoique peut-être il n'y ait rien de vrai. »

Il y a encore plusieurs personnes de qualité qui se souviennent de lui en avoir entendu faire le récit lorsqu'il fut de retour en France (1).

Sujets modernes : nécessité du lointain. — Quelques lecteurs pourront s'étonner qu'on ait osé mettre sur la scène une histoire si récente ; mais je n'ai rien vu dans les règles du poëme dramatique qui dût me détourner de mon entreprise. A la vérité, je ne conseillerais pas à un auteur de prendre pour sujet d'une tragédie une action aussi moderne que celle-ci, si elle s'était passée dans le pays où il veut faire représenter sa tragédie ; ni de mettre des héros sur le théâtre qui auraient été connus de la plupart des spectateurs. Les personnages tragiques doivent être regardés d'un autre œil que nous ne regardons d'ordinaire les personnages que nous avons vus de si près. On peut dire que le respect que l'on a pour les héros augmente à mesure qu'ils s'éloignent de nous : *major e longinquo reverentia*. L'éloignement des pays répare, en quelque sorte, la trop grande proximité des temps : car le peuple ne met guère de différence entre ce qui est, si j'ose ainsi parler, à mille ans de lui, et ce qui en est à mille lieues. C'est ce qui fait, par exemple, que les personnages turcs, quelque modernes qu'ils soient, ont de la dignité sur notre théâtre ; on les regarde de bonne heure comme anciens. Ce sont des mœurs et des coutumes toutes différentes. Nous avons si peu de commerce avec les princes et les autres personnes qui vivent dans le sérail, que nous les considérons, pour ainsi dire, comme des gens qui vivent dans un autre siècle que le nôtre (2).

Exemple d'Eschyle. — C'était à peu près de cette manière que les Persans étaient anciennement considérés des Athéniens. Aussi le poëte Eschyle ne fit point de difficulté d'introduire dans une tragédie la mère de Xerxès, qui était peut-être encore vivante, et de faire représenter sur le théâtre d'Athènes la désolation de la cour de Perse, après la déroute de ce prince. Cependant ce même Eschyle s'était trouvé en personne à la bataille de Salamine, où Xerxès avait été vaincu ; et il s'était trouvé encore à la défaite des lieutenants de Darius, père de Xerxès, dans la plaine de Marathon : car Eschyle était homme de guerre, et il était frère de ce fameux Cynégire, dont il est tant parlé dans l'antiquité, et qui mourut si courageusement en attaquant un des vaisseaux du roi de Perse.

(1) Racine a été instruit de ces événements par le chevalier de Nantouillet qui les tenait de M. le comte de Cézy.

(2) Les sujets turcs n'étaient pas une nouveauté sur la scène française. En 1554, avait paru *la Soltane* de Gabriel Bounyn (c'était la mort de Mustapha étranglé en 1553 par ordre de son père Soliman le Magnifique) ; en 1630, Mairet représenta *le grand et dernier Solyman ou la Mort de Mustapha* ; en 1637, on eut l'*Ibrahim* de Scudéry ; en 1643, la *Roxelane* de Desmares ; en 1647, le *Grand Tamerlan* de Magnon, et l'*Osman* de Tristan l'Hermite.

BAJAZET

PERSONNAGES :

BAJAZET, frère du sultan Amurat (1).
ROXANE, sultane favorite du sultan Amurat (2).
ATALIDE, fille du sang ottoman (3).
ACOMAT, grand vizir (4).
OSMIN, confident du grand vizir.
ZATIME, esclave de la sultane.
ZAIRE, esclave d'Atalide (5).

La scène est à Constantinople, autrement dite Byzance, dans le sérail du Grand Seigneur (6).

(L'an 1623).

(1) Bajazet, fils d'Achmet I, et frère d'Amurat IV. Comme il annonçait de belles qualités, Amurat le fit mettre à mort (1635), malgré les supplications de la sultane Kiosem, leur mère commune. Bajazet ne succomba qu'après avoir abattu quatre de ses assassins.

Le titre de sultan est aujourd'hui le nom principal du chef de l'empire ottoman ; du Xe au XIVe siècle, il désignait les lieutenants généraux des califes, ou bien des chefs arabes devenus indépendants.

(2) Roxane, Atalide, Zaïre, Zatime et Osmin sont des personnages inventés par le poète. Le nom de Roxane avait été porté par la fille du satrape perse Oxyarte, qui devint l'épouse d'Alexandre le Grand.

Les femmes, les sœurs et les filles du sultan sont appelées *sultanes*; la mère du sultan régnant porte le titre de *sultane-validé*.

(3) Le nom d'*Ottoman* vient d'Othman I, fondateur de l'empire turc actuel (1259-1326). Les Turcs, venus du Turkestan et du Nord de la Chine dans l'Asie occidentale, ont formé un grand nombre de races et plusieurs dynasties. Les races principales encore existantes sont celles des Ottomans (les moins barbares de tous, dans la Turquie d'Europe et la Turquie d'Asie), des Turcomans (dans le Turkestan, la Perse et le Caboul), et des Tartares (en Sibérie). Les dynasties les plus célèbres sont celles des Gaznévides, des Seldjoucides et des Ottomans.

(4) Acomat est le nom du fameux grand vizir de Mahomet II, qui enleva la Crimée aux Génois, et qui, après avoir rendu les plus grands services à son fils Bajazet II, fut étranglé par son ordre en 1482 ; un autre Acomat, renégat chrétien, fut grand vizir sous Bajazet II.

Vizir (en turc *porte-fardeau*) est, en Turquie, le nom des hauts fonctionnaires qui répondent à nos ministres. Le *grand vizir* est le premier ministre, qui a le sceau de l'empire.

(5) Voltaire a pris à Racine le nom de Zaïre et en a fait une héroïne chrétienne ; de *Zatime*, il a fait *Fatime* ; Roxane lui a fourni plusieurs traits pour le caractère d'Orosmane. Le fameux mot : *Zaïre, vous pleurez*, est imité de la scène 4 du 3e acte, où Bajazet dit à Atalide :

Que vois-je ? Qu'avez-vous ? *vous pleurez ?*

(6) Le *sérail* est le palais du sultan.

I. Sujet, intrigue, dénoûment.

Le sujet de cette tragédie est la *mort de Bajazet*, tenue longtemps en suspens, puis précipitée tout à coup, par l'amour rival de Roxane et d'Atalide.

Bajazet, frère d'Amurat IV, était, selon la coutume barbare des Turcs, condamné à mourir, pour que le sultan n'eût pas en lui un compétiteur à l'empire. En partant pour la guerre de Perse, Amurat avait chargé la sultane de l'exécution. Roxane, mécontente de n'être pas élevée par Amurat au rang d'épouse et d'impératrice par un mariage solennel, avait tourné ses vues vers le malheureux Bajazet, espérant obtenir de lui, en le sauvant, ce que son frère lui refusait. Mais Bajazet avait promis d'épouser Atalide.

L'*intrigue* se compose des péripéties amenées tour à tour par les sollicitations et les menaces de Roxane, par les hésitations et les vagues promesses de Bajazet, et par les fluctuations tantôt généreuses, tantôt égoïstes d'Atalide.

Un nouvel ordre plus pressant d'Amurat vainqueur hâte le dénoûment, en provoquant la mort de Bajazet, de Roxane et d'Atalide.

II. Analyse de l'action.

I. Le vizir Acomat a formé avec Roxane le complot d'élever Bajazet sur le trône; mais Roxane exige que le prince lui promette de l'épouser: Atalide en est consternée.

II. Bajazet objecte à Roxane la coutume qui depuis des siècles défend aux sultans de donner le titre d'épouse; Roxane s'irrite et menace; Atalide conjure Bajazet de l'apaiser.

III. Atalide, effrayée d'une réconciliation trop sincère à son gré, reproche à Bajazet sa trahison: le prince se justifie; Roxane soupçonne leur amour.

IV. Atalide, apprenant de Roxane son dessein d'exécuter les ordres d'Amurat, s'évanouit et laisse échapper une lettre où Bajazet lui protestait de sa fidélité: cette lettre est remise à Roxane qui jure sa perte; mais Acomat, déjà trop compromis, veut sauver Bajazet malgré la sultane.

V. Bajazet refuse noblement le trône et la vie, pour sauver Atalide; Atalide vient elle-même offrir sa vie à Roxane pour sauver Bajazet. Mais déjà le palais est envahi; Roxane, après avoir fait étrangler Bajazet, est égorgée par l'envoyé d'Amurat, et Atalide se tue sur la scène.

III. Appréciation.

Qualités. — La tragédie de *Bajazet* présente un sujet neuf, et une action éminemment tragique; l'exposition est un chef-d'œuvre; deux caractères, ceux de Roxane et d'Acomat, sont vigoureusement tracés; enfin plusieurs situations sont fort pathétiques (1).

(1) « *Bajazet* est sans contredit un ouvrage du second ordre; mais ce qu'il y a de beau, est du premier. » (LA HARPE.)

Personnages. — *Roxane* est la sultane ambitieuse, égoïste, insolente, haineuse, proposant avec une insolence brutale ou l'amour ou la mort (1).

Acomat est le type vivant du vieux vizir, froid, hardi, politique sans scrupule, se faisant un jeu de renverser les sultans.

Les autres caractères sont faibles.

Bajazet a de la générosité; il ne veut pas devoir le trône et la vie à un lâche mensonge; mais il est trop passif et langoureux, sauf dans sa dernière entrevue avec la terrible sultane, lorsque son âme s'élève jusqu'à l'héroïsme pour sauver Atalide.

Atalide est trop flottante entre la générosité et l'intérêt personnel; de là pour Bajazet des situations indécises et fausses qui lui enlèvent toute originalité et toute action propre.

Défauts. — On peut faire à cette tragédie les reproches suivants :

1° Les personnages, à part Roxane et Acomat, sont plus Français que Turcs par leurs sentiments et par leur langage (2).

(1) Voici quelques traits qui montrent le caractère de cette femme féroce. Dans sa première entrevue avec Bajazet (Acte II, scène 1), ne recevant de sa part qu'un refus opiniâtre, elle lui jette ces menaces farouches :

Non, je ne veux plus rien.
Ne m'importune plus de tes raisons forcées.
Je vois combien tes vœux sont loin de mes pensées.
Je ne te presse plus, ingrat, d'y consentir.
Rentre dans le néant dont je t'ai fait sortir.

Et quand Bajazet lui dit :

Daignez m'ouvrir au trône un chemin légitime;
Ou bien, me voilà prêt : prenez votre victime;

Elle lui répond :

— Ah! c'en est trop enfin : tu seras satisfait.
Holà! gardes, qu'on vienne.

Il faut de plus que Bajazet assiste lui-même au supplice d'Atalide. Plus tard (Acte V, scène 4), lorsque Bajazet se jette à ses pieds pour implorer la grâce de l'infortunée princesse, Roxane lui répond par un seul mot qui est un coup de foudre : *Sortez*, dit-elle. Or, le spectateur sait que les muets attendent leur victime à la porte.

(2) « Etant une fois, dit Segrais, près de Corneille sur le théâtre à une représentation de *Bajazet*, il me dit : « Je me garderais bien de le dire à d'autres que vous, parce qu'on dirait que j'en parle par jalousie; mais prenez-y garde, il n'y a pas un seul personnage dans le *Bajazet* qui ait les sentiments qu'il doit avoir et que l'on a à Constantinople; ils ont tous, sous un habit turc, le sentiment qu'on a au milieu de la France. »

L'histoire et les *mœurs turques* sont fidèlement retracées : on trouve dans Racine le despotisme oriental, le fanatisme et l'avilissement du peuple, les jalousies violentes, les vengeances atroces et les sombres mystères du sérail; le conseil des ulémas, les muets (exécuteurs ordinaires des arrêts de mort dans le sérail), l'étendard redouté du prophète, les sanglantes traditions des sultans, et cent autres traits des usages ottomans. Mais il est incontestable que les sentiments, l'élégance et la douceur du langage de Bajazet et d'Atalide sont plus français que turcs.

2° L'amour de Bajazet pour Atalide, qui est le nœud de l'intrigue, est trop vulgaire pour être tragique.

3° La fin du 5ᵉ acte est trop sanglante : Roxane, Bajazet, Atalide, Orcan sont tués; ce dénoûment ressemble à la *tuerie* des *Frères ennemis* (1).

4° Le style est moins soigné que dans les autres pièces de Racine; Boileau en trouvait la versification négligée.

5° Le défaut le plus grave est le manque de moralité. La pièce est fondée et roule tout entière sur la trahison, la duplicité, le parjure.

Roxane est infidèle au sultan et complote contre lui ; Bajazet entre dans le complot, et sur les conseils d'Atalide, laisse croire à Roxane qu'elle peut compter sur un amour qui n'est pas dans son cœur ; il trompe aussi Acomat en lui promettant pour prix de ses services cette même Atalide à laquelle il ne peut renoncer pour Roxane. Atalide, après avoir longtemps joué sa maîtresse et abusé de sa confiance, compromet Bajazet par ses caprices jaloux et finit par le perdre entièrement. Acomat et Orcan sont aussi des traîtres.

Mᵐᵉ de Sévigné parle plusieurs fois dans ses lettres de *Bajazet*. Le 15 janvier 1672, étonnée du succès de la nouvelle tragédie, elle écrit à sa fille : « Racine a fait une comédie qui enlève la paille : vraiment elle ne va pas *empirando*, comme les autres (sans doute *Britannicus*, *Andromaque*)...

Du bruit de *Bajazet* mon âme importunée

fait que je veux aller à la comédie. » Elle y alla : « *Bajazet* est beau, dit-elle au retour : j'y trouve quelque embarras vers la fin... J'estime, en mon petit sens, qu'elle ne surpasse pas *Andromaque*. Pour ce qui est des belles comédies de Corneille, elles sont autant au-dessus que votre idée était au-dessus de.... Souvenez-vous de cette folie, et croyez que jamais rien n'approchera (je ne dis pas *surpassera*) des *divins endroits* de Corneille. » A la lecture, elle fut plus sévère encore : « Je voudrais vous envoyer la *Champmeslé* (la plus célèbre actrice de Racine) pour vous réchauffer la pièce. Le personnage de Bajazet est glacé ; les mœurs des Turcs y sont mal observées. Ils ne font point tant de façon pour se marier. *On n'entre point dans la raison de cette grande tuerie.* Il y a pourtant des choses agréables, et rien de parfaitement beau, rien qui enlève, point de ces tirades de Corneille qui font frissonner. Ma fille, gardons-nous bien de lui comparer Racine ; sentons-en la différence. Il y a des endroits froids et faibles, et jamais il n'ira plus loin qu'*Alexandre* et qu'*Andromaque*. *Bajazet* est au-dessous.... Racine fait des pièces pour la *Champmeslé*, et ce n'est pas pour les siècles à venir.... Vive donc notre vieil ami Corneille ! Pardonnons-lui de méchants vers en faveur des divines et sublimes beautés qui nous transportent : ce sont des traits de maître qui sont inimitables. Despréaux en dit encore plus que moi ; en un mot, c'est le bon goût, tenez-vous-y. »

(1) Le suicide d'Atalide est parfaitement inutile ; et dans la pièce, il charge le dénoûment d'un monologue qui le fait languir, et d'un meurtre très froid. Rien n'est plus vicieux, dit Geoffroy, que d'ensanglanter mal à propos la scène ; rien n'est moins tragique que la mort d'un personnage auquel on prend peu d'intérêt.

Le cinquième acte est très froid ; il ne renferme qu'une scène vraiment théâtrale : c'est la dernière entrevue de Roxane et de Bajazet.

Il n'y a pas un seul caractère d'une vertu éprouvée et d'une générosité constante; l'héroïsme, quand il paraît, est trop fugitif pour ennoblir les personnages.

Quant aux ressorts de tous ces crimes et de toutes ces défaillances coupables, c'est l'ambition et l'amour; l'amour criminel et furieux dans Roxane, l'amour intéressé dans Atalide, l'amour romanesque dans Bajazet.

Le génie de Racine dévie de plus en plus de la voie droite et de l'idéal moral du théâtre. A quoi servent ces peintures vives et naturelles, ces émotions touchantes, sinon à énerver le cœur, et à contrister la vertu?

ACTE PREMIER
SCÈNE I
Exposition (1).
ACOMAT, OSMIN.

ACOMAT.

Viens, suis-moi. La sultane en ce lieu se doit rendre.
Je pourrai cependant te parler et t'entendre.

OSMIN.

Et depuis quand, Seigneur, entre-t-on dans ces lieux
Dont l'accès était même interdit à nos yeux (2)?
Jadis une mort prompte eût suivi cette audace.

ACOMAT.

Quand tu seras instruit de tout ce qui se passe,
Mon entrée en ces lieux ne te surprendra plus.
Mais laissons, cher Osmin, les discours superflus.
Que ton retour tardait à mon impatience!
Et que d'un œil content je te vois dans Byzance (3)!
Instruis-moi des secrets que peut t'avoir appris
Un voyage si long pour moi seul entrepris.
De ce qu'ont vu tes yeux parle en témoin sincère :
Songe que du récit, Osmin, que tu vas faire,

(1) Voltaire regardait l'exposition de *Bajazet* comme la plus belle du théâtre; sans discuter la question de supériorité, il est certain qu'elle mérite d'être comparée à l'exposition d'*Othon* (de Corneille) et à celle d'*Athalie*, qui sont justement célèbres.

(2) Ces vers indiquent le lieu de l'action : c'est le sérail dont le secret est impénétrable, sous peine de mort. Le vizir n'écoute Osman qu'en attendant la sultane.

(3) L'ancien nom de Byzance a paru sans doute à Racine plus poétique que celui de Constantinople. Byzance, fondée vers 658 av. J.-C., fut agrandie par Constantin qui, en 330, la choisit pour capitale et lui donna son nom (Constantinople).

Dépendent les destins de l'empire ottoman.
Qu'as-tu vu dans l'armée, et que fait le sultan (1)?

OSMIN.

Babylone, Seigneur, à son prince fidèle,
Voyait sans s'étonner notre armée autour d'elle;
Les Persans rassemblés marchaient à son secours,
Et du camp d'Amurat s'approchaient tous les jours (2).
Lui-même, fatigué d'un long siège inutile,
Semblait vouloir laisser Babylone tranquille,
Et sans renouveler ses assauts impuissants,
Résolu de combattre, attendait les Persans.
Mais, comme vous savez, malgré ma diligence,
Un long chemin sépare et le camp et Byzance;
Mille obstacles divers m'ont même traversé,
Et je puis ignorer tout ce qui s'est passé.

ACOMAT.

Que faisaient cependant nos braves janissaires (3)?
Rendent-ils au sultan des hommages sincères?
Dans le secret des cœurs, Osmin, n'as-tu rien lu?
Amurat jouit-il d'un pouvoir absolu?

OSMIN.

Amurat est content, si nous le voulons croire,
Et semblait se promettre une heureuse victoire.
Mais en vain par ce calme il croit nous éblouir:
Il affecte un repos dont il ne peut jouir.
C'est en vain que, forçant ses soupçons ordinaires,

(1) Osmin revient du camp d'Amurat, près de Babylone. Le vizir qui trame une révolution contre son souverain, est curieux de savoir ce qui se passe à l'armée, quel est le succès de la guerre. L'entretien est donc très vraisemblable : les questions posées par Acomat provoquent des réponses qui exposent d'une manière naturelle la situation de l'empire et celle des principaux personnages.

(2) Nous apprenons que le sultan est absent de Constantinople, qu'il est sous les murs de Babylone, et que peut-être en ce moment il est aux prises avec les Persans appelés au secours de la ville assiégée.

(3) Le poète indique ici la cause la plus ordinaire des révolutions turques, l'insolence turbulente des janissaires. Cette milice d'élite, créée par Orkhan vers 1360 pour la garde du trône et la défense des frontières, et portée successivement de 6000 h. jusqu'au delà de 100.000, s'était rendue redoutable par son insubordination; plus d'une fois elle avait fait et renversé les sultans à son gré, comme autrefois les prétoriens de l'empire romain. Les janissaires furent dissous par Mahmoud II, en 1826, à la suite d'une insurrection qu'ils avaient excitée à Constantinople.

On comprend l'intérêt qu'avait le vizir à savoir au juste les dispositions de ce corps redoutable à l'égard du sultan qu'il voulait renverser.

Il se rend accessible à tous les janissaires :
Il se souvient toujours que son inimitié
Voulut de ce grand corps retrancher la moitié,
Lorsque, pour affermir sa puissance nouvelle,
Il voulait, disait-il, sortir de leur tutelle.
Moi-même j'ai souvent entendu leurs discours;
Comme il les craint sans cesse, ils le craignent toujours.
Ses caresses n'ont point effacé cette injure.
Votre absence est pour eux un sujet de murmure (1).
Ils regrettent le temps à leur grand cœur si doux,
Lorsque assurés de vaincre ils combattaient sous vous.

ACOMAT.

Quoi! tu crois, cher Osmin, que ma gloire passée
Flatte encor leur valeur, et vit dans leur pensée?
Crois-tu qu'ils me suivraient encor avec plaisir,
Et qu'ils reconnaîtraient la voix de leur vizir (2)?

OSMIN.

Le succès du combat réglera leur conduite :
Il faut voir du sultan la victoire ou la fuite.
Quoiqu'à regret, Seigneur, ils marchent sous ses lois;
Ils ont à soutenir le bruit de leurs exploits :
Ils ne trahiront point l'honneur de tant d'années.
Mais enfin le succès dépend des destinées.
Si l'heureux Amurat, secondant leur grand cœur,
Aux champs de Babylone est déclaré vainqueur,
Vous les verrez, soumis, rapporter dans Byzance
L'exemple d'une aveugle et basse obéissance.
Mais si dans le combat le destin plus puissant
Marque de quelque affront son empire naissant (3),
S'il fuit, ne doutez point que, fiers de sa disgrâce,
A la haine bientôt ils ne joignent l'audace,
Et n'expliquent, Seigneur, la perte du combat
Comme un arrêt du ciel qui réprouve Amurat (4).
Cependant, s'il en faut croire la renommée,

(1) Amurat avait éloigné Acomat de l'armée par défiance ou par jalousie.

(2) Le maréchal de Villars, dit Voltaire, citait ces vers avec beaucoup d'énergie, quand il alla commander les armées en Italie, à l'âge de quatre-vingts ans.

(3) Racine suppose que l'action se passe au commencement du règne d'Amurat : un empire mal affermi encore se prête davantage aux complots.

(4) Chez un peuple fanatique, féroce et conquérant, où l'obéissance ne repose que sur la crainte, le prestige de la victoire est nécessaire à l'autorité: une défaite a décidé plus d'une fois du trône et de la vie du sultan.

Il a depuis trois mois fait partir de l'armée
Un esclave chargé de quelque ordre secret.
Tout le camp interdit tremblait pour Bajazet :
On craignait qu'Amurat, par un ordre sévère,
N'envoyât demander la tête de son frère.

ACOMAT.

Tel était son dessein. Cet esclave est venu :
Il a montré son ordre, et n'a rien obtenu.

OSMIN.

Quoi, Seigneur ? Le sultan reverra son visage
Sans que de vos respects il lui porte ce gage ?

ACOMAT.

Cet esclave n'est plus (1). Un ordre, cher Osmin,
L'a fait précipiter dans le fond de l'Euxin (2).

OSMIN.

Mais le sultan, surpris d'une trop longue absence,
En cherchera bientôt la cause et la vengeance.
Que lui répondrez-vous ?

ACOMAT.

     Peut-être avant ce temps
Je saurai l'occuper de soins plus importants.
Je sais bien qu'Amurat a juré ma ruine ;
Je sais à son retour l'accueil qu'il me destine.
Tu vois, pour m'arracher du cœur de ses soldats,
Qu'il va chercher sans moi les sièges, les combats :
Il commande l'armée ; et moi, dans une ville
Il me laisse exercer un pouvoir inutile.
Quel emploi, quel séjour, Osmin, pour un vizir !
Mais j'ai plus dignement employé ce loisir (3) :
J'ai su lui préparer des craintes et des veilles,

---

(1) Le caractère du vizir commence à se dessiner par ce langage bref et ferme, par cette façon étrange et barbare de se soustraire aux ordres d'un souverain ; le commandement déplaît, on jette en secret le messager à la mer, et tout est dit : ce sont bien là les mœurs turques.

(2) L'Euxin ou le Pont-Euxin (en grec, par antiphrase, mer hospitalière), aujourd'hui la mer Noire (ainsi appelée par les Tartares).

(3) « Cet Acomat, dit Voltaire, me paraît l'effort de l'esprit humain. Je ne vois rien dans l'antiquité, ni chez les modernes, qui soit dans ce caractère, et la beauté de la diction le relève encore. Pas un seul vers ou dur ou faible, pas un mot qui ne soit le mot propre. » Cet enthousiasme, tout fondé qu'il est, paraît excessif.

Et le bruit en ira bientôt à ses oreilles (1).

OSMIN.

Quoi donc? qu'avez-vous fait?

ACOMAT.

J'espère qu'aujourd'hui
Bajazet se déclare, et Roxane avec lui.

OSMIN.

Quoi! Roxane, Seigneur, qu'Amurat a choisie
Entre tant de beautés dont l'Europe et l'Asie
Dépeuplent leurs Etats et remplissent sa cour?
Car on dit qu'elle seule a fixé son amour;
Et même il a voulu que l'heureuse Roxane,
Avant qu'elle eût un fils, prît le nom de sultane.

ACOMAT.

Il a fait plus pour elle, Osmin : il a voulu
Qu'elle eût dans son absence un pouvoir absolu (2).
Tu sais de nos sultans les rigueurs ordinaires :
Le frère rarement laisse jouir ses frères
De l'honneur dangereux d'être sortis d'un sang
Qui les a de trop près approchés de son rang.
L'imbécile Ibrahim, sans craindre sa naissance (3),
Traîne, exempt de péril, une éternelle enfance :
Indigne également de vivre et de mourir,
On l'abandonne aux mains qui daignent le nourrir (4).
L'autre, trop redoutable, et trop digne d'envie,
Voit sans cesse Amurat armé contre sa vie.
Car enfin Bajazet dédaigna de tout temps

(1) Ce discours énergique montre bien le dépit du vizir et son génie audacieux : c'est le mâle langage du vieux guerrier et du froid politique. La révélation lente et discrète de son complot excite au plus haut point la curiosité.

(2) Ce tableau de la puissance absolue dont jouit Roxane en l'absence d'Amurat, est propre à donner une haute idée de la terrible sultane.

(3) Ibrahim, pour ne pas éveiller la jalousie de son frère Amurat, contrefit l'insensé jusqu'à la mort de ce prince. Il lui succéda en 1640 ; mais ses débauches et ses cruautés le firent déposer en 1648 ; bientôt après, il fut étranglé dans le sérail où il avait été enfermé.

(4) Ces quatre vers peuvent être rangés parmi les plus beaux de Racine : on y voit ce qu'un heureux choix d'épithètes, de métaphores, d'appositions, peut donner de vigueur et d'éclat à la pensée.

« Lorsque Boileau disait que son ami avait encore plus que lui le génie satirique, il citait pour preuves ces quatre vers si admirables. » (L. RACINE.)
Le dernier vers est la plus haute expression du dédain pour un prince imbécile. Ibrahim, comme le fameux Brutus de l'ancienne Rome, affecta à dessein la folie. Son portrait est placé ici pour faire ressortir par contraste celui de Bajazet.

ACTE I, SCÈNE I

La molle oisiveté des enfants des sultans.
Il vint chercher la guerre au sortir de l'enfance,
Et même en fit sous moi la noble expérience.
Toi-même tu l'as vu courir dans les combats,
Emportant après lui tous les cœurs des soldats,
Et goûter, tout sanglant, le plaisir et la gloire
Que donne aux jeunes cœurs la première victoire (1).
Mais, malgré ses soupçons, le cruel Amurat,
Avant qu'un fils naissant eût rassuré l'Etat,
N'osait sacrifier ce frère à sa vengeance,
Ni du sang ottoman proscrire l'espérance.
Ainsi donc pour un temps Amurat désarmé
Laissa dans le sérail Bajazet enfermé (2).
Il partit, et voulut que, fidèle à sa haine,
Et des jours de son frère arbitre souveraine,
Roxane, au moindre bruit, et sans autres raisons,
Le fît sacrifier à ses moindres soupçons.
Pour moi, demeuré seul, une juste colère
Tourna bientôt mes vœux du côté de son frère.
J'entretins la sultane; et cachant mon dessein,
Lui montrai d'Amurat le retour incertain,
Les murmures du camp, la fortune des armes;
Je plaignis Bajazet; je lui vantai ses charmes,
Qui, par un soin jaloux dans l'ombre retenus,
Si voisins de ses yeux, leur étaient inconnus.
Que te dirai-je enfin? la sultane éperdue
N'eut plus d'autre désir que celui de sa vue.

OSMIN.

Mais pouvaient-ils tromper tant de jaloux regards
Qui semblent mettre entre eux d'invincibles remparts?

ACOMAT.

Peut-être il te souvient qu'un récit peu fidèle
De la mort d'Amurat fit courir la nouvelle (3).

(1) Ce portrait charmant du jeune prince dispose le spectateur en sa faveur : on l'aime; et l'intérêt qu'on lui porte croit, avec le danger qui le menace.

(2) Racine donne une raison plausible de la lenteur qu'Amurat a mise dans l'exécution de son projet.

(3) L'habile politique commence à révéler ses artifices. Menacé par le sultan, il trame sa perte: Bajazet, sauvé de la mort, sera son salut; mais pour le faire arriver au trône, il faut lui concilier la sultane. Le faux bruit de la mort d'Amurat habilement répandu dans le sérail, y a jeté le trouble : Roxane a pu voir le prisonnier, et par l'entremise d'Atalide, elle a continué d'entretenir son espoir. « Cette fiction de la mort d'Amurat, qui est de l'invention du poète, est un coup de maître. » (LA HARPE.)

La sultane, à ce bruit feignant de s'effrayer,
Par des cris douloureux eut soin de l'appuyer.
Sur la foi de ses pleurs ses esclaves tremblèrent;
De l'heureux Bajazet les gardes se troublèrent;
Et les dons achevant d'ébranler leur devoir,
Leurs captifs dans ce trouble osèrent s'entrevoir.
Roxane vit le prince; elle ne put lui taire
L'ordre dont elle seule était dépositaire.
Bajazet est aimable; il vit que son salut
Dépendait de lui plaire, et bientôt il lui plut.
Tout conspirait pour lui : ses soins, sa complaisance,
Ce secret découvert, et cette intelligence,
Soupirs d'autant plus doux qu'il les fallait celer,
L'embarras irritant de ne s'oser parler,
Même témérité, périls, craintes communes,
Lièrent pour jamais leurs cœurs et leurs fortunes.
Ceux mêmes dont les yeux les devaient éclairer,
Sortis de leur devoir, n'osèrent y rentrer.

OSMIN.

Quoi! Roxane d'abord leur découvrant son âme
Osa-t-elle à leurs yeux faire éclater sa flamme?

ACOMAT.

Ils l'ignorent encore; et jusques à ce jour,
Atalide a prêté son nom à cet amour.
Du père d'Amurat Atalide est la nièce;
Et même avec ses fils partageant sa tendresse,
Elle a vu son enfance élevée avec eux.
Du prince, en apparence, elle reçoit les vœux;
Mais elle les reçoit pour les rendre à Roxane,
Et veut bien, sous son nom, qu'il aime la sultane.
Cependant, cher Osmin, pour s'appuyer de moi,
L'un et l'autre ont promis Atalide à ma foi.

OSMIN.

Quoi! vous l'aimez, Seigneur?

ACOMAT.

Voudrais-tu qu'à mon âge
Je fisse de l'amour le vil apprentissage (1)?
Qu'un cœur qu'ont endurci la fatigue et les ans
Suivît d'un vain plaisir les conseils imprudents?

(1) Tout est calcul d'ambition chez le vieux vizir : ses projets politiques lui donnent de la grandeur, et l'élèvent au-dessus des esclaves de l'amour qu'il méprise. S'il a des vues sur Atalide, c'est parce que cette union avec la cousine de Bajazet lui servira d'appui contre ce prince lui-même devenu sultan.

C'est par d'autres attraits qu'elle plaît à ma vue :
J'aime en elle le sang dont elle est descendue.
Par elle Bajazet, en m'approchant de lui,
Me va contre lui-même assurer un appui.
Un vizir aux sultans fait toujours quelque ombrage (1).
A peine ils l'ont choisi qu'ils craignent leur ouvrage.
Sa dépouille est un bien qu'ils veulent recueillir,
Et jamais leurs chagrins ne nous laissent vieillir (2).
Bajazet aujourd'hui m'honore et me caresse ;
Ses périls tous les jours réveillent sa tendresse.
Ce même Bajazet, sur le trône affermi,
Méconnaîtra peut-être un inutile ami.
Et moi, si mon devoir, si ma foi ne l'arrête,
S'il ose quelque jour me demander ma tête....
Je ne m'explique point, Osmin. Mais je prétends
Que du moins il faudra la demander longtemps.
Je sais rendre aux sultans de fidèles services ;
Mais je laisse au vulgaire adorer leurs caprices,
Et ne me pique point du scrupule insensé
De bénir mon trépas quand ils l'ont prononcé (3).
Voilà donc de ces lieux ce qui m'ouvre l'entrée,
Et comme enfin Roxane à mes yeux s'est montrée.
Invisible d'abord elle entendait ma voix,
Et craignait du sérail les rigoureuses lois.
Mais enfin bannissant cette importune crainte
Qui dans nos entretiens jetait trop de contrainte,
Elle-même a choisi cet endroit écarté,
Où nos cœurs à nos yeux parlent en liberté.
Par un chemin obscur un esclave me guide,
Et.... Mais on vient : c'est elle et sa chère Atalide.
Demeure ; et s'il le faut, sois prêt à confirmer
Le récit important dont je vais l'informer (4).

(1) Ce trait n'est que trop confirmé par l'histoire ottomane. Pour récompenser Acomat, le grand-vizir de son père Mahomet II, Bajazet II, à peine monté sur le trône, le fit étrangler.

(2) « Combien de vérités historiques dans ces vers ! La fin tragique de presque tous les vizirs ; leur dépouille portée au trésor des sultans, qui ont le droit d'hériter de quiconque a été chargé d'une administration, la coutume d'envoyer le lacet à ces victimes du despotisme, de *leur demander leur tête*, suivant l'expression du poète, et le dévouement religieux des Turcs, qui leur fait regarder la volonté du sultan comme un ordre du ciel.... » (La Harpe.)

(3) Acomat est au-dessus des préjugés et du fanatisme de sa nation : ce trait donne une plus haute idée de son caractère.

(4) Cette première scène est admirable comme exposition : elle nous fait connaître : 1° les circonstances de temps et de lieu ; 2° la situation générale de l'empire ; 3° les principaux personnages, à savoir Roxane, Bajazet,

SCÈNE II

ROXANE, ATALIDE, ZATIME, ZAIRE, ACOMAT, OSMIN.

ACOMAT.

La vérité s'accorde avec la renommée,
Madame. Osmin a vu le sultan et l'armée.
Le superbe Amurat est toujours inquiet;
Et toujours tous les cœurs penchent vers Bajazet :
D'une commune voix ils l'appellent au trône.
Cependant les Persans marchaient vers Babylone,
Et bientôt les deux camps au pied de son rempart,
Devaient de la bataille éprouver le hasard.
Ce combat doit, dit-on, fixer nos destinées ;
Et même si d'Osmin je compte les journées,
Le ciel en a déjà réglé l'événement,
Et le sultan triomphe ou fuit en ce moment.
Déclarons-nous, Madame, et rompons le silence (1).
Fermons-lui dès ce jour les portes de Byzance ;
Et sans nous informer s'il triomphe ou s'il fuit,
Croyez-moi, hâtons-nous d'en prévenir le bruit.
S'il fuit, que craignez-vous? s'il triomphe au contraire,
Le conseil le plus prompt est le plus salutaire (2).
Vous voudrez, mais trop tard, soustraire à son pouvoir
Un peuple dans ses murs prêt à le recevoir.
Pour moi, j'ai déjà su par mes brigues secrètes (3)

Acomat, Atalide, avec leurs caractères, leurs passions, leurs intérêts, leurs craintes et leurs espérances. Cette exposition est d'autant plus intéressante qu'elle est faite par un des personnages principaux de la pièce, par un homme qui semble tenir dans ses mains tous les ressorts, dont la vie ou la mort sont en jeu, dont le caractère énergique, la froide ambition et l'habile politique font la plus vive impression sur le spectateur. On connaît le sujet, on désire voir la suite d'un projet si audacieux ; et comme il s'agit du sort d'un prince innocent, aimable et généreux, on désire la réussite du complot dans la mesure même des craintes qu'on a pour lui.

(1) Cette scène engage l'action. Le vizir, en montrant à Roxane qu'il est urgent de se déclarer, sous peine d'être surpris peut-être par un vainqueur indigné, irrite sa passion, et son impatience de réussir auprès de Bajazet.

(2) Le dilemme est concluant. Amurat est vaincu ou vainqueur ; vaincu, il ne peut rien ; vainqueur, il vous accablera si vous ne le prévenez.

(3) Pour achever de persuader Roxane, Acomat lui montre ce qu'il a fait pour faciliter le succès : les chefs de la religion sont gagnés, le peuple est prévenu en faveur de Bajazet, et indisposé contre Amurat. Dès lors, il suffit que Bajazet se montre : s'il paraît sous la protection de l'étendard de Mahomet, sa cause est gagnée. Le plan du vizir et son discours témoignent d'une grande habileté.

Gagner de notre loi les sacrés interprètes (1) :
Je sais combien, crédule en sa dévotion,
Le peuple suit le frein de la religion (2).
Souffrez que Bajazet voie enfin la lumière :
Des murs de ce palais ouvrez-lui la barrière;
Déployez en son nom cet étendard fatal (3),
Des extrêmes périls l'ordinaire signal.
Les peuples, prévenus de ce nom favorable,
Savent que sa vertu le rend seule coupable.
D'ailleurs un bruit confus, par mes soins confirmé,
Fait croire heureusement à ce peuple alarmé
Qu'Amurat le dédaigne, et veut loin de Byzance
Transporter désormais son trône et sa présence.
Déclarons le péril dont son frère est pressé;
Montrons l'ordre cruel qui vous fut adressé.
Surtout qu'il se déclare et se montre lui-même,
Et fasse voir ce front digne du diadème.

ROXANE.

Il suffit. Je tiendrai tout ce que j'ai promis.
Allez, brave Acomat, assembler vos amis :
De tous leurs sentiments venez me rendre compte;
Je vous rendrai moi-même une réponse prompte.
Je verrai Bajazet. Je ne puis dire rien,
Sans savoir si son cœur s'accorde avec le mien (4).
Allez, et revenez.

(1) Le mufti et les ulémas : le mufti est le chef de la religion mahométane; les ulémas sont les docteurs de la loi et de la religion.

(2) Le fanatisme des sectateurs du Coran est connu.

(3) C'est l'étendard de Mahomet, appelé *Œucab*, *Sandjak-Scheryf* ou encore *Bajarac*. « Il a, dit Tavernier, ces mots pour devise : L'aide est de Dieu! Cet étendard était ci-devant en une si grande vénération parmi les Turcs, que lorsqu'il arrivait quelque sédition..., il n'y avait point de plus sûr et de plus prompt remède pour l'apaiser, que de l'exposer à la vue des rebelles. Lorsque la bannière de Mahomet est arborée, tous les sujets, depuis l'âge de sept ans, sont obligés de prendre les armes. » Déployé par Roxane, ce drapeau doit signaler au peuple le danger de l'Etat, et l'exciter à se ranger autour de la sultane, dépositaire de l'autorité suprême.

(4) Quelque pressée que soit Roxane de toucher au but, elle se réserve de prendre ses sûretés vis-à-vis de Bajazet : le calme est un des traits de ce caractère froid et passionné tout ensemble.

Jeu perfide de la Sultane.

Acte IV, scène III.

Pour s'assurer de l'amour secret d'Atalide pour Bajazet, Roxane feint d'être forcée par un nouvel ordre d'Amurat, d'exécuter la sentence de mort. Le dialogue est conduit avec un art admirable : le langage de la sultane, si froid, si mesuré, si perfide dans sa progression lente et calculée, présente un émouvant contraste avec les angoisses croissantes de l'infortunée Atalide.

ROXANE, ATALIDE, ZATIME.

ROXANE.

Madame, j'ai reçu des lettres de l'armée (1).
De tout ce qui s'y passe êtes-vous informée ?

ATALIDE.

On m'a dit que du camp un esclave est venu.
Le reste est un secret qui ne m'est pas connu.

ROXANE.

Amurat est heureux : la fortune est changée,
Madame, et sous ses lois Babylone est rangée (2).

ATALIDE.

Eh quoi, Madame ? Osmin....

ROXANE.

   Etait mal averti,
Et depuis son départ cet esclave est parti.
C'en est fait.

ATALIDE, à part.

 Quel revers !

ROXANE.

   Pour comble de disgrâces,
Le sultan, qui l'envoie, est parti sur ses traces.

ATALIDE.

Quoi ! les Persans armés ne l'arrêtent donc pas ?

---

(1) « *Des lettres de l'armée*, dans les circonstances où l'on est, ne peuvent apporter qu'un arrêt de mort contre Bajazet. Ce seul mot doit épouvanter Atalide...; c'est un mérite vraiment dramatique de faire trembler avec les mots les plus ordinaires. » (LA HARPE.)

(2) La victoire d'Amurat est un désastre pour Roxane et pour Atalide; elle déjoue tous leurs plans, et renverse toutes leurs espérances.

ROXANE.
Non, Madame, vers nous il revient à grands pas.
ATALIDE.
Que je vous plains, Madame! et qu'il est nécessaire
D'achever promptement ce que vous vouliez faire!
ROXANE.
Il est tard de vouloir s'opposer au vainqueur.
ATALIDE, *à part*.
O ciel!
ROXANE.
Le temps n'a point adouci sa rigueur.
Vous voyez dans mes mains sa volonté suprême.
ATALIDE.
Et que vous mande-t-il?
ROXANE.
Voyez : lisez vous-même.
Vous connaissez, Madame, et la lettre et le seing.
ATALIDE.
Du cruel Amurat je reconnais la main.
(*Elle lit.*)
« Avant que Babylone éprouvât ma puissance,
» Je vous ai fait porter mes ordres absolus.
» Je ne veux point douter de votre obéissance,
» Et crois que maintenant Bajazet ne vit plus.
» Je laisse sous mes lois Babylone asservie,
» Et confirme en partant mon ordre souverain.
» Vous, si vous avez soin de votre propre vie,
» Ne vous montrez à moi que sa tête à la main. »
ROXANE.
Eh bien (1)?
ATALIDE, *à part*.
Cache tes pleurs, malheureuse Atalide.
ROXANE.
Que vous semble?
ATALIDE.
Il poursuit son dessein parricide;
Mais il pense proscrire un prince sans appui :

(1) Le jeu de Roxane est cruel; il y a de la férocité dans ces questions insidieuses.

Il ne sait pas l'amour qui vous parle pour lui,
Que vous et Bajazet vous ne faites qu'une âme,
Que plutôt, s'il le faut, vous mourrez....

ROXANE.

Moi, Madame?
Je voudrais le sauver, je ne le puis haïr;
Mais....

ATALIDE.

Quoi donc? qu'avez-vous résolu?

ROXANE.

D'obéir (1).

ATALIDE.

D'obéir!

ROXANE.

Et que faire en ce péril extrême?
Il le faut.

ATALIDE.

Quoi! ce prince aimable... qui vous aime,
Verra finir ses jours qu'il vous a destinés!

ROXANE.

Il le faut. Et déjà mes ordres sont donnés (2).

ATALIDE.

Je me meurs.

ZATIME.

Elle tombe, et ne vit plus qu'à peine.

(1) Ce mot est un coup de foudre pour la princesse.
(2) C'est le coup de grâce; la perfide sultane prononce ce mot terrible avec une indifférence et une dureté impitoyables : Atalide succombe à sa douleur.

MITHRIDATE

TRAGÉDIE

1673.

PRÉFACE

Mithridate : son caractère. — Il n'y a guère de nom plus connu que celui de Mithridate (1). Sa vie et sa mort font une partie considérable de l'histoire romaine ; et sans compter les victoires qu'il a remportées, on peut dire que ses seules défaites ont fait presque toute la gloire de trois des plus grands capitaines de la république : c'est à savoir, de Sylla, de Lucullus, et de Pompée. Ainsi je ne pense pas qu'il soit besoin de citer ici mes auteurs : car, excepté quelque événement que j'ai un peu rapproché par le droit que donne la poésie, tout le monde reconnaîtra aisément que j'ai suivi l'histoire avec beaucoup de fidélité. En effet, il n'y a guère d'actions éclatantes dans la vie de Mithridate qui n'aient trouvé place dans ma tragédie. J'y ai inséré tout ce qui pouvait mettre en jour les mœurs et les sentiments de ce prince, je veux dire sa haine violente contre les Romains, son grand courage, sa finesse,

(1) Mithridate VI, *le Grand*, roi du Pont, né vers l'an 131 av. J.-C., succéda tout jeune à son père vers l'an 120, et mourut l'an 63, âgé de 68 ans, après 57 ans de règne. Rome eut en lui l'un de ses ennemis les plus redoutables. S'étant emparé du Bosphore Cimmérien, de la Paphlagonie, de la Bithynie et de la Cappadoce, il fut obligé par les Romains de renoncer à ses conquêtes (99) ; ce fut la première cause de sa haine. L'an 88, au milieu des fêtes de son mariage avec Monime, il fit égorger le même jour et à la même heure tous les Romains qui se trouvaient dans les villes de l'Asie (il en périt 100,000). Battu par Sylla à Chéronée et à Orchomène, il obtint la paix en cédant de nouveau toutes ses conquêtes (85). L'an 75, pour soutenir ses droits sur la Bithynie, il l'envahit, battit l'armée romaine de Cotta à Chalcédoine, puis défait lui-même par Lucullus, il s'enfuit en Arménie auprès du roi Tigrane, son gendre (69) ; étant revenu avec une armée puissante, battu deux fois encore, il put, grâce au rappel de Lucullus, reconquérir son royaume (67) ; mais vaincu par Pompée, près de l'Euphrate, dans un combat nocturne, il s'enfuit dans le royaume du Bosphore où régnait Macharès un de ses fils, et de là voulut entraîner son armée jusqu'en Italie. Ses soldats effrayés se révoltèrent en proclamant roi son fils Pharnace. Se voyant abandonné, il voulut s'empoisonner ; mais comme le poison n'avait plus aucune action sur lui, il se fit tuer par un soldat gaulois (63). C'était un prince actif, intrépide, infatigable, dissimulé, perfide et féroce ; il avait une mémoire prodigieuse et savait jusqu'à 25 langues. Il avait résisté aux Romains pendant 40 ans.

sa dissimulation, et enfin cette jalousie qui lui était si naturelle, et qui a tant de fois coûté la vie à ses maîtresses.

Le grand dessein de Mithridate. — La seule chose qui pourrait n'être pas aussi connue que le reste, c'est le dessein que je lui fais prendre de passer dans l'Italie. Comme ce dessein m'a fourni une des scènes qui ont le plus réussi dans ma tragédie (1), je crois que le plaisir du lecteur pourra redoubler, quand il verra que presque tous les historiens ont dit ce que je fais dire ici à Mithridate.

Florus, Plutarque, et Dion Cassius, nomment les pays par où il devait passer (2). Appien d'Alexandrie entre plus dans le détail; et après avoir marqué les facilités et les secours que Mithridate espérait trouver dans sa marche, il ajoute que ce projet fut le prétexte dont Pharnace se servit pour faire révolter toute l'armée, et que les soldats, effrayés de l'entreprise de son père, la regardèrent comme le désespoir d'un prince qui ne cherchait qu'à périr avec éclat. Ainsi elle fut en partie cause de sa mort, qui est l'action de ma tragédie (3).

J'ai encore lié ce dessein de plus près à mon sujet : je m'en suis servi pour faire connaître à Mithridate les secrets sentiments de ses deux fils (4). On ne peut prendre trop de précaution pour ne rien mettre sur le théâtre qui ne soit très nécessaire; et les plus belles scènes sont en danger d'ennuyer, du moment qu'on les peut séparer de l'action, et qu'elles l'interrompent au lieu de la conduire vers sa fin.

Voici la réflexion que fait Dion Cassius sur ce dessein de Mithridate : « Cet homme était véritablement né pour entreprendre de grandes choses. Comme il avait souvent éprouvé la bonne et la mauvaise fortune, il ne

(1) C'est la scène I de l'acte III, où le roi expose son dessein à ses fils.

(2) Florus, historien latin (vers l'an 120 ap. J.-C.), composa un *Abrégé de l'histoire romaine*. — Plutarque, historien grec, né l'an 38 ap. J.-C. à Orchomène, mort en 138 ou 140, est célèbre surtout par les *Vies parallèles des hommes illustres* de la Grèce et de Rome. — Dion Cassius, historien grec, né à Nicée l'an 155 ap. J.-C., mort vers l'an 240, composa une *Histoire romaine*. — Appien, historien grec, du 2e siècle après J.-C., est aussi auteur d'une *Histoire romaine*.

(3) D'après Florus, Mithridate voulait se rendre du Bosphore en Thrace, et de là en Italie, en passant par la Macédoine et la Grèce. Suivant Plutarque et Dion Cassius, il se proposait d'envahir l'Italie en traversant le pays des Scythes et celui des Péoniens, le long du Danube. Suivant Appien, il avait conçu le dessein d'aller des pays Méotiques en Thrace, puis en Macédoine, en Pannonie, et d'entrer en Italie au Nord par les Alpes, en entraînant à sa suite les Gaulois avec lesquels il avait déjà formé des liaisons en vue d'une expédition contre Rome.

(4) Les événements que Racine a modifiés, sont : 1° le mariage de Monime qui avait eu lieu vingt-cinq ans auparavant, l'an 88 ; 2° la mort de cette princesse retardée de quatre années, jusqu'à la mort de Mithridate ; 3° la prolongation de la vie de Xipharès, qui, d'après certains historiens, avait été mis à mort par son père après la trahison de sa mère, quelque temps auparavant.

croyait rien au-dessus de ses espérances et de son audace, et mesurait ses desseins bien plus à la grandeur de son courage qu'au mauvais état de ses affaires ; bien résolu, si son entreprise ne réussissait point, de faire une fin digne d'un grand roi, et de s'ensevelir lui-même sous les ruines de son empire, plutôt que de vivre dans l'obscurité et dans la bassesse (1). »

Monime. — J'ai choisi Monime entre les femmes que Mithridate a aimées (2). Il paraît que c'est celle de toutes qui a été la plus vertueuse, et qu'il a aimée le plus tendrement. Plutarque semble avoir pris plaisir à décrire le malheur et les sentiments de cette princesse. C'est lui qui m'a donné l'idée de Monime ; et c'est en partie sur la peinture qu'il en a faite que j'ai fondé un caractère que je puis dire qui n'a point déplu. Le lecteur trouvera bon que je rapporte ses paroles telles qu'Amyot les a traduites ; car elles ont une grâce dans le vieux style de ce traducteur que je ne crois point pouvoir égaler dans notre langage moderne.

« Cette cy estoit fort renommee entre les Grecs, pour ce que quelques sollicitations que luy sceust faire le roy en estant amoureux, iamais ne voulut entendre à toutes ses poursuittes iusques à ce qu'il y eust accord de mariage passé entre eulx, et qu'il luy eust envoye le diademe ou bandeau royal, et appelee royne. La pauvre dame, depuis que ce roy l'eust espousee, avoit vescu en grande desplaisance, ne faisant continuellement aultre chose que de plorer la malheureuse beaulté de son corps, laquelle, au lieu d'un mary, luy avoit donné un maistre, et, au lieu de compaignie conjugale, et que doibt avoir une dame d'honneur, luy avoit baillé une garde et garnison d'hommes barbares, qui la tenoient comme prisonniere loing du doulx pays de la Grece, en lieu où elle n'avoit qu'un songe et une ombre de biens ; et au contraire avoit reellement perdu les veritables, dont elle iouissoit au pays de sa naissance. Et quand l'eunuque feut arrivé devers elle, et lui eut faict commandement de par le roy qu'elle eust à mourir, adonc elle s'arracha d'alentour de la teste son bandeau royal ; et se le nouant alentour du col, s'en pendit. Mais le bandeau ne feut pas assez fort, et se rompit incontinent. Et lors elle se prit à dire : « O mauldict et malheureux tissu, ne me serviras tu point

---

(1) Voici le portrait de Mithridate d'après Velleius Paterculus (l. II, 18) : « Vers ce temps parut Mithridate, roi du Pont, prince qu'on ne peut ni passer sous silence ni traiter légèrement : ardent à la guerre, d'un courage extraordinaire, grand quelquefois par sa fortune, toujours grand par son cœur, général d'une prudence consommée, soldat dans l'action, nouvel Annibal par sa haine contre les Romains. »

Au ch. 2, Velleius avait appelé Mithridate le dernier des rois indépendants, si l'on excepte les rois parthes. »

(2) Monime était née à Stratonicée, en Carie. Mithridate, se voyant forcé de fuir après la défaite que lui avait infligée Lucullus (67), envoya à Monime l'ordre de se donner la mort, de peur qu'elle ne tombât aux mains du vainqueur.

au moins à ce triste service ? » En disant ces paroles, elle le jetta contre terre, crachant dessus, et tendit la gorge à l'eunuque. »

Xipharès. — Xipharès était fils de Mithridate et d'une de ses femmes qui se nommait Stratonice. Elle livra aux Romains une place de grande importance, où étaient les trésors de Mithridate, pour mettre son fils Xipharès dans les bonnes grâces de Pompée. Il y a des historiens qui prétendent que Mithridate fit mourir ce jeune prince pour se venger de la perfidie de sa mère (1).

Pharnace. — Je ne dis rien de Pharnace : car qui ne sait pas que ce fut lui qui souleva contre Mithridate ce qui lui restait de troupes, et qui força ce prince à se vouloir empoisonner, et à se passer son épée au travers du corps pour ne pas tomber entre les mains de ses ennemis? C'est ce même Pharnace qui fut vaincu depuis par Jules César, et qui fut tué ensuite dans une autre bataille (2).

(1) « Mithridate, dit Appien, fut cruel et sanguinaire; il fit périr sa mère, son frère, trois fils et trois filles. » Les deux fils qu'il mit à mort sont *Macharès* et *Xipharès*; Macharès, l'aîné, pour avoir pris le parti des Romains après le combat nocturne où Mithridate fut vaincu par Pompée; Xipharès, le plus jeune, à cause de la trahison de sa mère qui avait livré à Pompée les trésors du roi. On ignore le nom du troisième fils.

(2) Pharnace II, roi du Bosphore Cimmérien, trahit son père en faveur des Romains, qui lui donnèrent en récompense le royaume du Bosphore avec le titre d'ami et d'allié du peuple romain (64); sa défection détermina la perte de Mithridate. Quand la guerre éclata entre César et Pompée, il s'empara du Pont et de la Cappadoce, après avoir défait Domitius Calvinus, Déjotarus roi de Galatie, et Ariobarzane roi de Cappadoce. César, après la guerre d'Alexandrie, marcha contre Pharnace, le vainquit à Zéla et le réduisit en trois jours. C'est après cette victoire que César envoya au sénat ce bulletin célèbre : *Veni, vidi, vici.* Pharnace, de retour dans le Bosphore, fut tué la même année (47), dans une bataille contre Asandre, gouverneur du Bosphore, qui s'était révolté.

MITHRIDATE

PERSONNAGES :

MITHRIDATE, roi de Pont et de quantité d'autres royaumes (1).
MONIME, accordée avec Mithridate, et déjà déclarée reine.
PHARNACE, \
XIPHARÈS, / fils de Mithridate, mais de différentes mères (2).
ARBATE, confident de Mithridate, et gouverneur de la place de Nymphée.
PHÆDIME, confidente de Monime.
ARCAS, domestique de Mithridate.
GARDES.

La scène est à Nymphée (3), port de mer sur le Bosphore (4)
Cimmérien, dans la Taurique Chersonèse.
(L'an 63 avant J.-C.)

---

(1) Pour Mithridate, Monime, Pharnace et Xipharès, voir la Préface.
Le Pont, région de l'Asie-Mineure, bornée au Nord par le Pont-Euxin (Mer Noire), à l'Ouest par la Paphlagonie, au Sud par la Cappadoce, à l'Est par l'Arménie et la Colchide (région du Caucase). Le Pont devint indépendant sous Mithridate II, qui, après avoir suivi Alexandre dans sa guerre contre Darius, prit à sa mort le titre de roi (323). Ce royaume fut réduit en province romaine à la mort de Mithridate le Grand (63).

(2) La mère de Pharnace s'appelait Laodice ; celle de Xipharès, Stratonice.

(3) La ville de Nymphée était située sur le Bosphore même, dans la Chersonèse Taurique (aujourd'hui Crimée), entre Panticapée, capitale du royaume du Bosphore, et Théodosia. Nymphée, d'après Appien, fit défection à l'arrivée de Mithridate ; suivant Dion Cassius, c'est Panticapée qui fut le théâtre de sa mort. Racine suppose que le Bosphore relevait de la Colchide qui avait été confiée à Xipharès.

(4) Bosphore (βός-πορος, *passage* ou *traversée d'un bœuf*) signifie *détroit*. Il y avait le Bosphore de Thrace, aujourd'hui détroit ou canal de Constantinople, et le Bosphore Cimmérien, aujourd'hui détroit d'Iénikaleh. — Le royaume du Bosphore, situé sur les deux rives du Bosphore Cimmérien, comprenait la Crimée et les bords de la Mer Noire depuis le Borysthène (Dnièper) jusqu'à la Colchide (Géorgie) : il fut détruit par les Goths, au 3ᵉ siècle après Jésus-Christ.

Analyse générale de l'action.

I. A la nouvelle de la mort de Mithridate, ses fils Xipharès et Pharnace se sont aussitôt rendus à Nymphée, auprès de Monime, poussés chacun par le désir d'obtenir sa main. Monime, qui hait en Pharnace l'allié secret des Romains, vient implorer contre lui la protection de Xipharès; une altercation très vive éclate entre les deux frères, lorsque tout à coup on apprend que Mithridate est vivant, et qu'il arrive à Nymphée.

II. A peine le vieux roi est-il entré dans son palais, que la présence de Xipharès et de Pharnace éveille sa jalousie soupçonneuse, et lui fait voir en eux des rivaux. L'accueil froid et réservé de la reine accroît encore ses craintes. Cependant Monime a consenti, quoique à regret, à l'union qu'il lui demande; et pour mieux tenir sa parole, elle avoue à Xipharès son amour, mais en lui enjoignant de ne jamais reparaître devant elle.

III. Cependant Mithridate fait part à ses deux fils de ses projets contre Rome, et il propose à Pharnace d'aller solliciter, avec l'alliance du roi des Parthes, la main de sa fille. Pharnace refuse. C'est assez pour convaincre Mithridate qu'il est retenu par l'amour de Monime, et dans sa colère il le fait jeter en prison.

Mais Pharnace, qui se croit trahi par son frère, l'accuse de partager son crime. Mithridate, en proie à de nouveaux soupçons, imagine alors un stratagème odieux pour découvrir la vérité; il propose lui-même à Monime d'épouser Xipharès à sa place. Trompée par ses instances, la reine infortunée finit par laisser échapper son secret. Dès lors Mithridate est tout entier à sa vengeance contre ses fils, mais pour mieux y arriver, il dissimule.

IV. Xipharès lit sa perte dans les yeux de son père et court en informer Monime. La reine comprend trop tard qu'elle a été jouée; pour se venger, elle déclare au roi qu'elle se regarde, par le fait de cette perfidie, comme déliée de sa promesse envers lui. En même temps Pharnace livre l'entrée de la ville aux Romains: Mithridate court à la défense des remparts.

V. Se croyant perdu, Mithridate, par vengeance, envoie à la reine l'ordre de s'empoisonner. Monime, qui avait déjà essayé de se donner la mort avec son bandeau royal, s'apprête avec joie à prendre le poison, lorsqu'elle reçoit un contre-ordre de la part du roi. Mithridate, criblé de blessures, mais vainqueur, grâce au dévoûment héroïque de Xipharès, s'est fait transporter auprès de Monime; il expire bientôt, après avoir légué à son fils, avec sa haine contre Rome, la main de la princesse qu'il aime.

Appréciation.

I. Genre de la pièce.

Parmi les chefs-d'œuvre de second ordre de Racine, *Mithridate* tient le premier rang.

C'est une tragédie *héroïque et historique*, à la façon de celles de Corneille : le grand caractère de Mithridate, la noble générosité de Monime et de Xipharès nous reportent vers un idéal trop négligé par le jeune poète.

Aussi l'admiration fut générale (1); *Mithridate* devint la tragédie préférée des héros : Louis XIV et Charles XII l'aimaient pour la grandeur d'âme et la fierté toute royale dont elle est remplie (2).

La magnifique scène qui ouvre le 3e acte produit un effet aussi imposant et plus théâtral encore que la délibération d'Auguste dans *Cinna*, et la fameuse conférence de *Sertorius*.

Il est regrettable qu'une intrigue trop romanesque ait amoindri le caractère grandiose de la lutte suprême de Mithridate avec Rome, sur laquelle se porte tout l'intérêt (3).

II. L'action.

L'*action* de la pièce, dit Racine dans sa préface, est la mort de Mithridate.

L'*intrigue* consiste dans la rivalité d'amour qui divise le vieux roi et ses deux fils : Monime, sa fiancée, est, grâce aux faux bruits de sa mort, sollicitée par Pharnace et Xipharès.

Le *nœud* formé, dès la 2e scène du 1er acte, par la rivalité de Pharnace et de Xipharès, se resserre bientôt par le retour inopiné du roi : dès lors la lutte est engagée entre lui, la reine et les deux jeunes princes, pour ne se terminer que par la mort de Mithridate.

(1) La première représentation de *Mithridate* eut lieu à l'hôtel de Bourgogne, en janvier 1673, probablement le vendredi 13, lendemain du jour de la réception de Racine à l'Académie française.

Le 24 février 1673, Mme de Coulanges écrivait à Mme de Sévigné *Mithridate* est une pièce charmante ; on y pleure ; on y est dans une continuelle admiration ; on la voit trente fois, on la trouve plus belle la trentième que la première. »

(2) « Le soir (dimanche 5 nov. 1684 à Fontainebleau), il y eut comédie française ; le roi y vint, et l'on choisit *Mithridate*, parce que c'est la comédie qui lui plaît le plus. » (*Journal* de Dangeau.)

« De toutes les tragédies françaises, dit Voltaire, *Mithridate* était celle qui plaisait davantage à Charles XII...; la situation de ce roi vaincu et respirant la vengeance était conforme à la sienne. » (*Hist. de Charles XII*, l. V.)

Le prince Eugène de Savoie savait, dit-on, par cœur, les plus belles tirades de *Mithridate*.

(3) La Calprenède avait donné, en 1635, *la Mort de Mithridate*, tragédie plus conforme à l'histoire que celle de Racine, mais très faible.

Le *dénoûment* est amené par la trahison de Pharnace ; furieux de se voir découvert et trompé dans son espoir, il livre le port aux Romains ; Mithridate est victorieux grâce à Xipharès, mais il succombe à ses blessures.

La vertu de Monime et la piété filiale de Xipharès sont récompensées : le roi les unit ensemble en mourant.

La moralité du dénoûment corrige en partie le vice de l'intrigue.

La *conduite* de l'action est conforme à toutes les règles.

Les *trois unités* sont parfaitement observées.

Unité d'action. — Toute l'action se concentre sur Mithridate vaincu par les Romains, traversé dans son amour par ses fils, méditant une vengeance suprême contre Rome, trahi par Pharnace, expirant enfin dans une dernière victoire.

Unité de lieu. — Toutes les scènes ont lieu au palais de Nymphée ; l'action se passe tout entière dans le palais, dans la ville et dans le port.

Unité de temps. — L'espace d'un jour suffit pour l'action. Elle commence le matin : Xipharès, qui vient d'arriver à Nymphée, communique ses projets au gouverneur de la ville qui a Monime sous sa garde. Quelques heures après, Mithridate arrive et entre en scène ; il voit Monime, pour la détacher de Pharnace ; puis après avoir combiné ses plans contre Rome, il les expose à ses fils, fait enfermer Pharnace, dissimule avec Xipharès. Mais Pharnace réussit à corrompre ses gardes ; il soulève les soldats, court au port et se joint aux Romains arrivés sur les pas de Mithridate jusque sous les murs de la ville. Mithridate va repousser l'assaut, est blessé et meurt.

III. Personnages.

Mithridate. — Le grand *Mithridate* domine toute la pièce par la fierté de son caractère et l'audace de son génie. Moins cruel que dans l'histoire, il garde au cœur, jusqu'à son dernier souffle, cette haine du nom Romain qui l'a rendu si célèbre. Sa vengeance, irritée par une récente défaite, s'élève à son expression la plus sublime dans le projet gigantesque, vraiment digne d'Annibal, qui le pousse vers Rome au moment où il semble accablé par la fortune.

Racine, en adoucissant la férocité historique de son héros, lui a laissé cependant un autre trait peu sympathique de son caractère, la dissimulation. Mithridate la montre d'une façon peu royale, dans la scène où il surprend la bonne foi de Monime.

Mais ce qui dégrade le plus le grand Mithridate, c'est la tyrannie d'un amour qui ne convient ni à son caractère, ni à son âge, ni à sa situation.

Monime. — La figure de *Monime* est une des plus pures, une des plus touchantes du théâtre de Racine. Cette jeune fille d'Ephèse, fiancée contre son goût par son père au farouche roi du Pont, se résigne noblement, comme Pauline, à son devoir. Se croyant libre au bruit de sa mort, elle repousse la main de Pharnace, l'allié des Romains ; liée de nouveau par le retour du roi, elle conjure avec une délicatesse héroïque, le jeune prince qu'elle aime, de l'aider par une séparation éternelle, à garder sa foi à Mithridate; puis, indignement abusée par le roi qui lui a arraché le secret de son amour pour Xipharès, elle refuse, avec une intrépidité pleine de bienséance, de s'unir à un prince fourbe et cruel; enfin, condamnée à mourir, elle accepte l'arrêt fatal comme une délivrance.

Simple, douce, modeste, délicate, vertueuse, ferme et fière au besoin devant son tyran, Monime cependant a deux défauts qui l'empêchent d'être l'idéal de la jeune fille : son amour, quoique pur, est trop imprudent (1), et son désespoir se réfugie trop facilement dans le suicide.

Ses plaintes aussi sont un écho trop fidèle de celles de Bérénice, de Junie et d'Atalide.

Les deux frères. — Racine a opposé, dans un admirable contraste, Xipharès à Pharnace.

Pharnace est égoïste, insolent, dur, ingrat, envieux, traître à son père, à son roi, à son pays; son orgueil prétend s'imposer à Monime et à Xipharès; il résiste à Mithridate, et ne craint pas d'appeler les Romains au secours de sa vengeance.

Xipharès est généreux, tendre, respectueux pour son père, dévoué jusqu'à l'héroïsme; menacé de sa colère, il soutient sa cause, brave la mort pour le défendre, et lui assure la victoire : c'est un modèle de grandeur d'âme, de délicatesse et de piété filiale.

Un langage trop doucereux dans ses entrevues avec la reine, dépare ce beau caractère.

IV. Imitation de Corneille.

La tragédie de *Mithridate*, toute racinienne par le style et par le sentiment, est, par d'autres côtés, toute pleine de Corneille; on y reconnaît son genre héroïque, plusieurs de ses personnages, et quelques-uns de ses ressorts tragiques.

Mithridate rappelle Nicomède, le fier disciple d'Annibal; Monime est le portrait adouci de Laodice; Pharnace, l'allié de Rome, est le pendant

---

(1) Émue des reproches de Xipharès qui la croit trop favorable à son frère, Monime, laisse échapper le secret d'un amour qu'elle avait eu la vertu de garder jusqu'alors; c'était de sa part une faiblesse, et pour Xipharès c'était un malheur (Acte II, sc. VI) : « Se taire était son devoir envers un époux dont il fallait respecter la dignité et l'âge, envers un amant dont il fallait ménager le cœur. Mais lui révéler sans autre motif qu'une tendresse impuissante à se contenir, que son amour est partagé, au moment où il doit y renoncer..., l'exposer à devenir le rival de son père jusqu'à désirer peut-être sa mort, quelle imprudence! » (CHARAUX, *Racine*, *II*.)

Plus tard, charmée, éblouie par l'offre perfide de Mithridate, la faible Monime retombe dans la même imprudence : elle se perd en perdant Xipharès (Acte III, sc. V).

odieux du jeune Attale. Xipharès, comme Nicomède, allie la haine des Romains à une héroïque générosité pour son père ; enfin sur le front de Monime on voit luire souvent un doux reflet de la vertu de Pauline (1).

V. Défauts.

Deux graves défauts nuisent à la perfection de cette tragédie et à la beauté des caractères ; ces défauts sont :

1º *La vulgarité et l'invraisemblance de l'intrigue.* — Une rivalité d'amour entre un père et ses fils, est peu morale et encore moins tragique (2) ; d'autre part, prêter à un vieux roi si grand, si fier, si indomptable, placé dans une situation si critique, les faiblesses d'un amour vulgaire que ne relève aucun intérêt supérieur, c'est une contradiction choquante qui dégrade le héros, et diminue l'intérêt. Il est impossible qu'au lendemain d'une déroute complète, *un cœur nourri de sang et de guerre affamé*, comme dit Racine, puisse s'abandonner à des préoccupations aussi secondaires de la vie domestique.

Il est vrai que le poète a mis un art infini à donner une grandeur tragique à un sujet qui par lui-même en avait si peu (3).

2º *La fureur du suicide.*

Xipharès, quand Monime lui demande une généreuse séparation, veut, *par un prompt trépas abréger son supplice* ; Monime essaie de se soustraire par une mort violente aux ennuis du désespoir ; Mithridate enfin se perce lui-même de son épée sur le champ de bataille.

Les héros et les héroïnes de Corneille ont l'âme plus forte et la raison

(1) Les deux frères se disputant Monime, leur altercation en présence de cette princesse, Mithridate sauvé par Xipharès, la sédition des soldats soulevés par Pharnace, sont évidemment des réminiscences des deux fils de Prusias briguant la main de Laodice, de leur querelle devant cette reine, de Nicomède sauvé par Attale, de l'émeute excitée par Laodice et amenant, comme dans Racine, le dénoûment.

Enfin le discours solennel du vieux roi à ses fils, paraît bien aussi inspiré par la grande délibération d'Auguste dans *Cinna.*

Mais Racine a imité en maître ; sur un fond d'emprunt, il a jeté les brillantes couleurs de son pinceau avec la marque de son génie.

(2) Une intrigue toute semblable se trouve dans l'*Avare* de Molière, antérieur de cinq ans (1668). Voltaire a fait le parallèle des deux pièces. Harpagon et le roi de Pont sont deux vieillards amoureux ; l'un et l'autre ont leur fils pour rival ; ils se servent tous deux du même artifice pour découvrir le secret de leur fils, et les deux pièces finissent par le mariage du jeune homme. Molière a joué l'amour ridicule d'un vieil avare : Racine a représenté les faiblesses tragiques d'un grand roi.

(3) « Racine aurait pu mieux choisir, pour nous émouvoir constamment et dignement, que la passion arriérée d'un amoureux sexagénaire. Le poète a, plus qu'il ne fallait, touché à la comédie, en un point de son drame où je ne reconnais plus ni le goût parfait de l'auteur, ni Mithridate, l'émule imposant d'Annibal. » (CHARAUX, *Racine, II.*)

plus saine : la pensée seule du suicide est indigne d'un homme sensé et d'un cœur généreux ; à peine s'explique-t-elle dans les transports furieux d'une passion en délire (1).

(1) Le recours continuel au suicide est un des signes de l'abaissement moral du théâtre de Racine.
Dans la *Thébaïde*, Jocaste et Antigone se percent de leurs épées : Créon veut faire de même. Dans *Andromaque*, Hermione se frappe d'un coup de poignard, Oreste veut se tuer, Andromaque elle-même songe à chercher un refuge dans la mort. Dans *Bérénice*, la contagion du suicide est presque comique : Titus, Antiochus et Bérénice menacent à l'envi de se prouver leur amour par le trépas. Dans *Britannicus* aussi, on craint que Néron dans son désespoir n'attente à ses jours. La liste des suicides n'est pas fermée : il faudra bientôt y ajouter les noms d'Ériphile, d'Œnone et de Phèdre.
Comment un poète chrétien a-t-il pu céder aux préjugés d'un faux honneur ou à la galanterie extravagante des romans, jusqu'à prêter même à ses personnages vertueux, comme un trait d'héroïsme, un acte de faiblesse morale condamné par les païens eux-mêmes ? Virgile n'a-t-il point exclu des Champs du Bonheur ces hommes au cœur pusillanime qui, pour échapper aux étreintes de la pauvreté et de la douleur, ont lâchement jeté loin d'eux leur vie, en désertant le poste que Dieu leur avait confié ?

Proxima deinde tenent mœsti loca, qui sibi letum
Insontes peperere manu, lucemque perosi
Projecere animas. Quam vellent æthere in alto
Nunc et pauperiem et duros perferre labores ! (*En.* VI. 434.)

C'était aussi le langage de Cicéron : « Il ne vous est pas permis, mon cher Publius, dit le grand Africain à son petit-fils, de sortir de cette vie sans l'ordre de celui qui vous a confié votre âme, de peur d'avoir l'air de fuir la tâche d'homme que Dieu vous a départie en ce monde. » (*Songe de Scipion*, n. 8.)
Platon, dans son immortel dialogue du *Phédon*, avait fait entendre les mêmes protestations de la raison et du devoir (Ch. 6.)

ACTE PREMIER

Exposition. — Les deux Frères.

Scène I. Xipharès raconte à son confident comment, sur la nouvelle de la mort de Mithridate, Pharnace et lui sont venus briguer la main de la reine Monime.

Scène II. Monime vient implorer la protection de Xipharès contre Pharnace. Xipharès lui déclare son amour, en lui promettant son appui.

Scène III. Pharnace presse Monime de le suivre pour régner avec lui dans le Pont ; elle refuse d'épouser un allié des Romains. Pharnace qui soupçonne, dans ce refus, une complaisance secrète pour Xipharès, profère des menaces contre son frère.

SCÈNE IV
MONIME, PHARNACE, XIPHARÈS, PHÆDIME.

PHÆDIME.

Princes, toute la mer est de vaisseaux couverte ;
Et bientôt, démentant le faux bruit de sa mort,
Mithridate lui-même arrive dans le port (1).

MONIME.

Mithridate !

XIPHARÈS.

Mon père !

PHARNACE.

Ah ! que viens-je d'entendre ?

PHÆDIME.

Quelques vaisseaux légers sont venus nous l'apprendre :
C'est lui-même ; et déjà, pressé de son devoir,
Arbate loin du bord l'est allé recevoir.

XIPHARÈS.

Qu'avons-nous fait ?

MONIME, *à Xipharès*.

Adieu, prince. Quelle nouvelle (2) !

---

(1) La nouvelle de l'arrivée de Mithridate est un coup de foudre qui frappe de surprise et de terreur les personnages et les spectateurs. Un changement complet et instantané se produit sur la scène : Monime, qui se croyait rendue à elle-même, ne s'appartient plus ; Pharnace et Xipharès sont déçus dans leur espoir ; Pharnace, de plus, est menacé de la colère de son père, après les odieuses démarches qu'il vient de faire auprès de Monime.

(2) Monime se retire confuse et troublée.

SCÈNE V

PHARNACE, XIPHARÈS.

PHARNACE, *à part.*

Mithridate revient! Ah! fortune cruelle!
Ma vie et mon amour tous deux courent hasard.
Les Romains que j'attends arriveront trop tard.

(A Xipharès.)

Comment faire? J'entends que votre cœur soupire,
Et j'ai conçu l'adieu qu'elle vient de vous dire,
Prince; mais ce discours demande un autre temps :
Nous avons aujourd'hui des soins plus importants.
Mithridate revient, peut-être inexorable :
Plus il est malheureux, plus il est redoutable.
Le péril est pressant plus que vous ne pensez.
Nous sommes criminels, et vous le connaissez.
Rarement l'amitié désarme sa colère;
Ses propres fils n'ont point de juge plus sévère;
Et nous l'avons vu même à ses cruels soupçons
Sacrifier deux fils pour de moindres raisons.
Craignons pour vous, pour moi, pour la reine elle-même :
Je la plains d'autant plus que Mithridate l'aime.
Aimant avec transport, mais jaloux sans retour,
Sa haine va toujours plus loin que son amour.
Ne vous assurez point sur l'amour qu'il vous porte :
Sa jalouse fureur n'en sera que plus forte.
Songez-y. Vous avez la faveur des soldats,
Et j'aurai des secours que je n'explique pas.
M'en croirez-vous? Courons assurer notre grâce :
Rendons-nous, vous et moi, maîtres de cette place;
Et faisons qu'à ses fils il ne puisse dicter
Que les conditions qu'ils voudront accepter.

XIPHARÈS.

Je sais quel est mon crime, et je connais mon père;
Et j'ai par-dessus vous le crime de ma mère;
Mais quelque amour encor qui me pût éblouir,
Quand mon père paraît, je ne sais qu'obéir (1).

PHARNACE.

Soyons-nous donc au moins fidèles l'un à l'autre :

---

(1) Pharnace, plus coupable, plus menacé et moins scrupuleux, propose la révolte ouverte; Xipharès, moins compromis, plus honnête et plus délicat, veut rester soumis à son père. Les deux fils de Mithridate sont copiés sur les deux fils de Cléopâtre dans *Rodogune* : Pharnace est entreprenant comme Séleucus, Xipharès est doux et pieux envers son père comme Antiochus.

Vous savez mon secret; j'ai pénétré le vôtre.
Le Roi, toujours fertile en dangereux détours,
S'armera contre nous de nos moindres discours.
Vous savez sa coutume, et sous quelles tendresses
Sa haine sait cacher ses trompeuses adresses.
Allons. Puisqu'il le faut, je marche sur vos pas.
Mais, en obéissant, ne nous trahissons pas (1).

ACTE SECOND

Entrée de Mithridate. — Héroïsme de Monime.

Scène I. Monime fait part à sa confidente de la tristesse où la plonge l'impossibilité de répondre aux sentiments de Xipharès. Pour ne point paraître en larmes devant Mithridate, elle se retire à son approche.

La scène reste vide. Le même défaut se rencontre dans l'acte IV d'*Iphigénie* qui commence aussi par une scène de confidences.

SCÈNE II
MITHRIDATE, PHARNACE, XIPHARÈS,
ARBATE, GARDES.

MITHRIDATE (2).

Princes, quelques raisons que vous me puissiez dire,
Votre devoir ici n'a point dû vous conduire,
Ni vous faire quitter, en de si grands besoins,
Vous, le Pont; vous, Colchos, confiés à vos soins (3).
Mais vous avez pour juge un père qui vous aime.

(1) Dans *Rodogune*, les deux jeunes princes se séparent aussi, en se jurant une amitié inviolable (Acte II, scène 2) :
    Allons, et soyez sûr que même le trépas
    Ne peut rompre des nœuds que l'amour ne rompt pas.
« Le style, dans cette dernière scène, n'est pas moins admirable que la conduite : tout y est sage, précis, élégant ; tous les traits sont justes : le caractère des deux frères se peint dans leurs discours. Il n'y a point de premier acte qui se termine d'une manière plus théâtrale et qui laisse une plus vive attente : c'est la perfection de l'art. » (GEOFFROY.)

(2) Cette entrée de Mithridate fait un grand effet : si c'est un héros vaincu, c'est aussi un despote violent et cruel. Que va-t-il dire? que va-t-il faire? que réserve-t-il à Monime? à Pharnace et à Xipharès?

(3) « Baron marquait avec beaucoup d'intelligence et une finesse de sentiment supérieure l'amour de Mithridate pour Xipharès, et sa haine contre Pharnace. Il disait au dernier : « Vous, le Pont, » avec la hauteur d'un maître et la froide sévérité d'un juge; et à Xipharès : « Vous, Colchos, » avec l'expression d'un père tendre qui fait des reproches à un fils dont la vertu n'a pas rempli son attente. » (*Mémoires de Préville.*)

Mithridate, en partant pour la guerre, avait confié le Pont à Pharnace, et la Colchide à Xipharès.

ACTE II, SCÈNE III

Vous avez cru des bruits que j'ai semés moi-même ;
Je vous crois innocents, puisque vous le voulez,
Et je rends grâce au ciel qui nous a rassemblés.
Tout vaincu que je suis, et voisin du naufrage,
Je médite un dessein digne de mon courage.
Vous en serez tantôt instruits plus amplement (1).
Allez, et laissez-moi reposer un moment.

SCÈNE III

MITHRIDATE, ARBATE.

MITHRIDATE.

Enfin, après un an, tu me revois, Arbate,
Non plus, comme autrefois, cet heureux Mithridate
Qui, de Rome toujours balançant le destin,
Tenait entre elle et moi l'univers incertain.
Je suis vaincu (2). Pompée a saisi l'avantage
D'une nuit qui laissait peu de place au courage.
Mes soldats presque nus, dans l'ombre intimidés,
Les rangs de toutes parts, mal pris et mal gardés,
Le désordre partout redoublant les alarmes,
Nous-mêmes contre nous tournant nos propres armes,
Les cris que les rochers renvoyaient plus affreux,
Enfin toute l'horreur d'un combat ténébreux :
Que pouvait la valeur dans ce trouble funeste (3)?
Les uns sont morts, la fuite a sauvé tout le reste ;
Et je ne dois la vie, en ce commun effroi,
Qu'au bruit de mon trépas que je laisse après moi.
Quelque temps inconnu, j'ai traversé le Phase (4) ;

(1) Dans cette première entrevue, Mithridate se montre roi et père ; l'indulgence dont il use envers ses fils, est relevée par un ton d'autorité qui veut se faire respecter ; le grand dessein dont il annonce la révélation prochaine, indique son courage indomptable et excite l'intérêt.

(2) Ce grave langage, ce noble aveu, nous montrent Mithridate aussi grand dans sa défaite qu'il l'était dans la victoire : le récit qu'il fait du combat nocturne où il a été battu, n'ôte rien à la haute estime qu'on a pour ce terrible adversaire de Rome, pour ce dernier vengeur de la dignité royale et de l'indépendance nationale en Asie. L'habileté avec laquelle il a su échapper à son dernier désastre, la magnanimité qu'il a déployée dans sa fuite, et cette haine toujours vivace et indomptée qui l'anime contre les oppresseurs du genre humain, lui concilient la plus sympathique admiration.

(3) Cette ellipse hardie donne de la rapidité et du mouvement à la phrase.

(4) Le Phase, fleuve de la Colchide, qui se jette dans le Pont-Euxin ; c'est sur ces bords que se trouvait la ville d'Æa, but de l'expédition des Argonautes. De là aussi nous vient, dit-on, le faisan, *phasiana avis*.

Et de là, pénétrant jusqu'au pied du Caucase (1),
Bientôt dans des vaisseaux sur l'Euxin préparés,
J'ai rejoint de mon camp les restes séparés (2).
Voilà par quels malheurs poussé dans le Bosphore,
J'y trouve des malheurs qui m'attendaient encore.
Toujours du même amour tu me vois enflammé :
Ce cœur nourri de sang et de guerre affamé,
Malgré le faix des ans et du sort qui m'opprime,
Traîne partout l'amour qui l'attache à Monime,
Et n'a point d'ennemis qui lui soient odieux
Plus que deux fils ingrats que je trouve en ces lieux (3).

ARBATE.

Deux fils, Seigneur?

MITHRIDATE.

Ecoute. A travers ma colère,
Je veux bien distinguer Xipharès de son frère.
Je sais que, de tout temps à mes ordres soumis,
Il hait autant que moi nos communs ennemis ;
Et j'ai vu sa valeur, à me plaire attachée,
Justifier pour lui ma tendresse cachée.
Je sais même, je sais avec quel désespoir,
A tout autre intérêt préférant son devoir,
Il courut démentir une mère infidèle,
Et tira de son crime une gloire nouvelle ;
Et je ne puis encor ni n'oserais penser
Que ce fils si fidèle ait voulu m'offenser.
Mais tous deux en ces lieux que pouvaient-ils attendre?
L'un et l'autre à la reine ont-ils osé prétendre?
Avec qui semble-t-elle en secret s'accorder?
Moi-même de quel œil dois-je ici l'aborder?
Parle. Quelque désir qui m'entraîne auprès d'elle,
Il me faut de leurs cœurs rendre un compte fidèle.

(1) Le Caucase, chaîne de montagnes qui s'étend du Pont-Euxin à la mer Caspienne.

(2) Cette marche de Mithridate est conforme aux récits de Plutarque et de Dion Cassius.

(3) Malgré tout l'art de Racine, malgré tous les charmes du style, on ne peut voir qu'avec peine le grand Mithridate dominé par son amour et sa jalousie au point de trouver ses fils odieux à l'égal des Romains? Le vieux vizir de *Bajazet* est bien plus noble et plus digne, quand il donne à son confident cette dédaigneuse réponse :

Voudrais-tu qu'à mon âge
Je fisse de l'amour le vil apprentissage?
Qu'un cœur qu'ont endurci la fatigue et les ans
Suivît d'un vain plaisir les conseils imprudents?

Qu'est-ce qui s'est passé? Qu'as-tu vu? Que sais-tu?
Depuis quel temps, pourquoi, comment t'es-tu rendu?

ARBATE.

Seigneur, depuis huit jours l'impatient Pharnace
Aborda le premier au pied de cette place,
Et de votre trépas autorisant le bruit,
Dans ces murs aussitôt voulut être introduit.
Je ne m'arrêtai point à ce bruit téméraire;
Et je n'écoutais rien, si le prince son frère,
Bien moins par ses discours, Seigneur, que par ses pleurs,
Ne m'eût en arrivant confirmé vos malheurs.

MITHRIDATE.

Enfin, que firent-ils?

ARBATE.

Pharnace entrait à peine
Qu'il courut de ses feux entretenir la reine,
Et s'offrit d'assurer, par un hymen prochain,
Le bandeau qu'elle avait reçu de votre main.

MITHRIDATE.

Traître! sans lui donner le loisir de répandre
Les pleurs que son amour aurait dus à ma cendre (1)!
Et son frère?

ARBATE.

Son frère, au moins jusqu'à ce jour,
Seigneur, dans ses desseins n'a point marqué d'amour;
Et toujours avec vous son cœur d'intelligence
N'a semblé respirer que guerre et que vengeance.

MITHRIDATE.

Mais encor, quel dessein le conduisait ici?

ARBATE.

Seigneur, vous en serez tôt ou tard éclairci.

MITHRIDATE.

Parle, je te l'ordonne, et je veux tout apprendre.

ARBATE.

Seigneur, jusqu'à ce jour ce que j'ai pu comprendre,
Ce prince a cru pouvoir, après votre trépas,
Compter cette province au rang de ses États;

(1) Suivant Appien, c'est Pharnace qui était, jusqu'au jour de sa trahison, le fils chéri de Mithridate. Racine s'est autorisé du crime que Pharnace va commettre, pour l'opposer au jeune Xipharès.

Et, sans connaître ici de loi que son courage,
Il venait par la force appuyer son partage.

MITHRIDATE.

Ah! c'est le moindre prix qu'il se doit proposer,
Si le ciel de mon sort me laisse disposer.

Scènes IV, V, VI.

Scène IV. Mithridate témoigne à Monime son bonheur de la revoir, et lui demande de venir célébrer à l'autel un hymen trop longtemps retardé. Monime répond qu'elle obéira. Mithridate, irrité de ses froideurs, lui déclare qu'il connaît la cause de ses larmes, et qu'il saura punir Pharnace de lui avoir ravi son affection (1).

Scène V. Le roi confie la garde de Monime à Xipharès qu'il croit fidèle, et le prie même de la fléchir en sa faveur, pendant qu'il va au port s'occuper de l'expédition qu'il médite.

Scène VI. Monime apprend à Xipharès que, pour obéir à son devoir, elle épousera Mithridate; mais comme elle craint sa propre faiblesse, elle impose à Xipharès, au nom de sa tendresse pour elle, de ne jamais reparaître à ses yeux.

Héroïsme de Monime.

MONIME.

Oui, prince, il n'est plus temps de le dissimuler :
Ma douleur pour se taire a trop de violence.
Un rigoureux devoir me condamne au silence;
Mais il faut bien enfin, malgré ses dures lois,
Parler pour la première et la dernière fois.
Vous m'aimez dès longtemps. Une égale tendresse
Pour vous, depuis longtemps, m'afflige et m'intéresse.
Songez depuis quel jour ces funestes appas
Firent naître un amour qu'ils ne méritaient pas;
Rappelez un espoir qui ne vous dura guère,
Le trouble où vous jeta l'amour de votre père,
Le tourment de me perdre et de le voir heureux,
Les rigueurs d'un devoir contraire à tous nos vœux :
Vous n'en sauriez, Seigneur, retracer la mémoire,
Ni conter vos malheurs, sans conter mon histoire;

(1) C'est dans cette scène que se trouve la figure souvent critiquée d'un *naufrage élevé au-dessus de la gloire* :

....Il n'est point de rois, s'ils sont dignes de l'être,
Qui, sur le trône assis, n'enviassent peut-être
Au-dessus de leur gloire un naufrage élevé,
Que Rome et quarante ans ont à peine achevé.

Le dernier vers, dit Geoffroy, est si beau qu'il suffirait pour excuser ce qu'il pourrait y avoir de hasardé dans le précédent.

Et lorsque ce matin j'en écoutais le cours,
Mon cœur vous répondait tous vos mêmes discours.
Inutile, ou plutôt funeste sympathie !
Trop parfaite union par le sort démentie !
Ah ! par quel sort cruel le ciel avait-il joint
Deux cœurs que l'un pour l'autre il ne destinait point ?
Car, quel que soit vers vous le penchant qui m'attire,
Je vous le dis, Seigneur, pour ne plus vous le dire,
Ma gloire me rappelle et m'entraîne à l'autel,
Où je vais vous jurer un silence éternel (1).
J'entends, vous gémissez ; mais telle est ma misère,
Je ne suis point à vous, je suis à votre père.
Dans ce dessein vous-même il faut me soutenir,
Et de mon faible cœur m'aider à vous bannir.
J'attends du moins, j'attends de votre complaisance
Que désormais partout vous fuirez ma présence.
J'en viens de dire assez pour vous persuader
Que j'ai trop de raisons de vous le commander.
Mais après ce moment, si ce cœur magnanime
D'un véritable amour a brûlé pour Monime,
Je ne reconnais plus la foi de vos discours,
Qu'au soin que vous prendrez de m'éviter toujours (2).

Xipharès, désespéré, songe à se donner la mort.

(1) Cette immolation de l'amour au devoir, faite avec un héroïsme simple et modeste, élève ici Monime à la hauteur de l'épouse de Polyeucte.

(2) Ces nobles sentiments et ce beau discours rappellent la fameuse scène de *Polyeucte* (acte II, scène 2), où Pauline tient à Sévère absolument le même langage, et lui demande le même sacrifice, avec un accent plus ému et plus pénétrant encore :

PAULINE.

Hélas ! cette vertu, quoique enfin invincible,
Ne laisse que trop voir une âme trop sensible.
Ces pleurs en sont témoins, et ces lâches soupirs
Qu'arrachent de nos feux les cruels souvenirs :
Trop rigoureux effets d'une aimable présence
Contre qui mon devoir a trop peu de défense !
Mais si vous estimez ce vertueux devoir,
Conservez-m'en la gloire, et cessez de me voir.
Epargnez-moi des pleurs qui coulent à ma honte,
Epargnez-moi des feux qu'à regret je surmonte ;
Enfin épargnez-moi ces tristes entretiens
Qui ne font qu'irriter vos tourments et les miens.

SÉVÈRE.

Que je me prive ainsi du seul bien qui me reste !

PAULINE.

Sauvez-vous d'une vue à tous les deux funeste...

On le voit, le plus bel endroit du rôle de Monime est dû à Corneille.

ACTE TROISIÈME

Grand dessein de Mithridate. — Son stratagème.

SCÈNE I

MITHRIDATE, PHARNACE, XIPHARÈS.

MITHRIDATE.

Approchez, mes enfants (1). Enfin l'heure est venue
Qu'il faut que mon secret éclate à votre vue.
A mes nobles projets je vois tout conspirer ;
Il ne me reste plus qu'à vous les déclarer (2).
Je fuis : ainsi le veut la fortune ennemie.
Mais vous savez trop bien l'histoire de ma vie
Pour croire que longtemps, soigneux de me cacher,
J'attende en ces déserts qu'on me vienne chercher.
La guerre a ses faveurs, ainsi que ses disgrâces.
Déjà plus d'une fois, retournant sur mes traces,
Tandis que l'ennemi, par ma fuite trompé,
Tenait après son char un vain peuple occupé,
Et gravant en airain ses frêles avantages,
De mes Etats conquis enchaînait les images (3),
Le Bosphore m'a vu, par de nouveaux apprêts,

---

(1) Dans *Rodogune* (Acte II, sc. 3), Cléopâtre, se proposant de révéler à ses fils son projet homicide, commence son discours avec la même majesté, et une douceur plus hypocrite :

> Mes enfants, prenez place. Enfin voici le jour
> Si doux à mes souhaits, si cher à mon amour,
> Où je puis voir briller sur une de vos têtes
> Ce que j'ai conservé parmi tant de tempêtes,
> Et vous remettre un bien, après tant de malheurs,
> Qui m'a coûté pour vous tant de soins et de pleurs....

Le but secret de Mithridate n'est pas moins perfide que celui de Cléopâtre. S'il confie ses projets à ses fils, c'est moins pour s'éclairer de leurs conseils, que pour leur tendre un piège ; il veut juger de leurs dispositions à l'égard de Monime par la manière dont ils accueilleront ses propositions. Pharnace se trahira par sa résistance.

(2) Ce discours est un chef-d'œuvre : le caractère de Mithridate s'y montre dans toute sa grandeur. La sublimité du style répond à la solennité de la situation, à l'importance de l'entreprise, à la majesté du personnage. Racine se révèle ici grand historien, grand peintre et grand tragique.

(3) Quel burin vigoureux ! quelle fermeté et quelle justesse dans les traits! Rome gravait sur l'airain ses lois, et les décrets qui sanctionnaient la servitude des peuples ; le triomphateur faisait porter devant son char les images des villes prises et des peuples vaincus. En étalant avec ironie les succès éphémères des Romains, Mithridate veut faire entendre qu'avec les ressources de son génie, il peut en un clin d'œil rétablir sa fortune.

Ramener la terreur du fond de ses marais,
Et chassant les Romains de l'Asie étonnée,
Renverser en un jour l'ouvrage d'une année (1).
D'autres temps, d'autres soins. *L'Orient accablé
Ne peut plus soutenir leur effort redoublé* (2).
Il voit plus que jamais ses campagnes couvertes
De Romains que la guerre enrichit de nos pertes.
Des biens des nations ravisseurs altérés,
Le bruit de nos trésors les a tous attirés :
Ils y courent en foule ; et jaloux l'un de l'autre,
Désertent leur pays pour inonder le nôtre.
*Moi seul je leur résiste. Ou lassés, ou soumis,
Ma funeste amitié pèse à tous mes amis :
Chacun à ce fardeau veut dérober sa tête.*
Le grand nom de Pompée assure sa conquête (3) :
C'est l'effroi de l'Asie ; et loin de l'y chercher,
C'est à Rome, mes fils, que je prétends marcher (4).
Ce dessein vous surprend ; et vous croyez peut-être
Que le seul désespoir aujourd'hui le fait naître.
J'excuse votre erreur ; et pour être approuvés,
De semblables projets veulent être achevés.
Ne vous figurez point que de cette contrée
Par d'éternels remparts Rome soit séparée (5).

(1) Magnifique antithèse. — « Mithridate était bien mal aisé à chasser et prendre par armes, et plus difficile à vaincre quand il fuyait que quand il combattait. » (PLUT., *Pompée*, ch. 11, trad. d'Amyot.)

(2) Mithridate expose pour quelles raisons il ne peut plus tenter en Orient ce qui lui a réussi tant de fois : 1° les Romains ont inondé l'Asie ; 2° ses amis l'ont abandonné par lassitude ou par crainte ; 3° le grand nom de Pompée épouvante l'Orient.

(3) Pompée, surnommé *le Grand*, *Cn. Pompeius Magnus*, né l'an 106 avant J.-C., mort l'an 48. Sylla lui avait donné le premier ce titre.

(4) « Ce vers, qui est la révélation d'un grand dessein, produit sur les interlocuteurs et sur les spectateurs un effet théâtral : cette politique sublime, ce projet héroïque étonne, élève l'âme, excite l'admiration. » (GEOFFROY.)

(5) Après avoir montré la nécessité d'une expédition en Italie, Mithridate indique les moyens d'exécution, et la possibilité du succès. Le hardi capitaine compte franchir la distance qui le sépare de Rome en trois mois, et par trois étapes. La première est en Scythie, à l'embouchure du Danube : les Scythes sont ses alliés, ils lui ouvriront l'entrée de l'Europe, ils grossiront son armée qui, renforcée des Daces, des Pannoniens et des Germains, tous frémissants sous la tyrannie romaine, arrivera sans difficulté aux Alpes. C'est la 2me étape. Là Mithridate fera entendre son appel aux Gaulois et aux Espagnols : depuis longtemps il a entretenu des relations avec ces peuples ; ils n'attendent que son arrivée pour fondre à sa suite sur l'Italie. La 3me étape sera sous les murs de Rome : l'Italie, toute fumante encore des feux de la guerre sociale, de la guerre civile, de la guerre des esclaves, saluera avec joie son vengeur, pour accabler une ville odieuse et vide de soldats.

Je sais tous les chemins par où je dois passer ;
Et si la mort bientôt ne me vient traverser,
Sans reculer plus loin l'effet de ma parole,
Je vous rends dans trois mois au pied du Capitole.
Doutez-vous que l'Euxin ne me porte en deux jours
Aux lieux où le Danube y vient finir son cours (1)?
Que du Scythe avec moi l'alliance jurée
De l'Europe en ces lieux ne me livre l'entrée?
Recueilli dans leurs ports, accru de leurs soldats,
Nous verrons notre camp grossir à chaque pas.
Daces, Pannoniens, la fière Germanie,
Tous n'attendent qu'un chef contre la tyrannie (2).
Vous avez vu l'Espagne, et surtout les Gaulois,
Contre ces mêmes murs qu'ils ont pris autrefois
Exciter ma vengeance, et jusque dans la Grèce,
Par des ambassadeurs accuser ma paresse (3).
*Ils savent que, sur eux prêt à se déborder,
Ce torrent, s'il m'entraîne, ira tout inonder ;*
Et vous les verrez tous, prévenant son ravage,
Guider dans l'Italie et suivre mon passage.
C'est là qu'en arrivant, plus qu'en tout le chemin,
Vous trouverez partout l'horreur du nom romain,
*Et la triste Italie encor toute fumante
Des feux qu'a rallumés sa liberté mourante* (4).

Le plan est gigantesque, mais il n'était pas chimérique. Ce qu'Annibal avait fait, Mithridate pouvait le faire à son tour. Les nations qu'il espérait entraîner, devaient plus tard, par la même route, se jeter sur Rome et l'asservir; son activité, son audace, les ressources inépuisables de son génie, l'auraient sans doute fait triompher des hommes et de la nature sans la trahison de son fils.

(1) De Nymphée aux bouches du Danube, la traversée est d'environ 200 lieues : évidemment il fallait pour la faire plus de deux jours; de même, quelle armée aurait pu arriver en trois mois de la Scythie au pied du Capitole? Mithridate est tellement aveuglé par la passion qui le transporte, qu'il semble ne voir ni distances ni obstacles. C'est ce que le poète a voulu peindre par les illusions étranges et les exagérations manifestes qu'il prête au grand capitaine.

(2) Pour cet itinéraire, voir la Préface.

(3) « Mithridate, disait Cicéron dans son discours *pro lege Manilia*, envoya des ambassadeurs d'Ecbatane jusqu'en Espagne, pour contracter alliance avec les généraux auxquels nous faisions alors la guerre. » (Ch. IV.) Il correspondait avec Sertorius. Quoique l'an 63 la guerre de Sertorius fût terminée depuis 9 ans, Mithridate pouvait avoir l'espoir de la rallumer.

(4) Pendant la guerre sociale (89-88 av. J.-C.), les Italiens, alliés contre Rome, avaient envoyé une ambassade au roi du Pont. Les Italiens réclamaient avec raison les droits civils et politiques dont jouissaient les citoyens romains, puisqu'ils en supportaient toutes les charges.

Non, princes, ce n'est point au bout de l'univers
Que Rome fait sentir tout le poids de ses fers ;
Et de près inspirant les haines les plus fortes,
Tes plus grands ennemis, Rome, sont à tes portes (1).
Ah ! s'ils ont pu choisir pour leur libérateur
Spartacus, un esclave, un vil gladiateur,
S'ils suivent au combat des brigands qui les vengent,
De quelle noble ardeur pensez-vous qu'ils se rangent
Sous les drapeaux d'un roi longtemps victorieux,
Qui voit jusqu'à Cyrus remonter ses aïeux (2) ?
Que dis-je ? En quel état croyez-vous la surprendre ?
Vide de légions qui la puissent défendre,
Tandis que tout s'occupe à me persécuter,
Leurs femmes, leurs enfants, pourront-ils m'arrêter ?
Marchons ; et dans son sein rejetons cette guerre
Que sa fureur envoie aux deux bouts de la terre (3).
Attaquons dans leurs murs ces conquérants si fiers ;
Qu'ils tremblent, à leur tour, pour leurs propres foyers.
Annibal l'a prédit, croyons-en ce grand homme,
Jamais on ne vaincra les Romains que dans Rome (4).
Noyons-la dans son sang justement répandu.
Brûlons ce Capitole où j'étais attendu.

(1) Cette apostrophe vigoureuse est amenée très naturellement par la chaleur du discours. Mithridate, en exposant ses plans, s'enflamme graduellement par l'espoir du succès et par le désir de communiquer son ardeur à ses fils. « C'est, dit Montesquieu, un lion qui regarde ses blessures, et n'en est que plus indigné. »

(2) D'après Appien, Mithridate était le 16° descendant de Darius, fils d'Hystaspe, qui avait épousé une fille de Cyrus.

(3) Cette tirade est sublime : la noblesse des sentiments, la grandeur de la pensée, l'énergie et la vivacité des images, la fermeté et la concision de la phrase, la chaleur entraînante du mouvement oratoire, tout y est réuni pour élever et enflammer le cœur des jeunes princes. « Nous n'avons point encore vu la diction de Racine s'élever si haut, ni prendre ce caractère. Ce n'est ni le charme de Bérénice, ni la sévérité de Britannicus, ni le style impétueux et passionné d'Hermione et de Roxane. Racine est grand, parce qu'il fait parler un grand homme, méditant de grands desseins : il s'agit de Mithridate et de Rome : il est au niveau de tous les deux. » (LA HARPE.)

(4) Ces magnifiques vers rappellent la tirade de Corneille dans *Nicomède* (Acte V, scène 6), quand Laodice, apprenant que le héros est conduit en otage à Rome, s'écrie :

J'irai jusque dans Rome en briser les liens,
Avec tous vos sujets, avecque tous les miens ;
Aussi bien Annibal nommait une folie
De présumer la vaincre ailleurs qu'en Italie...

« Mithridate, dit Appien, avait entendu raconter que le projet de porter la guerre en Italie avait réussi à Annibal, et que par là il s'était rendu la terreur du peuple romain. » (*Guerre de Mithridate*, ch. 109.)

Détruisons ses honneurs, et faisons disparaître
La honte de cent rois, et la mienne peut-être ;
Et la flamme à la main, effaçons tous ces noms
Que Rome y consacrait à d'éternels affronts (1).
　Voilà l'ambition dont mon âme est saisie.
Ne croyez point pourtant qu'éloigné de l'Asie
J'en laisse les Romains tranquilles possesseurs (2) ;
Je sais où je lui dois trouver des défenseurs.
Je veux que d'ennemis partout enveloppée,
Rome rappelle en vain le secours de Pompée.
Le Parthe, des Romains comme moi la terreur,
Consent de succéder à ma juste fureur ;
Prêt d'unir avec moi sa haine et sa famille,
Il me demande un fils pour époux à sa fille.
Cet honneur vous regarde, et j'ai fait choix de vous,
Pharnace : allez, soyez ce bienheureux époux (3).
Demain, sans différer, je prétends que l'aurore
Découvre mes vaisseaux déjà loin du Bosphore.
Vous, que rien n'y retient, partez dès ce moment,
Et méritez mon choix par votre empressement.
Achevez cet hymen ; et repassant l'Euphrate,
Faites voir à l'Asie un autre Mithridate.
Que nos tyrans communs en pâlissent d'effroi,
Et que le bruit à Rome en vienne jusqu'à moi (4).

(1) A quelle hauteur cette héroïque et généreuse ambition élève Mithridate! Nous entendons non plus le glorieux vaincu qui aspire à se relever d'une défaite, mais le libérateur des peuples et le vengeur des rois. Cette Rome qui inonde la terre de sang, il veut l'abattre et la noyer dans son propre sang.

(2) Avant de finir, Mithridate répond à une objection qui pourrait arrêter ses fils : s'éloigner de l'Asie, n'est-ce pas en laisser la paisible possession à Rome, qui pourra ainsi rappeler ses légions ? L'habile capitaine a prévu le danger : le Parthe remplacera Mithridate ; et pour cimenter l'alliance des deux ennemis de Rome, le roi du Pont envoie Pharnace épouser la fille de son allié.

(3) Cette proposition est un coup de maître : aussi terrible qu'imprévue pour Pharnace, elle cache, sous l'apparence d'une raison d'Etat, un piège subtil, digne de l'esprit rusé de Mithridate. Le vieux roi sait par Arbate les projets de Pharnace sur Monime ; il le guette, pour l'accabler de sa vengeance. Le spectateur, qui est au courant de leurs dispositions réciproques, attend avec la plus vive curiosité la réponse de Pharnace.

(4) On trouve, dans les Fragments de Salluste, une lettre de Mithridate au roi des Parthes, Arsace ; le roi du Pont, réfugié en Arménie, presse Arsace de se joindre à lui contre les Romains :

« Ignorez-vous que les Romains portent ici leurs armes, parce que l'Océan les a arrêtés du côté de l'Occident ? que, depuis leur origine, ils n'ont acquis maisons, épouses, territoire et puissance que par le brigandage ? qu'autrefois, vil ramas de vagabonds sans patrie, sans famille, ils ne sont rassemblés que

PHARNACE.

Seigneur, je ne vous puis déguiser ma surprise.
J'écoute avec transport cette grande entreprise;
Je l'admire; et jamais un plus hardi dessein
Ne mit à des vaincus les armes à la main.
Surtout j'admire en vous ce cœur infatigable
Qui semble s'affermir sous le faix qui l'accable.
Mais si j'ose parler avec sincérité,
En êtes-vous réduit à cette extrémité (1)?
Pourquoi tenter si loin des courses inutiles,
Quand vos Etats encor vous offrent tant d'asiles;
Et vouloir affronter des travaux infinis,
Dignes plutôt d'un chef de malheureux bannis,
Que d'un roi qui naguère avec quelque apparence
De l'aurore au couchant portait son espérance,
Fondait sur trente Etats son trône florissant,
Dont le débris est même un empire puissant?
Vous seul, Seigneur, vous seul, après quarante années,
Pouvez encor lutter contre les destinées.
Implacable ennemi de Rome et du repos,
Comptez-vous vos soldats pour autant de héros?
Pensez-vous que ces cœurs tremblants de leur défaite,
Fatigués d'une longue et pénible retraite,
Cherchent avidement sous un ciel étranger
La mort, et le travail pire que le danger?
Vaincus plus d'une fois aux yeux de la patrie,
Soutiendront-ils ailleurs un vainqueur en furie?
Sera-t-il moins terrible, et le vaincront-ils mieux

pour être le fléau de l'univers? qu'il n'est aucune loi ni humaine ni divine qui les empêche d'asservir, d'exterminer alliés, amis, nations voisines ou éloignées, faibles ou puissantes, et de regarder tout ce qui n'est pas esclave, les rois surtout, comme ennemis?... Ils craignent en nous des rivaux, et un jour des vengeurs de nos droits. Vous qui possédez Séleucie, la plus grande ville du monde, et le royaume de Perse si renommé par ses richesses, que pouvez-vous attendre d'eux, que perfidie aujourd'hui, et guerre ouverte demain? Les Romains, toujours armés contre tous, s'acharnent avec plus de fureur contre ceux dont la dépouille sera plus belle... Mais il ne sera pas difficile de les accabler, si vous par la Mésopotamie, et nous par l'Arménie, nous enveloppons leur armée... Vous aurez la gloire d'avoir secouru deux puissants monarques, et abattu les spoliateurs des nations... »

(1) La réponse de Pharnace ne manque pas d'habileté. Après avoir loué la magnanimité de son père et la beauté de l'entreprise, il s'attache à démontrer : 1° que cette entreprise n'est pas nécessaire; 2° que cette course à travers le monde est même indigne de la gloire d'un roi comme Mithridate; 3° que son père présume trop de ses soldats fatigués et découragés par tant de défaites; 4° enfin que l'appui du Parthe est précaire. Pour conclusion, l'indigne fils de Mithridate conseille de profiter de la clémence de Rome.

Dans le sein de sa ville, à l'aspect de ses dieux?
Le Parthe vous recherche et vous demande un gendre.
Mais ce Parthe, Seigneur, ardent à vous défendre
Lorsque tout l'univers semblait nous protéger,
D'un gendre sans appui voudra-t-il se charger?
M'en irai-je moi seul, rebut de la fortune,
Essuyer l'inconstance au Parthe si commune ;
Et peut-être, pour fruit d'un téméraire amour,
Exposer votre nom au mépris de sa cour?
Du moins, s'il faut céder, si contre notre usage
Il faut d'un suppliant emprunter le visage,
Sans m'envoyer du Parthe embrasser les genoux,
Sans vous-même implorer des rois moindres que vous,
Ne pourrions-nous pas prendre une plus sûre voie?
Jetons-nous dans les bras qu'on nous tend avec joie.
Rome en votre faveur facile à s'apaiser....

XIPHARÈS.

Rome, mon frère (1)! O ciel! qu'osez-vous proposer?
Vous voulez que le roi s'abaisse et s'humilie?
Qu'il démente en un jour tout le cours de sa vie?
Qu'il se fie aux Romains, et subisse des lois
Dont il a quarante ans défendu tous les rois?
Continuez, Seigneur : tout vaincu que vous êtes,
La guerre, les périls, sont vos seules retraites (2).
Rome poursuit en vous un ennemi fatal
Plus conjuré contre elle et plus craint qu'Annibal.
Tout couvert de son sang, quoi que vous puissiez faire,

(1) A ce nom odieux, Xipharès interrompt son frère avec surprise et indignation. Nicomède, dans Corneille, éclate de même, lorsqu'Attale ose invoquer l'appui de Rome (Acte I, scène 2) :

ATTALE. — Rome qui m'a nourri vous parlera pour moi.
NICOM. — Rome! Seigneur.
ATTALE. — Oui, Rome ; en êtes-vous en doute?

Mithridate, en politique habile, ne trahit aucune émotion ; il écoute avec calme et sang-froid, pour laisser ses fils exprimer leur pensée secrète avec moins de défiance.

(2) Le discours de Xipharès est une éloquente réfutation de celui de son frère. Le jeune prince repousse d'abord avec une noble fierté le parti de la soumission comme indigne et dangereux. Ensuite, par amour pour son père, il lui conseille de n'exposer ni sa vie ni sa gloire dans une expédition si hasardeuse, s'offrant lui-même à la commander à sa place, tandis que son frère occupera les Romains en Asie. L'argument final qu'il fait valoir est digne de sa piété filiale : Xipharès voudrait, si la tâche est au-dessus de ses forces, effacer dans son sang la trahison de sa mère. Cette raison sert aussi à détourner les soupçons du roi.

N'en attendez jamais qu'une paix sanguinaire,
Telle qu'en un seul jour un ordre de vos mains
La donna dans l'Asie à cent mille Romains (1).
　　Toutefois épargnez votre tête sacrée.
Vous-même n'allez point de contrée en contrée
Montrer aux nations Mithridate détruit (2),
Et de votre grand nom diminuer le bruit.
Votre vengeance est juste, il la faut entreprendre :
Brûlez le Capitole, et mettez Rome en cendre.
Mais c'est assez pour vous d'en ouvrir les chemins :
Faites porter ce feu par de plus jeunes mains;
Et tandis que l'Asie occupera Pharnace,
De cette autre entreprise honorez mon audace.
Commandez : laissez-nous, de votre nom suivis,
Justifier partout que nous sommes vos fils.
Embrasez par vos mains le couchant et l'aurore;
Remplissez l'univers, sans sortir du Bosphore;
Que les Romains, pressés de l'un à l'autre bout,
Doutent où vous serez, et vous trouvent partout.
Dès ce même moment ordonnez que je parte.
Ici tout vous retient; et moi, tout m'en écarte.
Et si ce grand dessein surpasse ma valeur,
Du moins ce désespoir convient à mon malheur.
Trop heureux d'avancer la fin de ma misère,
J'irai.... J'effacerai le crime de ma mère,
Seigneur. Vous m'en voyez rougir à vos génoux;
J'ai honte de me voir si peu digne de vous;
Tout mon sang doit laver une tache si noire.
Mais je cherche un trépas utile à votre gloire;
Et Rome, unique objet d'un désespoir si beau,
Du fils de Mithridate est le digne tombeau.

(1) Cicéron, dans son discours *pro lege Manilia*, où il demande au peuple de confier à Pompée la guerre de Mithridate, s'exprime ainsi sur ce fait : « Celui qui dans tant de villes, sur toute la surface de l'Asie, par un seul ordre de sa main, et dans un seul jour, fit massacrer un si grand nombre de Romains, n'a point encore reçu le châtiment de son crime. Depuis cette époque fatale, vingt-trois ans se sont écoulés, et cependant il règne encore; il règne, non caché dans les retraites du Pont, ou dans les montagnes de la Cappadoce; mais il ose sortir de son royaume, et vient ravager vos terres à la face même de l'Asie. Les ornements des triomphes attestent que vos généraux ont pu le vaincre, mais ils ne l'ont pas détruit. Sylla et Muréna, ces deux hommes pleins de valeur, ces deux illustres capitaines, ont en vain triomphé de ses armes. Toujours défait, toujours chassé, Mithridate règne toujours. » (Ch. 3.)

(2) Cette expression *Mithridate détruit* fait voir dans ce seul homme tout un empire.

MITHRIDATE, *se levant.*

Mon fils, ne parlons plus d'une mère infidèle.
Votre père est content, il connaît votre zèle,
Et ne vous verra point affronter de danger
Qu'avec vous son amour ne veuille partager.
Vous me suivrez : je veux que rien ne nous sépare.
Et vous, à m'obéir, prince, qu'on se prépare (1).
Les vaisseaux sont tout prêts. J'ai moi-même ordonné
La suite et l'appareil qui vous est destiné.
Arbate, à cet hymen chargé de vous conduire,
De votre obéissance aura soin de m'instruire.
Allez, et soutenant l'honneur de vos aïeux,
Dans cet embrassement recevez mes adieux.

PHARNACE.

Seigneur....

MITHRIDATE.

  Ma volonté, prince, vous doit suffire.
Obéissez. C'est trop vous le faire redire.

PHARNACE.

Seigneur, si pour vous plaire il ne faut que périr,
Plus ardent qu'aucun autre on m'y verra courir.
Combattant à vos yeux, permettez que je meure (2).

MITHRIDATE.

Je vous ai commandé de partir tout à l'heure.
Mais après ce moment.... Prince, vous m'entendez,
Et vous êtes perdu si vous me répondez.

PHARNACE.

Dussiez-vous présenter mille morts à ma vue,
Je ne saurais chercher une fille inconnue.
Ma vie est en vos mains.

---

(1) Mithridate a entrevu les dispositions de ses fils ; pour mieux s'en assurer, après leur avoir demandé leur avis en père plein de condescendance, il commande en roi : Xipharès le suivra en Italie, et Pharnace partira sur l'heure même pour l'Orient.

(2) Pharnace, embarrassé, troublé, cherche à se soustraire à un ordre qui coûte trop à son égoïsme et à son amour. Mithridate insiste avec d'autant plus de fermeté qu'il espère lui arracher le vrai motif de sa résistance. « Cette altercation entre le père et le fils répand sur la fin d'une si longue scène une chaleur et un intérêt extraordinaires... Ce dialogue est vif, rapide, attachant ; c'est un modèle de bon goût et de vérité : c'est là que Pharnace développe son caractère ; tous ses discours sont spécieux, mesurés, et pleins d'artifice. » (GEOFFROY.)

MITHRIDATE.
Ah! c'est où je t'attends.
Tu ne saurais partir, perfide, et je t'entends.
Je sais pourquoi tu fuis l'hymen où je t'envoie :
Il te fâche en ces lieux d'abandonner ta proie;
Monime te retient. Ton amour criminel
Prétendait l'arracher à l'hymen paternel.
Ni l'ardeur dont tu sais que je l'ai recherchée,
Ni déjà sur son front ma couronne attachée,
Ni cet asile même où je la fais garder,
Ni mon juste courroux n'ont pu t'intimider.
Traître, pour les Romains tes lâches complaisances
N'étaient pas à mes yeux d'assez noires offenses :
Il te manquait encor ces perfides amours
Pour être le supplice et l'horreur de mes jours.
Loin de t'en repentir, je vois sur ton visage
Que ta confusion ne part que de ta rage :
Il te tarde déjà qu'échappé de mes mains
Tu ne coures me perdre, et me vendre aux Romains.
Mais, avant que partir, je me ferai justice :
Je te l'ai dit (1).

SCÈNE II
MITHRIDATE, PHARNACE, XIPHARÈS, GARDES.

MITHRIDATE.
Holà! gardes. Qu'on le saisisse.
Oui, lui-même, Pharnace. Allez, et de ce pas

(1) Geoffroy établit entre cette magnifique scène et d'autres du même genre également fameuses, un parallèle fort intéressant qui mérite d'être cité en entier :
« Depuis le grand discours de Mithridate, toute la scène, pleine de mouvements dramatiques, est graduée avec un art profond : c'est le choc des trois caractères qui distingue cet entretien de Mithridate avec ses enfants, des autres grandes scènes connues au théâtre, et qui lui assure le premier rang comme conception théâtrale. Dans la délibération d'Auguste, tout est raisonnement ; Cinna et Maxime ne sont que les conseillers d'Auguste. Dans *Rodogune*, quelque terrible que soit la proposition de Cléopâtre, elle s'adresse à deux jeunes princes soumis et respectueux, qui osent à peine faire éclater leur opposition aux sentiments de leur mère. Dans *Pompée*, le conseil du jeune roi Ptolomée, qui ouvre la pièce, devient languissant et froid, parce qu'il n'est rempli que de harangues politiques ; enfin la scène de Néron avec Agrippine, plus profonde pour la peinture des caractères, plus grave et plus austère pour le style, a cependant moins d'éclat et de mouvement dramatique. Dans la scène de Mithridate, Pharnace est arrêté ; Xipharès est dénoncé ; Mithridate lui-même, plongé dans les plus noirs soupçons, est dans le plus cruel embarras : car je ne sépare point cette grande scène d'avec celle où les gardes viennent saisir Pharnace. »

Qu'enfermé dans la tour on ne le quitte pas (1).

PHARNACE.

Eh bien! sans me parer d'une innocence vaine,
Il est vrai, mon amour mérite votre haine.
J'aime : l'on vous a fait un fidèle récit.
Mais Xipharès, Seigneur, ne vous a pas tout dit.
C'est le moindre secret qu'il pouvait vous apprendre ;
Et ce fils si fidèle a dû vous faire entendre,
Que des mêmes ardeurs dès longtemps enflammé,
Il aime aussi la Reine, et même en est aimé (2).

SCÈNE III
MITHRIDATE, XIPHARÈS.

XIPHARÈS.

Seigneur, le croirez-vous, qu'un dessein si coupable....

MITHRIDATE.

Mon fils, je sais de quoi votre frère est capable.
Me préserve le ciel de soupçonner jamais
Que d'un prix si cruel vous payez mes bienfaits,
Qu'un fils qui fut toujours le bonheur de ma vie
Ait pu percer ce cœur qu'un père lui confie !
Je ne le croirai point. Allez : loin d'y songer,
Je ne vais désormais penser qu'à nous venger.

Scène IV. Mithridate, resté seul, est ballotté entre sa jalousie soupçonneuse et son affection pour Xipharès. Pour sortir d'incertitude, il imagine un stratagème.

Scène V. Mithridate déclare à Monime qu'il renonce à solliciter son union, et qu'il lui donne pour époux Xipharès, désormais l'unique héritier de ses Etats. Monime, trompée par une proposition aussi séduisante, finit par avouer au roi son amour pour Xipharès (3).

Scène VI. « *Ils s'aiment ! c'est ainsi qu'on se jouait de nous !* » s'écrie Mithridate hors de lui; Xipharès aussi périra.

(1) Rien de plus juste et de plus moral que cette indignation vigoureuse contre un fils doublement coupable, à la fois traître à sa patrie et perfide envers son père.

(2) Le misérable, se croyant trahi par son frère qu'il juge par lui-même, l'accuse à son tour : il lui lance en partant un trait de vengeance atroce. Xipharès n'a rien fait pour le mériter, car c'est Arbate qui a tout révélé au roi.

(3) Ce petit artifice, conforme d'ailleurs au caractère dissimulé du roi du Pont, est indigne de la tragédie. C'est assez, dit Geoffroy, que Molière l'ait prêté à son Harpagon, pour que le Mithridate de Racine ne doive pas y descendre. La seule excuse du poète, c'est que la scène produit de la terreur.
La fourberie de Mithridate a aussi l'inconvénient de ressembler trop à celle de Néron dans *Britannicus* (Acte II, scène 4), et de Roxane dans *Bajazet* (Acte IV, scène 3).

ACTE QUATRIÈME

Mithridate et Monime. — Arrivée des Romains.

Scène I. Monime se demande avec angoisse si les offres récentes de Mithridate ne cachaient pas un piège ; Phædime la rassure.

Scène II. Xipharès se présente à Monime pour lui faire ses adieux ; il sait que son père a découvert leur amour, et il fuit pour échapper à sa vengeance. Monime lui apprend qu'elle-même, sans le vouloir, a causé ce malheur ; mais elle se vengera en reprenant sa parole et en refusant d'épouser l'auteur d'une trahison infâme.

Scène III. On annonce l'arrivée du roi.

Scène IV. Mithridate vient prier de nouveau Monime de le suivre à l'autel ; Monime s'étonne d'abord ; puis, comme il insiste, elle s'écrie :

« Quoi, Seigneur ! vous m'aviez donc trompée ? »

Elle lui reproche ensuite son indigne perfidie, et se déclare dégagée de sa promesse.

MITHRIDATE.

C'est donc votre réponse ? et, sans plus me complaire,
Vous refusez l'honneur que je voulais vous faire ?
Pensez-y bien. J'attends pour me déterminer....

MONIME.

Non, Seigneur, vainement vous croyez m'étonner.
Je vous connais : je sais tout ce que je m'apprête,
Et je vois quels malheurs j'assemble sur ma tête (1);
Mais le dessein est pris : rien ne peut m'ébranler.
Jugez-en, puisque ainsi je vous ose parler,
Et m'emporte au delà de cette modestie
Dont jusqu'à ce moment je n'étais point sortie.
Vous vous êtes servi de ma funeste main
Pour mettre à votre fils un poignard dans le sein.
De ses feux innocents j'ai trahi le mystère ;
Et quand il n'en perdrait que l'amour de son père,
Il en mourra, Seigneur (2). Ma foi ni mon amour
Ne seront point le prix d'un si cruel détour.
Après cela, jugez. Perdez une rebelle ;
Armez-vous du pouvoir qu'on vous donna sur elle :

---

(1) Cette fermeté de Monime fait sur le spectateur une impression d'autant plus heureuse qu'on l'attendait moins de son caractère doux et modeste. Elle s'expose à la colère d'un roi jaloux et sanguinaire, elle le sait ; mais son honneur lui fait un devoir de rompre avec un roi fourbe, qui s'est servi de sa bonne foi pour perdre un prince innocent.

(2) Ce mot si simple est ici admirable : Monime suppose à Xipharès une délicatesse de piété filiale qui devrait toucher son père.

J'attendrai mon arrêt; vous pouvez commander.
Tout ce qu'en vous quittant j'ose vous demander,
Croyez (à la vertu je dois cette justice)
Que je vous trahis seule, et n'ai point de complice;
Et que d'un plein succès vos vœux seraient suivis
Si j'en croyais, Seigneur, les vœux de votre fils (1).

SCÈNE V
MITHRIDATE.

Elle me quitte! et moi, dans un lâche silence,
Je semble de sa fuite approuver l'insolence!
Peu s'en faut que mon cœur, penchant de son côté,
Ne me condamne encor de trop de cruauté!
Qui suis-je? Est-ce Monime? et suis-je Mithridate (2)?
Non, non, plus de pardon, plus d'amour pour l'ingrate.
Ma colère revient, et je me reconnais.
Immolons, en partant, trois ingrats à la fois.
Je vais à Rome, et c'est par de tels sacrifices
Qu'il faut à ma fureur rendre les dieux propices.
Je le dois, je le puis; ils n'ont plus de support :
Les plus séditieux sont déjà loin du bord.
Sans distinguer entre eux qui je hais ou qui j'aime,
Allons, et commençons par Xipharès lui-même.
    Mais quelle est ma fureur? et qu'est-ce que je dis?
Tu vas sacrifier... qui? malheureux! Ton fils?
Un fils que Rome craint? qui peut venger son père?
Pourquoi répandre un sang qui m'est si nécessaire?
Ah! dans l'état funeste où ma chute m'a mis,
Est-ce que mon malheur m'a laissé trop d'amis?

(1) « Cette scène, dit La Harpe, me parait un chef-d'œuvre. Le rôle de Monime y est parfait : c'est la réunion de toutes les bienséances les mieux ménagées... Elle a l'espèce de fermeté qui lui convient, et qui n'est qu'un sentiment vrai et profond de tous ses devoirs. Elle les a tous remplis, et ne craint point la mort; elle ne craint point Mithridate, mais elle ne le brave point. »

(2) Ce monologue impétueux peint au naturel la fougue de ce caractère emporté dans ses passions, féroce dans ses vengeances, grand toujours dans sa dignité de roi et dans sa haine contre Rome. Les sentiments les plus violents s'y succèdent, se heurtent et se détruisent les uns les autres; c'est 1° la surprise : Mithridate est étonné de sa propre attitude et de son silence devant Monime qui le fuit; 2° la colère le saisit : il immolera trois ingrats, et Xipharès mourra le premier; 3° l'amour paternel se fait jour : *c'est son fils!* 4° la politique appuie l'amour paternel : ce fils peut venger son père; il faut lui céder Monime; 5° tout à coup l'amour se réveille avec ses fureurs: il frappera les perfides; 6° la honte enfin fait rougir le grand Mithridate de si lâches combats : quel triomphe pour les Romains! Cet amour l'avilit. Mais que faire? (Cf. le monologue d'Auguste dans *Cinna*, Acte IV, sc. 2.)

Songeons plutôt, songeons à gagner sa tendresse :
J'ai besoin d'un vengeur, et non d'une maîtresse.
Quoi! ne vaut-il pas mieux, puisqu'il faut m'en priver,
La céder à ce fils que je veux conserver?
Cédons-la. Vains efforts, qui ne font que m'instruire
Des faiblesses d'un cœur qui cherche à se séduire!
Je brûle, je l'adore; et loin de la bannir....
Ah! c'est un crime encor dont je la veux punir.
Quelle pitié retient mes sentiments timides?
N'en ai-je pas déjà puni de moins perfides?
O Monime! ô mon fils! Inutile courroux!
Et vous, heureux Romains, quel triomphe pour vous
Si vous saviez ma honte, et qu'un avis fidèle
De mes lâches combats vous portât la nouvelle (1)!
Quoi! des plus chères mains craignant les trahisons,
J'ai pris soin de m'armer contre tous les poisons;
J'ai su, par une longue et pénible industrie,
Des plus mortels venins prévenir la furie.
Ah! qu'il eût mieux valu, plus sage et plus heureux,
Et repoussant les traits d'un amour dangereux,
Ne pas laisser remplir d'ardeurs empoisonnées
Un cœur déjà glacé par le froid des années!
De ce trouble fatal par où dois-je sortir?

SCÈNE VI

MITHRIDATE, ARBATE.

ARBATE.

Seigneur, tous vos soldats refusent de partir.
Pharnace les retient, Pharnace leur révèle
Que vous cherchez à Rome une guerre nouvelle.

MITHRIDATE.

Pharnace?

ARBATE.

   Il a séduit ses gardes les premiers;
Et le seul nom de Rome étonne les plus fiers.
De mille affreux périls ils se forment l'image.
Les uns avec transport embrassent le rivage;

---

(1) « Quelle joie, dit Nestor en s'adressant aux chefs de l'armée grecque au sujet de la querelle d'Achille et d'Agamemnon, quelle joie pour Priam, pour ses enfants, et pour tous les Troyens, si la renommée leur porte la nouvelle des fatales discordes qui s'élèvent entre deux héros, les premiers de la Grèce en prudence! » (*Iliade*, I.)

Les autres, qui partaient, s'élancent dans les flots,
Ou présentent leurs dards aux yeux des matelots.
Le désordre est partout ; et loin de nous entendre,
Ils demandent la paix, et parlent de se rendre.
Pharnace est à leur tête ; et flattant leurs souhaits,
De la part des Romains il leur promet la paix.

MITHRIDATE.

Ah ! le traître ! Courez ! qu'on appelle son frère ;
Qu'il me suive, qu'il vienne au secours de son père.

ARBATE.

J'ignore son dessein ; mais un soudain transport
L'a déjà fait descendre et courir vers le port ;
Et l'on dit que, suivi d'un gros d'amis fidèles,
On l'a vu se mêler au milieu des rebelles.
C'est tout ce que j'en sais.

MITHRIDATE.

Ah ! qu'est-ce que j'entends ?
Perfides, ma vengeance a tardé trop longtemps.
Mais je ne vous crains point. Malgré leur insolence,
Les mutins n'oseraient soutenir ma présence.
Je ne veux que les voir ; je ne veux qu'à leurs yeux
Immoler de ma main deux fils audacieux.

SCÈNE VII

MITHRIDATE, ARBATE, ARCAS.

ARCAS.

Seigneur, tout est perdu. Les rebelles, Pharnace,
Les Romains, sont en foule autour de cette place.

MITHRIDATE.

Les Romains (1) !

ARCAS.

De Romains le rivage est chargé,
Et bientôt dans ces murs vous êtes assiégé.

---

(1) « Ce cri de Mithridate est sublime. Au moment où il vient d'apprendre la trahison de ses deux fils et la révolte de son armée, on lui annonce l'arrivée des Romains ; et à cette nouvelle, sa colère et sa haine s'exhalent dans la répétition de ces mots : *Les Romains !* Brizard, dans cet endroit, était admirable : l'impétuosité avec laquelle il se jetait sur son casque, l'accent terrible qui sortait de ses entrailles quand il s'écriait : *Les Romains !* produisait la plus vive sensation. » (GEOFFROY.)

MITHRIDATE.

(*A Arcas.*)
Ciel! Courons. Ecoutez.... Du malheur qui me presse
Tu ne jouiras pas, infidèle princesse (1).

ACTE CINQUIÈME

Dénoûment. — Mort de Mithridate.

SCÈNE I

MONIME, PHÆDIME.

MONIME.

Xipharès ne vit plus, il n'en faut point douter (2) :
L'événement n'a point démenti mon attente.
Quand je n'en aurais pas la nouvelle sanglante,
Il est mort; et j'en ai pour garants trop certains
Son courage et son nom trop suspects aux Romains.
Ah! que d'un si beau sang dès longtemps altérée
Rome tient maintenant sa victoire assurée!
Quel ennemi son bras leur allait opposer!
Mais sur qui, malheureuse, oses-tu t'excuser?
Quoi! tu ne veux pas voir que c'est toi qui l'opprimes,
Et dans tous ses malheurs reconnaître tes crimes?
De combien d'assassins l'avais-je enveloppé!
Comment à tant de coups serait-il échappé?
Il évitait en vain les Romains et son frère :
Ne le livrais-je pas aux fureurs de son père?
C'est moi qui, les rendant l'un de l'autre jaloux,
Vins allumer le feu qui les embrase tous,
Tison de la discorde, et fatale furie,
Que le démon de Rome a formée et nourrie.
Et je vis? et j'attends que, de leur sang baigné,
Pharnace des Romains revienne accompagné?
Qu'il étale à mes yeux sa parricide joie?
La mort au désespoir ouvre plus d'une voie :
Oui, cruelles (3), en vain vos injustes secours

---

(1) Mithridate donne à Arcas l'ordre de porter du poison à Monime.

(2) Le bruit de la mort de Xipharès est arrivé au palais. Monime en exprime son désespoir. Ce qui augmente sa douleur, c'est d'avoir été, quoique involontairement, la cause de sa perte ; d'autre part, le retour triomphant de Pharnace l'épouvante.

(3) Monime s'adresse aux femmes de sa suite qui l'empêchent d'attenter à ses jours.

Me ferment du tombeau les chemins les plus courts,
Je trouverai la mort jusque dans vos bras même.
Et toi, fatal tissu, malheureux diadème (1),
Instrument et témoin de toutes mes douleurs,
Bandeau que mille fois j'ai trempé de mes pleurs,
Au moins, en terminant ma vie et mon supplice,
Ne pouvais-tu me rendre un funeste service (2)?
A mes tristes regards, va, cesse de t'offrir :
D'autres armes sans toi sauront me secourir ;
Et périsse le jour et la main meurtrière
Qui jadis sur mon front t'attacha la première !

PHÆDIME.

On vient, Madame, on vient ; et j'espère qu'Arcas,
Pour bannir vos frayeurs, porte vers vous ses pas.

SCÈNE II
MONIME, PHÆDIME, ARCAS.

MONIME.

En est-ce fait, Arcas? et le cruel Pharnace (3)....

ARCAS.

Ne me demandez rien de tout ce qui se passe,
Madame : on m'a chargé d'un plus funeste emploi ;
Et ce poison vous dit la volonté du Roi.

PHÆDIME.

Malheureuse princesse !

MONIME.

            Ah ! quel comble de joie !
Donnez. Dites, Arcas, au Roi qui me l'envoie,
Que de tous les présents que m'a faits sa bonté
Je reçois le plus cher et le plus souhaité.

(1) Cette apostrophe est dans le passage de Plutarque cité par Racine dans sa Préface ; le poète l'a développée avec beaucoup de sentiment, d'élégance et de douceur.

(2) D'après le récit des historiens, Monime essaya de se donner la mort en se servant de son bandeau royal, quand elle eut reçu de Mithridate l'ordre de mourir. Racine ne suppose pas cette injonction féroce, sans doute pour prêter à Monime des sentiments plus héroïques, comme si le suicide prouvait plus de grandeur d'âme que la constance de la vertu dans le malheur. (V. plus haut, p. 273.)

(3) Arcas apporte à l'infortunée princesse la coupe du poison de la part de Mithridate : elle reçoit avec transport ce présent *le plus cher et le plus souhaité*. Au moment où elle approche la coupe de ses lèvres, Arbate accourt au nom du roi, avec un ordre contraire.

A la fin je respire; et le ciel me délivre
Des secours importuns qui me forçaient de vivre.
Maîtresse de moi-même, il veut bien qu'une fois
Je puisse de mon sort disposer à mon choix.

PHÆDIME.

Hélas!

MONIME.

Retiens tes cris; et par d'indignes larmes,
De cet heureux moment ne trouble point les charmes.
Si tu m'aimais, Phædime, il fallait me pleurer
Quand d'un titre funeste on me vint honorer,
Et lorsque, m'arrachant du doux sein de la Grèce,
Dans ce climat barbare on traîna ta maîtresse.
Retourne maintenant chez ces peuples heureux;
Et si mon nom encor s'est conservé chez eux,
Dis-leur ce que tu vois; et de toute ma gloire,
Phædime, conte-leur la malheureuse histoire.
Et toi qui de ce cœur, dont tu fus adoré,
Par un jaloux destin fus toujours séparé,
Héros avec qui, même en terminant ma vie,
Je n'ose en un tombeau demander d'être unie,
Reçois ce sacrifice; et puisse en ce moment
Ce poison expier le sang de mon amant!

SCÈNE III

MONIME, ARBATE, PHÆDIME, ARCAS.

ARBATE.

Arrêtez! arrêtez (1)!

ARCAS.

Que faites-vous, Arbate?

ARBATE.

Arrêtez! j'accomplis l'ordre de Mithridate.

MONIME.

Ah! laissez-moi....

ARBATE, *jetant le poison.*

Cessez, vous dis-je, et laissez-moi,
Madame, exécuter les volontés du Roi.

(1) « Voilà une vraie péripétie. D'après tout ce qui précède, la mort de Monime doit paraître infaillible; elle est sauvée cependant, et par l'ordre de ce même Mithridate, si avide de vengeance et si peu fait à pardonner. Comment? c'est ce qu'il est impossible au spectateur de deviner; et quoique tout soit imprévu, l'explication rendra tout vraisemblable.... C'est, depuis *Andromaque*, le plus beau dénoûment de Racine : il prend bien ici sa revanche de ceux de *Bajazet* et de *Britannicus*. » (LA HARPE.)

Vivez. Et vous, Arcas, du succès de mon zèle
Courez à Mithridate apprendre la nouvelle.

SCÈNE IV

MONIME, ARBATE, PHÆDIME.

MONIME.

Ah! trop cruel Arbate, à quoi m'exposez-vous?
Est-ce qu'on croit encor mon supplice trop doux?
Et le Roi, m'enviant une mort si soudaine,
Veut-il plus d'un trépas pour contenter sa haine?

ARBATE.

Vous l'allez voir paraître; et j'ose m'assurer
Que vous-même avec moi vous allez le pleurer.

MONIME.

Quoi! le Roi....

ARBATE.

Le Roi touche à son heure dernière,
Madame, et ne voit plus qu'un reste de lumière.
Je l'ai laissé sanglant, porté par des soldats;
Et Xipharès en pleurs accompagne leurs pas.

MONIME.

Xipharès! Ah! grands dieux! Je doute si je veille,
Et n'ose qu'en tremblant en croire mon oreille.
Xipharès vit encor! Xipharès, que mes pleurs.... (1)

ARBATE.

Il vit chargé de gloire, accablé de douleurs.
De sa mort en ces lieux la nouvelle semée
Ne vous a pas vous seule et sans cause alarmée.
Les Romains, qui partout l'appuyaient par des cris,
Ont par ce bruit fatal glacé tous les esprits.
Le Roi, trompé lui-même, en a versé des larmes;
Et désormais certain du malheur de ses armes,
Par un rebelle fils de toutes parts pressé,
Sans espoir de secours tout près d'être forcé,
Et voyant, pour surcroît de douleur et de haine,
Parmi ses étendards porter l'aigle romaine,
Il n'a plus aspiré qu'à s'ouvrir des chemins
Pour éviter l'affront de tomber dans leurs mains.

---

(1) Monime serait plus grande si, moins préoccupée de Xipharès, elle avait un cri de douleur pour Mithridate expirant : malgré ses torts envers l'infortunée princesse, c'est un héros qui tombe noblement.

ACTE V, SCÈNE IV

D'abord il a tenté les atteintes mortelles
Des poisons que lui-même a crus les plus fidèles (1);
Il les a trouvés tous sans force et sans vertu.
« Vain secours, a-t-il dit, que j'ai trop combattu !
» Contre tous les poisons soigneux de me défendre,
» J'ai perdu tout le fruit que j'en pouvais attendre (2).
» Essayons maintenant des secours plus certains,
» Et cherchons un trépas plus funeste aux Romains. »
Il parle; et défiant leurs nombreuses cohortes,
Du palais, à ces mots, il fait ouvrir les portes.
A l'aspect de ce front dont la noble fureur
Tant de fois dans leurs rangs répandit la terreur,
Vous les eussiez vus tous, retournant en arrière,
Laisser entre eux et nous une large carrière;
Et déjà quelques-uns couraient épouvantés
Jusque dans les vaisseaux qui les ont apportés.
Mais, le dirai-je? ô ciel! rassurés par Pharnace,
Et la honte en leurs cœurs réveillant leur audace,
Ils reprennent courage, ils attaquent le Roi,
Qu'un reste de soldats défendait avec moi.
Qui pourrait exprimer par quels faits incroyables,
Quels coups accompagnés de regards effroyables,
Son bras, se signalant pour la dernière fois,
A de ce grand héros terminé les exploits ?
Enfin, las et couvert de sang et de poussière,
Il s'était fait de morts une noble barrière.
Un autre bataillon s'est avancé vers nous;
Les Romains pour le joindre ont suspendu leurs coups.
Ils voulaient tous ensemble accabler Mithridate.
Mais lui : « C'en est assez, m'a-t-il dit, cher Arbate;
» Le sang et la fureur m'emportent trop avant.
» Ne livrons pas surtout Mithridate vivant. »
Aussitôt dans son sein il plonge son épée.

---

(1) « *Des poisons fidèles !* il n'y a point d'épithète plus neuve et plus hardie : elle est si bien placée qu'elle ne paraît pas, tant l'auteur et le sujet ont contribué à la rendre claire. Au reste, on est d'accord depuis longtemps sur la belle versification qui fait de ce récit un de ceux qu'on admire le plus au théâtre et à la lecture. Ce récit et la mort de Mithridate sont les derniers traits qui achèvent la peinture de ce grand caractère, et ils ajoutent au dénoûment le mérite de la dignité. » (LA HARPE.)

(2) Le fait est raconté par Appien, Justin et Dion Cassius. Il paraît que, dès son enfance, Mithridate avait dû se prémunir contre le poison, à cause des embûches que lui dressaient ses tuteurs pour se partager son royaume ; il se fortifia tellement contre les poisons par les excellents préservatifs dont il fit usage, que dans sa vieillesse il tenta vainement de s'empoisonner : il demanda le coup de la mort à un esclave gaulois.

Mais la mort fuit encor sa grande âme trompée.
Ce héros dans mes bras est tombé tout sanglant,
Faible, et qui s'irritait contre un trépas si lent;
Et se plaignant à moi de ce reste de vie,
Il soulevait encor sa main appesantie;
Et marquant à mon bras la place de son cœur,
Semblait d'un coup plus sûr implorer la faveur.
Tandis que, possédé de ma douleur extrême,
Je songe bien plutôt à me percer moi-même,
De grands cris ont soudain attiré mes regards.
J'ai vu, qui l'aurait cru? j'ai vu de toutes parts
Vaincus et renversés les Romains et Pharnace,
Fuyant vers leurs vaisseaux, abandonner la place;
Et le vainqueur, vers nous s'avançant de plus près,
A mes yeux éperdus a montré Xipharès.

MONIME.

Juste ciel!

ARBATE.

Xipharès, toujours resté fidèle,
Et qu'au fort du combat une troupe rebelle,
Par ordre de son frère, avait enveloppé,
Mais qui, d'entre leurs bras à la fin échappé,
Forçant les plus mutins, et regagnant le reste,
Heureux et plein de joie en ce moment funeste,
A travers mille morts, ardent, victorieux,
S'était fait vers son père un chemin glorieux (1).
Jugez de quelle horreur cette joie est suivie.
Son bras aux pieds du Roi l'allait jeter sans vie;
Mais on court, on s'oppose à son emportement.
Le Roi m'a regardé dans ce triste moment,
Et m'a dit d'une voix qu'il poussait avec peine :
« S'il en est temps encor, cours, et sauve la Reine (2).»
Ces mots m'ont fait trembler pour vous, pour Xipharès :
J'ai craint, j'ai soupçonné quelques ordres secrets.
Tout lassé que j'étais, ma frayeur et mon zèle
M'ont donné pour courir une force nouvelle;
Et malgré nos malheurs, je me tiens trop heureux
D'avoir paré le coup qui vous perdait tous deux (3).

(1) Xipharès joue ici le magnifique rôle du jeune Attale dans *Nicomède*.

(2) Ce remords et le contre-ordre qui en est le fruit, préparent Monime et le spectateur à recevoir Mithridate avec une douleur plus sympathique. Sans aucun doute, l'héroïque dévouement de Xipharès a produit ce changement admirable.

(3) L'arrivée subite d'Arbate s'explique par cet ordre du roi.

ACTE V, SCÈNE V

MONIME.

Ah! que de tant d'horreurs justement étonnée,
Je plains de ce grand Roi la triste destinée!
Hélas? et plût aux dieux qu'à son sort inhumain
Moi-même j'eusse pu ne point prêter la main,
Et que simple témoin du malheur qui l'accable,
Je le pusse pleurer sans en être coupable (1)!
Il vient. Quel nouveau trouble excite en mes esprits
Le sang du père, ô ciel! et les larmes du fils!

SCÈNE V

MITHRIDATE, MONIME, XIPHARÈS, ARBATE, ARCAS,
GARDES *qui soutiennent Mithridate* (2).

MONIME.

Ah! que vois-je, Seigneur, et quel sort est le vôtre!

MITHRIDATE.

Cessez et retenez vos larmes l'un et l'autre.
(*En montrant Xipharès.*)
Mon sort de sa tendresse et de votre amitié
Veut d'autres sentiments que ceux de la pitié;
Et ma gloire, plutôt digne d'être admirée,
Ne doit point par des pleurs être déshonorée.
J'ai vengé l'univers autant que je l'ai pu :
La mort dans ce projet m'a seule interrompu (3).
Ennemi des Romains et de la tyrannie,
Je n'ai point de leur joug subi l'ignominie;
Et j'ose me flatter qu'entre les noms fameux
Qu'une pareille haine a signalés contre eux,
Nul ne leur a plus fait acheter la victoire,
Ni de jours malheureux plus rempli leur histoire.
Le ciel n'a pas voulu qu'achevant mon dessein,
Rome en cendres me vît expirer dans son sein.
Mais au moins quelque joie en mourant me console :

(1) Ici la douleur de Monime est plus généreuse.

(2) Cette entrée de Mithridate blessé et mourant, est une des scènes les plus imposantes et les plus touchantes du théâtre : c'est toujours un grand spectacle que la mort d'un héros.

(3) Ces dernières paroles sont graves et solennelles, comme le testament d'un mourant. Mithridate est sublime dans cette oraison funèbre qu'il prononce lui-même sur sa tombe entr'ouverte : sa suprême consolation est d'avoir, avant sa mort, vu fuir les Romains : c'est bien là, jusqu'au bout, l'implacable ennemi de Rome.

J'expire environné d'ennemis que j'immole ;
Dans leur sang odieux j'ai pu tremper mes mains,
Et mes derniers regards ont vu fuir les Romains.
A mon fils Xipharès je dois cette fortune :
Il épargne à ma mort leur présence importune.
Que ne puis-je payer ce service important
De tout ce que mon trône eut de plus éclatant !
Mais vous me tenez lieu d'empire, de couronne ;
Vous seule me restez : souffrez que je vous donne,
Madame ; et tous ces vœux que j'exigeais de vous,
Mon cœur pour Xipharès vous les demande tous (1).

MONIME.

Vivez, Seigneur, vivez, pour le bonheur du monde,
Et pour sa liberté, qui sur vous seul se fonde ;
Vivez pour triompher d'un ennemi vaincu,
Pour venger....

MITHRIDATE.

          C'en est fait, Madame, et j'ai vécu.
Mon fils, songez à vous. Gardez-vous de prétendre
Que de tant d'ennemis vous puissiez vous défendre.
Bientôt tous les Romains, de leur honte irrités,
Viendront ici sur vous fondre de tous côtés.
Ne perdez point le temps que vous laisse leur fuite
A rendre à mon tombeau des soins dont je vous quitte.
Tant de Romains sans vie, en cent lieux dispersés,
Suffisent à ma cendre et l'honorent assez.
Cachez-leur pour un temps vos noms et votre vie.
Allez, réservez-vous....

XIPHARÈS.

          Moi, Seigneur, que je fuie ?
Que Pharnace impuni, les Romains triomphants,
N'éprouvent pas bientôt....

MITHRIDATE.

          Non, je vous le défends.
Tôt ou tard il faudra que Pharnace périsse.
Fiez-vous aux Romains du soin de son supplice (2).

(1) Les injustes cruautés de Mithridate sont toutes effacées par ce legs d'un père reconnaissant.

(2) Si Pharnace n'est point puni dans la pièce, sa trahison recevra son châtiment des Romains eux-mêmes. Cette prophétie, nécessaire pour la moralité de l'action, est néanmoins trop exacte dans un sujet profane, pour être bien vraisemblable : l'Esprit de Dieu seul peut communiquer des lumières aussi certaines, et ce n'est que dans les sujets tirés de la vraie religion qu'on peut recourir à ce moyen surnaturel.

Mais je sens affaiblir ma force et mes esprits.
Je sens que je me meurs. Approchez-vous, mon fils.
Dans cet embrassement dont la douceur me flatte,
Venez, et recevez l'âme de Mithridate (1).

MONIME.

Il expire.

XIPHARÈS.

Ah! Madame, unissons nos douleurs,
Et par tout l'univers cherchons-lui des vengeurs (2).

(1) Didon, au 4ᵉ l. de l'*Énéide*, dit de même : *accipite hanc animam*. Dans le langage chrétien, c'est *Dieu* qui *reçoit l'âme* ; les hommes *reçoivent les derniers soupirs*, comme le remarque bien L. Racine ; cette expression, *Recevez l'âme*, est conforme à la manière de parler et de penser des anciens.

(2) Cette fin, toute empreinte de la majesté religieuse de la mort, est digne de la grande âme de Mithridate ; la valeur qu'il vient de déployer dans son dernier combat, l'émotion de son cœur magnanime, la reconnaissance qu'il témoigne à un fils aussi vertueux que brave, font oublier ses faiblesses, ses jalousies et ses cruautés ; le poète a été admirablement inspiré en réhabilitant son héros par une mort si glorieuse et si touchante.

Le dénoûment de l'*Hippolyte* d'Euripide a peut-être servi de modèle à Racine ; la pièce grecque se termine aussi par la mort émouvante du héros que des serviteurs ont rapporté blessé et expirant sur la scène.

IPHIGÉNIE EN AULIDE

TRAGÉDIE

1674.

PRÉFACE

Le sacrifice d'Iphigénie. — Il n'y a rien de plus célèbre dans les poëtes que le sacrifice d'Iphigénie (1). Mais ils ne s'accordent pas tous ensemble sur les plus importantes particularités de ce sacrifice. Les uns, comme Eschyle dans *Agamemnon*, Sophocle dans *Electra*, et après eux Lucrèce, Horace et beaucoup d'autres, veulent qu'on ait en effet répandu le sang d'Iphigénie, fille d'Agamemnon, et qu'elle soit morte en Aulide (2). Il ne faut que lire Lucrèce, au commencement de son premier livre :

> « Aulide quo pacto Triviaï virginis aram
> » Iphianassaï turparunt sanguine fœde
> » Ductores Danaum, etc. (3) »

Et Clytemnestre dit, dans Eschyle, qu'Agamemnon, son mari, qui vient d'expirer, rencontrera dans les enfers Iphigénie, sa fille, qu'il a autrefois immolée.

(1) Iphigénie, fille d'Agamemnon et de Clytemnestre, allait être sacrifiée à Aulis, pour obtenir un vent favorable, lorsqu'elle fut sauvée par Diane qui la transporta dans la Tauride pour en faire sa prêtresse. Oreste, qu'une tempête avait jeté sur ces côtes, faillit être immolé par sa sœur à la déesse sanguinaire; mais ayant pu se faire reconnaître d'Iphigénie, il l'enleva et la ramena en Grèce. Iphigénie a fourni à Euripide le sujet de deux tragédies célèbres, *Iphigénie en Aulide* et *Iphigénie en Tauride*. La première a été imitée en français par Rotrou (1640), Racine (1674), Le Clerc et Coras (1675); en italien par Dolce, en allemand par Schiller (1790); la seconde a été imitée en français par Lagrange-Chancel (1697), Duché (1704), Guimond de la Touche (1757), en allemand par Goethe (1786); Gluck et Piccini en ont fait le sujet de deux opéras.

(2) Eschyle, poëte athénien, le père de la tragédie grecque (525-456 av. J.-C.). — Sophocle, le plus grand des tragiques grecs, né à Colone près d'Athènes (496-405). — Lucrèce, poëte latin, auteur du poëme *de la Nature*, épicurien et matérialiste (95-51 av. J.-C.). — Horace, célèbre poëte latin, auteur d'*Odes*, d'*Epîtres*, de *Satires* et d'un *Art poétique* (65-8 av. J.-C.).

(3) « Comment, à Aulis, les chefs des Grecs souillèrent odieusement du sang d'Iphianasse l'autel virginal de Diane (L. I.). » Homère (*Il.* IX.) donne aussi le nom d'Iphianasse à l'une des trois filles d'Agamemnon.

Diane était fille de Jupiter et de Latone, sœur d'Apollon, déesse de la chasse.

D'autres ont feint que Diane, ayant eu pitié de cette jeune princesse, l'avait enlevée et portée dans la Tauride (1), au moment qu'on l'allait sacrifier, et que la déesse avait fait trouver en sa place ou une biche, ou une autre victime de cette nature (2). Euripide a suivi cette fable, et Ovide l'a mise au nombre des Métamorphoses (3).

Il y a une troisième opinion, qui n'est pas moins ancienne que les deux autres, sur Iphigénie. Plusieurs auteurs, et entre autres Stésichorus (4), l'un des plus fameux et des plus anciens poètes lyriques, ont écrit qu'il était bien vrai qu'une princesse de ce nom avait été sacrifiée, mais que cette Iphigénie était une fille qu'Hélène avait eue de Thésée. Hélène, disent ces auteurs, ne l'avait osé avouer pour sa fille, parce qu'elle n'osait déclarer à Ménélas qu'elle eût été mariée en secret avec Thésée. Pausanias (*Corinth.* p. 125) rapporte et le témoignage et les noms des poètes qui ont été de ce sentiment ; et il ajoute que c'était la créance commune de tout le pays d'Argos.

Homère enfin, le père des poètes (5), a si peu prétendu qu'Iphigénie, fille d'Agamemnon, eût été ou sacrifiée en Aulide, ou transportée dans la Scythie, que dans le neuvième livre de l'*Iliade*, c'est-à-dire près de dix ans depuis l'arrivée des Grecs devant Troie, Agamemnon fait offrir en mariage à Achille sa fille Iphigénie, qu'il a, dit-il, laissée à Mycène, dans sa maison.

Ériphile. — J'ai rapporté tous ces avis si différents, et surtout le passage de Pausanias (6), parce que c'est à cet auteur que je dois l'heureux personnage d'Ériphile, sans lequel je n'aurais jamais osé entreprendre cette tragédie. Quelle apparence que j'eusse souillé la scène par le meurtre horrible d'une personne aussi vertueuse et aussi aimable qu'il

(1) La Tauride, partie méridionale de la Russie, comprenant la Chersonèse Taurique (auj. Crimée).

(2) Une ourse, un taureau ou une vieille femme.

(3) Euripide, un des trois grands poètes tragiques d'Athènes, contemporain et émule de Sophocle (480-406 av. J.-C.). — Ovide, célèbre poète latin du siècle d'Auguste (43 av. J.-C. – 18 ap. J.-C.).

(4) Stésichore, poète lyrique grec (636-556 av. J.-C.) ; il passe pour être l'inventeur de l'épode, de la strophe et de l'antistrophe ; son nom signifie *régulateur du chœur*. — Thésée, héros grec, fils d'Égée, roi d'Athènes, tua le Minotaure (XIVe siècle av. J.-C.). — Ménélas, frère d'Agamemnon, roi de Sparte. — Pausanias, v. p. 140. — Argos, capitale de l'Argolide dans l'ancienne Grèce. — Mycènes, ancienne ville de l'Argolide, capitale d'Atrée et d'Agamemnon.

(5) Homère, auteur de l'*Iliade* et de l'*Odyssée* (vers l'an 900 av. J.-C.). — La Scythie, au Nord de la mer Noire et de la mer Caspienne.

(6) Racine doit à Pausanias le personnage d'une fille de Thésée et d'Hélène, à laquelle il a donné le nom d'Ériphile ; Homère et Pindare parlent d'une Ériphyle, femme d'Amphiaraüs. L'idée de la conquête de Lesbos où Ériphile a été faite prisonnière par Achille, est empruntée à Euphorion de Chalcis, poète grec de l'école d'Alexandrie.

fallait représenter Iphigénie? et quelle apparence encore de dénouer ma tragédie par le secours d'une déesse et d'une machine, et par une métamorphose, qui pouvait bien trouver quelque créance (1) du temps d'Euripide, mais qui serait trop absurde et trop incroyable parmi nous (2)?

Je puis dire donc que j'ai été très heureux de trouver dans les anciens cette autre Iphigénie, que j'ai pu représenter telle qu'il m'a plu, et qui, tombant dans le malheur où cette amante jalouse voulait précipiter sa rivale, mérite en quelque façon d'être punie, sans être pourtant tout à fait indigne de compassion. Ainsi le dénoûment de la pièce est tiré du fond même de la pièce; et il ne faut que l'avoir vu représenter pour comprendre quel plaisir j'ai fait au spectateur, et en sauvant à la fin une princesse vertueuse pour qui il s'est si fort intéressé dans le cours de la tragédie, et en la sauvant par une autre voie que par un miracle qu'il n'aurait pu souffrir, parce qu'il ne le saurait jamais croire.

Voyage d'Achille à Lesbos. — Le voyage d'Achille à Lesbos (3), dont ce héros se rend maître, et d'où il enlève Eriphile avant que de venir en Aulide, n'est pas non plus sans fondement. Euphorion de Chalcide, poète très connu parmi les anciens, et dont Virgile (*Eclog.* X) et Quintilien (*Instit.* lib. X) font une mention honorable, parlait de ce voyage de Lesbos. Il disait dans un de ses poèmes, au rapport de Parthénius, qu'Achille avait fait la conquête de cette île avant que de

---

(1) « *Croyance* et *créance*, dit Vaugelas (1647), se prononcent tous deux à la cour d'une même façon. » Cet usage ne s'est pas maintenu.

(2) Le poète indique ici la raison pour laquelle il a introduit dans sa pièce le personnage d'Eriphile : c'est la nécessité de donner à la tragédie un dénoûment qui pût être accepté d'un auditoire français. Le sacrifice d'Iphigénie l'eût révolté, et une intervention merveilleuse l'eût trouvé incrédule. L'immolation réelle d'une princesse coupable qui fût fille d'Hélène, présentait l'avantage de satisfaire à la fois l'oracle et le spectateur.

Un dénoûment miraculeux est plus vraisemblable dans la vraie religion, parce que le miracle est l'œuvre propre de Dieu et le signe de son intervention dans le gouvernement de ce monde. Tel est le prodige qui sauva le fils d'Abraham, au moment où son père, par une obéissance héroïque à la volonté divine, levait le glaive pour le frapper : « Et voilà qu'un ange du Seigneur cria du haut du ciel : N'étends pas ta main sur l'enfant, et ne lui fais aucun mal ; car je sais maintenant que tu crains Dieu, puisque tu n'as pas épargné ton fils unique à cause de moi. Abraham leva les yeux, et vit derrière lui un bélier embarrassé par les cornes dans un buisson; et il le prit, et il l'offrit en holocauste pour son fils. » (*Genèse*, XXII, 11-13.)

La fable de la biche paraît être une tradition altérée du fait biblique.

(3) Lesbos, aujourd'hui Métélin, île de l'Archipel, sur la côte de l'Asie Mineure. — Virgile, le plus grand des poètes latins, auteur des *Eglogues*, des *Géorgiques* et de l'*Enéide* (70-19 av. J.-C.). — Quintilien, rhéteur latin, auteur de l'*Institution oratoire* (42-120 ap. J.-C.). — Parthénius de Nicée, poète grec, contemporain de Mithridate. — Dans Homère (*Il.* IX, 271), Ulysse rappelle aussi à Achille la conquête qu'il avait faite de Lesbos.

joindre l'armée des Grecs, et qu'il y avait même trouvé une princesse qui s'était éprise d'amour pour lui (1).

Euripide, modèle de Racine. — Voilà les principales choses en quoi je me suis un peu éloigné de l'économie et de la fable d'Euripide (2). Pour ce qui regarde les passions, je me suis attaché à le suivre plus exactement. J'avoue que je lui dois un bon nombre des endroits qui ont été les plus approuvés dans ma tragédie (3); et je l'avoue d'autant plus volontiers, que ces approbations m'ont confirmé dans l'estime et dans la vénération que j'ai toujours eu (4) pour les ouvrages qui nous restent de l'antiquité (5). J'ai reconnu avec plaisir, par l'effet qu'a produit sur notre théâtre tout ce que j'ai imité ou d'Homère ou d'Euripide, que le bon sens et la raison étaient les mêmes dans tous les siècles. Le goût de Paris s'est trouvé conforme à celui d'Athènes. Mes spectateurs ont été

(1) « Les préfaces de Racine attestent son exactitude, sa sagesse, l'attention avec laquelle il méditait ses sujets, et son respect pour les autorités de l'histoire et de la mythologie. Il ne prenait point son imagination pour guide; il ne sacrifiait point à des situations, à des coups de théâtre, les traditions connues, et les témoignages des auteurs : il cherchait au contraire à s'y conformer, et ne marchait jamais qu'appuyé sur des monuments historiques. C'est ainsi que dans *Iphigénie* même, Racine s'est fait un scrupule de mêler ses propres inventions; et son épisode d'Ériphile, qui a l'air romanesque, est fondé sur une tradition rapportée par un écrivain très grave, dans un ouvrage estimé des savants. On ne se douterait pas qu'une fiction qui semble n'être qu'un jeu de l'imagination de Racine, est le résultat de profondes recherches et d'une grande érudition. » (GEOFFROY.)

(2) Racine marque en cet endroit en quoi il s'est écarté d'Euripide, en quoi il l'a imité. Le point principal où il s'est éloigné de son modèle, c'est le *dénoûment* qu'il a amené par l'effusion du sang d'Ériphile, tandis qu'Euripide suppose la substitution miraculeuse d'une biche à la place d'Iphigénie, emportée par Diane dans le séjour des dieux.

Pour ce qui concerne les *passions*, c'est-à-dire les sentiments qui animent et font agir les personnages, Racine s'est attaché davantage à reproduire Euripide, surtout dans le rôle d'Iphigénie.

(3) « Rendons hommage à la noble reconnaissance, à la touchante simplicité de Racine, qui, déjà fort de plusieurs chefs-d'œuvre, et partageant avec Corneille l'empire du théâtre, regarde comme un devoir et se fait honneur d'avouer qu'il doit à Euripide les plus grandes beautés de son *Iphigénie*. » (GEOFFROY.)

(4) Les règles de l'accord du participe passé accompagné de l'auxiliaire *avoir*, n'étaient pas encore bien fixées au XVIIe siècle.

(5) Racine profite de l'occasion qui lui est offerte, pour exprimer son sentiment sur les auteurs de l'antiquité : il les *estime* et il les *vénère*. Voilà sa profession de foi littéraire. Ce passage nous montre encore que *la querelle des anciens et des modernes* commençait à agiter les savants. Les deux camps se tranchaient : les adversaires les plus déclarés des anciens furent les frères Perrault, Fontenelle et de Lamotte; parmi leurs défenseurs on compta surtout Boileau, Corneille, Racine, Dacier, Ménage, Huet le savant évêque d'Avranches, et Rollin.

émus des mêmes choses qui ont mis autrefois en larmes le plus savant peuple de la Grèce, et qui ont fait dire qu'entre les poètes Euripide était extrêmement tragique, τραγικώτατος, c'est-à-dire, qu'il savait merveilleusement exciter la compassion et la terreur, qui sont les véritables effets de la tragédie.

Apologie d'Euripide. — Je m'étonne, après cela, que des modernes aient témoigné depuis peu tant de dégoût pour ce grand poète, dans le jugement qu'ils ont fait de son *Alceste* (1). Il ne s'agit point ici de l'*Alceste*. Mais en vérité j'ai trop d'obligation à Euripide pour ne pas prendre quelque soin de sa mémoire, et pour laisser échapper l'occasion de le réconcilier avec ces Messieurs (2). Je m'assure qu'il n'est si mal dans leur esprit que parce qu'ils n'ont pas bien lu l'ouvrage sur lequel ils l'ont condamné. J'ai choisi la plus importante de leurs objections, pour leur montrer que j'ai raison de parler ainsi. Je dis *la plus importante de leurs objections*, car ils la répètent à chaque page, et ils ne soupçonnent pas seulement que l'on y puisse répliquer.

L'Alceste d'Euripide. — Il y a dans l'*Alceste* d'Euripide une scène merveilleuse, où Alceste (3), qui se meurt et qui ne peut plus se soutenir, dit à son mari les derniers adieux. Admète, tout en larmes, la prie de reprendre ses forces, et de ne se point abandonner elle-même. Alceste, qui a l'image de la mort devant les yeux, lui parle ainsi :

> Je vois déjà la rame et la barque fatale.
> J'entends le vieux nocher sur la rive infernale.
> Impatient, il crie : « On t'attend ici-bas;
> Tout est prêt, descends, viens, ne me retarde pas. »

J'aurais souhaité de pouvoir exprimer dans ces vers les grâces qu'ils ont dans l'original; mais au moins en voilà le sens. Voici comme ces Messieurs les ont entendus. Il leur est tombé entre les mains une mal-

(1) Toute cette fin de la préface d'*Iphigénie* est une apologie d'Euripide; Racine s'efforce de montrer combien sont injustes la plupart des attaques dirigées contre les anciens, à en juger par les reproches inconsidérés dont l'*Alceste* d'Euripide a été l'objet. La cause en est que l'on critique souvent les anciens, faute de bien les entendre.

(2) L'*Alceste* d'Euripide avait été attaquée par Pierre Perrault, dans un dialogue où cet auteur avait comparé la tragédie grecque à l'opéra d'*Alceste* récemment composé par Quinault. — P. Perrault était le frère du grand architecte Cl. Perrault et de l'académicien Ch. Perrault, l'auteur des *Contes de fées* et du fameux *Parallèle des anciens et des modernes* (publié de 1688 à 1698), où la palme était hautement décernée aux modernes.

(3) Alceste était fille de Pélias et femme d'Admète, roi de Thessalie. Ce prince étant tombé malade, Alceste consulta l'oracle, et le dieu répondit qu'il mourrait, si un autre ne subissait la mort à sa place. Alceste se dévoua. Hercule bientôt l'arracha des enfers malgré Pluton, et la rendit à son époux. C'est ce dévouement héroïque qui fait le sujet de la pièce d'Euripide. Racine avait élaboré un plan d'*Alceste*, qu'il laissa inachevé en se retirant du théâtre.

heureuse édition d'Euripide, où l'imprimeur a oublié de mettre dans le latin (1), à côté de ces vers, un *Al.* qui signifie que c'est Alceste qui parle ; et à côté des vers suivants, un *Ad.* qui signifie que c'est Admète qui répond. Là-dessus, il leur est venu dans l'esprit la plus étrange pensée du monde : ils ont mis dans la bouche d'Admète les paroles qu'Alceste dit à Admète et celles qu'elle se fait dire par Charon. Ainsi ils supposent qu'Admète, quoiqu'il soit en parfaite santé, *pense voir déjà Charon qui le vient prendre* : et au lieu que, dans ce passage d'Euripide, Charon impatient presse Alceste de le venir trouver; selon ces Messieurs, c'est Admète effrayé qui est l'impatient, et qui presse Alceste d'expirer, de peur que Charon ne le prenne. *Il l'exhorte*, ce sont leurs termes, *à avoir courage, à ne pas faire une lâcheté, et à mourir de bonne grâce; il interrompt les adieux d'Alceste pour lui dire de se dépêcher de mourir*. Peu s'en faut, à les entendre, qu'il ne la fasse mourir lui-même. Ce sentiment leur a paru *fort vilain*, et ils ont raison. Il n'y a personne qui n'en fût très scandalisé. Mais comment l'ont-ils pu attribuer à Euripide? En vérité, quand toutes les autres éditions où cet *Al.* n'a point été oublié, ne donneraient pas un démenti au malheureux imprimeur qui les a trompés, la suite de ces quatre vers, et tous les discours qu'Admète tient dans la même scène, étaient plus que suffisants, pour les empêcher de tomber dans une erreur si déraisonnable. Car Admète, bien éloigné de presser Alceste de mourir, s'écrie : « Que » toutes les morts ensemble lui seraient moins cruelles que de la voir » en l'état où il la voit. Il la conjure de l'entraîner avec elle; il ne » peut plus vivre si elle meurt; il vit en elle, il ne respire que pour » elle. »

Ils ne sont pas plus heureux dans les autres objections. Ils disent, par exemple, qu'Euripide a fait deux *époux surannés* d'Admète et d'Alceste; que l'un est un *vieux mari*, et l'autre une *princesse déjà sur l'âge*. Euripide a pris soin de leur répondre en un seul vers, où il fait dire par le chœur « qu'Alceste, toute jeune, et dans la première fleur de son âge, expire pour son jeune époux. »

Ils reprochent encore à Alceste qu'elle a deux grands enfants à marier. Comment n'ont-ils point lu le contraire en cent endroits, et surtout dans ce beau récit où l'on dépeint « Alceste mourante au milieu de ces deux petits enfants, qui la tirent, en pleurant, par la robe, et qu'elle prend sur ses bras, l'un après l'autre, pour les baiser? »

Respect des anciens. — Tout le reste de leurs critiques est à peu près de la force de celles-ci. Mais je crois qu'en voilà assez pour la défense de mon auteur. Je conseille à ces Messieurs de ne plus décider si légèrement sur les ouvrages des anciens. Un homme tel qu'Euripide méritait au moins qu'ils l'examinassent, puisqu'ils avaient envie de le

(1) Il paraît que ces fameux critiques ne lisaient les auteurs grecs que dans des traductions latines ; de là leurs méprises.

condamner. Ils devaient se souvenir de ces sages paroles de Quintilien :
« Il faut être extrêmement circonspect et très retenu à prononcer sur les
» ouvrages de ces grands hommes, de peur qu'il ne nous arrive, comme
» à plusieurs, de condamner ce que nous n'entendons pas; et s'il faut
» tomber dans quelque excès, encore vaut-il mieux pécher en admirant
» tout dans leurs écrits, qu'en y blâmant beaucoup de choses. » —
« Modeste tamen et circumspecto judicio de tantis viris pronuntiandum
» est, ne (quod plerisque accidit) damnent quæ non intelligunt. Ac
» si necesse est in alteram errare partem, omnia eorum legentibus placere
» quam multa displicere maluerim. » *Inst. Orator.*, lib. X, cap. I.

PERSONNAGES :

AGAMEMNON (1).
ACHILLE (2).
ULYSSE (3).
CLYTEMNESTRE, femme d'Agamemnon (4).
IPHIGÉNIE, fille d'Agamemnon (5).
ÉRIPHILE, fille d'Hélène et de Thésée.
ARCAS,
EURYBATE, } domestiques d'Agamemnon (6).

(1) Agamemnon, fils d'Atrée, roi d'Argos et de Mycènes, généralissime des Grecs dans la guerre de Troie ; il fut assassiné au retour par sa femme Clytemnestre et par Egisthe. Il était le frère de Ménélas, devenu roi de Sparte par son mariage avec Hélène, fille de Tyndare et de Léda et sœur de Castor, de Pollux et de Clytemnestre.

(2) Achille, fils de Pélée, roi de la Phthiotide (en Thessalie) et de la nymphe Thétis ; il fut tué la dixième année du siège de Troie, ayant été blessé mortellement au talon par une flèche que lui avait lancée Pâris pendant une trève.

(3) Ulysse, roi d'Ithaque, était fils de Laërte, époux de Pénélope, et père de Télémaque. Il assista au siège de Troie et s'y distingua surtout par sa prudence et par son habileté. Les aventures qui signalèrent son retour, ont été racontées par Homère dans son *Odyssée* (poème d'Ulysse) ; revenu à Ithaque, il fut tué par un fils qu'il avait eu de Circé, Télégone.

(4) Clytemnestre, fille de Tyndare et de Léda, sœur d'Hélène, de Castor et de Pollux, épouse d'Agamemnon, mère d'Oreste, d'Electre et d'Iphigénie; ayant assassiné Agamemnon à l'instigation d'Egisthe, elle fut tuée elle-même par son fils Oreste.

(5) Pour Iphigénie et Eriphile, v. la préface (p. 306-307.)

(6) *Domestique*, pris dans son sens primitif encore en usage du temps de Racine, indique des personnes qui font partie de la maison, de la famille. Racine, en effet, ne traite pas Arcas comme un domestique ordinaire, il suppose qu'il a toute la confiance d'Agamemnon et de Clytemnestre ; quand il le charge d'une lettre, il l'instruit de ce qu'elle contient, et lui confie ses plus importants secrets. (V. acte I, sc. 1.)

IPHIGÉNIE

ÆGINE, femme de la suite de Clytemnestre.
DORIS, confidente d'Ériphile.
TROUPE DE GARDES.

La scène est en Aulide, dans la tente d'Agamemnon (1).

Analyse générale de l'action.

La flotte des Grecs ligués contre Troie, est arrêtée à Aulis par le calme des vents. Un oracle exige le sang d'Iphigénie pour apaiser les dieux. Agamemnon a promis sa fille à Calchas ; déjà il a mandé à Clytemnestre de l'amener sous le prétexte trompeur de célébrer son mariage avec Achille.

I. La scène s'ouvre en nous montrant Agamemnon en proie à l'agitation la plus vive ; il se repent d'avoir consenti à l'horrible sacrifice ; pour l'empêcher, il envoie secrètement Arcas à la rencontre de Clytemnestre et d'Iphigénie avec une lettre pour les informer qu'Achille désire différer son union, et qu'elles doivent regagner Argos. Achille et Ulysse étant accourus à la nouvelle de l'arrivée prochaine d'Iphigénie, Agamemnon leur parle de renoncer à l'expédition ; pressé par Ulysse, il lui déclare que si par hasard les princesses ne viennent pas au camp, il se croira dégagé de sa promesse. Mais tout à coup on annonce l'approche des deux princesses. Agamemnon se laisse arracher de nouveau la promesse de sacrifier Iphigénie.

II. Les princesses ont amené avec elles une jeune captive, Ériphile, qui, dans l'ignorance où elle est de sa naissance, est venue consulter Calchas. Ériphile aime Achille et voit dans Iphigénie une rivale qu'elle

---

(1) Aulis était une ville et un port de l'ancienne Béotie, sur l'Euripe (auj. canal de Négrepont), vis-à-vis de Chalcis en Eubée : c'était le rendez-vous général de la flotte des Grecs lors de l'expédition de Troie. Par *Aulide*, Racine désigne le pays environnant ; ce sens apparaît dans plusieurs autres passages (V. Acte I, sc. 1, v. 6, 43, 134...) Du reste, comme la scène est dans la tente d'Agamemnon, l'action se passe évidemment hors de la ville. Chez Euripide, la scène se passe comme d'ordinaire dans les tragédies grecques, sur une place, devant la tente d'Agamemnon ; Racine met la scène dans l'intérieur de la tente. « Les anciens Grecs, habitués à traiter toutes les affaires en public, et à vivre, pour ainsi dire, en plein air, avaient imaginé d'établir la scène de leurs tragédies et de leurs comédies dans une place, à l'entrée d'un palais ou d'une maison. Les acteurs pouvaient s'y rencontrer naturellement. Le chœur s'y développait à son aise ; et, par ce moyen, l'unité de lieu était parfaitement observée. On demande comment les intrigues secrètes pouvaient raisonnablement se traiter en public ; mais les anciens supposaient le chœur fidèle et discret, et toujours dans la confidence de l'action principale. Les places n'étaient pas remplies de monde dans les petites villes de la Grèce, comme elles le sont dans nos modernes cités. » (GEOFFROY.)

On place généralement la prise de Troie, l'an 1270 av. J.-C. (après 10 ans de siège) ; certains auteurs la reculent au siècle suivant, à l'an 1184.

abhorre ; elle se réjouit du froid accueil fait par Agamemnon à sa fille ; bientôt sa joie ne connaît plus de bornes, lorsqu'Iphigénie, sur la foi de la lettre d'Arcas, se croit abandonnée par Achille pour Eriphile elle-même. Iphigénie, après avoir adressé à sa rivale les plus amers reproches, s'enfuit à la vue d'Achille. Le héros étonné exprime son amour pour Iphigénie devant Eriphile qui ne songe plus qu'à se venger.

III. Clytemnestre, rassurée par Achille, se réjouit de voir célébrer le mariage, quand Agamemnon lui défend de paraître à la cérémonie. La reine se soumet à regret, et déjà Achille vient chercher Iphigénie pour la conduire à l'autel, lorsque le terrible secret leur est révélé par Arcas : Iphigénie va être immolée par Calchas. Clytemnestre s'emporte contre son époux et implore le secours d'Achille ; Iphigénie se résigne à la mort ; Achille va tout préparer pour la défendre. Les deux princesses attendent qu'Agamemnon ose lui-même venir chercher sa fille.

IV. Agamemnon vient en effet : à la vue des larmes de la mère et de la fille, il comprend qu'il est trahi. Iphigénie lui adresse une prière admirable de tendresse et de résignation. Le père inflexible l'engage à accepter généreusement la mort. Clytemnestre alors accable son époux des plus violentes invectives. Achille lui-même arrive et demande fièrement compte au roi des rois de son indigne conduite ; mais l'insolence de son attitude confirme d'abord Agamemnon dans son barbare projet. Bientôt, vaincu par la nature, il donne à Clytemnestre et à sa fille l'ordre de fuir secrètement vers Argos. Eriphile, qui a tout entendu, court annoncer à Calchas la fuite de sa victime.

V. Les soldats soulevés par Calchas ont forcé la reine et sa fille à revenir sur leurs pas. Achille se présente pour offrir son secours à Iphigénie. Mais docile à son père qui lui a défendu de penser à l'hymen d'Achille, la princesse déclare qu'elle est heureuse de donner sa vie pour la gloire de la Grèce. Achille furieux jure de la défendre malgré elle et d'aller, s'il le faut, à l'autel massacrer Calchas et Agamemnon. Pendant qu'il s'éloigne, Iphigénie est arrachée par les gardes aux bras de sa mère éperdue. Bientôt un premier messager apprend à Clytemnestre qu'Achille, à la tête de ses troupes, défend Iphigénie. Un second messager paraît : c'est Ulysse ; il raconte à la reine comment Eriphile a été reconnue par Calchas pour la véritable fille d'Hélène demandée par les dieux, et comment dans son désespoir elle s'est tuée elle-même sur l'autel. Diane a paru agréer ce sacrifice ; les vents déjà enflent les voiles.

IPHIGÉNIE

Appréciation.

I. Les deux Iphigénies.

L'*Iphigénie* de Racine est une magnifique reproduction du plus beau chef-d'œuvre d'Euripide. Mais le poète français n'a pas fait une simple traduction ; il a imité avec l'originalité créatrice du génie (1).

En conservant le plan d'Euripide dans ses lignes principales, il s'est attaché surtout, comme il le dit lui-même, à mettre dans son œuvre le *pathétique* de son modèle ; il y a réussi : sa pièce eut le plus beau des succès, celui des larmes (2).

Pour accommoder le sujet à la scène française, Racine lui a fait subir plus d'une modification. Les trois plus importantes sont :

1° L'amour d'Achille ;

2° L'épisode d'Eriphile ;

---

(1) « Cette tragédie est tout à la fois le triomphe de la scène française et du théâtre athénien. Quand on songe que c'est un Grec qui a conçu ce plan, ces caractères, ces situations, ces scènes pathétiques qui ont fait répandre à Paris tant de larmes, on ne peut se défendre d'un sentiment de respect pour les anciens ; et c'est ainsi qu'il faut les traduire quand on veut leur faire honneur. Racine a couvert de gloire Euripide.... *Iphigénie* est celle de ses tragédies profanes où Racine a mis le moins du sien, et cependant c'est la plus parfaite : il embellit tout ce qu'il emprunte, et il semble plus grand encore quand il imite que lorsqu'il emprunte. » (GEOFFROY.)

(2) Le grand succès d'*Iphigénie* est attesté par les contemporains. Le P. Bouhours écrivait, dès 1675, dans ses *Remarques nouvelles sur la langue française* : « Si *la Comédie des Proverbes* du comte de Cramail était jouée à l'Hôtel de Bourgogne, je doute qu'elle fît autant rire que l'*Iphigénie* de M. Racine a fait pleurer. »

En 1677, Boileau disait dans son *Epître à Racine* :

> Que tu sais bien, Racine, à l'aide d'un acteur,
> Emouvoir, étonner, ravir un spectateur !
> Jamais Iphigénie, en Aulide immolée,
> N'a coûté tant de pleurs à la Grèce assemblée,
> Que dans l'heureux spectacle à nos yeux étalé
> En a fait sous son nom verser la Champmeslé.

Mlle Champmeslé, la plus habile des actrices formées par Racine, jouait supérieurement le rôle d'Iphigénie.

Racine rapporte aussi, en s'appuyant sur une tradition restée parmi les comédiens de Paris, que « jamais pièce dans sa naissance ne resta plus longtemps sur le théâtre et ne fit couler tant de pleurs. »

L'*Iphigénie* de Racine fut représentée pour la première fois, à Versailles, devant la cour, au mois d'août 1674, pendant les fêtes que donna Louis XIV pour célébrer la conquête définitive de la Franche-Comté. Ce n'est qu'au mois de janvier 1675, que la pièce fut jouée à Paris, sur le théâtre de l'Hôtel de Bourgogne.

Le 24 mai suivant, parut, sur le théâtre Guénégaud, une autre *Iphigénie* composée par deux poètes obscurs, Le Clerc et Coras ; malgré la cabale qui la patronnait contre celle de Racine, elle fut bientôt oubliée.

3º Surtout la lutte plus énergique des passions humaines contre l'action de la divinité.

Ces changements ont amené les résultats suivants :

1º l'économie de la pièce française est moins simple ;

2º l'action a presque entièrement perdu sa couleur religieuse ;

3º le jeu des passions se développe plus librement ;

4º les caractères d'Iphigénie et d'Achille ont une teinte plus moderne ;

5º l'amour maternel est plus énergique dans Clytemnestre ; la politique a dans Ulysse un interprète plus éloquent que dans Ménélas ;

6º enfin, le dénoûment miraculeux a fait place à un dénoûment purement naturel.

En résumé, l'*Iphigénie grecque* est plus simple, plus naïve, plus touchante, toute religieuse et toute patriotique ; l'*Iphigénie française* est plus élégante, plus savante, plus théâtrale, plus passionnée et plus humaine.

Laquelle des deux mérite le prix ? *Grammatici certant*, les avis sont partagés, et le débat ne se clora point de sitôt. Ceux qui aiment par-dessus tout la simplicité naïve et la majesté religieuse de l'antiquité, donnent la palme à Euripide ; ceux qui préfèrent la magie du style, la dignité et la politesse du grand siècle, enfin l'art de mettre en jeu les passions les plus tragiques, se rangent du côté de Racine (1).

II. L'action.

Le sujet de la tragédie est le sacrifice d'Iphigénie. Bien qu'au moment suprême, elle soit remplacée par une autre victime, la pièce tout entière roule sur l'immolation de la fille d'Agamemnon.

L'action consiste dans les efforts contraires qui se font pour écarter ou pour hâter l'horrible sacrifice.

L'intrigue se complique du jeu de trois ressorts différents qui agissent tour à tour sur l'ambition et sur la faiblesse d'Agamemnon :

1º l'intérêt politique de la Grèce représenté par Ulysse ;

2º l'amour d'Achille appuyé par la tendresse maternelle de Clytemnestre ;

3º la jalousie d'Ériphile.

Le *nœud* est formé dans le premier acte par l'arrivée simultanée d'Achille et d'Ulysse : Achille presse son mariage avec Iphigénie dont il vient d'apprendre l'arrivée ; Ulysse réclame la princesse pour le sacrifice ; cependant le roi vient de lui envoyer l'ordre de retourner à Argos.

(1) Voltaire professait la plus grande admiration pour l'*Iphigénie* de Racine ; c'était de toutes les tragédies, celle qui, avec *Athalie*, lui semblait approcher le plus de la perfection : « O véritable tragédie ! s'écriait-il ; beauté de tous les temps et de toutes les nations ! Malheur aux barbares qui ne sentiraient pas jusqu'au fond du cœur ce prodigieux mérite ! » (*Dict. phil., art dram.*)

Les *péripéties* sont nombreuses dans cette pièce ; ce sont souvent des coups de théâtre (1).

La mort d'Eriphile forme le *dénoûment ;* reconnue pour être la fille d'Hélène, elle est condamnée comme la victime exigée par l'oracle ; sa mort est la juste peine de sa trahison.

La punition du crime dans Eriphile et le triomphe de la vertu dans Iphigénie, donnent au dénoûment son caractère moral.

La *contexture* de la pièce n'offre qu'une seule irrégularité (au 3e acte, entre les sc. 1 et 2); la marche de l'action est rapide, à part deux ou trois scènes un peu languissantes.

Le 1er et le 4e acte sont les plus beaux (2).

Les *trois unités* sont observées :

1° *L'unité d'action* : tout se rapporte à la mort ou au salut d'Iphigénie ;

2° *L'unité de lieu* : toute l'action se passe dans la tente du roi ;

3° *L'unité de temps* : l'action commence vers l'aurore et s'achève avant la fin du jour.

III. Personnages.

La pièce renferme quatre personnages *principaux* : Iphigénie, Achille, Agamemnon, Clytemnestre ; et deux personnages *secondaires* : Ulysse et Eriphile.

Iphigénie. — Iphigénie est de toutes les jeunes princesses que Racine a mises sur le théâtre, la plus aimable et la plus magnanime : c'est *l'idéal de la piété filiale*, avec une grâce et une sublimité de résignation que le christianisme seul peut donner.

Soumise avec respect aux volontés de son père et aux décrets du ciel, elle montre, dans les situations les plus critiques, une bonté, une générosité, une délicatesse de sentiments et une dignité admirables.

Deux fois seulement on voit se troubler la douceur et la sérénité de son

---

(1) Les principales péripéties sont : 1° l'annonce de l'arrivée de Clytemnestre et de sa fille ; 2° la remise de la lettre d'Agamemnon à la reine ; 3° la révélation du secret par Arcas ; 4° la trahison d'Eriphile ; 5° l'intervention armée d'Achille.

(2) Les plus belles scènes sont :

Acte I, *scène* 1, l'exposition ; *scène* 2, la première entrevue d'Agamemnon, d'Achille et d'Ulysse ; *scène* 5, entre Agamemnon et Ulysse.

Acte II, *scène* 2, le froid accueil fait par Agamemnon à sa fille.

Acte III, *scène* 5, révélation du secret d'Agamemnon ; *scène* 6, où Iphigénie défend son père auprès d'Achille.

Acte IV, *scène* 4, prière d'Iphigénie et invectives de Clytemnestre ; *scène* 6, dispute d'Agamemnon et d'Achille.

Acte V, *scène* 2, héroïsme d'Iphigénie cherchant à contenir Achille ; *scène* 4, désespoir de Clytemnestre ; *scène* 6, récit d'Ulysse annonçant le dénoûment.

âme : la première fois en face d'une rivale qui la trahit ; la seconde devant un héros trop ardent à la défendre (1).

L'Iphigénie d'Euripide est plus naïve et plus touchante ; d'abord plus attachée à la vie, elle ne s'élève que par degrés à l'héroïsme du sacrifice (2).

Achille. — C'est bien l'Achille d'Homère et d'Horace, bouillant, fougueux, fier, irascible, indomptable, mettant la gloire au-dessus de la vie, bravant les Atrides, terrible dans sa vengeance, sublime enfin de fureur et d'audace, quand, debout sur l'autel, *la main toute fumante de sang*, il *épouvante l'armée et partage les dieux.*

A ces traits vraiment *homériques* et qu'il a bien plus accentués qu'Euripide, le poète en a ajouté d'autres plus *français*, en prêtant à son héros un amour chevaleresque et le langage élégant de la cour. L'amour est le ressort qui fait agir Achille dans Racine ; dans Euripide, c'est l'honneur et la générosité.

Cette fusion de l'amour avec la fougue insolente qui distingue Achille dans l'*Iliade*, fait un caractère plus brillant sans doute et plus théâtral, mais moins noble, moins religieux, moins grand.

L'Achille de Racine est comme un mélange de l'Achille antique et du grand seigneur moderne (3).

(1) « L'Iphigénie moderne est la *fille chrétienne*. Son père et le ciel ont parlé, il ne reste plus qu'à obéir. Racine n'a donné ce courage à son héroïne que par l'impulsion secrète d'une institution religieuse qui a changé le fond des idées et de la morale. Ici, le christianisme va plus loin que la nature, et par conséquent est plus d'accord avec la belle poésie.... La fille d'Agamemnon, étouffant sa passion et l'amour de la vie, intéresse bien davantage qu'Iphigénie pleurant son trépas. Ce ne sont pas toujours les choses purement naturelles qui touchent ; il est naturel de craindre la mort, et cependant une victime qui se lamente sèche les pleurs qu'on verse pour elle. Le cœur humain veut plus qu'il ne peut ; il veut surtout admirer ; il a en soi-même un élan vers une beauté inconnue, pour laquelle il fut créé dans son origine. » (CHATEAUBRIAND, *Génie du Christ.*)

Cette beauté inconnue, c'est l'idéal de la vertu, c'est l'héroïsme qui sacrifie les biens passagers, la vie elle-même, au devoir, à la volonté suprême de Dieu.

(2) L'Iphigénie de Racine est, il est vrai, supérieure à celle d'Euripide par sa touchante résignation ; cependant, pour être juste envers le poète grec, il ne faut pas oublier que son Iphigénie, se voyant irrévocablement destinée à la mort par le ciel et par son père, se transfigure tout à coup et s'élève aux plus sublimes hauteurs du dévouement : la pensée de mourir pour le salut et pour la gloire de sa patrie, la fait tressaillir de joie ; elle marche au sacrifice comme les vierges chrétiennes marchaient au martyre.

Cet enthousiasme sacré de la victime avant l'immolation est une conception sublime ; il justifie l'intervention miraculeuse de la divinité en sa faveur.

(3) « Le rôle où excella Larive (successeur de Lekain) fut celui d'Achille, auquel convenaient si bien sa figure, sa taille, sa belle voix, la véhémence de son débit, ses élans pleins d'audace et de fierté, l'expression qu'il savait donner à l'héroïsme chevaleresque, à l'ironie et à la menace. » (P. MESNARD.)

Agamemnon. — Agamemnon, dans Racine comme dans Euripide, est père et roi ; père aimant et tendre, le danger de sa fille lui fait éprouver les plus poignantes angoisses ; mais le roi en lui domine le père : c'est l'Agamemnon de l'*Iliade*, avide du pouvoir, jaloux à l'excès de son autorité, hautain et absolu dans l'exercice du commandement.

Le trouble et la douleur qu'il ressent corrigent l'effet odieux d'une ambition qui le condamne à une faiblesse et à une fausseté peu dignes du roi des rois (1).

Clytemnestre. — Clytemnestre a la dignité d'une reine, l'amour et l'orgueil d'une mère ; mais jusque dans les élans sublimes de son dévouement maternel, on reconnaît l'irascible femme d'Agamemnon avec son humeur altière et sa sauvage énergie.

Quand il s'agit de sauver son enfant en péril, son exaltation va jusqu'à la fureur, son désespoir touche au délire. Une douleur plus digne dans une mère et dans une reine, serait, il est vrai, moins terrible, mais elle aurait touché davantage.

Ulysse. — Ulysse soutient auprès d'Agamemnon la cause de la Grèce, dont l'intérêt, l'honneur et le salut demandent le sang d'Iphigénie. Le roi d'Ithaque se fait pardonner son ingrate mission par la sincérité de son patriotisme, et par une politique uniquement fondée sur le bien public (2).

Eriphile. — C'est le type hideux de l'*envie*, de l'ingratitude et de la perfidie. Eriphile aime Achille d'une passion aveugle et insensée ; malheureuse du bonheur d'Iphigénie, elle la hait et trame sa perte, jusqu'à ce qu'elle tombe elle-même dans le piège qu'elle lui a dressé. Sa principale raison d'être est de finir l'action par un dénoûment vraisemblable.

Le caractère d'Eriphile est vigoureusement tracé ; l'épisode de sa jalousie est mené avec art et produit des situations tragiques (3).

(1) Saint-Prix, acteur célèbre du premier empire, « passait pour un excellent Agamemnon ; il était taillé pour représenter les rois. Son maintien était grave, sa prestance majestueuse, sa voix tonnante. » (P. Mesnard.)

(2) « Ce rôle, quoique fort court, est un de ceux qui font le plus admirer l'art et le goût de Racine. Il n'était pas possible au poète d'introduire Ménélas, quoique bien plus intéressé à l'action. Le mari d'Hélène ne pouvait être que ridicule dans nos mœurs. D'ailleurs, un autre inconvénient pour nous, c'est qu'un homme qui, pour recouvrer sa femme, veut forcer son frère à faire périr sa fille, est odieux et méprisable. Euripide lui-même l'a senti : car Ménélas, touché de la douleur de son frère, dépouille tout l'intérêt qu'il pouvait prendre à ce sacrifice, et ne reparaît plus ; ce qui est contraire aux règles de l'art, qui ne permettent pas qu'on montre au commencement d'une pièce un personnage qu'on ne revoit plus dans la suite. Ulysse est mieux lié à l'action que Ménélas, quoiqu'il n'y prenne pas autant d'intérêt : après avoir paru dans les premières scènes, il est censé agir dans tout le cours de la pièce, et revient au dernier acte faire le récit du sacrifice. » (Geoffroy.)

(3) « Tout le rôle d'Eriphile est en général véhément, passionné, théâtral ; il fait mieux ressortir la douceur, la tendresse délicate d'Iphigénie. » (Geoffroy.)

IV. Style.

Le style d'*Iphigénie* se distingue surtout par l'élégance, la richesse et l'harmonie.

Si l'on ne trouve pas dans cette pièce la profondeur et l'énergique concision de *Britannicus*, on y admire à chaque page une poésie ravissante où la grâce n'exclut pas la force, où l'ampleur des périodes ne gêne ni le mouvement de la pensée ni la violence de la passion.

V. Reproches des critiques.

Dès l'apparition de la pièce, on fit à Racine trois reproches principaux :

Le 1er d'avoir défiguré la simplicité naïve de l'*Iphigénie* grecque par une galanterie raffinée et par la pompeuse élégance du style.

Le 2d, d'avoir dénaturé l'Achille antique par un amour romanesque et un langage de courtisan.

Le 3e, d'avoir embarrassé l'intrigue par l'épisode du personnage le plus odieux (1).

Les défenseurs du poète le justifient : 1° en alléguant le goût du siècle et les exigences de la scène française (2); 2° en faisant ressortir les beautés neuves et dramatiques que nous devons à ce rajeunissement d'Euripide.

Ce n'est pas être injuste envers Racine que de reconnaître un fond de vérité dans ces trois griefs ; on peut le voir par les remarques suivantes :

1° La pompe du langage, qui sans doute charme le spectateur, s'accorde peu avec le pathétique tendre qui est le fond même de l'action ;

2° L'amour n'était pas une condition indispensable pour faire réussir un sujet aussi intéressant et aussi tragique. *Athalie*, sans intrigue d'amour, ne laisse pas d'être le chef-d'œuvre de la tragédie (3).

(1) Le blâme de Schlegel s'appuie sur les mêmes motifs : « Nous ne saurions voir dans l'*Iphigénie* de Racine qu'une tragédie grecque habillée à la moderne, où le caractère intrigant d'Ériphile altère la simplicité du sujet, où les mœurs ne sont plus en harmonie avec les traditions mythologiques ; et où Achille, quelque bouillant qu'on ait voulu le faire, par cela seul qu'on le peint amoureux et galant, ne peut pas se supporter. La Harpe prétend que l'Achille de Racine ressemble plus à celui d'Homère que celui d'Euripide. Que répondre à cette assertion ? Pour adopter de tels jugements, il faudrait commencer par oublier les Grecs. » (*Littér. dram.*, t. II.)

(2) Telle était à cette époque la dépravation du goût que certains raffinés furent mécontents de trouver trop peu d'amour dans *Iphigénie*. C'est du moins ce qui ressort du passage suivant de l'abbé de Villiers : « On peut affirmer que ce grand succès a désabusé le public de l'*erreur où il était qu'une tragédie ne pouvait se soutenir sans un violent amour*. En effet, tout le monde a été pour cette tragédie, il n'y a que deux ou trois coquettes de profession qui n'ont pas été contentes. C'est sans doute parce que l'*amour n'y règne pas*, comme dans le *Bajazet* et la *Bérénice*. »

(3) Le Clerc, dans la préface de son *Iphigénie*, insistait très justement sur ce point capital : « Racine, dit-il, a trouvé que le sujet était trop nu, s'il

D'autre part, l'héroïsme d'Iphigénie et d'Achille ne perd-il pas de sa pureté et de sa noblesse par le mélange d'un amour intéressé ?

3° Rien ne favorise l'émotion tragique, comme la marche simple et majestueuse d'une action mue par un ressort unique, d'autant plus puissant qu'il est seul à mettre en mouvement les passions et les personnages.

Racine lui-même a fort bien mis en lumière, dans la préface de *Bérénice*, cette théorie de la simplicité d'action.

4° On peut se demander enfin si le personnage d'Eriphile était bien indispensable.

Racine garde dans son sujet l'idée religieuse qui en fait le fond ; il y suppose la croyance à la véracité de l'oracle et à l'action souveraine de la divinité ; il suppose même dans son dénoûment plus d'un prodige comme le tonnerre qui éclate, les soudains frémissements de l'air, la mer qui répond par ses mugissements, la flamme du bûcher qui s'allume d'elle-même. Si ces miracles sont croyables, pourquoi celui d'Iphigénie sauvée par le ciel, le serait-il moins ? Un personnage si vertueux, si héroïque, semble bien mériter l'intervention de la divinité, et ce prodige pouvait se faire, ce semble, avec la dignité que demandent nos mœurs et nos croyances (1).

QUESTIONS GÉNÉRALES.

La pièce.

Quelles sont les traditions qui se rapportent à Iphigénie ?
Quelles sont les différentes opinions des anciens sur le sacrifice de cette princesse ? — Quelle est l'opinion adoptée par Euripide ?
Quelles tragédies Iphigénie a-t-elle inspirées ?
Comment Racine a-t-il trouvé le personnage d'Eriphile ?
Pourquoi l'a-t-il introduit dans sa pièce ?

ne donnait une rivale à Iphigénie ; et il m'a paru que les irrésolutions d'un père combattu par les sentiments de la nature et par les devoirs d'un chef d'armée, que le désespoir d'une mère..., que la constance de cette fille qui s'offre généreusement à être la victime des Grecs, enfin que la juste colère d'Achille... suffisait pour attacher... et pour produire cette terreur et cette pitié, sans qu'il fût besoin d'y joindre des intrigues d'amour et des jalousies hors-d'œuvre, qui n'auraient fait que rompre le fil de l'action principale. »

Cette critique ne s'adresse qu'au personnage d'Eriphile ; car Le Clerc, comme Rotrou, avait fait Achille amoureux.

(1) Sans doute Horace recommande de « ne pas faire intervenir de divinité dans la pièce, à moins que le dénoûment n'ait besoin d'un pouvoir surnaturel. » (*Art. poét.* v. 188, 192.) La situation désespérée de l'innocente victime exigeait bien cette intervention.

Deux ans plus tard, le poète eut moins de scrupule : la mort d'Hippolyte qui fait le dénoûment de *Phèdre*, est l'ouvrage miraculeux de Neptune.

Le voyage d'Achille à Lesbos est-il fondé ?
En quoi Racine s'est-il écarté d'Euripide ?
En quoi surtout l'a-t-il imité ?
Comment Racine marque-t-il sa reconnaissance pour Euripide ?
Quel était son sentiment sur les anciens ?
Comment justifie-t-il l'*Alceste* d'Euripide ?
Faites connaître Agamemnon, Achille, Ulysse, Clytemnestre ?
Où se passe la scène ? — A quelle époque ?
Donnez l'analyse générale de l'action.

Appréciation. — Action.

De quelle manière Racine a-t-il reproduit la pièce d'Euripide ?
Quel fut le succès de l'*Iphigénie* de Racine ?
Quand fut-elle représentée pour la première fois ?
Ne lui opposa-t-on pas une autre tragédie du même nom ?
Quelles sont les principales modifications que Racine a fait subir à l'œuvre d'Euripide ? — Résultats que ces changements ont amenés.
Ressemblances et différences des deux *Iphigénies* ?
Caractères généraux de l'*Iphigénie* grecque ; de l'*Iphigénie* française.
Quel est le sujet de cette tragédie ?
En quoi consiste l'action ?
En quoi consiste l'intrigue ? Ressorts de l'intrigue.
Comment se forme le nœud ?
Quelles sont les principales péripéties ?
Quel est le dénoûment ? Est-il moral ?
La contexture de la pièce est-elle régulière ?
Quels sont les plus beaux actes ? Quelles sont les scènes les plus belles ?
Les trois unités sont-elles observées ?

Personnages. — Style. — Reproches.

Quels sont les personnages principaux ? secondaires ?
Caractère d'Iphigénie ; en quoi diffère-t-elle de l'Iphigénie grecque ?
Caractère d'Achille ; ressemble-t-il à celui d'Homère ?
Quels traits plus modernes lui a donnés Racine ?
Quel ressort le fait agir chez Racine ? chez Euripide ?
Caractère d'Agamemnon ; — de Clytemnestre.
Caractère d'Ulysse ; — d'Eriphile.
A quoi sert l'épisode d'Eriphile ?
Par quoi se distingue le style de l'*Iphigénie* de Racine ?
Quels sont les trois principaux reproches des critiques ?
Ont-ils quelque fondement ?
Le personnage d'Eriphile était-il bien indispensable ?
Le dénoûment surnaturel était-il absolument impossible ?

ACTE PREMIER

Exposition. — Agamemnon entre Achille et Ulysse. — Nouvelle de l'approche de Clytemnestre.

SCÈNE I

AGAMEMNON, ARCAS.

AGAMEMNON.

Oui, c'est Agamemnon, c'est ton roi qui t'éveille (1).
Viens, reconnais la voix qui frappe ton oreille.

ARCAS.

C'est vous-même, Seigneur! Quel important besoin
Vous a fait devancer l'aurore de si loin (2)?
A peine un faible jour vous éclaire et me guide.
Vos yeux seuls et les miens sont ouverts dans l'Aulide.
Avez-vous dans les airs entendu quelque bruit?
Les vents nous auraient-ils exaucés cette nuit (3)?
Mais tout dort, et l'armée, et les vents, et Neptune (4).

AGAMEMNON.

Heureux qui, satisfait de son humble fortune,
Libre du joug superbe où je suis attaché,
Vit dans l'état obscur où les dieux l'ont caché (5)!

(1) Racine a commencé par *oui* trois de ses tragédies : *Iphigénie*, *Andromaque* et *Athalie*. Agamemnon répond par cette affirmation à l'étonnement qu'il voit peint sur les traits d'Arcas.

(2) Le poète indique par ces vers que l'action commence la nuit, longtemps avant l'aurore.

(3) Ces questions d'Arcas font pressentir dès l'abord la cause des angoisses où sont plongés les Grecs.

(4) Ce beau vers nous présente un magnifique tableau du calme de la nature. — Neptune, fils de Saturne et de Rhéa, frère de Jupiter, de Pluton et de Junon, dieu de la mer; ici, par figure, pour la mer. Il s'agit de l'Euripe, canal étroit entre l'Eubée (aujourd'hui Négrepont) et la Grèce : c'est la seule partie de la Méditerranée où le flux et le reflux se fassent sentir, par suite de violents courants qui se dirigent en sens contraires.

(5) Tout ce début est admirable de poésie, de sentiment et d'harmonie. Le ton en est peut-être un peu trop solennel; mais c'est le roi des rois que Racine fait parler devant la cour de Louis XIV.
Euripide, d'un ton plus simple et plus naturel, n'en est pas moins enchanteur par l'élégance harmonieuse et pittoresque de son style. Voici comme il commence :
« AGAM. Viens, ô vieillard, viens devant ces demeures. — LE VIEILL. Je viens. Mais quel soin nouveau t'occupe, ô roi Agamemnon? — AGAM. Tu vas l'apprendre. — LE VIEILL. Je me hâte : ma vieillesse ne connait que trop l'insomnie, et mes yeux sont vite éveillés. — AGAM. Quel peut être cet astre qui s'avance dans le ciel? — LE VIEILL. C'est Sirius qui s'élance

IPHIGÉNIE

ARCAS.

Et depuis quand, Seigneur, tenez-vous ce langage?
Comblé de tant d'honneurs, par quel secret outrage
Les dieux, à vos désirs toujours si complaisants,
Vous font-ils méconnaître et haïr leurs présents?
Roi, père, époux heureux, fils du puissant Atrée (1),
Vous possédez des Grecs la plus riche contrée.
Du sang de Jupiter issu de tous côtés,
L'hymen vous lie encore aux dieux dont vous sortez.
Le jeune Achille enfin, vanté par tant d'oracles,
Achille, à qui le ciel promet tant de miracles (2),
Recherche votre fille, et d'un hymen si beau
Veut dans Troie embrasée allumer le flambeau.
Quelle gloire, Seigneur, quels triomphes égalent
Le spectacle pompeux que ces bords vous étalent,
Tous ces mille vaisseaux qui, chargés de vingt rois (3),
N'attendent que les vents pour partir sous vos lois?
Ce long calme, il est vrai, retarde vos conquêtes;
Ces vents, depuis trois mois enchaînés sur nos têtes,
D'Ilion trop longtemps vous ferment le chemin (4).
Mais, parmi tant d'honneurs, vous êtes homme enfin (5);

près des sept Pléiades; il n'est encore qu'au milieu de sa course. — AGAM. Hélas! nul chant des oiseaux, nul bruit de la mer; le silence des vents règne sur tout cet Euripe. — LE VIEILL. Mais pourquoi toi-même, ô puissant Agamemnon, sors-tu de la tente? Ici, à Aulis, tout est encore dans le repos, et la garde des murs n'a pas été relevée. Rentrons. »

(1) Ce vers rappelle celui de *Britannicus* (Acte I, sc. 2):
    Moi, fille, femme, sœur et mère de vos maîtres!
L. Racine a très bien observé qu'en voulant flatter Agamemnon, Arcas lui déchire le cœur.

(2) Apollon, Neptune et Jupiter avaient brigué la main de Thétis, fille de Nérée et de Doris; mais l'oracle ayant déclaré que le fils qui naîtrait d'elle, serait plus grand que son père, les dieux se retirèrent, et Thétis épousa Pélée, roi de la Phthiotide; elle en eut Achille, le plus fameux des héros grecs qui prirent part à la guerre de Troie.

(3) Les principaux chefs de la guerre de Troie furent: Agamemnon, roi d'Argos; Ménélas, son frère, roi de Sparte; Achille, roi de la Phthiotide; Ulysse, roi d'Ithaque; Nestor, roi de Pylos; Diomède, roi d'Etolie; Ajax, fils de Télamon, roi de Salamine; Ajax, fils d'Oïlée, roi des Locriens; Idoménée, roi de Crète.

Les forces des Grecs comprenaient une flotte de 1,064 vaisseaux montés par 100,000 hommes; les îles de Crète, de Rhodes et les colonies de l'Asie Mineure fournirent encore 122 navires et 10,000 soldats.

(4) Ovide (*Métam.* XII) attribue à Neptune ce calme de la mer si fâcheux pour les Grecs; Neptune était le protecteur de Troie dont il avait construit les murs.

(5) Cette pensée si vraie, exprimée si simplement après le tableau brillant

ACTE I, SCÈNE I

Tandis que vous vivrez, le sort, qui toujours change,
Ne vous a point promis un bonheur sans mélange.
Bientôt.... Mais quels malheurs dans ce billet tracés
Vous arrachent, Seigneur, les pleurs que vous versez (1)?
Votre Oreste au berceau va-t-il finir sa vie?
Pleurez-vous Clytemnestre, ou bien Iphigénie (2)?
Qu'est-ce qu'on vous écrit? daignez m'en avertir.

AGAMEMNON.

Non, tu ne mourras point, je n'y puis consentir (3).

ARCAS.

Seigneur....

AGAMEMNON.

Tu vois mon trouble; apprends ce qui le cause (4),

de la puissance, de la gloire et des magnifiques espérances du grand roi, est profondément touchante. Agamemnon n'a pu entendre vanter sa haute fortune, sans ressentir plus vivement la douleur qui l'oppresse : aussi les larmes jaillissent malgré lui de ses yeux. Les poètes font rarement pleurer leurs héros : quand ils leur prêtent des larmes, elles sont particulièrement attendrissantes.

(1) Euripide est plus dramatique ; il peint l'agitation du roi d'une manière plus touchante. Le vieillard dit à Agamemnon : « A la lueur d'une lampe que tu viens d'allumer, je te vois écrire sur ces tablettes que tu tiens encore à la main, puis tu effaces ces mêmes caractères ; tu mets ton sceau à ce message ; tu le romps aussitôt, et tu jettes les tablettes à terre, en versant des torrents de larmes. Tu parais en proie aux plus affreuses perplexités, comme si tu avais perdu la raison. De grâce, qu'y a-t-il donc qui t'afflige? »
Rotrou a commencé sa pièce par ce même jeu de scène ; il nous montre Agamemnon déchirant une lettre en s'écriant :

Non, je n'avoûrai point cette lâche écriture ;

puis se remettant à écrire dans l'agitation la plus vive.
Racine, en négligeant de reproduire ces détails, en a gardé du moins ce qui est le plus *attendrissant*, les larmes d'Agamemnon.

(2) Le poète amène insensiblement le spectateur étonné et attendri au sujet de la pièce. Arcas interroge son maître d'abord sur le jeune Oreste, puis sur Clytemnestre, enfin sur Iphigénie. Pressé par les questions d'un serviteur fidèle, le roi lui ouvre son cœur.
Dans l'*Œdipe* de Corneille (Acte IV, sc. 3), Phorbas, s'adressant à Jocaste, mêle avec le même art aux personnes qui lui sont le plus chères, un nom qui doit tout particulièrement faire trembler son cœur :

Mais, si je vous nommais quelque personne chère,
Æmon votre neveu, Créon votre seul frère,
Ou le prince Lycus, ou *le roi votre époux*,
Me pourriez-vous en croire, ou garder ce courroux?

(3) « Ce vers est du plus grand pathétique ; voici ce qui s'appelle peindre à grands traits le trouble d'un cœur agité par une situation violente. L'intérêt qu'a pris le spectateur aux questions d'Arcas, ne fait ici qu'augmenter par la distraction profonde où l'on voit Agamemnon. » (L. DE BOISGERMAIN.)

(4) Ces explications d'Agamemnon sont amenées d'une manière aussi tou-

Et juge s'il est temps, ami, que je repose.
Tu te souviens du jour qu'en Aulide assemblés
Nos vaisseaux par les vents semblaient être appelés.
Nous partions; et déjà, par mille cris de joie,
Nous menacions de loin les rivages de Troie.
Un prodige étonnant fit taire ce transport :
Le vent qui nous flattait nous laissa dans le port.
Il fallut s'arrêter, *et la rame inutile
Fatigua vainement une mer immobile* (1).
Ce miracle inouï me fit tourner les yeux
Vers la divinité qu'on adore en ces lieux.
Suivi de Ménélas, de Nestor et d'Ulysse,
J'offris sur ses autels un secret sacrifice.
Quelle fut sa réponse! et quel devins-je, Arcas (2),
Quand j'entendis ces mots prononcés par Calchas (3)!
« Vous armez contre Troie une puissance vaine,
Si, dans un sacrifice auguste et solennel (4),
     Une fille du sang d'Hélène
De Diane en ces lieux n'ensanglante l'autel.
Pour obtenir les vents que le ciel vous dénie,
     Sacrifiez Iphigénie (5). »

chante que naturelle. L'art du poète est ici admirable : l'exposition se fait réellement pour Arcas autant que pour le spectateur; Arcas ignore les chagrins de son roi; Agamemnon ne peut les lui tenir cachés parce qu'il a besoin de son concours pour la réussite de son projet; il sait d'ailleurs son dévoûment et sa discrétion : on conçoit dès lors qu'il lui confie des secrets que connaissent seulement Calchas, Ménélas, Nestor et Ulysse.

(1) Expressions pittoresques empruntées à Virgile (*En.* VII, 28, et VIII, 94) :
    Et in *lento* luctantur *marmore* tonsæ...
    Olli remigio noctemque diemque *fatigant*.
Les mots *vainement*, *inutile*, *immobile*, loin d'être des pléonasmes, font ressortir le caractère étrange du prodige.

(2) *Quel devins-je*, comme en latin *qualis erat* (VIRG., *En.* II, 274); on dit aujourd'hui *que devins-je*.

(3) Calchas, sacrificateur et devin grec, fils de Thestor, prit part à l'expédition des Grecs contre Troie (V. *Iliade*, I.)

(4) Les poètes dramatiques ont coutume de mettre en vers à rimes croisées, ou même de différents mètres, les oracles, les lettres, les billets lus ou cités sur la scène (Cf. *Bajazet*, Acte IV, sc. 3 et 4; Corneille, *Rodogune*, Acte V, sc. 4; *Héraclius*, Acte II, sc. 5, et Acte V, sc. 7; *Don Sanche*, Acte V, sc. 7, etc.)

(5) Pourquoi Racine n'a-t-il pas motivé la colère des dieux? Il n'était pas nécessaire qu'il le fit. Les oracles, suivant les idées du paganisme, n'étaient que les arrêts du *destin*, divinité inflexible, dominant les hommes et les dieux. De plus, le sacrifice d'une victime humaine pour le salut public n'était pas chose rare, témoin Codrus et les deux Décius. Enfin, comme le

ACTE I, SCÈNE I

ARCAS.

Votre fille !

AGAMEMNON.

Surpris, comme tu peux penser,
Je sentis dans mon corps tout mon sang se glacer.
Je demeurai sans voix, et n'en repris l'usage
Que par mille sanglots qui se firent passage.
Je condamnai les dieux, et, sans plus rien ouïr,
Fis vœu sur leurs autels de leur désobéir (1).
Que n'en croyais-je alors ma tendresse alarmée?
Je voulais sur-le-champ congédier l'armée (2).
Ulysse, en apparence approuvant mes discours,
De ce premier torrent laissa passer le cours (3) ;
Mais bientôt, rappelant *sa cruelle industrie*,
Il me représenta l'honneur et la patrie,
Tout ce peuple, ces rois, à mes ordres soumis,
Et l'empire d'Asie à la Grèce promis :
De quel front, immolant tout l'Etat à ma fille,
Roi sans gloire, j'irais vieillir dans ma famille (4)!
Moi-même (je l'avoue avec quelque pudeur),
Charmé de mon pouvoir, et plein de ma grandeur,
Ces noms de roi des rois et de chef de la Grèce

remarque L. Racine, l'oracle n'est pas trompeur, il n'est qu'équivoque. Eriphile est fille d'Hélène, et a été nommée Iphigénie en naissant. Aussi n'est-ce pas la fille innocente d'Agamemnon qui périt, mais la coupable Eriphile.

Euripide, dans son *Iphigénie en Tauride*, dit qu'Agamemnon avait fait jadis le vœu d'immoler à Diane ce que l'année produirait de plus beau ; or, sa fille Iphigénie était née l'année même du vœu.

(1) Agamemnon croit à l'oracle comme le reste des Grecs ; mais la nature en lui se révolte contre un pareil commandement : dans sa douleur, il accuse les dieux de cruauté et d'injustice : *atque deos atque astra vocat crudelia mater.* (VIRG. *Egl.* V.)

(2) « Quand j'entendis cet oracle, j'ordonnai à Talthybius de congédier l'armée par une proclamation solennelle, vu que je ne consentirais jamais à immoler ma fille. Mais enfin mon frère, m'alléguant mille raisons, me persuada d'avoir ce cruel courage. » (EUR. v. 94-98.)

(3) Ces vers montrent bien la prudence d'Ulysse : il évite d'abord de heurter de front la juste douleur d'un père ; puis quand la première émotion est calmée, il vient plaider la cause de la Grèce au nom de l'intérêt commun, de la gloire nationale et de la dignité même d'Agamemnon. Sophocle dans *Philoctète*, et Fénelon dans son *Télémaque*, nous montrent Ulysse dans les mêmes attitudes en face de Philoctète furieux.

(4) Ce discours étincelle d'expressions neuves et brillantes, d'images vives et pittoresques ; on peut y admirer surtout l'heureux effet d'épithètes bien choisies.

Chatouillaient de mon cœur l'orgueilleuse faiblesse (1).
Pour comble de malheur, les dieux, toutes les nuits,
Dès qu'un léger sommeil suspendait mes ennuis (2),
Vengeant de leurs autels le *sanglant privilège*,
Me venaient reprocher ma *pitié sacrilège*;
Et présentant la foudre à mon esprit confus,
Le bras déjà levé, menaçaient mes refus.
Je me rendis, Arcas; et vaincu par Ulysse,
De ma fille, en pleurant, j'ordonnai le supplice.
Mais des bras d'une mère il fallait l'arracher (3).
Quel funeste artifice il me fallut chercher!
D'Achille, qui l'aimait, j'empruntai le langage.
J'écrivis en Argos (4), pour hâter ce voyage,
Que ce guerrier, pressé de partir avec nous,
Voulait revoir ma fille, et partir son époux.

ARCAS.

Et ne craignez-vous point l'impatient Achille (5)?
Avez-vous prétendu que, muet et tranquille,
Ce héros, qu'armera l'amour et la raison,
Vous laisse pour ce meurtre abuser de son nom?
Verra-t-il à ses yeux son amante immolée?

(1) *Chatouiller l'orgueilleuse* faiblesse du cœur; c'est, dit La Harpe, de cette suite d'expressions neuves, fortifiées et embellies par leur assemblage, que vient la beauté du vers de Racine. On peut y ajouter l'harmonie, la suspension, l'antithèse. Horace, dans ses *Satires* (II. 3. 179) avait déjà dit:
 Præterea ne vos *titillet* gloria...;
et Virgile, en parlant de Latone contemplant Diane à la tête du chœur des Nymphes (*En.* I. 506):
 Latonæ tacitum *pertentant* gaudia pectus;
enfin Corneille, dans la *Mort de Pompée* (III-1):
 L'aise de voir la terre à son pouvoir soumise
 Chatouillait malgré lui son âme avec surprise.

(2) *Ennuis*, c'est-à-dire chagrins; au XVII° siècle, ce mot avait plus d'énergie qu'aujourd'hui.

(3) Ce vers indique clairement qu'Iphigénie devait arriver seule pour qu'Agamemnon pût l'immoler sans avoir à lutter contre sa mère. Le poète néanmoins dit plus loin à Arcas d'arrêter Clytemnestre sur le chemin de l'Aulide. C'est une légère inadvertance.

Dans Euripide aussi, Iphigénie est mandée seule, et Agamemnon est tout consterné, quand il la voit accompagnée de sa mère.

(4) Au XVII° siècle, on employait encore la préposition *en* devant les noms propres de villes.

(5) *L'impatient Achille*, c'est-à-dire le *bouillant, l'impétueux, l'irascible* Achille, qui ne supporte aucune offense (*impatiens*). Cette épithète caractérise le redoutable guerrier dont la résistance formera un des principaux ressorts de l'intrigue.

AGAMEMNON.

Achille était absent ; et son père Pélée,
D'un voisin ennemi redoutant les efforts,
L'avait, tu t'en souviens, rappelé de ces bords ;
Et cette guerre, Arcas, selon toute apparence,
Aurait dû plus longtemps prolonger son absence.
Mais qui peut dans sa course arrêter ce torrent?
Achille va combattre, et triomphe en courant (1) ;
Et ce vainqueur, suivant de près sa renommée,
Hier avec la nuit arriva dans l'armée (2).
  Mais des nœuds plus puissants me retiennent le bras.
Ma fille, qui s'approche, et court à son trépas ;
Qui, loin de soupçonner un arrêt si sévère,
Peut-être s'applaudit des bontés de son père,
Ma fille... Ce nom seul, dont les droits sont si saints,
Sa jeunesse, mon sang, n'est pas ce que je plains.
Je plains mille vertus, une amour mutuelle (3),
Sa piété pour moi (4), ma tendresse pour elle,
Un respect qu'en son cœur rien ne peut balancer,
Et que j'avais promis de mieux récompenser (5).
Non, je ne croirai point, ô ciel, que ta justice
Approuve la fureur de ce noir sacrifice.
Tes oracles, sans doute, ont voulu m'éprouver ;
Et tu me punirais si j'osais l'achever.
Arcas, je t'ai choisi pour cette confidence :
Il faut montrer ici ton zèle et ta prudence.
La Reine, qui dans Sparte avait connu ta foi,
T'a placé dans le rang que tu tiens près de moi.
Prends cette lettre, cours au-devant de la Reine,
Et suis sans t'arrêter le chemin de Mycène.
Dès que tu la verras, défends-lui d'avancer,

(1) Belles images, qui peignent bien l'impétuosité toujours victorieuse du héros.

(2) Dans Corneille, Molière et La Fontaine, on trouve *hier* employé comme monosyllabe ; l'usage en a fait depuis un dissyllabe.

(3) « Depuis plusieurs années, disait Vaugelas (éd. 1664), plusieurs de nos meilleurs écrivains n'ont point fait de difficulté de faire *amour* masculin ; et même à la cour on a introduit cet usage, quoique la plupart, et particulièrement les femmes, le fassent féminin. »

(4) *Piété* pour *amour filial*. Bossuet a dit de même dans l'oraison funèbre de Condé : « Il est blessé entre les mains d'un père si tendre..., ravi de satisfaire à la fois à la *piété* et à la gloire. »

(5) Ce touchant portrait d'Iphigénie fait aimer la jeune princesse en même temps qu'il la fait connaître. L'exposition doit non seulement annoncer les personnages, mais encore inspirer pour eux des sentiments conformes à leur caractère.

Et rends-lui ce billet que je viens de tracer.
Mais ne t'écarte point : prends un fidèle guide.
Si ma fille une fois met le pied dans l'Aulide,
Elle est morte. Calchas, qui l'attend en ces lieux,
Fera taire nos pleurs, fera parler les dieux ;
Et la religion, contre nous irritée,
Par les timides Grecs sera seule écoutée.
Ceux mêmes dont la gloire aigrit l'ambition
Réveilleront leur brigue et leur prétention,
M'arracheront peut-être un pouvoir qui les blesse (1)....
Va, dis-je, sauve-la de ma propre faiblesse.
Mais surtout ne va point, par un zèle indiscret,
Découvrir à ses yeux mon funeste secret.
Que, s'il se peut, ma fille à jamais abusée
Ignore à quel péril je l'avais exposée.
D'une mère en fureur épargne-moi les cris ;
Et que ta voix s'accorde avec ce que j'écris.
Pour renvoyer la fille, et la mère offensée,
Je leur écris qu'Achille a changé de pensée,
Et qu'il veut désormais jusques à son retour
Différer cet hymen que pressait son amour.
Ajoute, tu le peux, que des froideurs d'Achille
On accuse en secret cette jeune Eriphile
Que lui-même captive amena de Lesbos,
Et qu'auprès de ma fille on garde dans Argos (2).
C'est leur en dire assez : le reste, il le faut taire (3).
Déjà le jour plus grand nous frappe et nous éclaire (4),
Déjà même l'on entre, et j'entends quelque bruit.
C'est Achille. Va, pars. Dieux ! Ulysse le suit (5) !

(1) Agamemnon craint à la fois le fanatisme de Calchas, les brigues de ses rivaux et sa propre faiblesse. Cette faiblesse ne vient que de son ambition : il n'oserait être père, de peur de cesser d'être le chef des Grecs. C'est le défaut que lui laisse le poète, pour le rendre plus tragique.

(2) Jusqu'ici, Racine n'a fait que suivre Euripide ; la mission d'Arcas est la même dans les deux poètes : il doit empêcher l'arrivée de la reine et de sa fille. Racine se sépare de son modèle en faisant ici mention d'Eriphile ; il le fait pour fonder un épisode qu'il a cru indispensable dans sa tragédie. Du reste, il était nécessaire d'assigner une cause au refroidissement d'Achille.

(3) Au XVIIe siècle, le pronom personnel régime direct d'un infinitif dépendant d'un autre verbe, se plaçait ordinairement avant ce premier verbe. Cf. *Polyeucte* (IV-3) : C'est peu d'aller au ciel, je *vous* y veux conduire.

(4) « Va ; déjà les feux de l'aurore et le char brillant du soleil font blanchir ce flambeau. » (EUR., v. 155-157.)

(5) Agamemnon est contrarié de voir Achille, mais il craint surtout Ulysse, dont la politique est plus dure et dont l'ascendant sur les Grecs est plus redoutable.

SCÈNE II

AGAMEMNON, ACHILLE, ULYSSE (1).

AGAMEMNON.

Quoi! Seigneur, se peut-il que d'un cours si rapide
La victoire vous ait ramené dans l'Aulide?
D'un courage naissant sont-ce là les essais?
Quels triomphes suivront de si nobles succès!
La Thessalie entière, ou vaincue ou calmée,
Lesbos même conquise en attendant l'armée,
De toute autre valeur éternels monuments,
Ne sont d'Achille oisif que les amusements.

ACHILLE.

Seigneur, honorez moins une faible conquête;
Et que puisse bientôt le ciel qui nous arrête
Ouvrir un champ plus noble à ce cœur excité
Par le prix glorieux dont vous l'avez flatté!
Mais cependant, Seigneur, que faut-il que je croie
D'un bruit qui me surprend et me comble de joie?
Daignez-vous avancer le succès de mes vœux?
Et bientôt des mortels suis-je le plus heureux?
On dit qu'Iphigénie, en ces lieux amenée,
Doit bientôt à son sort unir ma destinée (2).

AGAMEMNON.

Ma fille? Qui vous dit qu'on la doit amener?

ACHILLE.

Seigneur, qu'a donc ce bruit qui vous doive étonner?

AGAMEMNON, *à Ulysse.*

Juste ciel! saurait-il mon funeste artifice?

ULYSSE.

Seigneur, Agamemnon s'étonne avec justice.
Songez-vous aux malheurs qui nous menacent tous?

---

(1) L'arrivée d'Achille de si grand matin est très naturelle. Rentré au camp la veille au soir, il a été informé du voyage d'Iphigénie; au comble de ses vœux, il s'empresse de venir remercier Agamemnon. Ulysse, craignant que cet hymen n'enlève à Diane la victime qu'elle attend, s'est habilement joint au héros pour combattre un projet qui menace ses espérances. L'arrivée simultanée de deux personnages dont les intérêts sont si opposés, produit une situation très vive et met en jeu les passions. Le nœud est formé, et désormais il va se resserrer de plus en plus.

(2) Dans Euripide, le projet du mariage d'Achille avec Iphigénie n'est qu'une ruse d'Agamemnon, pour décider Clytemnestre à envoyer sa fille: Achille l'ignore jusqu'à ce que la reine vienne implorer son secours.

O ciel! pour un hymen quel temps choisissez-vous (1)?
Tandis qu'à nos vaisseaux la mer toujours fermée
Trouble toute la Grèce et consume l'armée;
Tandis que pour fléchir l'inclémence des dieux (2)
Il faut du sang peut-être, et du plus précieux (3),
Achille seul, Achille à son amour s'applique?
Voudrait-il insulter à la crainte publique,
Et que le chef des Grecs, irritant les destins,
Préparât d'un hymen la pompe et les festins?
Ah! Seigneur, est-ce ainsi que votre âme attendrie
Plaint le malheur des Grecs, et chérit la patrie?

ACHILLE.

Dans les champs phrygiens (4) les effets feront foi
Qui la chérit le plus ou d'Ulysse ou de moi.
Jusque-là je vous laisse étaler votre zèle:
Vous pouvez à loisir faire des vœux pour elle.
Remplissez les autels d'offrandes et de sang;
Des victimes vous-même interrogez le flanc;
Du silence des vents demandez-leur la cause;
Mais moi, qui de ce soin sur Calchas me repose,
Souffrez, Seigneur, souffrez que je coure hâter
Un hymen dont les dieux ne sauraient s'irriter.
Transporté d'une ardeur qui ne peut être oisive,
Je rejoindrai bientôt les Grecs sur cette rive.
J'aurais trop de regret si quelque autre guerrier
Au rivage troyen descendait le premier (5).

(1) La situation d'Agamemnon est extrêmement délicate. Consterné de voir Achille au courant du voyage d'Iphigénie, sa première pensée est de démentir la nouvelle. Ulysse, qui comprend l'embarras d'Agamemnon, s'empresse de venir à son secours.

(2) L'expression est tirée de Virgile : *Divum inclementia* (*En.*, II, 602).

(3) Cette insinuation vague doit jeter dans l'esprit d'Achille le premier germe de la grande révélation qui lui sera faite bientôt.

(4) Dans les écrivains grecs postérieurs à Homère, la Troade et la Phrygie sont souvent confondues; ainsi Euripide appelle Phrygiens les habitants de Troie.

(5) *Acer Achilles*, dit Horace. « Ulysse lui reproche avec quelque raison de s'appliquer trop à son amour, tandis que d'autres objets devraient en ce moment fixer sa pensée. Achille répond par des sarcasmes : il se moque du zèle religieux d'Ulysse et de ses inquiétudes patriotiques; il l'invite ironiquement à s'occuper des oracles, des sacrifices, de la colère des dieux..., tandis que lui va songer à ses amours, le seul objet qui lui paraisse important dans le monde, suivant les principes des chevaliers errants. » (GEOFFROY.) Ce n'est plus l'Achille antique, malgré la fougue insolente qui inspire ce discours.

ACTE I, SCÈNE II

AGAMEMNON.

O ciel! pourquoi faut-il que ta secrète envie (1)
Ferme à de tels héros le chemin de l'Asie?
N'aurai-je vu briller cette noble chaleur
Que pour m'en retourner avec plus de douleur?

ULYSSE.

Dieux! qu'est-ce que j'entends?

ACHILLE.

Seigneur, qu'osez-vous dire?

AGAMEMNON.

Qu'il faut, princes, qu'il faut que chacun se retire (2);
Que, d'un crédule espoir trop longtemps abusés,
Nous attendons les vents qui nous sont refusés.
Le ciel protège Troie; et par trop de présages
Son courroux nous défend d'en chercher les passages.

ACHILLE.

Quels présages affreux nous marquent son courroux?

AGAMEMNON.

Vous-même consultez ce qu'il prédit de vous.
Que sert de se flatter? On sait qu'à votre tête
Les dieux ont d'Ilion attaché la conquête;
Mais on sait que, pour prix d'un triomphe si beau,
Ils ont aux champs troyens marqué votre tombeau;
Que votre vie, ailleurs et longue et fortunée,
Devant Troie en sa fleur doit être moissonnée.

ACHILLE.

Ainsi pour vous venger tant de rois assemblés
D'un opprobre éternel retourneront comblés;
Et Pâris, couronnant son insolente flamme,
Retiendra sans péril la sœur de votre femme (3)!

AGAMEMNON.

Hé quoi! votre valeur, qui nous a devancés,

(1) Némésis, la déesse de la vengeance, mesurait, d'après les anciens, le bonheur et le malheur aux mortels, toujours prête à frapper ceux que la fortune avait trop favorisés de ses dons.

(2) Ce brusque changement d'Agamemnon produit la plus vive impression sur Ulysse et sur Achille; tous deux en sont également consternés. Agamemnon, dans l'embarras inextricable où il se trouve, reprend l'idée qu'il avait eue dès le premier jour, de congédier les Grecs.

(3) Le premier argument d'Agamemnon touche si peu le héros qu'il ne daigne pas même le relever. Racine ici a fort bien compris ce cœur magnanime; l'honneur de la Grèce le préoccupe avant tout.

N'a-t-elle pas pris soin de nous venger assez?
Les malheurs de Lesbos par vos mains ravagée
Epouvantent encor toute la mer Egée.
Troie en a vu la flamme; et jusque dans ses ports
Les flots en ont poussé le débris et les morts.
Que dis-je? les Troyens pleurent une autre Hélène
Que vous avez captive envoyée à Mycène.
Car, je n'en doute point, cette jeune beauté
Garde en vain un secret que trahit sa fierté;
Et son silence même, accusant sa noblesse,
Nous dit qu'elle nous cache une illustre princesse.

ACHILLE.

Non, non, tous ces détours sont trop ingénieux.
Vous lisez de trop loin dans les secrets des dieux.
Moi, je m'arrêterais à de vaines menaces?
Et je fuirais l'honneur qui m'attend sur vos traces (1)?
Les Parques à ma mère, il est vrai, l'ont prédit
Lorsqu'un époux mortel fut reçu dans son lit :
Je puis choisir, dit-on, ou beaucoup d'ans sans gloire,
Ou peu de jours suivis d'une longue mémoire (2).
Mais, puisqu'il faut enfin que j'arrive au tombeau,
Voudrais-je, de la terre inutile fardeau,
Trop avare d'un sang reçu d'une déesse,
Attendre chez mon père une obscure vieillesse;
Et toujours de la gloire évitant le sentier,

(1) « Le choix que fait Achille est sublime : tout ce morceau est d'un véritable héros, et d'une éloquence antique. Racine n'a pris dans Homère que l'idée de la prédiction des Parques, et du choix qu'Achille peut faire d'une grande gloire ou d'une longue vie; mais il doit à Quinte-Curce l'héroïsme des sentiments qui respire dans cette tirade. » (GEOFFROY.)
Voici les passages du discours d'Alexandre dont Racine paraît s'être inspiré : « Je mesure ma grandeur non sur la longueur de ma vie, mais sur l'étendue de ma gloire. Je pouvais, satisfait du royaume de mes pères, languir au sein de la Macédoine, et attendre dans le repos une vieillesse obscure et honteuse... Pour moi, je compte mes victoires, et non mes années; si j'apprécie bien les faveurs de la fortune, j'ai assez vécu.... Croyez-vous que je puisse m'arrêter dans la carrière de la gloire à laquelle je me suis consacré? Ah! je ne lui manquerai pas; et en quelque lieu que je combatte, je me croirai en présence de l'univers.... Si je trouve le terme de mes destinées, il est beau de mourir dans ces travaux. Je dois au sang dont je sors, non de vivre longtemps, mais de vivre avec gloire. » (QUINTE-CURCE, IX, 6.)

(2) « Thétis, ma mère, aux pieds d'argent, m'a montré deux chemins ouverts par le sort pour me conduire au terme de la vie : si je reste aux champs troyens, si je combats autour d'Ilion, c'en est fait de mon retour, mais j'acquiers une gloire immortelle; si je rentre au contraire dans ma douce patrie, je renonce à l'espoir d'une noble renommée; mais je jouirai d'une heureuse vieillesse, longtemps à l'abri des traits de la mort. » (*Il.* IX.)

ACTE I, SCÈNE III

Ne laisser aucun nom, et mourir tout entier (1)?
Ah! ne nous formons point ces indignes obstacles;
L'honneur parle, il suffit; ce sont là nos oracles (2).
Les dieux sont de nos jours les maîtres souverains;
Mais, Seigneur, notre gloire est dans nos propres mains.
Pourquoi nous tourmenter de leurs ordres suprêmes?
Ne songeons qu'à nous rendre immortels comme eux-mêmes;
Et, laissant faire au sort (3), courons où la valeur
Nous promet un destin aussi grand que le leur.
C'est à Troie, et j'y cours; et, quoi qu'on me prédise,
Je ne demande aux dieux qu'un vent qui m'y conduise;
Et quand moi seul enfin il faudrait l'assiéger,
Patrocle et moi, Seigneur, nous irons vous venger (4).
Mais non, c'est en vos mains que le destin la livre;
Je n'aspire en effet qu'à l'honneur de vous suivre.
Je ne vous presse plus d'approuver les transports
D'un amour qui m'allait éloigner de ces bords :
Ce même amour, soigneux de votre renommée,
Veut qu'ici mon exemple encourage l'armée,
Et me défend surtout de vous abandonner
Aux timides conseils qu'on ose vous donner (5).

SCÈNE III
AGAMEMNON, ULYSSE.

ULYSSE.

Seigneur, vous entendez : quelque prix qu'il en coûte,

(1) « *Non omnis moriar*, je ne mourrai pas tout entier », avait dit Horace, en promettant l'immortalité aux œuvres de son génie. (*Od.* III, 30.)
Corneille s'était servi le premier de cette belle expression dans *Cinna* :
Sont-ils morts *tout entiers* avec leurs grands desseins? (I-3.)
Racine, en plaçant cette expression à la fin du vers, lui a laissé toute l'énergie qu'elle a dans Horace où elle commence le vers, sans être suivie d'un complément qui l'affaiblit.

(2) Polydamas ayant annoncé à Hector que les auspices n'étaient pas favorables : « Combattre pour la patrie, répond le héros, voilà de tous les présages le meilleur et le plus sûr. » (Hom., *Il.* XII.)

(3) Dans Corneille, le vieil Horace, sur le point d'envoyer son fils et le fiancé de sa fille à un combat fratricide, leur donne cet adieu sublime :
Faites votre devoir et laissez faire aux dieux. (*Horace*, II-8.)

(4) Achille, dans Homère, tient à Patrocle le même langage : « Puissent les Grecs et les Troyens s'entretuer jusqu'au dernier, afin que nous deux, restés seuls, nous ayons la gloire de renverser les murs de Troie. » (*Il.* XVI, 96.)

(5) Achille part, Ulysse demeure, chacun agit selon son caractère. Achille a dit sa pensée avec force et franchise ; Agamemnon verra ce qu'il devra faire. Ulysse, au contraire, laisse partir Achille, pour combattre plus à l'aise le projet d'Agamemnon.

Il veut voler à Troie et poursuivre sa route.
Nous craignions son amour ; et lui-même aujourd'hui
Par une heureuse erreur nous arme contre lui (1).

AGAMEMNON.

Hélas !

ULYSSE.

De ce soupir que faut-il que j'augure (2)?
Du sang qui se révolte est-ce quelque murmure?
Croirai-je qu'une nuit ait pu vous ébranler?
Est-ce donc votre cœur qui vient de nous parler?
Songez-y. Vous devez votre fille à la Grèce :
Vous nous l'avez promise ; et sur cette promesse,
Calchas, par tous les Grecs consulté chaque jour,
Leur a prédit des vents l'infaillible retour.
A ses prédictions si l'effet est contraire,
Pensez-vous que Calchas continue à se taire ;
Que ses plaintes, qu'en vain vous voudrez apaiser,
Laissent mentir les dieux sans vous en accuser?
Et qui sait ce qu'aux Grecs, frustrés de leur victime,
Peut permettre un courroux qu'ils croiront légitime?
Gardez-vous de réduire un peuple furieux,
Seigneur, à prononcer entre vous et les dieux (3).
N'est-ce pas vous enfin de qui la voix pressante
Nous a tous appelés aux campagnes du Xante (4);
Et qui de ville en ville attestiez les serments
Que d'Hélène autrefois firent tous les amants,
Quand presque tous les Grecs, rivaux de votre frère,
La demandaient en foule à Tyndare son père (5)?

(1) Ulysse profite avec empressement de l'ardeur guerrière d'Achille pour réveiller le patriotisme d'Agamemnon. Cependant, quand il dit qu'Achille veut voler à Troie, *quelque prix qu'il en coûte*, il lui prête des dispositions que celui-ci démentira plus tard (Acte IV, sc. 5) :

Moi, je voulais partir aux dépens de ses jours !

(2) Rien de plus artificieux et de plus véhément à la fois que ce discours d'Ulysse ; les raisons les plus spécieuses et les mouvements les plus pathétiques se succèdent et se pressent avec une force et une chaleur entrainantes. C'est une accumulation d'interrogations, d'exclamations, de reproches et de menaces.

(3) Voilà bien les dangers qu'Agamemnon redoutait ; Ulysse les lui met devant les yeux : c'est l'inflexible Calchas, ce sont les Grecs furieux. Après la crainte, Ulysse fait appel à l'honneur, à la foi jurée.

(4) Le Xanthe appelé aussi Scamandre, affluent du Simoïs; tous deux descendaient du mont Ida et coulaient dans la plaine de Troie.

(5) Ces événements qui amenèrent la guerre de Troie sont rappelés par Euripide dans la scène de l'exposition ; Racine en tire un parti merveilleux

De quelque heureux époux que l'on dût faire choix,
Nous jurâmes dès lors de défendre ses droits;
Et si quelque insolent lui volait sa conquête,
Nos mains du ravisseur lui promirent la tête.
Mais sans vous, ce serment que l'amour a dicté,
Libres de cet amour, l'aurions-nous respecté?
Vous seul, nous arrachant à de nouvelles flammes,
Nous avez fait laisser nos enfants et nos femmes.
Et quand, de toutes parts assemblés en ces lieux,
L'honneur de vous venger brille seul à nos yeux;
Quand la Grèce déjà, vous donnant son suffrage,
Vous reconnaît l'auteur de ce fameux ouvrage;
Que ces rois, qui pouvaient vous disputer ce rang,
Sont prêts pour vous servir de verser tout leur sang (1);
Le seul Agamemnon, refusant la victoire,
N'ose d'un peu de sang acheter tant de gloire (2);
Et dès le premier pas se laissant effrayer,
Ne commande les Grecs que pour les renvoyer (3)?

AGAMEMNON.

Ah! Seigneur, qu'éloigné du malheur qui m'opprime
Votre cœur aisément se montre magnanime (4)!
Mais que, si vous voyez ceint du bandeau mortel
Votre fils Télémaque approcher de l'autel,
Nous vous verrions, troublé de cette affreuse image,
Changer bientôt en pleurs ce superbe langage,
Eprouver la douleur que j'éprouve aujourd'hui,
Et courir vous jeter entre Calchas et lui (5)!

en les mettant dans la bouche d'Ulysse; ils deviennent ainsi un reproche pour la lâcheté d'Agamemnon et un stimulant pour son ambition : c'est lui qui a fait marcher les Grecs, c'est aux Grecs qu'il doit sa grandeur; quelle honte dès lors de reculer! quels intérêts il va compromettre!

(1) *Prêt de* s'employait au XVIIe siècle en prose et en vers; aujourd'hui on ne dit plus que *prêt à*.

(2) « Vers heureux qui devait piquer vivement l'ambition d'Agamemnon. En général, Ulysse, aussi grand orateur que politique habile, profite de la faiblesse du roi d'Argos, et oppose son ambition à sa tendresse paternelle. » (GEOFFROY.)

(3) Cette dernière période, si ample, si bien rythmée, si rapide, s'avance et se précipite comme un torrent auquel rien ne peut résister.

(4) Quelle noble tristesse respire dans ces plaintes du grand roi! Au lieu de raisonner avec Ulysse, il lui fait entendre le langage du cœur.

(5) Ulysse est père, Agamemnon lui rappelle Télémaque, et lui demande ce qu'il ferait si Calchas lui arrachait ce fils chéri.

Ce trait d'histoire que Racine a mis en tableau, fait ici l'effet le plus attendrissant. Ulysse avait contrefait l'insensé pour ne point aller au siège de

Seigneur, vous le savez, j'ai donné ma parole;
Et si ma fille vient, je consens qu'on l'immole.
Mais, malgré tous mes soins, si son heureux destin
La retient dans Argos, ou l'arrête en chemin,
Souffrez que, sans presser ce barbare spectacle,
En faveur de mon sang j'explique cet obstacle,
Que j'ose pour ma fille accepter le secours
De quelque dieu plus doux qui veille sur ses jours (1).
Vos conseils sur mon cœur n'ont eu que trop d'empire;
Et je rougis....

SCÈNE IV

AGAMEMNON, ULYSSE, EURYBATE.

EURYBATE.

Seigneur....

AGAMEMNON.

Ah! que vient-on me dire?

EURYBATE.

La Reine, dont ma course a devancé les pas,
Va remettre bientôt sa fille entre vos bras (2).
Elle approche. Elle s'est quelque temps égarée
Dans ces bois qui du camp semblent cacher l'entrée (3).
A peine nous avons, dans leur obscurité,
Retrouvé le chemin que nous avions quitté.

Troie. Palamède, qui soupçonnait cet artifice, plaça le jeune Télémaque sur la voie où la charrue allait passer. Le père, effrayé du péril de son fils, oublia son rôle de démence, et courut se jeter entre la charrue et lui.

(1) Comptant sur le succès de son subterfuge, Agamemnon demande à Ulysse de ne pas l'obliger à presser l'arrivée d'Iphigénie, si quelque obstacle la retient en route. C'est la dernière ressource de l'amour paternel aux abois.

(2) Cette nouvelle qui déjoue tous les plans d'Agamemnon est un coup de théâtre parfaitement préparé. Agamemnon se flattait d'échapper à la cruelle nécessité que lui imposait l'oracle, et le voilà replongé dans les plus cruels embarras : que répondre à Ulysse et à Calchas? Comment éviter Achille? quelle ne sera pas sa fureur?

Racine a emprunté ce message à Euripide, où il produit plus d'effet encore, parce qu'il vient au plus fort de la querelle des deux frères. Ménélas lui-même est tellement touché de la consternation et de la douleur d'Agamemnon qu'il n'ose plus lui demander un si horrible sacrifice.

(3) Pour expliquer comment Arcas n'a pu remettre aux princesses la lettre d'Agamemnon, Racine suppose qu'elles se sont égarées. Ce moyen est peu naturel. Dans Euripide, c'est Ménélas qui, craignant une trahison de son frère, arrête le messager et lui arrache la lettre; cette violence produit entre les deux fils d'Atrée une altercation extrêmement vive et théâtrale.

ACTE I, SCÈNE V

AGAMEMNON.

Ciel !

EURYBATE.

Elle amène aussi cette jeune Eriphile
Que Lesbos a livrée entre les mains d'Achille,
Et qui de son destin, qu'elle ne connaît pas (1),
Vient, dit-elle, en Aulide interroger Calchas.
Déjà de leur abord la nouvelle est semée ;
Et déjà de soldats une foule charmée,
Surtout d'Iphigénie admirant la beauté,
Pousse au ciel mille vœux pour sa félicité.
Les uns avec respect environnaient la Reine ;
D'autres me demandaient le sujet qui l'amène.
Mais tous ils confessaient que si jamais les dieux
Ne mirent sur le trône un roi plus glorieux,
Egalement comblé de leurs faveurs secrètes,
Jamais père ne fut plus heureux que vous l'êtes (2).

AGAMEMNON.

Eurybate, il suffit. Vous pouvez nous laisser.
Le reste me regarde, et je vais y penser.

SCÈNE V

AGAMEMNON, ULYSSE.

AGAMEMNON.

Juste ciel, c'est ainsi qu'assurant ta vengeance
Tu romps tous les ressorts de ma vaine prudence !
Encor si je pouvais, libre dans mon malheur,
Par des larmes au moins soulager ma douleur !
Triste destin des rois ! Esclaves que nous sommes
Et des rigueurs du sort et des discours des hommes,
Nous nous voyons sans cesse assiégés de témoins ;
Et les plus malheureux osent pleurer le moins (3) !

(1) Eriphile est annoncée pour la troisième fois, et l'on apprend le motif de son voyage.

(2) Ces détails ont pour but de montrer au roi qu'il n'est plus possible de cacher aux Grecs l'arrivée de sa fille, ni de la renvoyer clandestinement ; ils ajoutent aussi à l'émotion du père par l'éloge si flatteur d'une fille qu'il aime. Dans Euripide, le récit que fait le messager, de la halte des princesses près du camp, et du mouvement produit dans l'armée par la nouvelle de leur arrivée, forme le tableau le plus gracieux ; il coupe très heureusement la querelle des deux frères.

(3) Ce couplet encore est empreint de cette *tristesse majestueuse* qui, d'après Racine, fait tout le plaisir de la tragédie (Préface de *Bérénice*). Ces exclamations répétées d'une douleur paternelle et royale, qui ne peut même se soulager à son aise par les larmes, sont très touchantes.

Le passage est imité d'Euripide : « Hélas ! que puis-je dire, infortuné ?

ULYSSE.

Je suis père, Seigneur. Et faible comme un autre (1),
Mon cœur se met sans peine à la place du vôtre;
Et frémissant du coup qui vous fait soupirer,
Loin de blâmer vos pleurs, je suis prêt de pleurer.
Mais votre amour n'a plus d'excuse légitime (2) :
Les dieux ont à Calchas amené leur victime.
Il le sait, il l'attend; et s'il la voit tarder,
Lui-même à haute voix viendra la demander.
Nous sommes seuls encor : hâtez-vous de répandre
Des pleurs (3) que vous arrache un intérêt si tendre.
Pleurez ce sang, pleurez; ou plutôt sans pâlir
Considérez l'honneur qui doit en rejaillir.
Voyez tout l'Hellespont blanchissant sous nos rames,
Et la perfide Troie abandonnée aux flammes,
Ses peuples dans vos fers, Priam à vos genoux,
Hélène par vos mains rendue à son époux.
Voyez de vos vaisseaux les poupes couronnées
Dans cette même Aulide avec vous retournées;
Et ce triomphe heureux, qui s'en va devenir
L'éternel entretien des siècles à venir (4).

AGAMEMNON.

Seigneur, de mes efforts je connais l'impuissance.

Un dieu m'a pris au piège.... Ah! combien une condition obscure est préférable! On y est libre de pleurer, de se lamenter de son malheur. Mais dans un rang illustre on n'en a pas le droit. Le peuple gouverne notre vie, et nous sommes les esclaves de la foule. J'ai honte de verser des larmes; j'ai honte de n'en pas verser, plongé dans un abîme d'infortune. » (V. 432.)

(1) Ces quatre vers peuvent être mis au nombre des vers les plus pathétiques de Racine; le sentiment est si vrai et si naturel, l'expression est si simple qu'on ne peut rien concevoir de plus attendrissant. C'est le langage même de la nature.

(2) Le père a parlé, le politique reparaît pour céder de nouveau la place au père, qui finalement s'effacera encore devant le roi préoccupé avant tout de l'intérêt de la patrie.

Ce discours est remarquable par le mélange continuel et la succession rapide des sentiments les plus opposés. Pleurez votre fille, dit Ulysse, c'est le cri de la nature, mais obéissez aux dieux : votre salut, votre gloire l'exigent. L'orateur passe d'un mouvement à l'autre avec un art infini. « Rien, dit Geoffroy, n'égale l'éloquence de ce discours d'Ulysse; c'est l'un des plus beaux morceaux de la tragédie. Le caractère d'Ulysse s'ennoblit ici, et devient presque intéressant. »

(3) Très beau rejet; il suspend le sens d'une manière harmonieuse, parce que le substantif rejeté est suivi d'un complément qui ne finit qu'avec le vers. Dans ces conditions, Boileau lui-même ne saurait condamner l'enjambement.

(4) Quel tableau pour finir, pour faire impression sur un cœur ambitieux et sensible à la gloire! Aussi le triomphe est complet.

ACTE I, SCÈNE V

Je cède, et laisse aux dieux opprimer l'innocence (1).
La victime bientôt marchera sur vos pas.
Allez. Mais cependant faites taire Calchas;
Et m'aidant à cacher ce funeste mystère,
Laissez-moi de l'autel écarter une mère (2).

QUESTIONS SUR LE Ier ACTE.

Quel est le sujet du 1er acte?
Par qui et comment se fait l'exposition?
Quel est le ton général du début?
De quels faits le spectateur est-il instruit dans l'exposition?
Quels sont les personnages qu'il apprend à connaître?
Comparez l'exposition de Racine et celle d'Euripide?
Quel message Agamemnon confie-t-il à Arcas?
Pourquoi Achille et Ulysse viennent-ils chez Agamemnon?
Comment Agamemnon répond-il à l'empressement d'Achille?
Comment Ulysse combat-il le projet d'Achille?
Comment Achille répond-il à Ulysse et à Agamemnon?
Comment Ulysse combat-il le découragement d'Agamemnon?
Quel message change tout à coup la situation?
Comment Ulysse cherche-t-il à raffermir le cœur d'Agamemnon?
A quelle résolution Agamemnon s'arrête-t-il?
Comment le poète a-t-il rendu sympathique le caractère d'Agamemnon?
Que se passe-t-il dans l'entr'acte?
Mérite dramatique du 1er acte?
Comment le poète montre-t-il le père dans Agamemnon, le héros dans Achille, le politique dans Ulysse?

(1) Agamemnon est décidé à livrer sa fille : une seule difficulté le préoccupe, c'est la résistance de la reine; il faut, dès lors, que tout se passe avec mystère, à l'insu de Clytemnestre.
Le poète a su nous intéresser au personnage d'Agamemnon, en lui donnant un cœur de père d'autant plus malheureux qu'il voit échouer tous ses projets.
Pendant l'entr'acte, Ulysse ira trouver Calchas pour lui imposer le silence, et Agamemnon se prépare à recevoir Iphigénie et sa mère.

(2) Ce premier acte est un chef-d'œuvre. Le spectateur n'est pas seulement instruit dans l'exposition, il est intéressé, charmé, attendri. La première entrevue d'Agamemnon, d'Achille et d'Ulysse dessine les caractères et la situation. La lutte du cœur et de la politique est à peine engagée entre Agamemnon et Ulysse, que le message inattendu d'Eurybate produit la révolution la plus dramatique. Enfin, la résignation d'Agamemnon, qui semble trancher toute difficulté, laisse entrevoir des obstacles presque insurmontables. Avant d'avoir vu l'héroïne de la tragédie, le spectateur est, comme son père, dans la plus vive anxiété sur l'issue de la lutte dont elle est l'objet.

ACTE SECOND

Jalousie d'Eriphile. — Iphigénie devant son père. — Stupeur d'Achille.

SCÈNE I

ÉRIPHILE, DORIS.

ÉRIPHILE.

Ne les contraignons point, Doris, retirons-nous,
Laissons-les dans les bras d'un père et d'un époux ;
Et tandis qu'à l'envi leur amour se déploie,
Mettons en liberté ma tristesse et leur joie (1).

DORIS.

Quoi? Madame, toujours irritant vos douleurs,
Croirez-vous ne plus voir que des sujets de pleurs?
Je sais que tout déplaît aux yeux d'une captive,
Qu'il n'est point dans les fers de plaisir qui la suive.
Mais dans le temps fatal que, repassant les flots,
Nous suivions malgré nous le vainqueur de Lesbos (2);
Lorsque dans son vaisseau, prisonnière timide,
Vous voyez devant vous ce vainqueur homicide (3),
Le dirai-je? vos yeux, de larmes moins trempés,
A pleurer vos malheurs étaient moins occupés.
Maintenant tout vous rit : l'aimable Iphigénie
D'une amitié sincère avec vous est unie;
Elle vous plaint, vous voit avec des yeux de sœur;
Et vous seriez dans Troie avec moins de douceur (4).
Vous vouliez voir l'Aulide, où son père l'appelle,
Et l'Aulide vous voit arriver avec elle.
Cependant, par un sort que je ne conçois pas,
Votre douleur redouble et croît à chaque pas.

(1) Cette scène est comme une seconde exposition, destinée à fonder l'épisode d'Eriphile. Les infortunes de cette princesse excitent l'intérêt et la compassion ; son caractère fait naître la crainte que sa jalousie ne devienne funeste à la fille d'Agamemnon. Malgré l'importance dramatique et les beautés littéraires de cette longue scène, elle a le grave défaut de rompre l'action principale et de refroidir le spectateur.

(2) Doris, la confidente d'Eriphile, est sa compagne de captivité.

(3) La grammaire demande aujourd'hui *voyiez*. Toutes les éditions imprimées du vivant de Racine portent *voyez* au présent. La même orthographe se trouve dans *Mithridate* (Acte III, sc. 3).

(4) Quelle douceur, quelle simplicité charmante, quelle grâce et quelle harmonie !

ÉRIPHILE.

Eh quoi! te semble-t-il que la triste Eriphile (1)
Doive être de leur joie un témoin si tranquille?
Crois-tu que mes chagrins doivent s'évanouir
A l'aspect d'un bonheur dont je ne puis jouir?
Je vois Iphigénie entre les bras d'un père;
Elle fait tout l'orgueil d'une superbe mère;
Et moi, toujours en butte à de nouveaux dangers,
Remise dès l'enfance à des bras étrangers,
Je reçus et je vois le jour que je respire
Sans que mère ni père ait daigné me sourire (2).
J'ignore qui je suis; et pour comble d'horreur,
Un oracle effrayant m'attache à mon erreur,
Et quand je veux chercher le sang qui m'a fait naître,
Me dit que sans périr je ne me puis connaître (3).

DORIS.

Non, non, jusques au bout vous devez le chercher.
Un oracle toujours se plaît à se cacher :
Toujours avec un sens il en présente un autre.
En perdant un faux nom vous reprendrez le vôtre.
C'est là tout le danger que vous pouvez courir,
Et c'est peut-être ainsi que vous devez périr.
Songez que votre nom fut changé dès l'enfance (4).

ÉRIPHILE.

Je n'ai de tout mon sort que cette connaissance;
Et ton père, du reste infortuné témoin,
Ne me permit jamais de pénétrer plus loin.
Hélas! dans cette Troie où j'étais attendue,
Ma gloire, disait-il, m'allait être rendue ;
J'allais, en reprenant et mon nom et mon rang,
Des plus grands rois en moi reconnaître le sang.

(1) La mélancolie est le cachet propre d'Eriphile. Elle s'appelle elle-même la *triste Eriphile*; doublement triste, en effet, et par sa destinée et par la faiblesse de son cœur. Sans père ni mère, ignorant sa naissance, arrachée à sa patrie et captive d'Achille, elle éprouve pour son farouche vainqueur un amour qui l'humilie et la rend malheureuse. Jusqu'ici elle est à plaindre; mais ce qui la rend coupable et odieuse, c'est que, loin de combattre cet amour insensé, elle s'abandonne à ses fureurs et se tourne contre sa bienfaitrice.

(2) Cette gracieuse image est dérobée à Virgile (*Egl.* IV.) : « *cui non risere parentes*, l'enfant à qui ni père ni mère n'ont daigné sourire. »

(3) Un second oracle s'accomplira : Eriphile n'apprendra de Calchas qu'elle est la fille d'Hélène, que pour être immolée à l'autel de Diane.

(4) Ce vers explique comment la fille d'Hélène, appelée en naissant Iphigénie, est cachée maintenant sous le nom d'Eriphile.

Déjà je découvrais cette fameuse ville.
Le ciel mène à Lesbos l'impitoyable Achille :
Tout cède, tout ressent ses funestes efforts ;
Ton père, enseveli dans la foule des morts,
Me laisse dans les fers à moi-même inconnue ;
Et de tant de grandeurs dont j'étais prévenue,
Vile esclave des Grecs, je n'ai pu conserver
Que la fierté d'un sang que je ne puis prouver (1).

DORIS.

Ah ! que perdant, Madame, un témoin si fidèle,
La main qui vous l'ôta vous doit sembler cruelle !
Mais Calchas est ici, Calchas si renommé,
Qui des secrets des dieux fut toujours informé.
Le ciel souvent lui parle : instruit par un tel maître,
Il sait tout ce qui fut et tout ce qui doit être (2).
Pourrait-il de vos jours ignorer les auteurs ?
Ce camp même est pour vous tout plein de protecteurs.
Bientôt Iphigénie, en épousant Achille,
Vous va sous son appui présenter un asile.
Elle vous l'a promis et juré devant moi,
Ce gage est le premier qu'elle attend de sa foi.

ÉRIPHILE.

Que dirais-tu, Doris, si, passant tout le reste,
Cet hymen de mes maux était le plus funeste ?

DORIS.

Quoi, Madame ?

ÉRIPHILE.

Tu vois avec étonnement
Que ma douleur ne souffre aucun soulagement.
Écoute, et tu te vas étonner que je vive.
C'est peu d'être étrangère, inconnue et captive :

(1) D'après ce récit, Eriphile avait été confiée dès sa plus tendre enfance à des mains étrangères ; un nom nouveau lui avait été imposé ; un oracle lui a même déclaré qu'elle ne saurait se connaître sans périr. Le seul témoin des faits qu'elle ignore, le père de Doris, qui avait voulu la mener à Troie pour lui rendre le rang dû à sa royale naissance, a succombé à Lesbos sous les coups d'Achille, la laissant prisonnière entre les mains du vainqueur ; de Lesbos elle a été conduite avec Doris à Argos. Pourquoi ce voyage d'Argos ? Pourquoi Achille confia-t-il cette illustre captive à la garde d'Agamemnon ? C'est un point obscur qui nuit à la vraisemblance.

(2) « Alors Calchas, fils de Thestor, le plus habile des augures, se lève devant l'assemblée ; il sait le présent, le passé, l'avenir ; c'est lui qui a conduit la flotte jusqu'aux rivages Troyens par la science divinatoire dont l'a doué Apollon. » (HOMÈRE, *Il.* I, 68-72.)

ACTE II, SCÈNE I

Ce destructeur fatal des tristes Lesbiens,
Cet Achille, l'auteur de tes maux et des miens,
Dont la sanglante main m'enleva prisonnière,
Qui m'arracha d'un coup ma naissance et ton père,
De qui jusques au nom tout doit m'être odieux,
Est de tous les mortels le plus cher à mes yeux.

DORIS.

Ah! que me dites-vous?

ÉRIPHILE.

Je me flattais sans cesse
Qu'un silence éternel cacherait ma faiblesse.
Mais mon cœur trop pressé m'arrache ce discours,
Et te parle une fois pour se taire toujours (1).
Ne me demande point sur quel espoir fondée
De ce fatal amour je me vis possédée.
Je n'en accuse point quelques feintes douleurs
Dont je crus voir Achille honorer mes malheurs.
Le ciel s'est fait, sans doute, une joie inhumaine
A rassembler sur moi tous les traits de sa haine.
Rappellerai-je encor le souvenir affreux
Du jour qui dans les fers nous jeta toutes deux?
Dans les cruelles mains par qui je fus ravie
Je demeurai longtemps sans lumière et sans vie.
Enfin mes tristes yeux cherchèrent la clarté;
Et me voyant presser d'un bras ensanglanté,
Je frémissais, Doris, et d'un vainqueur sauvage
Craignais de rencontrer l'effroyable visage.
J'entrai dans son vaisseau, détestant sa fureur,
Et toujours détournant ma vue avec horreur.
Je le vis : son aspect n'avait rien de farouche;
Je sentis le reproche expirer dans ma bouche;
Je sentis contre moi mon cœur se déclarer;
J'oubliai ma colère, et ne sus que pleurer.
Je me laissai conduire à cet aimable guide (2).

(1) Déjà Monime, dans *Mithridate*, avait fait une déclaration de ce genre à Xipharès (Acte II, sc. 6); la répétition est trop sensible :
Ma douleur pour se taire a trop de violence.
Un rigoureux devoir me condamne au silence;
Mais il faut bien enfin malgré ses dures lois,
Parler pour la première et la dernière fois.
Antiochus, déclarant son amour pour Bérénice, dit aussi (Acte I, sc. 4) :
Au moins, souvenez-vous que je cède à vos lois,
Et que vous m'écoutez *pour la dernière fois.*

(2) A au lieu de *par*; cet emploi de *laisser* suivi d'un infinitif est fréquent au XVIIe siècle : « Mes frères, éveillez-vous, et ne vous laissez pas séduire à Satan. » (BOSSUET, *Sermons.*)

Je l'aimais à Lesbos, et je l'aime en Aulide.
Iphigénie en vain s'offre à me protéger,
Et me tend une main prompte à me soulager :
Triste effet des fureurs dont je suis tourmentée !
Je n'accepte la main qu'elle m'a présentée
Que pour m'armer contre elle, et sans me découvrir,
Traverser son bonheur que je ne puis souffrir.

DORIS.

Et que pourrait contre elle une impuissante haine ?
Ne valait-il pas mieux, renfermée à Mycène,
Eviter les tourments que vous venez chercher,
Et combattre des feux contraints de se cacher ?

ÉRIPHILE.

Je le voulais, Doris. Mais quelque triste image
Que sa gloire à mes yeux montrât sur ce rivage,
Au sort qui me traînait il fallut consentir (1) :
Une secrète voix m'ordonna de partir,
Me dit qu'offrant ici ma présence importune
Peut-être j'y pourrais porter mon infortune ;
Que peut-être approchant ces amants trop heureux
Quelqu'un de mes malheurs se répandrait sur eux (2).
Voilà ce qui m'amène, et non l'impatience
D'apprendre à qui je dois une triste naissance.
Ou plutôt leur hymen me servira de loi.
S'il s'achève, il suffit : tout est fini pour moi.
Je périrai, Doris ; et par une mort prompte,
Dans la nuit du tombeau j'enfermerai ma honte,
Sans chercher des parents si longtemps ignorés,

---

(1) Voilà de nouveau *la fatalité* de la passion ; bien qu'elle en rougisse, Eriphile n'y résiste pas plus que Néron, elle ne fait pas le moindre effort pour la combattre. Elle rappelle au contraire avec complaisance la naissance de ce funeste amour, et quand Doris lui reproche de ne l'avoir pas étouffé et enseveli dans sa prison de Mycènes, elle donne pour toute excuse l'impuissance de résister au destin qui l'entraînait à Aulis, sinon pour y trouver le bonheur, du moins pour y troubler celui de sa bienfaitrice. V. dans *Britannicus*, Acte III, sc. 1, note 1, p. 193.

(2) Quel aveu dégradant ! son voyage, dit-elle, n'a pour but que de satisfaire son envie, sa basse jalousie ; elle est décidée du reste, si elle ne peut y réussir, à consommer la honte de *sa folle amour* par le suicide.

Il faut reconnaître que ce triste personnage ne présente absolument rien de moral. Quelque utile qu'il puisse être dans l'économie de la pièce, quelque intérêt qu'ait pu exciter en nous la première peinture de ses malheurs, la raison et le cœur le condamnent également. Le charme a disparu devant de si odieuses révélations. La présence d'Eriphile désormais excite les mêmes sentiments de répulsion et d'horreur, que la vue d'une vipère toujours prête à déchirer de sa dent cruelle le sein qui la réchauffe.

Et que ma folle amour a trop déshonorés.

DORIS.

Que je vous plains, Madame! et que la tyrannie....!

ÉRIPHILE.

Tu vois Agamemnon avec Iphigénie.

SCÈNE II

AGAMEMNON, IPHIGÉNIE, ÉRIPHILE, DORIS (1).

IPHIGÉNIE.

Seigneur, où courez-vous? et quels empressements
Vous dérobent sitôt à nos embrassements (2)?
A qui dois-je imputer cette fuite soudaine?
Mon respect a fait place aux transports de la reine.
Un moment à mon tour ne vous puis-je arrêter?
Et ma joie à vos yeux n'ose-t-elle éclater?
Ne puis-je....

AGAMEMNON.

Eh bien! ma fille, embrassez votre père,
Il vous aime toujours.

IPHIGÉNIE.

Que cette amour m'est chère (3)!

(1) Dans Euripide, on voit arriver devant la tente d'Agamemnon le char qui amène Clytemnestre et sa fille. « Cette arrivée triomphante n'a pu être imitée sur notre théâtre où l'action ne se passe pas en public. » (GEOFFROY.) La scène du poète grec est délicieuse de fraîcheur et de grâce.
Euripide fait assister Clytemnestre à la première entrevue d'Agamemnon et de sa fille. Pourquoi ne la voyons-nous pas en ce moment? Pourquoi, après une première salutation bien rapide, a-t-elle quitté Iphigénie? Agamemnon sans doute aura trouvé une raison plausible pour la séparer de sa fille dès son arrivée. Le poète aurait pu l'indiquer plus clairement.

(2) Ce silence d'Agamemnon, cet empressement à quitter la scène dès qu'il s'y est montré, trahissent le trouble qu'il éprouve à la vue de sa fille.

(3) Cette scène est une des plus dramatiques de la pièce : elle offre un contraste saisissant entre les naïves effusions de la piété filiale et les réponses froides et laconiques d'un père accablé de chagrin. C'est une imitation abrégée d'Euripide. Voici l'admirable dialogue du poète grec : « IPH. O mon père, que j'ai de plaisir à vous revoir après une si longue absence! — AG. Ton père éprouve le même bonheur. — IPH. Soyez donc heureux. Oh! que vous avez bien fait, mon père, de me faire venir ici! — AG. Je ne sais, mon enfant, si je dois en parler comme toi. — IPH. Mais quoi! comme vous me regardez d'un air inquiet! — AG. Un roi, un général a bien des soucis. — IPH. Soyez à moi maintenant, oubliez vos soucis. — AG. Mais je suis à toi tout entier, je n'ai point d'autre pensée. — IPH. Alors déridez votre front, et montrez-moi un œil caressant. — AG. Vois, mon enfant, comme je souris, comme je suis joyeux de te revoir. — IPH. Et cependant des larmes s'échappent de vos yeux. — AG. Une longue absence va de nouveau

Quel plaisir de vous voir et de vous contempler
Dans ce nouvel éclat dont je vous vois briller!
Quels honneurs! quel pouvoir! Déjà la renommée
Par d'étonnants récits m'en avait informée;
Mais que, voyant de près ce spectacle charmant,
Je sens croître ma joie et mon étonnement!
Dieux! avec quel amour la Grèce vous révère!
Quel bonheur de me voir la fille d'un tel père!

AGAMEMNON.

Vous méritiez, ma fille, un père plus heureux.

IPHIGÉNIE.

Quelle félicité peut manquer à vos vœux?
A de plus grands honneurs un roi peut-il prétendre?

nous séparer. — Iph. Je ne comprends pas vos paroles, mon père. — Ag. Plus tu montres de raison, ma fille, plus tu m'attendris. — Iph. Eh bien! je serai moins raisonnable, si cela peut vous rendre la joie. — Ag. Hélas! je ne puis plus me taire : c'est bien, ma fille. — Iph. Restez, mon père, dans votre palais près de vos enfants. — Ag. Je le voudrais bien : mais je ne puis ce que je veux; c'est ce qui m'afflige. — Iph. Vous allez donc, ô mon père, lever l'ancre pour aller bien loin, en me laissant ici. — Ag. Toi aussi, ma fille, tu iras aussi loin que ton père. — Iph. Ah! plût au ciel qu'il me fût permis de faire le trajet avec vous! — Ag. A toi aussi est réservée une navigation, où tu te souviendras de ton père. — Iph. Est-ce avec ma mère, ou irai-je seule? — Ag. Seule, séparée de ton père et de ta mère... — Iph. Vous avez donc dessein de m'envoyer dans une autre maison et dans une famille étrangère? — Ag. Cesse de m'interroger : c'est un secret qu'à ton âge il ne convient pas de pénétrer. — Iph. Hâtez-vous, mon père, de revenir victorieux de la Phrygie. — Ag. Il faut d'abord que j'offre ici un sacrifice. — Iph. Ce soin regarde les prêtres. — Ag. Il te regarde aussi ; *car tu y seras*, près de l'eau lustrale. — Iph. Formerons-nous, mon père, des chœurs de danses autour de l'autel? — Ag. O heureuse ignorance! que je te porte envie! Rentre, ma fille, retourne avec tes compagnes. Viens m'embrasser, ô fille trop chère!... Hélas! ma parole expire sur mes lèvres; en touchant ton front, je sens mes yeux se mouiller de larmes. »

On reconnaît Euripide, le poëte pathétique par excellence, dans cette peinture naïve et touchante des sentiments les plus tendres de la nature.

Racine a plus de dignité; mais la scène est plus froide. « Chez Euripide, dit Geoffroy, il y a plus de mouvement, de variété et de chaleur : c'est une de ces scènes antiques d'un naturel exquis, inconnu aux modernes. »

Moïse, plus de mille ans avant le chef-d'œuvre du poëte grec, nous offre, dans un cadre plus restreint, une peinture aussi naïve, aussi attendrissante : « Abraham prit le bois de l'holocauste, et le mit sur l'épaule de son fils Isaac; lui-même portait dans ses mains le feu et le glaive. Tandis qu'ils s'avançaient tous deux ensemble, Isaac dit à son père : « Mon père. » Et son père répondit : « Que veux-tu, mon fils? — Voilà bien, dit l'enfant, le feu et le bois : où est la victime de l'holocauste? » Abraham répondit : « Dieu se choisira lui-même la victime de l'holocauste, mon fils. » Et ils continuaient ensemble leur route. » (*Gen.*, XXII, 6-8.)

ACTE II, SCÈNE II

J'ai cru n'avoir au ciel que des grâces à rendre.

AGAMEMNON, *à part.*

Grands dieux! à son malheur dois-je la préparer?

IPHIGÉNIE.

Vous vous cachez, Seigneur, et semblez soupirer;
Tous vos regards sur moi ne tombent qu'avec peine.
Avons-nous sans votre ordre abandonné Mycène?

AGAMEMNON.

Ma fille, je vous vois toujours des mêmes yeux.
Mais les temps sont changés, aussi bien que les lieux.
D'un soin cruel ma joie est ici combattue.

IPHIGÉNIE.

Hé! mon père, oubliez votre rang à ma vue.
Je prévois la rigueur d'un long éloignement.
N'osez-vous sans rougir être père un moment?
Vous n'avez devant vous qu'une jeune princesse
A qui j'avais pour moi vanté votre tendresse.
Cent fois lui promettant mes soins, votre bonté (1),
J'ai fait gloire à ses yeux de ma félicité.
Que va-t-elle penser de votre indifférence?
Ai-je flatté ses vœux d'une fausse espérance?
N'éclaircirez-vous point ce front chargé d'ennuis (2)?

AGAMEMNON.

Ah! ma fille!

IPHIGÉNIE.

Seigneur, poursuivez.

AGAMEMNON.

Je ne puis.

IPHIGÉNIE.

Périsse le Troyen auteur de nos alarmes!

AGAMEMNON.

Sa perte à ses vainqueurs coûtera bien des larmes.

IPHIGÉNIE.

Les dieux daignent surtout prendre soin de vos jours!

AGAMEMNON.

Les dieux depuis un temps me sont cruels et sourds.

(1) Cette bonté d'Iphigénie rend plus odieuses la jalousie et l'ingratitude de sa rivale.

(2) Vers aussi magnifique que touchant.

IPHIGÉNIE.
Calchas, dit-on, prépare un pompeux sacrifice.
AGAMEMNON.
Puissé-je auparavant fléchir leur injustice!
IPHIGÉNIE.
L'offrira-t-on bientôt?
AGAMEMNON.
Plus tôt que je ne veux.
IPHIGÉNIE.
Me sera-t-il permis de me joindre à vos vœux?
Verra-t-on à l'autel votre heureuse famille?
AGAMEMNON.
Hélas!
IPHIGÉNIE.
Vous vous taisez?
AGAMEMNON.
Vous y serez, ma fille (1).
Adieu.

SCÈNE III
IPHIGÉNIE, ÉRIPHILE, DORIS.
IPHIGÉNIE.
De cet accueil que dois-je soupçonner?
D'une secrète horreur je me sens frissonner.
Je crains, malgré moi-même, un malheur que j'ignore (2).
Justes dieux, vous savez pour qui je vous implore.
ÉRIPHILE.
Quoi! parmi tous les soins qui doivent l'accabler,
Quelque froideur suffit pour vous faire trembler?

(1) L'infortunée Iphigénie, par ses questions ingénues, ne cesse de retourner le poignard dans le cœur de son père, jusqu'à ce qu'enfin il laisse échapper ce mot déchirant, si bien mis en relief : *vous y serez, ma fille*.

Le père, vaincu par une douleur dont il ne peut trahir le secret, s'enfuit en laissant à sa pauvre enfant cette terrible parole pour adieu. Ce brusque départ, qui marque la limite des forces de la nature, est extrêmement dramatique; Racine le doit à son propre génie; car dans Euripide, Agamemnon, après avoir serré sa fille dans ses bras, et versé des larmes sur son infortune, la renvoie doucement dans sa tente, en restant lui-même sur la scène.

(2) Iphigénie exprime ici les inquiétudes que lui inspirent, d'un côté, l'accueil glacial de son père, et de l'autre, l'absence d'Achille; les vers sont beaux, mais la scène est languissante. Quant aux soupirs d'Ériphile, l'hypocrisie qui les arrache révolte le spectateur.

Hélas! à quels soupirs suis-je donc condamnée,
Moi qui, de mes parents toujours abandonnée,
Etrangère partout, n'ai pas même en naissant
Peut-être reçu d'eux un regard caressant!
Du moins, si vos respects sont rejetés d'un père,
Vous en pouvez gémir dans le sein d'une mère;
Et de quelque disgrâce enfin que vous pleuriez,
Quels pleurs par un amant ne sont point essuyés?

IPHIGÉNIE.

Je ne m'en défends point : mes pleurs, belle Eriphile,
Ne tiendraient pas longtemps contre les soins d'Achille;
Sa gloire, son amour, mon père, mon devoir,
Lui donnent sur mon âme un trop juste pouvoir.
Mais de lui-même ici que faut-il que je pense?
Cet amant, pour me voir brûlant d'impatience,
Que les Grecs de ces bords ne pouvaient arracher,
Qu'un père de si loin m'ordonne de chercher,
S'empresse-t-il assez pour jouir d'une vue
Qu'avec tant de transports je croyais attendue?
Pour moi, depuis deux jours qu'approchant de ces lieux
Leur aspect souhaité se découvre à nos yeux,
Je l'attendais partout; et d'un regard timide
Sans cesse parcourant les chemins de l'Aulide,
Mon cœur pour le chercher volait loin devant moi :
Et je demande Achille à tout ce que je voi.
Je viens, j'arrive enfin sans qu'il m'ait prévenue.
Je n'ai percé qu'à peine une foule inconnue;
Lui seul ne paraît point. Le triste Agamemnon
Semble craindre à mes yeux de prononcer son nom.
Que fait-il? qui pourra m'expliquer ce mystère?
Trouverai-je l'amant glacé comme le père?
Et les soins de la guerre auraient-ils en un jour
Eteint dans tous les cœurs la tendresse et l'amour?
Mais non: c'est l'offenser par d'injustes alarmes.
C'est à moi que l'on doit le secours de ses armes.
Il n'était point à Sparte entre tous ces amants
Dont le père d'Hélène a reçu les serments :
Lui seul de tous les Grecs maître de sa parole,
S'il part contre Ilion, c'est pour moi qu'il y vole (1);
Et satisfait d'un prix qui lui semble si doux,
Il veut même y porter le nom de mon époux.

(1) La fille d'Agamemnon sans doute se fait illusion, en attribuant à son seul amour la présence d'Achille au camp des Grecs, et sa participation à la guerre de Troie. Racine lui prête ces sentiments pour mieux établir l'intrigue de l'amour d'Achille.

SCÈNE IV

CLYTEMNESTRE, IPHIGÉNIE, ÉRIPHILE, DORIS.

CLYTEMNESTRE.

Ma fille, il faut partir sans que rien nous retienne,
Et sauver en fuyant votre gloire et la mienne.
Je ne m'étonne plus qu'interdit et distrait,
Votre père ait paru nous revoir à regret.
Aux affronts d'un refus craignant de vous commettre,
Il m'avait par Arcas envoyé cette lettre.
Arcas s'est vu trompé par notre égarement,
Et vient de me la rendre en ce même moment.
Sauvons, encor un coup, notre gloire offensée.
Pour votre hymen Achille a changé de pensée,
Et refusant l'honneur qu'on lui veut accorder,
Jusques à son retour il veut le retarder (1).

ÉRIPHILE.

Qu'entends-je?

CLYTEMNESTRE.

   Je vous vois rougir de cet outrage.
Il faut d'un noble orgueil armer votre courage.
Moi-même, de l'ingrat approuvant le dessein,
Je vous l'ai dans Argos présenté de ma main;
Et mon choix, que flattait le bruit de sa noblesse,
Vous donnait avec joie au fils d'une déesse.
Mais puisque désormais son lâche repentir
Dément le sang des dieux dont on le fait sortir,
Ma fille, c'est à nous de montrer qui nous sommes,
Et de ne voir en lui que le dernier des hommes (2).
Lui ferons-nous penser, par un plus long séjour,
Que vos vœux de son cœur attendent le retour?
Rompons avec plaisir un hymen qu'il diffère.
J'ai fait de mon dessein avertir votre père;
Je ne l'attends ici que pour m'en séparer;
Et pour ce prompt départ je vais tout préparer.

(A Eriphile.)

Je ne vous presse point, Madame, de nous suivre;
En de plus chères mains ma retraite vous livre.

---

(1) Cette nouvelle est comme un second coup de théâtre; c'est la lettre d'Agamemnon qui le produit. Arcas, de retour au camp, vient de la remettre à la reine, sans l'instruire cependant du danger que court sa fille.

(2) On reconnaît l'altière Clytemnestre à cette fierté de langage, et l'on comprend son indignation contre Achille.

De vos desseins secrets on est trop éclairci;
Et ce n'est pas Calchas que vous cherchez ici (1).

SCÈNE V
IPHIGÉNIE, ÉRIPHILE, DORIS.

IPHIGÉNIE.

En quel funeste état ces mots m'ont-ils laissée !
Pour mon hymen Achille a changé de pensée?
Il me faut sans honneur retourner sur mes pas,
Et vous cherchez ici quelque autre que Calchas (2)?

ÉRIPHILE.

Madame, à ces discours je ne puis rien comprendre.

IPHIGÉNIE.

Vous m'entendez assez, si vous voulez m'entendre.
Le sort injurieux me ravit un époux;
Madame, à mon malheur m'abandonnerez-vous?
Vous ne pouviez sans moi demeurer à Mycène;
Me verra-t-on sans vous partir avec la Reine?

ÉRIPHILE.

Je voulais voir Calchas avant que de partir.

IPHIGÉNIE.

Que tardez-vous, Madame, à le faire avertir?

ÉRIPHILE.

D'Argos, dans un moment, vous reprenez la route.

IPHIGÉNIE.

Un moment quelquefois éclaircit plus d'un doute.
Mais, Madame, je vois que c'est trop vous presser;
Je vois ce que jamais je n'ai voulu penser :
Achille.... Vous brûlez que je ne sois partie.

ÉRIPHILE.

Moi? vous me soupçonnez de cette perfidie (3)?
Moi, j'aimerais, Madame, un vainqueur furieux,
Qui toujours tout sanglant se présente à mes yeux,

---

(1) Cette apostrophe ironique et amère témoigne du dépit de la reine : elle a compris l'insinuation contenue dans le message d'Agamemnon.

(2) Iphigénie relève le mot final de Clytemnestre; elle en a saisi la portée terrible. Ses questions pressantes forceront l'ingrate Ériphile à se découvrir.

(3) Protestations hypocrites ! Iphigénie perce à jour ce cœur perfide : sa trop juste indignation éclate, et accable sa rivale des reproches les plus sanglants.

Qui, la flamme à la main, et de meurtres avide,
Mit en cendres Lesbos....

IPHIGÉNIE.

Oui, vous l'aimez, perfide!
Et ces mêmes fureurs que vous me dépeignez,
Ces bras que dans le sang vous avez vus baignés,
Ces morts, cette Lesbos, ces cendres, cette flamme,
Sont les traits dont l'amour l'a gravé dans votre âme;
Et loin d'en détester le cruel souvenir,
Vous vous plaisez encor à m'en entretenir.
Déjà plus d'une fois dans vos plaintes forcées
J'ai dû voir et j'ai vu le fond de vos pensées.
Mais toujours sur mes yeux ma facile bonté
A remis le bandeau que j'avais écarté.
Vous l'aimez. Que faisais-je? et quelle erreur fatale
M'a fait entre mes bras recevoir ma rivale?
Crédule, je l'aimais. Mon cœur même aujourd'hui
De son parjure amant lui promettait l'appui.
Voilà donc le triomphe où j'étais amenée.
Moi-même à votre char je me suis enchaînée.
Je vous pardonne, hélas! des vœux intéressés,
Et la perte d'un cœur que vous me ravissez.
Mais que, sans m'avertir du piège qu'on me dresse,
Vous me laissiez chercher jusqu'au fond de la Grèce
L'ingrat qui ne m'attend que pour m'abandonner,
Perfide, cet affront se peut-il pardonner (1)?

ÉRIPHILE.

Vous me donnez des noms qui doivent me surprendre,
Madame : on ne m'a pas instruite à les entendre;
Et les dieux, contre moi dès longtemps indignés,
A mon oreille encor les avaient épargnés.
Mais il faut des amants excuser l'injustice.
Et de quoi vouliez-vous que je vous avertisse?
Avez-vous pu penser qu'au sang d'Agamemnon
Achille préférât une fille sans nom,
Qui de tout son destin ce qu'elle a pu comprendre,
C'est qu'elle sort d'un sang qu'il brûle de répandre?

IPHIGÉNIE.

Vous triomphez, cruelle, et bravez ma douleur.
Je n'avais pas encor senti tout mon malheur;

(1) Voilà une tirade pleine de véhémence : mais cette véhémence même n'ôte-t-elle pas à la figure si douce et si gracieuse de notre héroïne ce charme de modestie et cette sérénité d'âme qu'on aime à voir en elle? L'Iphigénie d'Euripide n'a pas ces éclats ni ces troubles violents.

Et vous ne comparez votre exil et ma gloire
Que pour mieux relever votre injuste victoire.
Toutefois vos transports sont trop précipités.
Ce même Agamemnon à qui vous insultez,
Il commande à la Grèce, il est mon père, il m'aime,
Il ressent mes douleurs beaucoup plus que moi-même.
Mes larmes par avance avaient su le toucher ;
J'ai surpris ses soupirs qu'il me voulait cacher.
Hélas! de son accueil condamnant la tristesse,
J'osais me plaindre à lui de son peu de tendresse!

SCÈNE VI
ACHILLE, IPHIGÉNIE, ÉRIPHILE, DORIS.

ACHILLE.
Il est donc vrai, Madame, et c'est vous que je vois (1).
Je soupçonnais d'erreur tout le camp à la fois.
Vous en Aulide? Vous? Hé! qu'y venez-vous faire (2)?
D'où vient qu'Agamemnon m'assurait le contraire?

IPHIGÉNIE.
Seigneur, rassurez-vous. Vos vœux seront contents.
Iphigénie encor n'y sera pas longtemps (3).

SCÈNE VII
ACHILLE, ÉRIPHILE, DORIS.

ACHILLE.
Elle me fuit! Veillé-je? ou n'est-ce point un songe?
Dans quel trouble nouveau cette fuite me plonge!
Madame, je ne sais si sans vous irriter
Achille devant vous pourra se présenter ;
Mais si d'un ennemi vous souffrez la prière,

(1) Nouvelle surprise : Achille avait compris, par la réponse embarrassée d'Agamemnon, que le voyage d'Iphigénie n'était qu'une chimère ; il a fallu toute l'émotion du camp pour lui en apprendre la réalité ; aussitôt il accourt saluer sa fiancée.

(2) « Il semble que cette question froide et incivile ne soit placée là que pour amener la réponse très sèche d'Iphigénie. Si Achille avait débuté d'une manière plus tendre, Iphigénie n'aurait pu ni faire éclater son dépit, ni s'éloigner si brusquement. L'explication aurait eu lieu sur-le-champ, et l'auteur avait besoin de la reculer jusqu'au troisième acte. Quelque parfait que soit Racine, encore faut-il bien qu'on s'aperçoive qu'il est homme : on découvre quelques taches dans ses chefs-d'œuvre, mais ce sont de ces taches qu'Horace veut qu'on excuse comme échappées à la négligence et à la faiblesse humaine. » (GEOFFROY.)

(3) Victime comme Clytemnestre de la plus cruelle méprise, Iphigénie veut faire sentir à Achille, par le laconisme de sa réponse et par sa fière retraite, combien elle est blessée de ses froideurs.

Si lui-même souvent a plaint sa prisonnière,
Vous savez quel sujet conduit ici leurs pas ;
Vous savez....

ÉRIPHILE.

Quoi ! Seigneur, ne le savez-vous pas,
Vous qui, depuis un mois brûlant sur ce rivage,
Avez conclu vous-même et hâté leur voyage ?

ACHILLE.

De ce même rivage absent depuis un mois,
Je le revis hier pour la première fois.

ÉRIPHILE.

Quoi ! lorsque Agamemnon écrivait à Mycène,
Votre amour, votre main n'a pas conduit la sienne ?
Quoi ! vous, qui de sa fille adoriez les attraits....

ACHILLE.

Vous m'en voyez encor épris plus que jamais,
Madame ; et si l'effet eût suivi ma pensée,
Moi-même dans Argos je l'aurais devancée.
Cependant on me fuit. Quel crime ai-je commis (1) ?
Mais je ne vois partout que des yeux ennemis.
Que dis-je ? en ce moment Calchas, Nestor, Ulysse,
De leur vaine éloquence employant l'artifice,
Combattaient mon amour, et semblaient m'annoncer
Que, si j'en crois ma gloire, il y faut renoncer.
Quelle entreprise ici pourrait être formée ?
Suis-je, sans le savoir, la fable de l'armée ?
Entrons : c'est un secret qu'il leur faut arracher (2).

SCÈNE VIII
ÉRIPHILE, DORIS.

ÉRIPHILE.

Dieux, qui voyez ma honte, où me dois-je cacher ?

(1) Achille va de surprise en surprise ; la veille il a appris avec étonnement l'arrivée prochaine de sa fiancée ; le matin Agamemnon l'assure du contraire ; tout à coup l'émoi du camp lui annonce qu'Iphigénie est dans la tente de son père ; il se présente, et la fille d'Agamemnon s'enfuit en lui jetant avec humeur une parole pleine de reproche. Cependant Eriphile prétend que le voyage d'Iphigénie a été conclu et hâté par Achille lui-même ; Ulysse, de son côté, avec Nestor et Calchas, s'est employé toute la matinée à le faire renoncer à l'hymen qu'il poursuit. Achille commence enfin à soupçonner les intrigues qui se trament à son insu et contre lui : il entrevoit le ridicule de son rôle. On comprend ce que renferme de menaces et quels orages annonce ce mot familier, mais terrible :

Suis-je, sans le savoir, la fable de l'armée ?

(2) Baron, suivant Lemazurin, récitait ces trois derniers vers avec une indignation contenue, où perçaient l'ironie et le dédain.

ACTE II, SCÈNE VIII

Orgueilleuse rivale, on t'aime, et tu murmures ?
Souffrirai-je à la fois ta gloire et tes injures (1) ?
Ah ! plutôt.... Mais, Doris, ou j'aime à me flatter,
Ou sur eux quelque orage est tout prêt d'éclater.
J'ai des yeux. Leur bonheur n'est pas encor tranquille.
On trompe Iphigénie ; on se cache d'Achille ;
Agamemnon gémit. Ne désespérons point ;
Et si le sort contre elle à ma haine se joint,
Je saurai profiter de cette intelligence
Pour ne pas pleurer seule et mourir sans vengeance (2).

QUESTIONS SUR LE IIe ACTE.

Quels sont les faits qui se passent au 2d acte ?
Pourquoi le poète le commence-t-il par la confidence d'Eriphile ?
Montrez l'importance, les beautés et les défauts de cette scène ?
Infortunes d'Eriphile ; pourquoi se rend-elle odieuse ?
Quel accueil Agamemnon fait-il à sa fille ?
En quoi consiste la beauté de cette scène ?
Comparez cette scène avec la scène correspondante d'Euripide.
Quel est le mot sublime qui termine la scène de Racine ?
Quelles inquiétudes Iphigénie exprime-t-elle à Eriphile ?
Quelle nouvelle vient apporter Clytemnestre ?
Pourquoi songe-t-elle à repartir avec Iphigénie ?
Pourquoi Iphigénie éclate-t-elle en reproches contre Eriphile ?
Comment reçoit-elle Achille ?
Comment Achille s'aperçoit-il des intrigues dont il est le jouet ?
Quels sont les desseins d'Eriphile ?
Que se passe-t-il entre le 2d acte et le 3e ?
Beautés et défauts du 2d acte.

(1) Ce monologue ne montre pas Eriphile sous de belles couleurs ; son caractère odieux se dessine de plus en plus. La honte que lui cause sa propre malice est fugitive : l'ingrate n'écoute que son envie et sa haine ; elle se réjouit du trouble qui divise les cœurs, et son espoir est de *ne pas pleurer seule, de ne pas mourir sans vengeance*. Elle veut se venger, non pas du vainqueur qui la tient dans les fers, mais de sa bienfaitrice dont le bonheur la tourmente.

(2) Le second acte ne répond pas à la beauté du premier ; à part la scène touchante, imitée d'Euripide, où le père laisse entrevoir à sa fille le sort qui l'attend, l'action est lente, embarrassée, compliquée, assombrie par des révélations ou des explications pénibles ; le rôle d'Eriphile est odieux, celui d'Achille est peu digne ; Iphigénie elle-même perd de sa grâce, de sa noblesse et de sa vertu.

Pendant l'entr'acte, Achille cherche à éclaircir le mystère ; il va trouver Clytemnestre, l'assure de ses véritables dispositions, et lui persuade de retarder son départ.

ACTE TROISIÈME

Révélation du secret. — Vains efforts de Clytemnestre. — Lutte d'Iphigénie contre Achille.

SCÈNE I

AGAMEMNON, CLYTEMNESTRE.

CLYTEMNESTRE.

Oui, Seigneur, nous partions ; et mon juste courroux
Laissait bientôt Achille et le camp loin de nous.
Ma fille dans Argos courait pleurer sa honte.
Mais lui-même, étonné d'une fuite si prompte,
Par combien de serments, dont je n'ai pu douter,
Vient-il de me convaincre et de nous arrêter (1) !
Il presse cet hymen qu'on prétend qu'il diffère,
Et vous cherche, brûlant d'amour et de colère :
Prêt d'imposer silence à ce bruit imposteur,
Achille en veut connaître et confondre l'auteur.
Bannissez ces soupçons qui troublaient notre joie.

AGAMEMNON.

Madame, c'est assez. Je consens qu'on le croie.
Je reconnais l'erreur qui nous avait séduits,
Et ressens votre joie autant que je le puis (2).
Vous voulez que Calchas l'unisse à ma famille :
Vous pouvez à l'autel envoyer votre fille ;
Je l'attends. Mais avant que de passer plus loin,
J'ai voulu vous parler un moment sans témoin.
Vous voyez en quels lieux vous l'avez amenée :
Tout y ressent la guerre, et non point l'hyménée.
Le tumulte d'un camp, soldats et matelots,
Un autel hérissé de dards, de javelots,
Tout ce spectacle enfin, pompe digne d'Achille (3),

---

(1) Clytemnestre nous apprend dans ces vers les faits importants qui se sont passés pendant l'entr'acte. Déjà elle partait avec Iphigénie, quand Achille est venu l'arrêter, affirmant son amour et son désir de conclure une alliance qui lui est chère.

(2) Agamemnon continue à jouer son rôle équivoque ; il prétend avoir été trompé par un bruit imposteur, il feint de consentir à la cérémonie; il ne demande qu'une chose, c'est que Clytemnestre s'abstienne d'accompagner sa fille à l'autel.

(3) *Pompe digne d'Achille*, expression emphatique employée avec art, pour faire comprendre à la reine combien il est contraire à sa dignité de paraître dans une pareille assemblée.

ACTE III, SCÈNE I

Pour attirer vos yeux n'est point assez tranquille ;
Et les Grecs y verraient l'épouse de leur roi
Dans un état indigne et de vous et de moi (1).
M'en croirez-vous ? Laissez, de vos femmes suivie,
A cet hymen, sans vous, marcher Iphigénie.

CLYTEMNESTRE.

Qui ? moi ? que, remettant ma fille en d'autres bras,
Ce que j'ai commencé, je ne l'achève pas ?
Qu'après l'avoir d'Argos amenée en Aulide,
Je refuse à l'autel de lui servir de guide ?
Dois-je donc de Calchas être moins près que vous ?
Et qui présentera ma fille à son époux ?
Quelle autre ordonnera cette pompe sacrée ?

AGAMEMNON.

Vous n'êtes point ici dans le palais d'Atrée :
Vous êtes dans un camp.... (2)

CLYTEMNESTRE.

Où tout vous est soumis ;
Où le sort de l'Asie en vos mains est remis ;
Où je vois sous vos lois marcher la Grèce entière ;
Où le fils de Thétis va m'appeler sa mère.
Dans quel palais superbe et plein de ma grandeur
Puis-je jamais paraître avec plus de splendeur ?

AGAMEMNON.

Madame, au nom des dieux auteurs de notre race,
Daignez à mon amour accorder cette grâce.
J'ai mes raisons.

CLYTEMNESTRE.

Seigneur, au nom des mêmes dieux,
D'un spectacle si doux ne privez point mes yeux.
Daignez ne point ici rougir de ma présence.

AGAMEMNON.

J'avais plus espéré de votre complaisance.
Mais puisque la raison ne vous peut émouvoir,
Puisque enfin ma prière a si peu de pouvoir,
Vous avez entendu ce que je vous demande,

(1) Le motif qu'Agamemnon met en avant, est pris dans les mœurs antiques, très sévères sur le théâtre pour tout ce qui concernait la décence et la dignité de la femme. La réserve d'Achille vis-à-vis de Clytemnestre dans Euripide, en a fourni l'idée à Racine.

(2) Ces raisons sont bien futiles ; la reine n'a point de peine à les réfuter.

*Madame : je le veux, et je vous le commande.
Obéissez* (1).

SCÈNE II
CLYTEMNESTRE.

D'où vient que d'un soin si cruel
L'injuste Agamemnon m'écarte de l'autel ?
Fier de son nouveau rang, m'ose-t-il méconnaître ?
Me croit-il à sa suite indigne de paraître ?
Ou de l'empire encor timide possesseur,
N'oserait-il d'Hélène ici montrer la sœur ?
Et pourquoi me cacher ? et par quelle injustice
Faut-il que sur mon front sa honte rejaillisse ?
Mais n'importe : il le veut, et mon cœur s'y résout.
Ma fille, ton bonheur me console de tout.
Le ciel te donne Achille ; et ma joie est extrême
De t'entendre nommer.... (2) Mais le voici lui-même.

SCÈNE III
ACHILLE, CLYTEMNESTRE.

ACHILLE.

Tout succède, Madame, à mon empressement (3).
Le roi n'a point voulu d'autre éclaircissement ;

(1) Ne réussissant pas à convaincre, Agamemnon prie, enfin ordonne avec l'autorité souveraine de l'époux et du roi ; il se retire sans attendre de réplique.

(2) Clytemnestre obéit, quelque dur que soit le sacrifice. Une pensée l'adoucit, c'est le bonheur de sa fille, épouse bientôt du glorieux Achille. L'orgueil maternel est satisfait.

(3) Achille rentre triomphant : le roi d'Argos, qu'il vient de rencontrer, l'a salué son gendre ; Achille est encore dupe du perfide Agamemnon. Comment se laisse-t-il ainsi jouer par les premiers chefs de l'armée ? Calchas se vante déjà du succès que lui promet le grand sacrifice : il est sûr de sa victime, et cette victime est l'épouse qu'Achille doit conduire à son autel. Le rôle que le poète a fait au héros n'est guère digne de lui.

Dans Euripide, la situation d'Achille est beaucoup plus franche. Agamemnon s'est permis une seule fois d'abuser de son nom, pour faire venir sa fille sous le prétexte d'un hymen auquel le fils de Pélée n'a point pensé ; cet affront suffit pour le faire bondir d'indignation. Dans Racine, au contraire, Achille ne cesse d'être joué par Agamemnon, par Ulysse, par Nestor, par Calchas ; Clytemnestre et Iphigénie le croient infidèle ; enfin les nouvelles assurances du roi d'Argos ne sont qu'un piège pour sa crédulité ; son amour même est exploité pour la perte de sa fiancée. Il faut toute la grandeur d'Achille et tout l'art de Racine pour protéger le héros contre le ridicule d'une situation si équivoque.

La cause de toutes ces intrigues dont Achille est la victime, c'est l'amour que lui a prêté Racine ; dans Euripide, Achille n'est pas enchaîné par l'amour, son allure est plus libre et plus héroïque.

Il en croit mes transports; et sans presque m'entendre,
Il vient en m'embrassant de m'accepter pour gendre.
Il ne m'a dit qu'un mot. Mais vous a-t-il conté
Quel bonheur dans le camp vous avez apporté?
Les dieux vont s'apaiser. Du moins Calchas publie
Qu'avec eux dans une heure il nous réconcilie;
Que Neptune et les vents, prêts à nous exaucer,
N'attendent que le sang que sa main va verser.
Déjà dans les vaisseaux la voile se déploie,
Déjà sur sa parole ils se tournent vers Troie.
Pour moi, quoique le ciel, au gré de mon amour,
Dût encore des vents retarder le retour,
Que je quitte à regret la rive fortunée
Où je vais allumer les flambeaux d'hyménée;
Puis-je ne point chérir l'heureuse occasion
D'aller du sang troyen sceller notre union,
Et de laisser bientôt, sous Troie ensevelie,
Le déshonneur d'un nom à qui le mien s'allie (1)?

SCÈNE IV

ACHILLE, CLYTEMNESTRE, IPHIGÉNIE, ÉRIPHILE, DORIS, ÆGINE.

ACHILLE.

Princesse, mon bonheur ne dépend que de vous.
Votre père à l'autel vous destine un époux:
Venez-y recevoir un cœur qui vous adore.

IPHIGÉNIE.

Seigneur, il n'est pas temps que nous partions encore.
La reine permettra que j'ose demander
Un gage à votre amour, qu'il me doit accorder.
Je viens vous présenter une jeune princesse:
Le ciel a sur son front imprimé sa noblesse.
De larmes tous les jours ses yeux sont arrosés;
Vous savez ses malheurs, vous les avez causés.
Moi-même (où m'emportait une aveugle colère?)
J'ai tantôt, sans respect, affligé sa misère (2).

(1) Le langage d'Achille a toute la politesse de la cour de Louis XIV; les périodes arrondies tombent de ses lèvres avec l'élégance et l'harmonie qu'y mettrait un académicien. Ce n'est plus le héros dur, impétueux, affectueux quelquefois, mais toujours simple, qu'ont peint Homère et Euripide.

(2) Cette démarche d'Iphigénie révèle une bonté, une délicatesse admirable; elle oublie son bonheur pour ne penser qu'à réparer l'injure qu'elle croit avoir faite à Eriphile. Avec quelle chaleur elle plaide sa cause! quelle douceur, quelle harmonie dans les accents de sa prière!

Que ne puis-je aussi bien, par d'utiles secours,
Réparer promptement mes injustes discours?
Je lui prête ma voix, je ne puis davantage.
Vous seul pouvez, Seigneur, détruire votre ouvrage.
Elle est votre captive; et ses fers, que je plains,
Quand vous l'ordonnerez, tomberont de ses mains.
Commencez donc par là cette heureuse journée.
Qu'elle puisse à nous voir n'être plus condamnée.
Montrez que je vais suivre au pied de nos autels
Un roi qui, non content d'effrayer les mortels,
A des embrasements ne borne point sa gloire,
Laisse aux pleurs d'une épouse attendrir sa victoire,
Et par les malheureux quelquefois désarmé,
Sait imiter en tout les dieux qui l'ont formé.

ÉRIPHILE.

Oui, Seigneur, des douleurs soulagez la plus vive.
La guerre dans Lesbos me fit votre captive.
Mais c'est pousser trop loin ses droits injurieux,
Qu'y joindre le tourment que je souffre en ces lieux.

ACHILLE.

Vous, Madame?

ÉRIPHILE.

Oui, Seigneur; et sans compter le reste,
Pouvez-vous m'imposer une loi plus funeste
Que de rendre mes yeux les tristes spectateurs
De la félicité de mes persécuteurs?
J'entends de toutes parts menacer ma patrie;
Je vois marcher contre elle une armée en furie;
Je vois déjà l'hymen, pour mieux me déchirer,
Mettre en vos mains le feu qui la doit dévorer.
Souffrez que, loin du camp et loin de votre vue,
Toujours infortunée et toujours inconnue,
J'aille cacher un sort si digne de pitié,
Et dont mes pleurs encor vous taisent la moitié.

ACHILLE.

C'est trop, belle princesse. Il ne faut que nous suivre.
Venez, qu'aux yeux des Grecs Achille vous délivre;
Et que le doux moment de ma félicité
Soit le moment heureux de votre liberté.

SCÈNE V

CLYTEMNESTRE, ACHILLE, IPHIGÉNIE, ÉRIPHILE,
ARCAS, ÆGINE, DORIS.

ARCAS.

Madame, tout est prêt pour la cérémonie.
Le roi près de l'autel attend Iphigénie;
Je viens la demander. Ou plutôt contre lui,
Seigneur, je viens pour elle implorer votre appui.

ACHILLE.

Arcas, que dites-vous?

CLYTEMNESTRE.

Dieux! que vient-il m'apprendre?

ARCAS, *à Achille.*

Je ne vois plus que vous qui la puisse défendre (1).

ACHILLE.

Contre qui?

ARCAS.

Je le nomme et l'accuse à regret.
Autant que je l'ai pu, j'ai gardé son secret :
Mais le fer, le bandeau, la flamme est toute prête.
Dût tout cet appareil retomber sur ma tête,
Il faut parler.

CLYTEMNESTRE.

Je tremble. Expliquez-vous, Arcas.

ACHILLE.

Qui que ce soit, parlez, et ne le craignez pas.

ARCAS.

Vous êtes son amant; et vous êtes sa mère :
Gardez-vous d'envoyer la princesse à son père.

CLYTEMNESTRE.

Pourquoi le craindrons-nous?

ACHILLE.

Pourquoi m'en défier?

ARCAS.

Il l'attend à l'autel pour la sacrifier (2).

(1) La grammaire demande aujourd'hui : *que vous qui la* puissiez *défendre*.

(2) C'est le grand secret qui éclate ; la foudre, en déchirant la nue, ne produit pas une stupeur, un effarement plus terrible. « Quel coup de théâtre et quelle foule d'impressions il produit à la fois sur une mère, sur

ACHILLE.

Lui!

CLYTEMNESTRE.

Sa fille!

IPHIGÉNIE.

Mon père!

ÉRIPHILE.

O ciel! quelle nouvelle!

ACHILLE.

Quelle aveugle fureur pourrait l'armer contre elle?
Ce discours sans horreur se peut-il écouter?

ARCAS.

Ah! Seigneur, plût au ciel que je pusse en douter!
Par la voix de Calchas l'oracle la demande;
De toute autre victime il refuse l'offrande;
Et les dieux, jusque-là protecteurs de Pâris,
Ne nous promettent Troie et les vents qu'à ce prix.

CLYTEMNESTRE.

Les dieux ordonneraient un meurtre abominable?

IPHIGÉNIE.

Ciel! pour tant de rigueur, de quoi suis-je coupable?

CLYTEMNESTRE.

Je ne m'étonne plus de cet ordre cruel
Qui m'avait interdit l'approche de l'autel.

IPHIGÉNIE, *à Achille.*

Et voilà donc l'hymen où j'étais destinée!

ARCAS.

Le roi, pour vous tromper, feignait cet hyménée.
Tout le camp même encore est trompé comme vous.

CLYTEMNESTRE.

Seigneur, c'est donc à moi d'embrasser vos genoux (1).

sa fille, sur un amant, sur une rivale! Combien de cris divers s'élèvent à même temps! *Lui! Sa fille! Mon père!* et la joie cruelle d'Ériphile, qui dit à part : *O ciel! quelle nouvelle!* forme le contraste de ce tableau désolation. Voltaire cite ce coup de théâtre comme le plus beau qu'il connaisse. Dans Euripide, cette nouvelle foudroyante n'est apportée que devant Clytemnestre et Achille : dans Racine, c'est devant Clytemnestre, Achille Iphigénie, Eriphile : c'est au moment d'aller à l'autel que se prononcent mots : *Il l'attend à l'autel pour la sacrifier.* » (LA HARPE.)

(1) L'amour maternel jette la fière Clytemnestre aux pieds d'Achille; ainsi Andromaque, par un héroïsme plus touchant encore, tombait aux genoux

ACTE III, SCÈNE V

ACHILLE, *la relevant.*

Ah! Madame.

CLYTEMNESTRE.

Oubliez une gloire importune ;
Ce triste abaissement convient à ma fortune.
Heureuse si mes pleurs vous peuvent attendrir,
Une mère à vos pieds peut tomber sans rougir.
C'est votre épouse, hélas! qui vous est enlevée ;
Dans cet heureux espoir je l'avais élevée.
C'est vous que nous cherchions sur ce funeste bord ;
Et votre nom, Seigneur, l'a conduite à la mort.
Ira-t-elle, des dieux implorant la justice,
Embrasser leurs autels parés pour son supplice?
Elle n'a que vous seul. Vous êtes en ces lieux
Son père, son époux, son asile, ses dieux.
Je lis dans vos regards la douleur qui vous presse.
Auprès de votre époux, ma fille, je vous laisse.
Seigneur, daignez m'attendre, et ne la point quitter.
A mon perfide époux je cours me présenter.
Il ne soutiendra point la fureur qui m'anime.
Il faudra que Calchas cherche une autre victime.
Ou, si je ne vous puis dérober à leurs coups,
Ma fille, ils pourront bien m'immoler avant vous (1).

Pyrrhus, son farouche oppresseur. Racine a trouvé dans son modèle cette situation pathétique :
« CLYT. Non, je ne rougirai pas, simple mortelle, de tomber à tes genoux, ô fils d'une déesse ; car pourquoi serais-je fière ? quel intérêt plus cher pourrais-je avoir que celui de ma fille ? Oh ! secours-moi, ô rejeton des dieux, dans ma détresse ; secours celle qu'on a nommée ta fiancée, faussement, il est vrai ; mais enfin elle a porté ce titre. Pour toi je l'avais couronnée ; pour toi je l'ai amenée, comme pour un hymen : et maintenant c'est à la mort que je la conduis ! c'est sur toi qu'en rejaillira la honte, si tu ne prends sa défense.... Je t'en conjure, par cette main que je touche, par ta main chérie, sauve-la ; car c'est ton nom qui m'a perdue ; il faut sauver l'honneur de ton nom. Je n'ai d'autre autel, d'autre asile que tes genoux, pas un ami n'est près de moi. Tu entends le cruel, l'abominable projet d'Agamemnon : et me voici, tu le vois, faible femme, au milieu de guerriers farouches, hardis au mal, bons cependant s'ils veulent l'être. Ose seulement étendre sur moi ta main, nous sommes sauvées, sinon, nous sommes perdues. — LE CHŒUR. Chose étrange que l'amour maternel ! une mère endure tout pour ses enfants. » (V. 891-910.)
« Il y a plus de simplicité, de naturel et d'abandon dans le poète grec... ; mais il y a plus de noblesse, plus de goût et de précision dans le poète français. Clytemnestre n'est qu'une mère chez Euripide : c'est aussi une reine chez Racine ; et jusque dans son abaissement, elle conserve sa dignité. » (GEOFFROY.)

(1) Clytemnestre déploie dans cette situation critique toute l'activité de

SCÈNE VI

ACHILLE, IPHIGÉNIE.

ACHILLE.

Madame, je me tais et demeure immobile.
Est-ce à moi que l'on parle? et connaît-on Achille?
Une mère pour vous croit devoir me prier!
Une reine à mes pieds se vient humilier!
Et me déshonorant par d'injustes alarmes,
Pour attendrir mon cœur on a recours aux larmes!
Qui doit prendre à vos jours plus d'intérêt que moi?
Ah! sans doute, on s'en peut reposer sur ma foi.
L'outrage me regarde; et quoi qu'on entreprenne,
Je réponds d'une vie où j'attache la mienne.
Mais ma juste douleur va plus loin m'engager.
C'est peu de vous défendre, et je cours vous venger,
Et punir à la fois le cruel stratagème
Qui s'ose de mon nom armer contre vous-même (1).

IPHIGÉNIE.

Ah! demeurez, Seigneur, et daignez m'écouter.

ACHILLE.

Quoi! Madame, un barbare osera m'insulter?
Il voit que de sa sœur je cours venger l'outrage;
Il sait que, le premier lui donnant mon suffrage,
Je le fis nommer chef de vingt rois ses rivaux;
Et pour fruit de mes soins, pour fruit de mes travaux,
Pour tout le prix enfin d'une illustre victoire
Qui le doit enrichir, venger, combler de gloire,
Content et glorieux du nom de votre époux,

---

l'amour maternel et toute l'énergie de son caractère. Andromaque a les mêmes élans, les mêmes angoisses, mais elle est veuve, elle est captive; son caractère et sa situation demandent plus de réserve.

La femme d'Agamemnon sent qu'elle a dans sa dignité de reine et dans l'impétuosité de sa nature, de quoi épouvanter le père barbare qui veut lui arracher sa fille. Elle court sans craindre le danger, décidée à se laisser tuer elle-même, plutôt que de livrer Iphigénie. En attendant, elle confie sa fille au vaillant héros, que son honneur et son amour intéressent également à sa défense.

(1) Achille se relève, il reparaît avec la noblesse de son caractère et la fougue de son courage; sa conduite, désormais, se résume dans ces beaux vers où il jure de venger Iphigénie et de se venger lui-même. Le magnifique discours qui va suivre n'est que le développement de cette double pensée.

Je ne lui demandais que l'honneur d'être à vous (1).
Cependant aujourd'hui, sanguinaire, parjure,
C'est peu de violer l'amitié, la nature,
C'est peu que de vouloir, sous un couteau mortel,
Me montrer votre cœur fumant sur un autel :
D'un appareil d'hymen couvrant ce sacrifice,
Il veut que ce soit moi qui vous mène au supplice?
Que ma crédule main conduise le couteau?
Qu'au lieu de votre époux je sois votre bourreau?
Et quel était pour vous ce sanglant hyménée,
Si je fusse arrivé plus tard d'une journée?
Quoi donc! à leur fureur livrée en ce moment,
Vous iriez à l'autel me chercher vainement;
Et d'un fer imprévu vous tomberiez frappée,
En accusant mon nom qui vous aurait trompée?
Il faut de ce péril, de cette trahison,
Aux yeux de tous les Grecs lui demander raison.
A l'honneur d'un époux vous-même intéressée,
Madame, vous devez approuver ma pensée.
Il faut que le cruel qui m'a pu mépriser
Apprenne de quel nom il osait abuser.

IPHIGÉNIE.

Hélas! si vous m'aimez, si pour grâce dernière
Vous daignez d'une amante écouter la prière,
C'est maintenant, Seigneur, qu'il faut me le prouver.
Car enfin ce cruel que vous allez braver,
Cet ennemi barbare, injuste, sanguinaire,
Songez, quoi qu'il ait fait, songez qu'il est mon père (2).

ACHILLE.

Lui, votre père? après cet horrible dessein,

(1) « Ce vers est peut-être celui de la pièce où Racine s'est le plus écarté des mœurs antiques. Ce n'est plus ici l'Achille d'Homère, c'est un courtisan de la cour de Louis XIV. Jamais, chez les Grecs, un guerrier ne parle de l'honneur d'appartenir à une femme. C'est une faute, sans doute; mais aussi par combien de beautés elle est rachetée! et dans le reste de la scène, on reconnaît assez Achille à son orgueil et à ses emportements. » (AIMÉ-MARTIN.)

(2) Nous voyons apparaître l'héroïsme de la piété filiale. Iphigénie, sous le coup terrible qui la menace, oublie le danger de sa vie et ne pense qu'à l'honneur de son père. Ce doux et saint nom de père lui est cher avant toute chose; elle ne peut le laisser outrager sans douleur, elle proteste contre les noms odieux qu'une trop juste indignation vient d'arracher à son unique défenseur, elle excuse l'acte inhumain dont elle doit être victime; elle plaint Agamemnon d'être réduit à une nécessité si terrible.

Ce plaidoyer sublime de la tendresse filiale appartient en entier à Racine : dans Euripide, Iphigénie est absente, lorsque sa mère, informée de l'affreuse nouvelle, implore l'appui d'Achille.

Je ne le connais plus que pour votre assassin.

IPHIGÉNIE.

C'est mon père, Seigneur, je vous le dis encore,
Mais un père que j'aime, un père que j'adore,
Qui me chérit lui-même, et dont jusqu'à ce jour
Je n'ai jamais reçu que des marques d'amour.
Mon cœur, dans ce respect élevé dès l'enfance,
Ne peut que s'affliger de tout ce qui l'offense.
Et loin d'oser ici, par un prompt changement,
Approuver la fureur de votre emportement,
Loin que par mes discours je l'attise moi-même,
Croyez qu'il faut aimer autant que je vous aime,
Pour avoir pu souffrir tous les noms odieux
Dont votre amour le vient d'outrager à mes yeux.
Et pourquoi voulez-vous qu'inhumain et barbare
Il ne gémisse pas du coup qu'on me prépare?
Quel père de son sang se plaît à se priver?
Pourquoi me perdrait-il, s'il pouvait me sauver?
J'ai vu, n'en doutez point, ses larmes se répandre.
Faut-il le condamner avant que de l'entendre?
Hélas! de tant d'horreurs son cœur déjà troublé
Doit-il de votre haine être encore accablé?

ACHILLE.

Quoi, Madame! parmi tant de sujets de crainte,
Ce sont là les frayeurs dont vous êtes atteinte?
Un cruel (comment puis-je autrement l'appeler?)
Par la main de Calchas s'en va vous immoler;
Et lorsqu'à sa fureur j'oppose ma tendresse,
Le soin de son repos est le seul qui vous presse?
On me ferme la bouche? on l'excuse? on le plaint?
C'est pour lui que l'on tremble, et c'est moi que l'on craint!
Triste effet de mes soins! est-ce donc là, Madame,
Tout le progrès qu'Achille avait fait dans votre âme (1)?

IPHIGÉNIE.

Ah, cruel! cet amour, dont vous voulez douter,
Ai-je attendu si tard pour le faire éclater (2)?
Vous voyez de quel œil et comme indifférente

---

(1) Cette lutte, qui fait tant d'honneur à Iphigénie, en fait moins à Achille; son caractère ne peut sortir qu'amoindri d'une situation si délicate où les lois de la galanterie lui imposent une déférence et un langage nullement homériques.

(2) Ici encore on peut regretter que le poète ait prêté à la douce et aimable Iphigénie des paroles trop ardentes et trop passionnées.

J'ai reçu de ma mort la nouvelle sanglante.
Je n'en ai point pâli. Que n'avez-vous pu voir
A quel excès tantôt allait mon désespoir,
Quand, presque en arrivant, un récit peu fidèle
M'a de votre inconstance annoncé la nouvelle!
Quel trouble! quel torrent de mots injurieux
Accusait à la fois les hommes et les dieux!
Ah! que vous auriez vu, sans que je vous le die,
De combien votre amour m'est plus cher que ma vie (1)!
Qui sait même, qui sait si le ciel irrité
A pu souffrir l'excès de ma félicité?
Hélas! il me semblait qu'une flamme si belle
M'élevait au-dessus du sort d'une mortelle.

ACHILLE.

Ah! si je vous suis cher, ma princesse, vivez.

SCÈNE VII

CLYTEMNESTRE, IPHIGÉNIE, ACHILLE, ÆGINE.

CLYTEMNESTRE.

Tout est perdu, Seigneur, si vous ne nous sauvez (2).
Agamemnon m'évite, et craignant mon visage,
Il me fait de l'autel refuser le passage.
Des gardes, que lui-même a pris soin de placer,
Nous ont de toutes parts défendu de passer.
Il me fuit. Ma douleur étonne son audace.

ACHILLE.

Eh bien! c'est donc à moi de prendre votre place.
Il me verra, Madame; et je vais lui parler.

IPHIGÉNIE.

Ah! Madame.... ah! Seigneur, où voulez-vous aller?

ACHILLE.

Et que prétend de moi votre injuste prière?
Vous faudra-t-il toujours combattre la première?

CLYTEMNESTRE.

Quel est votre dessein, ma fille?

(1) Les quatre vers qui précèdent ont été supprimés dans l'édition de 1697. Peut-être que Racine les a trouvés excessifs pour le caractère d'Iphigénie.

(2) Cette annonce désespérée échauffe l'action : le péril approche et grandit à chaque scène. Achille n'attendait qu'un signe ; il s'élance avec l'impétuosité qu'il déploiera plus tard, quand il s'agira de venger Patrocle. Ce mot si simple : *il me verra*, est terrible dans la bouche d'Achille.

IPHIGÉNIE.

Au nom des dieux,
Madame, retenez un amant furieux.
De ce triste entretien détournons les approches.
Seigneur, trop d'amertume aigrirait vos reproches.
Je sais jusqu'où s'emporte un amant irrité;
Et mon père est jaloux de son autorité.
On ne connaît que trop la fierté des Atrides.
Laissez parler, Seigneur, des bouches plus timides.
Surpris, n'en doutez point, de mon retardement,
Lui-même il me viendra chercher dans un moment :
Il entendra gémir une mère oppressée;
Et que ne pourra point m'inspirer la pensée
De prévenir les pleurs que vous verseriez tous,
D'arrêter vos transports, et de vivre pour vous (1)?

ACHILLE.

Enfin, vous le voulez. Il faut donc vous complaire (2).
Donnez-lui l'une et l'autre un conseil salutaire.
Rappelez sa raison, persuadez-le bien,
Pour vous, pour mon repos, et surtout pour le sien.
Je perds trop de moments en des discours frivoles :
Il faut des actions, et non pas des paroles (3).

(*A Clytemnestre.*)

Madame, à vous servir je vais tout disposer.
Dans votre appartement allez vous reposer (4).
Votre fille vivra, je puis vous le prédire.
Croyez du moins, croyez que, tant que je respire,
Les dieux auront en vain ordonné son trépas (5).
Cet oracle est plus sûr que celui de Calchas (6).

(1) Dans Euripide, c'est Achille qui, de lui-même, donne à la reine le conseil prudent de ne pas recourir à son intervention, avant d'avoir essayé de persuader Agamemnon.

(2) Un mot d'Iphigénie arrête le fougueux héros : c'est dans les mœurs du XVIIe siècle. Homère et Euripide n'auraient pas cru pouvoir enchaîner si facilement ce torrent impétueux.

(3) Vers digne d'Achille : on sent l'impatience d'un courage qui ne peut tenir en place.

(4) Cette invitation au repos n'est guère de saison dans un moment si critique, lorsque Clytemnestre peut se voir arracher sa fille par de farouches soldats. Achille, sans doute, promet d'agir; mais quelle garde laisse-t-il autour d'Iphigénie ?

(5) Ces bravades impies seraient plutôt dans le caractère d'Ajax : l'Achille d'Homère est plus respectueux envers les dieux.

(6) Le 3e acte renferme deux scènes de premier ordre : la 5e, où Arcas vient découvrir le dessein sanguinaire d'Agamemnon, et la 6e, où Iphigénie

QUESTIONS SUR LE IIIe ACTE.

Quels faits se passent pendant le 3e acte ?
Comment Agamemnon obtient-il que Clytemnestre n'accompagne point sa fille à l'autel ?
Comment la mère se console-t-elle de ce sacrifice ?
Comment Achille est-il trompé de nouveau par Agamemnon ?
Quelle est la conduite d'Iphigénie envers Eriphile ?
Pourquoi Arcas se présente-t-il devant la reine ?
Quel secret révèle-t-il ? Quel effet produit cette révélation ?
Quelle est la conduite de Clytemnestre à cette terrible nouvelle ?
Quel est le dessein d'Achille ?
Comment Iphigénie cherche-t-elle à calmer le héros ?
Achille, dans cette lutte, reste-t-il conforme au type d'Homère ?
Pourquoi Clytemnestre revient-elle ?
Que conseille Achille aux princesses ? que fera-t-il lui-même ?
Quelles sont les deux plus belles scènes du 3e acte ?

ACTE QUATRIÈME

La lutte : prière d'Iphigénie, invectives de Clytemnestre ; querelle d'Agamemnon et d'Achille.

SCÈNE I

ÉRIPHILE, DORIS.

DORIS.

Ah ! que me dites-vous ? quelle étrange manie
Vous peut faire envier le sort d'Iphigénie ?
Dans une heure elle expire. Et jamais, dites-vous,
Vos yeux de son bonheur ne furent plus jaloux.
Qui le croira, Madame ? et quel cœur si farouche....

ÉRIPHILE.

Jamais rien de plus vrai n'est sorti de ma bouche.
Jamais de tant de soins mon esprit agité
Ne porta plus d'envie à sa félicité.
Favorables périls ! espérance inutile !

---

plaide la cause de son père. Depuis la révélation d'Arcas, l'action est entrée dans une voie plus dramatique ; les caractères de Clytemnestre et d'Iphigénie se sont admirablement développés : Achille, un moment sublime, a été trop doucereux et peu antique. Enfin l'acte se termine dans une attente assez vive, bien que le repos où se renferment la reine et sa fille, semble indiquer un danger peu imminent, ou témoigne d'une sécurité trop imprudente.

N'as-tu pas vu sa gloire et le trouble d'Achille?
J'en ai vu, j'en ai fui les signes trop certains.
Ce héros, si terrible au reste des humains,
Qui ne connaît de pleurs que ceux qu'il fait répandre,
Qui s'endurcit contre eux dès l'âge le plus tendre,
Et qui, si l'on nous fait un fidèle discours,
Suça même le sang des lions et des ours,
Pour elle de la crainte a fait l'apprentissage :
Elle l'a vu pleurer et changer de visage.
Et tu la plains, Doris? Par combien de malheurs
Ne lui voudrais-je point disputer de tels pleurs?
Quand je devrais comme elle expirer dans une heure.... (1)
Mais que dis-je, expirer? ne crois pas qu'elle meure.
Dans un lâche sommeil crois-tu qu'enseveli
Achille aura pour elle impunément pâli (2) ?
Achille à son malheur saura bien mettre obstacle.
Tu verras que les dieux n'ont dicté cet oracle
Que pour croître à la fois sa gloire et mon tourment,
Et la rendre plus belle aux yeux de son amant.
Hé quoi! ne vois-tu pas tout ce qu'on fait pour elle?
On supprime des dieux la sentence mortelle;
Et quoique le bûcher soit déjà préparé,
Le nom de la victime est encore ignoré :
Tout le camp n'en sait rien. Doris, à ce silence,
Ne reconnais-tu pas un père qui balance?
Et que fera-t-il donc? Quel courage endurci
Soutiendrait les assauts qu'on lui prépare ici :
Une mère en fureur, les larmes d'une fille,
Les cris, le désespoir. de toute une famille,
Le sang à ces objets facile à s'ébranler,
Achille menaçant, tout prêt à l'accabler?
Non, te dis-je, les dieux l'ont en vain condamnée :

(1) Ce discours met à nu le hideux état et le supplice cruel d'un cœur dévoré par l'envie. Eriphile est bien la personnification de cette *Envie* « qui verse son venin autour d'elle, et qui se tourne en rage, dans l'impuissance où elle est de nuire. » (FÉNELON, *Télémaque*, l. XIV.) Racine excelle dans ces peintures éloquentes de l'âme en proie aux tourments d'un amour coupable.

Le poète, à coup sûr, s'est montré peintre sublime ; mais ces noires confidences ne nuisent-elles pas à l'intérêt dramatique ? Euripide a l'avantage incomparable d'une impression unique, tendre, émouvante, profonde, qui augmente jusqu'au dénoûment.

(2) « *Impunément pâli !* Quelle énergie et quelle originalité d'expression ! Et tout ce rôle d'Eriphile est écrit avec la même force, et rempli de traits semblables. Racine n'a rien écrit de plus parfait dans l'expression des sentiments amers et violents. » (LA HARPE.)

ACTE IV, SCÈNE II

Je suis et je serai la seule infortunée.
Ah! si je m'en croyais....

DORIS.

Quoi! que méditez-vous?

ÉRIPHILE.

Je ne sais qui m'arrête et retient mon courroux,
Que, par un prompt avis de tout ce qui se passe,
Je ne coure des dieux divulguer la menace,
Et publier partout les complots criminels
Qu'on fait ici contre eux et contre leurs autels.

DORIS.

Ah! quel dessein, Madame!

ÉRIPHILE.

Ah! Doris, quelle joie!
Que d'encens brûlerait dans les temples de Troie,
Si, troublant tous les Grecs, et vengeant ma prison,
Je pouvais contre Achille armer Agamemnon;
Si leur haine, de Troie oubliant la querelle,
Tournait contre eux le fer qu'ils aiguisent contre elle,
Et si dans tout le camp mes avis dangereux
Faisaient à ma patrie un sacrifice heureux!

DORIS.

J'entends du bruit. On vient : Clytemnestre s'avance.
Remettez-vous, Madame, ou fuyez sa présence.

ÉRIPHILE.

Rentrons (1). Et pour troubler un hymen odieux,
Consultons des fureurs qu'autorisent les dieux (2).

SCÈNE II

CLYTEMNESTRE, ÆGINE.

CLYTEMNESTRE.

Ægine, tu le vois, il faut que je la fuie.
Loin que ma fille pleure et tremble pour sa vie,
Elle excuse son père, et veut que ma douleur
Respecte encor la main qui lui perce le cœur.

---

(1) Pourquoi cette rentrée subite? pourquoi Eriphile a-t-elle paru sur la scène? Uniquement pour faire au spectateur, plus encore qu'à Doris, la confidence de ses chagrins et de son projet criminel. Racine a voulu préparer son atroce perfidie : la raison n'est guère suffisante.

(2) Le départ d'Eriphile laisse la scène vide ; faute bien rare dans Racine. (Cf. *Mithridate*, acte II, sc. 1.)

O constance! ô respect! pour prix de sa tendresse,
Le barbare à l'autel se plaint de sa paresse.
Je l'attends. Il viendra m'en demander raison,
Et croit pouvoir encor cacher sa trahison.
Il vient. Sans éclater contre son injustice,
Voyons s'il soutiendra son indigne artifice.

SCÈNE III
AGAMEMNON, CLYTEMNESTRE, ÆGINE.

AGAMEMNON.

Que faites-vous, Madame (1)? et d'où vient que ces lieux
N'offrent point avec vous votre fille à mes yeux?
Mes ordres par Arcas vous l'avaient demandée.
Qu'attend-elle? Est-ce vous qui l'avez retardée?
A mes justes désirs ne vous rendez-vous pas?
Ne peut-elle à l'autel marcher que sur vos pas?
Parlez.

CLYTEMNESTRE.

S'il faut partir, ma fille est toute prête.
Mais vous, n'avez-vous rien, Seigneur, qui vous arrête?

AGAMEMNON.

Moi, Madame?

CLYTEMNESTRE.

Vos soins ont-ils tout préparé?

AGAMEMNON.

Calchas est prêt, Madame, et l'autel est paré.
J'ai fait ce que m'ordonne un devoir légitime.

CLYTEMNESTRE.

Vous ne me parlez point, Seigneur, de la victime.

AGAMEMNON.

Que me voulez-vous dire? et de quel soin jaloux.... (2)

---

(1) Cette arrivée d'Agamemnon est parfaitement justifiée par la lenteur qu'a mise Clytemnestre à obéir à ses ordres. « C'est une idée très heureuse dans le plan de Racine d'avoir tout arrangé de manière qu'Agamemnon soit obligé de venir chercher Iphigénie. » (LA HARPE.)

(2) Cette scène glaciale tient le spectateur dans une attente anxieuse, grâce aux réticences réciproques du roi et de la reine. Clytemnestre agit avec un sang-froid calculé; son ironie, trop bien comprise d'Agamemnon, lui perce le cœur. « Rien ne fait jamais au théâtre plus grand effet que des personnages qui renferment d'abord leur douleur dans le fond de leur âme, et qui laissent ensuite éclater tous les sentiments qui les déchirent. » (VOLT.)

SCÈNE IV

AGAMEMNON, CLYTEMNESTRE, IPHIGÉNIE, ÆGINE.

CLYTEMNESTRE.

Venez, venez, ma fille, on n'attend plus que vous;
Venez remercier un père qui vous aime,
Et qui veut à l'autel vous conduire lui-même.

AGAMEMNON.

Que vois-je? quel discours! Ma fille, vous pleurez,
Et baissez devant moi vos yeux mal assurés.
Quel trouble! Mais tout pleure, et la fille, et la mère.
Ah! malheureux Arcas, tu m'as trahi (1).

IPHIGÉNIE.

Mon père,
Cessez de vous troubler, vous n'êtes point trahi.
Quand vous commanderez, vous serez obéi (2).
Ma vie est votre bien. Vous voulez le reprendre :
Vos ordres sans détour pouvaient se faire entendre.
D'un œil aussi content, d'un cœur aussi soumis
Que j'acceptais l'époux que vous m'aviez promis,
Je saurai, s'il le faut, victime obéissante,
Tendre au fer de Calchas une tête innocente,
Et respectant le coup par vous-même ordonné,
Vous rendre tout le sang que vous m'avez donné.
Si pourtant ce respect, si cette obéissance
Paraît digne à vos yeux d'une autre récompense,
Si d'une mère en pleurs vous plaignez les ennuis,
J'ose vous dire ici qu'en l'état où je suis,

---

(1) La situation ne saurait être plus tragique. En voyant les larmes jaillir en même temps des yeux de la mère et de la fille, Agamemnon a compris que la dissimulation n'est plus possible ; il se trouble à son tour. C'est alors que, par un effort sublime de délicatesse filiale, Iphigénie la première prend la parole, pour rassurer son père par l'offrande résignée de sa vie.

(2) Les traits les plus touchants de ce magnifique discours sont empruntés à Euripide, ceux du moins qui sont inspirés par l'amour de la vie et par la tendresse filiale. L'expression de ces sentiments, ici comme ailleurs, est plus pathétique dans le poète grec, parce qu'elle est plus naïve et plus simple. Mais ce qui donne à l'Iphigénie de Racine une supériorité incontestable, c'est la sublimité chrétienne de sa résignation. Elle commence par là : si ensuite elle cherche à attendrir le cœur d'Agamemnon, en lui rappelant les douces joies de son enfance auprès d'un père chéri, c'est moins pour se dérober à la mort que pour prévenir les pleurs d'une mère et d'un héros dont elle ose timidement invoquer l'amour. « Ce nouveau genre de beauté est dû évidemment à l'influence de notre morale religieuse. On en retrouve l'empreinte dans tous les ouvrages de Racine ; mais cette scène est un des exemples les plus dignes d'être remarqués. » (AIMÉ-MARTIN.)

Peut-être assez d'honneurs environnaient ma vie
Pour ne pas souhaiter qu'elle me fût ravie,
Ni qu'en me l'arrachant un sévère destin
Si près de ma naissance en eût marqué la fin.
*Fille d'Agamemnon, c'est moi qui la première,
Seigneur, vous appelai de ce doux nom de père* (1);
C'est moi qui, si longtemps le plaisir de vos yeux,
Vous ai fait de ce nom remercier les dieux,
Et pour qui tant de fois, prodiguant vos caresses,
Vous n'avez point du sang dédaigné les faiblesses.
Hélas! avec plaisir je me faisais compter
Tous les noms des pays que vous allez dompter;
Et déjà d'Ilion présageant la conquête,
D'un triomphe si beau je préparais la fête.
Je ne m'attendais pas que, pour le commencer,
Mon sang fût le premier que vous dussiez verser.
  Non que la peur du coup dont je suis menacée
Me fasse rappeler votre bonté passée.
Ne craignez rien : mon cœur, de votre honneur jaloux,
Ne fera point rougir un père tel que vous (2);
Et si je n'avais eu que ma vie à défendre,
J'aurais su renfermer un souvenir si tendre.
Mais à mon triste sort, vous le savez, Seigneur,
Une mère, un amant, attachaient leur bonheur.
Un roi digne de vous a cru voir la journée
Qui devait éclairer notre illustre hyménée.
Déjà, sûr de mon cœur à sa flamme promis,
Il s'estimait heureux : vous me l'aviez permis.
Il sait votre dessein; jugez de ses alarmes.
Ma mère est devant vous, et vous voyez ses larmes.
Pardonnez aux efforts que je viens de tenter
Pour prévenir les pleurs que je leur vais coûter (3).

(1) L'élégance mélodieuse du style donne un plus grand charme à la douceur, à la distinction des sentiments. Il semble que Racine ait voulu prêter à son Iphigénie, à défaut des larmes qui lui ont paru au-dessous de sa dignité, cette *voix enchanteresse d'Orphée*, que l'Iphigénie d'Euripide eût désiré de posséder pour toucher le cœur d'un père. La phrase d'Euripide est coupée sans cesse par les larmes et les sanglots; les périodes de Racine coulent avec une grâce et une harmonie ravissantes.

(2) A la naïveté de la jeune fille, Racine sait unir la dignité de la princesse, la noblesse des sentiments, et la gravité que demande une grande douleur. Iphigénie rappelle sa naissance, les honneurs qui ont environné sa vie, l'éclat d'une alliance illustre.

(3) Voici le discours de l'Iphigénie d'Euripide : le parallèle est intéressant et instructif; c'est dans ces deux discours peut-être, qu'on peut voir le mieux en quoi diffèrent le génie et le genre des deux poètes.

ACTE IV, SCÈNE IV

AGAMEMNON.

Ma fille, il est trop vrai. J'ignore pour quel crime
La colère des dieux demande une victime ;
Mais ils vous ont nommée. Un oracle cruel
Veut qu'ici votre sang coule sur un autel.
Pour défendre vos jours de leurs lois meurtrières,
Mon amour n'avait pas attendu vos prières (1).

« Si j'avais, ô mon père, la voix mélodieuse d'Orphée ; si, comme lui, je pouvais me faire suivre des rochers, et charmer par mes accents les cœurs que je voudrais attendrir, j'y aurais recours. Mais toute mon éloquence est dans mes larmes ; c'est tout ce que je puis faire. Comme les suppliants, j'embrasse vos genoux ; voyez à vos pieds ce corps que cette mère chérie m'a donné : ne me faites pas mourir avant le temps ; *il est si doux de voir la lumière du jour !* ne me précipitez pas dans l'éternelle nuit. C'est moi qui la première vous ai donné le nom de père ; c'est moi la première que vous avez appelée *du nom de fille*. Assise sur vos genoux, je vous ai souri la première, et vous m'avez rendu mes innocentes caresses. Vous me disiez alors : « O ma fille, quand te verrai-je, brillante et fortunée, dans la maison d'un époux illustre et digne de moi ? » Alors, suspendue à votre cou, et caressant ce visage que maintenant je touche de ma main tremblante, je vous répondais : « Que vous rendrai-je à mon tour ? quel bonheur pour moi, ô mon père, de vous recevoir un jour dans ma demeure, d'être l'appui de votre vieillesse, de payer par mes soins les peines que vous a coûtées mon enfance ! » J'ai gardé le souvenir de ces paroles, et vous les avez oubliées, et vous voulez ma mort. Oh ! je vous en conjure, au nom de Pélops, au nom d'Atrée votre père, au nom de cette tendre mère, qui après m'avoir donné le jour au milieu des plus vives douleurs, les éprouve toutes une seconde fois en ce moment. Qu'ai-je de commun avec Hélène et Pâris ? comment le voyage de cet étranger a-t-il pu entraîner ma perte ? O mon père, tournez vers moi vos yeux ; accordez-moi un regard, un baiser ; et s'il me faut mourir, si mes prières ne peuvent vous émouvoir, que j'emporte du moins ce dernier gage de votre tendresse. O mon frère, à ton âge, tu n'es sans doute pour tes amis qu'un faible défenseur ; cependant viens mêler tes larmes à mes larmes ; viens supplier ton père, demande-lui la vie de ta sœur. Les plus petits enfants eux-mêmes ont un sentiment du malheur. Voyez, ô mon père ; le silence de cet enfant est une prière. Oh ! épargnez-moi, prenez pitié de ma vie. Oui, vos deux enfants que vous aimez, vous supplient, en se pressant contre votre cœur, lui, tout chétif encore, et moi déjà grande. Un seul mot encore, et ce mot dit tout ; vous vous laisserez toucher : *il est si doux aux mortels de voir la lumière !* dans la tombe, il n'est pas de bonheur. Une vie misérable vaut mieux qu'une belle mort. » (V. 1201-1242.)

Ce qui domine dans ce discours si touchant, c'est *l'amour de la vie*; dans celui de Racine, c'est *la résignation*; le regret de la vie n'apparaît que timidement sous les protestations de *l'obéissance* la plus filiale. L'Iphigénie d'Euripide fait verser plus de larmes ; celle de Racine en fait couler de plus nobles. L'une a des regrets de *princesse* ; l'autre, *de jeune fille*.

(1) Le discours d'Agamemnon est grave, il respire une tristesse profonde, peut-être un peu froide et trop solennelle. Le père, ou plutôt le roi cherche à justifier sa cruauté : c'est l'arrêt des dieux ; il a résisté tant qu'il a pu ; il est impossible, dangereux de résister davantage. En finissant, il exhorte Iphigénie à mourir avec constance.

Je ne vous dirai point combien j'ai résisté :
Croyez-en cet amour par vous-même attesté.
Cette nuit même encore, on a pu vous le dire,
J'avais révoqué l'ordre où l'on me fit souscrire.
Sur l'intérêt des Grecs vous l'aviez emporté.
Je vous sacrifiais mon rang, ma sûreté.
Arcas allait du camp vous défendre l'entrée :
Les dieux n'ont pas voulu qu'il vous ait rencontrée.
Ils ont trompé les soins d'un père infortuné
Qui protégeait en vain ce qu'ils ont condamné.
Ne vous assurez point sur ma faible puissance.
Quel frein pourrait d'un peuple arrêter la licence,
Quand les dieux, nous livrant à son zèle indiscret,
L'affranchissent d'un joug qu'il portait à regret (1)?
Ma fille, il faut céder. Votre heure est arrivée.
Songez bien dans quel rang vous êtes élevée.
Je vous donne un conseil qu'à peine je reçoi.
Du coup qui vous attend vous mourrez moins que moi.
Montrez, en expirant, de qui vous êtes née :
Faites rougir ces dieux qui vous ont condamnée (2).
Allez ; et que les Grecs, qui vont vous immoler,
Reconnaissent mon sang en le voyant couler (3).

CLYTEMNESTRE.

Vous ne démentez point une race funeste (4).
Oui, vous êtes le sang d'Atrée et de Thyeste.

(1) Euripide insiste davantage sur les motifs patriotiques : « Je sais, répond Agamemnon, écouter la pitié, et je sais m'en défendre. J'aime mes enfants ; j'aurais perdu la raison s'il en était autrement. Mais, ô femme, s'il m'en coûte d'accomplir ce sacrifice, il n'est pas moins terrible pour moi de ne pas l'accomplir : il faut m'y résoudre. Voyez autour de vous cette armée hérissée de fer ; voyez ces rois, ces généraux qui nous environnent. La route d'Ilion leur reste fermée, si je ne t'offre en sacrifice, ô ma fille.... Dans l'excès de leur fureur, ils égorgeront mes autres filles qui sont à Argos ; ils nous massacreront, vous et moi, si je n'obéis pas à l'oracle de la déesse.... Il faut, mon enfant, autant qu'il dépend de nous deux, que la Grèce soit libre, et que les barbares ne puissent pas impunément ravir nos femmes. »

(2) On ne comprend pas qu'au moment où Agamemnon demande à sa fille une résignation héroïque, il lui donne une leçon d'impiété. Euripide s'était bien gardé de faire une pareille faute : ses personnages parlent toujours avec le plus grand respect des décrets du ciel. Aussi bien, la foi religieuse pouvait seule faire supporter l'idée d'un si horrible sacrifice.

(3) Ces idées d'orgueil paraissent également déplacées ici.

(4) Dans Euripide, c'est Clytemnestre qui parle la première : Racine a suivi un ordre différent. La gradation est plus belle. L'héroïsme d'Iphigénie touche par sa spontanéité même ; ce n'est qu'en voyant l'inutilité des plaintes de sa fille, que la terrible Clytemnestre ouvre la bouche. Son discours est beaucoup plus véhément que celui qu'elle prononce dans le poète

Bourreau de votre fille, il ne vous reste enfin
Que d'en faire à sa mère un horrible festin (1).
Barbare! c'est donc là cet heureux sacrifice
Que vos soins préparaient avec tant d'artifice (2)!
Quoi! l'horreur de souscrire à cet ordre inhumain
N'a pas, en le traçant, arrêté votre main?
Pourquoi feindre à nos yeux une fausse tristesse?
Pensez-vous par des pleurs prouver votre tendresse?
Où sont-ils, ces combats que vous avez rendus?
Quels flots de sang pour elle avez-vous répandus?
Quel débris parle ici de votre résistance?
Quel champ couvert de morts me condamne au silence?
Voilà par quels témoins il fallait me prouver,
Cruel, que votre amour a voulu la sauver.
Un oracle fatal ordonne qu'elle expire.
Un oracle dit-il tout ce qu'il semble dire (3)?
Le ciel, le juste ciel, par le meurtre honoré,
Du sang de l'innocence est-il donc altéré?
Si du crime d'Hélène on punit sa famille,
Faites chercher à Sparte Hermione sa fille :
Laissez à Ménélas racheter d'un tel prix
Sa coupable moitié, dont il est trop épris.
Mais vous, quelles fureurs vous rendent sa victime?
Pourquoi vous imposer la peine de son crime?
Pourquoi moi-même enfin, me déchirant le flanc,
Payer sa folle amour du plus pur de mon sang?
Que dis-je? cet objet de tant de jalousie,

grec. Racine peint ici Clytemnestre dans tout l'emportement de son caractère violent et impérieux.

Ce discours passionné, ou plutôt ce torrent d'invectives, de reproches et d'outrages, est l'expression sublime de l'amour maternel exalté par le désespoir. La malheureuse mère, exaspérée par la perfidie de son mari et par sa froide cruauté, tente un suprême effort en s'abandonnant à la fureur de son indignation. Elle cherche tour à tour à effrayer, à convaincre et à toucher; ce sont comme les trois parties de sa harangue.

(1) Atrée, pour se venger de son frère Thyeste, lui servit dans un repas les deux enfants qu'il avait égorgés dans sa colère. Ce souvenir affreux est justement rappelé par une mère en fureur.

(2) L'ironie amère s'allie bien avec les plus violentes invectives.

(3) Clytemnestre parle beaucoup mieux de l'oracle que son mari aveuglé par l'ambition et paralysé par la crainte : elle rappelle fort à propos que les oracles d'ordinaire sont obscurs, que la justice des dieux ne saurait demander un sang innocent, que s'ils prétendent punir le crime d'Hélène, c'est dans sa famille qu'il faut prendre la victime : c'est ainsi que le discours l'amène tout naturellement à désigner Eriphile, bien qu'on ne la reconnaisse pas encore pour la fille d'Hélène.

Cette Hélène, qui trouble et l'Europe et l'Asie,
Vous semble-t-elle un prix digne de vos exploits?
Combien nos fronts pour elle ont-ils rougi de fois!
Avant qu'un nœud fatal l'unît à votre frère (1),
Thésée avait osé l'enlever à son père.
Vous savez, et Calchas mille fois vous l'a dit,
Qu'un hymen clandestin mit ce prince en son lit,
Et qu'il en eut pour gage une jeune princesse
Que sa mère a cachée au reste de la Grèce.
Mais non : l'amour d'un frère et son honneur blessé
Sont les moindres des soins dont vous êtes pressé.
Cette soif de régner, que rien ne peut éteindre (2),
L'orgueil de voir vingt rois vous servir et vous craindre,
Tous les droits de l'empire en vos mains confiés,
Cruel, c'est à ces dieux que vous sacrifiez;
Et loin de repousser le coup qu'on vous prépare,
Vous voulez vous en faire un mérite barbare.
Trop jaloux d'un pouvoir qu'on peut vous envier,
De votre propre sang vous courez le payer,
Et voulez par ce prix épouvanter l'audace
De quiconque vous peut disputer votre place.
Est-ce donc être père? Ah! toute ma raison
Cède à la cruauté de cette trahison.
Un prêtre, environné d'une foule cruelle,
Portera sur ma fille une main criminelle,
Déchirera son sein, et d'un œil curieux
Dans son cœur palpitant consultera les dieux (3)!

(1) « C'est un défaut d'avoir glacé une tirade brûlante par cette historiette de l'enlèvement d'Hélène.... Racine n'est tombé dans cette faute que par un excès de raison et de prudence : il a cru nécessaire de préparer les esprits à cette autre Iphigénie.... La place naturelle de ce petit roman était dans la narration qui termine la pièce : c'est là aussi qu'on le retrouve. » (GEOFFROY.)

(2) Dans Euripide, c'est Ménélas qui reproche au roi d'Argos son ambition et sa soif du commandement, mais dans un but tout opposé : Ménélas, ayant appris que son frère voulait empêcher Clytemnestre d'arriver avec sa fille, l'accuse d'inconstance, en mettant en parallèle son humble attitude en face des Grecs avant qu'il fût nommé généralissime, puis sa lâcheté, une fois qu'il est au faîte du pouvoir. Racine a fort habilement profité de ce passage en le prêtant à Clytemnestre.

(3) Cette peinture si vive de l'horrible sacrifice qui se prépare, opposée par un constraste très naturel, au voyage triomphal de la veille, fait très bien ressortir l'atrocité du crime ; on y voit un bel exemple du secours que l'imagination prête aux passions oratoires. « On prétend, dit Luneau de Boisjermain, que Lulli, auquel on reprochait de ne devoir ses succès qu'aux vers de Quinault, mit ceux-ci en musique, et qu'il les exécuta sur son clavecin. On ajoute que les spectateurs furent saisis d'horreur, la musique de Lulli étant encore plus déchirante que les vers de Racine. »

ACTE IV, SCÈNE VI

Et moi, qui l'amenai triomphante, adorée,
Je m'en retournerai seule et désespérée !
Je verrai les chemins encor tout parfumés
Des fleurs dont sous ses pas on les avait semés !
Non, je ne l'aurai point amenée au supplice,
Ou vous ferez aux Grecs un double sacrifice.
Ni crainte ni respect ne m'en peut détacher.
De mes bras tout sanglants il faudra l'arracher.
Aussi barbare époux qu'impitoyable père,
Venez, si vous l'osez, la ravir à sa mère.
Et vous, rentrez, ma fille, et du moins à mes lois
Obéissez encor pour la dernière fois (1).

SCÈNE V

AGAMEMNON.

A de moindres fureurs je n'ai pas dû m'attendre.
Voilà, voilà les cris que je craignais d'entendre :
Heureux, si dans le trouble où flottent mes esprits,
Je n'avais toutefois à craindre que ces cris!
Hélas! en m'imposant une loi si sévère,
Grands dieux, me deviez-vous laisser un cœur de père (2)?

SCÈNE VI
ACHILLE, AGAMEMNON (3).

ACHILLE.

Un bruit assez étrange est venu jusqu'à moi,
Seigneur; je l'ai jugé trop peu digne de foi.

---

(1) « *Obéissez...* voilà le cri de la nature; voilà comment devait finir cette scène. On sait quel en est l'effet au théâtre, et quels applaudissements suivent Clytemnestre, dont le spectateur a partagé les transports. » (LA HARPE.)

(2) « Vers heureux et touchant, absolument dans la manière et dans le goût particulier à Racine. » (GEOFFROY.)
Ce trouble perpétuel où le poète nous montre le malheureux père, fait qu'on le plaint plus qu'on ne le maudit. Son ambition sans doute le rend lâche devant les Grecs : mais il ne l'est qu'au prix des angoisses les plus terribles.

(3) La lutte n'est pas finie; un nouvel ennemi se présente, et le combat ne sera pas moins animé : c'est Achille qui a promis de défendre Iphigénie, et de venger son honneur (Acte III, sc. 6). L'idée de mettre Achille aux prises avec Agamemnon appartient à Racine.
« C'est là cette scène immortelle, l'une des plus imposantes et des plus vigoureuses que l'on connaisse sur aucun théâtre, et l'un des chefs-d'œuvre du genre héroïque; et cet héroïsme est animé de l'esprit de la tragédie, parce que la terreur est ici avec l'admiration : elle y est au point que, sans le nom d'Iphigénie, qui est ici pour Achille ce qu'est pour lui Minerve dans l'*Iliade*, le glaive d'Achille serait tiré contre le diadème du

On dit, et sans horreur je ne puis le redire,
Qu'aujourd'hui par votre ordre Iphigénie expire,
Que vous-même, étouffant tout sentiment humain,
Vous l'allez à Calchas livrer de votre main.
On dit que sous mon nom à l'autel appelée,
Je ne l'y conduisais que pour être immolée;
Et que, d'un faux hymen nous abusant tous deux,
Vous vouliez me charger d'un emploi si honteux.
Qu'en dites-vous, Seigneur? Que faut-il que j'en pense?
Ne ferez-vous pas taire un bruit qui vous offense (1)?

AGAMEMNON.

Seigneur, je ne rends point compte de mes desseins.
Ma fille ignore encor mes ordres souverains;
Et quand il sera temps qu'elle en soit informée,
Vous apprendrez son sort, j'en instruirai l'armée.

ACHILLE.

Ah! je sais trop le sort que vous lui réservez.

AGAMEMNON.

Pourquoi le demander, puisque vous le savez (2)?

ACHILLE.

Pourquoi je le demande? ô ciel! le puis-je croire,
Qu'on ose des fureurs avouer la plus noire?
Vous pensez qu'approuvant vos desseins odieux
Je vous laisse immoler votre fille à mes yeux?
Que ma foi, mon amour, mon honneur y consente?

AGAMEMNON.

Mais vous, qui me parlez d'une voix menaçante,
Oubliez-vous ici qui vous interrogez?

ACHILLE.

Oubliez-vous qui j'aime et qui vous outragez?

roi des rois. C'est un coup de génie d'avoir su transporter sur notre théâtre cette grande scène de l'*Iliade*, et d'avoir su la placer si heureusement. Racine est le seul des modernes qui nous ait rendu le sublime d'Homère dans le dramatique, et nous retrouverons encore le sublime de l'épopée dans les tableaux du cinquième acte. » (LA HARPE.)

(1) Cette entrée en matière est admirable : on entend la parole franche et décidée d'Achille; l'effort qu'il fait pour ne pas éclater, augmente la terreur. Quoique rien ne passe les bornes du respect dû au chef des Grecs, cette sommation néanmoins ne peut plaire à un homme chatouilleux dans l'exercice du pouvoir.

(2) Agamemnon répond avec hauteur et se refuse à toute explication; ses répliques brèves et tranchantes ne font qu'irriter un guerrier aussi bouillant qu'Achille.

ACTE IV, SCÈNE VI

AGAMEMNON.

Et qui vous a chargé du soin de ma famille (1)?
Ne pourrai-je sans vous disposer de ma fille?
Ne suis-je plus son père? Etes-vous son époux?
Et ne peut-elle....

ACHILLE.

Non, elle n'est plus à vous.
On ne m'abuse point par des promesses vaines.
Tant qu'un reste de sang coulera dans mes veines,
Vous deviez à mon sort unir tous ses moments,
Je défendrai mes droits fondés sur vos serments.
Et n'est-ce pas pour moi que vous l'avez mandée?

AGAMEMNON.

Plaignez-vous donc aux dieux, qui me l'ont demandée:
Accusez et Calchas et le camp tout entier,
Ulysse, Ménélas, et vous tout le premier.

ACHILLE.

Moi!

AGAMEMNON.

Vous qui, de l'Asie embrassant la conquête,
Querellez tous les jours le ciel qui vous arrête;
Vous qui, vous offensant de mes justes terreurs,
Avez dans tout le camp répandu vos fureurs.
Mon cœur pour la sauver vous ouvrait une voie;
Mais vous ne demandez, vous ne cherchez que Troie.
Je vous fermais le champ où vous voulez courir.
Vous le voulez, partez: sa mort va vous l'ouvrir.

ACHILLE.

Juste ciel! puis-je entendre et souffrir ce langage (2)?
Est-ce ainsi qu'au parjure on ajoute l'outrage?

(1) Il faut remarquer avec quel soin le poète a soutenu la dignité d'Agamemnon devant son terrible adversaire. Il le domine et le tient à distance par son mépris froid et calme, par la morgue proverbiale des Atrides.

(2) Ce discours si beau d'Achille renferme comme deux parties: la première est traitée à l'antique; c'est l'Achille d'Homère et d'Euripide, uniquement sensible à l'honneur, bouillant, indomptable dans sa colère, prêt à obéir aux Atrides en ce qui est juste, mais affectant une indépendance absolue en tout le reste. Dans la deuxième partie, c'est l'Achille moderne, préoccupé de son amour, engagé envers sa seule fiancée, n'allant à Troie qu'avec elle et pour elle. Il y a quelque chose de plus noble et de plus héroïque dans la simplicité désintéressée de l'Achille d'Euripide; les visées d'un amour vulgaire diminuent la grandeur épique du héros.

Moi, je voulais partir aux dépens de ses jours?
Et que m'a fait à moi cette Troie où je cours (1)?
Au pied de ses remparts quel intérêt m'appelle?
Pour qui, sourd à la voix d'une mère immortelle,
Et d'un père éperdu négligeant les avis,
Vais-je y chercher la mort tant prédite à leur fils?
Jamais vaisseaux partis des rives du Scamandre
Aux champs thessaliens osèrent-ils descendre?
Et jamais dans Larisse un lâche ravisseur
Me vint-il enlever ou ma femme ou ma sœur?
Qu'ai-je à me plaindre? où sont les pertes que j'ai faites?
Je n'y vais que pour vous, barbare que vous êtes;
Pour vous, à qui des Grecs moi seul je ne dois rien;
Vous, que j'ai fait nommer et leur chef et le mien;
Vous, que mon bras vengeait dans Lesbos enflammée,
Avant que vous eussiez assemblé votre armée.
Et quel fut le dessein qui nous assembla tous?
Ne courons-nous pas rendre Hélène à son époux?
Depuis quand pense-t-on qu'inutile à moi-même
Je me laisse ravir une épouse que j'aime?
Seul d'un honteux affront votre frère blessé
A-t-il droit de venger son amour offensé?
Votre fille me plut, je prétendis lui plaire;
Elle est de mes serments seule dépositaire.
Content de son hymen, vaisseaux, armes, soldats,
Ma foi lui promit tout, et rien à Ménélas.
Qu'il poursuive, s'il veut, son épouse enlevée;
Qu'il cherche une victoire à mon sang réservée.
Je ne connais Priam, Hélène, ni Pâris;
Je voulais votre fille, et ne pars qu'à ce prix.

AGAMEMNON.

Fuyez donc. Retournez dans votre Thessalie (2).

(1) Ces tirades éloquentes sont toutes pleines des souvenirs d'Homère :
« Je n'ai point porté la guerre en ces lieux pour me venger des Troyens;
ils ne sont coupables envers moi d'aucune offense... C'est pour ton intérêt,
ô le plus impudent des hommes, que je t'ai suivi dans cette expédition;
c'est pour l'honneur de ton frère Ménélas et pour le tien, monarque
insolent, que je suis venu ici combattre les Troyens, qui ne te craignent
guère, et que tu te soucies fort peu de vaincre. » (*Il.* I. v. 152-158;
IX, v. 337-343.)

(2) Agamemnon dit dans l'*Iliade* (I. v. 173) : « Fuis donc, si c'est ton
envie. Je ne te presse point de rester ici pour moi : assez d'autres guerriers
me resteront fidèles, et vengeront les respects dus à ma dignité; Jupiter
surtout, Jupiter soutiendra l'honneur du chef suprême qui le représente.
De tous les rois qui combattent sous mes auspices, tu es le plus odieux à
mes yeux. Va, pars avec tes vaisseaux, va régner sur tes Myrmidons, je n'ai
pas besoin de tes services, et je brave ton courroux... »

ACTE IV, SCÈNE VII

Moi-même je vous rends le serment qui vous lie.
Assez d'autres viendront, à mes ordres soumis,
Se couvrir des lauriers qui vous furent promis,
Et par d'heureux exploits forçant la destinée,
Trouveront d'Ilion la fatale journée.
J'entrevois vos mépris, et juge à vos discours
Combien j'achèterais vos superbes secours.
De la Grèce déjà vous vous rendez l'arbitre :
Ses rois, à vous ouïr, m'ont paré d'un vain titre.
Fier de votre valeur, tout, si je vous en crois,
Doit marcher, doit fléchir, doit trembler sous vos lois.
Un bienfait reproché tint toujours lieu d'offense.
Je veux moins de valeur et plus d'obéissance.
Fuyez. Je ne crains point votre impuissant courroux,
Et je romps tous les nœuds qui m'attachent à vous.

ACHILLE.

Rendez grâce au seul nœud qui retient ma colère (1).
D'Iphigénie encor je respecte le père.
Peut-être sans ce nom le chef de tant de rois
M'aurait osé braver pour la dernière fois.
Je ne dis plus qu'un mot; c'est à vous de m'entendre :
J'ai votre fille ensemble et ma gloire à défendre.
Pour aller jusqu'au cœur que vous voulez percer,
Voilà par quels chemins vos coups doivent passer (2).

SCÈNE VII

AGAMEMNON.

Et voilà ce qui rend sa perte inévitable (3).
Ma fille toute seule était plus redoutable.
Ton insolent amour, qui croit m'épouvanter,
Vient de hâter le coup que tu veux arrêter.
Ne délibérons plus. Bravons sa violence.
Ma gloire intéressée emporte la balance.

---

(1) Au premier livre de l'*Iliade* (v. 190-220), Homère nous montre aussi Achille portant la main sur son épée, tout prêt à immoler Agamemnon à sa fureur ; il faut un ordre de Minerve pour lui faire remettre dans le fourreau le glaive terrible.

(2) Parole vraiment digne du grand Achille : elle termine heureusement cette altercation si vive, et laisse Agamemnon sous l'impression de l'obstacle qui se dresse devant lui.

(3) L'effet naturel du choc de deux caractères également fiers est de raidir l'orgueil au lieu de le fléchir ; ils se portent aux résolutions les plus extrêmes, au lieu de revenir sur leurs pas. C'est ce qu'éprouve Agamemnon : l'insolence d'Achille l'exaspère ; ses menaces précipiteront la mort d'Iphigénie.

Achille menaçant détermine mon cœur :
Ma pitié semblerait un effet de ma peur.
Holà! gardes, à moi!

SCÈNE VIII

AGAMEMNON, EURYBATE, GARDES.

EURYBATE.
Seigneur (1).

AGAMEMNON.
Que vais-je faire (2)?
Puis-je leur prononcer cet ordre sanguinaire?
Cruel! à quel combat faut-il te préparer?
Quel est cet ennemi que tu leur vas livrer?
Une mère m'attend, une mère intrépide,
Qui défendra son sang contre un père homicide.
Je verrai mes soldats, moins barbares que moi,
Respecter dans ses bras la fille de leur roi.
Achille nous menace, Achille nous méprise;
Mais ma fille en est-elle à mes lois moins soumise?
Ma fille, de l'autel cherchant à s'échapper,
Gémit-elle du coup dont je la veux frapper?
Que dis-je? Que prétend mon sacrilège zèle?
Quels vœux, en l'immolant, formerai-je sur elle?
Quelques prix glorieux qui me soient proposés,
Quels lauriers me plairont de son sang arrosés?
Je veux fléchir des dieux la puissance suprême :
Ah! quels dieux me seraient plus cruels que moi-même?
Non, je ne puis. Cédons au sang, à l'amitié,
Et ne rougissons plus d'une juste pitié :
Qu'elle vive. Mais quoi! peu jaloux de ma gloire,
Dois-je au superbe Achille accorder la victoire?
Son téméraire orgueil, que je vais redoubler,
Croira que je lui cède, et qu'il me fait trembler....
De quel frivole soin mon esprit s'embarrasse!
Ne puis-je pas d'Achille humilier l'audace?

(1) Arcas ne peut plus paraître devant son roi, depuis qu'il a trahi le secret qui lui avait été confié ; aussi Racine le remplace par un autre de ses officiers.

(2) Ce beau monologue est le combat suprême qui se livre dans le cœur du père. D'un côté, il voit une mère, une fille, des soldats touchés par tant d'innocence et de vertu; de l'autre, il aperçoit l'insolent Achille. Mais tuer une fille si chère! Mais Achille triomphera de sa victoire... Eh bien! un autre possédera Iphigénie. Ainsi l'amour paternel et l'orgueil royal s'accorderont ensemble. Quant à la volonté des dieux, il est juste qu'elle se manifeste une seconde fois.

Que ma fille à ses yeux soit un sujet d'ennui.
Il l'aime : elle vivra pour un autre que lui.
Eurybate, appelez la princesse, la Reine.
Qu'elles ne craignent point.

SCÈNE IX

AGAMEMNON, GARDES.

AGAMEMNON.

Grands dieux, si votre haine
Persévère à vouloir l'arracher de mes mains,
Que peuvent devant vous tous les faibles humains?
Loin de la secourir, mon amitié l'opprime,
Je le sais : mais, grands dieux, une telle victime
Vaut bien que, confirmant vos rigoureuses lois,
Vous me la demandiez une seconde fois.

SCÈNE X

AGAMEMNON, CLYTEMNESTRE, IPHIGÉNIE, ÉRIPHILE, EURYBATE, DORIS, GARDES.

AGAMEMNON.

Allez, Madame, allez ; prenez soin de sa vie.
Je vous rends votre fille, et je vous la confie (1).
Loin de ces lieux cruels précipitez ses pas ;
Mes gardes vous suivront, commandés par Arcas :
Je veux bien excuser son heureuse imprudence.
Tout dépend du secret et de la diligence.
Ulysse ni Calchas n'ont point encor parlé ;
Gardez que ce départ ne leur soit révélé.
Cachez bien votre fille ; et que tout le camp croie
Que je la retiens seule, et que je vous renvoie.
Fuyez. Puissent les dieux, de mes larmes contents,
A mes tristes regards ne l'offrir de longtemps !
Gardes, suivez la Reine.

CLYTEMNESTRE.

Ah ! Seigneur.

IPHIGÉNIE.

Ah ! mon père.

AGAMEMNON.

Prévenez de Calchas l'empressement sévère.
Fuyez, vous dis-je. Et moi, pour vous favoriser,

---

(1) Agamemnon rend à Clytemnestre sa fille, et les presse toutes deux de s'enfuir en toute hâte, à l'insu de Calchas.

Par de feintes raisons je m'en vais l'abuser ;
Je vais faire suspendre une pompe funeste,
Et de ce jour au moins lui demander le reste.

SCÈNE XI
ÉRIPHILE, DORIS.

ÉRIPHILE.

Suis-moi. Ce n'est pas là, Doris, notre chemin.

DORIS.

Vous ne les suivez pas ?

ÉRIPHILE.

Ah ! je succombe enfin.
Je reconnais l'effet des tendresses d'Achille.
Je n'emporterai point une rage inutile.
Plus de raisons. Il faut ou la perdre ou périr.
Viens, te dis-je. A Calchas je vais tout découvrir (1).

QUESTIONS SUR LE IV° ACTE.

Quel fait domine le 4° acte ?
Par quelle scène de confidence cet acte s'ouvre-t-il ?
Quel est le défaut, quel est le mérite de cette scène ?
Quelle irrégularité la scène présente-t-elle après cette confidence ?
Pourquoi Agamemnon revient-il auprès de Clytemnestre ?
Quel accueil lui fait Clytemnestre ?
Comment reconnaît-il qu'il est trahi ?
Faites l'analyse littéraire du discours d'Iphigénie.
Parallèle entre le discours de Racine et celui d'Euripide.
En quoi l'Iphigénie française se montre-t-elle supérieure ?
Quel est le caractère de la réponse d'Agamemnon ?
Pourquoi Clytemnestre ne parle-t-elle pas en premier lieu ?
Quel est le ton de son discours ? quel est son but ?

(1) Eriphile déjouera tous ces projets, en les révélant à Calchas ; cette trahison infâme va se faire pendant l'entr'acte. Le dernier mot d'Eriphile fait trembler pour Iphigénie.

Ce quatrième acte est sans contredit le plus tragique de la pièce : c'est l'acte où la situation est le plus tendue, où les passions se développent avec plus d'énergie, où les caractères opposés s'entrechoquent avec le plus de violence, où la terreur et la pitié agitent le plus vivement le spectateur. Les deux scènes où Agamemnon subit le triple assaut de sa fille, de sa femme et d'Achille sont supérieurement traitées ; elles ont la même importance et produisent les mêmes effets dramatiques que les trois grandes scènes du 4° acte de *Britannicus*.

ACTE V, SCÈNE I

Analyse littéraire de ce discours; passages les plus saillants.
Par quel mouvement tragique se termine-t-il?
En quelle situation la reine laisse-t-elle Agamemnon?
Pourquoi Achille se présente-t-il, et quelle est sa demande?
Comment Agamemnon lui répond-il?
Comment les deux caractères se dessinent-ils dans cette querelle?
Où Racine a-t-il pris ses inspirations dans cette scène fameuse?
Analysez le grand discours d'Achille.
Dans quelles dispositions Achille quitte-t-il Agamemnon?
Quelle est la première pensée d'Agamemnon après le départ d'Achille?
Analyse du monologue d'Agamemnon.
Comment l'amour paternel triomphe-t-il?
Qu'est-ce qui fera échouer son dessein?
Pourquoi le 4e acte est-il le plus tragique?

ACTE CINQUIÈME

Dénoûment.
Adieux d'Iphigénie. — Désespoir de Clytemnestre. —
Exploits d'Achille. — Récit d'Ulysse.

SCÈNE I
IPHIGÉNIE, ÆGINE.

IPHIGÉNIE.

Cesse de m'arrêter. Va, retourne à ma mère,
Ægine : il faut des dieux apaiser la colère.
Pour ce sang malheureux qu'on veut leur dérober,
Regarde quel orage est tout prêt à tomber.
Considère l'état où la Reine est réduite;
Vois comme tout le camp s'oppose à notre fuite (1);
Avec quelle insolence ils ont de toutes parts
Fait briller à nos yeux la pointe de leurs dards.
Nos gardes repoussés, la Reine évanouie....
Ah! c'est trop l'exposer : souffre que je la fuie (2);
Et sans attendre ici ses secours impuissants,
Laisse-moi profiter du trouble de ses sens.

(1) Ce coup de théâtre n'est pas l'effet du hasard ; c'est la passion d'Ériphile qui l'a produit. Son intervention, à ce point de l'action, a été vraiment tragique ; les deux princesses ont été arrêtées par suite de la révélation qu'elle a faite aux Grecs.

(2) Iphigénie rentre dans la tente de son père, laissant sa mère évanouie au milieu du camp furieux. Pourquoi sa fille l'a-t-elle quittée? C'est pour l'exposer moins, dit-elle, en venant s'offrir à son père. Le vrai motif du poète n'est-il pas de ménager une dernière entrevue entre Iphigénie et Achille?

Mon père même, hélas ! puisqu'il faut te le dire,
Mon père, en me sauvant, ordonne que j'expire.

ÆGINE.

Lui, Madame? Quoi donc? qu'est-ce qui s'est passé?

IPHIGÉNIE.

Achille trop ardent l'a peut-être offensé ;
Mais le Roi, qui le hait, veut que je le haïsse :
Il ordonne à mon cœur cet affreux sacrifice.
Il m'a fait par Arcas expliquer ses souhaits :
Ægine, il me défend de lui parler jamais.

ÆGINE.

Ah ! Madame.

IPHIGÉNIE.

Ah, sentence ! ah, rigueur inouïe !
Dieux plus doux, vous n'avez demandé que ma vie.
Mourons, obéissons. Mais qu'est-ce que je voi?
Dieux ! Achille?

SCÈNE II

ACHILLE, IPHIGÉNIE.

ACHILLE.

Venez, Madame, suivez-moi.
Ne craignez ni les cris ni la foule impuissante
D'un peuple qui se presse autour de cette tente.
Paraissez ; et bientôt, sans attendre mes coups,
Ces flots tumultueux s'ouvriront devant vous.
Patrocle, et quelques chefs qui marchent à ma suite,
De mes Thessaliens vous amènent l'élite.
Tout le reste, assemblé près de mon étendard,
Vous offre de ses rangs l'invincible rempart.
A vos persécuteurs opposons cet asile.
Qu'ils viennent vous chercher sous les tentes d'Achille.
Quoi ! Madame, est-ce ainsi que vous me secondez?
Ce n'est que par des pleurs que vous me répondez.
Vous fiez-vous encore à de si faibles armes?
Hâtons-nous : votre père a déjà vu vos larmes.

IPHIGÉNIE.

Je le sais bien, Seigneur : aussi tout mon espoir
N'est plus qu'au coup mortel que je vais recevoir.

ACHILLE.

Vous, mourir? Ah ! cessez de tenir ce langage.
Songez-vous quel serment vous et moi nous engage?
Songez-vous, pour trancher d'inutiles discours,
Que le bonheur d'Achille est fondé sur vos jours?

ACTE V, SCÈNE II

IPHIGÉNIE.

Le ciel n'a point aux jours de cette infortunée
Attaché le bonheur de votre destinée (1).
Notre amour nous trompait ; et les arrêts du sort
Veulent que ce bonheur soit un fruit de ma mort.
Songez, Seigneur, songez à ces moissons de gloire
Qu'à vos vaillantes mains présente la victoire ;
Ce champ si glorieux où vous aspirez tous,
Si mon sang ne l'arrose, est stérile pour vous.
Telle est la loi des dieux à mon père dictée.
En vain, sourd à Calchas, il l'avait rejetée :
Par la bouche des Grecs contre moi conjurés
Leurs ordres éternels se sont trop déclarés.
Partez : à vos honneurs j'apporte trop d'obstacles.
Vous-même dégagez la foi de vos oracles ;
Signalez ce héros à la Grèce promis ;
Tournez votre douleur contre ses ennemis.
Déjà Priam pâlit ; déjà Troie en alarmes
Redoute mon bûcher, et frémit de vos larmes.
Allez ; et dans ces murs vides de citoyens
Faites pleurer ma mort aux veuves des Troyens.
Je meurs dans cet espoir satisfaite et tranquille.
Si je n'ai pas vécu la compagne d'Achille,
J'espère que du moins un heureux avenir
A vos faits immortels joindra mon souvenir ;
Et qu'un jour mon trépas, source de votre gloire,
Ouvrira le récit d'une si belle histoire.
Adieu, prince ; vivez, digne race des dieux.

ACHILLE.

Non, je ne reçois point vos funestes adieux.
En vain par ces discours votre cruelle adresse
Veut servir votre père, et tromper ma tendresse.
En vain vous prétendez, obstinée à mourir,
Intéresser ma gloire à vous laisser périr :
Ces moissons de lauriers, ces honneurs, ces conquêtes,
Ma main en vous servant les trouve toutes prêtes.
Et qui de ma faveur se voudrait honorer,

(1) Ces derniers adieux d'Iphigénie sont tendres et sublimes ; c'est toujours la même obéissance, la même piété, la même résignation. Un autre sentiment s'y ajoute : le soin qu'elle a de la gloire d'Achille.
« Les scènes d'Achille avec Iphigénie offrent d'un côté les transports de l'enthousiasme et d'une aveugle fureur, de l'autre, la vertu héroïque d'une jeune fille ; tout son discours est un modèle d'élégance et de sensibilité : notre langue et notre poésie n'ont rien de plus enchanteur dans le pathétique doux et tendre. » (GEOFFROY.)

Si mon hymen prochain ne peut vous assurer?
Ma gloire, mon amour, vous ordonnent de vivre.
Venez, Madame; il faut les en croire, et me suivre.

IPHIGÉNIE.

Qui? moi? que, contre un père osant me révolter,
Je mérite la mort que j'irais éviter?
Où serait le respect? et ce devoir suprême....

ACHILLE.

Vous suivrez un époux avoué par lui-même.
C'est un titre qu'en vain il prétend me voler (1).
Ne fait-il des serments que pour les violer?
Vous-même, que retient un devoir si sévère,
Quand il vous donne à moi, n'est-il point votre père?
Suivez-vous seulement ses ordres absolus
Quand il cesse de l'être et ne vous connaît plus?
Enfin, c'est trop tarder, ma princesse; et ma crainte....

IPHIGÉNIE.

Quoi, Seigneur? vous iriez jusques à la contrainte?
D'un coupable transport écoutant la chaleur,
Vous pourriez ajouter ce comble à mon malheur?
Ma gloire vous serait moins chère que ma vie?
Ah! Seigneur, épargnez la triste Iphigénie.
Asservie à des lois que j'ai dû respecter,
C'est déjà trop pour moi que de vous écouter.
Ne portez pas plus loin votre injuste victoire;
Ou par mes propres mains immolée à ma gloire (2),
Je saurais m'affranchir, dans ces extrémités,
Du secours dangereux que vous me présentez.

ACHILLE.

Eh bien! n'en parlons plus. Obéissez, cruelle,
Et cherchez une mort qui vous semble si belle.
Portez à votre père un cœur où j'entrevoi
Moins de respect pour lui que de haine pour moi (3).
Une juste fureur s'empare de mon âme.

(1) La familiarité du terme fait ressortir l'indignité de l'attentat d'Agamemnon. Corneille, dans *Sertorius* (acte I, sc. 1), a employé la même expression avec non moins d'énergie ; Perpenna dit de son général qui lui dispute la main de Viriathe :

De son astre opposé telle est la violence,
Qu'il me *vole* partout, même sans qu'il y pense.

(2) Iphigénie menace de se tuer elle-même, si Achille persiste à vouloir la sauver : n'est-ce pas outrer la situation, et défigurer ce beau caractère?

(3) Sentiments romanesques, déplacés dans un moment si pathétique.

Vous allez à l'autel, et moi, j'y cours, Madame.
Si de sang et de morts le ciel est affamé,
Jamais de plus de sang ses autels n'ont fumé.
A mon aveugle amour tout sera légitime.
Le prêtre deviendra la première victime;
Le bûcher, par mes mains détruit et renversé,
Dans le sang des bourreaux nagera dispersé;
Et si dans les horreurs de ce désordre extrême,
Votre père frappé tombe et périt lui-même,
Alors, de vos respects voyant les tristes fruits,
Reconnaissez les coups que vous aurez conduits (1).

IPHIGÉNIE.

Ah! Seigneur. Ah! cruel.... Mais il fuit, il m'échappe.
O toi qui veux ma mort, me voilà seule, frappe;
Termine, juste ciel, ma vie et mon effroi,
Et lance ici des traits qui n'accablent que moi.

SCÈNE III

CLYTEMNESTRE, IPHIGÉNIE, ÆGINE, EURYBATE, GARDES.

CLYTEMNESTRE.

Oui, je la défendrai contre toute l'armée (2).
Lâches, vous trahissez votre Reine opprimée ?

EURYBATE.

Non, Madame, il suffit que vous me commandiez :
Vous nous verrez combattre et mourir à vos pieds.
Mais de nos faibles mains que pouvez-vous attendre?
Contre tant d'ennemis qui vous pourra défendre?

---

(1) « Cette tirade est d'une énergie brûlante, d'une éloquence et d'une poésie admirables ; elle peint supérieurement l'aveugle impétuosité, et je dirai même l'espèce de férocité d'Achille. Il entreprend de forcer Iphigénie à désobéir à son père ; il prétend la protéger malgré elle, l'enlever et la conduire à sa tente. Ici, comme dans la querelle avec Agamemnon, Achille a constamment tort, parce qu'il n'a d'autre logique que celle d'une passion effrénée. » (GEOFFROY.)

La marche du poète grec est plus touchante, plus pathétique. A mesure que l'action avance vers sa fin, la pitié et l'admiration augmentent pour l'héroïque victime. Achille lui-même, touché de sa générosité, se résigne et prend part au sacrifice. Aussi la miraculeuse délivrance d'Iphigénie cause une joie plus vive, un enthousiasme plus religieux.

(2) Achille part furieux ; Clytemnestre arrive désespérée; Iphigénie est obligée de lutter encore contre sa mère. « Le trouble croît à chaque minute, et cependant l'espérance n'est point encore tout à fait perdue. Le spectateur, toujours agité et toujours incertain, attend le dénoûment avec impatience. » (LUNEAU DE BOISJERMAIN.)

Ce n'est plus un vain peuple en désordre assemblé;
C'est d'un zèle fatal tout le camp aveuglé.
Plus de pitié. Calchas seul règne, seul commande :
La piété sévère exige son offrande.
Le Roi de son pouvoir se voit déposséder,
Et lui-même au torrent nous contraint de céder.
Achille, à qui tout cède, Achille à cet orage
Voudrait lui-même en vain opposer son courage.
Que fera-t-il, Madame? et qui peut dissiper
Tous les flots d'ennemis prêts à l'envelopper?

CLYTEMNESTRE.

Qu'ils viennent donc sur moi prouver leur zèle impie,
Et m'arrachent ce peu qui me reste de vie.
La mort seule, la mort pourra rompre les nœuds
Dont mes bras nous vont joindre et lier toutes deux.
Mon corps sera plutôt séparé de mon âme,
Que je souffre jamais ... Ah! ma fille.

IPHIGÉNIE.

       Ah! Madame (1)!
Sous quel astre cruel avez-vous mis au jour
Le malheureux objet d'une si tendre amour?
Mais que pouvez-vous faire en l'état où nous sommes?
Vous avez à combattre et les dieux et les hommes.
Contre un peuple en fureur vous exposerez-vous?
N'allez point dans un camp rebelle à votre époux,
Seule à me retenir vainement obstinée,
Par des soldats peut-être indignement traînée,
Présenter pour tout fruit d'un déplorable effort
Un spectacle à mes yeux plus cruel que la mort.
Allez : laissez aux Grecs achever leur ouvrage,
Et quittez pour jamais un malheureux rivage.
Du bûcher qui m'attend, trop voisin de ces lieux,
La flamme de trop près viendrait frapper vos yeux.
Surtout, si vous m'aimez, par cet amour de mère,
Ne reprochez jamais mon trépas à mon père (2).

(1) « Il semble qu'Iphigénie devait répondre : *Ah! ma mère!* Pourquoi le poète lui fait-il dire *madame*?... Pour que sa mère et elle s'attendrissent moins, et que dans ce cruel moment Clytemnestre oublie qu'elle est sa mère. » (L. RACINE.)

(2) Ce trait final, imité du grec, est digne de la fille d'Agamemnon; Iphigénie, dans Euripide, fait la même prière à Clytemnestre : « N'ayez point de haine pour mon père. » C'est un pressentiment de l'avenir, comme celui du jeune Horace, partant pour le combat (Acte II, sc. 3) :
  Ne me reprochez point la mort de votre amant;
Joad dit de même dans *Athalie* (Acte IV, sc. 4) :
  Enfants, ainsi toujours puissiez-vous être unis !

ACTE V, SCÈNE III

CLYTEMNESTRE.

Lui! par qui votre cœur à Calchas présenté....

IPHIGÉNIE.

Pour me rendre à vos pleurs que n'a-t-il point tenté?

CLYTEMNESTRE.

Par quelle trahison le cruel m'a déçue!

IPHIGÉNIE.

Il me cédait aux dieux dont il m'avait reçue.
Ma mort n'emporte pas tout le fruit de vos feux :
De l'amour qui vous joint vous avez d'autres nœuds;
Vos yeux me reverront dans Oreste mon frère.
Puisse-t-il être, hélas! moins funeste à sa mère!
 D'un peuple impatient vous entendez la voix.
Daignez m'ouvrir vos bras pour la dernière fois,
Madame, et rappelant votre vertu sublime.....
Eurybate, à l'autel conduisez la victime (1).

(1) Ces adieux si rapides et si froids, dans la surexcitation où se trouve la reine affolée de douleur, ne produisent aucune impression ni sur Clytemnestre, ni sur le spectateur. Euripide, en ce moment solennel, est incomparablement plus élevé et plus touchant (v. 1354...).
Quand la reine s'apprête avec Achille à défendre Iphigénie contre Ulysse qui vient la réclamer, la jeune fille, comme touchée par un souffle du ciel, leur dit d'un air radieux : « Ecoutez-moi l'un et l'autre ; je vous vois, ô ma mère, transportée d'une vaine colère contre votre époux. Voici le dessein que les dieux m'inspirent : j'ai résolu de mourir, mais je veux mourir avec gloire, en rejetant loin de moi toute faiblesse. Daignez, ô ma mère, peser avec moi les motifs qui m'animent. Dans ce moment, la Grèce tout entière a les yeux sur moi ; de moi seule dépend le départ de la flotte et la ruine de Troie ; de moi seule il dépend que les barbares ne ravissent plus les femmes de la Grèce fortunée. Tous ces biens je les procurerai par ma mort ; la Grèce sera libre, et je jouirai d'une gloire divine. D'ailleurs, il n'est point juste que j'aime trop ma vie : c'est pour le bien commun des Grecs que vous m'avez donné le jour, et non pour vous seule... Et si Diane veut me prendre pour victime, mortelle, puis-je résister à une déesse ? Non, ce n'est point possible : je donne ma vie à la Grèce, immolez-moi, guerriers, et couverts de mon sang, allez renverser Troie. Ce seront là les monuments éternels de mon souvenir, ce seront mes enfants, mon hymen, ma gloire... O illustre étranger, je ne veux pas que vous mouriez pour moi, que vous fassiez périr personne ; laissez-moi, si je puis, sauver la Grèce... O ma mère, pourquoi ce silence et ces yeux pleins de larmes ? — Clyt. Mère infortunée, je n'ai que trop de sujets de m'affliger. — Iph. Cessez de pleurer, n'amollissez pas mon courage et faites-moi une dernière grâce. — Clyt. Parle, je n'ai rien à te refuser, mon enfant. — Iph. O ma mère, dans votre douleur, ne coupez point votre chevelure, et ne prenez aucun vêtement de deuil. — Clyt. Que dis-tu là, ma fille ? quand je te perds ? — Iph. Vous ne me perdez pas ; je ne meurs point, et ma gloire rejaillira sur vous.... Et vous, jeunes étrangères, commencez l'hymne de mon sacrifice, conduisez la victime qui doit faire tomber

SCÈNE IV

CLYTEMNESTRE, ÆGINE, GARDES.

CLYTEMNESTRE.

Ah! vous n'irez pas seule; et je ne prétends pas....
Mais on se jette en foule au-devant de mes pas (1).
Perfides, contentez votre soif sanguinaire.

ÆGINE.

Où courez-vous, Madame? Et que voulez-vous faire?

CLYTEMNESTRE.

Hélas! je me consume en impuissants efforts,
Et rentre au trouble affreux dont à peine je sors.
Mourrai-je tant de fois sans sortir de la vie?

ÆGINE.

Ah! savez-vous le crime, et qui vous a trahie,
Madame? Savez-vous quel serpent inhumain
Iphigénie avait retiré dans son sein?
Ériphile, en ces lieux par vous-même conduite,
A seule à tous les Grecs révélé votre fuite.

CLYTEMNESTRE.

O monstre que Mégère en ses flancs a porté!
Monstre que dans nos bras les enfers ont jeté!
Quoi! tu ne mourras point? Quoi! pour punir son crime....
Mais où va ma douleur chercher une victime?
Quoi! pour noyer les Grecs et leurs mille vaisseaux,
les murs d'Ilion; couronnez ma tête de fleurs...; les oracles vont être accomplis, effacés par mon sang... Astre du jour, brillant soleil, tu m'éclaires pour la dernière fois. Je vais dans un autre univers; adieu donc, lumière, adieu!*

On voit dans ces admirables paroles l'union des sentiments les plus tendres et des élans les plus sublimes. Les critiques ont trop oublié cet hymne divin du dévouement le plus généreux, quand ils ont soutenu que dans l'Iphigénie d'Euripide, c'est le seul regret de la vie que l'on entend et qui touche. Racine aussi a trop négligé cette inspiration idéale du plus pur patriotisme, qui donne à l'Iphigénie d'Euripide une grandeur céleste, sans nuire à sa touchante ingénuité.

« Ce morceau brillant, dit Geoffroy, réunit à la beauté locale la beauté de tous les pays et de tous les temps. Il était flatteur pour les Grecs, il doit nous paraître sublime. Aristote blâme Euripide de faire tout à coup une héroïne d'une fille faible et timide; mais il y a des situations et des circonstances qui autorisent ce changement de caractère. La résolution d'Iphigénie doit être regardée comme une inspiration soudaine des dieux qui l'ont choisie pour victime, et qui dans ce moment l'élèvent au-dessus d'elle-même. »

(1) Clytemnestre veut suivre sa fille entraînée par les soldats: ses gardes la retiennent. Ægine lui révèle l'auteur de la trahison, Ériphile.

Mer, tu n'ouvriras pas des abîmes nouveaux (1)?
Quoi! lorsque les chassant du port qui les recèle
L'Aulide aura vomi leur flotte criminelle,
Les vents, les mêmes vents si longtemps accusés,
Ne te couvriront pas de ses vaisseaux brisés?
Et toi, Soleil, et toi, qui dans cette contrée
Reconnais l'héritier et le vrai fils d'Atrée,
Toi, qui n'osas du père éclairer le festin,
Recule, ils t'ont appris ce funeste chemin (2)
Mais cependant, ô ciel! ô mère infortunée!
De festons odieux ma fille couronnée
Tend la gorge aux couteaux par son père apprêtés.
Calchas va dans son sang.... Barbares, arrêtez.
C'est le pur sang du dieu qui lance le tonnerre....
J'entends gronder la foudre, et sens trembler la terre.
Un dieu vengeur, un dieu fait retentir ces coups.

SCÈNE V

CLYTEMNESTRE, ÆGINE, ARCAS, GARDES.

ARCAS.

N'en doutez point, Madame, un dieu combat pour vous (3).
Achille en ce moment exauce vos prières;
Il a brisé des Grecs les trop faibles barrières.
Achille est à l'autel. Calchas est éperdu.
Le fatal sacrifice est encor suspendu (4).
On se menace, on court, l'air gémit, le fer brille.
Achille fait ranger autour de votre fille

---

(1) Le désespoir de Clytemnestre est exprimé avec une énergie qui fait frissonner. Le poète a rassemblé dans ces apostrophes brûlantes, dans ces imprécations horribles, tout ce que le paroxysme de la douleur maternelle peut trouver de plus violent : ce n'est plus même de la douleur, c'est de la fureur, du délire. Une peinture si passionnée est-elle bien conforme à la dignité de l'art? Le spectateur peut-il se plaire à contempler une reine, une mère dans un désordre si extravagant, si voisin des convulsions de la folie? La Clytemnestre d'Euripide tout abîmée dans la douleur, comme anéantie sous le coup qui la frappe, est certainement plus pathétique, par conséquent plus tragique dans le vrai sens du mot.

(2) Quand Atrée fit servir à Thyeste les membres de ses propres enfants, le soleil, dit-on, recula d'horreur pour ne pas être témoin de ce détestable repas.

(3) Ce message inattendu est comme un éclair d'espérance au milieu d'une affreuse tempête. C'est l'œuvre du grand Achille ; on n'attendait pas moins de l'intervention du héros.

(4) « Et l'événement l'est aussi jusqu'à la dernière extrémité. Jamais on n'a porté plus loin ces alternatives de crainte et d'espérance qui soutiennent la machine du drame et l'attention du spectateur. » (LA HARPE.)

Tous ses amis, pour lui prêts à se dévouer.
Le triste Agamemnon, qui n'ose l'avouer,
Pour détourner ses yeux des meurtres qu'il présage,
Ou pour cacher ses pleurs, *s'est voilé le visage* (1).
Venez, puisqu'il se tait, venez par vos discours
De votre défenseur appuyer le secours.
Lui-même de sa main, de sang toute fumante,
Il veut entre vos bras remettre son amante;
Lui-même il m'a chargé de conduire vos pas.
Ne craignez rien.

CLYTEMNESTRE.

Moi, craindre? Ah! courons, cher Arcas.
Le plus affreux péril n'a rien dont je pâlisse.
J'irai partout.... Mais, dieux! ne vois-je pas Ulysse?
C'est lui. Ma fille est morte, Arcas; il n'est plus temps.

SCÈNE VI

ULYSSE, CLYTEMNESTRE, ARCAS, ÆGINE, GARDES.

ULYSSE.

Non, votre fille vit, et les dieux sont contents.
Rassurez-vous. Le ciel a voulu vous la rendre.

CLYTEMNESTRE.

Elle vit! et c'est vous qui venez me l'apprendre!

ULYSSE.

Oui, c'est moi, qui longtemps contre elle et contre vous
Ai cru devoir, Madame, affermir votre époux (2);
Moi qui, jaloux tantôt de l'honneur de nos armes,
Par d'austères conseils ai fait couler vos larmes,
Et qui viens, puisqu'enfin le ciel est apaisé,
Réparer tout l'ennui que je vous ai causé.

CLYTEMNESTRE.

Ma fille! Ah! prince. O ciel! Je demeure éperdue.
Quel miracle, Seigneur, quel dieu me l'a rendue?

---

(1) Racine a reproduit la magnifique inspiration d'Euripide : « Lorsque le roi Agamemnon vit la jeune fille se diriger vers le bois sacré pour s'offrir en sacrifice, il gémit, et détournant la tête, versa des larmes après s'être voilé le visage. » Le peintre Timanthe s'est inspiré de cet admirable trait dans son tableau du *Sacrifice d'Iphigénie*, que Cicéron, Pline l'Ancien, Quintilien et Valère Maxime ont décrit avec tant d'éloges.

(2) Le poète a voulu réhabiliter Ulysse, en lui confiant cet heureux message. Il est naturel que l'habile politique cherche à effacer dans l'esprit du roi d'Argos, la fâcheuse impression que son acharnement contre sa fille avait dû produire sur lui.

ULYSSE.

Vous m'en voyez moi-même, en cet heureux moment,
Saisi d'horreur, de joie et de ravissement.
Jamais jour n'a paru si mortel à la Grèce (1).
Déjà de tout le camp la discorde maîtresse
Avait sur tous les yeux mis son bandeau fatal,
Et donné du combat le funeste signal.
De ce spectacle affreux votre fille alarmée
Voyait pour elle Achille, et contre elle l'armée ;
Mais quoique seul pour elle, Achille furieux
Epouvantait l'armée et partageait les dieux (2).
Déjà de traits en l'air s'élevait un nuage ;
Déjà coulait le sang, prémices du carnage.
Entre les deux partis Calchas s'est avancé,
L'œil farouche, l'air sombre, et le poil hérissé,
Terrible, et plein du dieu qui l'agitait sans doute :
« Vous, Achille, a-t-il dit, et vous, Grecs, qu'on m'écoute.
» Le dieu qui maintenant vous parle par ma voix

(1) Le récit d'Ulysse se distingue par l'élégance du style, par la rapidité de la marche et par la vivacité du coloris ; le portrait du devin est crayonné avec une vigueur rare. On regrette de n'y rien entendre de la jeune fille qui préoccupe tous les esprits ; ce n'est qu'à la fin qu'Ulysse lui consacre cette courte mention :

La seule Iphigénie
Dans ce commun bonheur pleure son ennemie.

Le trait est touchant, mais trop bref, trop rapide. Le poète grec a été mieux inspiré, lorsqu'à ce moment suprême, où tous les yeux, tous les cœurs sont tournés vers la fille d'Agamemnon, il nous la montre, marchant à l'autel avec une intrépidité admirable, et consolant son père par des adieux sublimes : « Mais elle, s'approchant de son père, lui parla en ces termes : « O mon père, me voici ; je donne volontiers ma vie pour ma patrie et pour toute la Grèce ; conduisez-moi à l'autel de la déesse pour y être immolée, puisque l'oracle le veut ainsi. En tant qu'il dépend de moi, soyez heureux ; puisse le ciel vous donner la victoire, et un retour glorieux dans la patrie ! Que nul des Grecs ne porte sur moi une main profane ; je présenterai ma tête en silence et avec courage. » Telles furent ses paroles ; et tous, en l'écoutant, furent saisis d'admiration, en voyant la grandeur d'âme de la jeune fille. »
On croit entendre une de nos jeunes martyres des premiers siècles. Iphigénie est la sœur des Agnès et des Agathe ; elle a leur innocence, leur piété, la délicatesse de leur pudeur virginale, et leur magnanime courage ; il lui manque ce qu'il n'était pas au pouvoir d'Euripide de lui donner : le charme surnaturel de la grâce divine, inspirant et soutenant le sacrifice volontaire de la vie.

(2) Ce dernier coup de pinceau achève le portrait d'Achille. Le poète nous le montre ici dans sa grandeur antique. Ainsi le terrible héros, seul, sur les remparts, jetait par son cri sublime l'épouvante parmi les Troyens et les faisait fuir derrière leurs remparts.

» M'explique son oracle, et m'instruit de son choix.
» Un autre sang d'Hélène, une autre Iphigénie
» Sur ce bord immolée y doit laisser sa vie.
» Thésée avec Hélène uni secrètement
» Fit succéder l'hymen à son enlèvement.
» Une fille en sortit, que sa mère a celée ;
» Du nom d'Iphigénie elle fut appelée.
» Je vis moi-même alors ce fruit de leurs amours.
» D'un sinistre avenir je menaçai ses jours.
» Sous un nom emprunté sa noire destinée
» Et ses propres fureurs ici l'ont amenée.
» Elle me voit, m'entend, elle est devant vos yeux ;
» Et c'est elle, en un mot, que demandent les dieux. »
    Ainsi parle Calchas. Tout le camp immobile
L'écoute avec frayeur, et regarde Ériphile.
Elle était à l'autel, et peut-être en son cœur
Du fatal sacrifice accusait la lenteur.
Elle-même tantôt, d'une course subite,
Etait venue aux Grecs annoncer votre fuite.
On admire en secret sa naissance et son sort.
Mais puisque Troie enfin est le prix de sa mort,
L'armée à haute voix se déclare contre elle,
Et prononce à Calchas sa sentence mortelle.
Déjà pour la saisir Calchas lève le bras :
« Arrête, a-t-elle dit, et ne m'approche pas.
» Le sang de ce héros dont tu me fais descendre
» Sans tes profanes mains saura bien se répandre. »
Furieuse elle vole, et sur l'autel prochain
Prend le sacré couteau, le plonge dans son sein (1).
A peine son sang coule et fait rougir la terre,

(1) C'est Eriphile qui décide le dénoûment ; par sa noire trahison, elle s'était jetée au devant de sa cruelle destinée. Calchas a reconnu la fille d'Hélène à qui dès sa naissance il avait prédit les derniers malheurs. L'oracle sera satisfait ; c'est une victime coupable qui prendra la place de l'innocente Iphigénie. Eriphile elle-même, transportée de rage, plonge le fer dans son sein ; aussitôt le ciel apaisé envoie aux Grecs le vent qui doit les porter en Asie.

Chez le poète grec, le dénoûment est tout religieux, les passions humaines n'y ont aucune part ; le sacrifice s'accomplit sans l'effusion du sang humain, et la pièce se termine par l'apothéose d'Iphigénie. C'est la consolation suprême qu'Agamemnon vient offrir à Clytemnestre : « O femme, dit-il, nous n'avons qu'à nous féliciter du sort de notre fille ; elle jouit véritablement de la félicité des dieux. »

« Le dernier acte d'Euripide se distingue par un caractère de mélancolie profonde, et de tristesse religieuse : les apprêts du sacrifice, les hymnes du chœur, les adieux de la victime répandent sur ce dénoûment une couleur auguste et sacrée. » (GEOFFROY.)

ACTE V, SCÈNE VI

Les dieux font sur l'autel entendre le tonnerre ;
Les vents agitent l'air d'heureux frémissements,
Et la mer leur répond par ses mugissements ;
La rive au loin gémit, blanchissante d'écume (1) ;
La flamme du bûcher d'elle-même s'allume ;
Le ciel brille d'éclairs, s'entr'ouvre, et parmi nous
Jette une sainte horreur qui nous rassure tous (2).
Le soldat étonné dit que dans une nue
Jusque sur le bûcher Diane est descendue (3),
Et croit que, s'élevant au travers de ses feux,
Elle portait au ciel notre encens et nos vœux.
Tout s'empresse, tout part. La seule Iphigénie
Dans ce commun bonheur pleure son ennemie (4).
Des mains d'Agamemnon, venez la recevoir.
Venez. Achille et lui, brûlants de vous revoir,
Madame, et désormais tous deux d'intelligence,
Sont prêts à confirmer leur auguste alliance.

CLYTEMNESTRE.

Par quel prix, quel encens, ô ciel! puis-je jamais
Récompenser Achille, et payer tes bienfaits?

QUESTIONS SUR LE V° ACTE.

Que s'est-il passé entre le 4° et le 5° acte ?
Pourquoi Iphigénie revient-elle sur la scène ?
Comment se passe la dernière entrevue entre Achille et Iphigénie ?
Quel est le caractère des adieux d'Iphigénie ?
A quels transports se livre Achille ?

(1) « Racine prodigue dans ce récit les trésors de la poésie épique. Il faut remarquer surtout :

Les vents agitent l'air d'heureux frémissements...
La rive au loin gémit, blanchissante d'écume.

Vers très harmonieux, très pittoresques, et d'une facture antique. » (GEOFFROY.)

(2) « Cette *sainte horreur qui rassure* est l'expression singulièrement heureuse d'un sentiment religieux, et semble n'avoir pu être trouvée que par un poète aussi chrétien que Racine. » (LA HARPE.)

(3) C'est la seule allusion que le poète ait cru pouvoir faire à l'intervention de la déesse ; Ulysse, moins crédule, dit L. Racine, met cette apparition dans les yeux du soldat.

(4) « Dernier trait du plus aimable et du plus intéressant caractère de jeune princesse qu'on ait jamais mis au théâtre, sans en excepter Zaïre, tracée sur son modèle, mais qui lui est bien inférieure. Ce récit d'Ulysse est d'autant plus beau, qu'il finit un acte plein d'art et d'intérêt, et forme le plus heureux dénoûment. » (GEOFFROY.)

Quels sont les adieux qu'Iphigénie adresse à sa mère ?
Parallèle entre la scène des adieux de Racine et celle d'Euripide.
Comment Clytemnestre exprime-t-elle son désespoir ?
Par quels exploits Achille a-t-il signalé son dévoûment ?
Comment Iphigénie a-t-elle échappé à la mort ?
Comment Eriphile a-t-elle pris sa place ?
Quels prodiges ont suivi cette mort ?
Par qui est raconté le dénoûment ?
Quelles sont les qualités du récit d'Ulysse ?
Quel est le dernier trait qui achève le portrait d'Iphigénie ?
Quelle différence y a-t-il entre le dénoûment de Racine et celui d'Euripide?

PHÈDRE

TRAGÉDIE

1677.

PRÉFACE.

Imitation d'Euripide. — Voici encore une tragédie dont le sujet est pris d'Euripide. Quoique j'aie suivi une route un peu différente de celle de cet auteur pour la conduite de l'action, je n'ai pas laissé d'enrichir ma pièce de tout ce qui m'a paru le plus éclatant dans la sienne (1).

Caractère de Phèdre. — Quand je ne lui devrais que la seule idée du caractère de Phèdre, je pourrais dire que je lui dois ce que j'ai peut-être mis de plus raisonnable sur le théâtre. Je ne suis point étonné que ce caractère ait eu un succès si heureux du temps d'Euripide, et qu'il ait encore si bien réussi dans notre siècle, puisqu'il a toutes les qualités qu'Aristote demande dans le héros de la tragédie, et qui sont propres à exciter la compassion et la terreur. En effet, Phèdre n'est ni tout à fait coupable, ni tout à fait innocente. Elle est engagée, par sa destinée et par la colère des dieux, dans une passion illégitime dont elle a horreur toute la première. Elle fait tous ses efforts pour la surmonter. Elle aime mieux se laisser mourir que de la déclarer à personne; et lorsqu'elle est forcée de la découvrir, elle en parle avec une confusion qui fait bien voir que son crime est plutôt une punition des dieux qu'un mouvement de sa volonté.

J'ai même pris soin de la rendre un peu moins odieuse qu'elle n'est dans les tragédies des anciens, où elle se résout d'elle-même à accuser Hippolyte. J'ai cru que la calomnie avait quelque chose de trop bas et de trop noir pour la mettre dans la bouche d'une princesse qui a d'ailleurs des sentiments si nobles et si vertueux. Cette bassesse m'a paru plus convenable à une nourrice, qui pouvait avoir des inclinations plus serviles, et qui néanmoins n'entreprend cette fausse accusation que pour sauver la vie et l'honneur de sa maîtresse. Phèdre n'y donne les mains que parce qu'elle est dans une agitation d'esprit qui la met hors d'elle-même; et elle vient un moment après dans le dessein de justifier l'innocence, et de déclarer la vérité....

---

(1) Racine a oublié de parler de l'*Hippolyte* de Sénèque : il lui a cependant fait plusieurs emprunts fort heureux, entre autres la scène de l'épée et quelques traits du récit de Théramène.

Hippolyte. — Pour ce qui est du personnage d'Hippolyte, j'avais remarqué dans les anciens qu'on reprochait à Euripide de l'avoir représenté comme un philosophe exempt de toute imperfection : ce qui faisait que la mort de ce jeune prince causait beaucoup plus d'indignation que de pitié. J'ai cru lui devoir donner quelque faiblesse qui le rendrait un peu coupable envers son père, sans pourtant lui rien ôter de cette grandeur d'âme avec laquelle il épargne l'honneur de Phèdre, et se laisse opprimer sans l'accuser. J'appelle faiblesse la passion qu'il ressent malgré lui pour Aricie, qui est la fille et la sœur des ennemis mortels de son père.

Aricie. — Cette Aricie n'est point un personnage de mon invention. Virgile dit qu'Hippolyte l'épousa, et en eut un fils, après qu'Esculape l'eut ressuscité. Et j'ai lu encore dans quelques auteurs qu'Hippolyte avait épousé et emmené en Italie une jeune Athénienne de grande naissance, qui s'appelait Aricie, et qui avait donné son nom à une petite ville d'Italie.

Je rapporte ces autorités, parce que je me suis très scrupuleusement attaché à suivre la fable. J'ai même suivi l'histoire de Thésée, telle qu'elle est dans Plutarque.

Voyage de Thésée. — C'est dans cet historien que j'ai trouvé que ce qui avait donné occasion de croire que Thésée fût descendu dans les enfers pour enlever Proserpine, était un voyage que ce prince avait fait en Epire vers la source de l'Achéron, chez un roi dont Pirithoüs voulait enlever la femme, et qui arrêta Thésée prisonnier, après avoir fait mourir Pirithoüs. Ainsi j'ai tâché de conserver la vraisemblance de l'histoire, sans rien perdre des ornements de la fable, qui fournit extrêmement à la poésie ; et le bruit de la mort de Thésée, fondé sur ce voyage fabuleux, donne lieu à Phèdre de faire une déclaration d'amour qui devient une des principales causes de son malheur, et qu'elle n'aurait jamais osé faire tant qu'elle aurait cru que son mari était vivant.

But moral de Racine. — Au reste, je n'ose encore assurer que cette pièce soit en effet la meilleure de mes tragédies. Je laisse et aux lecteurs et au temps à décider de son véritable prix. Ce que je puis assurer, c'est que je n'en ai point fait où la vertu soit plus mise en jour que dans celle-ci ; les moindres fautes y sont sévèrement punies. La seule pensée du crime y est regardée avec autant d'horreur que le crime même. Les faiblesses de l'amour y passent pour de vraies faiblesses ; les passions n'y sont présentées aux yeux que pour montrer tout le désordre dont elles sont cause ; et le vice y est peint partout avec des couleurs qui en font connaître et haïr la difformité. C'est là proprement le but que tout homme qui travaille pour le public doit se proposer ; et c'est ce que les premiers poètes tragiques avaient en vue sur toute chose. Leur théâtre était une école où la vertu n'était pas moins bien enseignée que dans les écoles des philosophes. Aussi Aristote a bien voulu donner des règles du poème dramatique ; et Socrate, le plus sage des philosophes, ne dédaignait pas de mettre la main aux tragédies d'Euripide. Il serait à souhaiter que nos ouvrages fussent aussi solides et aussi pleins d'utiles instructions que ceux de ces poètes. Ce serait peut-être un moyen de réconcilier la tragédie avec quantité de personnes célèbres par leur piété et par leur doctrine, qui l'ont condamnée dans ces derniers temps, et qui en jugeraient sans doute plus favorablement, si les auteurs songeaient autant à instruire leurs spectateurs qu'à les divertir, et s'ils suivaient en cela la véritable intention de la tragédie (1).

(1) Comment Racine fut-il amené à faire la tragédie de *Phèdre?* « Mme de la Fayette, dit l'abbé de Saint-Pierre, s'était trouvée présente à un entretien dans lequel Racine soutint qu'un bon poète pouvait faire excuser les plus grands crimes, et même inspirer de la compassion pour les criminels. Il ajouta qu'il ne fallait que de la fécondité, de la délicatesse, de la justesse d'esprit pour diminuer tellement l'horreur des crimes de Médée et de Phèdre, qu'on les rendrait aimables aux spectateurs au point de leur inspirer de la pitié pour leurs malheurs. Comme les assistants lui nièrent que cela fût possible, et qu'on voulut même le tourner en ridicule sur une opinion si extraordinaire, le dépit qu'il en eut le fit résoudre à entreprendre la tragédie de *Phèdre*, où il réussit si bien à faire plaindre ses malheurs que le spectateur a plus de pitié de la criminelle belle-mère que du vertueux Hippolyte. »
Il est peu croyable que Racine ait jamais développé, et surtout voulu mettre en pratique une théorie aussi immorale.
Selon d'autres, Mlle Champmeslé aurait demandé à Racine de lui faire un rôle qui réunit les passions les plus fortes.
Il paraît plus vraisemblable que le poète, préoccupé de se réconcilier les Solitaires de Port-Royal, comme il l'indique dans cette Préface, se tourna de préférence vers un sujet dont le développement était si bien en harmonie avec leurs doctrines.
Port-Royal s'était attristé dès le principe de voir le jeune poète s'engager dans la voie du théâtre. La sœur Agnès de Sainte-Thècle, sa tante, avait cherché vainement à le retenir. La situation se tendit bien davantage lorsque Nicole, un de ses anciens maîtres, publia en 1666 contre la comédie ses *Visionnaires*, où il traitait les poètes de théâtre « d'empoisonneurs publics, non des corps, mais des âmes. » Racine y répondit par une lettre extrêmement blessante pour les Solitaires de Port-Royal. L'intervention de Boileau l'empêcha d'en publier une seconde aussi spirituelle et non moins méchante (on ne la connut qu'après la mort de l'auteur). Les choses en restèrent là jusqu'en 1677, où la réconciliation se fit à l'occasion de *Phèdre* par l'entremise de Boileau.

PERSONNAGES :

THÉSÉE, fils d'Égée, roi d'Athènes.
PHÈDRE, femme de Thésée, fille de Minos et de Pasiphaé.
HIPPOLYTE, fils de Thésée, et d'Antiope, reine des Amazones.
ARICIE, princesse du sang royal d'Athènes.
ŒNONE, nourrice et confidente de Phèdre.
THÉRAMÈNE, gouverneur d'Hippolyte.
ISMÈNE, confidente d'Aricie.
PANOPE, femme de la suite de Phèdre.
GARDES.

La scène est à Trézène, ville du Péloponnèse.

Analyse générale de l'action.

I. Pendant l'absence de Thésée, Hippolyte déclare à Théramène que, ne pouvant espérer la main d'Aricie, fille des ennemis de son père, il veut quitter Trézène pour aller à la recherche du roi. Phèdre de son côté fait à Œnone l'humiliant aveu de son amour criminel pour Hippolyte. La nouvelle de la mort de Thésée la décide à prolonger sa vie pour le salut de son fils.

II. Hippolyte rend à Aricie sa liberté et le trône d'Athènes; Phèdre, en recommandant son fils au jeune prince, lui déclare son amour; Hippolyte la fuit avec horreur, en laissant son épée entre ses mains.

III. Le retour subit de Thésée jette Phèdre dans les plus terribles angoisses; elle a la lâcheté de laisser accuser Hippolyte par Œnone.

IV. Le roi furieux chasse son fils de sa présence en le dévouant à la colère de Neptune. Phèdre, apprenant qu'Aricie règne sur le cœur d'Hippolyte, en conçoit la plus furieuse jalousie; cependant elle charge de ses malédictions Œnone qui lui donne l'impudent conseil de s'abandonner au crime.

V. Hippolyte part en exil; Aricie doit le rejoindre dans un temple voisin qui sera le témoin de leurs serments. Cependant Thésée inquiet veut interroger Œnone; il apprend qu'elle s'est jetée dans la mer. Ses angoisses redoublent, quand tout à coup Théramène lui vient annoncer la mort de son fils. Phèdre, bourrelée de remords, arrive, avoue son crime, justifie Hippolyte et expire sur la scène : elle s'était empoisonnée de honte et de dépit. Thésée pleure la mort de son fils et adopte Aricie.

PHÈDRE

Appréciation.

I. Origines. — Titre. — Sujet. — Cabale.

Phèdre est, comme *Iphigénie*, une imitation d'Euripide.

Le titre de la pièce grecque est *Hippolyte*; Racine avait d'abord intitulé la sienne, *Phèdre et Hippolyte*; le seul nom de *Phèdre* lui resta à partir de la 2e édition (1687).

La différence de titre indique la différence de conception.

Le héros d'Euripide est Hippolyte; dans Racine, c'est Phèdre qui a le rôle principal. Euripide a représenté le triomphe de la chasteté dans la mort touchante et dans l'apothéose du virginal disciple de Diane; Racine s'est proposé, au contraire, de peindre dans la femme de Thésée les fureurs et les tourments de l'amour criminel.

La *Phèdre* de Racine faillit succomber devant celle de Pradon, grâce au complot de l'hôtel de Bouillon (1). Mais le succès de Pradon fut de courte durée, et Racine finit par triompher.

Ce fut la dernière de ses pièces profanes; il renonça au théâtre à l'âge de trente-sept ans (2).

II. Qualités et défauts.

Par le développement tragique du rôle principal et par l'incomparable

---

(1) La *Phèdre* de Racine fut représentée pour la première fois le vendredi 1er janvier 1677, par les comédiens de l'Hôtel de Bourgogne (probablement à Paris); celle de Pradon fut jouée le dimanche suivant par ceux de la troupe du Roi. A la tête de la cabale se trouvaient la duchesse de Bouillon, nièce de Mazarin, et son frère, Philippe Mancini, duc de Nevers; les deux jeunes princes de Vendôme et Mme Deshoulières. La duchesse de Bouillon avait loué les premières loges au prix de 15,000 livres, pour les six premières représentations. La pièce de Racine fut jouée dans le vide; il y eut foule à celle de Pradon. Boileau soutint son ami; une guerre de sonnets commença; le duc de Nevers menaça d'en venir aux coups de bâton, quand le fils du prince de Condé prit ouvertement les deux poètes sous sa protection. Cependant Racine fut vivement blessé de cet échec: il avait toujours été trop sensible aux attaques de l'envie : « Quoique les applaudissements m'aient beaucoup flatté, disait-il lui-même plus tard à son fils aîné, la moindre critique, si mauvaise qu'elle fût, m'a toujours causé plus de chagrin que les louanges ne m'ont fait de plaisir. » Boileau, pour l'encourager, lui adressa sa belle Épître VII, *sur l'Utilité des ennemis*.

(2) « Racine, cette année-là même, dit Geoffroy, reconnut enfin la vanité de ses travaux et considéra avec les yeux d'un chrétien ses occupations profanes. Les principes religieux dont il avait été nourri, et que la fougue de la jeunesse jointe à l'enthousiasme poétique, n'avait pu étouffer, se ranimèrent dans son âme avec une nouvelle force. La raison et l'expérience le dégoûtèrent de cette fumée des applaudissements dont il s'était jusqu'alors enivré : il sentit qu'il y avait dans le monde un état plus noble et plus honnête que celui d'exciter dans les cœurs des passions souvent funestes. »

perfection du style, *Phèdre* a sa place parmi les plus beaux chefs-d'œuvre de Racine.

Le personnage de *Phèdre* est l'âme de la pièce ; le poète, pour la mettre en relief, lui a sacrifié tous les autres personnages (1).

Thésée est faible, crédule à l'excès, emporté et injuste dans sa vengeance.

Hippolyte a perdu la pureté idéale du modèle antique ; Racine l'a transformé en un jeune prince vertueux et doucereux, dans le goût de Versailles.

Aricie a de la grâce et elle fait un touchant contraste avec la rage de Phèdre ; mais son rôle est trop secondaire pour attacher.

Œnone et Théramène s'avilissent par la bassesse de leurs conseils.

Les convenances du sujet et du plan sont sacrifiées de même :

1° L'importance donnée à Phèdre efface presque complètement la majesté du père, la dignité de l'époux et l'innocence du fils.

La pitié, qui devrait se porter sur la vertu malheureuse, s'attache principalement à la coupable marâtre (2).

2° Le plan de la pièce est fondé tout entier sur l'absence de Thésée, sur la fausse nouvelle de sa mort et sur son retour inopiné : il en résulte des péripéties tragiques, il est vrai, mais peu morales (3).

(1) Voltaire trouvait « le rôle de Thésée trop faible, Hippolyte trop français, Aricie trop peu tragique, Théramène trop condamnable de débiter des maximes d'amour à son pupille. »

(2) « Le charme consiste dans la supposition que Phèdre, victime de la colère de Vénus, ne peut résister à sa passion : supposition qui, dans nos principes de morale, est absolument contraire à la liberté, et qui, même dans le système du paganisme, est évidemment fausse... Mais par une adresse presque miraculeuse, le poète me fascine les yeux au point de me montrer toujours dans Phèdre une femme entraînée malgré elle au crime par le pouvoir de la fatalité ; et c'est par cette illusion qu'il parvient à intéresser en faveur d'une femme sans aucune vertu, sans aucune qualité, qui sciemment et volontairement respire le vice et l'homicide, et n'a rien de recommandable qu'une affreuse rage qui s'exprime par une éloquence admirable. » (GEOFFROY.)

(3) « La constitution de la pièce est si malheureuse que lorsqu'on annonce la mort de Thésée, il est naturel que tout le monde se réjouisse. Phèdre ressuscite... Aricie témoigne une grande satisfaction... Hippolyte, tout bon fils qu'il est, a bientôt essuyé ses larmes... Jamais père de famille ne fut moins regretté et n'arrangea mieux, par sa mort, les affaires de toutes les personnes de sa maison : mais aussi, lorsqu'il reparait, c'est un fantôme qui effraie tout le monde, c'est un vrai trouble-fête ; tout est dans la consternation... Ce concours de circonstances est à peu près le même que celui qui est produit par la fausse nouvelle de la mort de Mithridate, et par le retour imprévu de ce monarque très peu désiré de sa femme et de ses enfants. Mais du moins dans *Mithridate*, Monime et Xipharès sont des objets auxquels on peut s'intéresser ; dans *Phèdre*, si l'on est indifférent sur le sort de Thésée, on ne s'intéresse pas beaucoup pour Hippolyte et pour Aricie : c'est donc sur la marâtre calomniatrice que porte tout l'intérêt. » (GEOFFROY.)

Quant à l'épisode d'Aricie, bien qu'il amène la scène de la jalousie qui précipite la catastrophe, il a le défaut de détruire la noble simplicité de l'action (1).

III. Moralité.

Racine, à en juger par sa Préface, se faisait grandement illusion sur la portée morale de son œuvre.

Il oubliait trop que la peinture délicate et passionnée d'un amour coupable est par elle-même un danger pour la vertu.

Mais le vice capital de sa tragédie, c'est la *fatalité du crime* qui y est enseignée (2).

Il est évident que la fatalité en est restée un des ressorts essentiels; mais loin d'être corrigée par les croyances chrétiennes, elle en a été aggravée. Plus le poète a développé la lutte qui se livre dans ce cœur malheureux entre la passion qui l'entraîne et la conscience qui proteste, plus l'expression du remords est éloquente, plus aussi éclate cette hideuse tyrannie de la passion à laquelle l'âme semble irrévocablement condamnée (3). Il en résulte qu'au lieu de condamner la coupable, on la plaint, on l'absout, on est tenté de la trouver *vertueuse dans son crime* (4).

(1) « Pourquoi, disait Arnauld, Racine a-t-il fait son Hippolyte amoureux? » Reproche bien fondé, auquel le poète n'eut à opposer que cette triste réponse : « Qu'auraient dit nos petits-maîtres ? »
Fénelon a aussi relevé ce défaut dans sa *Lettre à l'Académie* : « M. Racine, dit-il, a fait un double spectacle, en joignant à Phèdre furieuse Hippolyte soupirant contre son vrai caractère. Il fallait laisser Phèdre toute seule dans sa fureur; l'action aurait été unique, courte, vive et rapide... La mode du bel esprit faisait mettre de l'amour partout. »

(2) J.-J. Rousseau a eu raison de dire : « Qu'apprend-on dans *Phèdre*, sinon que l'homme n'est pas libre, et que le ciel le punit des crimes qu'il lui fait commettre ? »

(3) Chateaubriand a dit de *Phèdre* : « C'est la chrétienne réprouvée, c'est la pécheresse tombée vivante dans les mains de Dieu. » Il est bien vrai que « la religion chrétienne multiplie les orages de la conscience autour du vice, » et en faisant cela, Racine s'est montré poète chrétien ; mais où il a cessé de l'être, c'est en empêchant *ces orages de la conscience* de ramener la sérénité de l'âme par un repentir salutaire. Dieu donne le remords, parce qu'il veut le salut du pécheur, et non sa honte et sa réprobation éternelle.

(4) Boileau parlait en janséniste, quand il louait

.... la douleur *vertueuse*
De Phèdre *malgré soi* perfide, incestueuse.

La douleur n'est vertueuse que quand elle amène un repentir sincère et efficace. Phèdre, au contraire, poursuit ses projets criminels malgré les déchirements de sa conscience; elle y ajoute la calomnie et le suicide. Il fallait un disciple d'Arnauld pour justifier ainsi « la passion sous le prétexte d'une inévitable nécessité. » (Cf. CHARAUX, *Racine*, II.)

La *Phèdre* de Racine n'est que la personnification dramatique du dogme fataliste de Calvin, ressuscité par le jansénisme (1).

Si c'est le prodige de l'art d'avoir su intéresser à une femme si odieuse, la morale ne peut que déplorer ce triste écart du génie.

Mort d'Hippolyte.

Acte V, scène VI.

THÉSÉE.

Théramène, est-ce toi? qu'as-tu fait de mon fils?
Je te l'ai confié dès l'âge le plus tendre.
Mais d'où naissent les pleurs que je te vois répandre?
Que fait mon fils?

THÉRAMÈNE.

O soins tardifs et superflus!
Inutile tendresse! Hippolyte n'est plus.

THÉSÉE.

Dieux!

THÉRAMÈNE.

J'ai vu des mortels périr le plus aimable,
Et j'ose dire encor, Seigneur, le moins coupable.

---

(1) Il n'est pas étonnant qu'Arnauld ait donné son entière approbation à l'œuvre de Racine. Boileau, bien connu pour ses opinions jansénistes, s'était chargé de présenter *Phèdre* au grand chef de la secte; quand il vint quelques jours après lui demander son avis : « Il n'y a rien, dit Arnauld, à reprendre au caractère de Phèdre, puisque par ce caractère il nous donne cette grande leçon, que lorsqu'en punition de fautes précédentes, Dieu nous abandonne à nous-mêmes, et à la perversité de notre cœur, il n'est point d'excès où nous ne puissions nous porter, même en les détestant. »

Sainte-Beuve se trompe en disant que « la *doctrine de la grâce* se sent toute voisine de là »; il aurait dû dire : la doctrine *janséniste*; car la doctrine *catholique* sur la grâce est tout autre. La foi catholique enseigne que jamais Dieu n'abandonne l'homme à lui-même et à la perversité de son cœur, au point qu'il ne puisse résister au mal, et se relever par un *repentir salutaire;* car la grâce *suffisante* lui est toujours offerte, et il ne tient qu'à lui de la rendre *efficace*.

Le témoignage de Voltaire mérite aussi d'être consigné : « Je sais, dit-il, de science certaine qu'on accusa *Phèdre* d'être janséniste. Comment, disaient les ennemis de l'auteur, sera-t-il permis de débiter à une nation chrétienne ces maximes diaboliques :

Vous aimez; on ne peut vaincre sa destinée;
Par un charme fatal vous fûtes entraînée.

N'est-ce pas là évidemment un juste à qui la grâce a manqué? J'ai entendu tenir ces propos dans mon enfance, non pas une fois, mais trente. »

ACTE V, SCÈNE VI

THÉSÉE.

Mon fils n'est plus? Eh quoi! quand je lui tends les bras,
Les dieux impatients ont hâté son trépas?
Quel coup me l'a ravi? quelle foudre soudaine?

THÉRAMÈNE.

A peine nous sortions des portes de Trézène (1),
Il était sur son char; ses gardes affligés
Imitaient son silence, autour de lui rangés;
Il suivait tout pensif le chemin de Mycènes;
Sa main sur les chevaux laissait flotter les rênes.
Ses superbes coursiers qu'on voyait autrefois
Pleins d'une ardeur si noble obéir à sa voix,
L'œil morne maintenant, et la tête baissée,
Semblaient se conformer à sa triste pensée.
Un effroyable cri, sorti du fond des flots,
Des airs en ce moment a troublé le repos;
Et du sein de la terre une voix formidable
Répond en gémissant à ce cri redoutable.
Jusqu'au fond de nos cœurs notre sang s'est glacé;

(1) Le récit de la mort d'Hippolyte est un modèle achevé de poésie descriptive. Certains critiques blâment, dans cette narration, la pompe des expressions et la longueur des détails; ils trouvent ces beautés déplacées, au point de vue dramatique, dans les circonstances où se fait ce récit.

Tel était, on le sait, le sentiment de Fénelon : « Rien, dit-il, n'est moins naturel que la narration de la mort d'Hippolyte à la fin de la tragédie de *Phèdre*, qui a d'ailleurs de grandes beautés. Théramène, qui vient pour apprendre à Thésée la mort funeste de son fils, devrait ne dire que ces deux mots, et manquer même de force pour les prononcer distinctement : « Hippolyte est mort. Un monstre envoyé du fond de la mer par la colère des dieux l'a fait périr. Je l'ai vu. » Un tel homme, saisi, éperdu, sans haleine, peut-il s'amuser à faire la description la plus pompeuse et la plus fleurie de la figure du dragon ? » (*Lettre à l'Académie*.)

La Harpe faisait assez bien la part de la critique, quand il disait : « Il est indubitable qu'il y a du luxe de style dans ce récit d'ailleurs si beau ; mais ce qui est de trop se réduit à sept ou huit vers à retrancher, et à la description du monstre, qui est trop détaillée. Il est d'ailleurs très naturel que Thésée, accablé d'abord par la terrible nouvelle de la mort de son fils, veuille ensuite en apprendre les circonstances, et d'autant plus qu'elles sont autant de prodiges, effets de la colère des dieux provoquée par ses imprécations. Il n'est pas moins naturel que Théramène, revenu de cette première épouvante qu'il a dû éprouver, raconte toutes ces circonstances avec toute la vivacité d'une imagination encore frappée des objets comme s'ils étaient encore présents. »

En résumé :

1° Théramène peut faire ce récit, parce que la douleur excite en lui l'imagination qui est la faculté descriptive ;

2° Thésée peut l'entendre, parce que sa douleur de père est avide de savoir jusqu'aux moindres circonstances de la mort de son fils.

Des coursiers attentifs le crin s'est hérissé.
Cependant sur le dos de la plaine liquide,
S'élève à gros bouillons une montagne humide ;
L'onde approche, se brise, et vomit à nos yeux,
Parmi des flots d'écume, un monstre furieux.
Son front large est armé de cornes menaçantes ;
Tout son corps est couvert d'écailles jaunissantes ;
Indomptable taureau, dragon impétueux,
Sa croupe se recourbe en replis tortueux.
Ses longs mugissements font trembler le rivage.
Le ciel avec horreur voit ce monstre sauvage ;
La terre s'en émeut, l'air en est infecté ;
Le flot qui l'apporta recule épouvanté (1).
Tout fuit ; et sans s'armer d'un courage inutile,
Dans le temple voisin chacun cherche un asile.
Hippolyte lui seul, digne fils d'un héros,
Arrête ses coursiers, saisit ses javelots,
Pousse au monstre, et d'un dard lancé d'une main sûre,
Il lui fait dans le flanc une large blessure.
De rage et de douleur le monstre bondissant
Vient aux pieds des chevaux tomber en mugissant,
Se roule, et leur présente une gueule enflammée
Qui les couvre de feu, de sang et de fumée.
La frayeur les emporte ; et sourds à cette fois,
Ils ne connaissent plus ni le frein ni la voix ;
En efforts impuissants leur maître se consume ;
Ils rougissent le mors d'une sanglante écume.
On dit qu'on a vu même, en ce désordre affreux,
Un dieu qui d'aiguillons pressait leur flanc poudreux.
A travers les rochers la peur les précipite ;
L'essieu crie et se rompt (2). L'intrépide Hippolyte
Voit voler en éclats tout son char fracassé ;
Dans les rênes lui-même il tombe embarrassé.

(1) Cette magnifique prosopopée est imitée de Virgile :

Dissultant ripæ *refluitque exterritus amnis.*

« Le vers de Racine est beau, dit La Harpe ; il serait admirable dans un récit épique. C'est, je crois, la seule fois où le poète ait trahi Racine, et l'ait montré derrière le personnage. »

Boileau cependant prenait la défense de Racine : « Pouvait-il employer la hardiesse de sa métaphore dans une circonstance plus considérable et plus sublime que dans l'effroyable arrivée de ce monstre, ni au milieu d'une passion plus vive que celle qu'il donne à cet infortuné gouverneur d'Hippolyte ?... Aussi a-t-on remarqué que toutes les fois qu'on joue la tragédie de *Phèdre*, bien loin qu'on paraisse choqué de ce vers, on y fait une espèce d'acclamation. » (*Réflexions sur Longin*, 11e.)

(2) Hémistiche remarquable par l'harmonie imitative.

Excusez ma douleur. Cette image cruelle
Sera pour moi de pleurs une source éternelle.
J'ai vu, Seigneur, j'ai vu votre malheureux fils
Traîné par les chevaux que sa main a nourris.
Il veut les rappeler, et sa voix les effraie ;
Ils courent. Tout son corps n'est bientôt qu'une plaie.
De nos cris douloureux la plaine retentit.
Leur fougue impétueuse enfin se ralentit :
Ils s'arrêtent non loin de ces tombeaux antiques
Où des rois ses aïeux sont les froides reliques.
J'y cours en soupirant, et sa garde me suit.
De son généreux sang la trace nous conduit :
Les rochers en sont teints ; les ronces dégouttantes
Portent de ses cheveux les dépouilles sanglantes.
J'arrive, je l'appelle ; et me tendant la main,
Il ouvre un œil mourant qu'il referme soudain.
« Le ciel, dit-il, m'arrache une innocente vie.
» Prends soin après ma mort de la triste Aricie.
» Cher ami, si mon père un jour désabusé
» Plaint le malheur d'un fils faussement accusé,
» Pour apaiser mon sang et mon ombre plaintive,
» Dis-lui qu'avec douceur il traite sa captive ;
» Qu'il lui rende.... » A ce mot, ce héros expiré
N'a laissé dans mes bras qu'un corps défiguré,
Triste objet où des dieux triomphe la colère,
Et que méconnaîtrait l'œil même de son père (1).

THÉSÉE.

O mon fils ! cher espoir que je me suis ravi !
Inexorables dieux, qui m'avez trop servi !
A quels mortels regrets ma vie est réservée !

(1) On admire dans ce récit une suite de tableaux admirablement variés de couleur et de mouvement ; c'est :
1° la sortie de Trézène ;
2° la description du monstre ;
3° la lutte d'Hippolyte avec le monstre ;
4° la frayeur qui emporte les chevaux ;
5° la chute du héros ;
6° ses adieux et sa mort.

TRAGÉDIES

SACRÉES

ESTHER

TRAGÉDIE

TIRÉE DE L'ÉCRITURE SAINTE

1689.

PRÉFACE

La maison de Saint-Cyr. — La célèbre maison de Saint-Cyr (1) ayant été principalement établie pour élever dans la piété un fort grand nombre de jeunes demoiselles rassemblées de tous les endroits du royaume, on n'y a rien oublié de tout ce qui pouvait contribuer à les rendre capables de servir Dieu dans les différents états où il lui plaira de les appeler. Mais en leur montrant les choses essentielles et nécessaires, on ne néglige pas de leur apprendre celles qui peuvent servir à leur polir l'esprit, et à leur former le jugement. On a imaginé pour cela plusieurs moyens, qui, sans les détourner de leur travail et de leurs exercices ordinaires, les instruisent en les divertissant. On leur met, pour ainsi dire, à profit leurs heures de récréation. On leur fait faire entre elles, sur leurs principaux devoirs, des conversations ingénieuses qu'on leur a composées exprès, ou qu'elles-mêmes composent sur-le-champ. On les fait parler sur les histoires qu'on leur a lues, ou sur les importantes vérités qu'on leur a enseignées. On leur fait réciter par cœur et déclamer les plus beaux endroits des meilleurs poètes. Et cela leur sert surtout à les défaire de quantité de mauvaises prononciations qu'elles pourraient avoir apportées de leurs provinces. On a soin aussi de faire apprendre à chanter à celles qui

---

(1) Saint-Cyr, bourg de 2,000 âmes, dans la Seine-et-Oise, à quatre kilomètres ouest de Versailles. Cédant aux sollicitations pressantes de Mme de Maintenon, Louis XIV y fonda, en 1686, sous le nom d'*Institut de Saint-Louis*, une maison pour l'éducation gratuite de deux cent cinquante jeunes filles nobles et pauvres. Mme de Maintenon avait commencé cet établissement à Noisy-le-Sec. Quand la fondation de Saint-Cyr fut assurée, ce fut pour elle un vrai bonheur : « Dieu, disait-elle, a conduit Saint-Cyr par degrés.... Beaucoup de compassion pour la noblesse indigente, parce que j'avais été orpheline et pauvre moi-même, un peu de connaissance de son état, me fit imaginer de l'assister pendant ma vie. »
L'éducation, confiée d'abord à la communauté des dames de Saint-Louis établie dans la maison, fut remise en 1692 à des religieuses Augustines. Depuis la Révolution, on y a établi d'abord le Prytanée, et en 1808, l'École spéciale militaire qui l'occupe encore aujourd'hui.

ESTHER

ont de la voix, et on ne leur laisse pas perdre un talent qui les peut amuser innocemment, et qu'elles peuvent employer un jour à chanter les louanges de Dieu.

Poème demandé à Racine. — Mais la plupart des plus excellents vers de notre langue ayant été composés sur des matières fort profanes, et nos plus beaux airs étant sur des paroles extrêmement molles et efféminées, capables de faire des impressions dangereuses sur de jeunes esprits, les personnes illustres (1) qui ont bien voulu prendre la principale direction de cette maison ont souhaité qu'il y eût quelque ouvrage qui, sans avoir tous ces défauts, pût produire une partie de ces bons effets. Elles me firent l'honneur de me communiquer leur dessein, et même de me demander si je ne pourrais pas faire sur quelque sujet de piété et de morale, une espèce de poème où le chant fût mêlé avec le récit, le tout lié par une action qui rendît la chose plus vive et moins capable d'ennuyer (2).

Sujet d'Esther. — Je leur proposai le sujet d'Esther, qui les frappa d'abord, cette histoire leur paraissant pleine de grandes leçons d'amour

(1) Par ces *personnes illustres*, le poète désigne principalement Mme de Maintenon qui donnait tous ses soins à l'éducation des jeunes filles de Saint-Cyr. Mme de Maintenon était fille de Constant d'Aubigné, et petite-fille d'Agrippa d'Aubigné, ami de Henri IV et chaud partisan de la Réforme. Née en 1635, dans la prison de Niort, où ses parents étaient détenus, elle fut emmenée par son père à la Martinique en 1643. Ayant perdu ses parents, elle revint en France, dénuée de ressources; elle embrassa la religion catholique et montra toute sa vie une grande ferveur. Le poète Scarron, touché de ses infortunes, l'épousa en 1652. Devenue veuve en 1660, elle fut chargée par le Roi d'élever le duc du Maine et le comte de Toulouse. L'agrément et la solidité de sa conversation lui donnèrent un grand ascendant sur Louis XIV qui l'épousa par un mariage secret en 1684. A la mort de Louis XIV, elle se retira à Saint-Cyr et y resta jusqu'à sa mort (1719). Ses *Lettres* sont remarquables par l'urbanité, la bienveillance et la sagesse des conseils.

(2) Dans le privilège du Roi donné aux Dames de Saint-Cyr, *Esther* n'est point nommée une tragédie, mais « un ouvrage de poésie propre à être récité et à être chanté. »
Le *Journal* de Dangeau en parlait à peu près dans le même sens, le 18 août 1688, au moment où le poète se mettait à l'œuvre : « Racine, par l'ordre de Mme de Maintenon, fait un opéra dont le sujet est *Esther et Assuérus*. Il sera chanté et récité par les petites filles de Saint-Cyr. Tout ne sera pas en musique. C'est un nommé Moreau qui fera les airs. »
Ce n'était ni un opéra, ni un simple ouvrage de poésie que faisait Racine, mais bien une tragédie du théâtre grec, où le chœur était lié à l'action.
L'édition in-4° de 1689 avait pour titre : ESTHER, *tragédie tirée de l'Écriture sainte*. Racine jugeait bien son œuvre, en lui donnant le nom de tragédie.
Il y eut encore d'autres tragédies composées à cette époque pour Saint-Cyr : *Jonathan* et *Absalon* par Duché ; *Judith* et *Jephté* par Boyer (1695). Mme de Maintenon fit elle-même pour ses élèves un recueil de quarante proverbes, et quinze conversations dialoguées.

de Dieu, et de détachement du monde au milieu du monde même (1). Et je crus de mon côté que je trouverais assez de facilité à traiter ce sujet; d'autant plus qu'il me sembla que, sans altérer aucune des circonstances tant soit peu considérables de l'Écriture sainte (2), ce qui serait, à mon avis, une espèce de sacrilège, je pourrais remplir toute mon action avec les seules scènes que Dieu lui-même, pour ainsi dire, a préparées.

Les chœurs. — J'entrepris donc la chose, et je m'aperçus qu'en travaillant sur le plan qu'on m'avait donné, j'exécutais en quelque sorte un dessein qui m'avait souvent passé dans l'esprit, qui était de lier, comme dans les anciennes tragédies grecques, le chœur et le chant avec l'action, et d'employer à chanter les louanges du vrai Dieu cette partie du chœur que les païens employaient à chanter les louanges de leurs fausses divinités.

Succès. — A dire vrai, je ne pensais guère que la chose dût être aussi publique qu'elle l'a été (3). Mais les grandes vérités de l'Écriture, et la manière sublime dont elles y sont énoncées, pour peu qu'on les présente, même imparfaitement, aux yeux des hommes, sont si propres à les frapper; et d'ailleurs ces jeunes demoiselles ont déclamé et chanté cet ouvrage avec tant de grâce, tant de modestie et tant de piété, qu'il n'a pas été possible qu'il demeurât renfermé dans le secret de leur maison: de sorte qu'un divertissement d'enfants est devenu le sujet de l'empressement de toute la cour; le roi lui-même, qui en avait été touché, n'ayant pu refuser à tout ce qu'il y a de plus grands seigneurs de les y mener, et ayant eu la satisfaction de voir, par le plaisir qu'ils y ont pris, qu'on se peut aussi bien divertir aux choses de piété, qu'à tous les spectacles profanes.

Assuérus ou Darius I. — Au reste, quoique j'aie évité soigneusement de mêler le profane avec le sacré, j'ai cru néanmoins que je pouvais

(1) Le sujet d'*Esther* avait été traité sur la scène sous le titre d'*Aman*, en 1561, par Rivaudeau (tragédie en cinq actes et en vers avec chœurs); en 1758, par Matthieu et Mont-Chrestien; en 1622, par un poète inconnu, et en 1643, par du Ryer. Jean Desmarets publia, en 1670, un *poème héroïque sur la disgrâce d'Aman*. De ces ouvrages, celui de du Ryer est le meilleur.

(2) L'Ecriture sainte ou la Bible (Βιϐλία, livres par excellence) est le recueil des livres inspirés; elle est, avec la tradition, le fondement de la foi chrétienne. La Bible comprend deux parties, les livres de l'Ancien Testament et ceux du Nouveau. Le livre d'Esther est un des livres historiques de l'Ancien Testament.

(3) Ce fut le génie même de Racine qui fut cause de cette publicité. Si le petit théâtre de Saint-Cyr eut pour spectateurs des rois, des princes, de grands seigneurs, de grandes dames, des prélats, toute l'élite de la cour la plus brillante, c'est que le poète avait dépassé toutes les espérances. Dans sa modestie, il attribue ce succès extraordinaire à la sublimité de l'Ecriture qu'il avait tâché de présenter dans sa pièce, et à la grâce parfaite de ses jeunes actrices.

emprunter deux ou trois traits d'Hérodote (1), pour mieux peindre Assuérus : car j'ai suivi le sentiment de plusieurs savants interprètes de l'Écriture, qui tiennent que ce roi est le même que le fameux Darius, fils d'Hystaspe, dont parle cet historien (2). En effet, ils en rapportent quantité de preuves, dont quelques-unes me paraissent des démonstrations. Mais je n'ai pas jugé à propos de croire ce même Hérodote sur sa parole, lorsqu'il dit que les Perses n'élevaient ni temples, ni autels, ni statues à leurs dieux, et qu'ils ne se servaient point de libations dans leurs sacrifices. Son témoignage est expressément détruit par l'Écriture, aussi bien que par Xénophon, beaucoup mieux instruit que lui des mœurs et des affaires de la Perse, et enfin par Quinte-Curce (3).

Unité de lieu. — On peut dire que l'unité de lieu est observée dans cette pièce, en ce que toute l'action se passe dans le palais d'Assuérus. Cependant, comme on voulait rendre ce divertissement plus agréable à des enfants, en jetant quelque variété dans les décorations, cela a été cause que je n'ai pas gardé cette unité avec la même rigueur que j'ai fait autrefois dans mes tragédies (4).

Costumes. — Je crois qu'il est bon d'avertir ici que bien qu'il y ait dans *Esther* des personnages d'hommes, ces personnages n'ont pas laissé d'être représentés par des filles avec toute la bienséance de leur sexe. La chose leur a été d'autant plus aisée, qu'anciennement les habits des Persans et des Juifs étaient de longues robes qui tombaient jusqu'à terre.

Musique. — Je ne puis me résoudre à finir cette préface sans rendre à celui qui a fait la musique la justice qui lui est due, et sans confesser

---

(1) Hérodote (484-406 av. J.-C.), historien grec, surnommé le *père de l'histoire*; il était né à Halicarnasse. Ses *Histoires*, divisées en neuf livres dédiés aux neuf Muses, racontent les guerres des Grecs contre les Perses. — Xénophon, historien, philosophe et général grec (445-355 av. J.-C.), né à Athènes, a composé la *Cyropédie*, l'*Anabase*, les *Helléniques*, l'*Apologie* et les *Mémorables de Socrate*. — Quinte-Curce, historien latin, postérieur à Auguste, a écrit l'*Histoire d'Alexandre le Grand*.

(2) L'abbé de Sacy (Isaac Lemaistre), dans l'avertissement qu'il mit en tête de sa traduction du *Livre d'Esther* (1688), cherchait à établir qu'Assuérus ne peut être que Darius, fils d'Hystaspe; c'est aussi l'opinion de dom Calmet. D'autres commentateurs voient dans Assuérus Artaxerxès Longue-Main, ou Xerxès; la critique contemporaine a rassemblé de fortes preuves en faveur de ce dernier. (V. DARRAS, *Hist. de l'Eglise*, III.)
Darius I, fils d'Hystaspe, succéda à Cambyse et régna de 521 à 485; Xerxès I régna de 485 à 472; Artaxerxès I *Longue-Main* régna de 471 à 425.
L'empire des Perses, fondé par Cyrus l'an 536, et agrandi par Cambyse, s'étendait de l'Inde à la mer Egée, et du Caucase à l'Ethiopie.

(3) Xénophon (*Cyropédie*, VII et VIII, 3) et Quinte-Curce (III, 3, et V, 2) parlent des temples des dieux en Perse, de leurs statues en or et en argent, des autels en argent sur lesquels brûlait le feu sacré, et des libations qu'on offrait à la divinité.

(4) V. plus loin, p. 431.

franchement que ses chants ont fait un des plus grands agréments de la pièce (1). Tous les connaisseurs demeurent d'accord que depuis longtemps on n'a point entendu d'airs plus touchants ni plus convenables aux paroles. Quelques personnes ont trouvé la musique du dernier chœur un peu longue, quoique très belle. Mais qu'aurait-on dit de ces jeunes Israélites qui avaient tant fait de vœux à Dieu pour être délivrées de l'horrible péril où elles étaient, si, ce péril étant passé, elles lui en avaient rendu de médiocres actions de grâces ? Elles auraient directement péché contre la louable coutume de leur nation, où l'on ne recevait de Dieu aucun bienfait signalé, qu'on ne l'en remerciât sur-le-champ par de fort longs cantiques : témoin ceux de Marie, sœur de Moïse, de Débora, et de Judith, et tant d'autres dont l'Écriture est pleine (2). On dit même que les Juifs, encore aujourd'hui, célèbrent par de grandes actions de grâces le jour où leurs ancêtres furent délivrés par Esther de la cruauté d'Aman (3).

(1) La musique d'*Esther* fut composée par J.-B. Moreau, maître de musique de la chambre du roi, et musicien de la maison de Saint-Louis ; le roi, quelques jours après la première représentation, lui donna deux cents pistoles d'argent comptant et deux cents écus de pension. Moreau composa aussi la musique des chœurs d'*Athalie* et des quatre *Cantiques sacrés* de Racine. A la représentation de 1803, la musique de Moreau fut remplacée par celle de Plantade ; en 1864, quand *Esther* fut jouée au Théâtre-Français, M. Jules Cohen, élève d'Halévy, composa une musique nouvelle qui fut exécutée par les élèves du Conservatoire.

(2) Marie, sœur de Moïse et d'Aaron, et prophétesse, conduisit un chœur de femmes en chantant le cantique de la délivrance, entonné par Moïse après le passage de la mer Rouge. (*Exode*, XV, 20-21.) — Débora, prophétesse, après avoir délivré les Juifs de la tyrannie de Sisara, chanta un hymne de reconnaissance envers Dieu. (*Juges*, V, 1-31.) — Judith aussi glorifia le Seigneur par un cantique sublime, après la mort d'Holopherne et la fuite des Assyriens. (*Judith*, XVI, 1-21.)

(3) C'est la fête de *Phurim* ou *des Sorts*, ainsi nommée au ch. IX du livre d'*Esther* : « Et les Juifs instituèrent une fête solennelle...; car Aman avait médité le mal contre eux pour les perdre et les exterminer, et il avait jeté le *phur*, c'est-à-dire en notre langue *le sort*. Les Juifs s'engagèrent, comme Mardochée et Esther l'avaient établi, à observer eux et toute leur postérité, les jeûnes et les cris, et les jours des sorts. (V. 24-31.) » Les Juifs célèbrent aujourd'hui cette fête le 28 février, et s'y préparent par un jeûne qui s'appelle le *jeûne d'Esther*.

« Ils lisent alors dans leurs synagogues le *Livre d'Esther*, ainsi que l'histoire de la première défaite des Amalécites, parce qu'Aman était du peuple des Amalécites. En lisant le *Livre d'Esther*, le lecteur de la synagogue, en cinq endroits marqués, pousse des cris terribles pour effrayer les femmes et les enfants. Chaque fois qu'on prononce le nom d'Aman, tous les auditeurs, grands et petits, frappent des pieds ou avec des marteaux sur des images d'Aman pendu à la potence, ou sur son nom, et même sur tout ce qui se présente. » (ROHRBACHER, *Hist. univ. de l'Eglise cath.*, III.)

ESTHER

Historique de la Tragédie d'Esther.

Notes complémentaires.

Origine de la pièce.

On lit dans les *Souvenirs de Mme de Caylus* (nièce de Mme de Maintenon) :

« Mme de Brinon (la première Supérieure de Saint-Cyr) aimait les vers et la comédie, et au défaut des pièces de Corneille et de Racine, qu'elle n'osait faire jouer, elle en composait de détestables à la vérité ; mais c'est cependant à elle, et à son goût pour le théâtre, qu'on doit les deux belles pièces que Racine a faites pour Saint-Cyr... (1) — Mme de Maintenon voulut voir une des pièces de Mme de Brinon : elle la trouva telle qu'elle était, c'est-à-dire si mauvaise qu'elle la pria de n'en plus faire jouer de semblables, et de prendre plutôt quelques belles pièces de Corneille ou de Racine. Ces petites filles représentèrent *Cinna* assez passablement pour des enfants... Elles jouèrent ensuite *Andromaque*; et soit que les actrices en fussent mieux choisies, ou qu'elles commençassent à prendre des airs de la cour, dont elles ne laissaient pas de voir de temps en temps ce qu'il y avait de meilleur, cette pièce ne fut que trop bien représentée, au gré de Mme de Maintenon ; et elle lui fit appréhender que cet amusement ne leur insinuât des sentiments opposés à ceux qu'elle voulait leur inspirer. Cependant, comme elle était persuadée que ces sortes d'amusements sont bons à la jeunesse, qu'ils donnent de la grâce, apprennent à mieux prononcer et cultivent la mémoire (car elle n'oubliait rien de tout ce qui pouvait contribuer à l'éducation de ces demoiselles, dont elle se croyait avec raison particulièrement chargée), elle écrivit à Racine, après la représentation d'*Andromaque* : « Nos petites filles viennent de jouer *Andromaque*, et l'ont si bien jouée qu'elles ne la joueront plus, ni aucune de vos pièces. »

« Mme de Maintenon pria donc Racine de lui faire, dans ses moments de loisir, quelque espèce de poëme moral ou historique, dont l'amour fût entièrement banni, et dans lequel il ne crût pas que sa réputation fût intéressée, parce la pièce resterait ensevelie à Saint-Cyr, ajoutant qu'il lui importait peu que cet ouvrage fût contre les règles, pourvu qu'il contribuât aux vues qu'elle avait de divertir les demoiselles de Saint-Cyr en les instruisant. Cette lettre jeta Racine dans une grande agitation. Il voulait plaire à Mme de Maintenon ; le refus était impossible à un courtisan, et la commission délicate pour un homme qui, comme lui, avait une grande réputation à soutenir, et qui, s'il avait renoncé à travailler pour les comédiens, ne voulait pas du moins détruire l'opinion que ses ouvrages avaient donnée de lui. Despréaux, qu'il alla consulter, décida brusquement pour la négative. Ce n'était pas le compte de Racine. Enfin après un peu de réflexion, il trouva dans le sujet d'*Esther* tout ce qu'il fallait pour plaire à la cour. Despréaux lui-même en fut enchanté, et l'exhorta à travailler avec autant de zèle qu'il en avait eu pour l'en détourner.

« Racine ne fut pas longtemps sans porter à Mme de Maintenon non seulement le plan de sa pièce (car il avait coutume de les faire en prose, scène pour scène, avant que d'en faire les vers), mais même le premier acte

---

(1) Mme de Brinon ne vit pas la représentation d'*Esther*; Mme de Maintenon, mécontente de son administration, l'avait renvoyée de Saint-Cyr.

tout fait. Mme de Maintenon en fut charmée, et sa modestie ne put l'empêcher de trouver, dans le caractère d'Esther, et dans quelques circonstances de ce sujet, des choses flatteuses pour elle. La Vasthi avait ses applications, Aman des traits de ressemblance ; et indépendamment de ces idées, l'histoire d'Esther convenait parfaitement à Saint-Cyr. Les chœurs que Racine, à l'imitation des Grecs, avait toujours en vue de remettre sur la scène, se trouvaient placés naturellement dans *Esther*; et il était ravi d'avoir eu cette occasion de les faire connaître et d'en donner le goût. Enfin, je crois que, si l'on fait attention au lieu, au temps et aux circonstances, on trouvera que Racine n'a pas moins marqué d'esprit en cette occasion que dans d'autres ouvrages plus beaux en eux-mêmes. »

Répétitions [1].

On répétait *Esther* à Versailles dès les premiers jours de l'année 1689. « Le Roi, après son dîner, dit le *Journal* de Dangeau, à la date du vendredi 7 janvier, entendit chez Mme de Maintenon, pour la seconde fois, la répétition de la tragédie d'*Esther* avec la symphonie. Monseigneur et Monsieur le Prince y étaient. »

Racine était tous les jours à Saint-Cyr, par ordre de Mme de Maintenon. Les jeunes filles recevaient ainsi, pour diriger leur inexpérience, les leçons du meilleur des maîtres. Louis Racine rappelle qu'elles « avaient été formées à la déclamation par l'auteur même, qui en fit d'excellentes actrices. » Boileau le secondait, faisait répéter la pièce avec lui, et dans le temps qu'elle fut jouée, se tenait avec son ami derrière le théâtre, pour être toujours à portée de donner des conseils, de rassurer les enfants qui s'intimidaient.

Racine possédait au suprême degré le talent de la déclamation.

« J'ai vu, dit Valincourt, nos meilleurs acteurs sur le théâtre ; j'ai entendu nos meilleures pièces ; mais rien n'approcha du trouble où me jeta Racine lisant l'*Œdipe* de Sophocle, et au moment même que je vous écris, je m'imagine le voir encore avec son livre à la main, et nous tous consternés autour de lui. »

Mme de Caylus, au rapport de Voltaire, est la dernière qui ait conservé la déclamation de Racine : elle récitait admirablement la première scène d'*Esther*; elle disait que Mme de Maintenon la lisait aussi d'une manière fort touchante. Il nous est assez difficile d'ailleurs de nous faire une idée exacte de la récitation de ce temps. Voltaire dit dans cette même note : « On cadençait alors les vers de la déclamation ; c'était une espèce de mélopée. » C'est à peu près dans ces termes qu'on a souvent parlé de la déclamation de la Champmeslé.

Ces jeunes filles, avant d'entrer en scène, s'agenouillaient derrière la toile, et pour soutenir leur courage, récitaient le *Veni creator*. Mme de Sévigné disait en approuvant un jugement de sa fille : « Il est fort vrai qu'il fallait des personnes innocentes pour chanter les malheurs de Sion ; la Champmeslé vous aurait fait mal au cœur. C'est cette convenance qui charmait dans cette pièce. »

La plupart de celles qui y avaient eu des rôles, Mlles de Veilhenne, de Lastic, de la Maisonfort, d'Abancourt et de Mornay restèrent de fidèles filles de Sion ; elles embrassèrent la vie religieuse ; Mlle de Glapion devint supérieure de la maison de Saint-Cyr.

---

(1) Les détails qui suivent sont extraits de la Notice de M. P. Mesnard ; voir aussi *La Maison de Saint-Cyr*, par Lavallée.

Représentations.

« *Esther*, dit Mme de Caylus, fut représentée un an après la résolution que Mme de Maintenon avait prise de ne plus laisser jouer de pièces profanes à Saint-Cyr. Elle eut un si grand succès que le souvenir n'en est pas encore effacé…. On représenta *Esther* tout l'hiver; et cette pièce, qui devait être renfermée dans Saint-Cyr, fut vue plusieurs fois du Roi et de toute la cour, toujours avec le même applaudissement. »

La première représentation d'*Esther* fut donnée à Saint-Cyr, le mercredi 26 janvier 1689 : « A trois heures, dit le *Journal* de Dangeau sous la date de ce même jour, le Roi et Monseigneur allèrent à Saint-Cyr, où l'on représenta pour la première fois la tragédie d'*Esther*, qui réussit à merveille. Mme de Maintenon avait disposé de toutes les places, et il n'y eut aucun embarras. Toutes les petites filles jouèrent et chantèrent très bien, et Mme de Caylus fit le prologue mieux que n'aurait pu faire la Champmeslé. Le Roi, les dames et les courtisans qui eurent permission d'y aller, en revinrent charmés. Il y avait de courtisans, MM. de Beauvilliers, la Rochefoucault, de Noailles, de Brionne, de la Salle et de Tilladet, dans le second carrosse du Roi, et MM. de Louvois, de Chevreuse, les évêques de Beauvais, de Meaux et de Châlon-sur-Saône, MM. de Montchevreuil, d'Aubigné et moi. »

Mme de Maintenon n'avait rien négligé pour donner de l'éclat au spectacle. La salle était éclairée par des lustres de cristal ; les décors avaient été peints par Borin, décorateur des spectacles de la cour ; l'accompagnement des chœurs avait été confié aux musiciens du roi et à Nivers, organiste de la maison qui tenait le clavecin. Les habits des actrices étaient magnifiques : ils avaient coûté plus de quatorze mille livres : c'étaient des robes à la persane, ornées de perles et de diamants, qui avaient autrefois servi au Roi dans ses ballets.

Louis XIV trouvait la pièce admirable ; il voulut la voir une seconde fois trois jours après, le 29 janvier. En février, la pièce fut donnée quatre fois, le 3, le 5, le 15 et le 19. Le roi ne se rassasiait pas d'*Esther*. Le bon ordre à maintenir dans des représentations où il amenait successivement toute la cour était devenu une de ses fonctions royales. Mme de Maintenon, disent les dames de Saint-Cyr, faisait faire une liste de tous ceux qui devaient entrer, qu'on donnait à la portière, afin qu'elle n'en laissât pas passer d'autres ; et quand le roi était arrivé, il se mettait à la porte en dedans ; et tenant sa canne haute pour servir de barrière, il demeurait ainsi jusqu'à ce que toutes les personnes conviées fussent entrées ; alors il faisait fermer la porte.

« On y porta, dit Mme de La Fayette, un degré de chaleur qui passa tout…, et ce qui devait être regardé comme une comédie de couvent devint l'affaire la plus sérieuse de la cour. » (Mme de La Fayette était piquée de ce succès de Mme de Maintenon avec qui elle était brouillée alors.)

Mme de Sévigné écrivait à sa fille le 4 février : « Voilà le billet que le Chevalier m'écrit, et qui vous fera voir que ces Messieurs ne s'ennuient pas à Versailles, que le Chevalier est ravi et transporté d'*Esther*. » Trois jours après, le lundi 7 février, elle mandait à Mme de Grignan : « Je fus chez M. de Pompone : il revenait de Saint-Cyr. Le Roi lui dit le matin qu'il était fort digne d'en juger, qu'il en serait assurément content ; et en effet il l'est au dernier point. Racine s'est surpassé ; il est pour les choses saintes comme il était pour les profanes. *La sainte Écriture est suivie exactement dans cette pièce ; tout est beau, tout est grand, tout est traité avec dignité.* Vous avez vu ce que M. le Chevalier m'en a écrit ; ses louanges et ses larmes sont bonnes. Le roi et la reine d'Angleterre y étaient samedi. Quand elle sera imprimée, je l'enverrai à ma chère fille : plût à Dieu qu'elle la pût voir. »

La célèbre marquise brûlait aussi d'être au nombre des spectateurs privilégiés. Ses amies, Mme de Chaulnes et Mme de Coulanges, avaient joui de cet honneur, et s'employaient pour lui ouvrir à son tour les voies, ce qui n'était pas absolument facile ; « car la presse, écrivait Mme de Sévigné, est devenue si extrême, que je ne croirai y aller que quand je serai partie. » Enfin pour le dernier jour où *Esther* fut jouée cette année, le samedi 19 février, l'invitation tant désirée fut obtenue ; Mme de Sévigné allait à Saint-Cyr avec le président de Lamoignon, avec Mme de Coulanges, qui y retournait, et avec quelques autres amis encore. On retrouve à cette représentation Bossuet qui avait assisté à la première

Le 21 février, Mme de Sévigné en faisait ce charmant récit :

« Je fis ma cour l'autre jour à Saint-Cyr, plus agréablement que je n'eusse jamais pensé. Nous y allâmes samedi, Mme de Coulanges, Mme de Bagnols, l'abbé Têtu et moi. Nous trouvâmes nos places gardées : un officier dit à Mme de Coulanges que Mme de Maintenon lui faisait garder un siège auprès d'elle ; vous voyez quel honneur. « Pour vous, Madame, me dit-il, vous pouvez choisir ; » je me mis avec Mme de Bagnols au second banc derrière les duchesses. Le maréchal de Bellefonds vint se mettre, par choix, à mon côté droit, et devant c'étaient MM^{mes} d'Auvergne, de Coislin et de Sully ; nous écoutâmes, le maréchal et moi, cette tragédie avec une attention qui fut remarquée, et de certaines louanges sourdes et bien placées, qui n'étaient peut-être pas sous les fontanges de toutes les dames. Je ne puis vous dire l'excès de l'agrément de cette pièce : c'est une chose qui n'est pas aisée à représenter et qui ne sera jamais imitée : c'est un rapport de la musique, des vers, des chants, des personnes, si parfait et si complet, qu'on n'y souhaite rien ; les filles qui font des rois et des personnages sont faites exprès : on est attentif, et on n'a point d'autre peine que celle de voir finir une si aimable pièce : *tout y est simple, tout y est innocent, tout y est sublime et touchant* : cette fidélité de l'histoire sainte donne du respect ; tous les chants convenables aux paroles, qui sont tirées des *Psaumes* et de la *Sagesse*, et mis dans le sujet, sont d'une beauté qu'on ne soutient pas sans larmes : la mesure de l'approbation qu'on donne à cette pièce, c'est celle du goût et de l'attention. J'en fus charmée, et le maréchal aussi, qui sortit de sa place pour aller dire au roi combien il était content, et qu'il était auprès d'une dame qui était bien digne d'avoir vu *Esther*. Le roi vint vers nos places, et après avoir tourné, il s'adressa à moi et me dit : « Madame, je suis assuré que » vous avez été contente. » Moi, sans m'étonner, je répondis : « Sire, je » suis charmée, ce que je sens est au-dessus des paroles. » Le roi me » dit : « Racine a bien de l'esprit. » Je lui dis : « Sire, il en a beaucoup ; » mais, en vérité, ces jeunes personnes en ont beaucoup aussi : elles entrent » dans le sujet, comme si elles n'avaient jamais fait autre chose. — Ah ! » pour cela, reprit-il, il est vrai. » Et puis Sa Majesté s'en alla, et me laissa l'objet de l'envie : comme il n'y avait quasi que moi de nouvelle venue, le roi eut quelque plaisir de voir mes sincères admirations sans bruit et sans éclat. M. le Prince et Mme la Princesse vinrent me dire un mot : Mme de Maintenon un éclair : elle s'en allait avec le roi : je répondis à tout, car j'étais en fortune....

» ... *Esther* n'est pas encore imprimée. J'avais bien envie de dire un mot de vous à Mme de Maintenon ; je l'avais tout prêt : elle fit quelques pas pour me venir dire un demi-mot : mais comme le roi, après ce que je vous ai mandé ce qui s'était passé, s'en allait dans sa chambre, elle le suivait, et je n'eus que le moment de faire un geste de remerciement et de reconnaissance; c'était un tourbillon. M. de Meaux me demanda de vos nouvelles. Je dis à M. le Prince, en courant: Oh! que je plains ceux qui ne sont pas ici! Il m'entendit. Et tout cela était si pressé qu'il n'y avait pas moyen de placer une pensée; vous croyez bien cependant que j'en mourais d'envie. Racine va travailler à une autre tragédie. Le roi y a pris goût : on ne verra autre chose; mais l'histoire d'Esther est unique; ni Judith, ni Ruth, ni quelque sujet que ce puisse être, ne saurait si bien réussir. »

La pièce fut imprimée cette même année 1689; elle souleva quelques critiques. Mme de Sévigné, un peu ébranlée d'abord, ne changea point d'avis.

« Pour *Esther*, écrivait-elle, je ne vous reprends point du tout les louanges que je lui ai données : je serai toute ma vie charmée de l'agrément et de la nouveauté du spectacle; j'en suis ravie; j'y trouve mille choses si justes, si bien placées, si importantes à dire à un roi, que j'entrais, avec un sentiment extraordinaire, dans le plaisir de pouvoir dire, en se divertissant et en chantant, des vérités si solides : j'étais touchée de toutes ces différentes beautés; ainsi je suis bien loin de changer de sentiment; mais je vous disais que l'impression a fait son effet ordinaire, et s'est fait voir comme une *requête civile* contre les approbations de ceux qui avaient loué dans l'excès et de bonne foi : pour moi, je l'ai encore lue avec plaisir, et les critiques sont déboutés. » (*Lettre du 23 mars* 1689.)

En 1690 (janvier et février), *Esther* fut reprise jusqu'à sept fois. Mais l'éclat donné à ces représentations provoqua des oppositions auxquelles Mme de Maintenon crut devoir céder. *Esther* ne fut plus jouée que rarement à Saint-Cyr, dans la classe bleue, sans appareil et sans costumes. Sous Louis XV, il y eut encore deux représentations brillantes, l'une en 1731 devant la reine Marie Leczinska; l'autre en 1756, devant le Dauphin et la Dauphine : L. Racine fit un prologue approprié aux circonstances.

Esther resta toujours en honneur à Saint-Cyr. On raconte que le 16 novembre 1792, à l'approche des jours néfastes de la Terreur, la dernière religieuse de Saint-Cyr, Catherine de Villeneuve, mourait à l'âge de soixante et onze ans, en chantant le chœur où les compagnes d'Esther déplorent les malheurs de Sion.

En 1721, quand le Régent donna *Esther* au Théâtre-Français, le peu de succès qu'elle eut peut être attribué à trois causes : 1° à l'esprit public corrompu par le scepticisme irréligieux de la Régence; 2° à l'insuffisance des acteurs, incapables d'interpréter une œuvre qui demande surtout une candeur pleine de grâce et de piété; 3° à la suppression des chœurs dont Racine avait fait un des éléments essentiels de sa pièce.

La tragédie de Racine eut plus de succès dans notre siècle; on cite notamment les représentations de 1803 et de 1806 devant Napoléon qui y prenait intérêt; de 1839 (28 février, fête de *Phurim*) où le rôle d'*Esther* fut joué par une actrice juive, Mlle Rachel; enfin celle de 1864, avec les chœurs (v. p. 420).

ESTHER

PERSONNAGES[1] :

ASSUÉRUS, roi de Perse (2).
ESTHER, reine de Perse (3).
MARDOCHÉE, oncle d'Esther (4).
AMAN, favori d'Assuérus (5).
ZARÈS, femme d'Aman (6).
HYDASPE, officier du palais intérieur d'Assuérus.
ASAPH, autre officier d'Assuérus.
ÉLISE, confidente d'Esther.
THAMAR, Israélite de la suite d'Esther.
GARDES DU ROI ASSUÉRUS. — CHOEUR DE JEUNES FILLES ISRAÉLITES.

La scène est à Suse, dans le palais d'Assuérus (7).

LA PIÉTÉ fait le Prologue (8).

(Probablement l'an 478, la 7e année du règne de Xerxès.)

(1) Dans les tragédies profanes de Racine, au lieu de *Personnages*, les anciennes éditions portent le mot *Acteurs*.

(2) Pour Assuérus, v. la Préface, p. 418.

(3) Esther (en hébreu, *Cachée*), appelée aussi Edissa, Juive de la tribu de Benjamin, était née en Perse pendant la captivité de Babylone. Ayant perdu son père et sa mère, elle fut adoptée par son oncle Mardochée. Elle plut par sa beauté et par sa douceur au roi de Perse Assuérus, qui l'épousa après avoir répudié Vasthi. Son dévouement sauva Mardochée et le peuple juif.

(4) Mardochée était l'arrière-petit-fils de Cis, un des Juifs emmenés en captivité avec le roi Jéchonias par le roi de Babylone Nabuchodonosor II, l'an 598. Il fit épouser Esther au roi Assuérus, et sauva ce prince en lui découvrant une conspiration tramée contre sa vie. Mais ayant refusé de se prosterner devant Aman, il fut proscrit avec tout son peuple; l'intervention d'Esther détourna le coup, et Mardochée fut élevé à la place de son ennemi.

(5) Aman était Amalécite d'origine; comme l'Ecriture l'appelle aussi *Macédonien*, il est probable que sa mère était de cette nation. C'est pourquoi Racine a pu le nommer un *Scythe*, un *barbare* né au fond de la *Thrace*.

(6) Zarès est nommée au *Livre d'Esther* comme les quatre personnages précédents. Hydaspe, Asaph, Elise et Thamar sont de l'invention de Racine. Le nom d'Hydaspe est persan; les trois autres noms sont tirés de l'Ecriture; *Elisa* dans la Bible est un nom d'homme.

(7) Suse, ancienne ville de Perse, résidence d'hiver des rois Achéménides, était en Susiane (auj. Kourdistan), sur le Choaspe, affluent du Tigre. On en attribuait la fondation à Memnon. Il n'en reste que des ruines avec des inscriptions cunéiformes, près de *Chouster*. Selon l'Ecriture, c'est à Suse que se passa l'histoire d'Esther : « Dans les jours d'Assuérus, qui régna de l'Inde jusqu'à l'Ethiopie sur 127 provinces, à l'époque où il monta sur le trône, Suse était la ville principale de son royaume. » (*Esther*, I, v. 1-2.) Les rois de Perse avaient trois résidences : Suse, Babylone et Ecbatane.

(8) L'expression « fait le prologue » vient du latin *agit prologum*.

ESTHER

Analyse générale de l'action.

Acte Ier.

Esther raconte à son amie d'enfance comment elle est devenue l'épouse d'Assuérus et reine de Perse. Elle lui présente les jeunes Israélites qu'elle a recueillies dans son palais. Le chœur chante les malheurs de Sion, quand tout à coup Mardochée se présente. Il annonce à la reine qu'Aman vient d'arracher au roi un édit de proscription contre toute la nation juive; le massacre aura lieu dans dix jours.

Mardochée demande à Esther de déclarer au roi sa religion et sa race, pour obtenir la grâce de ses compatriotes. Esther répond qu'il est interdit, sous peine de mort, de se présenter devant le roi sans avoir été appelé. Mardochée insiste; la reine lui promet de se dévouer dès le lendemain.

Avant de se retirer, Esther adresse à Dieu une prière sublime, et le chœur invoque la protection du ciel.

Acte II.

Hydaspe apprend à Aman que le roi, troublé par un songe terrible, se fait lire les annales de son règne. Aman expose à Hydaspe le motif de sa présence : il vient solliciter le supplice de Mardochée dont il ne peut supporter davantage l'attitude insolente; c'est, du reste, par vengeance contre lui, qu'il a fait décréter le massacre de tous les Juifs.

Le roi paraît; il a entendu lire le récit d'un complot tramé autrefois contre sa vie. Asaph lui apprend que Mardochée, qui l'a découvert, n'a point reçu encore sa récompense.

Assuérus fait introduire Aman, et le consulte sur les honneurs qu'un roi peut rendre à un sujet pour le récompenser. Aman, croyant parler pour lui, propose au roi de faire conduire cet homme en triomphe dans la capitale, par un des premiers seigneurs du royaume. Le roi charge Aman de rendre ces honneurs à Mardochée.

Soudain Esther entre; Assuérus, étonné, laisse échapper des paroles menaçantes. La reine tombe évanouie. Le roi la rassure, et lui donne son sceptre d'or à baiser, signe assuré de sa clémence. La reine le prie de venir ce jour même s'asseoir à sa table avec Aman : elle lui fera connaître alors l'objet de sa demande.

Le chœur célèbre ce premier triomphe de la reine; il déplore le malheur d'un prince idolâtre, et la fausse gloire de l'impie.

Acte III.

Tandis qu'Aman exhale la rage que lui cause le triomphe de Mardochée, sa femme Zarès l'engage à prévenir par la fuite une disgrâce peut-être prochaine. Hydaspe vient chercher le favori pour l'introduire dans la salle du festin. Le chœur chante en présence d'Assuérus le bonheur d'un peuple gouverné par un souverain ami de la justice et de la paix; puis le roi ordonne à Esther de parler.

La reine se jette à ses genoux et lui déclare qu'elle est juive; après avoir fait, en traits rapides, l'histoire du peuple de Dieu, elle accuse l'orgueilleux ministre d'avoir voulu noyer toute sa nation dans le sang pour se venger du seul Mardochée, en qui elle révère son père adoptif, et qui a sauvé la vie du roi. Assuérus en fureur sort de la salle, et demande à entendre Mardochée.

Aman, se sentant perdu, proteste à la reine de son innocence, et se jette à ses pieds pour implorer son pardon. Mais Assuérus, éclairé sur les perfidies de son ministre, ordonne qu'il soit supplicié sur-le-champ au lieu même où il avait fait dresser une potence pour Mardochée. Il donne à Mardochée les honneurs et les biens d'Aman, et révoque l'arrêt de proscription porté contre les Juifs.

Un des officiers du roi vient annoncer qu'Aman a été mis en pièces par le peuple furieux. — Le chœur chante la justice de Dieu, le triomphe d'Esther, et la fin de la captivité d'Israël.

Appréciation.

I. Le livre d'Esther et la tragédie de Racine.

L'histoire d'Esther est tirée de l'Ecriture sainte; Racine en a fait un chef-d'œuvre dramatique dans le goût le plus pur de l'art grec, sans toucher cependant à son caractère sacré (1).

Tel est le cachet spécial de cette tragédie; elle est à la fois *biblique* et *grecque* : biblique, par l'action et le style; grecque, par les procédés dramatiques.

1° *Caractère biblique*. Racine a pris dans le *Livre d'Esther* non seulement l'action, les personnages principaux et les scènes les plus importantes, mais encore l'esprit religieux qui pénètre toute la pièce, avec l'onction et la sublimité des Livres saints (2).

2° *Caractère grec*. Mais la mise en œuvre de ces précieux éléments

(1) Racine avait cinquante ans; depuis douze ans, il vivait retiré du théâtre. La vie calme et pieuse qu'il mena depuis sa retraite et la lecture assidue de l'Ecriture sainte, l'avaient admirablement préparé à une œuvre de ce genre. « Plus je vais en avant, écrivait-il en ce temps-là même à l'ainé de ses fils, plus je vois qu'il n'y a rien de plus doux au monde que de regarder Dieu comme un père qui ne nous manquera pas dans tous nos besoins. »

(2) « *Esther* restera un des chefs-d'œuvre de notre scène. L'éclat et l'importance des événements, la vérité des caractères, la beauté des situations, et les grandes leçons qui en résultent pour l'humanité; le charme inexprimable et la magnificence extraordinaire du style; en un mot, l'union du génie de Racine avec l'esprit divin des livres sacrés, assurent à cette tragédie du genre le plus noble, une gloire immortelle. » (Geoffroy.)

montra le génie de Racine sous un jour nouveau ; jamais il n'avait été aussi original, aussi simple dans ses procédés dramatiques, ni tout ensemble aussi grand, aussi heureux dans ses effets tragiques.

Esther doit à l'art antique la simplicité d'action, l'exclusion de l'amour profane, l'unité majestueuse du sujet, la couleur religieuse dominant partout, enfin les chœurs (1).

Ce fut comme une renaissance du poète et de l'art chrétien.

La part du poète dans la composition d'*Esther*, comprend :

1º La disposition dramatique des scènes racontées par l'historien sacré.

2º La création des rôles de Mardochée, d'Hydaspe, de Zarès et d'Elise. Mardochée joue, il est vrai, un rôle important dans l'histoire ; mais il ne peut communiquer avec Esther que par des messages : Racine en a fait un personnage vivant et agissant sur la scène.

3º La peinture dramatique des trois autres caractères principaux, d'Esther, d'Aman et d'Assuérus, qui ne sont qu'esquissés dans la Bible.

4º L'innovation des chœurs et de la musique. Cette innovation, qui fit le plus grand plaisir, était un retour à un élément dramatique puissant dans la tragédie grecque, et abandonné en France depuis plus d'un siècle après des essais infructueux.

II. Succès.

Le succès d'*Esther* fut prodigieux ; le roi et la cour « ne pouvaient s'en rassasier, » selon l'expression de Mme de Sévigné.

« Racine, disait-elle encore, s'est surpassé. » C'était le cri général.

Ce fut le plus beau moment de la vie du poète ; ce fut aussi une des époques les plus glorieuses pour la poésie et pour le théâtre.

Depuis *le Cid* et *Andromaque*, on n'avait pas vu d'enthousiasme pareil.

Ce succès doit être attribué d'abord au mérite extraordinaire de l'œuvre, ensuite à sa convenance parfaite dans les circonstances où elle parut.

L'esprit religieux qui était rentré à la cour, les allusions délicates auxquelles la pièce prêtait naturellement, ne servirent pas peu à la mettre en faveur. Le roi se reconnaissait à plus d'un trait dans Assuérus ; de même

---

(1) « Pour moi, dit Sainte-Beuve, j'avoue que j'ai une tendresse particulière pour *Esther*. Elle produit sur moi le double effet de l'ode et de la tragédie en même temps. Outre les sentiments de pitié et de crainte qu'elle me fait éprouver tour à tour, je me sens encore, en la lisant, dans une sorte d'enthousiasme continuel. L'onction du style, les chœurs sublimes de ces filles d'Israël, tout concourt à mon illusion. Il me semble, lorsque je prends cette tragédie, que j'entre dans un de ces temples antiques élevés avec pompe dans Jérusalem au culte du Très-Haut.

» L'avouerai-je? *Esther*, avec ses douceurs charmantes et ses aimables peintures, *Esther*, moins dramatique qu'*Athalie*, et qui vise moins haut, me semble plus complète en soi. Ce délicieux poème, si parfait d'ensemble, si rempli de pudeur, de soupirs et d'onction pieuse, me semble le fruit le plus naturel qu'ait porté le génie de Racine. »

Mme de Maintenon dans Esther; les pieuses compagnes d'Esther revivaient dans les enfants de Saint-Cyr (1).

La malice des courtisans voulut voir d'autres allusions encore; Racine en était certainement innocent (2).

III. L'action.

Le *sujet* de la tragédie est le salut des Juifs par Esther.

L'*action* consiste dans le dévouement héroïque d'Esther pour faire révoquer l'édit de proscription.

L'*intérêt* de l'action naît du danger réel et imminent que courent les deux personnages les plus vertueux et les plus sympathiques, Esther et Mardochée; leur vie est compromise, et ce qui touche encore plus ces grandes âmes, leur nation tout entière est vouée à la mort.

L'*intrigue* résulte du choc des intérêts opposés qui sont en jeu et des personnages qui agissent en sens contraire autour du roi. Le zèle religieux et patriotique de Mardochée, la générosité d'Esther, la haine d'Aman, sont les *ressorts* de l'intrigue.

Le *nœud* est formé à la 3e scène du 1er acte, par l'arrivée soudaine de Mardochée apportant l'édit fatal.

Les principaux *incidents*, vraies *péripéties* de l'action, sont :

1º la résolution magnanime d'Esther (I. 4.);
2º l'arrivée d'Aman pour arracher au roi la mort de Mardochée (II. 1.);
3º le triomphe inattendu de Mardochée (II. 5.);
4º l'entrée d'Esther dans la salle du trône (II. 7.);
5º enfin l'éloquente apologie du peuple juif par la reine (III. 4.).

(1) « Racine, dit M. P. Mesnard, put avoir ses allégories secrètes : les seules qu'il ait voulu rendre transparentes, et qui restent incontestables, sont celles qui, sous les traits des jeunes Israélites, représentent les enfants de Saint-Cyr; sous ceux d'Esther, Mme de Maintenon. Voilà ce qui fut compris et accepté de tout le monde. On sait comment Boileau, docile à un conseil que lui avait donné Racine, a loué dans sa dixième satire Mme de Maintenon :

J'en sais une chérie et du monde et de Dieu,
Humble dans les grandeurs, sage dans la fortune,
Qui gémit, comme Esther, de sa gloire importune. »

(2) C'est pure fantaisie de supposer que par l'édit lancé contre les Juifs, Racine visait la révocation de l'édit de Nantes, ou les mesures prises contre Port-Royal; que dans Mardochée il avait voulu peindre l'inflexible Arnauld, dans l'altière Vasthi Mme de Montespan, et dans le cruel Aman le dur Louvois. Le caractère bien connu de Racine, l'esprit public qui régnait à cette époque, et les plus simples convenances eussent défendu au poète de semblables allégories. La révocation de l'édit de Nantes était généralement approuvée en France; le jansénisme était loin d'être en faveur; Racine avait d'anciennes obligations à Mme de Montespan, et Louvois était encore en place à cette date.

La catastrophe d'Aman forme le *dénoûment* (1).

Le triomphe final de la vertu et le châtiment du crime constituent la *moralité* de la pièce.

L'*idée générale* qui ressort de la tragédie, c'est que la Providence a des voies admirables pour assurer le triomphe de la vertu; c'est la dernière parole d'Esther :

> O Dieu, par quelle route inconnue aux mortels
> Ta sagesse conduit ses desseins éternels !

IV. Contexture de la pièce.

La tragédie n'a que trois *actes;* ils sont précédés d'un Prologue (2) et entremêlés de *chœurs*.

La marche de la pièce est régulière, naturelle et rapide.

Les *trois unités* y sont observées :

1° L'*unité d'action* : tout se rapporte au salut des Juifs.

2° L'*unité de lieu* : l'action se passe tout entière dans le palais d'Assuérus. Il est vrai que chaque acte se passe en un endroit différent : le 1er acte, dans l'appartement d'Esther; le 2d, dans la salle du trône; le 3e, dans les jardins d'Esther. Cette espèce d'unité est moins rigoureuse que celle des tragédies profanes de Racine où les cinq actes ont lieu dans une salle unique de pure convention; mais elle est plus naturelle, et elle suffit pour l'illusion de la scène.

3° L'*unité de temps* : l'action ne demande pas vingt-quatre heures; le 1er acte commence à l'entrée de la nuit; le 2d acte a lieu le lendemain matin; le 3e se termine à l'heure du festin, dans l'après-midi.

---

(1) Les scènes les plus belles sont, après le PROLOGUE :

ACTE I, scène I, exposition; scène III, annonce de l'édit et discours de Mardochée; scène IV, prière d'Esther.

ACTE II, scène I, confidence d'Aman; scène VII, entrée d'Esther dans la salle du trône.

ACTE III, scène IV, plaidoyer d'Esther en faveur des Juifs.

(2) Le *Prologue* (πρὸ-λογός, discours mis en avant) était chez les anciens une première scène détachée de la pièce, pour lui servir d'introduction ou de préambule; le poète y exposait brièvement le sujet ou certains points essentiels à l'intelligence de l'action. Le prologue était récité tantôt par un des acteurs de la pièce; tantôt par un dieu ou quelque personnage fantastique, dont l'apparition se faisait à l'aide d'une machine; assez souvent même par un personnage étranger à l'action, qui prenait le nom de *Prologue*. Euripide fut un des premiers à employer le Prologue; Plaute et Térence l'ont imité chez les Latins.

Le Prologue d'*Esther* est dans le genre de ceux que Corneille a mis en tête d'*Andromaque* et de *la Toison d'Or* : des personnages allégoriques y font l'éloge de Louis XIV; tel est aussi le caractère des prologues de Quinault. (V. *Théâtre choisi de Corneille*, p. 292, et son prologue sublime de la France et de la Victoire.) Molière a mis aussi un prologue à son *Amphitryon* et au *Malade imaginaire*.

V. Personnages.

Les principaux personnages sont : Esther, Aman, Mardochée, Assuérus ; les personnages secondaires : Elise, Hydaspe et Zarès.

Esther. — Aux qualités naturelles les plus charmantes, à la grâce, à la douceur, à la modestie, à l'innocence, à la dignité, Esther joint la grandeur d'âme, une foi vive, une piété tendre, un dévoûment héroïque pour sa patrie et pour son Dieu. On voit briller en elle l'éclat des grandeurs de la terre rehaussé par les plus belles vertus du ciel.

Captive couronnée par une disposition admirable de la Providence, elle est humble sur le trône, et se plaît à oublier le faste de la cour aux pieds de Dieu. Mais lorsque le moment est venu de parler pour son peuple, elle sait, au péril de ses jours, braver la colère du roi, et démasquer un ministre perfide ; Dieu, en qui elle a mis sa confiance, la soutient et lui accorde le triomphe.

Quoique sa vertu soit parfaite, Esther est un personnage tragique, parce que, avec la faiblesse naturelle de la femme, on la voit seule et sans secours en face d'un despote farouche et d'un ministre tout-puissant.

Aman. — Aman est le ministre orgueilleux, impie et sanguinaire, type odieux de l'esclave parvenu au pouvoir à force de perfidies, de bassesses et de crimes, foulant aux pieds les peuples, immolant sans remords les innocents à sa vengeance, trompant son maître jusqu'au jour où il pourra le précipiter du trône pour s'y asseoir à sa place.

Mardochée. — Mardochée est la personnification de la foi et du patriotisme. Ce vieillard admirable, au cœur généreux et intrépide, est l'âme de la pièce. Il ne vit que pour le salut de sa nation : s'il résiste seul à l'orgueil d'Aman, c'est pour ne pas offenser son Dieu ; s'il pousse sa nièce jusqu'au trône d'Assuérus, si à la nouvelle de l'édit il vient la conjurer de tenter un suprême effort, c'est pour son peuple. L'esprit des prophètes le remplit, et sa parole a la sublimité de l'Ecriture.

Assuérus. — Assuérus montre, comme dans l'Ecriture, de la bonté, de la générosité, un vrai sentiment de la justice et de la grandeur royale ; mais aussi une humeur fière et superbe, un caractère impérieux et violent.

Le poète l'a peint avec la crédulité qu'il a dans l'histoire, défaut non seulement vraisemblable, mais trop commun chez les meilleurs princes.

Elise. — C'est la confidente d'Esther ; son amitié d'enfance lui donne droit à la confiance de la reine ; son retour imprévu provoque l'exposition de la pièce ; dans plusieurs chœurs elle remplit à peu près le rôle du coryphée des anciens.

Hydaspe. — C'est un officier du palais tout dévoué au ministre à qui il doit sa fortune ; il lui sert de confident.

Zarès. — On voit en Zarès une femme sage et dévouée ; elle cherche à relever le courage de son mari ; quand elle est impuissante à calmer sa fureur, elle lui donne le conseil prudent de se dérober par la fuite à une ruine imminente.

VI. Style.

Le style d'*Esther* est enchanteur : c'est la voix unanime des critiques. « Trente vers d'*Esther*, disait Voltaire, valent mieux que beaucoup de tragédies qui ont eu de grands succès. »

Aux qualités qui brillent dans les tragédies profanes de Racine, se joignent ici l'onction de la piété et la sublimité de l'Ecriture.

VII. Chœurs.

Les chœurs d'*Esther* sont des chefs-d'œuvre de poésie lyrique par l'enthousiasme sacré qui y règne, par l'éclat des images, par la sublimité des sentiments, par la richesse et l'harmonie du style.

Au point de vue dramatique, ils ont le mérite d'être intimement liés à l'action, sans l'embarrasser par une permanence invraisemblable.

Toujours inspirés par la situation, ils reflètent les sentiments des principaux personnages; ils soutiennent ainsi et fortifient l'impression de la scène, tout en charmant et en reposant le spectateur (1).

La tragédie d'*Esther* renferme cinq chœurs : deux dans le 1er acte, un dans le 2e, et deux dans le 3e.

Le 1er est une élégie plaintive sur la patrie absente; le 2e est un cri de douleur poussé vers le ciel; le 3e exprime tour à tour la confiance et la crainte; le 4e est une ode morale à l'adresse des rois; et le 5e, un chant de triomphe.

VIII. Réponse aux objections.

Voltaire par rancune contre l'Ecriture sainte, et La Harpe par prévention et légèreté d'esprit, ont vivement attaqué *Esther* au point de vue du drame. Ils prétendent :

1° qu'*Esther* n'est pas une tragédie, parce qu'il n'y a ni action, ni intérêt;

2° qu'*Esther* pèche contre la vraisemblance, dans le sujet et dans les caractères.

Réponse à la 1ère objection.

Esther est une véritable tragédie, parce qu'on y trouve les deux

---

(1) « Dans *Esther* et dans *Athalie*, dit Geoffroy, Racine a voulu nous donner une idée des chœurs des anciennes tragédies grecques; mais il n'a pas poussé l'imitation jusqu'à rendre le chœur permanent sur la scène. Les chœurs d'*Esther* ne sont que le cortège particulier de la reine, et ne sont pas aussi intimement liés avec l'action que les chœurs des tragédies grecques. Cet essai a donné lieu à Racine de faire briller un nouveau genre de talent, et de montrer qu'il était aussi habile à manier la lyre qu'à chausser le cothurne. Rien n'égale la sublimité, le sentiment, et la grâce touchante répandus dans les chœurs de Racine; notre littérature n'a point de plus belles odes; c'est le langage des prophètes; c'est la poésie des écrivains sacrés dans tout son éclat. »

éléments essentiels d'une tragédie, à savoir une action dramatique complète, et un intérêt tragique.

1° *L'action* qui se résume dans le dévouement héroïque d'Esther pour son peuple, commence par l'édit de mort lancé contre les Juifs, se développe par les incidents du songe d'Assuérus, de l'arrivée d'Aman, du triomphe de Mardochée, des deux entrevues d'Esther et du roi, et se termine par le supplice du ministre.

C'est donc une action complète. Et cette action est grande et importante, parce qu'elle intéresse la vie de personnes illustres, l'existence d'une nation tout entière, et le bonheur du genre humain par la personne du Messie qui devait naître du peuple de Dieu.

2° *L'intérêt tragique* est réel et considérable. Il s'agit d'un attentat épouvantable qu'un scélérat orgueilleux et impie veut commettre non seulement sur des personnes aussi vertueuses qu'Esther et Mardochée, mais sur tout un peuple innocent, sur un peuple dont le sort est intimement lié à la vraie religion et aux destinées de l'humanité.

Le danger de Mardochée et des Juifs est évident, ce qui est déjà pour Esther une source d'angoisses affreuses; mais elle-même n'échappera point à l'impie ministre, dès que son origine sera connue de lui; elle a d'autant plus à craindre ses fureurs que, pour arriver au trône, il ne reculera pas devant le meurtre du roi (1).

Mais ce qui expose Esther à un péril, à une mort presque certaine, c'est la démarche qu'elle ose faire auprès d'un roi farouche. Qui ne tremble en la voyant marcher vers *ce fier lion* dont la colère est si redoutable (2)?

Réponse à la 2de objection.

Les invraisemblances relevées par Voltaire et par La Harpe sont purement imaginaires; elles disparaissent, dès qu'on se rend compte du récit biblique et des mœurs orientales.

---

(1) « Aman, dit l'historien sacré (*Esther*, XII. 6.), avait voué une haine implacable à Mardochée et à son peuple, à cause des deux officiers du roi qui avaient été mis à mort » pour la conspiration qu'ils avaient tramée contre Assuérus, et que Mardochée avait découverte. Il est permis d'en conclure qu'Aman avait secrètement trempé dans le complot.

(2) « Toutes les parties de la tragédie, dit Chamford, y sont parfaitement observées. Rien n'est plus grand que le sujet, puisqu'il s'agit du sort de toute une nation. Les développements de l'action y sont admirables, et la péripétie est une des plus belles qu'il y ait au théâtre : c'est au moment où Aman s'imagine être au faîte des honneurs, qu'il tombe tout à coup, et qu'une nation entière, dévouée à la mort, semble sortir du tombeau pour renaître au bonheur. »

Dire, comme Schlegel, qu'*Esther* est « une pièce de couvent, sans aucun effet théâtral, » c'est juger bien puérilement les choses. Racine a fait, il est vrai, sa pièce pour les enfants d'un couvent, mais avec les ressources de son génie; l'histoire d'Esther, d'un intérêt si puissant par elle-même, est devenue sous sa plume une œuvre d'une grandeur immortelle, surtout pour des chrétiens.

1° **Prétendues invraisemblances du sujet** : c'est *l'ignorance d'Assuérus* relativement à la nationalité d'Esther; c'est ensuite *l'ignorance d'Aman* au sujet des relations d'Esther avec Mardochée.

D'abord, Esther, étant née à Suse, pouvait passer pour la fille d'un Persan; cette indication avait sans doute suffi au roi.

En second lieu, à la cour de Perse plus encore que chez les autres peuples de l'antiquité, la vie des femmes était entourée de secret et de solitude; les reines habitaient des bâtiments séparés; au témoignage de l'Ecriture, Assuérus ne voyait Esther que rarement; quand elle se présenta devant lui, elle n'avait pas été appelée depuis trente jours.

Mardochée enfin paraît avoir eu quelque office à la cour; de là sa présence assidue *aux portes* du palais, ce qui lui permit de pénétrer le complot de deux officiers du roi. Il lui était possible dès lors d'avoir des communications discrètes avec la reine par l'intermédiaire de l'un de ses officiers. (V. *Livre d'Esther*, IV, XI, XII.)

2° **Prétendues invraisemblances des caractères** :

C'est dans *Assuérus*, une crédulité aveugle, un oubli incroyable des plus grands services, le passage subit de la plus grande faveur aux derniers excès de la vengeance; c'est ensuite dans *Aman*, un orgueil démesuré qui s'irrite d'un refus de prostration au point d'ordonner le massacre de tout un peuple.

Ces traits de caractère s'expliquent 1° par les habitudes du despotisme asiatique; 2° par les perfides menées d'Aman relatées au *Livre d'Esther*; 3° par les mœurs barbares de l'époque (1); 4° par les caprices et les emportements de la passion.

QUESTIONS GÉNÉRALES.

A quelle occasion Racine composa-t-il *Esther* ?
En quelle année ? — Quel âge avait Racine ?
Qu'était-ce que la maison de Saint-Cyr ?
Quel intérêt y prenait Mme de Maintenon ?
Pourquoi Racine choisit-il le sujet d'Esther ?
Quel fut le succès de sa tragédie ? — Causes de ce succès.
Donnez quelques détails sur les répétitions de la pièce; — sur les représentations. — Impressions de Mme de Sévigné.
La pièce était-elle destinée au public ?
Quand parut-elle sur le théâtre, et avec quel succès ?
Le sujet d'Esther avait-il été traité avant Racine ?
Qui fit la musique d'*Esther* ?

(1) L'histoire rapporte d'autres cruautés du même genre, comme celles de Pharaon du temps de Moïse, d'Hérode à la naissance de N.-S. J.-C. — Alexandre fit tuer Callisthène pour avoir refusé de l'adorer.

Donnez quelques détails historiques sur Assuérus; — sur Esther; — sur Mardochée; — sur Aman.
Où est placée la scène?
A quelle époque se passe l'action?
Donnez l'analyse générale de l'action.

Caractère de la pièce.

D'où est tirée l'histoire d'Esther?
Quel est le cachet spécial de cette tragédie?
Qu'est-ce que Racine a tiré de l'Ecriture sainte?
Quelle est la part de son propre génie?
Comment *Esther* se rapproche-t-elle de l'art antique?
Comment fut-elle une renaissance du poète et de l'art chrétien?
Quelles sont les allusions que renferme la tragédie?

Action. — Contexture.

Quel est le sujet d'*Esther*?
En quoi consiste l'action? — D'où naît l'intérêt?
De quoi résulte l'intrigue? — Comment est formé le nœud?
Quels sont les principaux incidents?
Quel est le dénoûment? Est-il moral?
Quelle est l'idée générale qui ressort de la tragédie?
Quelles sont les scènes les plus belles?
Combien d'actes renferme la tragédie?
Comment les trois unités sont-elles observées?
Qu'était-ce que le prologue chez les anciens?
Quel est le genre du Prologue d'*Esther*?

Personnages. — Style. — Chœurs. — Objections.

Quels sont les personnages principaux? — secondaires?
Quel est le caractère d'Esther? — d'Aman?
Quel est le caractère de Mardochée? — d'Assuérus?
Quels sont les caractères d'Elise, d'Hydaspe et de Zarès?
Quelles sont les qualités du style d'*Esther*?
Quel est le mérite littéraire et dramatique des chœurs?
En quoi diffèrent-ils de ceux des anciens?
Combien y a-t-il de chœurs dans *Esther*?
Quel est le sujet de chacun d'eux?
Quelles sont les objections de Voltaire et de La Harpe contre *Esther*?
Comment prouvez-vous qu'*Esther* est une tragédie?
Montrez qu'il n'y a aucune invraisemblance ni dans le sujet, ni dans les caractères d'Assuérus et d'Aman.

PROLOGUE [1].

LA PIÉTÉ.

Du séjour bienheureux de la Divinité,
Je descends dans ce lieu par la Grâce habité (2).
L'Innocence s'y plaît, ma compagne éternelle (3),
Et n'a point sous les cieux d'asile plus fidèle.
Ici, loin du tumulte, aux devoirs les plus saints
Tout un peuple naissant est formé par mes mains.
Je nourris dans son cœur la semence féconde
Des vertus dont il doit sanctifier le monde (4).
Un roi qui me protège, un roi victorieux,
A commis à mes soins ce dépôt précieux.
C'est lui qui rassembla ces colombes timides,

(1) Voici à quelle occasion Racine fit ce Prologue.

« Tous les rôles de cette pièce, dit Louis Racine dans ses *Mémoires*, étaient distribués aux demoiselles de Saint-Cyr, lorsque la jeune Mlle de Caylus, qui avait été élevée dans cette maison, et n'en était sortie que depuis peu de temps, témoigna une grande envie de faire quelque personnage : ce qui engagea l'auteur à faire pour elle ce prologue très heureusement imaginé. Il ne ressemble point à ces prologues d'Euripide, où tout ce qui doit arriver dans la pièce est froidement annoncé. C'est un cadre où Racine a su renfermer délicatement les plus magnifiques éloges du Roi, de Mme de Maintenon, et de la communauté de Saint-Cyr. »

Le Prologue d'*Esther* est un chef-d'œuvre de grâce, d'onction chrétienne, d'éloquence et d'harmonie. L'éloge de Louis XIV en fait tout le sujet.

Le poète y loue par la bouche de la Piété :

1° la munificence du Roi, fondateur de Saint-Cyr;

2° sa religion sincère et le zèle qu'il déploie pour la cause de Dieu;

3° son fils, le grand Dauphin, prince aussi soumis que valeureux.

La Piété indique, en finissant, le sujet de la tragédie, et la sainteté du spectacle qui va charmer les yeux.

Le grand Roi ne reçut jamais de louanges dans un langage où le sublime s'unit à tant de grâce et de douceur.

Cf. Corneille, Prologue de *la Toison d'Or*; *Attila*, Acte II, sc. 5; Boileau, *Ep. I, IV et VIII*; *Art poét. IV, fin*.

(2) La maison de Saint-Cyr. — La Grâce, personnage allégorique, représentant la grâce divine, qui sanctifie les âmes. Le mot *grâce* se dit d'une faveur gratuite; en théologie, il désigne le secours gratuit et surnaturel que Dieu donne aux hommes pour leur salut éternel.

La Grâce divine est représentée par l'art chrétien sous les traits d'une femme en qui brille une beauté surhumaine; une lumière céleste rayonne sur son front, et une colombe éclatante de blancheur repose sur sa tête.

(3) L'*Innocence* est aussi un personnage allégorique. Les peintres la représentent sous les traits d'une jeune vierge couronnée de palmes, à l'air doux, au regard pur et modeste; une aimable réserve est dans toute sa personne.

(4) *Dont*, c'est-à-dire *par lesquelles* : emploi très fréquent en poésie.

Eparses en cent lieux, sans secours et sans guides (1).
Pour elles, à sa porte, élevant ce palais,
Il leur y fit trouver l'abondance et la paix.
    Grand Dieu, que cet ouvrage ait place en ta mémoire!
Que tous les soins qu'il prend pour soutenir ta gloire
Soient gravés de ta main au livre où sont écrits
Les noms prédestinés des rois que tu chéris (2)!
Tu m'écoutes. Ma voix ne t'est point étrangère :
Je suis la Piété, cette fille si chère,
Qui t'offre de ce roi les plus tendres soupirs.
Du feu de ton amour j'allume ses désirs.
Du zèle qui pour toi l'enflamme et le dévore
La chaleur se répand du couchant à l'aurore (3).
Tu le vois tous les jours, devant toi prosterné,
Humilier ce front de splendeur couronné (4),

(1) Allégorie pleine de grâce et de justesse. Mme de Maintenon ne cessait depuis 1684 de représenter au Roi « que la plupart des familles nobles étaient réduites à un pitoyable état par les dépenses que leurs chefs avaient été obligés de faire à son service ; que leurs enfants avaient besoin d'être soutenus pour ne pas tomber tout à fait dans l'abaissement ; que ce serait une œuvre digne de sa piété et de sa grandeur de faire un établissement solide qui fût l'asile des pauvres demoiselles de son royaume, et où elles fussent élevées dans la piété et dans tous les devoirs de leur condition.» Le rôle discret que Mme de Maintenon tenait à garder à la cour, défendait au poète de faire mention d'elle dans ce prologue ; il ne put se permettre qu'une légère allusion dans la Préface.

(2) Le ton s'élève avec le sujet ; le style prend de la noblesse et de la chaleur. Mais ce qui distingue le plus ce magnifique morceau, c'est la couleur chrétienne : les pensées, les sentiments, les images, les figures, tout porte le cachet du christianisme, et coule comme de source d'un cœur débordant de piété et de foi. *La gloire de Dieu, le livre des prédestinés, la voix de la Piété,* cette *fille de Dieu* qui lui *offre les soupirs* du cœur, *le feu de l'amour divin, le zèle de la religion, le front royal humilié dans la prière, etc.*; langage nouveau qui révèle un poète nouveau, le poète non plus de l'antiquité païenne, mais d'une société dont le christianisme a pénétré les mœurs.

(3) Louis XIV encourageait beaucoup les missions étrangères ; ses libéralités s'étendaient sur l'Orient et sur le nouveau monde. En Amérique, les apôtres du Canada, de la Louisiane et de Cayenne, comme en Asie ceux de la Syrie, de la Chine et de la Cochinchine, le regardaient comme leur plus puissant protecteur. Fénelon, dans son beau discours de l'Epiphanie, *sur la Conversion des Gentils,* lui rendait ce solennel hommage : « Fasse le ciel qu'un jour parmi ces peuples, les pères attendris disent à leurs enfants pour les instruire : Autrefois dans un siècle favorisé de Dieu, un roi nommé Louis, jaloux d'étendre les conquêtes de Jésus-Christ bien au delà des siennes, fit passer de nouveaux apôtres aux Indes ; c'est par là que nous sommes chrétiens. »

(4) Vers magnifique par la grandeur de l'image et la beauté du contraste.

PROLOGUE

Et confondant l'orgueil par d'augustes exemples,
Baiser avec respect le pavé de tes temples (1).
De ta gloire animé, lui seul de tant de rois
S'arme pour ta querelle, et combat pour tes droits.
Le perfide intérêt, l'aveugle jalousie,
S'unissent contre toi pour l'affreuse hérésie (2);
La discorde en fureur frémit de toutes parts;
Tout semble abandonner tes sacrés étendards (3);
Et l'enfer couvrant tout de ses vapeurs funèbres,
Sur les yeux les plus saints a jeté ses ténèbres (4).
Lui seul, invariable et fondé sur la foi,
Ne cherche, ne regarde et n'écoute que toi;
Et bravant du démon l'impuissant artifice,
De la religion soutient tout l'édifice (5).

(1) Louis XIV avait toujours conservé au cœur la foi profonde que lui avait inspirée sa pieuse mère Anne d'Autriche; depuis la fin de ses égarements jusqu'à sa mort, il ne cessa de donner l'exemple de la religion la plus sévère.

(2) Allusions à la ligue d'Augsbourg, renouvelée et complétée, en 1688, par Guillaume d'Orange, stathouder de Hollande. Ce prince, soutien de la religion réformée, venait de détrôner en Angleterre Jacques II, son beau-père, revenu depuis quelques années à la religion catholique de ses ancêtres. Louis XIV accueillit le roi fugitif et soutint sa cause. Par les intrigues de Guillaume d'Orange, la France vit se coaliser contre elle l'Empire, l'Espagne, l'Angleterre et la Hollande. « Si jamais devise a été juste à tous égards, disait Louvois à Louis XIV, c'est celle qui a été faite pour votre Majesté : *Seul contre tous.* »

(3) *Tes sacrés étendards* : Le poète représente cette guerre comme une guerre sainte, entreprise pour le soutien et la défense de la religion catholique. Depuis cent ans, en effet, par le secours qu'elle prêtait aux calvinistes, l'Angleterre protestante avait été bien des fois un très grand danger pour le catholicisme en France. La recrudescence des passions hérétiques n'avait pas été étrangère à la chute de Jacques II.

(4) « La cour de France, dit L. Racine, étant alors brouillée avec la cour de Rome, on fit une application de ces deux vers, contraire aux intentions de l'auteur, qui n'était point capable de penser que l'enfer eût jeté ses ténèbres sur les yeux d'un pape aussi respectable qu'Innocent XI. » Cependant, comme Louis XIV reprochait dans le même temps au Souverain-Pontife l'attitude qu'il croyait devoir garder dans la nouvelle guerre, il ne paraît pas invraisemblable que le poète y ait fait cette allusion.

(5) Ces huit vers présentent un superbe tableau, plein de vie et de force, d'un dessein net, d'une couleur sobre, d'un genre grave et religieux : On peut voir, dans *le perfide Intérêt*, la Hollande; dans *l'aveugle Jalousie*, l'Empire et l'Espagne; dans *l'affreuse Hérésie*, l'Angleterre; la *Discorde* agite les peuples et les rois; *l'Enfer* de ses abîmes entr'ouverts jette de noires vapeurs qui obscurcissent la vérité; et Louis XIV seul de tous les rois, soutenant l'Église dans le monde, au milieu de tant d'ennemis conjurés contre elle.

440 ESTHER

Grand Dieu, juge ta cause, et déploie aujourd'hui
Ce bras, ce même bras qui combattait pour lui (1),
Lorsque des nations à sa perte animées
Le Rhin vit tant de fois disperser les armées (2).
Des mêmes ennemis je reconnais l'orgueil;
Ils viennent se briser contre le même écueil :
Déjà rompant partout leurs plus fermes barrières,
Du débris de leurs forts ils couvrent ses frontières (3).
Tu lui donnes un fils prompt à le seconder (4),
Qui sait combattre, plaire, obéir, commander;
Un fils qui, comme lui, suivi de la victoire,
Semble à gagner son cœur borner toute sa gloire;
Un fils à tous ses vœux avec amour soumis,
L'éternel désespoir de tous ses ennemis.
Pareil à ces esprits que ta Justice envoie,
Quand son roi lui dit : « Pars, » il s'élance avec joie;
Du tonnerre vengeur s'en va tout embraser,
Et tranquille, à ses pieds revient le déposer (5).

Mais tandis qu'un grand roi venge ainsi mes injures,
Vous qui goûtez ici des délices si pures,
S'il permet à son cœur un moment de repos,
A vos jeux innocents appelez ce héros.
Retracez-lui d'Esther l'histoire glorieuse (6),

(1) Cette invocation sublime est un souvenir de l'Ecriture sainte : « Grand Dieu, levez-vous, jugez votre cause. » (*Ps.* 74.23.) — « Déployez votre bras, brisez la puissance de vos ennemis. » (*Judith*, IX. II.)

(2) Allusion aux guerres précédentes, où Condé et Turenne mirent tant de fois en déroute les armées de l'Empire et de l'Espagne sur les bords du Rhin : Fribourg en 1644, Nordlingue en 1645, Sommershausen en 1648, le passage du Rhin en 1670, Senef en 1674, Turkheim en 1675.

(3) Allusion à la prise de Philippsbourg, Heidelberg, Manheim et Frankenthal, emportés par le grand Dauphin et Vauban l'année précédente (1688).

(4) Racine associe à l'éloge du roi celui de son fils, Louis de France, appelé le Grand Dauphin, élève de Bossuet, né en 1661, et mort en 1711; le duc de Bourgogne, nommé le *second Dauphin*, était son fils aîné.

(5) Ces grandes et sublimes images sont empruntées à l'Ecriture sainte, particulièrement au livre de l'Apocalypse, où saint Jean nous montre les anges chargés des vengeances divines. « Et je vis un ange plein de force, descendant du ciel... son visage était comme le soleil, et ses pieds comme des colonnes de feu... et il poussa un cri comme un lion qui rugit, et sept tonnerres firent éclater leurs voix. » (*Apoc.* X. 1-3.)
Le dernier vers fait allusion à la campagne rapide et brillante de 1688, où le Dauphin conquit le Palatinat.

(6) L'histoire d'Esther est une des plus glorieuses du peuple juif; on y admire à la fois l'héroïsme d'une reine et l'intervention miraculeuse de Dieu.

Et sur l'impiété la foi victorieuse (1).
Et vous, qui vous plaisez aux folles passions
Qu'allument dans vos cœurs les vaines fictions,
Profanes amateurs de spectacles frivoles (2),
Dont l'oreille s'ennuie au son de mes paroles,
Fuyez de mes plaisirs la sainte austerité.
Tout respire ici Dieu, la paix, la vérité (3).

QUESTIONS SUR LE PROLOGUE.

A quelle occasion fut composé le Prologue d'*Esther*?
Quel en est le sujet? Comment se rattache-t-il à la pièce?
Quel est le personnage qui le prononce?
Quel est le mérite de ce prologue?
Quelles sont les principales idées qui y sont exprimées?
Quelles allusions renferme-t-il?
Quels sont les passages les plus beaux?
Comment le poète loue-t-il le roi? et son fils?
Qu'y a-t-il de remarquable dans la fin du prologue?

(1) La victoire d'Esther fut, en effet, le triomphe de la Foi et de la Religion véritable, sur l'Impiété d'un Amalécite ennemi du peuple de Dieu.

(2) Racine semble condamner par ces vers ses pièces profanes, où il avait représenté si souvent les *folles passions*, au risque de les *allumer dans les cœurs*. Racine voulait avertir sans doute les spectateurs que s'il avait consenti à faire une tragédie sacrée, il n'avait pas pour cela manqué à la résolution qu'il avait prise de renoncer au théâtre. Le public ne devait pas en effet jouir de la représentation de ce chef-d'œuvre. Le privilège d'imprimer accordé par le roi aux dames de Saint-Louis (3 février 1689) porte expressément la défense « à tous acteurs et autres montant sur les théâtres publics, d'y représenter ni chanter ledit ouvrage. » La défense fut respectée pendant 32 ans. Une lettre du poète à Mme de Maintenon nous apprend qu'il avait pris les conseils de Louis XIV pour ces derniers vers; voici le passage : « Le tour que j'ai choisi pour *la fin du prologue* est conforme aux observations du Roi. »

(3) Ce vers si simple et si doux caractérise admirablement bien ce nouveau genre de tragédie, en opposition avec le théâtre profane de Racine : au lieu des *folles passions* qui troublent les cœurs, *Esther* nous offre *la paix*; au lieu des *vaines fictions*, c'est *la vérité*; au lieu des *spectacles frivoles et profanes*, c'est *Dieu*, le bien le plus solide, le bien éternel de l'homme.

ACTE PREMIER

(Le théâtre représente l'appartement d'Esther.)

Exposition. — Arrivée de Mardochée. — Prière d'Esther.

SCÈNE I

ESTHER, ÉLISE.

ESTHER.

Est-ce toi, chère Elise? ô jour trois fois heureux (1)!
Que béni soit le ciel qui te rend à mes vœux,
Toi qui, de Benjamin comme moi descendue (2),
Fus de mes premiers ans la compagne assidue,
Et qui, d'un même joug souffrant l'oppression,
M'aidais à soupirer les malheurs de Sion (3)?
Combien ce temps encore est cher à ma mémoire!
Mais toi, de ton Esther ignorais-tu la gloire (4)?
Depuis plus de six mois que je te fais chercher,
Quel climat, quel désert a donc pu te cacher (5)?

(1) Cette expression est consacrée en poésie :

...... *O terque quaterque beati!*

« O trois et quatre fois heureux ! » s'écrie Enée dans Virgile. (*En.* I. 98.)

(2) Benjamin était le dernier des douze fils de Jacob, et le chef de la tribu qui portait son nom. La tribu de Benjamin, située au Nord de la tribu de Juda, était restée fidèle aux successeurs de David. Comme Mardochée était de la tribu de Benjamin (*Esther*, XI, 2), Esther, la fille de son frère, était nécessairement de la même tribu.

(3) *Soupirer les malheurs* : Expression hardie et touchante. Sion était la principale des quatre collines sur lesquelles Jérusalem était bâtie. On donne souvent, surtout en poésie, le nom de Sion à la ville même de Jérusalem. La partie de la ville, qui était bâtie sur la montagne de Sion, s'appelait *Haute-Ville* ou *Cité de David*. On y voyait le palais de David, le palais d'Hérode, le Cénacle, le tombeau des rois.

(4) Rien de plus charmant que cet abandon affectueux d'une grande reine, en revoyant son amie d'enfance. Cette expression *ton Esther* est ravissante de simplicité et de bonté.

(5) Ces vers où le cœur semble se livrer à toute l'effusion d'un bonheur inattendu, n'en sont pas moins un commencement parfait d'exposition. Sans le moindre effort, avec une aisance qui se joue des obstacles, le poète nous a fait connaître *Esther, Elise*, leur patrie commune, les rapports de leur enfance, la captivité de leur peuple, l'époque de leur rencontre, et surtout le cœur si aimant de la reine qui, au milieu de sa gloire, n'a songé qu'à retrouver son amie.

ACTE I, SCÈNE I

ÉLISE.

Au bruit de votre mort justement éplorée (1),
Du reste des humains je vivais séparée,
Et de mes tristes jours n'attendais que la fin,
Quand tout à coup, Madame, un prophète divin (2) :
« C'est pleurer trop longtemps une mort qui t'abuse (3);
» Lève-toi, m'a-t-il dit, prends ton chemin vers Suse.
» Là tu verras d'Esther la pompe et les honneurs,
» Et sur le trône assis le sujet de tes pleurs.
» Rassure, ajouta-t-il, tes tribus alarmées (4),
» Sion : le jour approche où le Dieu des armées (5)
» Va de son bras puissant faire éclater l'appui;
» *Et le cri de son peuple est monté jusqu'à lui* (6). »
Il dit. Et moi, de joie et d'horreur pénétrée (7),
Je cours. De ce palais j'ai su trouver l'entrée
O spectacle ! ô triomphe admirable à mes yeux,
Digne en effet du bras qui sauva nos aïeux!

(1) Le silence prudent que Mardochée avait gardé en présentant sa nièce à la cour, avait fait répandre le bruit de la mort d'Esther; une indiscrétion de sa famille aurait pu trahir le secret de sa naissance.

(2) Le ministère prophétique était une institution propre au peuple juif. L'esprit de prophétie s'y était constamment maintenu, pour passer ensuite de la Synagogue à l'Eglise. (V. BOSSUET, *Hist. univ.*, IIe P., ch. 5.) Le temps de la captivité avait eu ses prophètes, et des plus grands, à Ninive et à Babylone : Ezéchiel, Baruch, Jérémie, Daniel; Mardochée lui-même eut des visions mystérieuses racontées au *Livre d'Esther* (ch. X et XI). Racine ne fait que suivre les traditions du peuple de Dieu, en supposant cet oracle d'un *prophète divin*.

(3) Le changement brusque de construction et le discours direct donnent une grande vivacité à la phrase.

(4) *Tribus* : Terme biblique, désignant les douze grandes familles du peuple juif. La descendance de chacun des douze patriarches, fils de Jacob, formait une tribu, et avait reçu une portion de la terre promise. Conformément à la loi de Dieu, les douze tribus restèrent distinctes après comme avant la captivité.

(5) Le nom de *Dieu des armées* est très fréquent dans les Livres saints.

(6) Cette métaphore sublime et touchante se retrouve souvent dans l'Ecriture : « Et le cri des Hébreux sous le poids de leurs travaux, monta jusqu'à Dieu. » (*Exod.* II, 23.) « La Judée pleure... et le cri de Jérusalem est monté vers le ciel. » (*Jér.* XIV, 2.)

(7) *Horreur* signifie ici un effroi religieux mêlé de crainte et de respect : ce sentiment est naturel à l'homme devant une manifestation soudaine et éclatante de la Divinité. Virgile a employé *horror* dans ce sens. Ulysse dit de même dans *Iphigénie* (Acte V, sc. 6) :

> Le ciel brille d'éclairs, s'entr'ouvre, et parmi nous
> Jette une *sainte horreur* qui nous rassure tous.

*Le fier Assuérus couronne sa captive,
Et le Persan superbe est aux pieds d'une Juive* (1).
Par quels secrets ressorts, par quel enchaînement
Le ciel a-t-il conduit ce grand événement (2)?

ESTHER.

Peut-être on t'a conté la fameuse disgrâce
De l'altière Vasthi, dont j'occupe la place (3),
Lorsque le Roi, contre elle enflammé de dépit,
La chassa de son trône, ainsi que de son lit.
Mais il ne put sitôt en bannir la pensée.
Vasthi régna longtemps dans son âme offensée.
Dans ses nombreux Etats il fallut donc chercher (4)
Quelque nouvel objet qui l'en pût détacher (5).
De l'Inde à l'Hellespont ses esclaves coururent (6).

(1) Ces deux vers, par la magnifique antithèse qui s'y trouve répétée deux fois, font très bien ressortir le caractère providentiel de l'élévation d'Esther. La fierté des monarques de l'Asie est historique. Les inscriptions des monuments assyriens n'attestent que trop leur orgueil. — Persan, habitant de la Perse, se dit de préférence quand il s'agit de la Perse moderne.

(2) Le discours d'Elise nous apprend que la scène est à Suse, dans le palais du roi; qu'Esther est l'épouse de ce fier monarque; que de plus, cet avènement est comme le prélude d'une faveur plus signalée encore que Dieu réserve aux tribus dispersées. C'est la suite de l'exposition.

(3) Vasthi fut disgraciée pour avoir refusé, malgré les ordres formels du roi, de se présenter la couronne sur la tête et dans l'éclat de la royauté, dans un festin solennel où Assuérus avait invité les grands de sa cour et toute la ville de Suse. « Elle dédaigna de venir, » dit le *Livre d'Esther* (I. 12); le monarque, regardant ce refus comme un affront public infligé à la majesté royale, et comme un exemple pernicieux pour tout son empire, « en fut transporté de fureur, et répudia Vasthi par un édit publié dans tous ses Etats.»

L'épithète d'*altière* fut appliquée par les courtisans à Mme de Montespan dont elle peignait bien les insolentes hauteurs; Mme de Montespan, tombée en disgrâce depuis plusieurs années, avait quitté la cour et vivait dans les exercices de la pénitence la plus austère. Il paraît plus probable que Racine a tiré cette épithète du texte sacré, comme d'autres poètes l'avaient fait avant lui, sans allusion aucune à une femme qui l'avait protégé autrefois.

(4) Cette circonstance est relatée dans le *Livre d'Esther* (II).

(5) Corneille dit dans *Polyeucte* (Acte II, sc. 2):
    Adieu, trop vertueux *objet*, et trop charmant.

(6) L'Inde, nom donné aux deux grandes presqu'îles de l'Asie méridionale, l'Hindoustan et l'Indo-Chine. L'Indus (auj. le Sind) était sa frontière du côté de l'occident. — L'Hellespont ('Ελλης-ποντος, mer d'Hellé), auj. les Dardanelles, détroit qui unit la mer Egée (Archipel) à la Propontide (mer de Marmara). — Le peuple des Parthes (en langue scythe *bannis*) s'était formé d'une colonie de Scythes exilés; c'est l'an 255 av. J.-C. qu'Arsace, leur chef, secoua le joug des Séleucides, et jeta les bases de l'empire des Parthes. Du temps d'Assuérus ils vivaient indépendants, comme les Scythes, au nord de la mer Noire et de la mer Caspienne.

ACTE I, SCÈNE I

Les filles de l'Egypte à Suse comparurent.
Celles mêmes du Parthe et du Scythe indompté
Y briguèrent le sceptre offert à la beauté.
On m'élevait alors, solitaire et cachée,
Sous les yeux vigilants du sage Mardochée (1).
Tu sais combien je dois à ses heureux secours.
La mort m'avait ravi les auteurs de mes jours.
Mais lui, voyant en moi la fille de son frère,
Me tint lieu, chère Elise, et de père et de mère.
Du triste état des Juifs jour et nuit agité (2),
Il me tira du sein de mon obscurité;

(1) « Il y avait dans la ville de Suse un juif nommé Mardochée... de la tribu de Benjamin... homme puissant, et entre les premiers de la cour du roi. Il éleva la fille de son frère nommée Edissa et Esther; elle avait une grâce et une beauté extraordinaires. Comme elle avait perdu son père et sa mère, Mardochée l'adopta pour sa fille. » (*Esther*, II, 5-7; XI, 2-3.)

L'Ecriture nous représente Mardochée comme un homme juste, craignant Dieu, dévoué à sa nation, et favorisé de lumières prophétiques. Il fut l'instrument dont le Seigneur se servit pour procurer le salut des Juifs par le moyen d'Esther. Avant le terrible édit, il avait eu la vision suivante : « Il entendit des voix, un tumulte, des tonnerres, et la terre tremblait, et la consternation était sur la terre. Et voilà deux grands dragons, prêts à combattre l'un contre l'autre. A leur cri, toutes les nations s'émurent pour combattre contre le peuple des justes. Et ce jour fut un jour de ténèbres, de péril, d'affliction, d'angoisse, et une grande épouvante se répandit sur la terre. La nation des justes, dans la crainte de ses propres maux, fut troublée et destinée à la mort. Et ils crièrent vers Dieu, et à ce bruit une petite fontaine devint un grand fleuve, et répandit une grande abondance d'eaux. La lumière parut, et le soleil se leva; et ceux qui étaient dans l'humiliation furent élevés, et ils exterminèrent ceux qui étaient dans l'éclat.... Et Mardochée dit : Dieu a fait toutes ces choses. Je me souviens d'une vision que j'ai eue, qui signifiait ce qui est arrivé, et rien de cette vision n'a été vain. La faible source qui devint un grand fleuve, éclairé par la vive lumière du soleil, c'est Esther que le roi a épousée et qu'il a établie reine. Et les deux dragons étaient Aman et moi. Les peuples qui se sont assemblés, ce sont ceux qui ont voulu exterminer le nom des Juifs. Ma nation est Israël, qui cria vers le Seigneur, et le Seigneur sauva son peuple, et il a fait de grands miracles parmi les nations. » (*Esther*, XI, 5-11; X, 4-9.)

(2) Malgré l'édit favorable de Cyrus qui avait mis fin à la captivité, la situation politique des Juifs était encore bien triste. Non seulement ils n'avaient pas recouvré leur indépendance nationale, mais les successeurs de Cyrus s'étant montrés moins favorables, la reconstruction du temple avait été interrompue, et la défense de relever les murs de Jérusalem n'avait pas été levée. Cet état précaire avait empêché un très grand nombre de Juifs de reprendre le chemin de la patrie; ils se trouvaient épars dans tout l'empire, moins forts à cause de cet isolement même, et toujours à la merci de leurs vainqueurs. C'était donc comme un reste de captivité; Racine a fait ressortir cette situation pour donner un plus grand éclat à l'action d'Esther, qui amena la complète délivrance du peuple de Dieu.

Et sur mes faibles mains fondant leur délivrance,
Il me fit d'un empire accepter l'espérance.
A ses desseins secrets, tremblante, j'obéis.
Je vins. Mais je cachai ma race et mon pays (1).
Qui pourrait cependant t'exprimer les cabales
Que formait en ces lieux ce peuple de rivales,
Qui toutes, disputant un si grand intérêt,
Des yeux d'Assuérus attendaient leur arrêt?
Chacune avait sa brigue et de puissants suffrages :
L'une d'un sang fameux vantait les avantages;
L'autre, pour se parer de superbes atours,
Des plus adroites mains empruntait le secours (2).
Et moi, pour toute brigue et pour tout artifice,
De mes larmes au ciel j'offrais le sacrifice.
Enfin on m'annonça l'ordre d'Assuérus (3).
Devant ce fier monarque, Elise, je parus.
Dieu tient le cœur des rois entre ses mains puissantes;
Il fait que tout prospère aux âmes innocentes,
Tandis qu'en ses projets l'orgueilleux est trompé.
De mes faibles attraits le Roi parut frappé.
Il m'observa longtemps dans un sombre silence (4);

(1) « Esther n'avait point encore découvert son pays et son peuple, selon l'ordre de Mardochée ; car tout ce qu'il lui commandait, Esther l'observait, et elle faisait tout ce qu'il lui prescrivait, comme au temps de son enfance. » (*Esther*, II, 20.)

(2) Cette description si brillante et si vive paraît avoir été inspirée à Racine par le passage de Tacite dont il avait déjà profité dans *Britannicus* (Acte IV, sc. 2) :

« Dévorées d'ambition, les rivales qui briguaient le choix de l'empereur, faisaient valoir leur naissance, leur beauté, leurs richesses, étalant les avantages qui pouvaient les rendre dignes d'une telle union.» (TAC., *Ann*. II. I.)

(3) « Le jour arriva où, selon son rang, Esther, fille d'Abithaïl, devait être présentée au roi : elle ne demanda rien de recherché pour sa parure ; mais sa beauté incomparable, l'amabilité et les grâces de sa personne charmaient tous les regards. Le roi la préféra à toutes les autres jeunes filles, et elle trouva grâce et faveur devant lui, et il mit sur sa tête son diadème, et la fit régner à la place de Vasthi. Il commanda qu'on préparât un festin magnifique à tous les grands de l'empire pour les noces d'Esther, et il donna du repos aux peuples de ses provinces, et il fit des largesses dignes de la magnificence d'un si grand prince. » (*Esther*, II, 15-18.)

En comparant ce récit à celui de notre poète, on voit ce que son génie a su ajouter de richesse, de grâce et de sentiment; les images brillantes, les pensées sublimes, les contrastes pittoresques, donnent à la scène de l'éclat, de la grandeur et de la vie.

(4) *Ce sombre silence*, bien conforme au caractère du fier Assuérus, *le ciel qui fait pencher la balance* en faveur de la timide Esther, enfin ce *regard plein de douceur* suivi d'une sentence si favorable, présentent un tableau du plus vif intérêt et d'une expression touchante.

Et le ciel qui pour moi fit pencher la balance,
Dans ce temps-là sans doute agissait sur son cœur (1).
Enfin, avec des yeux où régnait la douceur :
« Soyez reine », dit-il; et dès ce moment même,
De sa main sur mon front posa son diadème.
Pour mieux faire éclater sa joie et son amour,
Il combla de présents tous les grands de sa cour;
Et même ses bienfaits, dans toutes ses provinces,
Invitèrent le peuple aux noces de leurs princes.
Hélas! durant ces jours de joie et de festins,
Quelle était en secret ma honte et mes chagrins (2)!
« *Esther, disais-je, Esther dans la pourpre est assise,
La moitié de la terre à son sceptre est soumise,
Et de Jérusalem l'herbe cache les murs!
Sion, repaire affreux de reptiles impurs,*
Voit de son temple saint les pierres dispersées,
Et du Dieu d'Israël les fêtes sont cessées (3)! »

ÉLISE.

N'avez-vous point au Roi confié vos ennuis?

ESTHER.

Le Roi, jusqu'à ce jour, ignore qui je suis.
Celui par qui le ciel règle ma destinée
Sur ce secret encor tient ma langue enchaînée.

ÉLISE.

Mardochée? Hé! peut-il approcher de ces lieux?

ESTHER.

Son amitié pour moi le rend ingénieux.

(1) « Le cœur du roi est dans la main du Seigneur comme une eau courante : il l'incline où il veut. » (*Prov.* XXI, 1.) Bossuet est plus grand encore et plus éloquent, lorsqu'il commente ce verset au dernier chap. de son *Histoire universelle* : « Dieu tient du plus haut des cieux les rênes de tous les royaumes; il a tous les cœurs en sa main : tantôt il retient les passions, tantôt il leur lâche la bride; et par là il remue tout le genre humain. »

(2) Tour vif et poétique, pour *quelle était ma honte et quels étaient mes chagrins*. — Cette douleur patriotique d'Esther, au milieu des joies et de la gloire de son couronnement, montre dans un beau jour la noblesse de ses sentiments et sa tendre piété. Le poète a donné à sa pensée un tour plus expressif par le contraste d'images frappantes.

(3) Ces vers sont pleins de réminiscences bibliques :
« Je changerai Jérusalem en monceaux de sable et en repaires de serpents. » (*Jér.*, IX, 11.) — « Les chemins de Sion pleurent, parce qu'on ne vient plus à ses solennités; toutes ses portes sont renversées, ses prêtres gémissent, ses vierges sont désolées..., la montagne de Sion est désolée, et les bêtes sauvages s'y promènent en sécurité. (*Lamentations*, I, 4; V, 18.)

Racine s'est peut-être aussi souvenu d'Horace (*Art p.*, 228; *Od.*, III, 3.)

Absent, je le consulte; et ses réponses sages
Pour venir jusqu'à moi trouvent mille passages (1).
Un père a moins de soin du salut de son fils.
Déjà même, déjà, par ses secrets avis,
J'ai découvert au roi les sanglantes pratiques
Que formaient contre lui deux ingrats domestiques (2).
Cependant mon amour pour notre nation
A rempli ce palais de filles de Sion (3),
*Jeunes et tendres fleurs par le sort agitées,
Sous un ciel étranger comme moi transplantées* (4).
Dans un lieu séparé de profanes témoins,
Je mets à les former mon étude et mes soins;
Et c'est là que fuyant l'orgueil du diadème,
Lasse de vains honneurs, et me cherchant moi-même,
*Aux pieds de l'Eternel je viens m'humilier,
Et goûter le plaisir de me faire oublier* (5).

(1) « Et Mardochée se promenait tous les jours devant le vestibule du palais, où étaient les jeunes filles choisies pour être présentées au roi; il était inquiet du sort d'Esther, voulant savoir ce qui lui arriverait. » (*Esther*, II, 11). L'officier qui transmettait les messages d'Esther et de Mardochée s'appelait Athach. (IV, 4.)

(2) « Ces deux vers paraissent jetés ici sans dessein, et cependant ils donnent à cette pièce le mouvement qui la met en jeu : de là le songe effrayant du roi, la révision des annales de son règne, l'impression nouvelle que fait sur lui le danger qu'il a couru, le regret qu'il témoigne de n'avoir pas récompensé celui qui l'en a tiré, le triomphe de Mardochée, enfin le salut de tous les Juifs. » (L. DE BOISJERMAIN.)
Le mot *domestiques* désigne ici, comme dans *Iphigénie*, des officiers qui font partie de la maison (*domûs*) du maître. Bossuet disait dans le même sens : « Plusieurs de ses *domestiques* avaient été malheureusement nourris dans l'erreur. » (*Or. fun. de Condé*). — *Pratiques*, c'est-à-dire *menées, intrigues, complots*; le mot est familier, l'épithète le relève. — Pour le complot, v. Acte II, sc. 3.

(3) « Assuérus commanda de donner à Esther sept filles de la maison du roi, pour être à son service. » (*Esther*, II, 9.) Il est assez vraisemblable qu'elles étaient Juives; car, en apprenant la proscription du peuple de Dieu, elles s'empressèrent de l'annoncer à la reine, et elles jeûnèrent avec elle : « Moi-même, fit-elle dire à Mardochée, je jeûnerai avec mes suivantes. » (IV, 6.) C'est sans doute dans ces passages de l'Ecriture que Racine a pris l'idée de son *chœur* de jeunes Israélites.

(4) Métaphore gracieuse et bien suivie.

(5) Ce trait admirable de la modestie d'Esther s'appliquait à Mme de Maintenon qui venait à Saint-Cyr oublier l'éclat et les grandeurs de la cour. Elle écrivait à son frère : « Jugez de mon plaisir, quand je reviens le long de l'avenue, suivie de cent vingt-quatre demoiselles qui y sont présentement.... *Puisse Saint-Cyr durer autant que la France, et la France autant que le monde!* Rien ne m'est plus cher que mes enfants de Saint-Cyr : j'en aime jusqu'à leur poussière. Je m'offre avec tous mes gens pour

ACTE I, SCÈNE II

Mais à tous les Persans je cache leurs familles.
Il faut les appeler. Venez, venez, mes filles,
Compagnes autrefois de ma captivité,
De l'antique Jacob jeune postérité (1).

SCÈNE II
ESTHER, ÉLISE, LE CHOEUR.

UNE DES ISRAÉLITES *chante derrière le théâtre.*

Ma sœur, quelle voix nous appelle ?

UNE AUTRE.

J'en reconnais les agréables sons :
C'est la Reine.

TOUTES DEUX.

Courons, mes sœurs, obéissons.
La Reine nous appelle :
Allons, rangeons-nous auprès d'elle.

TOUT LE CHOEUR, *entrant sur la scène par plusieurs
endroits différents.*

La Reine nous appelle :
Allons, rangeons-nous auprès d'elle.

ÉLISE.

Ciel ! quel nombreux essaim d'innocentes beautés

---

les servir ; et je n'aurai nulle peine à être leur servante, pourvu que mes soins leur apprennent à s'en passer. Voilà où je tends, voilà ma passion, voilà mon cœur. »

(1) Ce vers est la traduction du premier vers de l'*Œdipe-Roi* de Sophocle ; Racine n'a changé que le nom de Cadmus en celui de Jacob :

Ὦ τέκνα, Κάδμου τοῦ πάλαι νέα τροφή.

Esther, dans ce récit intéressant coupé avec art par les questions d'Elise, a complété l'exposition, en nous faisant connaître les circonstances de son élévation, le personnage de Mardochée, le caractère d'Assuérus, la faveur dont elle jouit auprès de lui, le service éminent que lui a rendu son père adoptif, la déplorable situation de son peuple, et de quelle manière elle a pu rassembler de jeunes Israélites dans son palais. Il n'a pas été question d'Aman ; mais il n'est pas nécessaire que l'exposition tout entière se trouve dans la première scène. Déjà cependant l'on entrevoit la grande action réservée à l'héroïne de la pièce : la délivrance de son peuple. C'est l'unique préoccupation d'Esther ; c'est le dessein de Mardochée ; c'était sans doute aussi le but de Dieu.

Ce qui distingue cette exposition, c'est la grâce du style, la tendresse des sentiments, la douce piété, enfin l'admirable facilité du discours à travers la multiplicité des détails qu'il fallait apprendre au spectateur.

On regarde avec raison cette première scène comme un chef-d'œuvre de narration simple et élégante.

S'offre à mes yeux en foule, et sort de tous côtés!
Quelle aimable pudeur sur leur visage est peinte!
Prospérez, cher espoir d'une nation sainte.
Puissent jusques au ciel vos soupirs innocents
Monter comme l'odeur d'un agréable encens (1)!
Que Dieu jette sur vous des regards pacifiques (2)!

ESTHER.

Mes filles, chantez-nous quelqu'un de ces cantiques
Où vos voix si souvent se mêlant à mes pleurs
De la triste Sion célèbrent les malheurs (3).

UNE ISRAÉLITE *seule chante.*

Déplorable Sion, qu'as-tu fait de ta gloire?
  Tout l'univers admirait ta splendeur :
Tu n'es plus que poussière; et de cette grandeur
Il ne nous reste plus que la triste mémoire.
Sion, jusques au ciel élevée autrefois,
 Jusqu'aux enfers maintenant abaissée (4),

(1) Cette comparaison est tirée de l'Ecriture sainte : « Que ma prière, dit le Psalmiste, monte comme l'encens en votre présence. » (*Ps.* 140, 2.) On lit aussi dans l'Apocalypse (VIII, 4) : « Et la fumée des parfums qui sont la prière des saints, s'éleva de la main de l'ange devant Dieu. »

(2) Rien de plus doux que ces images gracieuses et ces vœux inspirés par la piété, par la foi et l'amour de la patrie.

(3) Racine a puisé plusieurs des inspirations de ce chœur dans le magnifique psaume 137 *Super flumina Babylonis*; nul autre n'était si bien approprié aux circonstances. En voici les premiers versets : les imitations seront faciles à saisir :

« Près des fleuves de Babylone, nous nous sommes assis, et nous avons pleuré en nous souvenant de Sion.

» Nous avons suspendu nos harpes aux saules du rivage.

» Là ceux qui nous ont traînés captifs, nous ont dit : Chantez-nous un des cantiques de Sion.

» Comment chanterons-nous le cantique du Seigneur dans une terre étrangère?

» Si je t'oublie, Jérusalem, que ma droite s'oublie elle-même!

» Que ma langue s'attache à mon palais, si je ne me souviens pas de toi;

» Si Jérusalem n'est pas toujours la première de mes joies! »

(4) Salomon avait fait de Jérusalem une des plus belles capitales de l'antiquité; le temple qu'il y avait construit avec les cèdres du Liban, les marbres de Tyr, l'argent et l'or d'Ophir, était une des merveilles du monde. Toute cette splendeur disparut sous les coups de Nabuchodonosor. Ce prince, ayant pris la ville en 586, livra aux flammes « la maison du Seigneur, le palais du roi, toutes les maisons de Jérusalem. Les Chaldéens abattirent les remparts, brisèrent les colonnes d'airain, la mer d'airain, et emportèrent le précieux métal avec les coupes d'or et les vases sacrés, et Juda fut transféré hors de sa terre. Et il arriva, après que le peuple d'Israël eut été emmené en

ACTE I, SCÈNE II

Puissé-je demeurer sans voix,
Si dans mes chants ta douleur retracée
Jusqu'au dernier soupir n'occupe ma pensée!

TOUT LE CHŒUR.

O rives du Jourdain! ô champs aimés des cieux (1)!
  Sacrés monts, fertiles vallées,
   Par cent miracles signalées (2)?
  Du doux pays de nos aïeux (3)
  Serons-nous toujours exilées (4)?

UNE ISRAÉLITE, *seule.*

Quand verrai-je, ô Sion, relever tes remparts,
  Et de tes tours les magnifiques faîtes?

captivité, et Jérusalem réduite en solitude, que le prophète Jérémie s'assit en pleurant et en soupirant dans l'amertume de son âme; et il disait en gémissant: Comment est-elle assise solitaire, la ville naguère encore si populeuse? elle est comme une veuve, la maîtresse des nations: la reine des cités est tributaire.... Comment le Seigneur dans sa colère a-t-il couvert de ténèbres la Fille de Sion? il l'a précipitée du ciel sur la terre, cette ville si florissante... il a renversé ses remparts dans la poussière.... Murs de la Fille de Sion, pleurez le jour et la nuit.... Et les passants applaudissent à tes désastres, ils sifflent avec dédain en branlant la tête: La voilà donc, disent-ils, cette Fille de Jérusalem, cette splendide capitale, l'orgueil de l'univers. » (*Jér.* LII, 12...; et *Lamentations*, II, III.)

(1) Le Jourdain, fleuve de la Palestine; il prend sa source dans l'Anti-Liban, traverse le lac de Tibériade et se jette dans la mer Morte; son cours est de 200 kil. — Ce fleuve, sur l'ordre de Josué, s'ouvrit, comme autrefois la mer Rouge, devant les Hébreux qui le traversèrent à pied sec.

(2) La Palestine a été de toutes les contrées de l'univers la plus privilégiée du ciel. Sa fécondité était prodigieuse: c'était la terre où coulaient le lait et le miel. Dieu y avait fait des miracles sans nombre en faveur des patriarches et du peuple choisi à qui il l'avait donnée en partage. Avant même qu'elle fût sanctifiée par la vie et la mort du Dieu Sauveur, elle avait joui pendant quatorze siècles de la présence spéciale du Très-Haut dans l'Arche d'alliance et dans le Temple de Jérusalem.

Parmi les montagnes saintes de la Palestine, on peut citer le mont Sion où l'Arche résida plusieurs années, le mont Moriah sur lequel était construit le Temple, le mont Carmel illustré par les miracles d'Élie.

(3) Virgile aimait cette épithète de *dulcis*:

 Exilioque domos et dulcia limina mutant (*Georg.* II.);

« Ils échangent contre l'exil le doux séjour de la patrie. » (Cf. *Egl.* I. 3.)

(4) On peut admirer déjà dans ces premières strophes tous les caractères de la poésie lyrique: les figures hardies, l'apostrophe, la prosopopée, les contrastes, les images sublimes, les exclamations de la douleur, du regret, de l'espérance, les élans du cœur, enfin les passages subits de l'âme aux sentiments les plus opposés.

Le poète varie la mesure comme le ton et le sentiment. Le vers alexandrin a plus de majesté; les vers plus petits ont plus de vivacité, plus de douceur et de grâce.

Quand verrai-je de toutes parts
Tes peuples en chantant accourir à tes fêtes (1)?

TOUT LE CHOEUR.

O rives du Jourdain! ô champs aimés des cieux!
Sacrés monts, fertiles vallées,
Par cent miracles signalées!
Du doux pays de nos aïeux
Serons-nous toujours exilées?

SCÈNE III

ESTHER, MARDOCHÉE, ÉLISE, LE CHOEUR.

ESTHER.

Quel profane en ce lieu s'ose avancer vers nous?
Que vois-je? Mardochée? O mon père, est-ce vous (2)?

(1) Cette image encore est propre au peuple juif. Tous les Hébreux se rendaient chaque année, au moins une fois, aux grandes solennités, surtout aux fêtes de Pâques et de la Pentecôte. Le Ps. 122 nous offre une touchante image du saint enthousiasme avec lequel les familles y venaient de toutes les directions en chantant des cantiques sacrés :

« Je me suis réjoui en entendant cette parole : Nous irons dans la maison du Seigneur. Nos pieds se sont arrêtés dans tes parvis, ô Jérusalem! Jérusalem, toi qui es bâtie comme une ville superbe. Là montaient les tribus du Seigneur, en témoignage de la foi d'Israël, pour louer le nom de Jéhovah.... Patrie de mes frères et de mes amis, mes paroles sur toi sont des paroles de paix. O maison du Seigneur, j'appellerai tous les biens sur toi. »

(2) Cette entrée si dramatique de Mardochée et toute cette grande scène sont de l'invention de Racine. Dans l'histoire sacrée, Esther apprend par ses suivantes et par les officiers du palais le malheur qui menace ses compatriotes; c'est ensuite par des messages successifs qu'elle traite avec Mardochée du moyen de les sauver. Le poète a mis ce récit en scène : cette modification légère lui a fourni une situation des plus tragiques, et lui a permis de développer avec une éloquence sublime le caractère de Mardochée.

Voici le récit du Livre d'Esther : « Les lettres scellées du roi furent envoyées dans toutes les provinces afin qu'on tuât et exterminât les Juifs, depuis l'enfant jusqu'au vieillard, les petits enfants et les femmes, en un seul jour, c'est-à-dire le 13° jour du 12° mois nommé adàr (février-mars), et qu'on pillât tous leurs biens... et aussitôt l'édit fut affiché dans Suse; Aman et le roi célébraient un festin, et tous les Juifs qui étaient dans la ville, versaient des larmes.

» Lorsque Mardochée eut appris ces ordres, il déchira ses vêtements et se revêtit d'un sac de pénitence, répandant de la cendre sur sa tête; et il poussait des cris de douleur sur la place, au milieu de la ville, témoignant l'amertume de son âme. Et il s'avançait en poussant des gémissements jusqu'aux portes du palais : car il n'était pas permis d'entrer dans la cour du palais avec un vêtement de deuil. Dans toutes les provinces le deuil était grand parmi les Juifs; ils jeûnaient, ils gémissaient, ils pleuraient; un nombre considérable étaient couverts de cilices et couchés sur la cendre.

» Or, les filles d'Esther et ses officiers lui annoncèrent ce qui se passait. En l'apprenant, elle fut consternée, et elle envoya un habit à Mardochée, afin

ACTE I, SCÈNE III

Un ange du Seigneur, sous son aile sacrée,
A donc conduit vos pas, et caché votre entrée (1)?
Mais d'où vient cet air sombre, et ce cilice affreux,
Et cette cendre enfin qui couvre vos cheveux (2)?
Que nous annoncez-vous?

MARDOCHÉE.

O Reine infortunée!
O d'un peuple innocent barbare destinée!
Lisez, lisez l'arrêt détestable, cruel.
Nous sommes tous perdus, et c'est fait d'Israël (3).

qu'il s'en revêtît au lieu du sac de pénitence qui le couvrait; mais il ne voulut point le recevoir. Elle appela alors Athach, l'officier que le roi avait mis à son service, et l'envoya vers Mardochée. Celui-ci lui donna une copie de l'édit publié dans Suse, afin qu'il le montrât à la reine, et qu'il l'avertît d'entrer chez le roi, et d'intercéder pour son peuple. Athach rapporta à Esther ce que Mardochée venait de lui dire. » La première réponse d'Esther, les instances de Mardochée, la détermination finale de la reine se transmirent de la même manière; on les trouvera plus loin.

C'est le sujet de cette admirable scène.

(1) L'arrivée de Mardochée jusque dans les appartements de la reine que protégeaient des défenses si sévères et des gardes si vigilantes, pourrait paraître invraisemblable; mais Esther, étonnée la première, se hâte, par une supposition conforme à l'histoire sainte, de nous indiquer, du moins comme possible, une intervention miraculeuse de Dieu. Les visites des Anges étaient familières aux patriarches et aux saints de l'Ancien Testament. Pendant cette même captivité, le jeune Tobie avait été favorisé dans son voyage de Médie par l'assistance visible de l'ange Raphaël.

(2) « Rien, dit Fénelon (2ᵉ dial. sur l'éloq.), n'égale la vivacité et la force non seulement des figures que les Hébreux employaient dans leurs discours, mais encore des actions qu'ils faisaient pour exprimer leurs sentiments, comme de mettre de la cendre sur leurs têtes, de déchirer leurs habits, et de se couvrir de sacs dans leur douleur. » Fleury, dans les *Mœurs des Israélites*, dit que ces sacs étaient aussi nommés « *cilices*, parce qu'ils étaient faits de gros camelot ou de quelque étoffe rude et grossière. » L'usage était de déchirer ce vêtement du cou à la poitrine.

Jérémie, exhortant les Juifs à la pénitence, leur disait (VI. 26) : « Fille de mon peuple, revêts-toi d'un cilice, couvre-toi de cendre; sois en deuil comme pour un fils unique. »

C'est donc à tort qu'on a reproché à Racine d'avoir employé le mot de *cilice*, comme trop moderne. (*Cilice* vient de κιλίκιον, étoffe grossière de poil de chèvre, fabriquée en Cilicie.)

(3) La douleur et l'effroi ne sauraient avoir une expression plus pathétique. Le cœur oppressé du vénérable vieillard ne peut s'expliquer d'abord que par des exclamations entrecoupées de gémissements : ce n'est qu'ensuite qu'il trace le tableau des cruautés réservées aux Juifs : partout dans cette peinture apparaissent les images du fer, de la mort, du sang.

ESTHER.
Juste ciel! tout mon sang dans mes veines se glace (1).
MARDOCHÉE.
On doit de tous les Juifs exterminer la race (2).
Au sanguinaire Aman nous sommes tous livrés.
Les glaives, les couteaux, sont déjà préparés.
Toute la nation à la fois est proscrite.
Aman, l'impie Aman, race d'Amalécite (3),
A pour ce coup funeste armé tout son crédit;
Et le Roi, trop crédule, a signé cet édit (4).
Prévenu contre nous par cette bouche impure,
Il nous croit en horreur à toute la nature.
Ses ordres sont donnés; et dans tous ses Etats,
Le jour fatal est pris pour tant d'assassinats.
Cieux, éclairerez-vous cet horrible carnage (5)?
Le fer ne connaîtra ni le sexe ni l'âge (6);
Tout doit servir de proie aux tigres, aux vautours;
Et ce jour effroyable arrive dans dix jours (7).

(1) Œnone dans *Phèdre* (Acte I, sc. 3) avait déjà prononcé ce vers.

(2) Cette scène renferme cinq parties graduées avec art et développées avec une énergique rapidité : 1° Etonnement d'Esther à l'apparition de Mardochée ; 2° Mardochée annonce l'édit de proscription ; 3° il demande à Esther de déclarer au roi son origine ; 4° aux difficultés d'Esther il répond par un discours aussi persuasif que véhément ; 5° Esther se résout noblement à se dévouer pour son peuple.

(3) « Après cela, le roi Assuérus éleva Aman, fils d'Amadath, qui était de la race d'Agag, et il mit son trône au-dessus de tous les grands de sa cour. » (*Esther*, III, 1.) Les Amalécites étaient une peuplade arabe qui habitait au Sud de la Judée, entre l'Idumée, l'Egypte et le désert de Sinaï. Ils descendaient d'Esaü par Amalec son petit-fils, et furent toujours acharnés contre les Israélites. Ceux-ci les regardèrent toujours comme une race maudite. Dieu avait ordonné à Saül de les exterminer tous ; il les défit, les passa au fil de l'épée, mais par avarice épargna leur roi Agag qui était tombé vivant entre ses mains. Dieu le châtia de cette désobéissance en transférant la couronne à David.

(4) Le poète, fidèle d'ailleurs à l'histoire, a soin de laisser tout l'odieux de cette mesure barbare au sanguinaire Aman, ne mettant au compte du roi qu'une confiance aveugle pour un ministre indigne.

(5) Cette apostrophe si vive lancée vers les cieux jette une lumière sinistre sur l'horrible scène de carnage qui se prépare.

(6) *Le fer ne connaîtra* : métaphore hardie, naturelle cependant dans un morceau si animé.

(7) L'édit portait : « Nous avons ordonné que tous ceux qu'Aman, qui est établi sur toutes les provinces, le second après le roi, et que nous honorons comme notre père, aura fait connaître comme étant de ce peuple toujours en *révolte contre tout le genre humain*, soient tués par leurs ennemis avec leurs femmes et leurs enfants..., et que nul n'en ait pitié, afin que ces hommes

ACTE I, SCÈNE III

ESTHER.

O Dieu, qui vois former des desseins si funestes,
As-tu donc de Jacob abandonné les restes?

UNE DES PLUS JEUNES ISRAÉLITES.

Ciel! qui nous défendra, si tu ne nous défends?

MARDOCHÉE.

Laissez les pleurs, Esther, à ces jeunes enfants.
En vous est tout l'espoir de vos malheureux frères (1).
Il faut les secourir. Mais les heures sont chères :
Le temps vole, et bientôt amènera le jour
Où le nom des Hébreux doit périr sans retour.
Toute pleine du feu de tant de saints prophètes (2),
Allez, osez au Roi déclarer qui vous êtes.

ESTHER.

Hélas! ignorez-vous quelles sévères lois
Aux timides mortels cachent ici les rois?
Au fond de leur palais leur majesté terrible
Affecte à leurs sujets de se rendre invisible;
Et la mort est le prix de tout audacieux
Qui, sans être appelé, se présente à leurs yeux,
Si le Roi dans l'instant, pour sauver le coupable,
Ne lui donne à baiser son sceptre redoutable.
Rien ne met à l'abri de cet ordre fatal,
Ni le rang, ni le sexe, et le crime est égal.
Moi-même, sur son trône, à ses côtés assise,
Je suis à cette loi, comme une autre, soumise;

criminels, descendant tous un même jour dans le tombeau, rendent à notre empire la paix qu'ils ont troublée. » (*Esther*, XIII, 5-7.)
Ce n'est que dix mois après sa promulgation que l'édit devait être exécuté : Aman avait fixé ce terme en consultant le sort : « Au premier mois appelé nisan, la 12ᵉ année du règne d'Assuérus, le sort appelé *phur* en hébreu, fut jeté dans l'urne par Aman, au jour et au mois où la nation des juifs devait périr, et le 12ᵉ, qui est nommé adar, sortit. » (*Esther*, III. 7.)
Cette consultation superstitieuse est parfaitement conforme aux mœurs de l'antiquité. On sait le rôle que les augures et les aruspices jouaient dans les affaires politiques chez les Romains, encore au temps de Cicéron.
Racine a rendu le péril plus imminent en ne laissant que dix jours de répit : les angoisses sont d'autant plus vives qu'il faut un plus prompt remède à une situation désespérée.

(1) Mardochée va droit au but; il fallait un homme d'un caractère aussi énergique et d'une foi aussi vigoureuse, pour hasarder le salut de sa nation sur l'intervention périlleuse de la reine, sa fille adoptive.

(2) Ce souvenir de la vertu des prophètes est jeté en avant par la foi de Mardochée, pour élever l'âme d'Esther à la hauteur de sa mission.

Et sans le prévenir, il faut pour lui parler,
Qu'il me cherche ou du moins qu'il me fasse appeler (1).

MARDOCHÉE.

Quoi! lorsque vous voyez périr votre patrie,
Pour quelque chose, Esther, vous comptez votre vie (2)!
Dieu parle, et d'un mortel vous craignez le courroux!
Que dis-je? votre vie, Esther, est-elle à vous?
N'est-elle pas au sang dont vous êtes issue?
N'est-elle pas à Dieu dont vous l'avez reçue?
Et qui sait, lorsqu'au trône il conduisit vos pas?
Si pour sauver son peuple il ne vous gardait pas?
Songez-y bien : ce Dieu ne vous a pas choisie
Pour être un vain spectacle aux peuples de l'Asie,
Ni pour charmer les yeux des profanes humains.
Pour un plus noble usage il réserve ses saints.
S'immoler pour son nom et pour son héritage,
D'un enfant d'Israël voilà le vrai partage :
Trop heureuse pour lui de hasarder vos jours!

(1) « Esther chargea l'officier de transmettre ces paroles à Mardochée. Tous les serviteurs du roi et toutes les provinces de l'empire savent que quiconque, homme ou femme, entre sans être appelé dans l'appartement intérieur du roi, est aussitôt mis à mort, à moins que le roi ne tende vers lui son sceptre d'or en signe de clémence, et qu'ainsi il puisse vivre. Comment donc puis-je entrer chez le roi, puisqu'il y a déjà trente jours qu'il ne m'a pas fait appeler? » (*Esther*, IV, 11.) Ces défenses si sévères étaient faites pour protéger la vie des rois chez des peuples où l'autorité ne reposait que sur la crainte. — L'exemple de Vasthi montrait à Esther ce qu'elle pouvait attendre de la colère du roi.

(2) La démarche d'Esther pouvait lui coûter la vie; vu le caractère violent d'Assuérus et les lois inflexibles des Perses, il était même probable que sa sentence de mort serait prononcée avant qu'elle pût dire un seul mot en faveur de ses infortunés frères. Voilà ce que suggérait la prudence humaine. Mais tout autres sont les conseils de la foi. Dans l'état désespéré où se trouvaient les Juifs, Esther seule pouvait, avec quelque espoir de succès, s'interposer en leur faveur; Esther donc, disait Mardochée, doit tenter l'impossible, en se confiant en Dieu qui tient dans sa main le cœur des rois. C'était commander l'héroïsme.

Mardochée déploie dans ce discours la foi, le zèle et la vigueur de Joad; les motifs qu'il fait valoir, sont tous tirés de la religion et de l'amour de la patrie.

1° Le salut de la nation doit l'emporter sur la vie d'Esther.
2° Quand Dieu parle, il ne faut point craindre les hommes.
3° La vie d'Esther n'est pas à elle, mais à son peuple, à Dieu.
4° Son élévation n'a pas eu d'autre but.
5° La gloire d'un enfant d'Israël est de s'immoler pour Dieu.
6° Du reste, Dieu n'a besoin de personne.
7° Cette occasion est une grâce pour Esther; si elle la rejette, ce sera peut-être pour son malheur.

Et quel besoin son bras a-t-il de nos secours ?
Que peuvent contre lui tous les rois de la terre ?
En vain ils s'uniraient pour lui faire la guerre :
Pour dissiper leur ligue il n'a qu'à se montrer ;
Il parle, et dans la poudre il les fait tous rentrer.
Au seul son de sa voix la mer fuit, le ciel tremble ;
Il voit comme un néant tout l'univers ensemble ;
Et les faibles mortels, vains jouets du trépas,
Sont tous devant ses yeux comme s'ils n'étaient pas (1).
S'il a permis d'Aman l'audace criminelle,
Sans doute qu'il voulait éprouver votre zèle.
C'est lui qui, m'excitant à vous oser chercher,
Devant moi, chère Esther, a bien voulu marcher (2) ;
Et s'il faut que sa voix frappe en vain vos oreilles,
Nous n'en verrons pas moins éclater ses merveilles.
Il peut confondre Aman, il peut briser nos fers
Par la plus faible main qui soit dans l'univers.
Et vous, qui n'aurez point accepté cette grâce,
Vous périrez peut-être, et toute votre race (3).

(1) Ces huit vers présentent un tableau sublime de la grandeur et de la puissance de Dieu ; les traits les plus beaux sont empruntés à l'Ecriture : « La mer a vu le Seigneur et elle a fui. (Ps. 47.) — Les rois de la terre se sont levés, les princes se sont ligués contre le Seigneur et contre son Christ.... Celui qui habite dans le ciel se rira d'eux... ; tu les briseras avec un sceptre de fer, tu les réduiras en poussière comme un vase d'argile. (Ps. 2.) — Encore un peu de temps, et j'ébranlerai le ciel, et la mer, et tout l'univers. (Aggée, II, 7.) — Toutes les nations sont devant Dieu comme si elles n'étaient pas ; elles sont pour lui comme le vide et le néant. » (Is., XL, 17.)
On connaît le vers sublime d'Homère, quand il nous montre Jupiter secouant l'Olympe d'un froncement de sourcil (Il. I, 527), et le vers de Virgile inspiré par ce passage célèbre :

Annuit, et totum nutu tremefecit Olympum.

(2) Mardochée indique clairement par ce vers qu'il n'a pu parvenir jusqu'à Esther que par un miracle ; Dieu a marché devant lui pour le cacher aux regards et faire tomber toutes les barrières, comme autrefois il marchait devant son peuple sortant de l'Egypte. Cette intervention de Dieu est de nature à faire grande impression sur l'esprit d'Esther.

(3) « Mardochée fit parler de nouveau à Esther, en lui disant : Ne pensez pas sauver votre vie, parce que vous êtes dans la maison du roi, si tous les Juifs périssent. Car, si vous demeurez maintenant dans le silence, Dieu trouvera quelque autre moyen pour délivrer les Juifs, et vous périrez, vous et la maison de votre père. Et qui sait si vous n'étiez pas préparée pour ces temps malheureux quand vous êtes montée sur le trône ? » (Esther, IV, 12-14.)
C'est de ces quelques paroles que Racine a tiré un discours « d'une force et d'une éloquence vraiment divine. L'effet qu'il produit sur Esther est frappant et vraiment théâtral : elle n'oppose plus rien aux ordres de Dieu : elle ne raisonne plus, elle obéit. » (GEOFFROY.)

ESTHER.

Allez. Que tous les Juifs dans Suse répandus,
A prier avec vous jour et nuit assidus,
Me prêtent de leurs vœux le secours salutaire,
Et pendant ces trois jours gardent un jeûne austère (1).
Déjà la sombre nuit a commencé son tour :
Demain, quand le soleil rallumera le jour,
Contente de périr, s'il faut que je périsse,
J'irai pour mon pays m'offrir en sacrifice (2).
Qu'on s'éloigne un moment.

(Le chœur se retire vers le fond du théâtre.)

SCÈNE IV

ESTHER, ÉLISE, LE CHOEUR.

ESTHER.

O mon souverain roi !
Me voici donc tremblante et seule devant toi.
Mon père mille fois m'a dit dans mon enfance (3)
Qu'avec nous tu juras une sainte alliance,
Quand, pour te faire un peuple agréable à tes yeux,
Il plut à ton amour de choisir nos aïeux.
Même tu leur promis de ta bouche sacrée
Une postérité d'éternelle durée.
Hélas ! ce peuple ingrat a méprisé ta loi ;
La nation chérie a violé sa foi ;
Elle a répudié son époux et son père,

---

(1) Esther parle en vraie fille d'Abraham : pour assurer le succès de son entreprise, elle songe avant tout à mériter la protection de Dieu par la prière et par le jeûne. « Esther fit dire de nouveau à Mardochée : Allez, assemblez tous les Juifs que vous trouverez dans Suse, et priez pour moi, ne mangez et ne buvez point durant trois jours et trois nuits ; je jeûnerai également avec mes suivantes, et alors j'entrerai chez le roi sans être appelée contre la loi qui le défend, en m'exposant au péril et à la mort. Mardochée alla et fit tout ce qu'Esther lui avait mandé. » (*Esther*, IV, 15-17.)

(2) La magnanimité d'Esther est admirable. Dès qu'elle a entendu Dieu parlant par la bouche de son prophète et de son père, son cœur est résolu à l'héroïsme : plus de crainte, plus d'incertitude, pas la moindre faiblesse. Ce n'est pas qu'elle se dissimule le danger, nous le verrons bien tout à l'heure ; mais la foi raffermit son courage.

(3) Ce souvenir des leçons d'un père marque une modestie et une piété filiale qui attendrissent. Esther rappelle à Dieu ses anciennes promesses. « Quatre cent vingt-six ans après le déluge, comme les peuples... oubliaient celui qui les avait faits, ce grand Dieu, pour empêcher les progrès d'un si grand mal, au milieu de la corruption, commença à se séparer un peuple élu. Abraham fut choisi pour être la tige et le père de tous les croyants. » (BOSSUET, *Hist. univ.*, I.)

ACTE I, SCÈNE IV

Pour rendre à d'autres dieux un honneur adultère (1).
Maintenant elle sert sous un maître étranger.
Mais c'est peu d'être esclave, on la veut égorger.
Nos superbes vainqueurs, insultant à nos larmes,
Imputent à leurs dieux le bonheur de leurs armes,
Et veulent aujourd'hui qu'un même coup mortel
Abolisse ton nom, ton peuple et ton autel.
Ainsi donc un perfide, après tant de miracles (2),
Pourrait anéantir la foi de tes oracles (3),
Ravirait aux mortels le plus cher de tes dons,
Le Saint que tu promets et que nous attendons (4)?
Non, non, ne souffre pas que ces peuples farouches,
Ivres de notre sang (5), ferment les seules bouches
Qui dans tout l'univers célèbrent tes bienfaits ;
Et confonds tous ces dieux qui ne furent jamais.
   Pour moi, que tu retiens parmi ces infidèles,
Tu sais combien je hais leurs fêtes criminelles,
Et que je mets au rang des profanations
Leur table, leurs festins, et leurs libations ;
Que même cette pompe où je suis condamnée (6),
Ce bandeau dont il faut que je paraisse ornée
Dans ces jours solennels à l'orgueil dédiés,
Seule et dans le secret, je le foule à mes pieds ;
Qu'à ces vains ornements je préfère la cendre,
Et n'ai de goût qu'aux pleurs que tu me vois répandre.

(1) En s'abandonnant à l'idolâtrie. « Cette hardiesse est d'autant plus heureuse que Sion est toujours présentée dans l'Ecriture comme l'épouse que Dieu avait choisie. » (GEOFFROY.) — *Adultère*, du latin *ad alterum*; la nation sainte s'est tournée vers d'*autres* dieux.

(2) *Un perfide*, c'est-à-dire Aman, impie et calomniateur.

(3) *Les oracles de Dieu*, c'est-à-dire les promesses solennelles faites aux patriarches, et plus tard au peuple juif par la bouche des prophètes.

(4) Ce Saint promis et attendu, c'est le Messie qui devait naître de la race d'Abraham, du peuple juif. « En quelque état qu'il fût (ce peuple), il vivait toujours en attente des temps du Messie. » (BOSSUET, *Hist. univ.* II.) Le Messie, dans les Prophètes, est souvent appelé *le Saint* par excellence, *le Saint de Dieu*, *le Saint d'Israël*. Le Fils de Dieu fait homme n'était pas seulement comme Dieu la Sainteté par essence, la Sainteté infinie ; mais encore comme homme, il était saint au-dessus de toute créature par l'onction de la Divinité qui résidait corporellement en lui ; » il était aussi la source de la sainteté pour tout le genre humain.

(5) Cette métaphore hardie est très fréquente dans l'Ecriture : « La terre s'enivrera de leur sang. » (*Is.* XXXIV, 7.) « Le glaive les dévorera ; il s'abreuvera et s'enivrera de leur sang. » (*Jér.* XLVI. 10.)

(6) *Où* pour *auquel*, très fréquent au XVIIe siècle. On lit de même dans *Iphigénie* (Acte 1, sc. 1) :

   Libre du joug superbe *où* je suis attaché.

J'attendais le moment marqué dans ton arrêt,
Pour oser de ton peuple embrasser l'intérêt (1).
Ce moment est venu : ma prompte obéissance
Va d'un roi redoutable affronter la présence (2).
C'est pour toi que je marche. Accompagne mes pas
Devant ce fier lion qui ne te connaît pas ;
Commande en me voyant que son courroux s'apaise,
Et prête à mes discours un charme qui lui plaise.
Les orages, les vents, les cieux te sont soumis :
Tourne enfin sa fureur contre nos ennemis (3).

(1) Cette préparation lointaine à l'héroïsme montre une âme grande et parfaite dès longtemps ; le caractère d'Esther en est singulièrement relevé ; son calme simple et modeste dans un dévouement si sublime augmente l'admiration qu'on éprouve pour une si haute vertu.

(2) Au commencement de sa prière, la reine était troublée et tremblante ; le danger qu'elle allait braver, son isolement aux pieds d'un Dieu irrité par les péchés de son peuple, l'épouvantaient. La prière l'a fortifiée, elle se relève avec une confiance entière ; sûre de l'appui divin, elle ira devant le fier Assuérus.

(3) Une si longue prière adressée à Dieu sur la scène, peut paraître étrange ; et cependant rien n'est davantage dans les convenances du sujet, et ne saurait être plus dramatique dans la circonstance. Le plus grand des malheurs menace Esther, sa famille, son peuple ; on lui demande une démarche qui, humainement parlant, ne peut que lui attirer la mort. Dieu seul peut la faire réussir ; d'autre part, Esther n'est pas une héroïne profane ; elle vit surtout de la foi. Il est donc naturel, il est indispensable même qu'elle recoure à l'arme par excellence de la foi, à la prière.

Au point de vue dramatique, le spectateur ne peut être que vivement touché et attendri quand il voit cette grande reine, entourée de tant de gloire, menacée cependant d'un si grand danger, se prosterner humblement devant la Majesté divine, et implorer avec larmes le secours du ciel.

Racine, dans cette magnifique prière, n'a fait que suivre le texte sacré. Le parallèle des deux morceaux montrera quelles riches sources de poésie renferme l'Ecriture sainte, et en même temps avec quel art, quel goût, quelle piété, Racine a su en tirer un chef-d'œuvre d'onction et de style.

« La reine Esther se réfugia aussi vers le Seigneur, effrayée du péril qui était proche. Et quittant ses vêtements de reine, elle prit des vêtements conformes à sa désolation et à ses larmes ; à la place des parfums, elle se couvrit la tête de cendre et de poussière ; elle affligea son corps par des jeûnes..., et elle suppliait le Seigneur Dieu d'Israël, disant :

« Mon Seigneur, qui seul êtes notre roi, assistez-moi dans l'abandon où je suis, puisque, hors de vous, je n'ai pas d'autre protecteur. Le péril où je me trouve est présent devant moi. J'ai appris de mon père que vous, Seigneur, vous aviez pris Israël d'entre toutes les nations, et nos pères entre tous leurs ancêtres, pour vous établir parmi eux un héritage éternel, et vous avez accompli pour eux toutes vos promesses. Nous avons péché en votre présence, et c'est pour cela que vous nous avez livrés aux mains de nos ennemis ; car nous avons adoré leurs dieux. Vous êtes juste, Seigneur. Et maintenant il ne leur suffit pas de nous opprimer par la plus dure servitude ; mais attribuant la force de leurs bras à la puissance de leurs idoles, ils veulent anéantir vos pro-

SCÈNE V

(Toute cette scène est chantée.)
LE CHOEUR.

UNE ISRAÉLITE, *seule.*

Pleurons et gémissons, mes fidèles compagnes.
A nos sanglots donnons un libre cours.
Levons les yeux vers les saintes montagnes
D'où l'innocence attend tout son secours (1).
   O mortelles alarmes!
Tout Israël périt. Pleurez, mes tristes yeux.
   Il ne fut jamais sous les cieux
   Un si juste sujet de larmes.

TOUT LE CHOEUR.

   O mortelles alarmes!

UNE AUTRE ISRAÉLITE.

N'était-ce pas assez qu'un vainqueur odieux
De l'auguste Sion eût détruit tous les charmes,
Et traîné ses enfants captifs en mille lieux?

messes, et détruire votre héritage, fermer la bouche de ceux qui vous louent, et éteindre la gloire de votre temple et de votre autel, pour ouvrir la bouche des nations, pour faire louer la puissance de leurs idoles, et célébrer à jamais un roi de chair et de sang. Seigneur, ne livrez pas votre sceptre à ceux qui ne sont pas, de peur qu'ils ne se rient de notre ruine; mais faites tomber sur eux leurs mauvais desseins, et perdez celui qui a commencé à sévir contre nous.

» Souvenez-vous de nous, Seigneur; montrez-vous à nous dans le temps de notre affliction, et donnez-moi de l'assurance, ô Seigneur, roi des dieux et de toute puissance. Mettez en ma bouche des paroles sages et agréables, quand je serai en la présence du lion, et remplissez son cœur de haine pour notre ennemi, afin qu'il périsse lui-même avec tous ses complices. Délivrez-nous par votre puissante main, et assistez-moi, Seigneur, vous qui êtes mon unique secours, vous qui connaissez toutes choses, et qui savez que je hais la gloire des méchants, et que je déteste l'alliance des peuples étrangers. Vous savez la nécessité où je me trouve, et combien j'abhorre cet insigne superbe de ma gloire que je porte sur ma tête, aux jours où je parais dans la magnificence; que je le déteste comme un bandeau souillé, et que je ne le porte point dans les jours de mon silence; que je n'ai point mangé à la table d'Aman, ni pris plaisir au festin du roi; que je n'ai jamais bu le vin des libations, et que, depuis le temps que j'ai été amenée en ce palais jusqu'aujourd'hui, jamais votre servante ne s'est réjouie qu'en vous seul, ô Seigneur Dieu d'Abraham.

» O Dieu fort au-dessus de tous les dieux, écoutez la voix de ceux qui n'ont d'espérance qu'en vous seul; sauvez-nous de la main des méchants, et délivrez-moi de la crainte qui m'oppresse. » (*Esther*, XIV. 3-19.)

(1) « J'ai levé mes yeux vers les montagnes d'où me viendra le secours. Mon secours viendra du Dieu qui a fait le ciel et la terre. » (Ps. 121, 1-2.)

####### TOUT LE CHŒUR.

O mortelles alarmes!

####### LA MÊME ISRAÉLITE.

Faibles agneaux livrés à des loups furieux,
Nos soupirs sont nos seules armes.

####### TOUT LE CHŒUR.

O mortelles alarmes (1)!

####### UNE ISRAÉLITE.

Arrachons, déchirons tous ces vains ornements
Qui parent notre tête.

####### UNE AUTRE.

Revêtons-nous d'habillements
Conformes à l'horrible fête
Que l'impie Aman nous apprête.

####### TOUT LE CHŒUR.

Arrachons, déchirons tous ces vains ornements
Qui parent notre tête.

####### UNE ISRAÉLITE, *seule.*

Quel carnage de toutes parts (2)!
On égorge à la fois les enfants, les vieillards,
Et la sœur, et le frère,
Et la fille, et la mère,
Le fils dans les bras de son père!
Que de corps entassés! que de membres épars,
Privés de sépulture!
Grand Dieu! tes saints sont la pâture
Des tigres et des léopards (3).

####### UNE DES PLUS JEUNES ISRAÉLITES.

Hélas! si jeune encore,
Par quel crime ai-je pu mériter mon malheur?
Ma vie à peine a commencé d'éclore.
Je tomberai comme une fleur
Qui n'a vu qu'une aurore (4).

(1) Le retour plusieurs fois répété des deux rimes et de l'exclamation *ô mortelles alarmes!* ajoute beaucoup à l'effet de ces strophes touchantes.

(2) C'est l'idée générale sous la forme d'une exclamation lugubre; les vers qui suivent offrent un bel exemple d'amplification par énumération.

(3) Tableau saisissant; le carnage qui se prépare y est peint vivement et à grands traits.

(4) Cette image gracieuse est particulièrement touchante par le contraste qu'elle offre avec l'effrayante peinture des vers précédents.

ACTE I, SCÈNE V

Hélas ! si jeune encore,
Par quel crime ai-je pu mériter mon malheur (1)?

UNE AUTRE.

Des offenses d'autrui malheureuses victimes,
Que nous servent, hélas ! ces regrets superflus?
Nos pères ont péché, nos pères ne sont plus,
   Et nous portons la peine de leurs crimes (2).

TOUT LE CHOEUR.

Le Dieu que nous servons est le Dieu des combats :
   Non, non, il ne souffrira pas
   Qu'on égorge ainsi l'innocence.

UNE ISRAÉLITE, *seule.*

   Eh quoi ! dirait l'impiété,
   Où donc est-il ce Dieu si redouté
   Dont Israël nous vantait la puissance?

UNE AUTRE.

Ce Dieu jaloux, ce Dieu victorieux,
   Frémissez, peuples de la terre,
Ce Dieu jaloux, ce Dieu victorieux,
   Est le seul qui commande aux cieux.
   Ni les éclairs ni le tonnerre
   N'obéissent point à vos dieux (3).

UNE AUTRE.

   Il renverse l'audacieux.

UNE AUTRE.

Il prend l'humble sous sa défense.

TOUT LE CHOEUR.

Le Dieu que nous servons est le Dieu des combats :
   Non, non, il ne souffrira pas
   Qu'on égorge ainsi l'innocence.

---

(1) L'élégie de *La Jeune Captive* d'André Chénier n'est que le développement poétique de cette strophe de Racine.

(2) « Nos pères ont péché, et ne sont plus; et nous avons été chargés de leurs iniquités. » (*Lament.* V. 7.)

Horace disait de même aux Romains frappés pour les impiétés de leurs pères (*Od.*, III. 6) :

   Delicta majorum immeritus lues.

(3) Après les lamentations de la douleur, le réveil de l'espérance et l'hymne de la foi.

DEUX ISRAÉLITES.

O Dieu, que la gloire couronne (1),
Dieu, que la lumière environne,
Qui voles sur l'aile des vents,
Et dont le trône est porté par les anges (2)!

DEUX AUTRES DES PLUS JEUNES.

Dieu, qui veux bien que de simples enfants
Avec eux chantent tes louanges.

TOUT LE CHOEUR.

Tu vois nos pressants dangers :
Donne à ton nom la victoire;
Ne souffre point que ta gloire
Passe à des dieux étrangers.

UNE ISRAÉLITE, *seule.*

Arme-toi, viens nous défendre.
Descends, tel qu'autrefois la mer te vit descendre.
Que les méchants apprennent aujourd'hui
A craindre ta colère.
Qu'ils soient comme la poudre et la paille légère
Que le vent chasse devant lui (3).

TOUT LE CHOEUR.

Tu vois nos pressants dangers :
Donne à ton nom la victoire;
Ne souffre point que ta gloire
Passe à des dieux étrangers (4).

(1) Le chœur termine par une prière sublime, toute pleine de poésie biblique :

« Que vous êtes grand, ô mon Dieu, dans votre magnificence ! Vous vous êtes revêtu de beauté et de gloire, vous vous êtes couvert de la lumière comme d'un manteau. » (Ps. 104. 1-2.) — « Dieu a pris son vol sur les ailes des chérubins, il s'est élancé sur les ailes du vent. » (II. *Rois*, XXII, 11.)

(2) Le propitiatoire de l'arche qu'ombrageaient les ailes de deux chérubins, était appelé le trône de Dieu; Dieu y avait établi sa demeure : « Ezéchias monta au temple et ouvrit les lettres de Sennachérib devant le Seigneur, et il pria en disant : Vous qui êtes assis sur les chérubins....» (IV. *Rois*, XIX, 14-15.)

(3) « Qu'ils soient comme la poussière emportée par le vent. — Et comme la paille que le vent chasse devant lui. » (Ps. 24. 5; et 72. 12.)

(4) Le 1er acte a comblé l'attente du spectateur. Après avoir été charmé par une exposition pleine d'intérêt et de grâce, il a été frappé de terreur par l'arrivée soudaine de Mardochée et par la nouvelle de l'édit de proscription; l'éloquence entraînante du prophète l'a profondément ému, ainsi que le noble dévouement de la reine et sa touchante prière. Le chœur à deux reprises, en charmant les oreilles, a fait naître la pitié dans le cœur;

QUESTIONS

QUESTIONS SUR LE Ier ACTE.

Que représente le théâtre au 1er acte ?
Quel est le sujet du 1er acte ?
Quel est le sujet de la 1re scène ?
Par qui et comment se fait l'exposition ?
Quelles sont les différentes parties de la narration d'Esther ?
Quel en est le mérite littéraire ?
Quels sont les événements et les personnages qu'elle fait connaître ?
Quelles allusions remarque-t-on à la fin de la scène ?
Comment le chœur est-il amené ?
Quel est le sujet et le ton du 1er chœur ?
Pourquoi le chœur commence-t-il par un chant d'exil ?
Quels sont les passages de l'Ecriture spécialement imités dans ce chœur ?
Quel effet produit l'arrivée de Mardochée ?
Comment a-t-il pu parvenir jusqu'à Esther ?
Quel est son but ? Comment persuade-t-il Esther ?
Cette entrevue est-elle historique ?
Faites l'analyse du grand discours de Mardochée.
Quelle est la réponse de la reine ?
Analysez la prière d'Esther.
Montrez-en le mérite littéraire et dramatique.
Quel est le sujet du chœur qui termine le 1er acte ?
Quelles sont les strophes les plus belles ?
A quel moment du jour se passe le 1er acte ?

il a agrandi l'horizon en nous intéressant au sort de Jérusalem, du peuple de Dieu, du genre humain tout entier. Quand la toile tombe, le spectateur est dans l'anxiété la plus vive sur le sort d'Esther, et sur le succès de la démarche qu'elle va hasarder le lendemain.

ACTE SECOND

(Le théâtre représente la chambre où est le trône d'Assuérus.)

Confidence d'Aman. — Triomphe de Mardochée. — Esther devant Assuérus.

SCÈNE I
AMAN, HYDASPE.

AMAN.

Hé quoi ! lorsque le jour ne commence qu'à luire (1),
Dans ce lieu redoutable oses-tu m'introduire (2) ?

HYDASPE.

Vous savez qu'on s'en peut reposer sur ma foi,
Que ces portes, Seigneur, n'obéissent qu'à moi (3).
Venez. Partout ailleurs on pourrait nous entendre.

AMAN.

Quel est donc le secret que tu me veux apprendre (4) ?

HYDASPE.

Seigneur, de vos bienfaits mille fois honoré,
Je me souviens toujours que je vous ai juré
D'exposer à vos yeux par des avis sincères
Tout ce que ce palais renferme de mystères (5).
Le Roi d'un noir chagrin paraît enveloppé.

---

(1) Aman, arrivé de grand matin, « était entré dans l'appartement le plus proche de la chambre du roi, pour lui conseiller de faire suspendre Mardochée à la potence qu'il avait préparée. » (*Esther*, VI, 4.)

(2) Ces deux vers indiquent le lieu et le moment du jour où commence le second acte.

(3) La métaphore neuve et hardie *des portes qui obéissent* a une couleur orientale, tout à fait en rapport avec le sujet.

(4) Nous allons assister à une double confidence. Ces sortes de scènes pèchent ordinairement contre la vraisemblance et manquent de vie. Celle-ci, par l'intérêt que les deux acteurs ont à se confier leurs secrets, par l'importance de ces secrets, par la peinture de l'orgueil d'Aman et de la haine qui l'anime contre Mardochée et le peuple juif, excite vivement la curiosité et inspire la terreur : Aman vient demander la mort de Mardochée avant qu'Esther puisse implorer sa grâce ; s'il réussit, tout est perdu. Voilà ce qui fait trembler.

(5) Hydaspe est lié au ministre par la reconnaissance ; c'est ce qui rend vraisemblable l'ouverture qu'il va lui faire.

Quelque songe effrayant cette nuit l'a frappé (1).
Pendant que tout gardait un silence paisible,
Sa voix s'est fait entendre avec un cri terrible.
J'ai couru. Le désordre était dans ses discours.
Il s'est plaint d'un péril qui menaçait ses jours :
Il parlait d'ennemi, de ravisseur farouche (2);
Même le nom d'Esther est sorti de sa bouche.
Il a dans ces horreurs passé toute la nuit.
Enfin, las d'appeler un sommeil qui le fuit,
Pour écarter de lui ces images funèbres,
Il s'est fait apporter ces annales célèbres
Où les faits de son règne, avec soin amassés,
Par de fidèles mains chaque jour sont tracés.
On y conserve écrits le service et l'offense,
Monuments éternels d'amour et de vengeance.
Le Roi, que j'ai laissé plus calme dans son lit,
D'une oreille attentive écoute ce récit (3).

AMAN.

De quel temps de sa vie a-t-il choisi l'histoire?

HYDASPE.

Il revoit tous ces temps si remplis de sa gloire,
Depuis le fameux jour qu'au trône de Cyrus
Le choix du sort plaça l'heureux Assuérus (4).

(1) Ce songe est de l'invention du poète. Dans un sujet biblique, un songe de ce genre est vraisemblable et pour ainsi dire traditionnel. Le songe d'Assuérus a tous les caractères d'un songe surnaturel, envoyé par Dieu pour préparer le roi aux événements tragiques qui vont remplir cette journée. Ainsi Dieu avait envoyé des songes prophétiques au Pharaon de l'Egypte, au grand Nabuchodonosor, à Joseph, etc.

(2) Ce vers désigne le cruel ministre, qui, par l'édit arraché au roi, pourra frapper Esther jusque sur le trône.

(3) Tous ces détails sont fidèlement rapportés d'après le récit sacré. « Le roi passa cette nuit sans dormir, et se fit apporter les histoires et les annales du passé. Et comme on les lisait devant lui, on vint au passage où était écrit de quelle manière Mardochée avait découvert les desseins des officiers Bagathan et Tharès, qui avaient voulu assassiner le roi. » (Esther, VI, 1-2.)

Cet usage de consigner dans des registres les événements de chaque règne est attesté par Hérodote et Thucydide.

Le poète ménage habilement le coup de théâtre de la scène suivante, en nous montrant le roi occupé encore à entendre ce récit.

(4) Racine suppose, comme il l'a dit dans sa préface, qu'Assuérus est Darius, fils d'Hystaspe. D'après Hérodote, il arriva au trône, selon la convention faite entre les principaux seigneurs, parce que son cheval avait henni le premier au lever de l'aurore.

Cyrus le Grand, né vers l'an 599, fils de Cambyse et de Mandane, fondateur de l'empire des Perses. Roi de Perse en 560, il vainquit Crésus, roi

AMAN.

Ce songe, Hydaspe, est donc sorti de son idée?

HYDASPE.

Entre tous les devins fameux dans la Chaldée (1),
Il a fait assembler ceux qui savent le mieux
Lire en un songe obscur les volontés des cieux.
Mais quel trouble vous-même aujourd'hui vous agite?
Votre âme, en m'écoutant, paraît tout interdite.
L'heureux Aman a-t-il quelques secrets ennuis?

AMAN.

Peux-tu le demander dans la place où je suis,
Haï, craint, envié, souvent plus misérable
Que tous les malheureux que mon pouvoir accable (2)?

HYDASPE.

Hé! qui jamais du ciel eut des regards plus doux?
Vous voyez l'univers prosterné devant vous.

AMAN.

L'univers! Tous les jours un homme... un vil esclave,
D'un front audacieux me dédaigne et me brave (3).

HYDASPE.

Quel est cet ennemi de l'Etat et du roi?

AMAN.

Le nom de Mardochée est-il connu de toi?

de Lydie (548), s'empara de Babylone (538), réunit la Médie à la Perse (536),
et périt, dit-on, dans une expédition contre les Scythes (529). Son fils
Cambyse lui succéda (529-522); le mage Smerdis, qui prit sa place, fut tué
après quelques mois de règne (521).

(1) La Chaldée, la partie S.-O. de la Babylonie, ou la Babylonie ancienne,
entre la rive droite de l'Euphrate et le désert d'Arabie. Les Chaldéens étaient
célèbres de toute antiquité par leurs connaissances astronomiques et leurs études
astrologiques. Les devins faisaient surtout profession d'interpréter les songes;
les rois de l'Orient les consultaient sans cesse, comme on le voit par l'histoire des songes de Pharaon interprétés, à leur défaut, par Joseph, de ceux
de Nabuchodonosor interprétés par Daniel, enfin de la fameuse vision du roi
Balthazar expliquée par le même prophète.

(2) Cette peinture du trouble d'Aman et des tourments qui déchirent son
âme, est aussi dramatique que morale. On voit en lui un de ces parvenus orgueilleux et cruels, objet perpétuel de l'envie, de la haine et de l'exécration
des peuples qu'ils oppriment.

(3) Magnifique contraste ; le poète le fait bien ressortir par l'exclamation
d'Aman et la figure de correction qui oppose au tout-puissant ministre, non
pas un homme, mais un vil esclave.

ACTE II, SCÈNE I

HYDASPE.

Qui? ce chef d'une race abominable, impie (1)?

AMAN.

Oui, lui-même.

HYDASPE.

Hé! Seigneur! d'une si belle vie
Un si faible ennemi peut-il troubler la paix?

AMAN.

L'insolent devant moi ne se courba jamais (2).
En vain de la faveur du plus grand des monarques
Tout révère à genoux les glorieuses marques;
Lorsque d'un saint respect tous les Persans touchés
N'osent lever leurs fronts à la terre attachés,
Lui, fièrement assis, et la tête immobile (3),
Traite tous ces honneurs d'impiété servile,

(1) Le dialogue est parfaitement mené ; c'est par degrés et de la manière la plus naturelle qu'Aman est amené à découvrir les secrets intimes de son cœur; sa haine pour Mardochée et ses projets de vengeance.
Pour donner de l'importance à Mardochée, le poëte fait de lui le chef des Juifs : il était certainement l'un des principaux de la capitale.

(2) « Le seul Mardochée ne fléchissait pas le genou et ne l'adorait point. » (*Esther*, III, 2.) Ce n'était point par mépris, par orgueil ou par rébellion, mais par principe de religion que Mardochée avait refusé de fléchir le genou devant Aman. Mardochée le disait à Dieu dans sa prière : « Vous savez tout et n'ignorez pas que, lorsque je n'ai pas adoré le superbe Aman, ce n'est ni par orgueil, ni par mépris, ni par quelque désir de gloire ; car j'aurais volontiers, pour le salut d'Israël, baisé les traces de ses pieds. Mais j'ai craint de transporter à un homme l'honneur de mon Dieu. » (*Esther*, XIII. 12-13.)
Les Orientaux attachaient une très grande importance à la prostration : les rois l'exigeaient comme la marque du respect dû aux représentants de la Divinité. « Quand Thémistocle, dit Rollin, fut arrivé à la cour de Perse, il s'adressa au capitaine des gardes, et lui dit qu'il était Grec de nation, et qu'il venait pour parler au roi d'affaires importantes qui regardaient son service. L'officier l'avertit d'une cérémonie dont il savait que quelques Grecs étaient blessés, mais qui était absolument nécessaire pour parler au prince en personne : c'était de se prosterner profondément devant lui. Car, dit-il, notre loi nous ordonne d'honorer ainsi le roi et de l'adorer comme l'image vivante du Dieu immortel qui entretient et conserve toutes choses. Thémistocle y consentit. » (*Hist. anc.*, t. III.)
Par ordre d'Assuérus, tous les Persans rendaient le même hommage à son ministre. Mardochée, habitué par sa loi à ne se prosterner que devant Dieu, et jugeant criminel d'adorer un homme, fut seul à ne pas suivre l'exemple général. Aman en fut d'autant plus furieux.

(3) Cette période offre le contraste frappant d'une foule servilement prosternée devant le fier ministre, et du seul Mardochée restant debout comme pour le braver.

Présente à mes regards un front séditieux,
Et ne daignerait pas au moins baisser les yeux.
Du palais cependant il assiège la porte (1) :
A quelque heure que j'entre, Hydaspe, ou que je sorte,
Son visage odieux m'afflige et me poursuit ;
Et mon esprit troublé le voit encor la nuit.
Ce matin j'ai voulu devancer la lumière :
*Je l'ai trouvé couvert d'une affreuse poussière,
Revêtu de lambeaux, tout pâle. Mais son œil* (2)
Conservait sous la cendre encor le même orgueil.
D'où lui vient, cher ami, cette impudente audace?
Toi, qui dans ce palais vois tout ce qui se passe,
Crois-tu que quelque voix ose parler pour lui?
Sur quel roseau fragile a-t-il mis son appui (3)?

HYDASPE.

Seigneur, vous le savez, son avis salutaire
Découvrit de Tharès le complot sanguinaire.
Le roi promit alors de le récompenser.
Le roi, depuis ce temps, paraît n'y plus penser.

AMAN.

Non, il faut à tes yeux dépouiller l'artifice (4).
J'ai su de mon destin corriger l'injustice.
Dans les mains des Persans jeune enfant apporté,
Je gouverne l'empire où je fus acheté (5).
Mes richesses des rois égalent l'opulence.
Environné d'enfants, soutiens de ma puissance,
Il ne manque à mon front que le bandeau royal.
Cependant, des mortels aveuglement fatal!
De cet amas d'honneurs la douceur passagère

(1) Mardochée, on l'a vu plus haut, ne quittait pas la porte du palais à cause d'Esther, dont il suivait attentivement la fortune.

(2) Rien de plus expressif que *cet œil toujours orgueilleux* jusque sous la cendre et les haillons. Le poète a donné un relief admirable à l'antithèse, en plaçant le mot *œil* après la coupe hardie des mots *tout pâle*, et à la fin du vers, comme sujet du vers suivant.

(3) Belle image. Aman est intéressé à savoir si Mardochée a des appuis qui pourraient le soustraire à sa vengeance.

(4) Ce vers présente un exemple de l'illusion dramatique nécessaire pour bien peindre les passions. Aman est tellement absorbé par sa haine, qu'il laisse sa première idée et ne répond même pas à ce que vient de lui dire Hydaspe.

(5) Ce vers, dans son énergique concision, fait bien ressortir le contraste de la condition première d'Aman avec sa brillante fortune d'aujourd'hui. D'esclave acheté sur les marchés publics, il est devenu le roi réel de l'Asie. L'Écriture n'indique pas ce trait.

Fait sur mon cœur à peine une atteinte légère ;
Mais Mardochée, assis aux portes du palais,
Dans ce cœur malheureux enfonce mille traits ;
Et toute ma grandeur me devient insipide,
Tandis que le soleil éclaire ce perfide (1).

HYDASPE.

Vous serez de sa vue affranchi dans dix jours :
La nation entière est promise aux vautours (2).

AMAN.

Ah ! que ce temps est long à mon impatience !
C'est lui, je te veux bien confier ma vengeance (3),
C'est lui qui, devant moi refusant de ployer,
Les a livrés au bras qui les va foudroyer (4).
C'était trop peu pour moi d'une telle victime :
La vengeance trop faible attire un second crime.
Un homme tel qu'Aman, lorsqu'on l'ose irriter,
Dans sa juste fureur ne peut trop éclater.
Il faut des châtiments dont l'univers frémisse ;
Qu'on tremble en comparant l'offense et le supplice ;
Que les peuples entiers dans le sang soient noyés.
Je veux qu'on dise un jour aux siècles effrayés :
« Il fut des Juifs, il fut une insolente race ;
Répandus sur la terre, ils en couvraient la face ;

---

(1) C'est un effet déplorable de l'orgueil : un cœur possédé de cette passion s'irrite de la moindre résistance, de l'apparence même d'un dédain ou d'une opposition ; tout lui devient amer et odieux si l'univers ne plie devant lui. C'est ce que le récit sacré fait bien ressortir : « Ce jour-là, Aman sortit plein de joie du palais, et lorsqu'il eut vu Mardochée assis devant la porte du palais, et que non seulement il ne s'était pas levé devant lui, mais qu'il ne s'était même pas détourné du lieu où il était, il fut transporté de fureur. Et dissimulant sa colère, de retour dans son palais, il fit venir ses amis et Zarès sa femme. Il étala à leurs yeux ses immenses richesses, le nombre considérable de ses enfants, et cette gloire où le roi l'avait élevé au-dessus de tous les princes de l'empire. Et il ajouta : La reine Esther n'a invité que moi au festin du roi, et demain je dois encore dîner chez elle avec le roi. Et quoique j'aie tous ces biens, je crois ne rien avoir tant que je verrai le Juif Mardochée assis devant la porte du palais du roi. » (*Esther*, V. 9-13.)

(2) *Promise aux vautours* : expression de la plus singulière énergie. Chez les anciens, les cadavres des suppliciés restaient exposés à la voracité des bêtes sauvages et des oiseaux de proie.

(3) *Te confier*, c'est-à-dire te faire la confidence de ma vengeance.

(4) La fureur d'Aman prend des proportions gigantesques : c'est le caractère de l'orgueil blessé ; pour se venger d'un dédain, il détruirait le genre humain. Que de guerres allumées pour un froissement d'amour-propre ! que de vengeances atroces pour une vaine satisfaction de l'orgueil ! L'histoire en est pleine.

*Un seul osa d'Aman attirer le courroux,
Aussitôt de la terre ils disparurent tous* (1). »

HYDASPE.

Ce n'est donc pas, Seigneur, le sang amalécite
Dont la voix à les perdre en secret vous excite?

AMAN.

Je sais que descendu de ce sang malheureux,
Une éternelle haine a dû m'armer contre eux ;
Qu'ils firent d'Amalec un indigne carnage;
Que jusqu'aux vils troupeaux, tout éprouva leur rage;
Qu'un déplorable reste à peine fut sauvé.
Mais, crois-moi, dans le rang où je suis élevé,
Mon âme, à ma grandeur tout entière attachée,
Des intérêts du sang est faiblement touchée (2).
Mardochée est coupable; et que faut-il de plus?
Je prévins donc contre eux l'esprit d'Assuérus:
*J'inventai des couleurs; j'armai la calomnie;
J'intéressai sa gloire; il trembla pour sa vie* (3).
Je les peignis puissants, riches (4), séditieux;
Leur Dieu même ennemi de tous les autres dieux.
« Jusqu'à quand souffre-t-on que ce peuple respire,
Et d'un culte profane infecte votre empire?
Etrangers dans la Perse, à nos lois opposés,
Du reste des humains ils semblent divisés,
N'aspirent qu'à troubler le repos où nous sommes,
Et détestés partout, détestent tous les hommes.
Prévenez, punissez leurs insolents efforts ;
De leur dépouille enfin grossissez vos trésors. »

(1) Une énergie terrible règne dans ces vers. On n'en trouve guère de plus vigoureux dans les tragédies profanes de Racine, et même dans Corneille.

(2) Une vengeance patriotique est trop noble pour un caractère aussi vil: sa vengeance est toute personnelle ; elle lui paraît plus douce à savourer, et plus glorieuse par l'éclat qu'elle donnera à sa puissance : « Aman fut très irrité de ce que Mardochée ne l'adorait point; il compta pour rien de se venger du seul Mardochée; car il avait appris qu'il était Juif, et il aima mieux perdre tous les Juifs qui étaient dans l'empire. » (*Esther*, III, 5-6.)

(3) Toutes les habiletés perfides, toutes les insinuations calomnieuses, toutes les intrigues auxquelles un ministre sans cœur et sans conscience peut recourir pour tromper un prince faible et crédule, sont exposées dans ce discours d'Aman. — *Des couleurs*, c.-à-d. des raisons apparentes.

(4) Les Juifs dans l'exil, ayant perdu leurs propriétés et leurs terres, avaient dû de préférence se livrer au commerce : leurs richesses s'étaient rapidement accrues. Aman, comme tant d'autres après lui, n'eut rien de plus pressé que de faire briller aux yeux du roi l'or qui allait affluer dans ses trésors.

Je dis, et l'on me crut (1). Le roi, dès l'heure même,
Mit dans ma main le sceau de son pouvoir suprême :
« Assure, me dit-il, le repos de ton roi ;
Va, perds ces malheureux : leur dépouille est à toi (2). »
Toute la nation fut ainsi condamnée.
Du carnage avec lui je réglai la journée.
Mais de ce traître enfin le trépas différé
Fait trop souffrir mon cœur de son sang altéré.
Un je ne sais quel trouble empoisonne ma joie.
Pourquoi dix jours encor faut-il que je le voie ?

HYDASPE.

Et ne pouvez-vous pas d'un mot l'exterminer ?
Dites au roi, Seigneur, de vous l'abandonner.

AMAN.

Je viens pour épier le moment favorable.
Tu connais, comme moi, ce prince inexorable.
Tu sais combien terrible en ses soudains transports (3),
De nos desseins souvent il rompt tous les ressorts.
Mais à me tourmenter ma crainte est trop subtile :
Mardochée à ses yeux est une âme trop vile.

---

(1) Ce tableau, si vrai, si animé, est fidèlement copié d'après le livre d'*Esther*. « Or Aman dit au roi : Un peuple est dispersé dans toutes les provinces de votre empire ; ses membres sont isolés les uns des autres ; ils suivent des lois étrangères, un culte différent du vôtre ; ils méprisent les décrets du roi. Vous savez fort bien qu'il importe à votre royaume que la licence ne rende pas ce peuple insolent. Commandez, s'il vous plaît, qu'il périsse, et j'apporterai à votre trésor dix mille talents, » c'est-à-dire plus de 20 millions.
« Alors le roi tira de son doigt l'anneau qui servait à sceller les édits, pour le donner à Aman, et il lui dit : Que l'argent que tu me promets soit pour toi ; fais de ce peuple ce qui te plaira. Et les secrétaires du roi rédigèrent aussitôt l'édit dans toutes les langues de l'empire, et les lettres scellées de l'anneau royal furent envoyées par les courriers du roi dans toutes les provinces. » (*Esther*, III, 8-13.)

(2) Le passage brusque au discours direct, comme si le roi était présent, indique dans Aman une animation extraordinaire.
Le décret avait enregistré ces calomnies, pour les répandre officiellement dans tout l'empire et justifier le carnage ; on y lisait : « Aman, placé par sa sagesse et par sa fidélité à la tête de mon conseil, et le second après le roi, nous a appris qu'il y a un peuple dispersé sur toute la surface de la terre, soumis à des lois étrangères, en opposition avec les coutumes des autres nations, qui méprise les édits du roi, et trouble par sa rébellion la concorde et la paix au milieu de tous les peuples du monde. Informé de ces faits, et voyant une seule race en guerre avec le genre humain... nous avons ordonné que.... » Suit l'arrêt de mort cité plus haut, p. 454. — Tacite trace à peu près le même portrait des Juifs. (*Hist.* V. 8-13.)

(3) Le poète ajoute un nouveau trait au caractère d'Assuérus : l'impétuosité de ses transports.

HYDASPE.

Que tardez-vous ? Allez, et faites promptement
Elever de sa mort le honteux instrument (1).

AMAN.

J'entends du bruit; je sors. Toi, si le roi m'appelle....

HYDASPE.

Il suffit.

SCÈNE II
ASSUÉRUS, HYDASPE, ASAPH, SUITE D'ASSUÉRUS.

ASSUÉRUS.

Ainsi donc', sans cet avis fidèle,
Deux traîtres dans son lit assassinaient leur roi (2)?
Qu'on me laisse, et qu'Asaph seul demeure avec moi.

SCÈNE III
ASSUÉRUS, ASAPH.

ASSUÉRUS, *assis sur son trône.*

Je veux bien l'avouer : de ce couple perfide
J'avais presque oublié l'attentat parricide ;
Et j'ai pâli deux fois au terrible récit
Qui vient d'en retracer l'image à mon esprit.
Je vois de quel succès leur fureur fut suivie (3),
Et que dans les tourments ils laissèrent la vie.
Mais ce sujet zélé qui, d'un œil si subtil,

---

(1) Racine met dans la bouche d'Hydaspe le conseil de Zarès. « Or, Zarès et ses amis lui dirent : Faites dresser une croix fort élevée et demandez demain matin au roi qu'on y suspende Mardochée, et vous irez plein de joie au festin du roi. Et ce conseil lui plut, et il ordonna qu'on préparât cette croix. » (*Esther*, V. 14.)

(2) Assuérus entre dans la salle du trône l'esprit tout occupé du complot qui a failli lui coûter la vie. Voici le récit de l'Ecriture : « Or dans le temps où Mardochée était à la porte du roi, Bagatha et Thara, officiers du roi qui veillaient à la première entrée du palais, ayant conçu de la haine contre le roi, conspirèrent ensemble et voulurent le tuer. Mais Mardochée, ayant compris leurs desseins, et reconnu par une grande vigilance ce qu'ils tramaient, l'annonça aussitôt à la reine Esther, et celle-ci en avertit le roi au nom de Mardochée dont elle avait reçu l'avis. Les recherches faites, et le complot reconnu, le roi commanda qu'on les jugeât, et après qu'ils eurent confessé leur crime, il les envoya au supplice. Le roi fit écrire dans les annales de l'empire ce qui s'était passé, et Mardochée l'écrivit pour en conserver la mémoire. Le roi lui commanda de demeurer dans son palais. »

(3) *Succès*, au XVIIᵉ siècle, signifiait en général *issue*, résultat bon ou mauvais.

Sut de leur noir complot développer le fil (1),
Qui me montra sur moi leur main déjà levée,
Enfin par qui la Perse avec moi fut sauvée,
Quel honneur pour sa foi, quel prix a-t-il reçu?

ASAPH.

On lui promit beaucoup : c'est tout ce que j'ai su.

ASSUÉRUS.

O d'un si grand service oubli trop condamnable!
Des embarras du trône effet inévitable!
De soins tumultueux un prince environné
Vers de nouveaux objets est sans cesse entraîné;
*L'avenir l'inquiète, et le présent le frappe;
Mais, plus prompt que l'éclair, le passé nous échappe* (2);
Et de tant de mortels, à toute heure empressés
A nous faire valoir leurs soins intéressés,
Il ne s'en trouve point qui, touchés d'un vrai zèle,
Prennent à notre gloire un intérêt fidèle,
Du mérite oublié nous fassent souvenir,
Trop prompts à nous parler de ce qu'il faut punir!
Ah! que plutôt l'injure échappe à ma vengeance,
Qu'un si rare bienfait à ma reconnaissance (3)!
Et qui voudrait jamais s'exposer pour son roi?
Ce mortel qui montra tant de zèle pour moi
Vit-il encore?

ASAPH.

Il voit l'astre qui vous éclaire.

ASSUÉRUS.

Et que n'a-t-il plus tôt demandé son salaire?
Quel pays reculé le cache à mes bienfaits?

ASAPH.

Assis le plus souvent aux portes du palais,
Sans se plaindre de vous, ni de sa destinée,

(1) *Développer*, c'est-à-dire dérouler; Racine dit dans *Phèdre* (acte II,
sc. 5) à propos du labyrinthe :

Malgré tous les détours de sa vaste retraite,
Pour en *développer* l'embarras incertain....

(2) Ces deux vers sont remarquables par la concision, la justesse et l'élégance des expressions.

(3) Ces nobles sentiments sont vraiment dignes d'un roi. Ils nous montrent dans Assuérus un prince juste et bienfaisant, pressé de réparer le plus tôt qu'il peut, l'oubli d'un bienfait, et qui ne fait le mal que parce qu'on le lui présente sous l'apparence du bien.

Il y traîne, Seigneur, sa vie infortunée (1).

ASSUÉRUS.

Et je dois d'autant moins oublier la vertu,
Qu'elle-même s'oublie. Il se nomme, dis-tu?

ASAPH.

Mardochée est le nom que je viens de vous lire.

ASSUÉRUS.

Et son pays?

ASAPH.

Seigneur, puisqu'il faut vous le dire,
C'est un de ces captifs à périr destinés,
Des rives du Jourdain sur l'Euphrate amenés (2).

ASSUÉRUS.

Il est donc Juif? O ciel! sur le point que la vie
Par mes propres sujets m'allait être ravie,
Un Juif rend par ses soins leurs efforts impuissants?
Un Juif m'a préservé du glaive des Persans?
Mais puisqu'il m'a sauvé, quel qu'il soit, il n'importe (3).
Holà! quelqu'un.

SCÈNE IV

ASSUÉRUS, HYDASPE, ASAPH.

HYDASPE.

Seigneur.

ASSUÉRUS.

Regarde à cette porte.
Vois s'il s'offre à tes yeux quelque grand de ma cour.

HYDASPE.

Aman à votre porte a devancé le jour.

---

(1) Asaph, qui ne partage pas les préventions et la haine d'Aman, loin d'accabler Mardochée, le peint au roi sous des couleurs favorables. Sa résignation soumise et son infortune sont propres à toucher Assuérus, et à rendre plus vif son désir de le récompenser. — La qualification toute moderne de *Seigneur* était, au XVIIe siècle, consacrée par l'usage. Corneille et Racine l'ont employée dans leurs pièces grecques et romaines.

(2) Asaph n'ose prononcer le nom de juif, abhorré par Assuérus : la périphrase ici était nécessaire.

(3) La stupeur du roi est naturelle ; après la peinture qu'Aman lui avait faite des Juifs, il a de la peine à concevoir qu'un de ces malheureux lui ait sauvé la vie : sa générosité n'en éclate que davantage dans cette belle parole : *mais puisqu'il m'a sauvé, quel qu'il soit, il n'importe.*

ASSUÉRUS.
Qu'il entre. Ses avis m'éclaireront peut-être (1).

SCÈNE V
ASSUÉRUS, AMAN, HYDASPE, ASAPH.

ASSUÉRUS.
Approche, heureux appui du trône de ton maître,
Ame de mes conseils, et qui seul tant de fois
Du sceptre dans ma main as soulagé le poids.
Un reproche secret embarrasse mon âme.
Je sais combien est pur le zèle qui t'enflamme :
Le mensonge jamais n'entra dans tes discours,
Et mon intérêt seul est le but où tu cours (2).
Dis-moi donc : que doit faire un prince magnanime
Qui veut combler d'honneurs un sujet qu'il estime?
Par quel gage éclatant et digne d'un grand roi,
Puis-je récompenser le mérite et la foi?
Ne donne point de borne à ma reconnaissance :
Mesure tes conseils sur ma vaste puissance.

AMAN, *tout bas.*
C'est pour toi-même, Aman, que tu vas prononcer;
Et quel autre que toi peut-on récompenser (3)?

(1) La conception de ces scènes est extrêmement habile et tragique : c'est avec une vive curiosité que l'on voit entrer Aman, au moment où le roi songe à récompenser ce même Mardochée dont il venait demander la mort. Du reste, le mérite dramatique de la situation appartient tout d'abord à l'historien sacré. Racine n'a fait que mettre son récit en discours direct, en produisant les deux personnages sur la scène. « Le roi dit : Quel honneur et quelle récompense Mardochée a-t-il reçue pour sa fidélité? Ses serviteurs et ses officiers lui dirent : Il n'a reçu aucune récompense. Et aussitôt le roi dit : Qui est là dans le vestibule? Or, Aman était entré dans l'appartement le plus proche de la chambre du roi, pour lui conseiller de faire attacher Mardochée à la potence qu'il avait préparée. Les serviteurs répondirent : Aman est dans le vestibule. Le roi dit : Qu'il entre. » (*Esther*, VI, 4-5.)

(2) Cet exorde si flatteur pour Aman est bien propre à éblouir son orgueil; il montre aussi à quel point l'imprudent Assuérus s'était abandonné à ce scélérat.

(3) Le spectateur, toujours heureux de l'humiliation des méchants, jouit de voir l'orgueilleux Aman se jeter au-devant de la confusion la plus étrange, en servant au triomphe de l'homme qu'il hait le plus sur la terre.

« Lorsqu'Aman fut entré, le roi lui dit : Que doit-on faire à un homme que le roi désire honorer? — Aman, réfléchissant en lui-même, et s'imaginant que le roi ne voulait pas honorer un autre que lui, répondit : L'homme que le roi veut honorer, doit être couvert des vêtements royaux, et placé sur un cheval que le roi a coutume de monter, ayant sur la tête le diadème royal ; et le premier des princes et des grands de la cour conduira son cheval, et marchant devant lui il criera sur la place de la ville : Ainsi sera honoré celui que le roi veut honorer. » (*Esther*, 5-9.)

ASSUÉRUS.

Que penses-tu ?

AMAN.

Seigneur, je cherche, j'envisage
Des monarques persans la conduite et l'usage.
Mais à mes yeux en vain je les rappelle tous :
Pour vous régler sur eux, que sont-ils près de vous?
Votre règne aux neveux doit servir de modèle (1).
Vous voulez d'un sujet reconnaître le zèle,
L'honneur seul peut flatter un esprit généreux.
Je voudrais donc, Seigneur, que ce mortel heureux,
De la pourpre aujourd'hui paré comme vous-même,
Et portant sur le front le sacré diadème,
Sur un de vos coursiers pompeusement orné,
Aux yeux de vos sujets dans Suse fût mené (2);
Que, pour comble de gloire et de magnificence,
Un Seigneur éminent en richesse, en puissance,
Enfin de votre empire après vous le premier,
Par la bride guidât son superbe coursier;
Et lui-même, marchant en habits magnifiques,
Criât à haute voix dans les places publiques :
« Mortels, prosternez-vous : c'est ainsi que le Roi
Honore le mérite et couronne la foi (3). »

ASSUÉRUS.

Je vois que la sagesse elle-même t'inspire.
Avec mes volontés ton sentiment conspire.
Va, ne perds point de temps. Ce que tu m'as dicté,
Je veux de point en point qu'il soit exécuté.
La vertu dans l'oubli ne sera plus cachée.
Aux portes du palais prends le Juif Mardochée :

(1) *Neveux*, c'est-à-dire *descendants*, comme *nepotes* en latin :
  Insere, Daphni, pyros : carpent tua poma nepotes. (VIRG. *Egl.* I.)
La Fontaine a dit dans le même sens (*Fables*, XI, 8) :
  Mes *arrière-neveux* me devront cet ombrage.

(2) D'après Plutarque (*Vie de Thémistocle*), Démarate aurait demandé au roi Artaxerxès un triomphe de ce genre. Ce prince ayant invité ce Lacédémonien qu'il avait reçu dans son empire, à lui demander une faveur exceptionnelle, Démarate le pria de lui permettre de faire à cheval une entrée solennelle dans la ville de Sardes, le front orné du diadème royal. Artaxerxès fut blessé d'une demande aussi ambitieuse; il la pardonna cependant à Démarate, à la sollicitation de Thémistocle. Cette requête prouve au moins qu'un appareil triomphal de ce genre n'était pas contraire aux mœurs du pays.

(3) Cette longue phrase, composée de treize vers, est un modèle de style périodique; elle est ample, harmonieuse, coupée avec art et parfaitement cadencée.

C'est lui que je prétends honorer aujourd'hui.
Ordonne son triomphe, et marche devant lui.
Que Suse par ta voix de son nom retentisse,
Et fais à son aspect que tout genou fléchisse.
Sortez tous.

AMAN.

Dieux (1) !

SCÈNE VI

ASSUÉRUS.

Le prix est sans doute inouï :
Jamais d'un tel honneur un sujet n'a joui.
Mais plus la récompense est grande et glorieuse,
Plus même de ce Juif la race est odieuse,
Plus j'assure ma vie, et montre avec éclat
Combien Assuérus redoute d'être ingrat.
On verra l'innocent discerné du coupable.
Je n'en perdrai pas moins ce peuple abominable (2).
Leurs crimes....

SCÈNE VII

ASSUÉRUS, ESTHER, ÉLISE, THAMAR, PARTIE DU CHOEUR.

(*Esther entre, s'appuyant sur Elise ; quatre Israélites soutiennent sa robe.*)

ASSUÉRUS.

Sans mon ordre on porte ici ses pas ?
Quel mortel insolent vient chercher le trépas ?
Gardes... C'est vous, Esther ? quoi ! sans être attendue (3) ?

(1) L'orgueilleux qui s'élève, sera humilié, dit N.-S. (Luc, XVIII. 14.) « Il n'y a point d'exemple, dit La Harpe, dans aucune histoire, d'un orgueil plus profondément humilié. » C'est une véritable péripétie. Aman, qui tout à l'heure était si fier et paraissait si assuré de sa vengeance, en est éloigné plus que jamais : il sert même de héraut au triomphe de son ennemi. « Ceux qui disent qu'il n'y a rien de théâtral dans *Esther* pourraient-ils montrer dans les tragédies qu'ils vantent le plus, quelque coup de théâtre plus frappant que celui de la surprise d'Aman, ou plutôt du coup de foudre qui tombe sur lui au moment où il s'y attend le moins ? » (GEOFFROY.)

(2) Assuérus distingue Mardochée de son peuple : en honorant l'homme qui lui a sauvé la vie, il n'en perdra pas moins une race qu'il déteste. Le poète a soin de lui faire exprimer ces sentiments, de peur que le spectateur ne se figure que tout danger a disparu pour les Juifs ; ce danger fait le grand intérêt du drame.

(3) Cette entrée d'Esther est un nouveau coup de théâtre : l'étonnement, la colère du roi font craindre quelque éclat tragique ; c'est un des moments les plus pathétiques de la pièce. Le spectateur éprouve la plus vive émotion en voyant l'héroïne, à laquelle il s'intéresse tant, se jeter entre les mains d'un roi aussi violent que superbe.

ESTHER.

Mes filles, soutenez votre Reine éperdue;
Je me meurs (1).

(*Elle tombe évanouie.*)

ASSUÉRUS.

Dieux puissants! quelle étrange pâleur
De son teint tout à coup efface la couleur?
Esther, que craignez-vous? suis-je pas votre frère?
Est-ce pour vous qu'est fait un ordre si sévère?
Vivez, le sceptre d'or, que vous tend cette main,
Pour vous de ma clémence est un gage certain (2).

ESTHER.

Quelle voix salutaire ordonne que je vive,
Et rappelle en mon sein mon âme fugitive?

ASSUÉRUS.

Ne connaissez-vous pas la voix de votre époux?
Encore un coup, vivez, et revenez à vous.

ESTHER.

Seigneur, je n'ai jamais contemplé qu'avec crainte

---

(1) Cet évanouissement, très naturel dans une situation aussi critique, ajoute à la terreur et à la pitié. Le fait d'ailleurs est raconté par l'Écriture.

« Or, le 3ᵉ jour, Esther se para de ses plus riches vêtements et s'entoura de tout l'éclat de la majesté royale. Et après qu'elle eut invoqué le Dieu qui conduit tout et qui sauve, elle prit avec elle deux de ses suivantes; elle s'appuyait sur l'une d'elles, parce qu'elle ne pouvait se soutenir à cause de son extrême faiblesse, et l'autre suivait en soutenant son manteau royal. Son visage était rayonnant de beauté, ses yeux brillaient d'un éclat plein de charmes, elle cachait la tristesse de son cœur et les angoisses qui l'agitaient. Ayant donc franchi toutes les portes, elle se présenta dans l'appartement du roi.... Assuérus était sur son trône; il portait des vêtements magnifiques, couverts de pierreries étincelantes, et son aspect était terrible. Et lorsqu'il eut levé la tête, et montré sa fureur dans la flamme de son regard, la reine s'affaissa; la pâleur couvrit son visage, et elle laissa tomber sa tête sur la jeune fille qui la soutenait. » (*Esther*, XV, 4-10.)

Racine avait déjà employé ce moyen dramatique dans *Bajazet*, lorsque la féroce Roxane annonce à Atalide le parti qu'elle a pris d'immoler le jeune prince.

(2) « Et Dieu changea l'esprit du roi, la douceur prit la place de la colère, et aussitôt il s'élança tout effrayé de son trône, et soutenant la reine dans ses bras jusqu'à ce qu'elle revint à elle, il lui disait les paroles les plus tendres : Qu'avez-vous, Esther ? *Je suis votre frère*, soyez sans crainte. Vous ne mourrez pas : car cette loi n'a pas été faite pour vous, mais pour tous les autres. Approchez-vous donc, et touchez ce sceptre. Et comme elle gardait le silence, il prit son sceptre d'or, et le lui posant sur la tête, il l'embrassa en lui disant : Pourquoi ne me parlez-vous pas ? (*Ib.*, 11-15.)

ACTE II, SCÈNE VII

L'auguste majesté sur votre front empreinte (1) :
Jugez combien ce front irrité contre moi
Dans mon âme troublée a dû jeter d'effroi.
Sur ce trône sacré, qu'environne la foudre,
J'ai cru vous voir tout prêt à me réduire en poudre.
Hélas ! sans frissonner, quel cœur audacieux
Soutiendrait les éclairs qui partaient de vos yeux ?
Ainsi du Dieu vivant la colère étincelle... (2).

ASSUÉRUS.

O soleil ! ô flambeau de lumière immortelle (3) !
Je me trouble moi-même, et sans frémissement
Je ne puis voir sa peine et son saisissement.
Calmez, Reine, calmez la frayeur qui vous presse.
Du cœur d'Assuérus souveraine maîtresse,
Eprouvez seulement son ardente amitié.
Faut-il de mes Etats vous donner la moitié (4)?

ESTHER.

Hé ! se peut-il qu'un roi craint de la terre entière,
Devant qui tout fléchit et baise la poussière,
Jette sur son esclave un regard si serein,
Et m'offre sur son cœur un pouvoir souverain?

ASSUÉRUS.

Croyez-moi, chère Esther, ce sceptre, cet empire,
Et ces profonds respects que la terreur inspire,
A leur pompeux éclat mêlent peu de douceur,
Et fatiguent souvent leur triste possesseur (5).

(1) « Esther répondit : Je vous ai vu, Seigneur, comme l'ange de Dieu, et mon cœur s'est troublé à l'éclat terrible de votre gloire. Car elle est admirable, ô Seigneur, la majesté de votre front, et votre visage est plein de grâce. Et lorsqu'elle eut ainsi parlé, elle s'affaissa de nouveau, et faillit s'évanouir. Le roi était dans un trouble profond, et tous ses officiers cherchaient à rassurer la reine. » (*Ib.*, 16-19.)

(2) Ces paroles d'Esther sont empreintes d'une gravité majestueuse et d'un saint effroi ; les images les plus sublimes s'y succèdent pour rendre son saisissement à l'aspect du redoutable monarque.
La colère étincelle, métaphore hardie et poétique : « Votre colère, dit le Psalmiste en parlant à Dieu, s'enflammera comme le feu. » (Ps. 88, 85.)
Virgile a dit de même : « *ignescunt iræ*, la colère étincelle. » (*En.* IX, 66.)

(3) Cette exclamation est naturelle dans la bouche d'un roi qui adorait le soleil.

(4) « Esther, s'approchant, baisa l'extrémité de son sceptre, et le roi lui dit : Que voulez-vous, ô reine ? ô Esther, que demandez-vous ? Quand vous me demanderiez la moitié de mon empire, je vous la donnerais. » (*Ib.*, V, 2-5.)

(5) Le développement si pathétique de cette scène appartient tout entier à Racine. C'est dans ces magnifiques discours d'Esther et d'Assuérus, à peine

Je ne trouve qu'en vous je ne sais quelle grâce
Qui me charme toujours et jamais ne me lasse.
De l'aimable vertu doux et puissants attraits!
Tout respire en Esther l'innocence et la paix.
Du chagrin le plus noir elle écarte les ombres,
Et fait des jours sereins de mes jours les plus sombres (1).
Que dis-je? sur ce trône assis auprès de vous,
Des astres ennemis j'en crains moins le courroux (2),
Et crois que votre front prête à mon diadème
Un éclat qui le rend respectable aux dieux même (3).
Osez donc me répondre, et ne me cachez pas
Quel sujet important conduit ici vos pas.
Quel intérêt, quels soins vous agitent, vous pressent?
Je vois qu'en m'écoutant vos yeux au ciel s'adressent.
Parlez : de vos désirs le succès est certain,
Si ce succès dépend d'une mortelle main.

ESTHER.

O bonté qui m'assure autant qu'elle m'honore (4) !

indiqués dans l'Ecriture, qu'on peut admirer la fécondité de son génie et la magie de son style.

(1) Quelle noblesse de langage ! quelle grâce en même temps, et quel respect ! « On est surpris de voir dans cette pièce cette manière toute nouvelle de parler d'amour, que le poète qu'on a surnommé le *tendre* met dans la bouche d'un de ces rois si fiers, qui regardaient tous les mortels comme leurs esclaves. Assuérus ne parle à cette Esther qui l'a charmé, qu'avec un respect mêlé d'admiration. » (L. RACINE.)

Assuérus, en effet, est subjugué par la vertu d'Esther, plus encore que par sa beauté. Le poète, transfiguré par la piété, a transfiguré aussi l'amour : on n'entend plus la voix des sens comme dans ses pièces profanes ; l'union des cœurs est surtout fondée sur l'admiration des qualités morales, sur les *doux attraits de la vertu*, sur l'*innocence et la paix* qui respirent dans toute la personne d'Esther.

Au 3ᵉ acte (sc. 4), Assuérus, apprenant que la reine a un Juif pour père, s'écriera avec douleur :

Hé quoi ! tout ce que j'aime,
Cette Esther, *l'innocence et la sagesse même,*
Que je croyais *du ciel les plus chères amours,*
Dans cette source impure aurait puisé ses jours !

(2) « Cette expression *d'astres ennemis* a le mérite de la convenance dans la bouche d'un prince qui croyait à l'astrologie. » (L. RACINE.)

(3) Cet empire, ce charme que la vertu et la grâce d'Esther exerçaient sur Assuérus, était une allusion délicate à l'ascendant que Mᵐᵉ de Maintenon avait su prendre par sa haute vertu et par l'agrément de son esprit sur le grand Roi.

(4) Il faudrait aujourd'hui *qui me rassure*. De même dans *Athalie,* acte II, scène 7.

Un intérêt pressant veut que je vous implore.
J'attends ou mon malheur ou ma félicité ;
Et tout dépend, Seigneur, de votre volonté.
Un mot de votre bouche, en terminant mes peines,
Peut rendre Esther heureuse entre toutes les reines.

ASSUÉRUS.

Ah! que vous enflammez mon désir curieux!

ESTHER.

Seigneur, si j'ai trouvé grâce devant vos yeux (1),
Si jamais à mes vœux vous fûtes favorable,
Permettez, avant tout, qu'Esther puisse à sa table
Recevoir aujourd'hui son souverain Seigneur,
Et qu'Aman soit admis à cet excès d'honneur (2).
J'oserai devant lui rompre ce grand silence,
Et j'ai, pour m'expliquer, besoin de sa présence

ASSUÉRUS.

Dans quelle inquiétude, Esther, vous me jetez (3)!
Toutefois qu'il soit fait comme vous souhaitez.
(A ceux de sa suite.)
Vous, que l'on cherche Aman, et qu'on lui fasse entendre
Qu'invité chez la Reine, il ait soin de s'y rendre.

HYDASPE.

Les savants chaldéens, par votre ordre appelés,
Dans cet appartement, Seigneur, sont assemblés (4).

(1) Esther répondit : « Si j'ai trouvé grâce en présence du roi, et s'il plaît au roi de m'accorder ce que je désire, que le roi et Aman viennent au festin que je leur ai préparé, et demain je ferai connaître ma volonté au roi. Et aussitôt le roi dit : Qu'on appelle Aman et qu'il obéisse à la volonté de la reine. » (*Esther*, V, 5-8.)

(2) « C'était la plus grande faveur à laquelle on pouvait prétendre dans la Perse. Rarement les rois admettaient à leur table leurs mères, jamais leurs épouses. Plutarque rapporte que, lorsque Artaxerxès fit venir à sa table ses frères, ce fut une nouveauté ; et que, dans une autre occasion, les grands de sa cour furent jaloux de l'honneur qu'il fit à Timagore le Crétois, ou selon d'autres, à Eutyme de Gortine, en l'invitant à manger avec lui. » (L. DE BOIS-JERMAIN.)

(3) La suspension est habilement ménagée ; l'intérêt croît à chaque parole de la reine ; comme Assuérus, le spectateur est dans l'inquiétude et attend avec une vive curiosité la révélation du grand secret qu'Esther refuse encore de livrer.

(4) Nous avons appris, au commencement de cet acte, par la confidence d'Hydaspe, que le roi avait fait assembler les devins, pour les consulter sur le songe qui l'avait tourmenté la nuit.

ASSUÉRUS.

Princesse, un songe étrange occupe ma pensée.
Vous-même en leur réponse êtes intéressée.
Venez, derrière un voile écoutant leurs discours (1),
De vos propres clartés me prêter le secours.
Je crains pour vous, pour moi, quelque ennemi perfide (2).

ESTHER.

Suis-moi, Thamar. Et vous, troupe jeune et timide,
Sans craindre ici les yeux d'une profane cour,
A l'abri de ce trône attendez mon retour (3).

SCÈNE VIII

(Cette scène est partie déclamée sans chant, et partie chantée (4).

ÉLISE, PARTIE DU CHŒUR.

ÉLISE.

Que vous semble, mes sœurs, de l'état où nous sommes?
D'Esther, d'Aman, qui le doit emporter (5)?
Est-ce Dieu, sont-ce les hommes,
Dont les œuvres vont éclater?
Vous avez vu quelle ardente colère
Allumait de ce roi le visage sévère.

UNE DES ISRAÉLITES.

Des éclairs de ses yeux l'œil était ébloui.

UNE AUTRE.

Et sa voix m'a paru comme un tonnerre horrible.

ÉLISE.

Comment ce courroux si terrible

---

(1) Racine, en prêtant ces paroles au roi, s'est souvenu sans doute d'A-grippine, que Tacite nous montre écoutant derrière un voile les délibérations du sénat. (*Ann.* XIII. 5. — V. *Britannicus,* acte I, sc. 1.)

(2) Cette consultation est ingénieusement imaginée pour rendre naturel le départ du roi et de la reine, ainsi que la reprise des chants du chœur.

(3) La scène capitale du 2ᵉ acte est cette première entrevue d'Esther et d'Assuérus : le spectateur l'attendait avec anxiété. Aussi bien, elle pouvait être décisive ; Esther pouvait succomber sans avoir sauvé son peuple. L'accueil favorable qu'elle a reçu, fait briller un rayon d'espérance sur l'issue de la grande lutte qui va s'engager entre la reine et le ministre.

(4) Racine nous avertit que, dans cette scène, la déclamation est mêlée au chant : c'est un nouveau rapprochement des chœurs grecs, où les chants étaient souvent entrecoupés de parties dialoguées.

(5) Cette première strophe précise la situation. La lutte est engagée entre Esther et Aman. Le chœur, comme Esther, ignore encore le coup qui vient de frapper le ministre.

ACTE II, SCÈNE VIII

En un moment s'est-il évanoui (1)?

UNE DES ISRAÉLITES *chante.*

Un moment a changé ce courage inflexible :
Le lion rugissant est un agneau paisible.
Dieu, notre Dieu sans doute a versé dans son cœur
    Cet esprit de douceur (2).

LE CHŒUR *chante.*

Dieu, notre Dieu sans doute a versé dans son cœur
    Cet esprit de douceur.

LA MÊME ISRAÉLITE *chante.*

Tel qu'un ruisseau docile
Obéit à la main qui détourne son cours,
Et laissant de ses eaux partager le secours,
    Va rendre tout un champ fertile (3),
Dieu, de nos volontés arbitre souverain,
Le cœur des rois est ainsi dans ta main.

ÉLISE.

Ah! que je crains, mes sœurs, les funestes nuages
 Qui de ce prince obscurcissent les yeux!
Comme il est aveuglé du culte de ses dieux (4)!

UNE DES ISRAÉLITES.

Il n'atteste jamais que leurs noms odieux.

UNE AUTRE.

Aux feux inanimés dont se parent les cieux
    Il rend de profanes hommages.

UNE AUTRE.

Tout son palais est plein de leurs images.

LE CHŒUR *chante.*

Malheureux! vous quittez le maître des humains
 Pour adorer l'ouvrage de vos mains!

---

(1) Le chœur s'entretient, comme chez les poètes grecs, des événements auxquels il vient d'assister; il exprime ses craintes, ses espérances; ainsi le spectateur, sous le charme de la musique et du chant, ne perd pas de vue l'action suspendue un moment sur la scène.

(2) Le chœur attribue la première victoire d'Esther à l'intervention divine.

(3) Cette comparaison a déjà été indiquée plus haut (acte I, sc. 1); le poète la développe ici davantage.

(4) Le culte idolâtrique auquel était attaché Assuérus, pouvait être, en effet, un motif de crainte pour les jeunes Israélites. Les Juifs détestaient ces hommages superstitieux rendus aux créatures : c'était là le fond de cette opposition aux mœurs des autres peuples, que leur reprochait le décret dicté par Aman.

UNE ISRAÉLITE *chante.*

Dieu d'Israël, dissipe enfin cette ombre.
Des larmes de tes saints quand seras-tu touché?
 Quand sera le voile arraché
Qui sur tout l'univers jette une nuit si sombre?
 Dieu d'Israël, dissipe enfin cette ombre :
 Jusqu'à quand seras-tu caché (1)?

UNE DES PLUS JEUNES ISRAÉLITES.

Parlons plus bas, mes sœurs. Ciel! si quelque infidèle,
Ecoutant nos discours, nous allait déceler!

ÉLISE.

Quoi! fille d'Abraham, une crainte mortelle
 Semble déjà vous faire chanceler (2)?
Hé! si l'impie Aman, dans sa main homicide,
Faisant luire à vos yeux un glaive menaçant,
 A blasphémer le nom du Tout-Puissant,
 Voulait forcer votre bouche timide?

UNE AUTRE ISRAÉLITE.

Peut-être Assuérus, frémissant de courroux,
 Si nous ne courbons les genoux
 Devant une muette idole,
 Commandera qu'on nous immole.
 Chère sœur, que choisirez-vous?

LA JEUNE ISRAÉLITE.

Moi, je pourrais trahir le Dieu que j'aime?
J'adorerais un Dieu sans force et sans vertu,
 Reste d'un tronc par les vents abattu,
 Qui ne peut se sauver lui-même?

LE CHŒUR *chante.*

Dieux impuissants, dieux sourds, tous ceux qui vous implorent
 Ne seront jamais entendus.
 Que les démons, et ceux qui les adorent,
 Soient à jamais détruits et confondus (3).

---

(1) Prière touchante pour obtenir de Dieu la fin du règne de l'idolâtrie.

(2) Cette crainte si naturelle d'une jeune enfant fait jaillir les plus sublimes apostrophes et les protestations les plus généreuses du cœur croyant de ses compagnes. Ainsi parleront un jour les vierges chrétiennes en face des tyrans.

(3) « Le bois dont est faite l'idole est maudit avec celui qui l'a façonnée, et l'ouvrage sera traité comme celui qui l'a fait. » (*Sag.*, XIV, 8.) — « Les dieux des nations ont des oreilles et ils n'entendent point. » (*Ps.* 113, 6.)

ACTE II, SCÈNE VIII

UNE ISRAÉLITE *chante.*

Que ma bouche et mon cœur et tout ce que je suis,
Rendent honneur au Dieu qui m'a donné la vie.
    Dans les craintes, dans les ennuis,
  En ses bontés mon âme se confie.
Veut-il par mon trépas que je le glorifie?
Que ma bouche et mon cœur, et tout ce que je suis,
Rendent honneur au Dieu qui m'a donné la vie.

ÉLISE.

Je n'admirai jamais la gloire de l'impie.

UNE AUTRE ISRAÉLITE.

Au bonheur du méchant qu'une autre porte envie.

ÉLISE.

  Tous ses jours paraissent charmants (1);
    L'or éclate en ses vêtements;
Son orgueil est sans borne ainsi que sa richesse;
Jamais l'air n'est troublé de ses gémissements;
Il s'endort, il s'éveille au son des instruments,
    Son cœur nage dans la mollesse.

UNE AUTRE ISRAÉLITE.

  Pour comble de prospérité;
Il espère revivre en sa postérité;
Et d'enfants à sa table une riante troupe
Semble boire avec lui la joie à pleine coupe (2).

        (*Tout ce reste est chanté.*)

LE CHOEUR.

Heureux, dit-on, le peuple florissant
  Sur qui ces biens coulent en abondance!
  Plus heureux le peuple innocent
Qui dans le Dieu du ciel a mis sa confiance!

UNE ISRAÉLITE, *seule.*

Pour contenter ses frivoles désirs
L'homme insensé vainement se consume :

---

(1) Cette strophe et les deux suivantes sont une paraphrase brillante et poétique du psaume 143. David, après y avoir fait la longue énumération des biens terrestres où les hommes mettent leur bonheur, s'écrie avec un accent de foi admirable : « Ils ont appelé heureux le peuple qui possède tous ces biens (enfants, moissons, troupeaux, palais...); mais plus heureux est le peuple qui a le Seigneur pour son Dieu. »

(2) *Boire la joie*, métaphore hardie. « Il boit l'iniquité comme de l'eau. » (*Job.* xv. 6.)

Il trouve l'amertume
Au milieu des plaisirs.

UNE AUTRE, *seule.*

Le bonheur de l'impie est toujours agité;
Il erre à la merci de sa propre inconstance.
Ne cherchons la félicité
Que dans la paix de l'innocence.

LA MÊME, *avec une autre.*

O douce paix!
O lumière éternelle!
Beauté toujours nouvelle!
Heureux le cœur épris de tes attraits!
O douce paix!
O lumière éternelle!
Heureux le cœur qui ne te perd jamais (1)!

LE CHOEUR.

O douce paix!
O lumière éternelle!
Beauté toujours nouvelle!
O douce paix!
Heureux le cœur qui ne te perd jamais!

LA MÊME, *seule.*

Nulle paix pour l'impie. Il la cherche, elle fuit (2);
Et le calme en son cœur ne trouve point de place (3).

(1) Ces exclamations de la foi et de la piété transportent l'âme au ciel, dans le séjour de la paix et de la lumière divine; elles rappellent les élans enflammés de l'auteur de l'*Imitation*, soupirant après le *Jour de l'Eternité* : « O supernæ civitatis mansio beatissima! O dies æternitatis clarissima, quam nox non obscurat, sed summa veritas semper irradiat! dies semper læta, semper secura!... O utinam dies illa illuxisset! — O séjour bienheureux de la céleste cité! ô jour éclatant de l'éternité! jour que la nuit ne voile jamais, que la vérité suprême éclaire sans cesse! jour où règne la joie, où règne la sécurité! O que n'a-t-il déjà brillé à mes yeux, ce jour si beau. » (L. III, ch. 48.)

(2) « Je crois que le feu, la vivacité, l'enthousiasme que le style poétique demande, ont pu autoriser Racine à dire :

Nulle paix pour l'impie, il *la* cherche, *elle* fuit.

Mais cette expression ne serait pas régulière en prose, parce que la première proposition étant universelle négative, les pronoms *la* et *elle* des propositions qui suivent, ne doivent pas rappeler dans un sens affirmatif et individuel un mot qui a d'abord été pris dans un sens négatif universel. » (DUMARSAIS.)

(3) « Les impies sont comme une mer bouillonnante qui ne peut se calmer... Il n'y a point de paix pour les impies. » (*Is.* 47, 20-21 ; 48, 22.)

ACTE II, SCÈNE VIII

Le glaive au dehors le poursuit,
Le remords au dedans le glace (1).

UNE AUTRE.

La gloire des méchants en un moment s'éteint :
L'affreux tombeau pour jamais les dévore (2).
Il n'en est pas ainsi de celui qui te craint :
Il renaîtra, mon Dieu, plus brillant que l'aurore

LE CHŒUR.

O douce paix !
Heureux le cœur qui ne te perd jamais !

ÉLISE, *sans chanter.*

Mes sœurs, j'entends du bruit dans la chambre prochaine.
On nous appelle : allons rejoindre notre Reine (3).

QUESTIONS SUR LE IIe ACTE.

Que représente le théâtre au 2^d acte ?
Quels sont les faits qui s'y passent ?
A quel moment du jour commence-t-il ? Par quelle scène s'ouvre-t-il ?
Pourquoi Aman est-il venu au palais ? Que lui apprend Hydaspe ?
Quelle confidence Aman fait-il à Hydaspe ?
Pourquoi Aman hait-il Mardochée ? Pourquoi hait-il les Juifs ?
Quel conseil Aman reçoit-il d'Hydaspe ?
Quels sont les sentiments d'Assuérus, quand il arrive sur la scène ?
Comment l'orgueil d'Aman fut-il humilié ?
De quelle manière se passa la 1ère entrevue d'Esther avec Assuérus ?
Pour quel motif le roi se retira-t-il avec Esther ?
Quelles sont les deux scènes principales du 2e acte ?
Quel est le sujet du dernier chœur ? Toute la scène est-elle chantée ?
Pourquoi le chœur parle-t-il de l'idolâtrie ?
Comment le poète décrit-il le bonheur de l'impie et la paix du juste ?

(1) « Le glaive les dévastera au dehors, et au dedans l'épouvante. » (*Deutér.*, XXXII, 25.)

(2) Les images vives et pittoresques abondent dans ces strophes : la poésie lyrique les aime ; elle en tire son plus bel éclat.

(3) L'action a marché rapidement pendant ce 2e acte ; les péripéties ont été émouvantes. Aman, en paraissant sur la scène, faisait craindre un dénoûment prompt et horrible ; le songe d'Assuérus a tout changé ; Mardochée a été récompensé contre toute attente au moment où l'on tramait sa mort, et mené en triomphe par son plus cruel ennemi ; c'est, à n'en pas douter, un coup de la Providence. Ce coup déconcerte un instant les plans sanguinaires du ministre, sans dissiper entièrement l'orage.

ACTE TROISIÈME

(*Le théâtre représente les jardins d'Esther, et un des côtés du salon où se fait le festin.*)

Rage d'Aman. — Plaidoyer d'Esther. — Dénoûment.

SCÈNE I
AMAN, ZARÈS.

ZARÈS.

C'est donc ici d'Esther le superbe jardin ;
Et ce salon pompeux est le lieu du festin.
Mais tandis que la porte en est encor fermée,
Ecoutez les conseils d'une épouse alarmée (1).
Au nom du sacré nœud qui me lie avec vous (2),
Dissimulez, Seigneur, cet aveugle courroux ;
Eclaircissez ce front où la tristesse est peinte (3) :
Les rois craignent surtout le reproche et la plainte.
Seul entre tous les grands par la Reine invité,
Ressentez donc aussi cette félicité.
Si le mal vous aigrit, que le bienfait vous touche.
Je l'ai cent fois appris de votre propre bouche :
Quiconque ne sait pas dévorer un affront,
Ni de fausses couleurs se déguiser le front,
Loin de l'aspect des rois qu'il s'écarte, qu'il fuie.
Il est des contre-temps qu'il faut qu'un sage essuie.
Souvent avec prudence un outrage enduré
Aux honneurs les plus hauts a servi de degré.

AMAN.

O douleur ! ô supplice affreux à la pensée !
O honte, qui jamais ne peut être effacée !
Un exécrable Juif, l'opprobre des humains,

(1) Zarès, effrayée du désespoir d'Aman après l'affront que lui a infligé le triomphe de Mardochée, l'a suivi jusque dans les jardins de la reine pour relever son courage.

Cette scène offre un double intérêt : 1° elle nous révèle la confusion du ministre, premier châtiment de son orgueil, et les incertitudes où le jette son dépit ; 2° les pressentiments de Zarès nous laissent entrevoir une chute prochaine.

(2) Sur l'emploi du mot *sacré* avant le nom, voir plus haut, acte I, sc. 2 ; et *Andromaque*, acte I, sc. 4.

(3) Iphigénie disait de même à son père (*Iphigénie*, acte II, sc. 2.) :

   N'*éclaircirez-vous* point ce front chargé d'ennuis ?

Dans *Iphigénie*, le front est comparé à un ciel chargé de nuages ; dans *Esther*, à un tableau peint de noires couleurs.

ACTE III, SCÈNE I

S'est donc vu de la pourpre habillé par mes mains ?
C'est peu qu'il ait sur moi remporté la victoire ;
Malheureux, j'ai servi de héraut à sa gloire.
Le traître ! il insultait à ma confusion ;
Et tout le peuple même avec dérision,
Observant la rougeur qui couvrait mon visage,
De ma chute certaine en tirait le présage.
Roi cruel ! ce sont là les jeux où tu te plais !
Tu ne m'as prodigué tes perfides bienfaits
Que pour me faire mieux sentir la tyrannie
Et m'accabler enfin de plus d'ignominie (1).

ZARÈS.

Pourquoi juger si mal de son intention ?
Il croit récompenser une bonne action.
Ne faut-il pas, Seigneur, s'étonner au contraire
Qu'il en ait si longtemps différé le salaire ?
Du reste, il n'a rien fait que par votre conseil.
Vous-même avez dicté tout ce triste appareil.
Vous êtes après lui le premier de l'empire.
Sait-il toute l'horreur que ce Juif vous inspire ?

AMAN.

Il sait qu'il me doit tout (2), et que pour sa grandeur
J'ai foulé sous les pieds remords, crainte, pudeur ;
Qu'avec un cœur d'airain exerçant sa puissance
J'ai fait taire les lois, et gémir l'innocence (3) ;
Que pour lui, des Persans bravant l'aversion,
J'ai chéri, j'ai cherché la malédiction ;
Et pour prix de ma vie à leur haine exposée,
Le barbare aujourd'hui m'expose à leur risée !

ZARÈS.

Seigneur, nous sommes seuls. Que sert de se flatter ?
Ce zèle que pour lui vous fîtes éclater,

(1) Cette tirade est pleine de vigueur ; on y admire un style grave et concis, des expressions nobles et fortes, une harmonie sombre, des exclamations et des apostrophes furieuses qui sont comme les rugissements de la rage. Aman, dans sa colère, s'en prend tour à tour à Mardochée, au peuple, au roi.

(2) « On assure qu'un ministre qui était encore en place alors, qui n'était plus en faveur (M. de Louvois), avait donné lieu à ce vers, parce que, dans un mouvement de colère, il avait dit quelque chose de semblable. » (L. RACINE.) Cette intention de la part de Racine est peu probable.

(3) Dans ces vers d'une si belle facture, Aman trace en traits énergiques et profonds le portrait du ministre sans conscience qui, pour sa fortune plus encore que pour la grandeur de son maître, brave tout, ose tout, frappe, opprime sans pitié et sans remords.

Ce soin d'immoler tout à son pouvoir suprême,
Entre nous, avaient-ils d'autre objet que vous-même?
Et sans chercher plus loin, tous ces Juifs désolés,
N'est-ce pas à vous seul que vous les immolez?
Et ne craignez-vous point que quelque avis funeste... (1)
Enfin la cour nous hait, le peuple nous déteste.
Ce Juif même, il le faut confesser malgré moi,
Ce Juif, comblé d'honneurs, me cause quelque effroi.
Les malheurs sont souvent enchaînés l'un à l'autre,
Et sa race toujours fut fatale à la vôtre (2).
De ce léger affront songez à profiter.
Peut-être la fortune est prête à vous quitter;
Aux plus affreux excès son inconstance passe.
Prévenez son caprice avant qu'elle se lasse.
Où tendez-vous plus haut? *Je frémis quand je voi*
Les abîmes profonds qui s'offrent devant moi :
La chute désormais ne peut être qu'horrible.
Osez chercher ailleurs un destin plus paisible :
Regagnez l'Hellespont, et ces bords écartés
Où vos aïeux errants jadis furent jetés,
Lorsque des Juifs contre eux la vengeance allumée
Chassa tout Amalec de la triste Idumée (3).
Aux malices du sort enfin dérobez-vous.

(1) Zarès, après s'être efforcée en vain de faire tomber les injustes soupçons d'Aman contre Assuérus, commence à craindre, en voyant son égarement, que dans sa prochaine entrevue avec le roi, son dépit n'éclate comme malgré lui, et ne précipite sa perte. Impuissante à ranimer le courage de son mari, elle lui ouvre un conseil tout opposé; dans le triomphe du juif Mardochée, elle voit comme un présage de la ruine d'Aman.

D'après l'Ecriture, Zarès était du conseil qu'Aman assembla au retour de son humiliation : « Aman se hâta de retourner dans sa demeure, poussant des gémissements et se couvrant la tête de confusion. Ayant raconté à Zarès, sa femme, et à ses amis ce qui lui était arrivé, les sages dont il prenait conseil, et sa femme, lui répondirent : Si ce Mardochée, devant lequel vous avez commencé de tomber, est de la race des Juifs, vous ne pourrez lui résister, mais vous tomberez devant lui. » (*Esther*, VI, 13.)

Les motifs que Zarès fait valoir, sont : 1° la haine de la cour et du peuple; 2° l'influence fatale du peuple juif sur le sort des Amalécites; 3° l'inconstance de la fortune; 4° la facilité de la fuite.

(2) Ces malheurs remontaient jusqu'à Esaü, père des Amalécites. Jacob, le père des douze tribus, lui avait enlevé son droit d'aînesse, qu'il n'avait que trop mérité de perdre par son impiété; plus tard, quand les Hébreux arrivèrent d'Egypte, les Amalécites ne cessèrent de les combattre à leur passage et après leur entrée dans la terre promise. C'est pourquoi Dieu ordonna leur extermination. Ceux qui échappèrent, se dispersèrent jusqu'au delà de l'Hellespont, en Scythie, en Thrace et dans la Macédoine.

(3) *Tout Amalec*, métonymie conforme au style de l'Ecriture, qui dit souvent: *tout Israël*, pour le peuple sorti d'Israël (nom donné par Dieu à Jacob).

Nos plus riches trésors marcheront devant nous (1).
Vous pouvez du départ me laisser la conduite;
Surtout de vos enfants j'assurerai la fuite.
N'ayez soin cependant que de dissimuler.
Contente, sur vos pas vous me verrez voler :
La mer la plus terrible et la plus orageuse (2)
Est plus sûre pour nous que cette cour trompeuse.
Mais à grands pas vers vous je vois quelqu'un marcher.
C'est Hydaspe (3).

SCÈNE II
AMAN, ZARÈS, HYDASPE.

HYDASPE.

Seigneur, je courais vous chercher.
Votre absence en ces lieux suspend toute la joie;
Et pour vous y conduire Assuérus m'envoie.

AMAN.

Et Mardochée est-il aussi de ce festin (4)?

HYDASPE.

A la table d'Esther portez-vous ce chagrin?
Quoi! toujours de ce Juif l'image vous désole?
Laissez-le s'applaudir d'un triomphe frivole.
Croit-il d'Assuérus éviter la rigueur?
Ne possédez-vous pas son oreille et son cœur?
On a payé le zèle, on punira le crime;
Et l'on vous a, Seigneur, orné votre victime.
Je me trompe, ou vos vœux par Esther secondés
Obtiendront plus encor que vous ne demandez.

(1) Cette image rappelle le fait biblique du retour de Jacob dans sa terre natale : pour apaiser le courroux d'Esaü, il fit marcher devant lui les troupeaux qu'il destinait comme présents à son frère.
On retrouve cette belle métaphore dans la scène suivante :
Je croyais voir la mort *marcher* devant ses pas;
et dans *Athalie* (acte IV, sc. 1) :
Quel est ce glaive enfin qui *marche* devant vous?

(2) Cette comparaison vient naturellement dans la bouche de Zarès, après la mention qu'elle vient de faire de l'Hellespont.

(3) « Lorsque ses conseillers lui parlaient encore, les officiers du roi survinrent, et le *forcèrent* de venir aussitôt au festin que la reine avait préparé. » Le mot *compulerunt, forcèrent*, employé par l'Écriture, semble indiquer qu'Aman, dans son désespoir, faisait difficulté de se rendre à l'invitation de la reine.

(4) Aman est poursuivi par le fantôme de Mardochée : il ne pense qu'à lui, il redoute de le trouver partout. Cette ironie amère trahit les tourments secrets de son âme.

AMAN.

Croirai-je le bonheur que ta bouche m'annonce?

HYDASPE.

J'ai des savants devins entendu la réponse :
Ils disent que la main d'un perfide étranger
Dans le sang de la Reine est prête à se plonger;
Et le Roi, qui ne sait où trouver le coupable,
N'impute qu'aux seuls Juifs ce projet détestable (1)

AMAN.

Oui, ce sont, cher ami, des monstres furieux :
Il faut craindre surtout leur chef audacieux.
La terre avec horreur dès longtemps les endure;
Et l'on n'en peut trop tôt délivrer la nature.
Ah! je respire enfin. Chère Zarès, adieu.

HYDASPE.

Les compagnes d'Esther s'avancent vers ce lieu.
Sans doute leur concert va commencer la fête.
Entrez, et recevez l'honneur qu'on vous apprête.

SCÈNE III [2]

ÉLISE, LE CHŒUR.

(*Ceci se récite sans chant.*)

UNE DES ISRAÉLITES.

C'est Aman.

UNE AUTRE.

C'est lui-même, et j'en frémis, ma sœur.

LA PREMIÈRE.

Mon cœur de crainte et d'horreur se resserre.

L'AUTRE.

C'est d'Israël le superbe oppresseur.

LA PREMIÈRE.

C'est celui qui trouble la terre.

ÉLISE.

Peut-on, en le voyant, ne le connaître pas!

(1) L'intervention d'Hydaspe est ingénieuse; c'est un ami dévoué d'Aman; de plus, comme il interprète dans un sens favorable une réponse des devins dirigée en réalité par l'Esprit de Dieu contre l'ennemi des Juifs, cette nouvelle, en rassurant Aman, jette de nouvelles craintes dans l'âme du spectateur.

(2) Ce chœur est un de ceux qui sont le mieux liés à l'action; il remplit l'intervalle nécessaire entre la scène précédente et celle du festin.

ACTE III, SCÈNE III

L'orgueil et le dédain sont peints sur son visage (1).

UNE ISRAÉLITE.

On lit dans ses regards sa fureur et sa rage.

UNE AUTRE.

Je croyais voir marcher la mort devant ses pas.

UNE DES PLUS JEUNES.

Je ne sais si ce tigre a reconnu sa proie ;
Mais en nous regardant, mes sœurs, il m'a semblé
Qu'il avait dans les yeux une barbare joie,
  Dont tout mon sang est encore troublé.

ÉLISE.

Que ce nouvel honneur va croître son audace (2) !
  Je le vois, mes sœurs, je le voi :
A la table d'Esther l'insolent près du roi
  A déjà pris sa place.

UNE DES ISRAÉLITES.

Ministres du festin, de grâce, dites-nous,
Quels mets à ce cruel, quel vin préparez-vous ?

UNE AUTRE.

Le sang de l'orphelin,

UNE TROISIÈME.

Les pleurs des misérables,

LA SECONDE.

Sont ses mets les plus agréables (3).

LA TROISIÈME.

C'est son breuvage le plus doux.

ÉLISE.

Chères sœurs, suspendez la douleur qui vous presse.
Chantons, on nous l'ordonne ; et que puissent nos chants
Du cœur d'Assuérus adoucir la rudesse,

---

(1) Ce portrait d'Aman, tracé par les jeunes Israélites avec des couleurs si noires, augmente la terreur ; on craint que le ministre ne marche à un triomphe qui répare l'échec de sa fortune, et n'accroisse de nouveau son audace.

(2) Le verbe *croître* au XVIIe siècle se prenait souvent dans le sens actif.

(3) Ces métaphores hardies sont dans le style de l'Ecriture : « Jusques à quand serons-nous nourris du pain des larmes, et abreuvés du calice des pleurs ? » (Ps. 79. 6.) — « Mes larmes furent ma nourriture jour et nuit. » (Ps. 41. 4.) — « Ils ont dévoré le sang de leurs enfants. » (*Sag.* XII. 5.)

Comme autrefois David, par ses accords touchants,
Calmait d'un roi jaloux la sauvage tristesse (1)!

(Tout le reste de cette scène est chanté.)

UNE ISRAÉLITE.

Que le peuple est heureux,
Lorsqu'un roi généreux,
Craint dans tout l'univers, veut encore qu'on l'aime!
Heureux le peuple! heureux le roi lui-même!

TOUT LE CHOEUR.

O repos! ô tranquillité!
O d'un parfait bonheur assurance éternelle,
Quand la suprême autorité
Dans ses conseils a toujours auprès d'elle
La justice et la vérité!

(Ces quatre stances sont chantées alternativement par une voix seule et par tout le chœur.)

UNE ISRAÉLITE.

Rois, chassez la calomnie (2).
Ses criminels attentats
Des plus paisibles Etats
Troublent l'heureuse harmonie.

Sa fureur, de sang avide,
Poursuit partout l'innocent.
Rois, prenez soin de l'absent
Contre sa langue homicide.

De ce monstre si farouche
Craignez la feinte douceur.
La vengeance est dans son cœur,
Et la pitié dans sa bouche.

La fraude adroite et subtile
Sème de fleurs son chemin;
Mais sur ses pas vient enfin
Le repentir inutile.

(1) Réminiscence heureuse et bien appliquée à un roi farouche. « Toutes les fois que l'esprit mauvais s'emparait de Saül, David prenait la harpe et la touchait de sa main, et Saül était soulagé; car l'esprit mauvais se retirait de lui. » (I. *Rois*, XVI. 23.)

(2) « Ces strophes sont remarquables par l'élégance et la grâce du style. On leur a souvent comparé la paraphrase du Ps. 119, contre les calomniateurs; mais les vers de J.-B. Rousseau n'ont rien de commun avec ceux de Racine, qui s'adressent aux rois, et n'ont pour objet que la calomnie politique. L. Racine dit que son père *se félicitait de ces quatre stances qui contiennent des vérités utiles aux rois.* » (GEOFFROY.)

ACTE III, SCÈNE III

UNE ISRAÉLITE, *seule*.

D'un souffle l'aquilon écarte les nuages,
Et chasse au loin la foudre et les orages.
Un roi sage, ennemi du langage menteur,
Ecarte d'un regard le perfide imposteur (1).

UNE AUTRE.

J'admire un roi victorieux,
Que sa valeur conduit triomphant en tous lieux ;
Mais un roi sage et qui hait l'injustice,
Qui sous la loi du riche impérieux,
Ne souffre point que le pauvre gémisse,
Est le plus beau présent des cieux (2).

UNE AUTRE.

La veuve en sa défense espère.

UNE AUTRE.

De l'orphelin il est le père ;

TOUTES ENSEMBLE.

Et les larmes du juste implorant son appui
Sont précieuses devant lui.

UNE ISRAÉLITE, *seule*.

Détourne, roi puissant, détourne tes oreilles
De tout conseil barbare et mensonger.
Il est temps que tu t'éveilles :
Dans le sang innocent ta main va se plonger,
Pendant que tu sommeilles.
Détourne, roi puissant, détourne tes oreilles
De tout conseil barbare et mensonger.

UNE AUTRE.

Ainsi puisse sous toi trembler la terre entière (3) !

(1) Le sens de ces vers est facile à saisir pour le spectateur : sous le voile de ces sages conseils, les compagnes d'Esther désignent l'impie Aman : c'est lui *le perfide imposteur*, *le monstre farouche*..., c'est en suivant *son conseil barbare et mensonger* que le roi s'expose à *plonger sa main dans le sang innocent*.

(2) « Il y avait sans doute quelque courage à faire chanter de pareils vers devant Louis XIV ; mais le prince qui s'accusa si noblement lui-même d'avoir trop aimé la guerre, était digne d'entendre ces sublimes leçons. » (GEOFFROY.)

(3) Ce tour poétique paraît inspiré par la gracieuse strophe d'Horace accompagnant de ses vœux le vaisseau qui emportait son ami (*Od*. I. 3) :

Sic te diva potens Cypri,
Sic fratres Helenæ, lucida sidera...

« *Ainsi* puisse la puissante déesse de Chypre, *ainsi* puissent les frères d'Hélène, brillantes étoiles, te conduire au port, ô cher vaisseau à qui j'ai confié Virgile ! »

Ainsi puisse à jamais contre tes ennemis
Le bruit de ta valeur te servir de barrière!
S'ils t'attaquent, qu'ils soient en un moment soumis;
 Que de ton bras la force les renverse;
 Que de ton nom la terreur les disperse;
Que tout leur camp nombreux soit devant tes soldats
 Comme d'enfants une troupe inutile;
Et si par un chemin il entre en tes Etats,
 Qu'il en sorte par plus de mille (1).

SCÈNE IV

ASSUÉRUS, ESTHER, AMAN, ÉLISE, LE CHOEUR.

ASSUÉRUS, *à Esther*.

Oui, vos moindres discours ont des grâces secrètes (2):
Une noble pudeur à tout ce que vous faites
Donne un prix que n'ont point ni la pourpre ni l'or.
Quel climat renfermait un si rare trésor?
Dans quel sein vertueux avez-vous pris naissance?
Et quelle main si sage éleva votre enfance?
Mais dites promptement ce que vous demandez :
Tous vos désirs, Esther, vous seront accordés,
Dussiez-vous, je l'ai dit, et veux bien le redire,
Demander la moitié de ce puissant empire.

ESTHER.

Je ne m'égare point dans ces vastes désirs.
Mais puisqu'il faut enfin expliquer mes soupirs,
Puisque mon roi lui-même à parler me convie,
(*Elle se jette aux pieds du roi.*)
J'ose vous implorer, et pour ma propre vie,
Et pour les tristes jours d'un peuple infortuné
Qu'à périr avec moi vous avez condamné.

ASSUÉRUS, *la relevant*.

A périr? vous? Quel peuple? Et quel est ce mystère?

---

(1) « Voici ce que fera le Seigneur : les ennemis qui s'élèveront contre toi, tomberont à tes pieds ; ils viendront contre toi par un chemin, et ils s'enfuiront par sept autres. » (*Deut.* XXVIII. 7.) — « La terre trembla et se tut. » (Ps. 75. 9.)

(2) Nous sommes arrivés au moment le plus solennel de la tragédie. Esther et Aman sont en présence, en face du roi. La reine a promis de révéler à Assuérus, en ce festin même, l'important secret pour lequel la présence du ministre était nécessaire. Le spectateur devine les angoisses d'Esther, au moment où Assuérus prend la parole.

ACTE III, SCÈNE IV

AMAN, *tout bas.*

Je tremble.

ESTHER.

Esther, Seigneur, eut un Juif pour son père.
De vos ordres sanglants vous savez la rigueur (1).

AMAN.

Ah ! dieux !

ASSUÉRUS.

Ah ! de quel coup me percez-vous le cœur?
Vous la fille d'un Juif? Eh quoi ! tout ce que j'aime,
Cette Esther, l'innocence et la sagesse même,
Que je croyais du ciel les plus chères amours,
Dans cette source impure aurait puisé ses jours?
Malheureux !

ESTHER.

Vous pourrez rejeter ma prière :
Mais je demande au moins que pour grâce dernière
Jusqu'à la fin, Seigneur, vous m'entendiez parler,
Et que surtout Aman n'ose point me troubler (2).

ASSUÉRUS.

Parlez.

(1) La promptitude avec laquelle Esther aborde le terrible sujet, fait produire à ce mouvement tout son effet tragique : la surprise, la consternation du roi, à ce mot de *Juif*, ne sauraient être plus grandes; Aman en est foudroyé.
« Esther lui répondit : Grand roi, si j'ai trouvé grâce devant vos yeux, je vous conjure de m'accorder, s'il vous plaît, ma propre vie, et celle de mon peuple; j'implore pour lui votre clémence : car nous avons été livrés moi et mon peuple pour être foulés aux pieds, pour être égorgés et exterminés. Et plût à Dieu qu'on nous vendît tous, hommes et femmes, comme des esclaves : ce mal serait supportable, et je gémirais en silence. Mais notre ennemi impitoyable veut faire remonter sa cruauté jusqu'au roi lui-même. Le roi Assuérus lui répondit : Qui est celui-là, et qui est assez puissant pour oser un pareil forfait? Esther lui répondit : C'est cet Aman que vous voyez, qui est notre cruel adversaire et notre ennemi mortel. » (*Esther*, VII, 3-6.) Ce discours si bref a reçu de Racine un commentaire aussi dramatique que sublime.

(2) Cette demande d'Esther rappelle la prescription d'Auguste à Cinna (Act. V, sc. I) :

      Prends un siège, Cinna, prends, et sur toute chose
      Observe exactement la loi que je t'impose;
      Prête sans me troubler, l'oreille à mes discours;
      D'aucun mot, d'aucun cri n'en interromps le cours;
      Tiens ta langue captive...

ESTHER.

O Dieu, confonds l'audace et l'imposture (1).
Ces Juifs, dont vous voulez délivrer la nature,
Que vous croyez, Seigneur, le rebut des humains,
D'une riche contrée autrefois souverains,
Pendant qu'ils n'adoraient que le Dieu de leurs pères,
Ont vu bénir le cours de leurs destins prospères.
*Ce Dieu, maître absolu de la terre et des cieux,
N'est point tel que l'erreur le figure à vos yeux.
L'Eternel est son nom ; le monde est son ouvrage ;
Il entend les soupirs de l'humble qu'on outrage,
Juge tous les mortels avec d'égales lois.
Et du haut de son trône interroge les rois.
Des plus fermes Etats la chute épouvantable,
Quand il veut, n'est qu'un jeu de sa main redoutable* (2).
Les Juifs à d'autres dieux osèrent s'adresser :
Roi, peuples, en un jour tout se vit disperser.
Sous les Assyriens leur triste servitude
Devint le juste prix de leur ingratitude.
Mais pour punir enfin nos maîtres à leur tour,
Dieu fit choix de Cyrus, avant qu'il vît le jour,
L'appela par son nom, le promit à la terre (3),

(1) Cette invocation adressée à Dieu d'une voix émue, en face du danger, atteste la foi d'Esther, et donne à la scène le cachet surnaturel qu'elle a dans l'Ecriture sainte. Si Esther mène à bien cette grande œuvre, c'est que Dieu met le courage dans son cœur, la vérité dans ses paroles, et la persuasion sur ses lèvres.

L'obstacle à vaincre, ce sont les injustes préventions d'Assuérus contre le peuple juif. Esther s'applique à les dissiper, en exposant au roi l'exacte vérité sur un peuple qu'il déteste, parce qu'il ne le connait pas.

Elle est amenée ainsi à raconter à grands traits l'histoire des Juifs; elle fait connaître successivement leur puissance passée, la majesté de leur Dieu, la cause de leurs désastres amenés tous par leur idolâtrie, la mission divine de Cyrus, l'avènement providentiel d'Assuérus, la perfidie d'Aman, auteur de l'édit de proscription, l'innocence des Juifs, les bienfaits dont le roi fut comblé par Dieu, le service que lui rendit Mardochée, enfin la haine du ministre contre ce serviteur fidèle et dévoué.

Telle est la marche du discours d'Esther. On peut le diviser en deux parties :
1° Réfutation des calomnies répandues contre les Juifs;
2° Acte d'accusation contre Aman qui a trompé le meilleur des princes, pour exterminer en son nom un peuple innocent, fidèle et dévoué, et cela pour satisfaire sa haine injuste contre Mardochée, le sauveur du roi.

(2) « Jamais on ne fit un aussi noble usage de la poésie, jamais on ne porta aussi haut l'art des vers. C'est à la lecture de ces vers sublimes que Voltaire, dans toute la naïveté du sentiment dont il était pénétré, s'écriait : « On a honte de faire des vers quand on en lit de pareils! » (Geoffroy.)

(3) Ce vers et les suivants sont la traduction poétique d'une des plus

*Le fit naître, et soudain l'arma de son tonnerre,
Brisa les fiers remparts et les portes d'airain,
Mit des superbes rois la dépouille en sa main,
De son temple détruit vengea sur eux l'injure.
Babylone paya nos pleurs avec usure.
Cyrus, par lui vainqueur, publia ses bienfaits,
Regarda notre peuple avec des yeux de paix,
Nous rendit et nos lois et nos fêtes divines* (1);
*Et le temple déjà sortait de ses ruines.
Mais de ce roi si sage héritier insensé,
Son fils interrompit l'ouvrage commencé* (2),
*Fut sourd à nos douleurs. Dieu rejeta sa race,
Le retrancha lui-même, et vous mit en sa place.
    Que n'espérions-nous point d'un roi si généreux?
« Dieu regarde en pitié son peuple malheureux,
Disions-nous : un roi règne, ami de l'innocence. »*

fameuses prophéties de l'Ancien Testament, contenue au ch. XLIV d'Isaïe : « Voici ce que dit le Seigneur à Cyrus, à son christ, qu'il a pris par la main pour lui assujettir les nations, pour frapper les rois, et lui livrer les portes des villes : elles s'ouvriront en sa présence, aucune ne lui sera fermée. Je marcherai devant toi..., je romprai les barres de fer, je briserai les portes d'airain (de Babylone) : Je te donnerai les trésors cachés des rois..., et tu sauras que je suis le Seigneur, le Dieu d'Israël qui t'ai appelé par ton nom. C'est en faveur de Jacob mon serviteur, et d'Israël mon élu, que je t'ai appelé par ton nom, et tu ne me connais pas! Je suis l'Eternel, et il n'y en a pas d'autre ; hors de moi il n'y a point de Dieu.... C'est afin que l'Orient et l'Occident apprennent que rien n'est sans moi. » (1-6.)

Trois ans avant l'apparition d'*Esther*, Bossuet avait commenté dans un style admirable ce même passage d'Isaïe : « Quel autre, disait-il dans l'*oraison funèbre du grand Condé*, quel autre a fait un Cyrus, si ce n'est Dieu qui l'avait nommé deux cents ans avant sa naissance, dans les oracles d'Isaïe ? — Tu n'es pas encore, lui disait-il, mais je te vois, et je t'ai nommé par ton nom; tu t'appelleras Cyrus. Je marcherai devant toi dans les combats; à ton approche je mettrai les rois en fuite, je briserai les portes d'airain. C'est moi qui étends les cieux, qui soutiens la terre, qui nomme ce qui est comme ce qui n'est pas. »

(1) « Cyrus, dit Bossuet (*Hist. univ.*, II. 6), devenu le maître de tout l'Orient, reconnaît dans le peuple juif je ne sais quoi de divin. Ravi des oracles qui avaient prédit ses victoires, il avoue qu'il doit son empire *au Dieu du ciel* que les Juifs servaient, et signale la première année de son règne par le rétablissement de son temple et de son peuple. »
Voici l'édit qu'il publia : « Le Seigneur Dieu du ciel m'a donné tous les royaumes de la terre, et il m'a commandé de lui bâtir un temple à Jérusalem dans la Judée. Qui d'entre vous est de son peuple? Que le Seigneur son Dieu soit avec lui, et qu'il monte à Jérusalem. » (II. *Paral.* XXXVI. 23.)

(2) Cambyse, emporté par une mort imprévue après la conquête de l'Egypte. Le faux Smerdis enleva le trône au frère de Cambyse ; après la mort de cet usurpateur, Darius arriva à l'empire, comme il a été dit plus haut.

Partout du nouveau prince on vantait la clémence (1):
Les Juifs partout de joie en poussèrent des cris.
Ciel! verra-t-on toujours par de cruels esprits
Des princes les plus doux l'oreille environnée,
Et du bonheur public la source empoisonnée?
Dans le fond de la Thrace un barbare enfanté
Est venu dans ces lieux souffler la cruauté.
Un ministre ennemi de votre propre gloire...

AMAN.

De votre gloire? Moi? Ciel! le pourriez-vous croire (2)?
Moi, qui n'ai d'autre objet ni d'autre dieu....

ASSUÉRUS.

Tais-toi (3).
Oses-tu donc parler sans l'ordre de ton roi?

ESTHER.

Notre ennemi cruel devant vous se déclare (4) :
C'est lui. C'est ce ministre infidèle et barbare
Qui, d'un zèle trompeur à vos yeux revêtu,
Contre notre innocence arma votre vertu.
Et quel autre, grand Dieu! qu'un Scythe impitoyable
Aurait de tant d'horreurs dicté l'ordre effroyable?
Partout l'affreux signal en même temps donné
De meurtres remplira l'univers étonné.
On verra, sous le nom du plus juste des princes,
Un perfide étranger désoler vos provinces,

(1) Cet éloge du roi, qui paraît si sincère dans la bouche de la reine, est conforme du reste à l'idée que l'histoire nous donne de ce prince ; il fait ressortir la méchanceté d'un ministre qui, pour exercer ses vengeances personnelles, abuse de la confiance d'un prince généreux.

(2) Aman interrompt Esther, malgré la défense du roi. Ainsi Cinna, malgré la défense d'Auguste, s'était écrié, en l'interrompant :

Moi, Seigneur! moi, que j'eusse une âme si traîtresse!
Qu'un si lâche dessein....

(3) Assuérus, ému et effrayé de ce qu'il vient d'entendre, est en proie à l'indignation la plus vive ; son courroux éclate avec dureté ; ce *tais-toi* est un coup de foudre pour Aman.

Auguste, plus maître de lui, rappelle Cinna au silence avec plus de calme et de dignité :

Tu tiens mal ta promesse :
Sieds-toi, je n'ai pas dit encor ce que je veux....

(4) Esther, sans nommer Aman, l'avait obligé de se déclarer : elle profite de l'indignation du roi pour parler avec plus d'assurance contre l'infâme ministre. Avec beaucoup d'habileté, elle rejette la cruauté de l'édit sur cet étranger, relevant à dessein son origine barbare, sa nationalité scythe, pour mettre à couvert le roi et la nation des Perses.

ACTE III, SCÈNE IV

Et dans ce palais même, en proie à son courroux,
Le sang de vos sujets regorger jusqu'à vous (1).
Et que reproche aux Juifs sa haine envenimée ?
Quelle guerre intestine avons-nous allumée?
Les a-t-on vus marcher parmi vos ennemis?
Fut-il jamais au joug esclaves plus soumis?
Adorant dans leurs fers le Dieu qui les châtie,
Pendant que votre main sur eux appesantie
A leurs persécuteurs les livrait sans secours,
Ils conjuraient ce Dieu de veiller sur vos jours,
De rompre des méchants les trames criminelles,
De mettre votre trône à l'ombre de ses ailes (2).
N'en doutez point, Seigneur, il fut votre soutien.
Lui seul mit à vos pieds le Parthe et l'Indien,
Dissipa devant vous les innombrables Scythes,
Et renferma les mers dans vos vastes limites (3);
Lui seul aux yeux d'un Juif découvrit le dessein
De deux traîtres tout prêts à vous percer le sein.
Hélas! ce Juif jadis m'adopta pour sa fille (4).

ASSUÉRUS.

Mardochée?

ESTHER.

Il restait seul de notre famille.
Mon père était son frère. Il descend comme moi

(1) Ce vers présente une image des plus terribles : Esther et ses compagnes pouvaient être enveloppées dans le massacre des Juifs.

(2) Il est intéressant de rapprocher de ce portrait politique des Juifs celui que le païen Sévère trace des chrétiens dans *Polyeucte* (acte IV, sc. 6) :

Enfin, chez les chrétiens les mœurs sont innocentes,
Les vices détestés, les vertus florissantes;
Ils font des vœux pour nous qui les persécutons;
Et depuis tant de temps que nous les tourmentons,
Les a-t-on vus mutins? les a-t-on vus rebelles?
Nos princes ont-ils eu des soldats plus fidèles?
Furieux dans la guerre, ils souffrent nos bourreaux,
Et lions au combat, ils meurent en agneaux.

Esther développe davantage la soumission et la piété de ses frères captifs, pour toucher Assuérus; son éloquence est d'une douceur et d'une harmonie enchanteresses. Sévère est soldat, sa parole est plus concise et plus simple; les antithèses sont plus fortes et rapidement indiquées.

(3) Les guerres de Darius contre les Scythes et les Indiens sont racontées dans Hérodote. (IV, 44 et 83.)

(4) Esther arrive avec beaucoup d'art et de naturel à son dernier argument : l'héroïque dévouement de Mardochée qui a sauvé la vie du roi.

Du sang infortuné de notre premier roi (1).
Plein d'une juste horreur pour un Amalécite,
Race que notre Dieu de sa bouche a maudite,
Il n'a devant Aman pu fléchir les genoux,
Ni lui rendre un honneur qu'il ne croit dû qu'à vous.
De là contre les Juifs et contre Mardochée
Cette haine, Seigneur, sous d'autres noms cachée.
En vain de vos bienfaits Mardochée est paré.
A la porte d'Aman est déjà préparé
D'un infâme trépas l'instrument exécrable.
Dans une heure au plus tard ce vieillard vénérable,
Des portes du palais par son ordre arraché,
Couvert de votre pourpre, y doit être attaché (2).

ASSUÉRUS.

Quel jour mêlé d'horreur vient effrayer mon âme?
Tout mon sang de colère et de honte s'enflamme.
J'étais donc le jouet.... Ciel, daigne m'éclairer.
Un moment sans témoins cherchons à respirer.
Appelez Mardochée : il faut aussi l'entendre (3).

(*Le roi s'éloigne.*)

(1) Le livre d'*Esther* indique la généalogie de Mardochée : « il était fils de Jaïr, fils de Séméi, fils de Cis, de la race de Jérémie, de la tribu de Benjamin. » (II, 5 ; XI, 2.) Cis était aussi le nom du père de Saül, premier roi des Juifs.

(2) Les plus beaux chefs-d'œuvre profanes de Racine ne renferment rien de plus éloquent que cette magnifique apologie d'Esther. Outre la perfection inimitable du style, on y trouve une puissance de persuasion irrésistible, et une sublimité de pensée, d'image et d'expression qui n'appartient qu'aux livres sacrés.

« Ce discours d'Esther, dit Geoffroy, réunit l'adresse à l'énergie. Ces grandes idées sur le pouvoir de la Divinité, mêlées à celles qui peuvent flatter l'orgueil d'Assuérus, devaient étonner et enchanter tout à la fois le superbe monarque.... Quel tableau, quelle situation que celle de l'innocence plaidant elle-même sa cause en présence du calomniateur, au tribunal d'un souverain trompé par la calomnie ! Qu'y a-t-il de plus intéressant, de plus théâtral ? Et comment le triomphe de la vertu persécutée sur le crime trop longtemps heureux, triomphe si consolant pour l'humanité, si plein de charme et d'intérêt dans nos romans et dans nos compositions dramatiques, aurait-il perdu tout son effet, parce qu'il se trouve dans une tragédie sacrée ? »

(3) « Le roi se leva tout en colère ; il sortit du lieu du festin et se promena sous les arbres du jardin de la reine. » (*Esther*, VII. 7.)

On a critiqué cette sortie d'Assuérus. Elle est cependant bien vraisemblable. Le roi est dans l'agitation la plus vive : il voit qu'il a été le jouet d'un scélérat ; le carnage épouvantable d'un peuple innocent allait se commettre sous son nom ; Mardochée, Esther elle-même devaient y être enveloppés.

La vérité est manifeste, elle a parlé par la bouche d'Esther avec un accent

ACTE III, SCÈNE V

UNE ISRAÉLITE.

Vérité, que j'implore, achève de descendre.

SCÈNE V

ESTHER, AMAN, ÉLISE, LE CHOEUR.

AMAN, *à Esther.*

D'un juste étonnement je demeure frappé.
Les ennemis des Juifs m'ont trahi, m'ont trompé.
J'en atteste du ciel la puissance suprême,
En les perdant j'ai cru vous assurer vous-même.
Princesse, en leur faveur, employez mon crédit :
Le roi, vous le voyez, flotte encore interdit.
Je sais par quels ressorts on le pousse, on l'arrête ;
Et fais, comme il me plaît, le calme et la tempête.
Les intérêts des Juifs déjà me sont sacrés.
Parlez : vos ennemis aussitôt massacrés,
Victimes de la foi que ma bouche vous jure,
De ma fatale erreur répareront l'injure.
Quel sang demandez-vous (1) ?

ESTHER.

Va, traître, laisse-moi.
Les Juifs n'attendent rien d'un méchant tel que toi.
Misérable, le Dieu vengeur de l'innocence,
Tout prêt à te juger, tient déjà sa balance (2).

de sincérité qui emporte la conviction. Aman est consterné. Quel parti devait prendre le roi ? Le condamner sur l'heure, sous le premier mouvement de la colère, était peu digne d'un prince juste et sage. Il était naturel, au contraire, qu'Assuérus donnât du temps à la réflexion, et qu'il appelât Mardochée que visait surtout la cruauté d'Aman : il importait de l'entendre.

(1) « Aman, se voyant découvert, fut frappé comme d'un coup de foudre ; il ne pouvait supporter les regards du roi et de la reine. » (*Esther*, VII, 6.) L'odieux ministre cherche à se justifier ; il prétend qu'il a été trompé par les ennemis des Juifs, que par leur supplice il avait cru sauver la reine : il offre son crédit à Esther pour le salut des Juifs et la perte de leurs ennemis. Sa tactique est habile : il espère apaiser la reine et calmer l'orage. Mais la vigueur d'Esther déjoue son plan.

(2) Cette énergique réponse paraît inspirée par les passages suivants de l'Ecriture : « Et le roi Nabuchodonosor dit : N'est-ce pas là cette grande Babylone que j'ai bâtie pour être le siège de mon empire, le signe de ma force et l'éclat de ma gloire ? Et une voix vint du ciel : Roi Nabuchodonosor, il t'est dit : Ton empire passera loin de toi. » (*Daniel*, IV, 27-28.) — « Voici l'interprétation de ces paroles : *Mané* : Dieu a compté ton règne, et il est fini. *Thécel* : Vous avez été mis dans la balance, et vous avez été trop léger. *Pharès* : Votre royaume est divisé, il est donné aux Mèdes et aux Perses. » (*Ib.*, V, 26-28.)

Bientôt son juste arrêt te sera prononcé.
Tremble : son jour approche, et ton règne est passé (1).

AMAN.

Oui, ce Dieu, je l'avoue, est un Dieu redoutable.
Mais veut-il que l'on garde une haine implacable?
C'en est fait : mon orgueil est forcé de plier;
L'inexorable Aman est réduit à prier.
(*Il se jette à ses pieds.*)
Par le salut des Juifs, par ces pieds que j'embrasse (2),
Par ce sage vieillard, l'honneur de votre race,
Daignez d'un roi terrible apaiser le courroux.
Sauvez Aman, qui tremble à vos sacrés genoux.

SCÈNE VI

ASSUÉRUS, ESTHER, AMAN, ÉLISE, LE CHOEUR, GARDES.

ASSUÉRUS.

Quoi! le traître sur vous porte ses mains hardies?
Ah! dans ses yeux confus je lis ses perfidies;
Et son trouble, appuyant la foi de vos discours,
De tous ses attentats me rappelle le cours (3).
Qu'à ce monstre à l'instant l'âme soit arrachée;
Et que devant sa porte, au lieu de Mardochée,
Apaisant par sa mort et la terre et les cieux,
De mes peuples vengés il repaisse les yeux (4).

(*Aman est emmené par les gardes.*)

(1) « Corneille n'a rien de plus mâle, de plus fier, de plus terrible. Jamais on n'a mis dans un plus grand jour la supériorité naturelle de la vertu sur le vice. » (GEOFFROY.)

(2) « Aman se leva aussi de table pour supplier la reine Esther de lui sauver la vie, parce qu'il avait vu que le roi était résolu de le perdre. » (*Esther*, VII, 7.)
Le poète ne le fait recourir à la prière que lorsqu'il voit qu'Esther elle-même ne croit plus à son pouvoir : toute sa fierté tombe, et il se jette tremblant aux genoux de la reine.

(3) Aman est condamné avant l'arrivée de Mardochée : l'indignation du roi, en le voyant aux pieds d'Esther, avait hâté la sentence. Cette précipitation est conforme à l'histoire et aux mœurs des monarques de l'Asie. Un caprice plus d'une fois suffit pour faire tomber les têtes les plus puissantes. Ici, du reste, les crimes d'Aman sont évidents, la sincérité d'Esther est manifeste; l'innocence de Mardochée est reconnue; l'effarement du ministre atteste ses forfaits.

(4) « Assuérus, étant rentré du parc dans la salle du festin, trouva qu'Aman s'était jeté sur le lit où Esther avait pris son repas, et il s'écria : Comment! il ose porter la main sur la reine elle-même, en ma présence et dans ma maison! A peine cette parole était-elle sortie de la bouche du roi, qu'on jeta

SCÈNE VII

ASSUÉRUS, ESTHER, MARDOCHÉE, ÉLISE, LE CHOEUR.

ASSUÉRUS *continue en s'adressant à Mardochée.*

Mortel chéri du ciel, mon salut et ma joie,
Aux conseils des méchants ton roi n'est plus en proie.
Mes yeux sont dessillés, le crime est confondu.
Viens briller près de moi dans le rang qui t'est dû.
Je te donne d'Aman les biens et la puissance :
Possède justement son injuste opulence (1)
Je romps le joug funeste où les Juifs sont soumis ;
Je leur livre le sang de tous leurs ennemis ;
A l'égal des Persans je veux qu'on les honore,
Et que tout tremble au nom du Dieu qu'Esther adore (2).
Rebâtissez son temple, et peuplez vos cités.
Que vos heureux enfants dans leurs solennités
Consacrent de ce jour le triomphe et la gloire,
Et qu'à jamais mon nom vive dans leur mémoire.

SCÈNE VIII

ASSUÉRUS, ESTHER, MARDOCHÉE, ASAPH, ÉLISE,
LE CHOEUR.

ASSUÉRUS.

Que veut Asaph ?

ASAPH.

Seigneur, le traître est expiré (3).

un voile sur le visage d'Aman. » (*Esther*, VII, 8.) Un geste d'Assuérus avait indiqué aux officiers que c'en était fait.
« Alors Harbona, un des officiers attachés au service du palais, dit à Assuérus : Déjà la croix qu'il avait préparée pour Mardochée, le sauveur du roi, est dressée dans le palais d'Aman : elle a cinquante coudées de haut. Et le roi lui dit : Pendez-y Aman. » (*Esther*, VII, 9.)

(1) Ce jour-là même, Assuérus donna à Esther le palais d'Aman, ennemi des Juifs, et Mardochée fut introduit en sa présence ; car Esther lui avait avoué qu'il était son oncle. Le roi prit l'anneau qu'il avait fait ôter à Aman et le donna à Mardochée. » (*Esther*, VIII, 1-2.)

(2) Dieu fit servir cet événement à répandre la connaissance et la gloire de son nom dans toute l'Asie, comme il avait fait sous les règnes de Nabuchodonosor, de Balthazar et de Cyrus.

(3) Racine avait déjà employé ce participe comme adjectif dans *Phèdre* (Acte V, sc. 6) :

<blockquote>A ce mot ce héros expiré
N'a laissé dans mes bras qu'un corps défiguré.</blockquote>

Le poète veut indiquer un état, et non l'action passagère d'un mourant qui rend le dernier soupir.

Par le peuple en fureur à moitié déchiré.
On traîne, on va donner en spectacle funeste
De son corps tout sanglant le misérable reste.

MARDOCHÉE.
Roi, qu'à jamais le ciel prenne soin de vos jours.
Le péril des Juifs presse, et veut un prompt secours.

ASSUÉRUS.
Oui, je t'entends. Allons, par des ordres contraires,
Révoquer d'un méchant les ordres sanguinaires (1).

ESTHER.
O Dieu, par quelle route inconnue aux mortels
Ta sagesse conduit ses desseins éternels (2)!

SCÈNE IX.

LE CHOEUR 3

TOUT LE CHOEUR.
Dieu fait triompher l'innocence :
Chantons, célébrons sa puissance.

(1) « Et le roi répondit à Esther et au juif Mardochée : Ecrivez donc aux Juifs au nom du roi, comme vous le jugerez à propos ; et scellez les lettres de mon anneau ; car c'était la coutume que nul n'osait s'opposer aux lettres envoyées au nom du roi, et scellées de son anneau. » (*Esther*, VIII, 8.) Elles avaient force de loi. V. l'édit à la fin d'*Esther*, p. 513.

(2) Cette exclamation de pieuse reconnaissance indique la leçon sublime qui ressort d'un événement si merveilleux. Dieu n'a visiblement paru nulle part; mais sa main invisible a tout conduit. C'est lui qui a inspiré la vertu d'Esther et de Mardochée, troublé Assuérus par un songe extraordinaire et agi sur son cœur avec force et suavité. Les hommes se sont agités, et Dieu les a menés à son but. Ce but, c'était la conservation de son peuple choisi, la glorification de son nom, la préparation lointaine, mais sûre, de l'avènement du Messie ; c'était enfin le salut du monde par son Fils unique, N.-S. J.-C.

« Ce dénouement laisse les esprits frappés d'étonnement et d'admiration : la chute épouvantable et soudaine d'un ministre injuste et barbare, le retour d'un grand monarque vers la justice et la vérité, une nation innocente dérobée aux massacres préparés par la haine et par la vengeance, la vertu et la piété arrachées aux embûches des méchants, et récompensées dans cette même cour où régnait l'esprit de vertige et d'erreur : tous ces grands événements ont quelque chose de plus tragique et de plus théâtral, de plus digne de la poésie et de la scène, que la peinture de folles passions. » (GEOFFROY.)

(3) Ce dernier chœur célèbre la puissance de Dieu qui fait triompher l'innocence sur les ruines des méchants; la strophe de l'impie est la plus célèbre et la plus sublime.

Les tragédies grecques ne finissent point par des chants. Racine s'est écarté de cet usage sans manquer aux règles de l'art. Les convenances du sujet demandaient qu'une délivrance si miraculeuse fût célébrée par des cantiques d'actions de grâces. Le poète, dans sa préface, loin de regretter ce dernier chœur, se borne à justifier la longueur de la musique.

ACTE III, SCÈNE IX

UNE ISRAÉLITE.

Il a vu contre nous les méchants s'assembler,
  Et notre sang prêt à couler.
Comme l'eau sur la terre ils allaient le répandre (1) :
  Du haut du ciel sa voix s'est fait entendre ;
  L'homme superbe est renversé.
  Ses propres flèches l'ont percé.

UNE AUTRE.

J'ai vu l'impie adoré sur la terre.
  Pareil au cèdre, il cachait dans les cieux
    Son front audacieux.
Il semblait à son gré gouverner le tonnerre,
Foulait aux pieds ses ennemis vaincus.
Je n'ai fait que passer, il n'était déjà plus (2).

UNE AUTRE.

On peut des plus grands rois surprendre la justice.
  Incapables de tromper,
  Ils ont peine à s'échapper
  Des pièges de l'artifice.
Un cœur noble ne peut soupçonner en autrui
  La bassesse et la malice
  Qu'il ne sent point en lui.

UNE AUTRE.

Comment s'est calmé l'orage ?

UNE AUTRE.

Quelle main salutaire a chassé le nuage ?

TOUT LE CHŒUR.

L'aimable Esther a fait ce grand ouvrage.

UNE ISRAÉLITE, *seule*.

De l'amour de son Dieu son cœur s'est embrasé ;
  Au péril d'une mort funeste
  Son zèle ardent s'est exposé.

(1) « Ils ont répandu le sang de vos saints comme de l'eau. » (Ps. 79, 3.)

(2) Boileau disait « que la sublimité des Psaumes était l'écueil de tous les traducteurs ; que leur majestueuse tranquillité ne pouvait être rendue que bien difficilement par la plume des plus grands maîtres ; qu'elle avait souvent désespéré M. Racine ; qu'il était venu pourtant à bout de traduire admirablement cet endroit du Psalmiste : « *Vidi impium superexaltatum, et elevatum sicut cedros Libani ; et transivi, et ecce non erat* : J'ai vu l'impie extrêmement élevé, et qui égalait en hauteur les cèdres du Liban ; et j'ai passé, et il n'était plus. » (Ps. 36. 35-36.)

Elle a parlé. Le ciel a fait le reste (1).

DEUX ISRAÉLITES.
Esther a triomphé des filles des Persans.
La nature et le ciel à l'envi l'ont ornée.

L'UNE DES DEUX.
Tout ressent de ses yeux les charmes innocents.
Jamais tant de beauté fut-elle couronnée?

L'AUTRE.
Les charmes de son cœur sont encor plus puissants
Jamais tant de vertu fut-elle couronnée?

TOUTES DEUX *ensemble*.
Esther a triomphé des filles des Persans.
La nature et le ciel à l'envi l'ont ornée.

UNE SEULE.
Ton Dieu n'est plus irrité.
Réjouis-toi, Sion, et sors de la poussière.
Quitte les vêtements de ta captivité,
 Et reprends ta splendeur première.
Les chemins de Sion à la fin sont ouverts.
 Rompez vos fers,
  Tribus captives.
 Troupes fugitives,
Repassez les monts et les mers.
Rassemblez-vous des bouts de l'univers (2).

TOUT LE CHOEUR.
 Rompez vos fers,
  Tribus captives.
 Troupes fugitives,
Repassez les monts et les mers.
Rassemblez-vous des bouts de l'univers.

UNE ISRAÉLITE, *seule*.
Je reverrai ces campagnes si chères.

---

(1) En chantant l'héroïque dévouement d'Esther, le chœur indique la part de l'homme et la part de Dieu dans le grand événement qui vient de se passer.

(2) Ces strophes sont pleines d'un saint et patriotique enthousiasme : on entend les accents joyeux des captifs, qui reprennent triomphants le chemin de la patrie.

« Levez-vous, ô Sion, levez-vous; revêtez-vous de votre force; parez-vous des vêtements de votre gloire.... Sortez de la poussière, levez-vous, asseyez-vous, ô Jérusalem; rompez les chaînes de votre cou, ô fille de Sion, captive depuis si longtemps. » (ISAÏE, III, 1-2.)

ACTE III, SCÈNE IX

UNE AUTRE.

J'irai pleurer au tombeau de mes pères.

TOUT LE CHŒUR.

Repassez les monts et les mers.
Rassemblez-vous des bouts de l'univers.

UNE ISRAÉLITE, *seule*.

Relevez, relevez les superbes portiques
Du temple où notre Dieu se plaît d'être adoré.
Que de l'or le plus pur son autel soit paré,
Et que du sein des monts le marbre soit tiré.
Liban, dépouille-toi de tes cèdres antiques.
Prêtres sacrés, préparez vos cantiques.

UNE AUTRE.

Dieu descend et revient habiter parmi nous.
Terre, frémis d'allégresse et de crainte;
Et vous, sous sa majesté sainte,
Cieux, abaissez-vous (1)!

UNE AUTRE.

Que le Seigneur est bon! que son joug est aimable (2)!
Heureux qui dès l'enfance en connaît la douceur!
Jeune peuple, courez à ce maître adorable.
Les biens les plus charmants n'ont rien de comparable
Aux torrents de plaisirs qu'il répand dans un cœur.
Que le Seigneur est bon! que son joug est aimable!
Heureux qui dès l'enfance en connaît la douceur (3)!

---

(1) Cette image sublime des cieux qui s'abaissent est empruntée du psaume 17, v. 10 : *Inclinavit cœlos et descendit...* Dieu a incliné les cieux, et il est descendu. »

Voltaire et J.-B. Rousseau s'en sont emparés après Racine ; le premier a dit dans la *Henriade* (ch. V) :

Viens ; des cieux enflammés abaisse la hauteur.

Et l'autre s'exprime ainsi dans sa 8ᵉ ode sacrée :

Lève ton bras, lance ta flamme,
Abaisse la hauteur des cieux.

(2) « Venez à moi, dit le divin Sauveur, vous tous qui êtes accablés de travail et de fatigue, et je vous soulagerai... Apprenez de moi que je suis doux et humble de cœur, et vous trouverez le repos de vos âmes : car mon joug est doux, et mon fardeau est léger. » (MATTH., XI, 28-30.)

(3) La plus grande variété règne dans ce chœur : aux descriptions sublimes de l'impie foudroyé par Dieu, à l'éloge gracieux d'Esther, ont succédé les cris de joie des exilés s'apprêtant à relever le temple de Jérusalem ; puis ce tableau charmant de la bonté divine, où respire toute la suavité de 'Evangile.

UNE AUTRE.

Il s'apaise, il pardonne.
Du cœur ingrat qui l'abandonne
  Il attend le retour (1);
Il excuse notre faiblesse.
A nous chercher même il s'empresse.
Pour l'enfant qu'elle a mis au jour
Une mère a moins de tendresse (2).
Ah! qui peut avec lui partager notre amour?

TROIS ISRAÉLITES.

Il nous fait remporter une illustre victoire.

L'UNE DES TROIS.

Il nous a révélé sa gloire.

TOUTES TROIS, *ensemble*.

Ah! qui peut avec lui partager notre amour?

TOUT LE CHŒUR.

Que son nom soit béni; que son nom soit chanté.
  Que l'on célèbre ses ouvrages
  Au delà des temps et des âges,
  Au delà de l'éternité (3).

QUESTIONS SUR LE IIIᵉ ACTE.

Que représente le théâtre au 3ᵉ acte?
Quel est le sujet du 3ᵉ acte? — Par quelle scène s'ouvre-t-il?
Quel rôle Zarès remplit-elle auprès d'Aman?
Pourquoi Aman est-il si agité? — Comment se peint-il lui-même?
Quel conseil lui donne Zarès?
Qui vient chercher Aman? que lui apprend Hydaspe?
Pourquoi le chœur paraît-il sur la scène?

(1) Allusion à la touchante parabole de l'Enfant prodigue.

(2) « Comme une mère caresse son enfant, ainsi je vous consolerai, » dit le Seigneur dans Isaïe (LXVI, 13).

(3) Pensée sublime, tirée du fameux cantique entonné par Moïse sur le rivage de la mer Rouge, après la catastrophe qui engloutit Pharaon et son armée : « Le règne du Seigneur s'étendra sur toute l'éternité, et par delà, *regnabit Dominus in æternum, et ultra.* » (*Exode*, XV. 18.)

Cette hyperbole, d'une audace extraordinaire, ouvre à l'imagination étonnée un horizon sans bornes, et donne quelque idée de ces siècles qui se succèdent sans fin dans l'éternité de Dieu.

C'est finir par le sublime de l'Ecriture une tragédie toute pleine de son esprit.

Quel est le sujet du dialogue qui précède le chant?
Quel est le sujet des chants?
Quel est le moment le plus solennel de toute la pièce?
Quelles sont les deux parties du discours d'Esther?
Quel but se propose-t-elle?
Quels sont les différents points qu'elle touche?
Quelle idée donne-t-elle de Dieu? des Juifs? de Cyrus? de Cambyse? d'Assuérus?
Comment Aman se trahit-il?
Comment Esther accuse-t-elle Aman? — Comment justifie-t-elle les Juifs?
Pourquoi et comment parle-t-elle de Mardochée?
Quel est l'effet de ce discours sur Assuérus? Pourquoi sort-il?
Quelle conduite Aman tient-il vis-à-vis d'Esther?
Comment Esther accueille-t-elle sa prière?
Comment Aman est-il condamné?
Quel accueil Assuérus fait-il à Mardochée?
Quel est le dénoûment de la tragédie?
Montrez comment ce dénoûment est dramatique et moral.
Quel est le sujet du dernier chœur?
Quelle est la plus belle strophe de ce chœur?
Citez quelques autres traits sublimes ou touchants.

APPENDICE.

Edit de la délivrance (Acte III, sc. VIII).

Ce second édit faisait connaître à tout l'empire le caractère et les causes de la révolution tragique qui venait de s'accomplir à la cour; le roi disait à ses peuples :

« Vous ne devez pas penser, si nous ordonnons des choses différentes, que cela vienne de la légèreté de notre esprit, mais bien plutôt que l'amour du bien public nous oblige à rendre nos décrets selon la diversité des temps et de nos affaires.

» Nous avions reçu avec bonté auprès de nous Aman, fils d'Amadathi, étranger, Macédonien de cœur et d'origine, qui n'avait rien de commun avec le sang des Perses, et qui a voulu déshonorer notre clémence par sa cruauté. Nous lui avions donné tant de preuves de bonté jusqu'à le nommer notre père; nous avions ordonné à tous nos sujets de l'adorer comme le second après le roi; et cependant il en vint à un tel degré d'arrogance, qu'il osa attenter à notre couronne et à notre vie. Car, par ses sourdes machinations et par une perversité inouïe, il voulait envoyer à la mort Mardochée, qui a défendu notre vie par sa fidélité et ses bons services, et même Esther, la compagne de notre empire, avec tout son peuple; il espérait qu'après nous avoir privés de leur appui, il pourrait plus facilement nous surprendre nous-mêmes, et transférer aux Macédoniens l'empire des Perses.

» Cependant ces Juifs que le plus pervers des hommes avait destinés à la mort, nous ne les avons trouvés coupables d'aucune faute...; ils vivent au contraire d'après des lois très justes, comme les dignes fils du Dieu très haut, très grand et éternel, dont la bonté a conféré ce royaume à nos aïeux, et le conserve entre nos mains jusqu'à ce jour. C'est pourquoi sachez que les lettres que ce traître avait envoyées sous notre nom sont nulles. Lui-même, pour ce crime, a été attaché avec tous ses complices à une croix devant la porte de Suse, notre capitale; Dieu, et non pas nous, l'a ainsi puni, comme il l'avait mérité.

» Que cet édit que nous envoyons maintenant, soit donc publié dans toutes les villes, afin que les Juifs soient désormais libres de vivre selon leurs lois. Vous leur prêterez votre appui, afin qu'ils puissent faire périr ceux qui s'étaient préparés à les tuer le 13e jour du 12e mois appelé adar. Car le Dieu tout-puissant a changé pour eux ce jour d'affliction et de deuil en un jour de joie. C'est pourquoi vous mettrez aussi désormais ce jour parmi les jours de fêtes et vous le solenniserez par des réjouissances publiques, afin que la postérité sache que l'empire des Perses sait récompenser les serviteurs fidèles, et punir le crime des conspirateurs.

» Toute province, toute cité qui refuserait de prendre part à cette fête nationale, serait traitée avec la dernière rigueur, afin de servir d'exemple à tous les rebelles dans l'avenir. » (*Esther*, XVI.)

Sur cette fête, voir la Préface, p. 420, note 3.

ATHALIE

TRAGÉDIE

1691.

PRÉFACE [1].

Royaume de Juda. — Tout le monde sait que le royaume de Juda était composé des deux tribus de Juda et de Benjamin, et que les dix autres tribus qui se révoltèrent contre Roboam composaient le royaume d'Israël (2). Comme les rois de Juda étaient de la maison de David (3), et qu'ils avaient dans leur partage la ville et le temple de Jérusalem, tout ce qu'il y avait de prêtres et de lévites se retirèrent auprès d'eux, et leur demeurèrent toujours attachés : Car depuis que le temple de Salomon fut bâti, il n'était plus permis de sacrifier ailleurs ; et tous ces autres autels qu'on élevait à Dieu sur des montagnes, appelés par cette raison dans l'Ecriture les hauts lieux, ne lui étaient point agréables. Ainsi le culte légitime ne subsistait plus que dans Juda. Les dix tribus, excepté un très petit nombre de personnes, étaient ou idolâtres ou schismatiques.

Prêtres, lévites, Temple. — Au reste, ces prêtres et ces lévites

(1) « Tous ceux qui veulent bien entrer dans l'esprit de la tragédie, doivent lire avec attention cette préface ; c'est un chef-d'œuvre de clarté, de simplicité, et d'ordre : on n'y a oublié aucun des points de l'histoire juive qui servent à fonder l'intérêt de la pièce. » (GEOFFROY.) En 1691, Racine avait 51 ans.

(2) Le royaume d'*Israël* fut fondé par Jéroboam, qui se révolta contre Roboam, fils et successeur de Salomon, l'an 962 ; il prit le nom d'*Israël*, par opposition au royaume de *Juda* resté fidèle à la maison de David. Les dix tribus qui se séparèrent étaient Aser, Nephtali, Zabulon, Issachar, Manassé, Ephraïm, Dan, Siméon, Gad et Ruben ; elles occupaient la Galilée, la Samarie, la Pérée, et l'O. de la Judée propre. Sichem, Thirsa, enfin Samarie furent successivement la capitale du nouvel Etat. Infidèle au vrai Dieu, le royaume d'Israël fut sans cesse en guerre avec les royaumes de Juda, de Syrie et d'Assyrie ; Salmanasar le détruisit en 718, et emmena ses habitants en captivité à Ninive.

(3) David, roi et prophète, fils d'Isaï ou Jessé, né à Bethléem, l'an 1071 avant J.-C. Il reçut l'onction royale des mains du prophète Samuel, et régna de l'an 1040 à l'an 1001. Il fit de grandes conquêtes, enleva aux Jébusiens la ville de Jérusalem dont il fit sa capitale, vainquit les rois de Syrie et de Mésopotamie, et étendit les limites de son empire jusqu'à l'Euphrate à l'E. et jusqu'au désert au S. Il composa un grand nombre de cantiques ou psaumes qui sont regardés comme le chef-d'œuvre de la poésie lyrique.

faisaient eux-mêmes une tribu fort nombreuse (1). Ils furent partagés en diverses classes pour servir tour à tour dans le temple, d'un jour de sabbat à l'autre. Les prêtres étaient de la famille d'Aaron ; et il n'y avait que ceux de cette famille, lesquels pussent exercer la sacrificature. Les lévites leur étaient subordonnés, et avaient soin entre autres choses, du chant, de la préparation des victimes, et de la garde du temple. Ce nom de lévite ne laisse pas d'être donné quelquefois indifféremment à tous ceux de la tribu. Ceux qui étaient en semaine avaient, ainsi que le grand prêtre, leur logement dans les portiques ou galeries dont le temple était environné, et qui faisaient partie du temple même. Tout l'édifice s'appelait en général le lieu saint. Mais on appelait plus particulièrement de ce nom cette partie du temple intérieur où étaient le chandelier d'or, l'autel des parfums, et les tables des pains de proposition. Et cette partie était encore distinguée du Saint des saints, où était l'arche, et où le grand prêtre seul avait droit d'entrer une fois l'année. C'était une tradition assez constante, que la montagne sur laquelle le temple fut bâti était la même montagne où Abraham avait autrefois offert en sacrifice son fils Isaac.

Sujet, titre. — J'ai cru devoir expliquer ici ces particularités, afin que ceux à qui l'histoire de l'Ancien Testament ne sera pas assez présente, n'en soient point arrêtés en lisant cette tragédie. Elle a pour sujet Joas reconnu et mis sur le trône ; et j'aurais dû dans les règles l'intituler Joas. Mais la plupart du monde n'en ayant entendu parler que sous le nom d'Athalie, je n'ai pas jugé à propos de la leur présenter sous un autre titre, puisque d'ailleurs Athalie y joue un personnage si considérable, et que c'est sa mort qui termine la pièce. Voici une partie des principaux événements qui devancèrent cette grande action.

(1) Le sacerdoce juif établi par Moïse, d'après les ordres de Dieu, pour avoir soin du culte, était confié à la tribu de Lévi qui s'était signalée par sa fidélité et son zèle à l'occasion du veau d'or. Moïse et Aaron étaient de cette tribu. A la sortie d'Egypte, elle comptait 22,273 membres ; et 38,000, sous David.

Le grand prêtre était le chef du sacerdoce qui comprenait les *prêtres* et les *simples lévites*.

Les *prêtres* ou *sacrificateurs* étaient pris exclusivement dans la famille d'Aaron ; ils étaient chargés du sacerdoce proprement dit ; seuls ils pouvaient entrer dans l'intérieur du sanctuaire, offrir les sacrifices et faire le service des autels. Leur nombre étant devenu considérable, on les partagea, sous les rois, en 24 classes ayant chacune un chef et fonctionnant à tour de rôle.

Les *simples lévites*, issus des autres familles de la tribu de Lévi, étaient les serviteurs et les gardiens du sanctuaire et du temple. David les divisa en préposés, juges, portiers et musiciens.

La tribu de Lévi, étant consacrée au Seigneur, n'entra pas dans le partage de la terre de Chanaan : elle eut le droit d'occuper 48 villes choisies au milieu des différentes tribus ; les prêtres en eurent 13. Les revenus des prêtres et des lévites consistaient dans les dîmes que les propriétaires offraient chaque année à Dieu. L'étude de la Loi était un de leurs devoirs les plus importants.

Histoire de Joram, d'Athalie et de Joas (1). — Joram, roi de Juda, fils de Josaphat (2), et le septième roi de la race de David, épousa Athalie, fille d'Achab et de Jézabel, qui régnaient en Israël, fameux l'un et l'autre, mais principalement Jézabel, par leurs sanglantes persécutions contre les prophètes. Athalie, non moins impie que sa mère, entraîna bientôt le roi son mari dans l'idolâtrie, et fit même construire dans Jérusalem un temple à Baal, qui était le dieu du pays de Tyr et de Sidon où Jézabel avait pris naissance. Joram, après avoir vu périr par les mains des Arabes et des Philistins tous les princes ses enfants, à la réserve d'Ochosias, mourut lui-même misérablement d'une longue maladie qui lui consuma les entrailles. Sa mort funeste n'empêcha pas Ochosias d'imiter son impiété et celle d'Athalie sa mère (3). Mais ce prince, après avoir régné seulement un an, étant allé rendre visite au roi d'Israël, frère d'Athalie, fut enveloppé dans la ruine de la maison d'Achab, et tué par l'ordre de Jéhu, que Dieu avait fait sacrer par ses prophètes pour régner sur Israël, et pour être le ministre de ses vengeances (4). Jéhu extermina toute la postérité d'Achab, et fit jeter par les fenêtres Jézabel, qui, selon la prédiction d'Elie, fut mangée des chiens dans la vigne de ce même Naboth qu'elle avait fait mourir autrefois pour s'emparer de son héritage. Athalie, ayant appris à Jérusalem tous ces massacres, entreprit de son côté d'éteindre entièrement la race royale de David, en faisant

(1) L'histoire d'Athalie et de Joas est racontée au 4ᵉ *Livre des Rois*, ch. XI, et reproduite avec quelques variantes et additions au 2ᵉ livre des *Paralipomènes* (supplément aux 4 *Livres des Rois*).

(2) Josaphat (904-882), 4ᵉ roi de Juda, se distingua par sa piété et par la sagesse de son gouvernement.
Joram, fils de Josaphat (882-875), imita l'impiété d'Athalie, sa femme. A l'instigation de cette reine cruelle, il fit massacrer ses six frères et plusieurs chefs de la tribu de Juda. Les Philistins, les Arabes, les Iduméens, l'attaquèrent tous à la fois, prirent et pillèrent Jérusalem, tuèrent ou emmenèrent en captivité ses enfants à l'exception du jeune Ochosias. Joram fut frappé lui-même d'une horrible maladie, et mourut à la fleur de l'âge, après deux ans d'atroces douleurs. Le peuple lui refusa la sépulture royale.

(3) Ochosias ou Azarias (875-874), roi de Juda, dernier fils de Joram et d'Athalie, s'allia avec son oncle le roi Joram d'Israël contre Hazaël roi de Syrie, et mit avec lui le siège devant Ramoth-Galaad. Joram ayant été blessé, Ochosias le visita dans Samarie. Ce fut là qu'il fut surpris par les soldats de Jéhu et percé d'une flèche comme Joram.

(4) Jéhu (874-848), roi d'Israël, d'abord officier de l'impie Joram de Samarie; ayant reçu l'onction royale de la main du prophète Elie, il tua Joram d'un coup de flèche, et s'empara de son trône. Il fit périr en outre Ochosias, roi de Juda, ainsi que Jézabel avec tous les princes de la famille d'Achab et les prêtres de Baal. Une fausse politique l'empêcha de restaurer le culte du vrai Dieu dans le royaume d'Israël; il défendit à ses sujets d'aller sacrifier à Jérusalem, et remplaça Baal par les veaux d'or de Dan et de Béthel. Il en fut puni par Dieu; battu par Hazaël, roi de Syrie, il dut lui payer tribut. Son fils Joachaz lui succéda.

mourir tous les enfants d'Ochosias, ses petits-fils. Mais heureusement Josabeth, sœur d'Ochosias, et fille de Joram, mais d'une autre mère qu'Athalie, étant arrivée lorsqu'on égorgeait les princes ses neveux, elle trouva moyen de dérober du milieu des morts le petit Joas encore à la mamelle, et le confia avec sa nourrice au grand prêtre, son mari, qui les cacha tous deux dans le temple, où l'enfant fut élevé secrètement jusqu'au jour qu'il fut proclamé roi de Juda. L'Histoire des Rois dit que ce fut la septième année d'après. Mais le texte grec des *Paralipomènes*, que Sévère Sulpice (1) a suivi, dit que ce fut la huitième. C'est ce qui m'a autorisé à donner à ce prince neuf à dix ans, pour le mettre déjà en état de répondre aux questions qu'on lui fait.

Caractère de Joas. — Je crois ne lui avoir rien fait dire qui soit au-dessus de la portée d'un enfant de cet âge qui a de l'esprit et de la mémoire. Mais quand j'aurais été un peu au delà, il faut considérer que c'est ici un enfant tout extraordinaire, élevé dans le temple par un grand prêtre, qui le regardant comme l'unique espérance de sa nation, l'avait instruit de bonne heure dans tous les devoirs de la religion et de la royauté. Il n'en était pas de même des enfants des Juifs, que de la plupart des nôtres. On leur apprenait les saintes lettres, non seulement dès qu'ils avaient atteint l'usage de la raison, mais, pour me servir de l'expression de saint Paul, dès la mamelle (2). Chaque Juif était obligé d'écrire une fois en sa vie, de sa propre main, le volume de la loi tout entier. Les rois étaient même obligés de l'écrire deux fois, et il leur était enjoint de l'avoir continuellement devant les yeux (3). Je puis dire ici que la France voit en la personne d'un prince de huit ans et demi, qui fait aujourd'hui ses plus chères délices, un exemple illustre de ce que peut dans un enfant un heureux naturel aidé d'une excellente éducation; et que si j'avais donné au petit Joas la même vivacité et le même discernement qui brillent dans les reparties de ce jeune prince, on m'aurait accusé avec raison d'avoir péché contre les règles de la vraisemblance (4).

Zacharie. — L'âge de Zacharie, fils du grand prêtre, n'étant point

(1) Ecrivain ecclésiastique, né en Aquitaine, mort vers 410, auteur d'une *Histoire sacrée* et d'une *Histoire de saint Martin de Tours*. L'usage a prévalu de dire Sulpice Sévère, bien que Sévère fût le nom et Sulpice le surnom.

(2) II. *Tim.*, III, 15.

(3) Plusieurs interprètes de l'Ecriture parlent dans ce sens ; c'est aussi, au rapport du P. Lamy, le sentiment du célèbre rabbin Maimonide.

(4) Ce jeune prince est le duc de Bourgogne, fils du grand dauphin, et petit-fils de Louis XIV; né le 6 août 1682, il avait 8 ans et demi au commencement de 1691. Fénelon et le duc de Beauvilliers dirigeaient son éducation depuis le mois d'août 1689.

En 1713, deux ans après la mort de son illustre élève, Fénelon, dans sa *Lettre à l'Académie*, se plaisait à rappeler qu'il l'avait vu, « à huit ans, saisi de douleur à la vue du péril du petit Joas; impatient sur ce que le grand

marqué, on peut lui supposer, si l'on veut, deux ou trois ans de plus qu'à Joas.

Sainteté et importance de l'action de Joad. — J'ai suivi l'explication de plusieurs commentateurs fort habiles (1), qui prouvent, par le texte même de l'Ecriture, que tous ces soldats à qui Joïada, ou Joad, comme il est appelé dans Josèphe, fit prendre les armes consacrées à Dieu par David, étaient autant de prêtres et de lévites, aussi bien que les cinq centeniers qui les commandaient. En effet, disent ces interprètes, tout devait être saint dans une si sainte action, et aucun profane n'y devait être employé. Il s'y agissait non seulement de conserver le sceptre dans la maison de David, mais encore de conserver à ce grand roi cette suite de descendants dont devait naître le Messie. « Car ce Messie, » tant de fois promis comme fils d'Abraham, devait aussi être le fils de » David et de tous les rois de Juda. » De là vient que l'illustre et savant prélat de qui j'ai emprunté ces paroles (2), appelle Joas le précieux reste de la maison de David. Josèphe (3) en parle dans les mêmes termes. Et l'Ecriture dit expressément que Dieu n'extermina pas toute la famille de Joram, voulant conserver à David la lampe qu'il lui avait promise. Or cette lampe, qu'était-ce autre chose que la lumière qui devait être un jour révélée aux nations ?

La Pentecôte. — L'histoire ne spécifie point le jour où Joas fut proclamé. Quelques interprètes veulent que ce fût un jour de fête (4). J'ai choisi celle de la Pentecôte, qui était l'une des trois grandes fêtes des Juifs (5). On y célébrait la mémoire de la publication de la loi sur le mont

---

prêtre cachait à Joas son nom et sa naissance; » il l'avait vu aussi pleurer amèrement en écoutant ces vers de Virgile (*Georg.*, IV, 526) :

Ah! miseram Eurydicen anima fugiente vocabat :
Eurydicen toto referebant flumina ripæ.

Cf. La Fontaine, fable *du Loup et du Renard* (l. XII, 9).

(1) Entre autres Estius et Menochius.

(2) C'est Bossuet; le *Discours sur l'histoire universelle* d'où ces passages sont tirés (1ᵉ p., 4ᵉ ép., et 2ᵉ p., ch. 4) avait paru en 1681.

(3) Josèphe (Flavius), historien juif (37-100 ap. J.-C.), écrivit *l'Histoire de la guerre des Juifs contre les Romains* et les *Antiquités judaïques*.

(4) *Un jour de fête. J'ai choisi celle.* « *Fête* étant pris indéfiniment et sans article, l'emploi du pronom *celle* n'est pas grammaticalement exact: il eût été mieux de dire : *J'ai choisi la fête de,* etc. » (ACAD.)

(5) Ces trois grandes fêtes étaient celle des *Azymes* (la Pâque), celle des *Semaines* (la Pentecôte, 7 semaines ou le 50ᵉ jour après la Pâque), et celle des *Tabernacles*.

La fête de la Pentecôte, qui rappelait les merveilles du Sinaï, était aussi la fête des prémices : « Vous compterez cinquante jours depuis le 2ᵉ jour du sabbat où vous aurez offert la gerbe des prémices (commencement de la moisson, concordant avec la fête de Pâques), et vous offrirez au Seigneur un nouveau sacrifice, deux pains des prémices de fleur de farine levée, sept agneaux d'un an, un veau du troupeau, et deux béliers en holocauste, avec

de Sinaï (1), et on y offrait aussi à Dieu les premiers pains de la nouvelle moisson, ce qui faisait qu'on la nommait encore la fête des prémices. J'ai songé que ces circonstances me fourniraient quelque variété pour les chants du chœur.

Le chœur. — Ce chœur est composé de jeunes filles de la tribu de Lévi (2), et je mets à leur tête une fille que je donne pour sœur à Zacharie. C'est elle qui introduit le chœur chez sa mère. Elle chante avec lui, porte la parole pour lui, et fait enfin les fonctions de ce personnage des anciens chœurs qu'on appelait le coryphée (3). J'ai aussi essayé d'imiter des anciens cette continuité d'action qui fait que leur théâtre ne demeure jamais vide, les intervalles des actes n'étant marquées que par des hymnes et par des moralités du chœur, qui ont rapport à ce qui se passe (4).

Prophétie de Joad. — On me trouvera peut-être un peu hardi d'avoir osé mettre sur la scène un prophète inspiré de Dieu, et qui prédit l'avenir. Mais j'ai eu la précaution de ne mettre dans sa bouche que des expressions tirées des prophètes mêmes. Quoique l'Ecriture ne dise pas en termes exprès que Joïada ait eu l'esprit de prophétie, comme elle le dit de son fils, elle le représente comme un homme tout plein de l'esprit de Dieu. Et d'ailleurs ne paraît-il pas par l'Evangile qu'il a pu prophétiser en qualité de souverain pontife (5)? Je suppose donc qu'il voit en esprit le funeste changement de Joas, qui, après trente années d'un règne fort pieux, s'abandonna aux mauvais conseils des flatteurs, et se souilla du meurtre de Zacharie, fils et successeur de ce grand prêtre. Ce meurtre, commis dans le temple, fut une des principales causes de la colère de Dieu contre les Juifs, et de tous les malheurs qui leur arrivèrent

les libations..., et vous sacrifierez un bouc pour le péché, et deux agneaux d'un an pour les sacrifices pacifiques; le prêtre les élèvera avec les pains des prémices devant le Seigneur, et ils seront à lui. » (*Lévit.*, XXIII, 15-21.)

(1) Le Sinaï (ou *Sina*, contraction grecque), montagne de l'Arabie Pétrée.

(2) La présence dans le Temple d'une troupe de jeunes filles chantant les louanges de Dieu, est conforme aux usages des Juifs. « Dans le Temple même, dit dom Calmet, et dans les cérémonies religieuses, on voyait des musiciennes aussi bien que des musiciens. C'étaient pour l'ordinaire des filles des lévites... Le *Psaume IX* est adressé à Ben ou Banaïas, chef de la bande des jeunes filles qui chantaient au Temple.» (*Dict. de la Bible.*)

(3) Le coryphée (κορυφαῖος, de κορυφή, tête), nom donné au chef du chœur chez les anciens.

(4) C'est la première fois qu'on vit reparaître sur le théâtre français cette continuité d'action qui donne au drame la dernière perfection de la vraisemblance.

(5) Les Juifs ayant tenu un conciliabule pour perdre N.-S., « Caïphe, le grand prêtre de cette année, leur dit: « Vous n'y entendez rien, et vous ne considérez pas qu'il est dans votre intérêt qu'un homme meure pour le peuple, et non pas que toute la nation périsse. » Or, il ne dit point cela de lui-même; mais, étant grand prêtre de cette année, il prophétisa que Jésus devait mourir pour la nation. » (JOAN., XI, 49-51.)

dans la suite (1). On prétend même que depuis ce jour-là les réponses de Dieu cessèrent entièrement dans le sanctuaire. C'est ce qui m'a donné lieu de faire prédire tout de suite à Joad et la destruction du temple et la ruine de Jérusalem. Mais comme les prophètes joignent d'ordinaire les consolations aux menaces, et que d'ailleurs il s'agit de mettre sur le trône un des ancêtres du Messie, j'ai pris occasion de faire entrevoir la venue de ce consolateur, après lequel tous les anciens justes soupiraient. Cette scène, qui est une espèce d'épisode (2), amène très naturellement la musique, par la coutume qu'avaient plusieurs prophètes d'entrer dans leurs saints transports au son des instruments. Témoin cette troupe de prophètes qui vinrent au-devant de Saül avec des harpes et des lyres qu'on portait devant eux (3); et témoin Elisée lui-même, qui étant consulté sur l'avenir par le roi de Juda et par le roi d'Israël, dit, comme fait ici Joad : *Adducite mihi psaltem* (4). Ajoutez à cela que cette prophétie sert beaucoup à augmenter le trouble dans la pièce, par la consternation et par les différents mouvements où elle jette le chœur et les principaux acteurs.

(1) Voici le récit de ce meurtre sacrilège : « Après que Joïada fut mort, les princes de Juda vinrent trouver le roi et l'adorèrent; ce prince, séduit par leurs louanges, se rendit à leurs désirs. Et ils abandonnèrent le temple du Seigneur..., ils adorèrent les idoles, et la colère de Dieu s'appesantit sur Juda et sur Jérusalem. Et le Seigneur leur envoyait des prophètes pour les ramener à lui; mais ils ne voulaient pas écouter leurs instances. C'est pourquoi l'Esprit de Dieu remplit le grand prêtre Zacharie, fils de Joïada, et il se présenta devant le peuple et il leur dit : Voici ce que dit le Seigneur votre Dieu : Pourquoi transgressez-vous les préceptes du Seigneur? Cette conduite ne tournera pas à votre profit? Et les Juifs complotèrent contre lui et le lapidèrent dans le parvis du temple conformément à l'ordre du roi. Et Joas ne se souvint pas des bienfaits de Joïada, père de Zacharie; mais il tua son fils. Celui-ci dit en mourant : Que Dieu voie, et juge. » (*II. Paralip.*, XXIV, 17-22.)

N.-S. disait aux Juifs, meurtriers des prophètes : « Sur vous retombera le sang de Zacharie, fils de Barachie, que vous avez tué entre le temple et l'autel. » (Matth., XXIII, 35.) Au lieu des mots : *fils de Barachie*, les Nazaréens, au rapport de saint Jérôme, lisaient dans l'évangile dont ils se servaient : *fils de Joïada*. (*Comment. sur S. Matth.*)

(2) *Episode*, action incidente liée à l'action principale dans un poème.

(3) Samuel dit à Saül : « Lorsque vous serez entré dans la ville, vous rencontrerez une troupe de prophètes précédés de lyres, de tambours, de flûtes et de harpes, et prophétisant. Et l'Esprit du Seigneur se saisira de vous, et vous prophétiserez avec eux, et vous serez changé en un autre homme. » (I. *Rois*, X, 5.)

(4) « Elisée dit : Vive le Seigneur en présence duquel je suis ! Si je ne respectais la présence de Josaphat, roi de Juda, je ne vous aurais pas même regardé (il parlait à Joram, roi d'Israël). Mais maintenant, faites-moi venir un joueur de harpe. Et pendant que cet homme chantait sur sa harpe, la main du Seigneur fut sur Elisée, et il lui dit : Voici ce que dit le Seigneur.... » (IV. *Rois*, III, 14-16.)

Plan du Temple de Salomon [1].

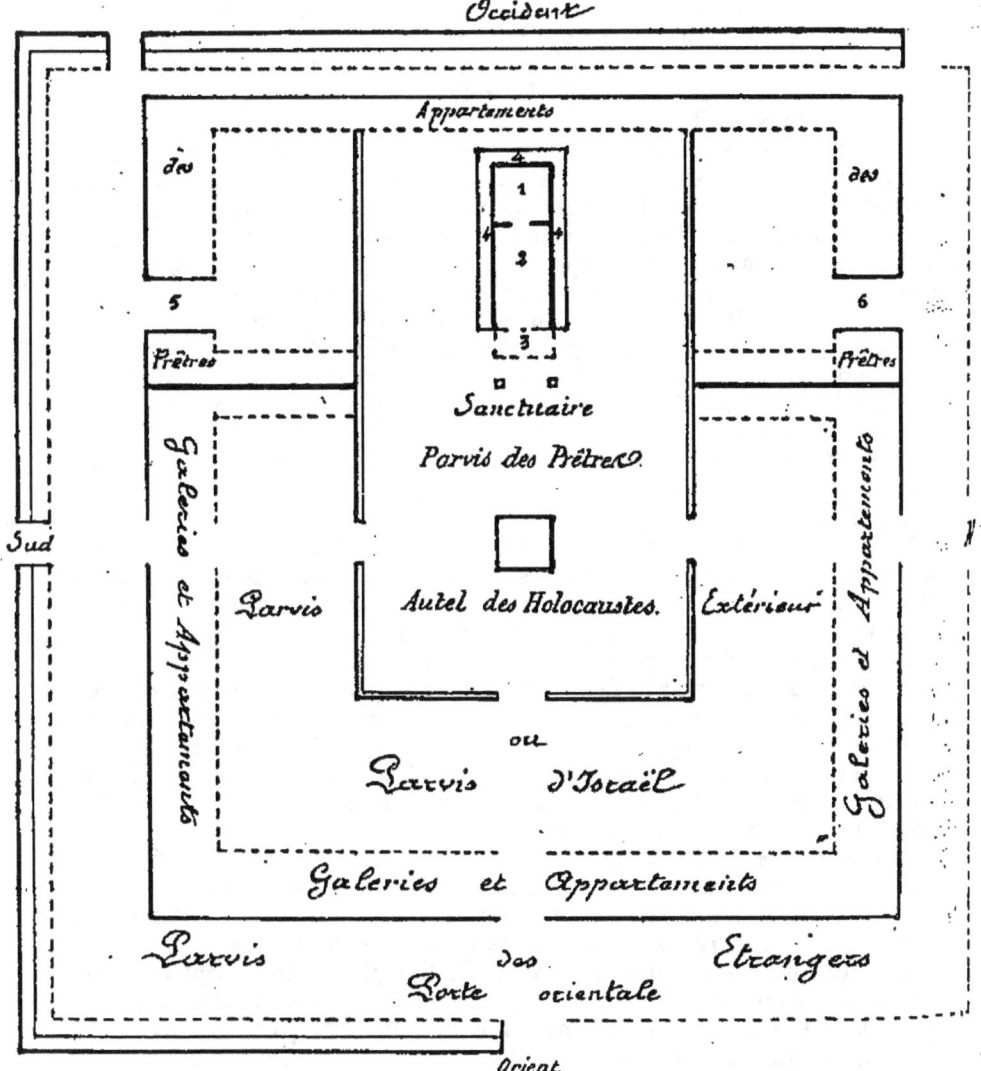

Echelle de 0^m0005 pour mètre.

1. Le Saint des Saints.
2. Le Lieu Saint.
3. Le Vestibule.
4. Chambres du Trésor.
5. Vestibule du grand prêtre (?).
6. Vestibule des prêtres (?).

La *place du Temple*, établie sur la grande terrasse du mont Moriah que Salomon avait nivelée et affermie par des murs gigantesques, formait un carré d'un stade (187 mètres) de côté. Une muraille ayant 3 mètres de haut et autant de large, faisait tout le tour de l'esplanade.

(1) V. Darras, *Hist. générale de l'Eglise*, II. — Dancessi, *Atlas géogr. et archéol.* — Mislin, *Les Saints Lieux*. — *Histoire univ.*, t. VI. — Lamy, *Introd. à l'Ecrit. S.* — Migne, *Atlas géogr. et iconogr. du cours d'Ecrit. S.* — Munk, *Palestine*.

ATHALIE

Le *Temple* était construit sur le modèle du temple portatif de Moïse, mais dans des proportions beaucoup plus grandes ; il se composait du *Temple* proprement dit, et de deux cours ou *parvis*.

Le *Temple* proprement dit, bâti en pierres, avait 30 mètres de longueur (de l'E. à l'O.), sur 10 de largeur et 15 de hauteur.

Devant l'entrée du Temple, à l'E., se trouvait un portique ayant 10 m. de long (du N. au S.), 5 m. de large (de l'E. à l'O.), et 30 m. au moins en hauteur ; il couvrait toute la largeur de l'édifice.

Deux magnifiques colonnes d'airain, de 20 m. de haut, étaient placées devant le portique, des deux côtés de l'entrée, à la façon des obélisques égyptiens. Le portique et les deux colonnes formaient la façade du Temple.

Sur les deux côtés et sur le derrière (c'est-à-dire au N., au S. et à l'O.) étaient adossés au mur trois étages de chambres destinées au trésor et aux provisions ; l'entrée en était au S., au milieu du rez-de-chaussée.

Le Temple était couvert en bois de cèdre ; il se terminait, selon toute apparence, par une plate-forme entourée d'une balustrade.

A l'intérieur, le Temple était, comme le Tabernacle de Moïse, divisé en deux parties : le *Lieu Saint* sur le devant (à l'E.), et le *Saint des Saints* ou l'*Oracle* au fond (à l'O.).

Le Saint des Saints avait 10 m. en longueur, en largeur et en hauteur ; celui de Moïse n'en avait que 5. Le Lieu Saint avait 20 m. de long sur 10 de large ; la hauteur était de 15 m.

Les murs étaient couverts partout d'un lambris de bois de cèdre, sculpté de chérubins, de branches de palmiers et de fleurs ; le plafond était aussi en bois de cèdre et le parquet en bois de cyprès. Partout, même au parquet, la boiserie était couverte de lames d'or. Les gonds des portes étaient en or.

Dans le *Lieu Saint* se trouvaient l'*autel des parfums*, le *chandelier à sept branches*, la *Table des pains de proposition*, et un grand nombre de vases d'or.

Dans le *Saint des Saints*, il n'y avait que l'*Arche sainte*. Deux chérubins de bois d'olivier, couverts d'or, se trouvaient sur l'arche, à ses deux extrémités ; ils avaient chacun 5 m. de haut, et leurs ailes étendues couvraient l'arche, et voilaient le trône d'où l'Eternel rendait ses oracles. L'entrée du Saint des Saints était fermée par un grand voile de pourpre.

Le *parvis intérieur* était une cour qui entourait tout le Temple ; il était fermé par un petit mur d'environ 1 m. de hauteur surmonté d'une balustrade. Le devant, en face du portique du Temple, était très vaste. On l'appelait aussi le *parvis des prêtres*, parce que les prêtres y exerçaient leurs fonctions.

Au milieu du parvis, devant la façade du Temple, se trouvaient le grand *autel d'airain* (ayant 10 m. de long, 10 de large et 5 de haut) ; le grand *bassin* ou *mer d'airain* (ayant 5 mètres de diamètre et reposant sur 12 bœufs d'airain), et dix autres bassins moins considérables.

Le *parvis extérieur*, appelé aussi le *parvis d'Israël*, entourait le parvis intérieur ; là se tenait le peuple. Dans le second Temple bâti après la captivité, Hérode ajouta un *parvis des Gentils*, en dehors du parvis extérieur.

Les entrées des deux parvis étaient fermées par des portes couvertes d'airain.

Un grand nombre d'appartements destinés au trésor, aux prêtres et aux lévites de service, se trouvaient dans ces parvis ; ils formaient probablement l'enceinte du parvis extérieur ; au rez-de-chaussée s'étendaient les vastes galeries et les portiques dont parle l'Ecriture sainte ; le célèbre *Portique de Salomon* était à l'Est, à l'entrée de l'esplanade.

Le palais du Roi s'élevait tout près du Temple, au midi.

ATHALIE

EXTRAIT

du Livre second des Paralipomènes.

Chap. XXII. — v. 8. Comme Jéhu s'en allait pour ruiner la maison d'Achab, il trouva les princes de Juda et les neveux d'Ochosias et il les tua.

9. Cherchant aussi Ochosias (roi de Juda), il le surprit caché dans Samarie; quand on le lui eut amené, il le fit mourir : on l'ensevelit, parce qu'il était fils de Josaphat, qui avait cherché le Seigneur de tout son cœur; mais il n'y avait plus d'espérance que quelqu'un de la race d'Ochosias régnât.

10. Car Athalie, sa mère, voyant que son fils était mort, se leva et tua tout ce qui restait de la maison royale de Joram.

11. Or, Josabeth prit Joas, fils d'Ochosias, et l'enleva furtivement du milieu des enfants du roi, lorsqu'on les massacrait, et elle le cacha, lui et sa nourrice, dans la salle dite des lits. Josabeth qui l'avait caché, était fille du roi Joram, femme du pontife Joïada, et sœur d'Ochosias. C'est ainsi qu'Athalie ne fit pas mourir Joas.

12. Ce prince resta caché avec les prêtres, dans la maison de Dieu, durant les six années qu'Athalie régna sur la terre de Juda.

Chap. XXIII. — 1. Or, en la septième année, Joïada prit un parti généreux : il choisit les centeniers, à savoir Azarias, fils de Jéroham; Ismaël, fils de Johanan; Azarias, fils d'Obed; Maasias, fils d'Adaïas, et Elisapahth, fils de Zechri, et fit alliance avec eux.

2. Ils parcoururent la tribu de Juda, et ils assemblèrent les lévites de toutes les villes de Juda et les princes des familles d'Israël, et ils vinrent à Jérusalem.

3. Toute cette multitude jura fidélité au roi dans le temple de Dieu, et Joïada leur dit : Voici le fils du dernier roi, il régnera selon les promesses que le Seigneur a faites à la race de David.

4. Voici donc ce que vous aurez à faire :

5. Ceux d'entre vous, prêtres, lévites et portiers, qui viennent pour la semaine dans le temple, formeront la première section et garderont les portes ; la seconde section se placera près du palais du roi, et la troisième à la porte de l'orient ; le peuple restera dans les parvis de la maison du Seigneur.

6. Que personne n'entre dans la maison du Seigneur, excepté les prêtres et les lévites qui servent dans le temple ; eux seuls y entreront, parce qu'ils sont sanctifiés ; le reste se tiendra dans le parvis extérieur.

7. Les lévites entoureront le roi, tous l'épée à la main, et si quelque autre entrait dans le temple, qu'il soit mis à mort; les lévites accompagneront partout le roi.

8. Les lévites donc et tout le peuple de Juda accomplirent tout ce que le grand prêtre Joïada leur avait ordonné; ils prirent chacun les hommes qui leur étaient soumis, ceux qui venaient à leur rang le jour du sabbat remplir leur semaine, et ceux qui l'avaient achevée et allaient sortir du service ; le pontife Joïada n'avait pas permis aux sections de prêtres et de lévites qui avaient coutume de se succéder, de quitter le temple.

9. Le grand prêtre Joïada donna aux centeniers les lances et les boucliers que le roi David avait consacrés dans la maison du Seigneur.

10. Il plaça tout le peuple, le glaive à la main, en face de l'autel et du temple, depuis le côté droit du temple jusqu'au côté gauche, autour du roi.

11. Et ils amenèrent le fils du roi, et lui mirent la couronne sur la tête; et plaçant dans sa main le livre de la Loi, ils l'établirent roi ; le grand prêtre

Joïada, aidé de ses fils, lui conféra l'onction royale, et l'assemblée avec des transports d'enthousiasme cria : Vive le roi !

12. Lorsqu'Athalie eut entendu la voix du peuple qui accourait et bénissait le roi, elle vint vers le peuple dans le temple du Seigneur.

13. Dès que, de l'entrée royale, elle eut vu Joas debout, selon l'usage, sur l'estrade du roi, entouré des princes de Juda et des lévites en armes, et de tout le peuple triomphant de joie ; quand elle entendit le son des trompettes, les instruments de musique et les chœurs de chants qui se mêlaient aux acclamations de la foule, elle déchira ses vêtements, et s'écria : Trahison ! trahison !

14. Alors le pontife Joïada, sortant du parvis des prêtres, et s'avançant vers les centeniers et les chefs de la garde du temple, leur dit : Faites-la sortir de l'enceinte du temple ; et qu'elle soit mise à mort hors de ces murs. Et il leur ordonna de ne pas la tuer dans la maison du Seigneur.

15. Ils mirent la main sur elle ; et lorsqu'elle fut entrée sous la porte des Chevaux dans le palais du roi, ils la tuèrent.

16. Or, Joïada fit une alliance entre le pontife du Seigneur, le peuple et le roi, afin qu'il y eût de nouveau le peuple de Dieu.

17. C'est pourquoi tout le peuple se précipita dans le temple de Baal, et le détruisit : il en brisa toutes les statues, tous les autels, et il tua Mathan, prêtre de Baal, en face de l'autel.

18. Joïada établit des chefs pour la garde du temple, sous la dépendance des prêtres et des lévites, selon la distribution que David en avait faite, afin que l'on offrît des holocaustes au Seigneur, comme il est écrit dans la loi de Moïse, avec des transports de joie et au chant des cantiques, ainsi que David l'avait ordonné.

19. Il plaça aussi des gardiens aux portes de la maison du Seigneur, afin d'en interdire l'entrée aux idolâtres.

20. Il prit alors les centeniers, les hommes les plus braves et les plus considérables, et suivi de la foule, il fit descendre le roi de la maison du Seigneur, le conduisit dans son palais par la porte supérieure, et le plaça sur le trône royal.

21. Tout le peuple était dans l'allégresse, et la ville retrouva la paix ; Athalie était morte par le glaive.

Chap. XXIV. — 1. Joas avait sept ans, quand il commença à régner, et régna quarante ans à Jérusalem. Sa mère s'appelait Sébia, elle était de Bersabée.

2. Et il fit le bien en la présence du Seigneur, durant les jours du pontife Joïada.

Liste des premiers rois de Juda et d'Israël.

Saül, 1080 av. J.-C.
David, 1040
Salomon, 1001-962

Roy. de Juda.	(Schisme)	Roy. d'Israel.
Roboam.....962		Jéroboam..962
Abias......946		Nadab......943
Asa........944		Baasa......942
Josaphat...904	Maison	Ela..., Amri.919
Joram......882	de	Achab......907
Ochosias....875	David.	Ochosias....888
Athalie.....874		Joram....887
Joas.......868		Jéhu.......874
Amasias....831...		Joachaz.....848...

PERSONNAGES :

JOAS, roi de Juda, fils d'Ochosias (1).
ATHALIE, veuve de Joram, aïeule de Joas (2).
JOAD, autrement Joïada, grand prêtre (3).
JOSABETH, tante de Joas, femme du grand prêtre (4).
ZACHARIE, fils de Joad et de Josabeth (5).
SALOMITH, sœur de Zacharie.
ABNER, l'un des principaux officiers des rois de Juda (6).
AZARIAS, ISMAEL, et les trois autres chefs des prêtres et des lévites.
MATHAN, prêtre apostat, sacrificateur de Baal.
NABAL, confident de Mathan.
AGAR, femme de la suite d'Athalie.
Troupe de prêtres et de lévites.
Suite d'Athalie.
La nourrice de Joas.
Chœur de jeunes filles de la tribu de Lévi.

La scène est dans le temple de Jérusalem, dans un vestibule de l'appartement du grand prêtre.

(L'an 868 av. J.-C.)

(1) Joas, fils d'Ochosias, petit-fils de Joram et d'Athalie, roi de Juda (868-831 av. J.-C.). Après la mort de Joad, il s'adonna à l'idolâtrie, et mit à mort Zacharie, fils du grand prêtre. Il fut battu par Hazaël, roi de Syrie, et tué peu après par ses propres sujets.

(2) Athalie, fille d'Achab (roi d'Israël) et de Jézabel ; épouse de Joram, roi de Juda ; mère d'Ochosias et aïeule de Joas. A la mort d'Ochosias (875), elle usurpa le trône, et se signala par sa cruauté et par son impiété. Joad ayant fait proclamer le jeune Joas, Athalie fut massacrée par le peuple (868).

(3) Joad, dit Racine, est représenté par l'Ecriture comme un homme plein de l'esprit de Dieu. Après avoir rendu le trône à Joas, il l'aida de ses conseils, « et l'on ne cessa point d'offrir des holocaustes au Seigneur durant toute la vie de Joïada. Il vécut plein de jours, et mourut âgé de 130 ans. On l'ensevelit avec les rois dans la cité de David, honneur exceptionnel qui lui fut accordé parce qu'il avait fait beaucoup de bien à Israël et à la maison de David. » (II. *Paralip.*, XXIV, 16.)

(4) Josabeth, sœur d'Ochosias et tante de Joas, fille par conséquent du roi Joram de Juda, mais d'une autre mère qu'Athalie.

(5) Pour Zacharie et Salomith, v. la Préface.

(6) Le nom d'Abner a été porté par un fameux général de Saül et de David. Pour ce personnage et les suivants, v. p. 536.

ATHALIE

Analyse générale de l'action.

Depuis huit ans, une *impie étrangère*, Athalie, occupe le trône de Juda, après avoir fait massacrer les enfants du dernier roi, son fils Ochosias. Par son impiété et par sa cruauté, elle fait régner la terreur dans Jérusalem : un temple a été élevé par ses soins à Baal, l'idole de Sidon, patrie de sa mère.

Le grand prêtre Joad soutient seul la foi des Juifs : il garde encore caché sous le nom d'Eliacin, le jeune Joas, que Josabeth avait arraché au poignard d'Athalie.

Acte Ier.

Abner, général d'Athalie, est resté fidèle à Dieu : le jour de la Pentecôte, il vient de grand matin au Temple. Rencontré par Joad, Abner lui fait part de ses alarmes : il craint qu'Athalie ne se porte aux derniers excès contre le pontife.

Joad relève les espérances d'Abner et promet de lui révéler, à la troisième heure du jour, un secret important. Pressé par le danger, le grand prêtre forme le dessein de proclamer Joas le jour même : il l'annonce à Josabeth et raffermit sa confiance.

Le chœur chante les bienfaits de Dieu et la douceur de sa loi.

Acte II.

Josabeth apprend tout à coup qu'Athalie est entrée dans le Temple pendant le sacrifice ; arrêtée par Joad, elle s'est retirée en jetant sur Eliacin des regards menaçants.

Bientôt la reine elle-même apparaît avec Abner ; dès que Mathan qu'elle a fait appeler en toute hâte, est arrivé, elle expose à son général et à son ministre la cause de son trouble : dans l'un des deux jeunes lévites qui servaient à l'autel, elle a reconnu le même enfant qu'elle avait vu en songe lui plonger un poignard dans le cœur : c'était Eliacin. Sur son ordre, Eliacin est amené devant elle, et subit un interrogatoire insidieux ; ses réponses rassurent Athalie au sujet du songe, mais lui montrent un enfant élevé dans la haine du nouveau culte et de celle qui le protège : elle sort furieuse, incertaine encore du parti à prendre. Joad va purifier le Temple souillé par la présence de la reine idolâtre.

Le chœur chante les charmes de l'innocence, et déplore le malheur de l'impie qui vit dans les délices.

Acte III.

Poussée par Mathan, la reine exige du grand prêtre qu'Eliacin lui soit remis comme otage, sous peine de voir le Temple réduit en cendres ; l'apostat vient demander l'enfant à Josabeth. En attendant son arrivée, il expose à Nabal les motifs de sa haine contre Joad et contre le Dieu des

Juifs. Josabeth vient et oppose un noble refus à la demande d'Athalie. Joad, prévenu de la présence de Mathan, arrive et chasse le prêtre de Baal avec ignominie hors du temple.

Cependant les soupçons toujours croissants d'Athalie forcent Joad d'avancer l'heure du couronnement. Un saint enthousiasme s'empare de lui : il prophétise la chute de Jérusalem et l'établissement de l'Eglise.

Le chœur exprime dans ses chants les craintes et les espérances que lui inspire cette prophétie.

Acte IV.

Le grand prêtre, après avoir révélé à Joas sa royale naissance, le présente aux lévites comme le véritable héritier de David, et leur demande de le défendre contre Athalie. Au moment où Joad se retire pour répandre l'huile sainte sur le front du jeune roi, un lévite annonce que le Temple est cerné par les satellites de la reine.

Le chœur implore le secours de Dieu pour la lutte qui s'engage.

Acte V.

Abner vient de la part d'Athalie proposer la paix au grand prêtre, à la condition qu'il livrera le trésor qui est caché dans le Temple, et l'enfant mystérieux qu'elle a interrogé. Joad promet de découvrir le trésor à la reine; quant à l'enfant, Abner sera instruit de sa naissance, et décidera de son sort. Dès qu'Abner est sorti, le grand prêtre ordonne aux lévites de refermer les portes sur Athalie, quand elle aura pénétré dans le Temple, et d'annoncer en même temps au peuple, du haut des murs, que Joas, le fils de ses rois, est vivant.

Cependant Joas, entouré de l'appareil royal, est placé sur le trône; un rideau le cache; des lévites, placés dans les salles voisines, se tiennent prêts pour le défendre.

Athalie entre et somme Joad de remplir sa promesse. Aussitôt le rideau s'ouvre, et le grand prêtre lui montre Joas. Athalie reconnaît son petit-fils, le fils d'Ochosias. Elle appelle ses satellites au secours; mais un lévite annonce que les Tyriens sont en fuite, et que le peuple acclame Joas. Emportée par la fureur, Athalie profère des blasphèmes contre Dieu et des imprécations contre Joas; sur l'ordre du pontife, elle est entraînée par les lévites, et mise à mort.

ATHALIE

Appréciation.

I. L'Ecriture sainte et le poète.

Athalie est tirée, comme *Esther*, de l'Ecriture.

On y trouve, comme dans *Esther*, l'esprit des Livres saints avec la foi et la piété de Racine. Mais le génie du poète y a pris un essor plus vaste et plus hardi. La conception du drame est plus large, et les proportions en sont plus grandioses.

L'histoire ne fournissait à Racine que trois faits : 1° la conservation du jeune Joas, arraché par Josabeth aux fureurs d'Athalie; 2° son couronnement, grâce au zèle patriotique du grand prêtre Joad; 3° la mort de l'usurpatrice.

Le caractère d'Athalie n'est indiqué que par deux traits : l'impiété et la cruauté; dans Joad, on voit un Pontife fidèle, courageux, sage et dévoué; Josabeth et Joas ne sont nommés qu'en passant; Mathan est seulement désigné comme prêtre de Baal.

De ces données si simples, Racine a tiré la plus merveilleuse des tragédies; sa puissance créatrice se montre surtout en quatre points :

1° La peinture vivante des grands caractères de Joad et d'Athalie, à peine esquissés dans l'Ecriture;

2° La création des rôles d'Abner, de Mathan, de Josabeth, de Joas, de Nabal, de Zacharie et de Salomith;

3° L'invention des chœurs;

4° La conception du songe d'Athalie, et de la grande prophétie de Joad. Le songe est une pièce capitale du drame : toute l'intrigue en dépend.

Les scènes du couronnement, de la défense du Temple, du soulèvement de Jérusalem et de la mort d'Athalie, sont les seules qui soient indiquées dans l'Ecriture. Racine a donc puisé dans son propre génie les trois premiers actes tout entiers, et la moitié au moins du 4e et du 5e.

II. Athalie, l'idéal de la tragédie.

Athalie n'est pas seulement une tragédie admirable, la tragédie la plus parfaite de Racine; c'est *l'idéal même de la tragédie*.

En d'autres termes, *Athalie* réalise le type de la tragédie dans sa plus grande perfection.

On y trouve réunies dans l'ensemble le plus harmonieux et au degré le plus éminent, toutes les qualités que l'art et le génie peuvent mettre dans une œuvre tragique :

1° La grandeur imposante d'un sujet à la fois religieux et national, élevé à une hauteur divine par les perspectives surnaturelles du Messie et de l'Eglise;

2° Le contraste des caractères les plus énergiques avec les figures les plus douces, les plus gracieuses;

3° La terreur et la pitié excitées au plus haut point, les situations les plus émouvantes, les coups de théâtre les plus dramatiques ;

4° La simplicité d'une action qui se développe sans intrigue artificielle;

5° La moralité la plus haute et le dénoûment le plus grandiose ;

6° La convenance parfaite du ton, passant, sans la moindre affectation ni le moindre effort, de la naïveté charmante de l'enfant à la majesté du pontife et à l'enthousiasme sublime du prophète ;

7° La perfection soutenue du style ;

8° La régularité absolue de la conduite dramatique ;

9° Enfin le spectacle auguste de la religion, relevé par l'appareil guerrier et par l'harmonie des chants (1).

Aussi Voltaire disait avec raison : « *Athalie* est peut-être le chef-d'œuvre de l'esprit humain. »

III. L'action.

Le *sujet* d'*Athalie* est la reconnaissance et l'avènement de Joas.

Le *héros* est Joas ; la pièce a gardé cependant le nom d'*Athalie* qu'on lui avait donné tout d'abord, à cause de l'importance du rôle que cette reine y remplit. (V. la Préface.)

L'*action* consiste dans l'entreprise héroïque de Joad : pressé par l'imminence du danger, il se résout à mettre à exécution le dessein

---

(1) « Rien n'est beau et imposant pour les peuples assemblés comme le spectacle de la religion : il y a dans l'aspect de ces pompes augustes quelque chose qui saisit l'âme tout entière... Il n'y a pas de cœur, quelque flétri qu'il soit par ce qu'on appelle aujourd'hui la philosophie, qui ne cède à cet appareil et à cette majesté des choses religieuses ; et lorsqu'elles se mêlent à une action dramatique, elles lui donnent une couleur sombre et pathétique, quelque chose de grand et de céleste qui n'appartient point aux spectacles ordinaires. » (LAURENTIE, *Etude des Lettres*, ch. VIII.)

Jamais appareil aussi imposant n'avait paru sur la scène française. Les conditions matérielles du théâtre au XVII° et XVIII° siècle, étaient telles, qu'il fut impossible pendant longtemps de donner à ce spectacle le déploiement grandiose qu'il demande.

A gauche et à droite, sur le théâtre même, étaient placés les bancs des marquis (supprimés seulement en 1759). La scène était encombrée de spectateurs qui gênaient extrêmement les mouvements des acteurs. On rapporte qu'à la première représentation de *Sémiramis*, le fantôme manqua son entrée, parce qu'il fut obligé de disputer le passage, malgré l'officier qui criait: *Place au fantôme*.

« Ce temple du Seigneur devenu le champ de bataille d'une grande révolution, ces troupes de lévites armés, tout cet appareil religieux et guerrier, c'était trop peut-être pour nos théâtres publics eux-mêmes. Aux dernières scènes d'*Athalie*, dont la pompe sacerdotale à la fois et nationale rappelle, avec plus de mouvement et d'intérêt dramatique, les dernières scènes des *Euménides* d'Eschyle, il en eût fallu un, ce nous semble, tel que celui d'Athènes, où de grands spectacles étaient possibles, en présence d'un peuple si nombreux, animé d'ailleurs des mêmes sentiments que le poète, et disposé à être ému par les souvenirs de son histoire religieuse. » (P. MESNARD.)

formé depuis longtemps, de rendre le trône à l'héritier légitime ; il fait donc reconnaître Joas par les prêtres d'abord, puis par le peuple, et Athalie est mise à mort.

La *justice* de l'action de Joad se prouve par l'usurpation notoire d'Athalie, et par le droit incontestable de Joas. Athalie était exclue du trône comme femme, comme étrangère, comme idolâtre ; le trône appartenait au fils d'Ochosias qu'elle croyait avoir égorgé avec ses frères. Dès lors, quelle action plus juste que de rendre la couronne à Joas, et de renverser l'usurpatrice ? Aussi Joad n'avait jamais reconnu Athalie, jamais il ne lui avait prêté le serment de fidélité. Dès l'abord, il dit à Abner :

> Huit ans déjà passés, *une impie étrangère*
> Du sceptre de David *usurpe* tous les droits.

L'*héroïsme* de l'action de Joad éclate en ce que, pour rendre la couronne à son roi légitime, il s'expose, lui avec sa famille et le Temple, aux vengeances furieuses d'Athalie ; il n'a pour appui que Dieu dans le ciel, et sur la terre quelques lévites.

Deux grands *acteurs*, l'un visible, l'autre invisible, mènent la tragédie : l'acteur visible, c'est *Joad* ; l'acteur invisible, c'est *Dieu*. Dieu peut même être appelé le grand, le principal moteur : c'est Lui qui inspire et soutient Joad ; Lui qui trouble, égare, déconcerte Athalie ; Lui qui anime les prêtres et réveille le peuple ; Lui enfin qui fait paraître sa Providence dans le triomphe de l'innocent, et sa Justice dans le châtiment de l'impie (1).

Athalie, en tombant, reconnaît la main qui la frappe :

> Impitoyable Dieu, *toi seul* as tout conduit.

(1) « Le grand ou plutôt l'unique personnage d'*Athalie*, depuis le premier vers jusqu'au dernier, c'est Dieu. Dieu est là, au-dessus du grand prêtre et de l'enfant, et à chaque point de cette simple et forte histoire, il y est invisible, immuable, partout senti. » (SAINTE-BEUVE, *Port-Royal*, l. VI, ch. 11.)
Dieu, dont l'action est si grande dans *Athalie*, y est représenté avec les traits qui conviennent à l'Etre suprême, tel qu'il s'est révélé dans l'Ecriture. Sa *grandeur* éclate dans la puissance souveraine avec laquelle il tient les rois sous sa main. Il fait admirer sa *bonté* dans le soin paternel qu'il a de l'orphelin ; sa *sagesse*, dans les moyens suaves et forts, infaillibles toujours, par lesquels il arrive à ses fins ; sa *providence*, dans la sollicitude prévoyante et efficace avec laquelle il veille sur le sort du plus petit enfant, comme sur les destinées des peuples ; sa *fidélité*, dans l'accomplissement merveilleux des promesses qu'il avait daigné faire à la maison de David ; sa *science*, dans la révélation des mystères de l'avenir qu'il fait à son ministre ; sa justice enfin, dans le châtiment solennel et terrible de l'impie qui le brave.
Dieu remplit la tragédie comme il remplit l'univers ; sa présence invisible se sent partout, sa puissance cachée soutient tout, sa sagesse dirige tout, sans se départir jamais du respect le plus délicat pour la liberté de ses créatures ; en sorte que l'on a pu dire avec raison que, *si Virgile soutient ses dieux, Racine est porté par le sien*.

L'action est donc toute *divine* par son impulsion première et par sa direction supérieure ; elle reste cependant *humaine*, par l'initiative personnelle des hommes, par le libre jeu de leurs volontés, par le choc naturel et spontané des intérêts et des passions. L'influence divine, loin d'absorber l'activité humaine ou de la paralyser, comme faisait la *Fatalité antique*, la stimule seulement et la guide, en lui laissant toute sa responsabilité, tout son mérite (1).

La *lutte* qui est engagée, est la lutte du droit contre l'usurpation, et plus encore la lutte de la vraie religion contre l'idolâtrie, la lutte de Dieu contre la fille impie d'Achab et de Jézabel. Athalie vaincue le proclame en frémissant :

.... Dieu des Juifs, tu l'emportes !

Joad aussi s'écriait à l'approche du dénoûment fatal :

Grand Dieu, voici ton heure, on t'amène ta proie (2).

De là, le *caractère* tout religieux de l'action. Comme il s'agit de la foi et de l'indépendance du peuple de Dieu, c'est un pontife avec des lévites, qui mène l'entreprise sur la terre, et Dieu, au haut du ciel, en tient les ressorts dans la main. Le jour choisi est un jour sacré. Le théâtre de la lutte est Jérusalem, la cité de David, et dans Jérusalem, le Temple, où repose l'Arche sainte, centre et foyer de la vie religieuse des Juifs. Enfin, à travers toute l'action, passe comme un souffle de Dieu.

L'*intrigue* de la pièce est fondée sur le songe merveilleux d'Athalie ; elle se réduit d'ailleurs à la simple succession des incidents amenés par ce songe. C'est le songe qui amène Athalie au Temple ; l'enfant mystérieux qui lui a plongé dans le sein *un homicide acier*, elle l'a reconnu dans Eliacin qui cache le jeune Joas ; dès lors elle réclame Eliacin, et menace de livrer à feu et à sang le Temple et ses habitants. Elle vient pour le prendre, et elle tombe frappée par Dieu.

Le *nœud* est formé par l'arrivée d'Athalie au Temple.

Les principales *péripéties* sont : 1° l'apparition d'Athalie dans le Temple ; 2° la demande qu'elle fait de l'enfant ; 3° la reconnaissance de Joas en présence d'Athalie.

(1) Certains auteurs parlent ici de *théocratie* ; le mot est impropre. La *théocratie* est proprement l'état politique d'un peuple que Dieu gouverne lui-même en communiquant directement ses volontés par voie de révélation. Dieu agissait de la sorte du temps de Moïse, et assez souvent sous les Juges, plus rarement sous les Rois. Dans le rétablissement de Joas, ni l'historien sacré ni le poète ne nous montrent une intervention de ce genre : Joad agit sous l'impulsion du devoir et de la foi, et Dieu le seconde par les voies secrètes de sa Providence.

(2) « Ce n'est point ici la conspiration d'un prêtre contre sa reine ; c'est la vengeance que Dieu fait tomber sur la tête d'une femme impie et scélérate, c'est le triomphe de l'innocence et de la faiblesse opprimée sur le crime fort et puissant ; et si ce miracle est l'ouvrage d'un prêtre, il n'en est que plus admirable et plus divin. » (GEOFFROY.)

Le *dénoûment* est formé par la catastrophe de la mort d'Athalie.

La punition de cette femme criminelle et le triomphe du droit donnent à l'action sa *moralité* dramatique. Cette morale est exprimée dans les quatre derniers vers de la tragédie :

> Par cette fin terrible, et due à ses forfaits,
> Apprenez, roi des Juifs, et n'oubliez jamais
> Que les rois dans le ciel ont un juge sévère,
> L'innocence un vengeur, et l'orphelin un père.

Jamais dénoûment plus imposant n'a paru sur la scène : c'est Dieu gouvernant les empires, élevant et abaissant les trônes, donnant et retirant sa puissance, foudroyant l'impie et couronnant l'orphelin (1).

IV. Conduite du drame.

La conduite du drame répond si bien à toutes les règles, que si elles se perdaient, on les retrouverait dans *Athalie*.

Les *trois unités* y ont leur application la plus parfaite :

1° *L'unité d'action* : tout l'intérêt, toute l'action se rapporte à Joas.

2° *L'unité de lieu* : l'action se passe tout entière au Temple de Jérusalem, dans un vestibule de l'appartement du grand prêtre.

3° *L'unité de temps* : l'action ne demande que le temps nécessaire aux dialogues et aux chants, c'est-à-dire l'espace de quelques heures se suivant sans interruption.

La scène s'ouvre à l'aube du jour par l'arrivée d'Abner, et se termine dans la matinée par la mort d'Athalie.

Grâce à cette continuité de l'action et à l'unité absolue de lieu, la contexture du drame est la plus régulière qui se puisse imaginer.

La continuité de l'action est due aux *chœurs* qui remplissent, comme dans les tragédies grecques, les intervalles nécessaires aux mouvements des personnages entre la fin d'un acte et le commencement de l'acte suivant. (V. la Préface, p. 520.)

Le lieu de la scène ne pouvait être mieux choisi. Comme c'est le grand prêtre qui dirige tout, il est naturel que l'action se passe dans son appartement : le vestibule, par le libre accès qu'il offre à la fois aux personnes du Temple et à celles du dehors, facilite les mouvements; par sa double ouverture sur le Temple et sur la porte, ainsi que par ses proportions grandioses, il se prête à la pompe sacrée et à l'appareil guerrier qui remplissent les derniers actes.

V. Personnages.

Les personnages *principaux* sont : Joad, Athalie, Joas, Abner, Ma-

---

(1) L'*Ion* d'Euripide présente quelques ressemblances avec *Athalie* : dans les deux tragédies, on voit un jeune orphelin élevé dans un temple. « Mais la pièce française est aussi différente de la pièce grecque, que le Dieu maître de la terre et du ciel est différent d'une vaine idole. » (Geoffroy.)

On trouvera plus loin (Acte II, sc. 7) le passage d'Euripide qui a pu inspirer quelques-unes des réponses du petit Joas.

than et Josabeth ; les personnages *secondaires* sont : Nabal, Zacharie et Salomith.

Joad. — Joad est le Pontife du Très-Haut dans sa conception la plus sublime. Le trait qui domine dans ce grand caractère, c'est sa *foi* dans le Dieu dont il est le ministre. Cette foi lui donne un *courage intrépide* en face du danger, et une *énergie surhumaine* pour sauver son roi, l'unique rejeton de David de qui doit naître le Sauveur du monde.

Ainsi le *zèle religieux* se confond dans le grand prêtre avec le *patriotisme* le plus pur et l'*amour de la justice* le plus ardent (1).

Dans la tragédie plus encore que dans l'histoire, Joad apparaît comme l'*instrument de Dieu ;* mais il est un instrument animé et libre, qui, par choix et par dévouement, se fait le protecteur de l'orphelin et l'exécuteur des vengeances divines. Ses oracles sont ceux mêmes de Dieu, soit qu'il instruise le jeune roi, soit qu'il condamne l'impie, soit qu'il

---

(1) « Joad, dit Geoffroy, est le personnage le plus étonnant et le plus sublime qu'il y ait au théâtre. »

On a quelquefois appelé Joad un *prêtre-soldat*. Cette dénomination, qui rabaisse son caractère auguste, n'est justifiée ni par l'histoire ni par la tragédie de Racine. Joad est pontife, et seulement pontife. S'il préside à une révolution politique, ce n'est pas en commandant les armées, mais en rangeant autour de leur roi légitime, autour du fils de David, les prêtres et les lévites soumis à l'autorité du grand prêtre ; et quand il ordonne le supplice d'Athalie, il n'est que l'interprète et le vengeur d'un roi encore incapable de se défendre. (V. la Préface, p. 519.)

Voltaire, aveuglé par sa haine contre la religion, ne voit dans Joad qu'un *rebelle*, un *factieux*, un *conspirateur*, un *fanatique*. On n'est rebelle, factieux, conspirateur, que lorsqu'on s'insurge contre un pouvoir légitime ; c'est remplir au contraire le devoir d'un sujet fidèle, que d'aider son roi injustement détrôné à faire valoir ses droits. Joad ne fait que cela, et il le fait en exposant sa vie. Quant au fanatisme, s'il y en a quelque part, c'est chez Voltaire, possédé du fanatisme de l'impiété.

Talma, dit M. P. Mesnard, s'attacha au rôle qui, par sa grandeur imposante, lui convenait mieux que tout autre. Il avait, dans le personnage de Joad, à exprimer la majesté sainte d'un pontife, l'enthousiasme d'un prophète, et l'énergie d'une grande âme ; ce rôle si difficile, et pour lequel la scène risque toujours de paraître bien profane, fut un de ceux qu'il marqua fortement de l'empreinte de son génie tragique.

Brizart, non moins imposant, avait eu dans le personnage du grand prêtre bien plus de force et de chaleur, et un pathétique qui, dans quelques scènes, arrachait, dit-on, aux spectateurs des larmes d'attendrissement et d'admiration. Quoique les vieux amateurs du théâtre, qui avaient vu Brizart, eussent de la peine à trouver en 1819 qu'il fut vaincu par Talma, ils étaient forcés d'avouer qu'il lui aurait envié la manière dont il rendait certains passages, par exemple, dans la première scène, la réplique à Abner :

Du zèle de ma loi que sert de vous parer ? etc.;

les vers de la prophétie :

Pécheurs, disparaissez ; le Seigneur se réveille ;

et la fin de cette même prophétie :

Heureux qui pour Sion d'une sainte ferveur, etc.

déchire à nos yeux le voile de l'avenir. Pour couronner son front d'une majesté plus auguste, Racine l'a fait prophète.

Deux vers surtout le peignent dans sa sublime grandeur :

> Je crains Dieu, cher Abner, et n'ai point d'autre crainte....
> Mais ma force est au Dieu dont l'intérêt me guide....

Athalie. — L'impiété, la cruauté, l'ambition, l'avarice et l'orgueil sont les traits hideux de la figure d'Athalie. Pour en adoucir l'horreur, le poète y a joint une grandeur superbe, une fermeté virile, une éloquence mâle, enfin une énergie dans le mal qui imprime la terreur. Mais l'impiété domine toujours. Digne fille de l'impie Achab et de l'impie Jézabel, elle a hérité de leur fureur contre Dieu, contre son Temple, contre la maison de David favorisée de ses promesses.

Sa dernière parole est un blasphème de rage impuissante, et une malédiction pour un petit-fils qu'elle n'a pu égorger.

Athalie ressemble à Cléopâtre et à Agrippine par l'ambition, l'orgueil et la cruauté ; elle les dépasse, comme caractère tragique, par une haine contre le vrai Dieu qui se venge jusque dans le sang de ses propres enfants.

Joas. — Cet enfant aimable, sur qui se concentre tout l'intérêt de la pièce, est une des créations les plus belles et les plus originales de Racine. La candeur de Joas, son ingénuité, son intelligence précoce, son innocence, sa grâce, sont ravissantes : Athalie elle-même en subit le charme. Jamais poète n'a montré l'enfance sur la scène avec un si merveilleux succès (1).

Outre l'intérêt qui s'attache à un orphelin de sang royal poursuivi par une marâtre cruelle, le spectateur voit reluire sur ce jeune front un reflet de grandeur divine : Joas est la tige d'où sortira le Messie futur, le Fils de Dieu fait homme. La foi de Joad le rappelle aux lévites pour enflammer leur courage :

> Songez qu'en cet enfant tout Israël réside.

Abner. — Général des armées de Joram et d'Ochosias, Abner, après la mort de ses rois, est resté au service d'une usurpatrice impie et sanguinaire ; soit manque de lumière, soit prudence pusillanime, il s'est incliné devant le fait accompli, sans abjurer cependant sa foi. Son caractère franc et loyal se fait respecter d'Athalie, et tient en échec la méchanceté perfide de Mathan.

S'il agit peu, sa situation en est la cause, et la nature de l'entreprise le veut ainsi. Il fallait écarter l'ombre même d'une conspiration pour ne pas compromettre la loyauté du soldat ; d'autre part, tout appui humain devait manquer à Joad, pour mettre dans un plus grand jour l'intervention toute-puissante de Dieu.

---

(1) Le poète a soin de présenter Joas comme un enfant extraordinaire. Joad dit à Josabeth dès la 2de scène du 1er acte :

> Et déjà son esprit a devancé son âge.

Mathan. — *Mathan*, d'après Racine, est un prêtre apostat, devenu l'ennemi acharné du Dieu qu'il a trahi. Il avait brigué le suprême pontificat : son ambition déçue ne pardonna point à Joad (1).

C'est le type hideux de la méchanceté froide, hypocrite, fourbe et cruelle : bourrelé de remords, il veut les étouffer par de nouveaux forfaits, et sa haine contre Dieu se repaît du fol espoir de le convaincre d'impuissance.

Son action consiste à éveiller les soupçons d'Athalie, à allumer ses fureurs, à exciter son avarice, à faire taire ses scrupules, à la précipiter dans le crime.

Mathan se démasque lui-même avec un orgueil cynique dans la scène fameuse de la confidence.

Mathan et Narcisse sont les deux caractères de scélérats les plus vigoureusement tracés qu'il y ait au théâtre.

Josabeth. — *Josabeth* est l'idéal de la mère tendre, pieuse et dévouée; si, à la vue du danger, elle tremble pour le royal enfant qu'elle a sauvé, si son amour alarmé fait un instant vaciller sa foi, elle sait être héroïque en face d'une reine impie et d'un ministre sacrilège.

La magnanimité de Joad raffermit sa confiance, elle se prête à ses desseins avec une docilité qu'ennoblit la soumission aux volontés divines.

Nabal. — *Nabal* est plus qu'un confident pour Mathan : c'est un associé dans le crime. Ismaélite indifférent à Baal et au Dieu d'Israël, il ne s'intéresse à la perte de Joad que par l'espoir des riches dépouilles qui lui en reviendront.

Zacharie, Salomith. — *Zacharie* et *Salomith* complètent avec *Joas* ce groupe gracieux d'enfants aimables qui offre un si touchant contraste d'un côté avec les figures grandes et nobles de Joad, de Josabeth et d'Abner, et de l'autre avec les figures sinistres d'Athalie, de Mathan et de Nabal (2).

VI. Style.

Pour donner une idée du *style* d'*Athalie*, il suffit de dire que toutes les qualités y sont unies et fondues avec une mesure parfaite.

Simplicité, noblesse, élégance, douceur et force, richesse et sobriété, grâce et majesté, abondance, ampleur, harmonie, audace lyrique, sublimité; tout s'y trouve, chaque chose est à sa place, et toujours le goût le plus pur règle la convenance du ton et du genre.

---

(1) « Le peuple tua Mathan, prêtre de Baal; » c'est tout ce que l'Ecriture dit de lui. C'était probablement un étranger, un Tyrien idolâtre qu'Athalie avait amené avec elle. Racine, pour mieux caractériser son rôle, en fait un prêtre transfuge et apostat.

(2) Cette tragédie présente d'autres contrastes remarquables : 1° contraste entre Joad et Josabeth, la foi ferme et la foi chancelante; 2° contraste entre Joad et Mathan, le pontife du vrai Dieu et le prêtre apostat; 3° contraste entre Abner et Mathan, le soldat loyal et le prêtre ambitieux; 4° entre Joad et Athalie, le droit et la force, etc.

ATHALIE

VII. Chœurs.

Les *chœurs* sont un des grands ornements de la pièce.

Comme dans *Esther*, ils sont liés à l'action sans être permanents sur la scène. La marche de l'action qu'ils suivent toujours, leur imprime un mouvement très varié ; on entend tour à tour les chants gracieux de l'enfance, les accents guerriers des batailles, les symphonies divines de la religion.

Chacun des quatre premiers actes est suivi d'un chœur ; il n'y en a point après le 5e.

Le 1er chœur célèbre la puissance et la bonté de Dieu, en chantant le double bienfait de la création et de la loi, à l'occasion de la fête des *prémices* et de la *Pentecôte*.

Le 2e chœur, au sortir de l'interrogatoire d'Athalie, célèbre les charmes de l'innocence, en opposition avec les plaisirs trompeurs et le malheur éternel de l'impie.

Le 3e chœur est un écho sublime de la prophétie de Joad ; il redit, sous l'impression du danger qui approche, les malheurs et les triomphes prédits à Sion.

Le 4e chœur est un hymne guerrier, accompagnant les enfants d'Aaron au combat, et implorant le Dieu des armées pour le jeune roi si miraculeusement conservé.

VIII. Historique d'Athalie.

Ce dernier chef-d'œuvre de Racine, le plus étonnant de tous, ne reçut point à son apparition l'accueil qu'il méritait.

Les circonstances qui avaient tant contribué au succès d'*Esther*, n'étaient plus les mêmes. A raison de certains scrupules de personnages influents, *Athalie* ne put être jouée qu'à huis clos, dans la classe bleue de Saint-Cyr (5 janvier 1691), et dans la chambre de Mme de Maintenon à Versailles, sans costumes et sans le moindre appareil scénique. Malgré ces conditions défavorables, Louis XIV et Mme de Maintenon comprirent le chef-d'œuvre et ne cessèrent de l'admirer (1).

Mais quand la pièce fut imprimée, le public la reçut avec froideur ; les anciens ennemis du poète la poursuivirent de leurs critiques passionnées.

---

(1) « Si l'auteur ne fut pas récompensé de ses deux tragédies saintes par les éloges du public, il en fut récompensé par la satisfaction que Louis XIV témoigna en avoir reçue, et il en eut pour preuve, au mois de décembre 1690, l'agrément d'une charge de gentilhomme ordinaire de Sa Majesté. Il eut encore l'avantage de contenter Mme de Maintenon, la seule protection qu'il ait cultivée. » (L. RACINE.)

Ces témoignages de satisfaction et les représentations de 1697, de 1699 et de 1702, réduisent à néant le prétendu mécontentement qu'auraient causé au roi ce qu'on a appelé les hardiesses d'Athalie, et les allusions imaginaires qu'on a voulu y voir.

Boileau consolait son ami en lui répétant : « Je m'y connais, et le public y reviendra. »

Racine mourut avant de voir le triomphe d'*Athalie*. Ce triomphe commença lors de la première représentation publique qui en fut donnée au Théâtre-Français, en 1716. L'enthousiasme fut général; et depuis cette époque la gloire d'*Athalie* ne fait que grandir avec l'admiration de la France et de l'Europe (1).

Historique d'Athalie.
Notes complémentaires.

« Le grand succès d'*Esther* mit Racine en goût : il voulut composer une autre pièce, et le sujet d'Athalie (c'est-à-dire de la mort de cette reine, et la reconnaissance de Joas) lui parut le plus beau de tous ceux qu'il pouvait tirer de l'Ecriture sainte. Il y travailla sans perdre de temps; et l'hiver suivant, cette nouvelle pièce se trouva en état d'être représentée : mais Mme de Maintenon reçut de tous côtés tant d'avis et tant de représentations des dévots, qui agissaient en cela de bonne foi, et de la part des poètes jaloux de Racine, qui, non contents de faire parler les gens de bien, écrivirent plusieurs lettres anonymes, qu'ils empêchèrent enfin *Athalie* d'être représentée sur le théâtre de Saint-Cyr. On disait à Mme de Maintenon qu'il était honteux à elle de faire monter sur un théâtre, des demoiselles rassemblées de toutes les parties du royaume pour recevoir une éducation chrétienne, et que c'était mal répondre à l'idée que l'établissement de Saint-Cyr avait fait concevoir. J'avais part aussi à ces discours, et on trouvait encore qu'il était indécent à elle de me faire voir à toute la cour sur un théâtre.

» Le lieu, le sujet des pièces, et la manière dont les spectateurs s'étaient introduits à Saint-Cyr, devaient justifier Mme de Maintenon, et elle aurait pu ne pas s'embarrasser de discours qui n'étaient fondés que sur l'envie et la malignité; mais elle pensa différemment, et arrêta ces spectacles dans le temps que tout était prêt pour jouer *Athalie*. Elle fit seulement venir à Versailles, une fois ou deux, les actrices pour jouer dans sa chambre devant le roi, avec leurs habits ordinaires. Cette pièce est si belle, que l'action n'en parut pas refroidie; il me semble même qu'elle produisit alors plus d'effet qu'elle n'en a produit sur le théâtre de Paris.... Il faut ajouter encore que les chœurs, qui manquaient aux représentations faites à Paris, ajoutaient une grande beauté à la pièce, et que les spectateurs, mêlés et confondus avec les acteurs, refroidissent infiniment l'action; mais, malgré ces défauts et ces inconvénients, elle a été admirée, et le sera toujours.... » (*Souvenirs de* Mme *de Caylus.*)

On lit dans les *Mémoires* de Louis Racine :

« Etonné de voir que sa pièce, loin de faire dans le public l'éclat qu'il s'en était promis, restait presque dans l'obscurité, il (l'auteur) s'imagina qu'il avait manqué son sujet; et il l'avouait sincèrement à Boileau, qui lui soutenait au contraire qu'*Athalie* était son chef-d'œuvre : « Je m'y connais, » lui disait-il, et le public y reviendra. »

(1) Une *Athalia* avait été représentée en 1658 à Paris, au collège des Jésuites (appelé alors le collège de Clermont, et plus tard le collège *Louis-le-Grand*). Le poète italien Métastase a fait un *Joas* qui fut joué à Vienne en 1735.

» On en reconnut enfin le mérite; mais la prédiction de Boileau n'eut son accomplissement que fort tard, et longtemps après la mort de l'auteur. Les vrais connaisseurs vantèrent le mérite de cette pièce. M. le duc d'Orléans, régent du royaume, voulut connaitre quel effet elle produirait sur le théâtre; et malgré la clause insérée dans le privilège, ordonna aux comédiens de l'exécuter. Le succès fut étonnant; et les premières représentations, faites à la cour, donnèrent un nouveau prix à cette pièce, parce que, le roi étant à peu près de l'âge de Joas, on ne pouvait, sans s'attendrir sur lui, entendre quelques vers comme ceux-ci :

> Voilà donc votre roi, votre unique espérance.
> J'ai pris soin jusqu'ici de vous le conserver...
> Du fidèle David c'est le précieux reste...
> Songez qu'en cet enfant tout Israël réside... »

Athalie fut jouée de nouveau à Saint-Cyr en 1697, et à Versailles en 1699 et en 1702. Les représentations de 1702 furent les plus brillantes de toutes. Le *Mercure galant* en donne les détails suivants : « On a joué trois fois *Athalie* de M. Racine, avec tous les ornements et les chœurs... Mme la duchesse de Bourgogne a joué Josabeth, avec toute la grâce et tout le bon sens imaginable...; M. le duc d'Orléans a parfaitement bien joué le rôle d'Abner ; M. le comte d'Ayen a joué Mathan, et Mme la comtesse sa femme, Salomith... Mme la présidente de Chailly s'est fait admirer dans le rôle d'Athalie, et M. le comte de l'Esparre, second fils de M. le duc de Guiche, qui n'a que sept à huit ans, a charmé dans le personnage du jeune roi Joas. M. de Champeron, qui est encore fort jeune, a très bien réussi dans le rôle du fils du grand prêtre Joad, et celui de ce grand prêtre a été joué par le sieur Baron, qui, au sentiment de tous ceux qui ont eu l'honneur d'être nommés pour voir jouer cette pièce, qui n'a été représentée que devant très peu de monde, n'a jamais joué avec plus de force. »

« *Athalie* fut reçue avec transport, dit Voltaire à propos de la représentation publique de 1716. » (*Siècle de Louis XIV*, ch. 27.) Mme de Dangeau écrivait de même à Mme de Maintenon : « Je suis obligée de vous dire que tout Paris est touché d'*Athalie*, et qu'on en sort très édifié. »

Dès lors, les représentations d'*Athalie* se succédèrent fréquemment, en provoquant toujours le même enthousiasme. Celle de 1770 à Versailles, pendant les fêtes du mariage du Dauphin, fut remarquable par la magnificence du spectacle.

« La décoration représentant le temple de Jérusalem était parfaitement bien peinte et de la plus grande ordonnance. La partie intérieure du temple, formée par une arcade assez haute et assez ouverte pour que l'œil ne perdît rien de la noblesse et de l'élévation de l'architecture, était terminée au fond par une colonnade circulaire, au-dessus de laquelle on avait pratiqué une galerie destinée à recevoir une quantité considérable de prêtres et de peuple dans l'instant où Joas paraît sur son trône, entouré de ses défenseurs victorieux. Il serait difficile de donner une véritable idée de la beauté majestueuse de ce spectacle, rendu encore plus frappant par les chœurs nombreux... » (*Mercure de France*.)

A la représentation de 1838, on exécuta les chœurs de Boïeldieu.

JUGEMENTS DE L. RACINE, VOLTAIRE, SCHLEGEL.

« Cette pièce est regardée comme le modèle le plus parfait de la tragédie. On est étonné de ce que son mérite a été reconnu si tard. On peut s'étonner aussi de ce qu'il a été enfin si généralement reconnu, que, quand nous parlons des défauts communs aux tragédies, nous exceptons toujours *Athalie*, et que les étrangers en parlent comme nous. Par où une pièce sans amour, sans intrigue, sans aucun de ces événements extraordinaires qu'un poète invente pour jeter du merveilleux, intéresse-t-elle ignorants et connaisseurs, spectateurs de tout âge, si ce n'est par le vrai d'une imitation où se trouvent réunies toutes les perfections, celle du style, celle de la versification, celle des caractères, celle de la conduite? Cette conduite est si simple, que cette pièce est en poésie ce qu'est en peinture ce tableau de Raphaël qui n'offre que deux figures, un ange qui, sans colère et sans émotion, écrase le démon. » (L. RACINE.)

VOLTAIRE. — « La France se glorifie d'*Athalie*, écrivait Voltaire au marquis de Maffei, en lui dédiant sa *Mérope* ; c'est le chef-d'œuvre de notre théâtre, c'est celui de la poésie. » Ailleurs il disait : « *Athalie* est peut-être le chef-d'œuvre de l'esprit humain. »

C'est le jugement que portait l'homme de goût : le philosophe, l'impie, ne parlait point de même : on l'a vu plus haut à l'occasion du personnage de Joad.

Un autre témoignage de Voltaire est peut-être plus énergique, puisqu'il semble être échappé à son cœur dans l'épanchement d'un entretien familier: on le trouve consigné dans les *Mémoires* de Lekain. Cet acteur, alors âgé de dix-huit ans, et se disposant à débuter au Théâtre-Français, sous la protection et sous les auspices de Voltaire, voulut faire devant son maître un essai de ses moyens, et s'offrit à lui débiter le rôle de Gustave. Voltaire, qui n'aimait pas Piron et n'estimait pas son style, arrêta le jeune comédien : « Non pas, s'il vous plaît, dit-il à Lekain ; les mauvais vers me font mal. » Alors le candidat proposa le rôle d'Abner dans la première scène d'*Athalie*. Voltaire l'écouta, mais bientôt, emporté par l'enthousiasme que lui inspirait l'ouvrage, il interrompit l'acteur et s'écria : Quel style ! quelle poésie ! et toute la pièce est écrite de même : Ah ! Monsieur, quel homme que Racine !

SCHLEGEL. — « Avant de dire un dernier adieu à la poésie et au monde, Racine déploya toutes ses forces dans *Athalie*. C'est non seulement son ouvrage le plus parfait, mais c'est encore, à mon avis, parmi les tragédies françaises, celle qui, libre de toute manière, s'approche le plus du grand style de la tragédie grecque. Le chœur même, à l'exception des différences qu'exigent la musique et l'ordonnance théâtrale des modernes, y est conçu dans le sens des anciens. Le lieu de la scène, le temple de Jérusalem, donne à l'action la solennité auguste d'un grand événement public. L'intérêt de la curiosité, l'émotion et la terreur, se succèdent tour à tour, et prennent une force toujours croissante ; la simplicité la plus sévère est jointe à une riche variété, quelquefois à une grâce séduisante, plus souvent à une majestueuse grandeur, et l'esprit des prophètes y donne au génie poétique un essor jusqu'alors inconnu. Le ton général de la pièce est celui que doit avoir tout drame religieux : sur la terre, le combat de la vertu et du vice; dans le ciel, l'œil vigilant de cette Providence, qui, du centre rayonnant d'une gloire inaccessible, décide du sort des mortels. Un souffle unique, un souffle divin, anime toute la tragédie, et cette inspiration véritablement pieuse atteste la sincérité des sentiments du poète autant que sa vie tout entière. »

« *Athalie*, comme art, égale tout.... *Athalie* est belle comme l'*Œdipe-Roi*, avec le vrai Dieu de plus. » (SAINTE-BEUVE.)

« C'est, dit Geoffroy, la pièce la plus antique du théâtre moderne. »

Frédéric II disait qu'il aimerait mieux avoir fait *Athalie* que la guerre de sept ans.

ATHALIE

QUESTIONS GÉNÉRALES.

Date. — Préface.

En quelle année fut composée *Athalie*?
A quelle occasion? — Quel âge avait Racine?
Quels sont les différents points que Racine touche dans sa Préface?
Qu'étaient-ce que les royaumes de Juda et d'Israël?
Quelle était l'importance religieuse et politique de la maison de David?
Origines, nature, fonctions et condition politique du sacerdoce juif.
Description du Temple de Salomon.
Résumez l'histoire de l'avènement de Joas d'après l'Ecriture.
Dans quels livres de l'Ecriture cette histoire est-elle racontée?
Donnez la généalogie de Joas. — Quel âge avait-il?
Quel âge le poète prête-t-il à Zacharie?
Quels étaient les guerriers dont Joad se servit?
Pourquoi le poète a-t-il choisi la Pentecôte?
Comment est composé le chœur? — Qui en est le coryphée?
Comment le poète a-t-il imité la continuité d'action des anciens?
Comment Racine justifie-t-il la prophétie de Joad?
Pourquoi la musique est-elle mêlée à cette scène?
Donnez quelques détails historiques sur Joas, sur Athalie, sur Joad.
Quels sont les personnages inventés par Racine?
Où se passe la scène?
Résumez l'action de la tragédie.

Sources. — Perfection.

D'où est tirée la tragédie d'*Athalie*?
Quels sont les faits fournis par l'Ecriture?
Quelle est la part du poète?
Quelles sont les scènes indiquées dans les Livres saints?
Quelles sont les parties qui appartiennent à Racine?
Quelle est la perfection d'*Athalie*?
Montrez comment *Athalie* est l'idéal de la tragédie.

L'action. — Conduite du drame.

Quel est le sujet d'*Athalie*?
Pourquoi la tragédie porte-t-elle ce nom?
En quoi consiste l'action?
Cette action est-elle juste? — Montrez comment elle est héroïque.
En quoi consiste l'action de Dieu dans cette pièce?
Comment la tragédie est-elle à la fois divine et humaine?
Comment Dieu est-il dépeint dans *Athalie*?
Quelle est la nature de la lutte engagée? Quels sont les adversaires?
Quelle est la couleur générale de la pièce?

Sur quoi est fondée l'intrigue? — Comment le nœud est-il formé?
Quelles sont les principales péripéties?
Quel est le dénoûment?
Quelle est la moralité de la pièce? Comment la morale est-elle exprimée?
Quelles sont les scènes les plus belles?
La conduite de la pièce est-elle conforme aux règles?
Comment les trois unités sont-elles observées?
D'où vient la continuité d'action?
Quels rapports y a-t-il entre *Athalie* et l'*Ion* d'Euripide?

Personnages.

Quels sont les personnages principaux? — secondaires?
Quel est le caractère de Joad? — Quel est son trait principal?
Réfutez les étranges assertions de Voltaire.
Comment Joad est-il l'instrument de Dieu?
Quel est le caractère d'Athalie?
Comment le poète a-t-il tempéré l'impression odieuse de ses crimes?
Comparaison d'Athalie avec Agrippine et Cléopâtre.
Quel est le caractère de Joas?
En quoi consiste l'originalité de ce rôle?
Quel est le caractère d'Abner? — Pourquoi agit-il si peu?
Quel est le caractère de Mathan?
Pourquoi le poète en a-t-il fait un prêtre apostat?
Dans quelle scène surtout se révèle-t-il?
Quel est le caractère de Josabeth? — de Nabal?
En quoi consiste le rôle de Zacharie? — de Salomith?
Quels sont les contrastes de caractères que présente *Athalie*?
Dans quelles circonstances et dans quelles scènes se montrent plus particulièrement les caractères de Joad, d'Athalie, de Joas, d'Abner, de Mathan et de Josabeth?

Style. — Chœurs. — Historique.

Quelles sont les qualités du style d'*Athalie*?
Quel est le mérite des chœurs? — Comment servent-il à l'action?
Combien y a-t-il de chœurs? — Quel est le sujet de chacun d'eux?
Quel fut le succès des premières représentations?
Comment s'explique la froideur du public?
Comment *Athalie* se releva-t-elle dans l'opinion?
Le succès s'est-il maintenu?
Jugements de L. Racine, de Voltaire, de Schlegel....

ACTE PREMIER

Exposition. — Premier conseil de Joad et de Josabeth.

SCÈNE I
JOAD, ABNER [1].

ABNER.

Oui, je viens dans son temple adorer l'Eternel (2).
Je viens, selon l'usage antique et solennel,
Célébrer avec vous la fameuse journée
Où sur le mont Sina la loi nous fut donnée (3).
Que les temps sont changés (4)! Sitôt que de ce jour
La trompette sacrée annonçait le retour (5),
Du temple, orné partout de festons magnifiques,
Le peuple saint en foule inondait les portiques (6);

(1) Peu de tragédies commencent d'une manière aussi solennelle. Les deux personnages qui ouvrent la scène, sont un général et un pontife ; c'est au temple de Jérusalem qu'ils se rencontrent, au lieu le plus saint de l'univers ; et le jour est l'une des fêtes les plus augustes de la religion. Le langage franc et généreux d'Abner, l'indépendance de caractère dont il fait preuve en se montrant au temple, font dès l'abord la meilleure impression sur le spectateur.

(2) *Oui, je viens... je viens...* Abner affirme sa foi avec d'autant plus de fermeté, que le grand prêtre paraît plus étonné de voir au temple du vrai Dieu le général d'une reine qui protège l'idolâtrie à Jérusalem.

(3) La fête de la Pentecôte (v. plus haut, p. 519). « C'est, dit Corneille, un grand ornement pour un poème que le choix d'un jour illustre. » (*Discours des trois unités*.) Corneille avait fait ainsi dans *Rodogune*.

(4) Le cœur d'Abner se découvre dans cette exclamation. Il regrette le passé, il déplore le présent; il est resté fidèle au culte de ses pères.

(5) La trompette était, chez les Juifs, un instrument sacré. On s'en servait au temple et dans les camps : « Le Seigneur dit à Moïse : Fais deux trompettes d'argent... Les fils d'Aaron, les prêtres, sonneront de la trompette, et ce sera une loi perpétuelle parmi vous. Si vous allez au combat..., vous ferez entendre le bruit éclatant de vos trompettes, et le Seigneur votre Dieu se souviendra de vous pour vous délivrer des mains de vos ennemis. Quand vous faites des réjouissances publiques, quand vous célébrez les jours de fête et les néoménies, vous sonnerez les trompettes en offrant vos holocaustes..., afin que tout cela vous rappelle le souvenir de votre Dieu. » (*Nombres*, X, 8-10.) C'est au bruit des trompettes d'argent que tombèrent les murailles de Jéricho. Quand l'arche fut transportée dans la cité de David, « six prêtres sonnaient de la trompette devant l'arche de Dieu. » (I. *Paralip.*, XIII, 24.) Aujourd'hui encore, on voit sur l'arc de triomphe de Titus à Rome, deux trompettes engagées dans les pieds de la Table de proposition.

(6) Cette image paraît empruntée à Virgile (*Georg.*, II, 462) :

Mane salutantum totis vomit ædibus undam.

« Chaque matin le palais vomit de ses vastes portiques des flots d'adulateurs. » — L'inversion que renferment ces deux vers est une des plus

Et tous devant l'autel avec ordre introduits,
De leurs champs dans leurs mains portant les nouveaux fruits,
Au Dieu de l'univers consacraient ces prémices.
Les prêtres ne pouvaient suffire aux sacrifices (1).
L'audace d'une femme, arrêtant ce concours (2),
En des jours ténébreux a changé ces beaux jours (3).
D'adorateurs zélés à peine un petit nombre
Ose (4) des premiers temps nous retracer quelque ombre.
Le reste pour son Dieu montre un oubli fatal ;
Ou même, s'empressant aux autels de Baal (5),
Se fait initier à ses honteux mystères (6),

hardies que puisse supporter notre langue ; *du temple* commence le premier vers, tandis que le mot *portiques*, dont il est le régime, finit le second. — Le peuple juif s'appelait le *peuple saint*, parce que Dieu l'avait choisi et sanctifié pour en faire son peuple : « Dieu dit à Moïse : Tu diras aux enfants d'Israël : Si vous gardez mon alliance, vous serez mon partage, vous serez pour moi un royaume sacerdotal et une nation sainte. » (*Exode*, XIX, 5-6.)

(1) Nous voyons par les *Actes des Apôtres* quelle affluence de Juifs la fête de la Pentecôte attirait à Jérusalem de toutes les parties du monde : « Comment, disaient-ces hommes entre eux, les entendons-nous parler chacun la langue de notre pays : Parthes et Mèdes, Elamites, et ceux qui habitent la Mésopotamie, la Judée et la Cappadoce, le Pont et l'Asie, la Phrygie et la Pamphylie, l'Egypte et la Libye, et les étrangers venus de Rome, Juifs et prosélytes, Crétois et Arabes ? » (*Actes*, II, 8-11.)
Cette peinture si pittoresque est remarquable par la sobriété des détails. Chaque vers est empreint de couleur locale ; mais Racine ne choisit que les traits nécessaires pour présenter un tableau vrai et touchant.

(2) C'est le premier trait de la figure d'Athalie : elle a l'audace du crime et de l'impiété, elle épouvante par la hardiesse inouïe de ses attentats.

(3) Ce vers rappelle l'image contraire du vers d'*Esther* (Acte II, sc. 7) :
Et fait des jours sereins de mes jours les plus sombres.

(4) Ose... : c'était le règne de la terreur.

(5) Baal (ou *maître*), idole des Phéniciens et des Chananéens. Jézabel, originaire de Sidon, avait rendu ce culte populaire à Samarie, d'où sa fille l'avait porté à Jérusalem. Baal (Bel chez les Assyriens) était le dieu du soleil (maître du ciel) : Astaroth représentait la lune.

(6) Les mystères de Baal n'étaient pas moins infâmes que les mystères de Cérès et d'Eleusis en Grèce : on y entrait aussi par des initiations successives. La dépravation et la cruauté, caractères distinctifs du polythéisme, s'y trouvaient au plus haut degré. Dieu avait défendu ce culte sous les peines les plus sévères. « Quiconque se livre à ces horreurs, disait-il par la bouche de Moïse, est en abomination à Jéhovah votre Dieu. » (*Deutér.*, XXII, 5.) « Prenez garde, ajoutait-il, que la terre ne vous vomisse, si vous la souillez, comme elle a vomi la nation qui était avant vous. » (*Lév.*, XVIII, 25-28.)
Baal paraît avoir été le même dieu que Moloch : on lui sacrifiait aussi les enfants : « Et ils ont bâti les hauteurs de Baal pour brûler leurs enfants dans le feu en holocauste à Baal. » (*Jér.*, XIX, 5.)

Et blasphème le nom qu'ont invoqué leurs pères (1).
Je tremble qu'Athalie, à ne vous rien cacher,
Vous-même de l'autel vous faisant arracher,
N'achève enfin sur vous ses vengeances funestes,
Et d'un respect forcé ne dépouille les restes (2).

JOAD.

D'où vous vient aujourd'hui ce noir pressentiment (3) ?

ABNER.

Pensez-vous être saint et juste impunément (4) ?
Dès longtemps elle hait cette fermeté rare
Qui rehausse en Joad l'éclat de la tiare (5).
Dès longtemps votre amour pour la religion
Est traité de révolte et de sédition.

(1) *Leurs pères*, à cause de l'idée de pluriel renfermée dans le mot collectif, *le reste*. Ce sombre tableau offre un contraste frappant avec la brillante description qui précède.

(2) Le poète ne tarde pas à exciter la terreur et la pitié : Athalie n'est pas au bout de ses vengeances, elle médite de nouveaux forfaits ; les pressentiments d'Abner font trembler pour la vie de Joad et pour le temple. (Cf. *Nicomède*, Acte I, sc. 1, *Théâtre choisi de Corneille*, p. 201.)

(3) Cette question si calme, qui annonce la fermeté de caractère de Joad, provoque des explications de la plus haute importance sur la situation du grand prêtre vis-à-vis de la reine, sur le caractère d'Athalie, sur la funeste influence de Mathan.

(4) Pour les méchants, la vertu, à elle seule, est un motif de haine et de proscription : « Dressons des pièges au juste, disent-ils, parce qu'il est contraire à nos œuvres, parce qu'il nous reproche nos crimes et qu'il tourne contre nous nos doctrines perverses.... Il nous est odieux même à voir... Condamnons-le à la mort la plus infâme. » (*Sagesse*, II, 12, 15, 20.)

(5) La *tiare*, ornement de tête en usage autrefois chez les Perses et les Juifs. — Une plaque d'or était attachée par des fils violets à la tiare du grand prêtre : « Tu feras aussi une lame de l'or le plus pur, sur laquelle tu feras graver ces mots : *Sainteté à Dieu* ; et tu l'attacheras à la tiare avec une bandelette d'hyacinthe en avant sur le front du pontife. Aaron portera les iniquités que les enfants d'Israël commettront dans leurs offrandes et dans leurs sacrifices. Cette lame sera toujours sur son front afin que le Seigneur leur pardonne. » (*Exode*, XXVIII, 38.) Moïse appelle aussi cet ornement le *diadème saint*. Josèphe parle d'un triple diadème tout en or.

Racine donne au pontife du vrai Dieu la tiare (réservée aussi dans l'Eglise au pontife suprême, au Vicaire de J.-C.) ; au pontife de Baal, il donne la mitre des prêtres (réservée dans l'Eglise à la dignité des évêques).

Cette différence est marquée dans l'Ecriture à propos de la consécration d'Aaron et de ses fils : « Tu mettras la tiare sur la tête d'Aaron. Tu appliqueras la lame sainte sur sa *tiare*, et tu répandras sur sa tête l'huile de l'onction, et ainsi il sera consacré. Tu feras approcher ses fils et tu leur mettras la *mitre* sur la tête, et ils seront mes prêtres après que tu auras consacré leurs mains. » (*Exode*, XXIX, 6-9.)

Du mérite éclatant cette reine jalouse
Hait surtout Josabeth, votre fidèle épouse.
Si du grand prêtre Aaron Joad est successeur (1),
De notre dernier roi Josabeth est la sœur.
Mathan, d'ailleurs, Mathan, ce prêtre sacrilège,
Plus méchant qu'Athalie, à toute heure l'assiège,
Mathan, de nos autels infâme déserteur,
Et de toute vertu zélé persécuteur (2).
C'est peu que, le front ceint d'une mitre étrangère,
Ce lévite à Baal prête son ministère ;
Ce temple l'importune, et son impiété
Voudrait anéantir le Dieu qu'il a quitté.
Pour vous perdre il n'est point de ressorts qu'il n'invente ;
Quelquefois il vous plaint, souvent même il vous vante (3) ;
Il affecte pour vous une fausse douceur ;
Et par là de son fiel colorant la noirceur,
Tantôt à cette reine il vous peint redoutable,
Tantôt, voyant pour l'or sa soif insatiable,
Il lui feint qu'en un lieu que vous seul connaissez,
Vous cachez des trésors par David amassés.
Enfin depuis deux jours la superbe Athalie
Dans un sombre chagrin paraît ensevelie.
Je l'observais hier, *et je voyais ses yeux*
Lancer sur le lieu saint des regards furieux,
Comme si dans le fond de ce vaste édifice
Dieu cachait un vengeur armé pour son supplice (4).

(1) Aaron, frère aîné de Moïse, de la tribu de Lévi, né en Egypte vers l'an 1574 avant Jésus-Christ, aida son frère dans l'œuvre de la délivrance des Israélites. Comme il s'exprimait avec éloquence, il portait souvent la parole à la place de Moïse. Il mourut dans sa 123ᵉ année, et ne put entrer dans la terre promise, parce qu'il avait douté un moment de la puissance de Dieu.

La dignité de grand prêtre était héréditaire dans la famille d'Aaron. A la mort d'Aaron, elle passa à son fils Eléazar, et resta dans la ligne de celui-ci jusqu'à l'avènement du grand prêtre Héli, où elle entra dans la ligne d'Ithamar, frère d'Eléazar. Mais Salomon la rendit à la descendance d'Eléazar.

(2) Le caractère du prêtre apostat est tracé dans ces vers avec une grande énergie. Abner flétrit avec une indignation contenue le crime de sa désertion, sa haine pour la vertu, son orgueil, sa rage impie contre Dieu, ses calomnies perfides, son hypocrisie, ses bassesses et ses menées infâmes. Dans ses *Notes manuscrites sur Athalie*, Racine a rassemblé plusieurs passages des Livres saints contre les prêtres apostats qui pervertissaient le peuple.

(3) « Nos ennemis les plus dangereux, dit Tacite, sont ceux qui nous louent, *pessimum inimicorum genus laudantes.* » (*Agricola*, 41.)

(4) Ce soupçon d'Abner et la mention des trésors convoités par l'avarice d'Athalie, préparent de loin le dénoûment ; mais la proximité du péril inspire dès maintenant la plus vive inquiétude.

Croyez-moi, plus j'y pense, et moins je puis douter
Que sur vous son courroux ne soit près d'éclater ;
Et que de Jézabel la fille sanguinaire
Ne vienne attaquer Dieu jusqu'en son sanctuaire (1).

JOAD.

Celui qui met un frein à la fureur des flots
Sait aussi des méchants arrêter les complots (2).
Soumis avec respect à sa volonté sainte,
Je crains Dieu, cher Abner, et n'ai point d'autre crainte (3).
Cependant je rends grâce au zèle officieux
Qui sur tous mes périls vous fait ouvrir les yeux.
Je vois que l'injustice en secret vous irrite,
Que vous avez encor le cœur israélite.
Le ciel en soit béni! Mais ce secret courroux,

(1) « Dans ce peu de vers, Racine a fait connaître le *caractère d'Athalie*, celui *de Joad*, le *jour* de l'action, et le *lieu* de la scène... L'attention que Racine a eue jusqu'ici de déterminer le lieu de la scène parait être la suite des remarques particulières qu'il avait faites sur Sophocle. On lit dans l'exemplaire de cet auteur qui lui appartenait et qui est actuellement à la bibliothèque du roi, la note suivante, écrite de sa main (sur *Electre*, acte I, sc. 1) : « Sophocle a un soin merveilleux d'établir de bonne heure le
» lieu de la scène ; il se sert ici d'un artifice très agréable, en introduisant
» un vieillard qui montre les environs d'Argos à Oreste, qui en avait été
» enlevé tout jeune. Le *Philoctète*, du même auteur, commence à peu près
» de même : c'est Ulysse qui montre à Pyrrhus tout jeune l'île de Lemnos,
» où ils sont, et par où l'armée avait passé. L'*Œdipe colonéen* s'ouvre
» par Œdipe aveugle, qui se fait décrire par Antigone le lieu où il est. Ces
» trois ouvertures, quoique un peu semblables, ne laissent pas d'avoir une
» très grande diversité et des couleurs merveilleuses. » (L. DE BOISJERMAIN.)
Ne vienne attaquer Dieu : la guerre est entre *Athalie* et *Dieu* (v. p. 532).

(2) Abner vient de représenter à Joad la fureur où est Athalie contre lui et contre le temple ; Joad, sans s'émouvoir, répond : *Celui qui met...*
« Tout ce qu'il peut y avoir de *sublime*, dit Boileau, paraît rassemblé dans ces quatre vers : 1° la grandeur de la pensée ; 2° la noblesse du sentiment ; 3° la magnificence des paroles ; et 4° l'harmonie de l'expression, si heureusement terminée par le dernier vers. D'où je conclus que c'est avec très peu de fondement que les admirateurs outrés de Corneille veulent insinuer que Racine lui est beaucoup inférieur pour le sublime, puisque, sans apporter ici quantité d'autres preuves que je pourrais donner du contraire, il ne me paraît pas que toute cette grandeur de vertu romaine tant vantée, que ce premier a si bien exprimée dans plusieurs de ses pièces, et qui ont fait son excessive réputation, soit au-dessus de l'intrépidité plus qu'héroïque, et de la parfaite confiance en Dieu de ce véritablement pieux, grand, sage, et courageux Israélite. » (12° *Réflex. crit.*)

(3) Racine s'est peut-être souvenu du vers suivant *du Triomphe de la Ligue*, tragédie de R. J. Nérée, publiée en 1607 :

Je ne crains que mon Dieu, lui tout seul je redoute....

Cette oisive vertu, vous en contentez-vous (1)?
La foi qui n'agit point, est-ce une foi sincère?
Huit ans déjà passés (2), une impie étrangère
Du sceptre de David usurpe tous les droits (3),
Se baigne impunément dans le sang de nos rois (4),
Des enfants de son fils détestable homicide,
Et même contre Dieu lève son bras perfide (5).
Et vous, l'un des soutiens de ce tremblant Etat,
Vous nourri dans les camps du saint roi Josaphat,
Qui sous son fils Joram commandiez nos armées (6),
Qui rassurâtes seul nos villes alarmées,
Lorsque d'Ochosias le trépas imprévu
Dispersa tout son camp à l'aspect de Jéhu :
« Je crains Dieu, dites-vous, sa vérité me touche. »
Voici comme ce Dieu vous répond par ma bouche (7):
« Du zèle de ma loi que sert de vous parer?

(1) Joad reproche avec raison à Abner cette vertu trop passive des gens de bien qui, par pusillanimité ou excès de prudence, se croisent les bras au lieu de réagir contre l'audace du mal, et se contentent de former dans leur cœur des vœux impuissants; ils oublient trop l'adage : *Aide-toi et le Ciel t'aidera.* Leur maxime devrait être : *prier et agir.*

(2) Tour vif et poétique pour *huit ans sont déjà passés depuis que*. Malherbe l'avait déjà employé dans la *Prosopopée d'Ostende :*
    Trois ans déjà passés, théâtre de la guerre...

(3) « Vous ne pourrez prendre aucun étranger pour votre roi. » (*Deut.*, XVII, 15.) Ainsi la qualité d'étrangère ne permettait pas à Athalie de régner légitimement. De plus l'idolâtrie était chez les Juifs le plus grand des crimes : il était puni de la lapidation. (*Deut.*, XVII, 2-7.)
Racine, par ces deux vers, comme pour répondre d'avance aux accusations de Voltaire, établit clairement dès la première scène qu'Athalie n'avait aucun droit sur le trône de Juda. Athalie n'est donc pas la souveraine de Joad; elle ne l'est pas dans l'histoire, elle n'est point présentée comme telle dans la tragédie. On ne voit nulle part que Joad lui ait fait serment de fidélité. Du reste, comment eût-il pu le faire sans sacrilège, lui, le pontife du Très Haut, prophète et protecteur du fils de ses rois? (V. plus haut, p. 534.)

(4) *Se baigne impunément...* Cette image effrayante n'est pas une hyperbole exagérée; elle rend à peine les horribles cruautés de cette femme sanguinaire : « Athalie, dit Bossuet, résolut de faire mourir tout ce qui restait de la famille royale, sans épargner ses enfants, et de régner par la perte de tous les siens. » (*Hist. univ.*, I.)

(5) Déjà le poète nous a montré dans *Athalie* l'*audace* du mal, la *haine* du bien, la *jalousie*, l'*avarice*, l'*orgueil*, la *cruauté*; ces derniers coups de pinceau achèvent son portrait : c'est une *impie étrangère*, une *marâtre* dénaturée, une *usurpatrice perfide*.

(6) Pour Joram, Ochosias et Jéhu, v. la Préface.

(7) « Quelle vivacité, quel mouvement dans ce discours de Joad, qui joint la réponse à l'objection ; qui dans la même phrase fait parler Abner et fait parler Dieu. » (GEOFFROY.)

ACTE I, SCÈNE 1

Par de stériles vœux pensez-vous m'honorer ?
Quel fruit me revient-il de tous vos sacrifices ?
Ai-je besoin du sang des boucs et des génisses (1) ?
Le sang de vos rois crie, et n'est point écouté (2).
Rompez, rompez tout pacte avec l'impiété.
Du milieu de mon peuple exterminez les crimes ;
Et vous viendrez alors m'immoler vos victimes (3). »

ABNER.

Hé ! que puis-je au milieu de ce peuple abattu ?
Benjamin est sans force, et Juda sans vertu (4).
Le jour qui de leurs rois vit éteindre la race
Eteignit tout le feu de leur antique audace.
« Dieu même, disent-ils, s'est retiré de nous (5) :
De l'honneur des Hébreux autrefois si jaloux (6),
Il voit sans intérêt leur grandeur terrassée ;

(1) « Qu'ai-je à faire de cette multitude de victimes que vous m'offrez, dit le Seigneur ? J'en ai horreur. Je ne veux point des holocaustes de vos béliers, ni de la graisse de vos troupeaux, ni du sang des veaux, des agneaux et des boucs.... Apprenez à faire le bien, ayez à cœur la justice, assistez l'opprimé, soutenez l'orphelin, défendez la veuve, et alors venez à moi. » (ISAIE, I, 11, 12, 13, 17.)

(2) Quelle énergie dans ces vers ! quel reproche foudroyant pour Abner !
Le sang de vos rois *crie*, métaphore hardie empruntée à l'Ecriture : « Et le Seigneur dit à Caïn : Qu'as-tu fait ? La voix du sang de ton frère crie de la terre jusqu'à moi. » (*Genèse*, IV, 10.) La concision de Racine ajoute à la sublimité de la figure. — L'expression *exterminez les crimes* n'est pas moins énergique ; *exterminez*, c'est-à-dire bannissez, chassez, jetez hors des frontières.

(3) Ce discours de Joad, qui commence par un calme si solennel, se termine par un mouvement d'éloquence admirable. Sa parole s'anime peu à peu et s'élève par une gradation insensible à la véhémence des prophètes. Les accents du pontife sont d'autant plus pénétrants qu'ils semblent sortir de la bouche même de Dieu.

1º Joad rassure Abner par son inébranlable confiance en Dieu ;

2º il réveille sa foi et son zèle, en lui montrant combien il est indigne de soutenir le pouvoir d'une impie étrangère ;

3º enfin il lui fait entendre la voix de Dieu préférant la justice à une religion vaine qui pactise avec l'impiété.

(4) *Benjamin, Juda*, métonymies pour les tribus de Benjamin, de Juda. — Benjamin était la tribu la moins considérable, et Juda la plus pervertie.

(5) « Pourquoi vous êtes-vous retiré loin de moi, Seigneur ? Pourquoi vous dérober à mes regards au jour de ma détresse ? » (Ps. 10. 1.)

(6) Les *Hébreux* ; les descendants d'Héber, l'un des ancêtres d'Abraham, dans la ligne de Jacob héritière des promesses divines, à l'exclusion de son frère Esaü. Le nom de *Juifs* (*Judæi* de *Juda*) ne fut employé que plus tard, sous les derniers rois, pour distinguer les Hébreux fidèles à la maison de David et à la loi, des Hébreux schismatiques qui prirent le nom d'*Israélites* et formèrent le royaume d'Israël.

Et sa miséricorde à la fin s'est lassée (1).
On ne voit plus pour nous ses redoutables mains
De merveilles sans nombre effrayer les humains (2);
L'arche sainte est muette, et ne rend plus d'oracles (3). »

JOAD.

Et quel temps fut jamais si fertile en miracles?
Quand Dieu par plus d'effets montra-t-il son pouvoir?
Auras-tu donc toujours des yeux pour ne point voir,
Peuple ingrat? Quoi! toujours les plus grandes merveilles
Sans ébranler ton cœur frapperont tes oreilles (4)?
Faut-il, Abner, faut-il vous rappeler le cours

(1) Ce discours d'Abner peint très bien l'abattement général : il exprime les idées du peuple toujours trop prompt à se décourager; à la manière dont il s'en fait l'écho, on sent qu'il les partage lui-même.

(2) « Nous ne voyons plus les signes éclatants de notre Dieu; il n'y a plus de prophète, et nul ne nous connaîtra plus. » (Ps. 83, 9.)

(3) *L'arche sainte* (arca) était un coffre en bois de *Sétim*, recouvert d'or pur en dedans et en dehors, et orné d'un couronnement en or. Elle renfermait les deux Tables du Décalogue. Ses dimensions étaient d'environ 1 m. 30 en longueur, sur 78 cm. de largeur, et 78 cm. de hauteur. Elle avait comme couvercle une table d'or massif étendu au marteau, et se terminait à ses deux extrémités par un Chérubin aux ailes étendues. Les deux Chérubins avaient les faces tournées l'une vers l'autre et un peu penchées vers le couvercle. Cette table d'or qu'ombrageaient les ailes des Chérubins, s'appelait le *propitiatoire* ou le trône de l'Éternel d'où il rendait ses oracles.

« De là je commanderai, et je te dirai du haut du propitiatoire et du milieu des deux Chérubins qui seront sur l'arche du témoignage, toutes les choses que j'ordonnerai par toi aux fils d'Israël. » (*Exode*, XXV, 22.)

En effet, « quand Moïse entrait dans le tabernacle de l'alliance pour consulter l'oracle, il entendait la voix de Dieu parlant du haut du propitiatoire placé sur l'arche du témoignage entre les deux Chérubins : là Dieu parlait à Moïse. » (*Nombres*, VII, 89.)

On disait aussi l'*arche d'alliance*, parce qu'elle était le témoignage permanent de l'*alliance* conclue entre Dieu et son peuple.

On appelait *oracle*, chez les peuples de l'antiquité, la réponse de la divinité à ceux qui la consultaient. L'usage des oracles était très répandu : les prêtres des idoles exploitaient la crédulité publique par des réponses savamment préparées et d'une ambiguïté qui ne craignait aucun démenti. Les oracles de Delphes et du chêne de Dodone sont assez connus. Si Dieu n'eût point accordé à son peuple un témoignage perpétuel de sa sollicitude pour Israël et une manifestation officielle de ses volontés, ce peuple volage n'aurait cessé de courir aux temples des idoles. Aussi Dieu accorda aux Juifs un moyen sûr et efficace de connaître ses volontés, les secrets de l'avenir et les dangers qui menaçaient la nation. Le grand prêtre recevait ses réponses infaillibles.

(4) « Vous qui voyez tant de choses, n'observez-vous pas ce que vous voyez? Vous qui avez les oreilles ouvertes, n'entendez-vous point? » (ISAÏE, XLII, 20.)

ACTE I, SCÈNE I

Des prodiges fameux accomplis en nos jours (1) ?
Des tyrans d'Israël les célèbres disgrâces (2),
Et Dieu trouvé fidèle en toutes ses menaces ;
L'impie Achab détruit, et de son sang trempé
Le champ que par le meurtre il avait usurpé (3) ;
Près de ce champ fatal Jézabel immolée,
Sous les pieds des chevaux cette reine foulée,
Dans son sang inhumain les chiens désaltérés,

(1) Les règnes d'Achab et de Josaphat furent, en effet, illustrés par deux grands thaumaturges de l'Ancien Testament, Elie et Elisée; Dieu les avait suscités pour réagir contre le culte des idoles.
Cette apostrophe de Joad amène la plus éloquente énumération. « C'est une suite de quatorze vers, dont chacun retrace, du style le plus précis et le plus énergique, un miracle fameux et un mémorable trait d'histoire. Quelle hardiesse dans ces expressions : *Dieu fidèle en ses menaces*, *Achab détruit*, etc. ! Plus il y a de familiarité dans cette façon de parler, *foulée sous les pieds des chevaux*, et plus elle devient énergique quand c'est à une reine que ce malheur arrive. Essayez de mettre *coursiers* à la place de *chevaux*, vous détruisez toute l'image. » (GEOFFROY.)

(2) Ces tyrans d'Israël, successivement frappés par Dieu pour leur idolâtrie et leurs crimes, étaient l'impie Jéroboam, Nabal son fils, Ela, Zamri, Achab, Ochosias et Joram. Nabal fut renversé du trône par Baasa, et tué avec tous les descendants de Jéroboam. Le fils de Baasa, impie comme son père, fut poignardé par Zambri, un de ses officiers. Zambri se brûla dans son palais pour échapper au général Amri.

(3) Achab, fils et successeur d'Amri, « fit oublier, dit l'Ecriture, sur le trône de Samarie les crimes de son père par sa cruauté et son impiété. Jézabel l'égala en forfaits. Elle fit rechercher tous les prophètes de Jéhovah pour les mettre à mort. » (III. *Rois*, XVII, 4.) Après le meurtre de Naboth, au moment où Achab mettait le pied sur la vigne qu'il convoitait, le prophète Elie se présenta devant Achab et lui dit : Voici la parole de Jéhovah : Tu as tué un juste et tu dépouilles ta victime. Les chiens de Jezraël lècheront ton sang au lieu même où leur langue s'est rougie du sang de Naboth. Ils dévoreront le cadavre de Jézabel au milieu même de cette plaine. Je vais déchaîner sur ta tête un déluge de calamités ; j'anéantirai ta famille, sans en laisser un seul rejeton. Je la traiterai comme celles de Jéroboam et de Baasa dont tu as surpassé les crimes. Jamais encore Israël n'avait connu des attentats semblables à ceux que tu commets chaque jour sous l'inspiration de Jézabel, ton indigne épouse. Tu as multiplié les abominations au point de renouveler sur cette terre les monstrueuses infamies des Amorrhéens dont j'ai exterminé la race maudite. » (III. *Rois*, XXI, 21....)
Trois ans après, dans une bataille qu'il livrait avec Josaphat au roi syrien Benadad, Achab fut percé d'une flèche ; son écuyer le ramena dans sa tente, et le sang qui coulait de la blessure, ruisselait sur les montants du char. Achab expira le jour même et fut enseveli à Samarie. Tandis que les écuyers lavaient le char et les rênes ensanglantées en dehors de la ville, les chiens venaient boire le sang d'Achab au lieu où ils avaient léché le sang de Naboth.
Ochosias, son fils, tomba bientôt après du haut de son palais, et expirait à la fleur de l'âge ; Joram, son frère, qui lui succéda, fut tué de la main de Jéhu.

Et de son corps hideux les membres déchirés (1);
Des prophètes menteurs la troupe confondue,
Et la flamme du ciel sur l'autel descendue (2);
Élie aux éléments parlant en souverain (3),
Les cieux par lui fermés et devenus d'airain (4),
Et la terre trois ans sans pluie et sans rosée,
Les morts se ranimant à la voix d'Élisée (5):
Reconnaissez, Abner, à ces traits éclatants,
Un Dieu tel aujourd'hui qu'il fut dans tous les temps :
Il sait, quand il lui plaît, faire éclater sa gloire.
Et son peuple est toujours présent à sa mémoire.

ABNER.

Mais où sont ces honneurs à David tant promis,

(1) « Comme Jézabel se montrait à la fenêtre au moment où Jéhu allait franchir la porte de la ville, Jéhu dit à ses serviteurs : Jetez-la du haut en bas. Aussitôt ils la jetèrent par la fenêtre, et la muraille fut teinte de son sang, et son cadavre fut foulé aux pieds des chevaux. Après le festin, Jéhu dit à ses serviteurs : Allez, faites relever ces restes maudits, et donnez-leur la sépulture. Les officiers ne trouvèrent plus que le crâne, les pieds et l'extrémité des mains. Ils revinrent en informer leur maître : Voilà, leur dit-il, l'accomplissement de la parole que Jéhovah avait placée sur les lèvres de son serviteur Élie : Les chiens de Jezraël dévoreront les restes sanglants de l'épouse d'Achab, et les passants se diront : Voilà Jézabel, cette reine impie ! » (IV. *Rois*, IX, 27....)

(2) Pour montrer au peuple l'impuissance des idoles, Elie invita les prêtres de Baal à offrir un sacrifice à leur dieu sur le mont Carmel, tandis que lui en offrirait un au Dieu d'Israël; le feu descendit du ciel sur les victimes d'Élie, tandis que celles des faux prêtres restèrent intactes : le peuple détrompé égorgea les 450 prêtres de Baal. (III. *Rois*, XVIII.)

Poursuivi par Achab et Jézabel, Elie s'enfuit dans le désert où il fut nourri miraculeusement; il ressuscita dans la suite le fils de la veuve de Sarepta, prédit à Achab une fin cruelle, sacra Jéhu roi d'Israël, et fut enlevé au ciel sur un char de feu, vers l'an 880.

(3) « Elie se présenta devant Achab : Vive Jéhovah, le Dieu d'Israël, sous le regard duquel je suis en ce moment, dit-il. La rosée et la pluie vont cesser de fertiliser la terre jusqu'au jour où ma bouche s'ouvrira pour leur en donner l'ordre. Ainsi parla le prophète, et sans ajouter un mot de plus, il s'éloigna. » (III. *Rois*, XVII, 1.) Et pendant trois ans, il n'y eut ni pluie ni rosée sur la terre d'Israël.

(4) *Les cieux fermés*, expression empruntée de l'Écriture : « Lorsque le ciel sera fermé, dit Salomon dans sa prière, et qu'il ne pleuvra point à cause des péchés des enfants d'Israël, et qu'ils se convertiront..., exaucez-les du haut du ciel. » (III. *Rois*, VIII, 35.). — *Les cieux devenus d'airain*, image forte et hardie.

(5) Élisée reçut d'Élie, avec son manteau sacré, l'esprit prophétique et le don des miracles. Il rendit saines les eaux de la fontaine de Jéricho, ressuscita le fils de la Sunamite, guérit Naaman de la lèpre, frappa d'aveuglement les soldats de Benadad, et prédit au roi Joas, assiégé dans Samarie, sa victoire sur les Syriens. Il mourut à Samarie, vers l'an 835.

Et prédits même encore à Salomon son fils (1)?
Hélas! nous espérions que de leur race heureuse
Devait sortir de rois une suite nombreuse;
Que sur toute tribu, sur toute nation,
L'un d'eux établirait sa domination,
Ferait cesser partout la discorde et la guerre,
Et verrait à ses pieds tous les rois de la terre (2).

JOAD.

Aux promesses du ciel pourquoi renoncez-vous?

ABNER.

Ce roi fils de David, où le chercherons-nous?
*Le ciel même peut-il réparer les ruines
De cet arbre séché jusque dans ses racines?
Athalie étouffa l'enfant même au berceau.*
Les morts, après huit ans, sortent-ils du tombeau?
Ah! si dans sa fureur elle s'était trompée;
Si du sang de nos rois quelque goutte échappée (3)....

JOAD.

Eh bien! que feriez-vous?

ABNER.

O jour heureux pour moi!
De quelle ardeur j'irais reconnaître mon roi!
Doutez-vous qu'à ses pieds nos tribus empressées (4)....
Mais pourquoi me flatter de ces vaines pensées?
Déplorable héritier de ces rois triomphants,
Ochosias restait seul avec ses enfants;

(1) « Où sont, Seigneur, vos anciennes miséricordes, que vous avez promises à David avec serment? » (Ps. 88,50.)

(2) Ces vers résument dans un langage plein de magnificence les promesses faites à David au sujet du Messie qui devait sortir de sa race : « Seigneur, donnez au roi vos jugements, et au fils du roi votre justice.... Il descendra comme la pluie sur l'herbe fraîchement coupée, comme les gouttes de la rosée sur la terre. La justice se lèvera en ses jours, et l'abondance et la paix, et elles dureront autant que les astres du ciel... Tous les rois de la terre l'adoreront, et les nations lui seront assujetties, elles seront bénies en lui et rendront gloire à sa grandeur. » (Ps. 71.) — « Le Seigneur m'a dit : Tu es mon Fils, demande-moi, et je te donnerai les nations pour héritage, et la terre pour empire. » (Ps. 2,7-8.) Cf. BOSSUET, *Hist. univ.*, II, 4.

(3) Ce cri généreux, qui sort si spontanément du cœur d'Abner, fait entrevoir quelque secours du côté d'Abner. Joad profite de ce mouvement pour mieux s'assurer de ses dispositions.

(4) Cette indication prépare le spectateur aux acclamations enthousiastes dont le peuple saluera l'avènement de Joas.

Par les traits de Jéhu je vis percer le père ;
Vous avez vu les fils massacrés par la mère.

JOAD.

Je ne m'explique point (1). Mais quand l'astre du jour
Aura sur l'horizon fait le tiers de son tour,
Lorsque la troisième heure aux prières rappelle (2),
Retrouvez-vous au temple avec ce même zèle.
Dieu pourra vous montrer, par d'importants bienfaits,
Que sa parole est stable, et ne trompe jamais.
Allez : pour ce grand jour il faut que je m'apprête (3),
Et du temple déjà l'aube blanchit le faîte (4).

ABNER.

Quel sera ce bienfait, que je ne comprends pas?
L'illustre Josabeth porte vers vous ses pas (5).
Je sors, et vais me joindre à la troupe fidèle (6)
Qu'attire de ce jour la pompe solennelle (7).

SCÈNE II
JOAD, JOSABETH.

JOAD.

Les temps sont accomplis, princesse : il faut parler (8),

(1) Ce silence mystérieux éveille la curiosité et promet une révélation importante.

(2) La 3e heure du jour, c'est-à-dire vers 9 heures du matin. Le jour chez les anciens, était de 12 heures ; il commençait au lever du soleil, et se terminait à son coucher ; les heures étaient de longueur inégale suivant les saisons. Le poëte suppose, dit L. Racine, qu'au temps de la Pentecôte, le soleil restait environ 15 heures sur l'horizon ; se levant à 4 heures, il achevait le *tiers* de sa course à 9 heures (la 3e heure chez les Juifs).

(3) Dans ce 1er acte, Joad n'est pas encore revêtu de ses ornements pontificaux ; il a les vêtements de lin ordinaires.

(4) Le poëte précise le moment où commence l'action.

(5) *Illustre*, à raison de sa naissance royale.

(6) Abner sort du vestibule pour se joindre au peuple réuni hors de l'enceinte sacrée, en attendant qu'on en permette l'entrée.

(7) « Si j'avais à décider entre les trois expositions fameuses de *Bajazet*, d'*Iphigénie*, et d'*Athalie*, je donnerais la préférence à cette dernière. Au mérite de bien instruire le spectateur de tout ce qu'il doit savoir, elle joint l'avantage d'être une scène d'action, dans laquelle le souverain pontife, en homme qui médite un grand dessein, cherche à s'assurer des dispositions du général de l'armée d'Athalie. Il n'existe point d'autre exemple d'une aussi grande perfection. » (GEOFFROY.)

(8) L'action va commencer; les révélations d'Abner ne permettent plus à Joad d'attendre. Sa résolution est prise : il faut montrer le roi. Autant il a été discret avec Abner, autant il se montre décidé avec Josabeth, la confidente

ACTE I, SCÈNE II

Et votre heureux larcin ne se peut plus celer.
Des ennemis de Dieu la coupable insolence,
Abusant contre lui de ce profond silence,
Accuse trop longtemps ses promesses d'erreur.
Que dis-je? le succès animant leur fureur,
Jusque sur notre autel (1) votre injuste marâtre (2)
Veut offrir à Baal un encens idolâtre (3).
Montrons ce jeune roi que vos mains ont sauvé,
Sous l'aile du Seigneur dans le temple élevé (4).
De nos princes hébreux il aura le courage,
Et déjà son esprit a devancé son âge.
Avant que son destin s'explique par ma voix,
Je vais l'offrir au Dieu par qui règnent les rois (5)
Aussitôt assemblant nos lévites, nos prêtres,
Je leur déclarerai l'héritier de leurs maîtres.

JOSABETH.

Sait-il déjà son nom et son noble destin?

JOAD.

Il ne répond encor qu'au nom d'Eliacin (6),
Et se croit quelque enfant rejeté par sa mère,
A qui j'ai par pitié daigné servir de père.

JOSABETH.

Hélas! de quel péril je l'avais su tirer!
Dans quel péril encor il est prêt de rentrer (7)!

de ses projets. — *Les temps sont accomplis*, expression fréquente dans l'Ecriture.
— *Ne se peut plus celer*, pour *être celé*; Bossuet dit de même : « les histoires ne *se* liront plus. »

(1) L'*autel des Parfums* se trouvait dans le Lieu Saint, devant l'entrée du Saint des Saints : il était en bois de cèdre couvert de lames d'or. Les parfums qu'on y brûlait étaient composés de plusieurs substances mêlées avec art (*Exode*, XXX, 7, 34...); personne ne pouvait, sous peine de mort, employer pour des usages privés, l'*encens préparé* d'après les formules du rituel; il était réservé à Dieu seul.

L'autel des Parfums était carré, et avait 50 cm. de côté et un mètre de hauteur. « Aaron, dit le Seigneur, y brûlera tous les matins des parfums précieux en préparant les lampes dans le saint lieu; de même vers le soir, quand il les allumera. » (*Exode*, XXX, 7-8.)

(2) Athalie était la belle-mère de Josabeth. (V. p. 526.)

(3) *Un encens idolâtre*, expression hardie et poétique.

(4) « J'espérerai à l'ombre de vos ailes. » (Ps. 63,8.)

(5) « Par moi règnent les rois. » (*Prov.*, VIII, 15.)

(6) Le nom d'Eliacin se trouve plusieurs fois dans la Bible : il fut porté un siècle plus tard sous Ezéchias par le grand prêtre. (IV. *Rois*, XVIII.)

(7) Les craintes de Josabeth commencent à jeter le trouble dans l'âme du spectateur. — *Prêt de* s'employait souvent au XVIIe siècle pour *près de*.

JOAD.

Quoi! déjà votre foi s'affaiblit et s'étonne?

JOSABETH.

A vos sages conseils, Seigneur, je m'abandonne.
Du jour que j'arrachai cet enfant à la mort,
Je remis en vos mains tout le soin de son sort.
Même, de mon amour craignant la violence,
Autant que je le puis, j'évite sa présence,
De peur qu'en le voyant, quelque trouble indiscret
Ne fasse avec mes pleurs échapper mon secret (1).
Surtout j'ai cru devoir aux larmes, aux prières,
Consacrer ces trois jours et ces trois nuits entières (2).
Cependant aujourd'hui puis-je vous demander
Quels amis vous avez prêts à vous seconder?
Abner, le brave Abner, viendra-t-il nous défendre?
A-t-il près de son roi fait serment de se rendre?

JOAD.

Abner, quoiqu'on se pût assurer sur sa foi,
Ne sait pas même encor si nous avons un roi.

JOSABETH.

Mais à qui de Joas confiez-vous la garde?
Est-ce Obed, est-ce Amnon que cet honneur regarde (3)?
De mon père sur eux les bienfaits répandus...

JOAD.

A l'injuste Athalie ils se sont tous vendus.

JOSABETH.

Qui donc opposez-vous contre ses satellites?

---

(1) Cette prudence de la tendresse maternelle est héroïque.

(2) En dehors du jeûne public ordonné par Moïse *au jour des expiations* (*Lévit.*, XVI, 29; XXIII, 27), et des sacrifices imposés aux jours de fête, les Hébreux recouraient souvent, surtout dans les grands dangers et dans les calamités publiques, aux jeûnes et aux supplications prolongées, comme on le voit par les exemples de David, d'Esther, de Judith, de Daniel, etc. Esther fit dire à Mardochée : « Allez, assemblez tous les Juifs de Suse, et priez pour moi; ne mangez et ne buvez point durant trois jours et trois nuits; je jeûnerai également avec mes suivantes. » (*Esther*, IV, 16.)

Quand Jésus fut présenté au temple, « il s'y trouvait, dit saint Luc, une prophétesse nommée Anne qui ne quittait pas le lieu saint, servant Dieu jour et nuit dans les jeûnes et dans les prières. » (II, 36-37.)

(3) Les noms d'*Obed* et d'*Amnon* sont pris dans la Bible. Parmi les centeniers choisis par Joad, se trouvait Azarias, fils d'Obed. (II. *Paralip*, XXIII, 1.)

ACTE I, SCÈNE II

JOAD.

Ne vous l'ai-je pas dit? nos prêtres, nos lévites.

JOSABETH.

Je sais que près de vous en secret assemblé,
Par vos soins prévoyants leur nombre est redoublé;
Que pleins d'amour pour vous, d'horreur pour Athalie,
Un serment solennel par avance les lie
A ce fils de David qu'on leur doit révéler (1).
Mais, quelque noble ardeur dont ils puissent brûler (2),
Peuvent-ils de leur roi venger seuls la querelle?
Pour un si grand ouvrage est-ce assez de leur zèle?
Doutez-vous qu'Athalie, au premier bruit semé
Qu'un fils d'Ochosias est ici renfermé,
De ses fiers étrangers assemblant les cohortes,
N'environne le temple et n'en brise les portes?
Suffira-t-il contre eux de vos ministres saints,
Qui levant au Seigneur leurs innocentes mains,
Ne savent que gémir et prier pour nos crimes,
Et n'ont jamais versé que le sang des victimes?
Peut-être dans leurs bras Joas percé de coups (3)....

JOAD.

Et comptez-vous pour rien Dieu qui combat pour nous (4)?
Dieu, qui de l'orphelin protège l'innocence (5),
Et fait dans la faiblesse éclater sa puissance;
Dieu, qui hait les tyrans, et qui dans Jezraël (6)

---

(1) L'Ecriture parle de ce serment. « Quoique l'esprit et le caractère essentiel de toute la pièce soit de présenter toujours Dieu dans tous les événements, cependant le grand prêtre n'a négligé aucune des précautions qu'exige la prudence humaine. Cette sage prévoyance est un devoir : il faut commencer par faire tout ce que peut un mortel, et attendre ensuite le secours divin avec une confiance inaltérable. Tel est le personnage de Joad, le plus étonnant, le plus sublime qu'il y ait au théâtre. » (GEOFFROY.)

(2) Pour *de quelque noble ardeur qu'ils puissent brûler*.

(3) Josabeth, par ses alarmes, fait ressortir la fermeté et la foi de Joad; le contraste est admirable. Du reste, le langage de Josabeth est celui de la prudence humaine; c'était une folie de tenter une pareille entreprise avec de si faibles ressources. Mais la foi a d'autres visées : Joad compte sur Dieu plus que sur les hommes, et sa foi ne le trompera pas.

(4) C'est la sublime réponse de la foi; elle peint Joad, et explique la pièce tout entière : « Si Dieu est pour nous, qui sera contre nous? »
La vivacité du tour fait ressortir la beauté du sentiment.

(5) « Le Seigneur votre Dieu est le Dieu qui fait justice à l'orphelin et à la veuve. » (*Deutér.*, X, 18.) — « Il est le père de l'orphelin. » (Ps. 67,6.)

(6) Jezraël (ou Esdrélon, auj. Zarin), ville de Palestine, voisine de Samarie, dans la tribu d'Issachar, et près des monts Gelboé; c'est là que

Jura d'exterminer Achab et Jézabel ;
Dieu, qui frappant Joram, le mari de leur fille,
A jusque sur son fils poursuivi leur famille ;
*Dieu, dont le bras vengeur, pour un temps suspendu,
Sur cette race impie est toujours étendu* (1) ?

JOSABETH.

Et c'est sur tous ces rois sa justice sévère
Que je crains pour le fils de mon malheureux frère.
Qui sait si cet enfant, par leur crime entraîné,
Avec eux en naissant ne fut pas condamné?
Si Dieu, le séparant d'une odieuse race,
En faveur de David voudra lui faire grâce (2)?
Hélas! l'état horrible où le ciel me l'offrit
Revient à tout moment effrayer mon esprit.
*De princes égorgés la chambre était remplie.
Un poignard à la main, l'implacable Athalie
Au carnage animait ses barbares soldats,
Et poursuivait le cours de ses assassinats.
Joas, laissé pour mort, frappa soudain ma vue.
Je me figure encor sa nourrice éperdue,
Qui devant les bourreaux s'était jetée en vain,
Et faible le tenait renversé sur son sein.
Je le pris tout sanglant. En baignant son visage,
Mes pleurs du sentiment lui rendirent l'usage ;
Et soit frayeur encore, ou pour me caresser,
De ses bras innocents je me sentis presser* (3).

périt Jézabel. La ville domine la grande plaine de Jezraël ou de Mageddo, qui s'étend entre le Carmel et le Jourdain, depuis les monts de Galilée jusqu'aux montagnes d'Ephraïm.

(1) Dieu *protecteur*, Dieu *vengeur*, voilà les deux titres qu'invoque le grand prêtre ; les paroles de l'Ecriture qu'il cite, les exemples qu'il allègue, la fermeté avec laquelle il répète jusqu'à quatre fois l'auguste nom du Dieu qu'il sert, montrent l'intrépidité de sa foi, et donnent à son langage une grandeur divine. — Le *bras vengeur de Dieu, toujours étendu sur cette race impie*, image grande et terrible.

(2) Ici la foi même de Josabeth fléchit sous l'impression de la crainte : elle oublie que Joas est le seul reste de David et que Dieu est fidèle en ses promesses. Cette défaillance momentanée donne lieu à une situation des plus pathétiques. Josabeth sent se réveiller toutes les frayeurs que lui avait causées le massacre des enfants d'Ochosias : les horreurs de cette scène épouvantable se représentent à sa mémoire; elle en retrace le tableau avec les émotions d'une mère qui arrache son enfant au poignard des assassins.

(3) Cette magnifique peinture est de l'invention de Racine ; il l'a tirée d'un seul verset de l'Ecriture. « Josabeth prit Joas et l'enleva du milieu des enfants du roi, lorsqu'on les massacrait, et elle le cacha, lui et sa nourrice, dans la salle dite des lits. » (II. *Paralip.*, XXII, 11.) Que l'on compare à

ACTE I, SCÈNE II

Grand Dieu! que mon amour ne lui soit point funeste (1).
Du fidèle David c'est le précieux reste (2).
Nourri dans ta maison, en l'amour de ta loi,
Il ne connaît encor d'autre père que toi.
Sur le point d'attaquer une reine homicide,
A l'aspect du péril si ma foi s'intimide,
Si la chair et le sang, se troublant aujourd'hui (3),
Ont trop de part aux pleurs que je répands pour lui,
Conserve l'héritier de tes saintes promesses,
Et ne punis que moi de toutes mes faiblesses.

JOAD.

Vos larmes, Josabeth, n'ont rien de criminel (4);
Mais Dieu veut qu'on espère en son soin paternel.
Il ne recherche point, aveugle en sa colère,
Sur le fils qui le craint l'impiété du père (5).
Tout ce qui reste encor de fidèles Hébreux
Lui viendront aujourd'hui renouveler leurs vœux.
Autant que de David la race est respectée,
Autant de Jézabel la fille est détestée.
Joas les touchera par sa noble pudeur,
Où semble de son sang reluire la splendeur;

cette courte indication, le tableau du poëte : quelles vives couleurs, quelle scène sauvage et attendrissante tout à la fois! quel contraste entre la fureur des soldats et la faiblesse de leurs victimes; entre la rage d'Athalie, l'effarement de la nourrice, et le dévouement de Josabeth; entre la peinture de l'implacable reine, qui, *un poignard à la main, anime au carnage ses barbares soldats*, et celle de l'enfant évanoui entre les bras de sa nourrice et ranimé par les larmes de sa mère adoptive qu'il caresse de ses innocentes mains!

Le récit de Josabeth est un chef-d'œuvre de narration pathétique.

(1) A ces souvenirs pleins de larmes, le poète joint une prière sublime où la nature prête à succomber, est relevée par la grâce jusqu'à l'héroïsme du dévouement. Josabeth, craignant, par une délicatesse de conscience admirable, que ses alarmes n'offensent Dieu et n'accusent un manque de foi, demande d'en subir la peine pour le salut du fils de David.

(2) Dieu avait promis à David que le Messie sortirait de sa race par la ligne de Salomon; c'est pour cela qu'il sauva miraculeusement Joas, le dernier rejeton de ce prince.

(3) *La chair et le sang*, expressions fréquentes dans le Nouveau Testament pour désigner la nature laissée à elle-même, non fortifiée par la grâce.

(4) L'âme si grande et si forte de Joad sait aussi condescendre aux faiblesses de la nature : sa réponse respire une bienveillance et une douceur touchantes.

(5) « Si vous dites : Pourquoi le fils n'a-t-il pas porté l'iniquité du père? c'est parce que le fils a accompli la justice et gardé mes préceptes, qu'il vivra. L'âme qui a péché mourra, le fils ne portera point l'iniquité du père. » (EZÉCHIEL, XVIII, 19.)

Et Dieu, par sa voix même appuyant notre exemple,
De plus près à leur cœur parlera dans son temple.
Deux infidèles rois tour à tour l'ont bravé :
Il faut que sur le trône un roi soit élevé,
Qui se souvienne un jour qu'au rang de ses ancêtres
Dieu l'a fait remonter par la main de ses prêtres,
L'a tiré par leurs mains de l'oubli du tombeau,
Et de David éteint rallumé le flambeau (1).
    Grand Dieu, si tu prévois qu'indigne de sa race (2),
Il doive de David abandonner la trace,
Qu'il soit comme le fruit en naissant arraché,
Ou qu'un souffle ennemi dans sa fleur a séché.
Mais si ce même enfant, à tes ordres docile,
Doit être à tes desseins un instrument utile,
Fais qu'au juste héritier le sceptre soit remis;
Livre en mes faibles mains ses puissants ennemis (3);
Confonds dans ses conseils une reine cruelle :
Daigne, daigne, mon Dieu, sur Mathan et sur elle
Répandre cet esprit d'imprudence et d'erreur,
De la chute des rois funeste avant-coureur (4)!

(1) Massillon a appliqué la même image au jeune roi Louis XV, lui aussi dernier reste d'une illustre famille : « Vous que Dieu a rallumé comme une étincelle précieuse dans le sein même des ombres de la mort où il venait d'éteindre toute votre auguste race, et où vous étiez sur le point de vous éteindre vous-même. » (*Petit Carême*, sermon pour la Purification.)

(2) « Nous avons vu la prière de Josabeth, douce et touchante, pleine du sentiment le plus tendre, et terminée par un trait de dévouement héroïque; celle du grand prêtre est mâle, ferme, courageuse, pleine de grandeur et d'énergie. Cette prière, de douze vers, semble ne former qu'une seule période, dont les divers membres, dépendants l'un de l'autre, s'attirent, s'enchaînent, se succèdent avec rapidité, et forment l'ensemble le plus harmonieux. Ces périodes, inconnues à ceux qui n'écrivent que d'après de froides combinaisons, et non d'après l'impulsion de l'âme, sont un des plus grands secrets du style, et nous donnent une juste idée de ce que Cicéron et les autres législateurs de l'art oratoire appellent *flumen orationis*, torrent d'éloquence. » (GEOFFROY.)

(3) L'antithèse frappante de ce vers met sous les yeux le contraste qui domine toute la tragédie : la faiblesse du droit devant la force qui l'opprime.

(4) C'est la prière de David contre les conseillers d'Absalon : « Seigneur, confondez, je vous prie, Achitophel dans ses conseils. » (II. *Rois*, XV, 31.) — Dieu aveugle ceux qu'il veut perdre, dit un vieil axiome, *perdere quos vult Deus, dementat*.

Bossuet, au dernier chapitre de son *Histoire universelle*, développe cette idée avec une éloquence sublime : « Dieu connaît la sagesse humaine, toujours courte par quelque endroit; il l'éclaire, il étend ses vues, et puis *il l'abandonne à ses ignorances : il l'aveugle, il la précipite, il la confond par elle-même* : elle s'enveloppe, elle s'embarrasse dans ses propres subtilités, et

L'heure me presse : adieu. Des plus saintes familles
Votre fils et sa sœur vous amènent les filles (1).

SCÈNE III

JOSABETH, ZACHARIE, SALOMITH, LE CHOEUR.

JOSABETH.

Cher Zacharie, allez, ne vous arrêtez pas ;
De votre auguste père accompagnez les pas.
 O filles de Lévi, troupe jeune et fidèle,
Que déjà le Seigneur embrase de son zèle,
Qui venez si souvent partager mes soupirs,
Enfants, ma seule joie en mes longs déplaisirs (2),
Ces festons dans vos mains, et ces fleurs sur vos têtes (3),
Autrefois convenaient à nos pompeuses fêtes.
Mais, hélas! en ce temps d'opprobre et de douleurs,
Quelle offrande sied mieux que celle de nos pleurs?
J'entends déjà, j'entends la trompette sacrée,
Et du temple bientôt on permettra l'entrée.
Tandis que je me vais préparer à marcher,
Chantez, louez le Dieu que vous venez chercher (4).

ses précautions lui sont un piège ... L'Egypte, autrefois si sage, marche enivrée, étourdie et chancelante, parce que *le Seigneur a répandu l'esprit de vertige dans ses conseils* ; elle ne sait plus ce qu'elle fait, elle est perdue. »
On dirait que Racine avait sous les yeux cette magnifique page de Bossuet. Le grand historien explique avec sa clarté et sa netteté accoutumées, en quoi consiste cet esprit de *vertige*, *d'imprudence ou d'erreur* : Dieu, dit-il, *abandonne l'homme à ses ignorances;* cela suffit.

(1) Les jeunes filles du chœur appartenaient aux familles des prêtres et des lévites, comme il est dit dans la Préface. — Joad va se préparer aux fonctions de la sacrificature qu'il doit remplir en ce jour de fête.

(2) Allusion aux jeunes filles de Saint-Cyr dont la formation faisait le bonheur de Mme de Maintenon. (V. *Esther*, p. 448.) — Ce langage doux, harmonieux et plein d'onction, rappelle le style d'*Esther*.

(3) Image gracieuse qui présente un touchant contraste avec la tristesse de Josabeth.

(4) Deux scènes capitales remplissent ce 1er acte; la 1re est l'exposition, la 2de engage l'action ; l'une et l'autre sont également admirables. Le spectateur est instruit de tout ce qu'il a besoin de savoir; il a vu et admiré Joad, Abner, Josabeth ; il connaît, il déteste et redoute Athalie et Mathan avant de les avoir vus. Il mesure la grandeur de l'entreprise, et en apprécie les difficultés humainement insurmontables. S'il tremble avec Josabeth pour la vie du précieux enfant, il est assuré que la foi de Joad ne sera pas confondue. Quand et comment s'engagera la lutte? quelle en sera l'issue? C'est cette incertitude qui fait l'émotion dramatique.

SCÈNE IV

LE CHOEUR [1].

TOUT LE CHOEUR *chante*.

Tout l'univers est plein de sa magnificence (2) :
Qu'on l'adore ce Dieu, qu'on l'invoque à jamais.
Son empire a des temps précédé la naissance.
Chantons, publions ses bienfaits.

UNE VOIX, *seule*.

En vain l'injuste violence
Au peuple qui le loue imposerait silence (3) :
Son nom ne périra jamais.
Le jour annonce au jour sa gloire et sa puissance (4).
Tout l'univers est plein de sa magnificence.
Chantons, publions ses bienfaits.

TOUT LE CHOEUR *répète*.

Tout l'univers est plein de sa magnificence :
Chantons, publions ses bienfaits.

UNE VOIX, *seule*.

Il donne aux fleurs leur aimable peinture (5).
Il fait naître et mûrir les fruits.

(1) Le chœur ignore ce qui se prépare ; aussi ses chants ne s'inspirent que de la fête qui commence. L'offrande des prémices de la moisson nouvellement achevée, le porte à célébrer la magnificence du Créateur qui répand ses bienfaits sur toute la nature ; en second lieu, l'anniversaire des merveilles du Sinaï lui rappelle naturellement le don par excellence de la loi divine. C'est le double sujet et comme la division de ce chœur. Racine s'y est surtout inspiré du livre des Psaumes.

(2) Ce vers si solennel exprime l'idée générale de la 1re partie du chœur.

(3) Allusion à la persécution d'Athalie.

(4) « O Seigneur, notre Dieu, que votre nom est grand par toute la terre! Vous avez élevé au-dessus des cieux le trône de votre gloire. (Ps. 8.) — Les cieux racontent la gloire de Dieu, et le firmament annonce l'œuvre de ses mains. Le jour parle au jour, et la nuit à la nuit. » (Ps. 18, 1-2.)

(5) La grâce et la fraîcheur de ces vers font un charmant effet entre la magnificence du début et l'enthousiasme lyrique de la strophe du Sinaï. — « Chantez, louez le Seigneur, célébrez son nom sur la cithare. Il couvre le ciel de nuées, il prépare la pluie pour la terre, il fait germer l'herbe sur les montagnes. Il donne leur nourriture aux troupeaux, et aux petits des corbeaux qui l'appellent par leurs cris. » (Ps. 146. 7-9.)

V. plus loin, p. 582, l'imitation de Nérée dans *le Triomphe de la Ligue*.

*Il leur dispense avec mesure
Et la chaleur des jours et la fraîcheur des nuits ;
Le champ qui les reçut les rend avec usure.*

UNE AUTRE.

Il commande au soleil d'animer la nature,
  Et la lumière est un don de ses mains ;
    Mais sa loi sainte, sa loi pure
Est le plus riche don qu'il ait fait aux humains (1).

UNE AUTRE.

O mont de Sinaï (2), conserve la mémoire
De ce jour à jamais auguste et renommé,
    Quand, sur ton sommet enflammé,
Dans un nuage épais le Seigneur enfermé
Fit luire aux yeux mortels un rayon de sa gloire (3).
  *Dis-nous pourquoi ces feux et ces éclairs,
Ces torrents de fumée, et ce bruit dans les airs,
    Ces trompettes et ce tonnerre :
Venait-il renverser l'ordre des éléments ?
    Sur ses antiques fondements
    Venait-il ébranler la terre ?*

UNE AUTRE.

Il venait révéler aux enfants des Hébreux
De ses préceptes saints la lumière immortelle.
    Il venait à ce peuple heureux
Ordonner de l'aimer d'une amour éternelle (4).

(1) « Dieu a placé le pavillon du soleil au milieu des cieux ; cet astre s'élance comme un géant dans la carrière. Il part des extrémités de l'aurore et il s'abaisse aux bornes du couchant ; rien ne se dérobe à la chaleur de ses rayons. Telle est la loi du Seigneur, belle et pure ; elle convertit les âmes. » (Ps. 18. 5-7.)

(2) « Il y a dans ce chœur, qui partout est beau, un couplet égal à tout pour le sublime : *O mont de Sinaï*, etc. ; mais j'avoue que les chœurs d'*Esther*, où il n'y a pas moins de sublime, mais où il y a plus de sentiment, me paraissent encore au-dessus. » (LA HARPE.)

(3) « Et déjà le 3ᵉ jour était venu, et la lumière du matin s'était répandue sur la terre, et voilà que les tonnerres commencèrent à se faire entendre, et les éclairs à briller, et une nuée épaisse couvrit la montagne, et le son de la trompette retentissait avec éclat, et tout le peuple trembla dans le camp. Tout le Sinaï fumait comme une fournaise, car le Seigneur y était descendu au milieu du feu, et toute la montagne présentait un aspect terrible. Moïse parlait et Dieu lui répondait : Je suis le Seigneur ton Dieu, tu n'auras pas d'autres dieux que moi... » (*Exode*, XIX et XX.)

(4) *Amour éternelle*, v. plus haut, p. 329.

TOUT LE CHOEUR.

O divine, ô charmante loi !
O justice ! ô bonté suprême !
Que de raisons, quelle douceur extrême
D'engager à ce Dieu son amour et sa foi !

UNE VOIX, *seule*.

D'un joug cruel il sauva nos aïeux,
Les nourrit au désert d'un pain délicieux (1).
Il nous donne ses lois, il se donne lui-même (2).
Pour tant de biens, il commande qu'on l'aime :

LE CHOEUR.

O justice ! ô bonté suprême !

LA MÊME VOIX.

Des mers pour eux il entr'ouvrit les eaux ;
D'un aride rocher fit sortir des ruisseaux (3).
Il nous donne ses lois, il se donne lui-même.
Pour tant de biens, il commande qu'on l'aime.

LE CHOEUR.

O divine, ô charmante loi !
Que de raisons, quelle douceur extrême
D'engager à ce Dieu son amour et sa foi !

UNE AUTRE VOIX, *seule*.

Vous qui ne connaissez qu'une crainte servile,
Ingrats, un Dieu si bon ne peut-il vous charmer ?
Est-il donc à vos cœurs, est-il si difficile
　　Et si pénible de l'aimer ?
L'esclave craint le tyran qui l'outrage ;
Mais des enfants l'amour est le partage.
Vous voulez que ce Dieu vous comble de bienfaits,

---

(1) Allusion à la manne dont il est dit au livre de la *Sagesse* : « Alors vous donniez à votre peuple la nourriture des anges, et vous lui présentiez le pain du ciel qui renferme en soi toutes les délices. » (XVI. 20.)

(2) L'expression *il se donne lui-même* semble une allusion secrète de la piété de Racine au don suprême de Dieu dans l'Eucharistie ; le poète a pu l'employer cependant sans anachronisme, pour désigner soit le don de la présence spéciale de Dieu dans le temple, soit plutôt la communication de la Divinité dans le ciel : « *Ego merces tua magna nimis*, disait Dieu à Abraham, moi-même je serai ta récompense infinie. » (*Genèse*, XV, 1.)

(3) « Il sépara la mer, il leur ouvrit un passage, et retint les eaux suspendues sur leur tête. Il fendit le rocher dans le désert, et les eaux coulèrent comme des fleuves. » (Ps. 77. 16-19.)

Et ne l'aimer jamais (1) ?

TOUT LE CHŒUR.

O divine, ô charmante loi !
O justice ! ô bonté suprême !
Que de raisons, quelle douceur extrême
D'engager à ce Dieu son amour et sa foi (2) !

QUESTIONS SUR LE Ier ACTE.

Quel est le sujet du 1er acte ?
Par qui et comment se fait l'exposition ?
Comment sont indiqués le lieu, le jour et l'heure de l'action ?
Par quoi est remarquable le début d'*Athalie ?*
Comment le poète dépeint-il dans la 1re scène Abner, Joad, Athalie et Mathan ?
Comment fait-il connaître peu à peu le sujet de la pièce ?
Quels sont les plus beaux passages de la 1re scène ?
Quelle résolution prend Joad au sortir de son entrevue avec Abner ?
Comment cette résolution est-elle combattue par Josabeth ?
Par quoi se distingue la narration du meurtre des fils d'Ochosias ?
Comparez entre elles les deux prières de Josabeth et de Joad.
Pourquoi le chœur se présente-t-il ?
Comment le poète le fait-il connaître ?
Pourquoi Josabeth et Joad quittent-ils la scène ?
Appréciation du 1er acte.
Quel est le sujet du 1er chœur ? — Sert-il à l'impression dramatique ?
Quelles sont les strophes les plus belles ?

(1) Quoique la loi chrétienne soit appelée la loi de grâce et d'amour, ni la grâce de Dieu ni l'amour divin ne manquaient à la loi ancienne. Le grand précepte de l'amour divin y avait été formulé par Dieu en même temps que celui de la crainte : « Ecoute, Israël. Tu aimeras le Seigneur ton Dieu de tout ton cœur, et de toute ton âme, et de toutes tes forces. » (*Deutér.*, VI, 5.) Aussi, quand les Pharisiens demandèrent à N.-S. J.-C. quel était le grand précepte de la Loi, le divin Législateur leur cita non point le texte qui disait : « Tu craindras le Seigneur ton Dieu » (*ibid.* 13), mais celui de l'amour rappelé tout à l'heure, en ajoutant : Voilà le plus grand des commandements, et le premier. » (MATTH., XXII, 38.)

(2) Ce chœur, si conforme à l'esprit de la fête, sert à l'impression dramatique en donnant au spectateur une haute idée du Dieu d'Israël en qui Joad, le grand acteur visible, a mis sa confiance. En entendant célébrer la toute-puissance de Dieu, l'amour qu'il a témoigné à son peuple, les prodiges qu'il a faits en sa faveur, on entre dans les sentiments du grand prêtre, et l'on espère voir de nouveau le bras de Dieu dans une circonstance, où sa gloire et ses promesses sont engagées à un si haut point.

ACTE SECOND

Athalie au temple. — Le Songe. — Le Conseil et l'Interrogatoire.

SCÈNE I
JOSABETH, SALOMITH, LE CHOEUR.

JOSABETH.

Mes filles, c'est assez ; suspendez vos cantiques.
Il est temps de nous joindre aux prières publiques.
Voici notre heure. Allons célébrer ce grand jour,
Et devant le Seigneur paraître à notre tour (1).

SCÈNE II
JOSABETH, ZACHARIE, SALOMITH, LE CHOEUR.

JOSABETH.

Mais que vois-je ? Mon fils, quel sujet vous ramène ?
Où courez-vous ainsi tout pâle et hors d'haleine ?

ZACHARIE.

O ma mère !

JOSABETH.

Eh bien ! quoi ?

ZACHARIE.

Le temple est profané.

JOSABETH.

Comment ?

ZACHARIE.

Et du Seigneur l'autel abandonné.

JOSABETH.

Je tremble. Hâtez-vous d'éclaircir votre mère (2).

ZACHARIE.

Déjà, selon la loi, le grand prêtre mon père,
Après avoir au Dieu qui nourrit les humains
De la moisson nouvelle offert les premiers pains,
Lui présentait encore entre ses mains sanglantes

---

(1) Josabeth se propose de conduire les jeunes filles du chœur dans l'enceinte réservée aux femmes, près du Lieu saint.

(2) « Ce commencement d'acte, plein de vivacité et de trouble, est d'un grand effet après le calme majestueux du 1er acte, et les détails en sont remplis de cet esprit religieux qui entretient partout l'illusion, et nous place dans le temple de Jérusalem. » (LA HARPE.)

Des victimes de paix les entrailles fumantes (1).
Debout à ses côtés le jeune Éliacin (2)
Comme moi le servait en long habit de lin (3);
Et cependant du sang de la chair immolée
Les prêtres arrosaient l'autel et l'assemblée (4).
Un bruit confus s'élève, et du peuple surpris
Détourne tout à coup les yeux et les esprits.
*Une femme... peut-on la nommer sans blasphème?
Une femme....* (5) *C'était Athalie elle-même* (6).

JOSABETH.

Ciel !

ZACHARIE.

Dans un des parvis aux hommes réservé
Cette femme superbe entre, le front levé,
Et se préparait même à passer les limites

---

(1) *Des victimes de paix*, c'est-à-dire les deux agneaux du *sacrifice pacifique* ordonné par la loi. Les *sacrifices pacifiques* étaient offerts aussi par dévotion privée, à la suite d'un vœu ou en reconnaissance d'un bienfait reçu de Dieu.

(2) Pour mieux cacher Joas, le grand prêtre lui avait donné les fonctions et le costume des lévites.

(3) La robe de lin était le vêtement des prêtres et des lévites. « Le jeune Samuel servait en présence du Seigneur revêtu d'un éphod de lin. Et sa mère lui préparait une petite tunique qu'elle lui apportait aux jours solennels. » (II. *Rois*, II, 18.) « Lorsque les prêtres et les lévites entreront dans le parvis intérieur, ils seront vêtus de robes de lin, et ils n'auront rien sur eux qui soit en laine. Des bandelettes de lin seront à leurs têtes, et des ceintures de lin autour de leurs reins. Lorsqu'ils sortiront dans le parvis extérieur pour aller parmi le peuple, ils quitteront leurs habits sacrés et les déposeront dans la salle du sanctuaire. » (EZÉCHIEL, XLIV, 17-19.)
La tunique de lin blanc des prêtres était d'une seule pièce et descendait jusqu'aux pieds. Les habits de laine étaient trop lourds et trop chauds pour le ministère sacerdotal.

(4) Le *Lévitique*, dans les rites des sacrifices, mentionne l'aspersion du sang sur l'autel, mais non pas sur l'assemblée comme avait fait Moïse au pied du Sinaï. Parlant de la grande fête de l'*expiation*, où le grand prêtre, la seule fois de l'année, pouvait entrer dans le Saint des Saints, Dieu dit : « Le prêtre étant entré au delà du voile dans le Lieu saint, prendra le sang des victimes, et par sept fois il fera des aspersions avec son doigt devant le propitiatoire du côté de l'Orient .., le répandant sur les cornes de l'autel, tout autour; il purifiera et sanctifiera l'autel de toutes les iniquités des enfants d'Israël. » (*Lévit.*, XVI, 12.)

(5) Exemple remarquable de suspension.

(6) « Admirons comment, dès les premiers vers du second acte, la scène est déjà tout en mouvement par cette irruption soudaine et imprévue d'Athalie dans le temple. On va bientôt savoir les raisons de cette démarche si étrange. Dans cette pièce, dont l'action est de la plus grande simplicité, rien ne languit ; tout marche, sans remplissage et sans épisode. » (GEOFFROY.)

De l'enceinte sacrée ouverte aux seuls lévites (1).
Le peuple s'épouvante, et fuit de toutes parts.
Mon père.... Ah! quel courroux animait ses regards (2)!
Moïse à Pharaon parut moins formidable :
« Reine, sors, a-t-il dit, de ce lieu redoutable,
D'où te bannit ton sexe et ton impiété.
Viens-tu du Dieu vivant braver la majesté? »
La Reine alors, sur lui jetant un œil farouche,
Pour blasphémer sans doute ouvrait déjà la bouche.
J'ignore si de Dieu l'ange se dévoilant
Est venu lui montrer un glaive étincelant (3);
Mais sa langue en sa bouche à l'instant s'est glacée,
Et toute son audace a paru terrassée.
Ses yeux, comme effrayés, n'osaient se détourner;
Surtout Eliacin paraissait l'étonner.

JOSABETH.

Quoi donc! Eliacin a paru devant elle?

ZACHARIE.

Nous regardions tous deux cette reine cruelle,
Et d'une égale horreur nos cœurs étaient frappés.
Mais les prêtres bientôt nous ont enveloppés.
On nous a fait sortir. J'ignore tout le reste,
Et venais vous conter ce désordre funeste (4).

JOSABETH.

Ah! de nos bras sans doute elle vient l'arracher;
Et c'est lui qu'à l'autel sa fureur vient chercher.

(1) On voit indiqués dans ces vers les deux parvis du temple, le parvis extérieur où se tenait le peuple, et le parvis intérieur ou sacré des prêtres, séparé par une enceinte; le parvis extérieur comprenait deux parties, celle des hommes et celle des femmes.

(2) Cette interruption subite donne une grande vivacité à la phrase. L'exclamation rapide qui la coupe, la forme concise de la comparaison qui suit, et l'emploi du discours direct, peignent parfaitement le trouble de l'enfant, et l'impression que l'indignation du grand prêtre a produite sur lui.

(3) Des apparitions semblables sont racontées dans l'Écriture. On lit au livre des *Nombres* (XXII, 30-31) : « Comme Balaam frappait l'ânesse pour la faire avancer.., le Seigneur ouvrit les yeux à Balaam, et il vit un ange debout dans le chemin avec une épée nue à la main; » et au 1er livre des *Paralipomènes* (XXI, 16) : « David, levant les yeux, vit l'ange du Seigneur qui était entre le ciel et la terre, et qui tenait à la main une épée nue, tournée contre Jérusalem; et David et les anciens se prosternèrent la face contre terre. »

(4) Le récit de Zacharie est un modèle de narration vive et pittoresque; il est coupé avec beaucoup d'art et de naturel par les questions émues et inquiètes de sa mère.

Peut-être en ce moment l'objet de tant de larmes.... (1)
Souviens-toi de David, Dieu, qui vois mes alarmes.

SALOMITH.

Quel est-il cet objet des pleurs que vous versez?

ZACHARIE.

Les jours d'Eliacin seraient-ils menacés?

SALOMITH.

Aurait-il de la Reine attiré la colère?

ZACHARIE.

Que craint-on d'un enfant sans support et sans père (2)?

JOSABETH.

Ah! la voici. Sortons. Il la faut éviter.

SCÈNE III

ATHALIE, ABNER, AGAR, SUITE D'ATHALIE.

AGAR.

Madame, dans ces lieux pourquoi vous arrêter?
Ici tous les objets vous blessent, vous irritent.
Abandonnez ce temple aux prêtres qui l'habitent;
Fuyez tout ce tumulte, et dans votre palais
A vos sens agités venez rendre la paix.

ATHALIE.

Non, je ne puis : tu vois mon trouble et ma faiblesse.
Va, fais dire à Mathan qu'il vienne, qu'il se presse;
Heureuse si je puis trouver par son secours
Cette paix que je cherche, et qui me fuit toujours (3).

(Elle s'assied.)

---

(1) Josabeth ne peut s'empêcher d'exprimer ses alarmes; cette suspension subite de la phrase au moment où le grand secret allait peut-être lui échapper, fait un effet d'autant plus beau qu'elle est suivie d'une ardente prière jetée vers le ciel, et dont Dieu seul peut comprendre le sens.
« Souvenez-vous, Seigneur, de David. » (Ps. 131. 1.)

(2) Les questions naïves de Zacharie et de Salomith augmentent l'émotion et l'embarras de Josabeth : l'arrivée de la reine vient à propos couper l'entretien.

(3) La fuite de Josabeth et du chœur, l'entrée d'Athalie et le trouble qui l'agite, jettent le spectateur dans une attente pleine d'effroi. L'annonce de l'arrivée de Mathan ajoute aux craintes que fait concevoir la présence de la reine dans un temple qu'elle déteste.

SCÈNE IV

ATHALIE, ABNER, SUITE D'ATHALIE.

ABNER.

Madame, pardonnez si j'ose le défendre (1).
Le zèle de Joad n'a point dû vous surprendre.
Du Dieu que nous servons tel est l'ordre éternel.
Lui-même il nous traça son temple et son autel,
Aux seuls enfants d'Aaron commit ses sacrifices (2),
Aux lévites marqua leur place et leurs offices,
Et surtout défendit à leur postérité
Avec tout autre dieu toute société (3).
Hé quoi! vous de nos rois et la femme et la mère (4),
Etes-vous à ce point parmi nous étrangère?
Ignorez-vous nos lois? et faut-il qu'aujourd'hui....
Voici votre Mathan (5), je vous laisse avec lui.

ATHALIE.

Votre présence, Abner, est ici nécessaire.
Laissons là de Joad l'audace téméraire,
Et tout ce vain amas de superstitions

(1) Il s'agit du grand prêtre; Athalie, chassée du parvis, a exhalé sa fureur contre Joad, en se dirigeant vers le vestibule où elle est venue s'arrêter; Abner l'a suivie pour prendre la défense du pontife. Le pronom *le* du 1er vers aide à l'illusion du dialogue.

(2) *Commit*, dans le sens du latin *committere*, confier. Pour ce qui concerne le sacerdoce juif, voir la préface, page 516.

(3) Toutes ces prescriptions de Dieu ont été communiquées à son peuple par Moïse, qui les a consignées dans les 4 derniers livres du *Pentateuque*: l'*Exode*, le *Lévitique*, les *Nombres* et le *Deutéronome*.

(4). Athalie avait été femme de Joram, et mère d'Ochosias, tous deux rois de Juda.

(5) « *Votre*, disait *l'Académie*, n'est pas assez respectueux dans la bouche d'un sujet parlant à sa reine; il n'est pas d'ailleurs convenable au caractère donné à Abner. » Geoffroy répond ainsi à cette critique : « Ici, *votre Mathan* marque du mépris, non pas pour la reine, mais pour cet indigne prêtre, et renferme même un secret reproche de la confiance qu'Athalie lui accorde : Abner, dans toute la sincérité de son zèle, ne croit pas devoir déguiser à la reine l'horreur que lui inspire cet apostat. »
Cette parole, du reste, est conforme à la franchise qu'Abner ne cesse de conserver dans tous ses entretiens avec Athalie; l'ironie qu'il se permettra tout à l'heure témoigne de la liberté d'allure que le brave général avait su garder dans une cour où l'on avait besoin de lui. En cherchant à se retirer, Abner montre son mépris pour Mathan; en le retenant, Athalie met les deux caractères en présence; leur opposition donnera lieu à une situation des plus dramatiques.

Qui ferment votre temple aux autres nations (1).
Un sujet plus pressant excite mes alarmes.
Je sais que dès l'enfance élevé dans les armes,
Abner a le cœur noble, et qu'il rend à la fois
Ce qu'il doit à son Dieu, ce qu'il doit à ses rois (2).
Demeurez.

SCÈNE V

ATHALIE, ABNER, MATHAN, SUITE D'ATHALIE.

MATHAN.

Grande Reine, est-ce ici votre place ?
Quel trouble vous agite, et quel effroi vous glace ?
Parmi vos ennemis que venez-vous chercher ?
De ce temple profane osez-vous approcher ?
Avez-vous dépouillé cette haine si vive....

ATHALIE.

Prêtez-moi l'un et l'autre une oreille attentive.
Je ne veux point ici rappeler le passé,
Ni vous rendre raison du sang que j'ai versé (3).
Ce que j'ai fait, Abner, j'ai cru le devoir faire.
Je ne prends point pour juge un peuple téméraire.
Quoi que son insolence ait osé publier,
Le ciel même a pris soin de me justifier (4).
Sur d'éclatants succès ma puissance établie
A fait jusqu'aux deux mers respecter Athalie (5).

(1) L'accès du temple était défendu aux étrangers idolâtres sous les peines les plus sévères : « Voici ce que dit le Seigneur notre Dieu : aucun étranger n'entrera dans mon sanctuaire. » (EZÉCHIEL, XLIV, 9.)
Une stèle de l'enceinte du temple de Jérusalem, découverte récemment par M. Clermont Ganneau, porte en grec l'inscription suivante : « Que nul étranger ne pénètre à l'intérieur de la balustrade et de l'enceinte du sanctuaire : celui qui serait pris serait puni de mort. »

(2) Ce vers est inspiré par la réponse de N.-S. aux Juifs : « Rendez à César ce qui est à César, et à Dieu ce qui est à Dieu. » (MATTH., XXII, 21.)
Athalie estime Abner pour la loyauté de son caractère ; c'est pour cela qu'elle le garde près d'elle et le consulte.

(3) Ce discours d'Athalie ne respire que l'insolence et l'orgueil ; il ne manque cependant ni de dignité ni de grandeur. Le tableau qu'elle trace de ses succès dans un style noble, concis et vigoureux, donne une haute idée de son habileté et de sa fermeté. L'histoire ne fait aucune mention de ses prétendues prospérités : le silence absolu qu'elle garde sur les sept années de son usurpation, fait penser au calme de la terreur que font régner les tyrans. « Rien ne remuait en Judée contre Athalie, » dit Bossuet. (Hist. univ., I.)

(4) C'est le langage impie des despotes, trop empressés toujours à se prévaloir de la patience de Dieu qui attend parce qu'il est éternel.

(5) Aux deux mers, c'est-à-dire la mer Méditerranée et la mer Rouge.

Par moi Jérusalem goûte un calme profond.
Le Jourdain ne voit plus l'Arabe vagabond,
Ni l'altier Philistin, par d'éternels ravages,
Comme au temps de vos rois, désoler ses rivages;
Le Syrien me traite et de reine et de sœur (1).
Enfin de ma maison le perfide oppresseur,
Qui devait jusqu'à moi pousser sa barbarie,
Jéhu, le fier Jéhu, tremble dans Samarie.
De toutes parts pressé par un puissant voisin,
Que j'ai su soulever contre cet assassin,
Il me laisse en ces lieux souveraine maîtresse.
Je jouissais en paix du fruit de ma sagesse ;
Mais un trouble importun vient, depuis quelques jours,
De mes prospérités interrompre le cours.
Un songe (me devrais-je inquiéter d'un songe?)
Entretient dans mon cœur un chagrin qui le ronge.
Je l'évite partout, partout il me poursuit (2).

(1) *Le Syrien*, c'était Hazaël, roi de Syrie. D'après les inscriptions de l'obélisque de Nimroud, ce prince, aurait fait, de concert avec Salmanassar III d'Assyrie, plusieurs campagnes contre Jéhu, roi d'Israël ; on y lit entre autres choses : « Voici les tributs que j'imposai à Jéhu, fils d'Omri : de l'argent, de l'or, des plats en or.., des sceptres sculptés... » C'est sans doute à ces guerres que Jéhu dut soutenir contre les princes Syriens et Assyriens, qu'il faut attribuer le repos où il laissa la fille de Jézabel, comme l'indique le poète. Mais l'heure de la vengeance allait sonner : « Athalie, dit Bossuet, se croyait affermie par un règne de six ans. Mais Dieu lui nourrissait un vengeur dans l'asile sacré de son temple. » (*Hist. univ.*, I.)

(2) Le songe qui poursuit Athalie de ses terreurs mystérieuses, est de l'invention du poète. C'est un chef-d'œuvre de style ; comme moyen dramatique, c'est une conception de génie.

Ce songe, en effet, met tout en mouvement et décide de l'action : il amène Athalie au temple, il la place en présence de Joas, il excite ses frayeurs, il motive l'interrogatoire, la mission de Mathan, et l'*ultimatum* de la reine. Or, la conduite de Joad dépend de celle d'Athalie.

Il est donc vrai de dire que toute la tragédie marche en vertu de l'impulsion donnée par le songe, ou plutôt par Dieu dont il émane. Aussi le poète nous le dépeint comme un de ces songes surnaturels que Dieu envoie pour troubler les rois impies dans leur criminelle sécurité, pour exciter leurs remords ou annoncer leur ruine prochaine.

Dieu seul pouvait présenter à l'esprit de la reine, dans le repos du sommeil, des images aussi nettes et aussi terribles, ayant un rapport aussi juste avec les faits qui allaient s'accomplir. Dieu, qui voit l'avenir comme le présent et le passé, pouvait seul montrer à Athalie, d'abord Jézabel qui vient lui annoncer par son discours et par l'exemple de sa fin tragique l'horrible sort dont elle est menacée, puis un enfant qu'elle n'a jamais vu, qu'elle reconnaîtra bientôt au temple, et qui sera sinon son meurtrier, du moins la cause de sa mort violente.

C'est, avec la prophétie de Joad, la seule intervention directe de Dieu dans ce grand drame ; les passions humaines font le reste. Encore ces inter-

ACTE II, SCÈNE V

C'était pendant l'horreur d'une profonde nuit.
Ma mère Jézabel devant moi s'est montrée (1),
Comme au jour de sa mort pompeusement parée.
Ses malheurs n'avaient point abattu sa fierté ;
Même elle avait encor cet éclat emprunté
Dont elle eut soin de peindre et d'orner son visage,
Pour réparer des ans l'irréparable outrage (2).
« Tremble, m'a-t-elle dit, fille digne de moi.
Le cruel Dieu des Juifs l'emporte aussi sur toi.
Je te plains de tomber dans ses mains redoutables,
Ma fille (3). » En achevant ces mots épouvantables,
Son ombre vers mon lit a paru se baisser ;
Et moi, je lui tendais les mains pour l'embrasser ;
Mais je n'ai plus trouvé qu'un horrible mélange
D'os et de chair meurtris, et traînés dans la fange (4),
Des lambeaux pleins de sang, et des membres affreux
Que des chiens dévorants se disputaient entre eux.... (5)

ventions sont-elles si discrètes qu'elles ne gênent en rien la libre activité de l'homme. — Cf. *Esther*, acte II, sc. I ; et *Polyeucte*, acte I, sc. III.

(1) Le songe d'Athalie comprend deux apparitions distinctes : 1° celle de Jézabel qui lui prédit sa chute prochaine ; 2° celle de l'enfant qui lui plonge un poignard dans le sein. Ces deux visions sont intimement liées l'une à l'autre : dans la première, la reine apprend qu'elle succombera sous la main du Dieu des Juifs ; dans la seconde, elle voit l'exécuteur des vengeances divines.

(2) « Jéhu vint ensuite à Jezraël ; et Jézabel, ayant appris son arrivée, se peignit les yeux avec du fard, mit ses ornements sur sa tête, et vint se placer à la fenêtre qui dominait la porte de la ville. » (IV. *Rois*, IX, 30.) Elle espérait toucher son ennemi ; suivant d'autres, elle ne voulait que montrer son courage et son dédain de la mort.

(3) Cette dernière parole, ainsi rejetée au commencement du vers, laisse le spectateur sous une impression indéfinissable de pitié et d'effroi ; l'harmonie sombre des épithètes *redoutables* et *épouvantables* ajoute à la terreur.

(4) « Et étant allés pour l'ensevelir, ils ne trouvèrent que son crâne, ses pieds, et l'extrémité des mains... Et Jéhu dit : C'est l'accomplissement de la parole du prophète : Les chiens mangeront la chair de Jézabel dans le champ de Jezraël. » (IV. *Rois*, IX, 35-36.)

(5) Tout, dans l'apparition de Jézabel, est conçu dans le but d'inspirer la terreur. Le poète ne nous montre Jézabel, *comme au jour de sa mort pompeusement parée*, que pour mieux faire ressortir le spectacle horrible de son corps mis en lambeaux et dévoré par les chiens. Le discours qu'elle adresse à sa fille, est d'un laconisme et d'une vigueur qui font trembler.

« Enfin, dit Chateaubriand, cette ombre d'une mère qui se baisse vers le lit de sa fille, comme pour s'y cacher, et qui se transforme tout à coup *en os et en chairs meurtris*, est une de ces beautés vagues, de ces circonstances effrayantes de la vraie nature du fantôme. »

On peut voir dans *le Génie du christianisme* (II. P., 1. 5, ch. 11) la comparaison du songe d'*Athalie* et du songe d'Énée dans Virgile (*En.*, II).

ABNER.

Grand Dieu!

ATHALIE.

Dans ce désordre à mes yeux se présente
Un jeune enfant couvert d'une robe éclatante,
Tels qu'on voit des Hébreux les prêtres revêtus (1).
Sa vue a ranimé mes esprits abattus.
Mais lorsque revenant de mon trouble funeste,
J'admirais sa douceur, son air noble et modeste,
J'ai senti tout à coup un homicide acier (2)
Que le traître en mon sein a plongé tout entier.
De tant d'objets divers le bizarre assemblage
Peut-être du hasard vous paraît un ouvrage (3).
Moi-même quelque temps, honteuse de ma peur,
Je l'ai pris pour l'effet d'une sombre vapeur.
Mais de ce souvenir mon âme possédée
A deux fois en dormant revu la même idée :
Deux fois mes tristes yeux se sont vu retracer
Ce même enfant toujours tout prêt à me percer.
Lasse enfin des horreurs dont j'étais poursuivie,
J'allais prier Baal de veiller sur ma vie,
Et chercher du repos au pied de ses autels.
Que ne peut la frayeur sur l'esprit der mortels (4)!
Dans le temple des Juifs un instinct m'a poussée :
Et d'apaiser leur Dieu j'ai conçu la pensée :
J'ai cru que des présents calmeraient son courroux,
Que ce Dieu, quel qu'il soit, en deviendrait plus doux (5).
Pontife de Baal, excusez ma faiblesse.

(1) La seconde vision présente le même contraste que celle de Jézabel : d'abord on voit un enfant plein de grâce, puis tout à coup l'homicide acier d'un traître.

(2) Cette répétition de sifflantes dans *homicide acier*, donne le frisson, comme si l'on entendait le tranchant de l'acier pénétrant dans les chairs.

(3) Dans le reste de son discours, Athalie expose : 1° les frayeurs que lui a causées un songe si extraordinaire ; 2° la pensée qu'elle a eue de venir apaiser le Dieu des Juifs dans son propre temple ; 3° sa surprise en voyant à l'autel l'enfant qui la menace.

(4) Epiphonème qui rappelle le vers de Virgile (*En.*, III, 57) :
.... Quid non mortalia pectora cogis — Auri sacra fames !
« Quelle tyrannie n'exerces-tu pas sur le cœur des mortels, ô soif exécrable de l'or ! »

(5) Athalie faisait acte de superstition en venant apaiser un Dieu en qui elle ne croyait pas. Mais tel est le caractère de l'impie : personne, dans le danger, n'est plus superstitieux que lui ; tous les dieux, *quels qu'ils soient*, reçoivent ses hommages, ses vœux et ses présents. Les frayeurs superstitieuses de Julien l'Apostat sont historiques.

ACTE II, SCÈNE V

J'entre : le peuple fuit, le sacrifice cesse,
Le grand prêtre vers moi s'avance avec fureur.
Pendant qu'il me parlait, ô surprise ! ô terreur !
J'ai vu ce même enfant dont je suis menacée,
Tel qu'un songe effrayant l'a peint à ma pensée (1).
Je l'ai vu : son même air, son même habit de lin,
Sa démarche, ses yeux, et tous ses traits enfin (2);
C'est lui-même (3). Il marchait à côté du grand prêtre,
Mais bientôt à ma vue on l'a fait disparaître.
Voilà quel trouble ici m'oblige à m'arrêter,
Et sur quoi j'ai voulu tous deux vous consulter (4).

(1) « Nous ne connaissons rien dans notre langue de plus beau, de plus poétique, et de plus élégant, que ce songe. L'idée vive et rapide qu'Athalie donne de sa puissance, la peinture affreuse qu'elle fait de l'ombre de Jézabel, le portrait plein de douceur de Joas, et la manière dont elle décrit ensuite le trouble qui régnait dans le temple des Juifs, lorsqu'elle y est entrée, forment autant de tableaux qui font passer dans l'âme du spectateur le trouble et la terreur d'Athalie. » (L. DE BOISJERMAIN.)

(2) Encore une réminiscence de Virgile (*En.*, III, 490) :
    Sic oculos, sic ille manus, sic ora ferebat,
« C'était son regard, sa démarche, les traits de son visage. » (V. p. 53.)

(3) « C'est cet étonnement, cet effroi si naturel dont la reine doit être frappée à la vue de Joas, qui explique parfaitement pourquoi elle ne songe pas même à se venger de l'injure qu'elle vient de recevoir. Cette ressemblance si forte entre Joas et l'enfant qu'elle a vu en songe, est un des ressorts les mieux conçus qu'on ait jamais employés, et il paraît certain qu'elle a été suggérée par l'histoire de Jaddus. » (LA HARPE.)

Voici le récit de Josèphe. La nuit qui précéda l'arrivée d'Alexandre, le grand prêtre Jaddus fut encouragé par une vision. Obéissant à l'ange du Seigneur, il ouvrit les portes de la ville, et alla lui-même, revêtu des ornements pontificaux avec tous les prêtres dans leur costume sacré à la rencontre du vainqueur. Alexandre, à leur vue, se sentit ému. Le grand prêtre s'avança seul ; il portait la robe d'hyacinthe aux broderies éclatantes, et sur la tête la tiare avec la lame d'or où le nom divin était écrit. Alexandre se prosterna pour adorer le nom auguste de Dieu. « Comment, lui dit Parménion, vous que l'univers adore, adorez-vous le pontife hébreu ? — Ce n'est point le prêtre que j'adore, répondit Alexandre, mais le Dieu dont il est le ministre. J'étais encore en Macédoine, et je songeais à la conquête de l'Asie, lorsque j'eus une vision. Un homme portant les mêmes ornements que ce pontife, m'apparut ; il me dit de ne rien craindre, m'assurant que sous ses auspices je subjuguerais l'empire des Perses. Tout à l'heure, en retrouvant le pontife hébreu sous les mêmes ornements, je me suis rappelé ma vision. Je crois donc que c'est avec l'appui de la Divinité que mon entreprise a été conçue, et que je vaincrai Darius. » — Après ces paroles, Alexandre tendit la main à Jaddus, se dirigea vers Jérusalem, monta au temple, fit immoler des victimes au Seigneur, et laissa aux Juifs la liberté de vivre selon leurs lois. (V. *Antiq. jud.* XI. 8.)

(4) Il est impossible de justifier d'une manière plus naturelle la présence d'Athalie dans le vestibule du grand prêtre et le conseil qu'elle y tient avec Mathan et Abner.

Que présage, Mathan, ce prodige incroyable?

MATHAN.

Ce songe et ce rapport, tout me semble effroyable.

ATHALIE.

Mais cet enfant fatal (1), Abner, vous l'avez vu :
Quel est-il? de quel sang, et de quelle tribu?

ABNER.

Deux enfants à l'autel prêtaient leur ministère.
L'un est fils de Joad, Josabeth est sa mère.
L'autre m'est inconnu.

MATHAN.

Pourquoi délibérer?
De tous les deux, Madame, il se faut assurer.
Vous savez pour Joad mes égards, mes mesures;
Que je ne cherche point à venger mes injures,
Que la seule équité règne en tous mes avis;
Mais lui-même après tout, fût-ce son propre fils,
Voudrait-il un moment laisser vivre un coupable?

ABNER.

De quel crime un enfant peut-il être capable?

MATHAN.

Le ciel nous le fait voir un poignard à la main :
Le ciel est juste et sage, et ne fait rien en vain.
Que cherchez-vous de plus?

ABNER.

Mais, sur la foi d'un songe,
Dans le sang d'un enfant voulez-vous qu'on se plonge?
Vous ne savez encor de quel père il est né,
Quel il est.

MATHAN.

On le craint, tout est examiné (2).
A d'illustres parents s'il doit son origine,
La splendeur de son sort doit hâter sa ruine.
Dans le vulgaire obscur si le sort l'a placé,
Qu'importe qu'au hasard un sang vil soit versé (3)?

(1) *Fatal*, dans le sens du latin *fatalis*, montré par les destins.

(2) Dans cette discussion si vive, le poète met en relief, par un contraste saisissant, le caractère cruel de l'apostat et l'humanité du soldat fidèle à son Dieu.

(3) Le langage de Mathan est odieux : ses basses flatteries lui font compter pour rien le sang des innocents.

Est-ce aux rois à garder cette lente justice ?
Leur sûreté souvent dépend d'un prompt supplice.
N'allons point les gêner d'un soin embarrassant.
Dès qu'on leur est suspect, on n'est plus innocent (1).

ABNER.

Hé quoi, Mathan ! d'un prêtre est-ce là le langage (2) ?
Moi, nourri dans la guerre, aux horreurs du carnage,
Des vengeances des rois ministre rigoureux,
C'est moi qui prête ici ma voix au malheureux ;
Et vous, qui lui devez des entrailles de père,
Vous, ministre de paix dans les temps de colère,
Couvrant d'un zèle faux votre ressentiment,
Le sang à votre gré coule trop lentement ?
 Vous m'avez commandé de vous parler sans feinte,
Madame : quel est donc ce grand sujet de crainte ?
Un songe, un faible enfant que votre œil prévenu
Peut-être sans raison croit avoir reconnu.

ATHALIE.

Je le veux croire, Abner ; je puis m'être trompée.
Peut-être un songe vain m'a trop préoccupée.
Eh bien ! il faut revoir cet enfant de plus près ;
Il en faut à loisir examiner les traits.
Qu'on les fasse tous deux paraître en ma présence.

ABNER.

Je crains...

ATHALIE.

 Manquerait-on pour moi de complaisance (3) ?
De ce refus bizarre où seraient les raisons ?
Il pourrait me jeter en d'étranges soupçons.
Que Josabeth, vous dis-je, ou Joad les amène.
Je puis, quand je voudrai, parler en souveraine.
Vos prêtres, je veux bien, Abner, vous l'avouer,
Des bontés d'Athalie ont lieu de se louer.
Je sais sur ma conduite et contre ma puissance
Jusqu'où de leurs discours ils portent la licence.

---

(1) Maxime abominable, qui est devenue la *loi des suspects*, sous la Révolution française.

(2) Abner fait habilement ressortir l'injuste cruauté de son adversaire, en l'opposant au rôle de défenseur que lui, guerrier, est obligé de prendre contre un ministre de paix, en faveur d'un enfant innocent.

(3) La fière et impérieuse Athalie reparait : elle s'indigne à la seule pensée d'un refus ; elle commande comme dans son palais. On sent dans ses menaces une haine mal déguisée, toute prête à éclater sur ses ennemis.

Ils vivent cependant, et leur temple est debout.
Mais je sens que bientôt ma douceur est à bout.
Que Joad mette un frein à son zèle sauvage (1),
Et ne m'irrite point par un second outrage.
Allez.

SCÈNE VI
ATHALIE, MATHAN, SUITE D'ATHALIE.

MATHAN.

Enfin je puis parler en liberté :
Je puis dans tout son jour mettre la vérité.
Quelque monstre naissant dans ce temple s'élève,
Reine : n'attendez pas que le nuage crève.
Abner chez le grand prêtre a devancé le jour.
Pour le sang de ses rois vous savez son amour.
Et qui sait si Joad ne veut point en leur place
Substituer l'enfant dont le ciel vous menace,
Soit son fils, soit quelque autre....

ATHALIE.

Oui, vous m'ouvrez les yeux.
Je commence à voir clair dans cet avis des cieux.
Mais je veux de mon doute être débarrassée.
Un enfant est peu propre à trahir sa pensée.
Souvent d'un grand dessein un mot nous fait juger.
Laissez-moi, cher Mathan, le voir, l'interroger.
Vous, cependant, allez; et sans jeter d'alarmes,
A tous mes Tyriens faites prendre les armes.

SCÈNE VII ²
JOAS, ATHALIE, JOSABETH, ZACHARIE, SALOMITH,
ABNER, DEUX LÉVITES, LE CHOEUR, SUITE D'ATHALIE.

JOSABETH, *aux deux lévites.*

O vous, sur ces enfants si chers, si précieux,
Ministres du Seigneur, ayez toujours les yeux.

---

(1) C'est ainsi qu'ont toujours parlé les tyrans, quand ils ont rencontré devant eux un pontife dont la fermeté condamnait leurs excès.

(2) C'est la célèbre scène de l'interrogatoire; elle renferme trois parties :
1° le *préambule*, où Josabeth, pour soustraire l'enfant aux questions insidieuses de la reine, s'empresse de répondre pour lui;
2° l'*interrogatoire proprement dit*;
3° la *conclusion*, où Athalie, avant de partir, exhale sa fureur contre Joad et Josabeth.
L'interrogatoire proprement dit comprend :
1° Des questions sur le nom de Joas, sur ses parents, sa patrie, son enfance;

ACTE II, SCÈNE VII

ABNER, *à Josabeth.*

Princesse, assurez-vous, je les prends sous ma garde.

ATHALIE.

O ciel! plus j'examine et plus je le regarde,
C'est lui. D'horreur encor tous mes sens sont saisis.
(*Montrant Joas.*)
Epouse de Joad, est-ce là votre fils?

JOSABETH.

Qui? lui, Madame?

ATHALIE.

   Lui?

JOSABETH.

    Je ne suis point sa mère.
(*Montrant Zacharie.*)
Voilà mon fils.

ATHALIE, *à Joas.*

   Et vous, quel est donc votre père?
Jeune enfant, répondez.

JOSABETH.

   Le ciel jusqu'aujourd'hui....

ATHALIE.

Pourquoi vous pressez-vous de répondre pour lui?
C'est à lui de parler.

JOSABETH.

   Dans un âge si tendre
Quel éclaircissement en pouvez-vous attendre?

ATHALIE.

Cet âge est innocent. Son ingénuité
N'altère point encor la simple vérité.
Laissez-le s'expliquer sur tout ce qui le touche.

2° Des questions sur son emploi, sur la loi qu'il apprend, sur ses exercices au temple, sur ses plaisirs;

3° Une invitation à suivre Athalie dans son palais.

Cette scène est à la fois originale et dramatique : 1° originale, parce qu'elle est tout entière du génie de Racine, et surtout parce que le rôle actif d'un enfant sur la scène était une innovation hardie; 2° dramatique, parce qu'elle excite au plus haut point la curiosité, la crainte, la pitié, la terreur et l'admiration; de plus, elle allume davantage la colère de la reine contre Joad et Josabeth, dont elle reconnaît l'esprit dans les réponses de Joas.

ATHALIE

JOSABETH, *tout bas.*

Daigne mettre, grand Dieu, ta sagesse en sa bouche (1).

ATHALIE.

Comment vous nommez-vous?

JOAS.

J'ai nom Eliacin (2).

ATHALIE.

Votre père?

JOAS.

Je suis, dit-on, un orphelin
Entre les bras de Dieu jeté dès ma naissance (3),
Et qui de mes parents n'eus jamais connaissance.

ATHALIE.

Vous êtes sans parents?

JOAS.

Ils m'ont abandonné (4).

ATHALIE.

Comment? et depuis quand?

JOAS.

Depuis que je suis né (5).

(1) Cette prière ardente de Josabeth, en faisant intervenir la sagesse divine, donne plus de vraisemblance aux admirables réponses de Joas; Joas n'est pas seulement un enfant d'une intelligence extraordinaire, c'est un enfant dont Dieu dirige l'esprit et la langue : « Vous avez, Seigneur, dit le Psalmiste, tiré votre louange de la bouche des enfants qui bégaient à peine votre nom, pour confondre vos ennemis. » (Ps. 8. 3.)

(2) Locution naïve, bien placée dans la bouche d'un jeune enfant.

(3) Image touchante : Dieu, dans l'Ecriture, s'appelle souvent le père de l'orphelin.

(4) « Mon père et ma mère m'ont abandonné. » (Ps. 26. 16.)

(5) Joas répète avec simplicité ce que lui avait appris la prudence de ses parents adoptifs. L'*Ion* d'Euripide renferme deux scènes où Racine a peut-être puisé quelques traits de son dialogue.

Dans la première, Créuse, femme de Xuthus, roi d'Athènes, vient consulter l'oracle de Delphes, et rencontre au temple un jeune homme, nommé Ion, à qui la ville avait confié la garde des trésors du dieu.

« CRÉUSE. Et toi, jeune homme, qui es-tu? combien ta mère me paraît heureuse! — ION. Je suis le serviteur du dieu de ce temple : c'est ainsi qu'on m'appelle. — CRÉUSE. Est-ce la ville qui t'a consacré à Apollon, ou bien as-tu été vendu comme esclave? — ION. Je ne sais qu'une chose : on m'appelle l'enfant d'Apollon. — CRÉUSE. Je me sens touchée de pitié pour toi, étranger. — ION. Sans doute, parce que je ne connais point ma mère. — CRÉUSE. Est-ce que tu habites ce temple ou une autre demeure? — ION. La maison du dieu est la mienne. — CRÉUSE. Quand tu vins dans ce

ATHALIE.

Ne sait-on pas au moins quel pays est le vôtre ?

JOAS.

Ce temple est mon pays ; je n'en connais point d'autre.

ATHALIE.

Où dit-on que le sort vous a fait rencontrer ?

JOAS.

Parmi des loups cruels prêts à me dévorer (1).

ATHALIE.

Qui vous mit dans ce temple ?

JOAS.

Une femme inconnue,
Qui ne dit point son nom, et qu'on n'a point revue.

temple, étais-tu encore enfant ou déjà adolescent ? — Ion. J'y suis, dit-on, depuis ma plus tendre enfance. — Créuse. Quelle est la femme qui t'a nourri ? — Ion. La prêtresse d'Apollon me tint lieu de mère. — Créuse. Jusqu'à ton adolescence, quelle a été ta nourriture ? — Ion. Cet autel m'a nourri des dons des étrangers qui visitent ce temple. — Créuse. Tes vêtements n'annoncent pas la pauvreté — Ion. Le dieu que je sers me pare de ses dons. »

Quelque temps après, Xuthus, ayant appris de l'oracle qu'Ion était son fils, veut emmener le jeune homme dans son palais : Ion se refuse à échanger le bonheur de son humble fortune contre les splendeurs du trône.

« Xuthus. Quitte, mon fils, le temple qui fut le lieu de ton exil ; partage les sentiments de ton père ; et viens à Athènes, où t'attendent son sceptre, son opulence, et d'agréables festins... Mais tu gardes le silence. Pourquoi baisses-tu les yeux vers la terre ? Quelle inquiétude s'empare de toi ?... — Ion. En vain vous me vantez les charmes de la royauté : au dehors, éclat trompeur ; chagrins et soucis au dedans. L'or, dites-vous, tient lieu de tout ; il est si doux de vivre dans l'opulence. Loin de moi des richesses accompagnées d'alarmes ! Je préfère une vie médiocre et exempte de peines... Dans cet asile fortuné, tout rit à mes vœux jusqu'à ce jour. Je trouve dans ce temple le doux repos, et peu d'embarras.... La nature, de concert avec la divinité, me fait ici une loi d'être juste. Voilà ce qui rend à mes yeux cette retraite préférable à la cour d'Athènes. O mon père, laissez-moi vivre pour moi. Si je trouve le bonheur, que vous importe que ce soit dans l'éclat ou dans l'obscurité ? »

(1) « Athalie épuise toutes les questions de la curiosité et de la défiance, et ne peut parvenir à surprendre un mot qui l'éclaire sur ce qu'elle cherche. Plus les interrogations sont pressantes, plus on est charmé de la voir toujours confondue par la simplicité des réponses de l'enfant. Quel art dans ce vers :
Parmi des loups cruels prêts à me dévorer.
On présume naturellement que c'est là tout ce qu'ont dit à Joas ceux qui l'ont élevé, et cela se confirme dans la suite, lorsqu'il dit au grand prêtre :
Un malheureux enfant aux ours abandonné, etc.
On ne l'a point trompé, et il ne trompe point. » (La Harpe.)

ATHALIE.
Mais de vos premiers ans quelles mains ont pris soin?
JOAS.
Dieu laissa-t-il jamais ses enfants au besoin?
Aux petits des oiseaux il donne leur pâture,
Et sa bonté s'étend sur toute la nature (1).
Tous les jours je l'invoque; et d'un soin paternel
Il me nourrit des dons offerts sur son autel.

ATHALIE.
Quel prodige nouveau me trouble et m'embarrasse?
La douceur de sa voix, son enfance, sa grâce,
Font insensiblement à mon inimitié
Succéder.... Je serais sensible à la pitié (2)!

ABNER.
Madame, voilà donc cet ennemi terrible.
De vos songes menteurs l'imposture est visible,
A moins que la pitié qui semble vous troubler
Ne soit ce coup fatal qui vous faisait trembler.

ATHALIE, *à Joas et à Josabeth.*
Vous sortez?

JOSABETH.
Vous avez entendu sa fortune.
Sa présence à la fin pourrait être importune (3).

ATHALIE.
(*A Joas.*)
Non : revenez. Quel est tous les jours votre emploi?

---

(1) La tragédie de Nérée, citée plus haut, p. 547, renferme un tableau du même genre (Acte II, sc. I) :

Celui n'est délaissé qui a Dieu pour son père.
Il ouvre à tous la main ; il nourrit les corbeaux ;
Il donne la viande aux petits passereaux,
Aux bêtes des forêts, des prés et des montagnes :
Tout vit de sa bonté. (Cf. Ps. 146, cité p. 562.)

(2) « Rien n'est plus adroit ni mieux placé que ce mouvement de pitié que l'auteur donne à Athalie. Il est si naturel, si involontaire et si rapide, qu'Athalie peut l'éprouver sans sortir de son caractère ; et d'ailleurs, le reproche qu'elle s'en fait la rend sur-le-champ à elle-même. » (LA HARPE.)

Abner et Josabeth profitent habilement de ce mouvement de pitié que ressent Athalie ; Abner cherche à dissiper ses craintes par une ironie pleine de finesse ; Josabeth veut tirer l'enfant d'un pas si difficile.

(3) « Avec quelle adresse Racine coupe ici une scène extrêmement longue, et par là renouvelle l'intérêt! En voyant sortir Josabeth avec l'enfant, le spectateur respire et croit le danger passé, lorsque tout à coup Athalie, faisant revenir l'enfant, excite de nouvelles alarmes. » (GEOFFROY.)

JOAS.

J'adore le Seigneur. On m'explique sa loi ;
Dans son livre divin on m'apprend à la lire,
Et déjà de ma main je commence à l'écrire.

ATHALIE.

Que vous dit cette loi ?

JOAS.

Que Dieu veut être aimé,
Qu'il venge tôt ou tard son saint nom blasphémé,
Qu'il est le défenseur de l'orphelin timide,
Qu'il résiste au superbe et punit l'homicide (1).

ATHALIE.

J'entends. Mais tout ce peuple enfermé dans ce lieu,
A quoi s'occupe-t-il ?

JOAS.

Il loue, il bénit Dieu.

ATHALIE.

Dieu veut-il qu'à toute heure on prie, on le contemple ?

JOAS.

Tout profane exercice est banni de son temple.

ATHALIE.

Quels sont donc vos plaisirs ?

JOAS.

Quelquefois à l'autel
Je présente au grand prêtre ou l'encens ou le sel (2).
J'entends chanter de Dieu les grandeurs infinies ;
Je vois l'ordre pompeux de ses cérémonies.

ATHALIE.

Hé quoi ! vous n'avez point de passe-temps plus doux ?
Je plains le triste sort d'un enfant tel que vous.
Venez dans mon palais, vous y verrez ma gloire.

(1) Toutes ces paroles sont presque textuellement tirées de l'Ecriture ; Joas les redit comme il les a apprises ; et cependant, elles font l'effet le plus théâtral, tant elles s'appliquent bien à l'impie et cruelle Athalie. Le mot rapide *j'entends* indique qu'elle n'a que trop bien compris.

(2) L'encens et le sel étaient offerts dans les sacrifices : « Lorsque quelqu'un présentera au Seigneur l'oblation du sacrifice, son oblation sera de fleur de farine... ; il y mettra de l'encens... Tu assaisonneras avec le sel tous les gâteaux du sacrifice... ; dans toutes vos oblations vous offrirez du sel. » (*Lévit.*, II, 1 et 13.)

JOAS.

Moi, des bienfaits de Dieu je perdrais la mémoire?

ATHALIE.

Non, je ne vous veux pas contraindre à l'oublier.

JOAS.

Vous ne le priez point.

ATHALIE.

Vous pourrez le prier.

JOAS.

Je verrais cependant en invoquer un autre?

ATHALIE.

J'ai mon dieu que je sers ; vous servirez le vôtre (1).
Ce sont deux puissants dieux.

JOAS.

Il faut craindre le mien :
Lui seul est Dieu, Madame, et le vôtre n'est rien (2).

ATHALIE.

Les plaisirs près de moi vous chercheront en foule.

JOAS.

Le bonheur des méchants comme un torrent s'écoule (3).

ATHALIE.

Ces méchants, qui sont-ils?

JOSABETH.

Hé, Madame ! excusez
Un enfant....

ATHALIE, *à Josabeth.*

J'aime à voir comme vous l'instruisez.
Enfin, Eliacin, vous avez su me plaire;
Vous n'êtes point sans doute un enfant ordinaire.
Vous voyez, je suis reine, et n'ai point d'héritier.
Laissez là cet habit, quittez ce vil métier;

(1) Cette promesse est pure hypocrisie : Athalie hait trop le vrai Dieu pour lui faire une place dans son palais.

(2) Cette profession de foi, si belle et si ferme en face de la reine idolâtre, sort de la bouche de Joas avec une franchise et une spontanéité naïve qui écartent toute idée de provocation : le spectateur admire et tremble. Cependant Athalie se contient.

(3) « Les pécheurs seront réduits à néant comme le torrent qui s'écoule. » (Ps. 57,8.)

ACTE II, SCÈNE VII

Je veux vous faire part de toutes mes richesses;
Essayez dès ce jour l'effet de mes promesses.
A ma table, partout, à mes côtés assis,
Je prétends vous traiter comme mon propre fils.

JOAS.

Comme votre fils?

ATHALIE.

Oui.... Vous vous taisez?

JOAS.

Quel père (1)
Je quitterais! et pour....

ATHALIE.

Eh bien?

JOAS.

Pour quelle mère!

ATHALIE, *à Josabeth.*

Sa mémoire est fidèle; et dans tout ce qu'il dit,
De vous et de Joad je reconnais l'esprit.
Voilà comme, infectant cette simple jeunesse,
Vous employez tous deux le calme où je vous laisse.
Vous cultivez déjà leur haine et leur fureur;
Vous ne leur prononcez mon nom qu'avec horreur.

JOSABETH.

Peut-on de nos malheurs leur dérober l'histoire?
Tout l'univers les sait; vous-même en faites gloire.

ATHALIE.

Oui, ma juste fureur, et j'en fais vanité (2),

(1) Ce père, c'est Dieu, plutôt que Joad, Dieu qui l'a reçu *dans ses bras*, qui l'a recueilli dans son temple, et qui, jusqu'à ce jour, *d'un soin paternel, l'a nourri des dons offerts sur son autel.* On lit dans les *Notes manuscrites* de Racine *sur Athalie* : « Les Juifs appelaient aussi Dieu leur père. Moïse dit (*Deutér.*, XXXII, 18) : « Vous avez abandonné le Dieu qui vous a engendrés. » Et Malachie (II, 10) : « Il n'y a qu'un Dieu et un père de nous tous. « Mais en priant, ils ne disaient point : « Père. » Si quelques-uns l'ont fait, ça été par un instinct particulier. » (S. Jean Chrysostôme sur *Abba Pater.*)

Aux textes cités, on pourrait en ajouter plusieurs autres ; par exemple, quand Dieu dit à son peuple dans Jérémie : « Appelle-moi maintenant, et dis-moi : Vous êtes mon père. » (III, 4.) — « Je suis devenu le père d'Israël. » (XXXI, 9.)

(2) Plus Athalie s'est contenue pour mieux poursuivre son interrogatoire, plus elle laisse maintenant éclater sa fureur et sa haine. Irritée des réponses de l'enfant et du dernier reproche que vient de lui adresser Josabeth, « elle

A vengé mes parents sur ma postérité.
J'aurais vu massacrer et mon père et mon frère,
Du haut de son palais précipiter ma mère,
Et dans un même jour égorger à la fois
(Quel spectacle d'horreur!) quatre-vingts fils de rois (1) :
Et pourquoi? pour venger je ne sais quels prophètes (2),
Dont elle avait puni les fureurs indiscrètes;
Et moi, reine sans cœur, fille sans amitié,
Esclave d'une lâche et frivole pitié,
Je n'aurais pas du moins à cette aveugle rage
Rendu meurtre pour meurtre, outrage pour outrage,
Et de votre David traité tous les neveux
Comme on traitait d'Achab les restes malheureux?
Où serais-je aujourd'hui, si domptant ma faiblesse,
Je n'eusse d'une mère étouffé la tendresse;
Si de mon propre sang ma main versant des flots
N'eût par ce coup hardi réprimé vos complots?
Enfin de votre Dieu l'implacable vengeance
Entre nos deux maisons rompit toute alliance.
David m'est en horreur; et les fils de ce roi,
Quoique nés de mon sang, sont étrangers pour moi (3).

JOSABETH.

Tout vous a réussi? Que Dieu voie, et nous juge (4).

ATHALIE.

Ce Dieu, depuis longtemps votre unique refuge,
Que deviendra l'effet de ses prédictions?
Qu'il vous donne ce roi promis aux nations,
Cet enfant de David, votre espoir, votre attente....

s'engage dans l'apologie du plus horrible attentat que le cœur d'une mère ait jamais osé concevoir; elle exhale, sans réserve et sans dissimulation, toute son impiété et toute sa rage, dans cette tirade d'une éloquence et d'une énergie extraordinaire : c'est l'expression la plus vive et la plus naturelle d'un emportement qui fait frémir. » (GEOFFROY.)

(1) L'Ecriture dit *soixante-dix* ; c'est Jéhu qui avait fait massacrer toute la descendance d'Achab. Pour la mort d'Achab et de Jézabel, v. plus haut, p. 551.

(2) « Jézabel tuait les prophètes du Seigneur. » (III. *Rois*, XVIII, 4.)

(3) Il n'y a qu'une haine sauvage qui puisse inspirer un langage aussi furieux contre Dieu, aussi dénaturé sur les lèvres d'une mère.

(4) Josabeth montre une grande force de caractère, en tenant tête à sa terrible interlocutrice.

La présence de Joas, *de cet enfant de David, l'espoir et l'attente* de Joad et de Josabeth, en face de cette femme atroce qui se flatte et se vante de l'avoir immolé à sa vengeance, ajoute un singulier intérêt à la fin de cette scène ; si l'insolente Athalie le savait! c'est ce danger qui tient le spectateur dans des angoisses continuelles.

Mais nous nous reverrons. Adieu. Je sors contente :
J'ai voulu voir; j'ai vu (1).

ABNER, *à Josabeth.*

Je vous l'avais promis :
Je vous rends le dépôt que vous m'avez commis (2).

SCÈNE VIII
JOAS, JOAD, JOSABETH, ZACHARIE, SALOMITH, ABNER, LÉVITES, LE CHŒUR.

JOSABETH, *à Joad.*

Avez-vous entendu cette superbe reine,
Seigneur?

JOAD.

J'entendais tout et plaignais votre peine (3).
Ces lévites et moi, prêts à vous secourir,
Nous étions avec vous résolus de périr.
(*A Joas, en l'embrassant.*)
Que Dieu veille sur vous, enfant dont le courage
Vient de rendre à son nom ce noble témoignage.
Je reconnais, Abner, ce service important.

(1) « Trait frappant de fierté, d'insolence et de laconisme. Les termes manquent pour exprimer l'admiration qu'inspire une scène qui réunit au plus haut degré le goût, l'élégance et la grâce à l'intérêt le plus vif. » (GEOFFROY.)

(2) « Pouvait-on croire qu'un poète tragique saurait occuper un spectateur d'une longue scène qui ne contient que des interrogations courtes et précises à un enfant de huit ans et les réponses naïves de cet enfant? Nous n'avons rien dans les tragédies anciennes et modernes à comparer à cette scène qui, dans une étonnante simplicité, devient si intéressante. Quel trouble dans le spectateur quand il voit paraître cet enfant devant Athalie, *qui, persuadée qu'elle l'a fait égorger, l'égorgerait sur l'heure si elle le reconnaissait,* et qui le craint sans en savoir la raison! On craint, quand il lui répond, qu'il ne lui échappe quelque mot capable d'irriter ou d'éclairer celle qui l'interroge. Toutes les demandes qu'elle lui fait sont simples, et telles qu'on les doit faire à un enfant de cet âge. Toutes ses réponses sont également simples; et cependant les demandes d'Athalie ont toujours pour motif une curiosité cruelle, et les réponses de Joas ont, sans qu'il puisse en avoir le dessein, une application toujours directe à Athalie. » (L. RACINE.)

« J'ai vu, disait Fénelon, un jeune prince à huit ans, saisi de douleur à la vue du péril du petit Joas. Je l'ai vu impatient sur ce que le grand prêtre cachait à Joas son nom et sa naissance. » (*Lettre à l'Académie,* V.) V. la préface, p. 518.

(3) « Joad ne paraît avec ses lévites qu'après la retraite d'Athalie. Cette adresse du poète est remarquable. Si l'on avait été prévenu plus tôt que le grand prêtre se tenait prêt à secourir Joas, le spectateur aurait pu être moins alarmé des dangers auxquels ce jeune prince était exposé. » (L. DE BOISJERMAIN.)

Souvenez-vous de l'heure où Joad vous attend (1).
Et nous, dont cette femme impie et meurtrière
A souillé les regards et troublé la prière (2),
Rentrons; et qu'un sang pur, par mes mains épanché,
Lave jusques au marbre où ses pas ont touché (3).

SCÈNE IX

LE CHOEUR⁴.

UNE DES FILLES DU CHOEUR.

Quel astre à nos yeux vient de luire?
Quel sera quelque jour cet enfant merveilleux (5)?
   Il brave le faste orgueilleux,
   Et ne se laisse point séduire
   A tous ses attraits périlleux (6).

UNE AUTRE.

Pendant que du dieu d'Athalie
Chacun court encenser l'autel,
Un enfant courageux publie
Que Dieu lui seul est éternel,
Et parle comme un autre Elie

---

(1) Abner est convoqué pour la seconde fois; mais Dieu se passera de son concours.

(2) Les Juifs contractaient des souillures légales par l'attouchement, l'approche et même la vue d'objets impurs, et ils se purifiaient par des ablutions. L'entrée d'un infidèle dans l'enceinte sacrée était une profanation du sanctuaire. Les deux derniers vers sont remarquables par l'élégance des expressions et par l'harmonie de la cadence.

(3) « Il n'y a point de tragédie dont le second acte soit si plein, et offre un aussi grand nombre de belles scènes. L'entrée d'Athalie dans le temple, le songe de cette reine, son entretien avec Abner et Mathan, et surtout la scène où elle interroge, sont des beautés du premier ordre; et l'acte, en finissant, laisse le trouble et la consternation dans les esprits. Quel parti va prendre Athalie? Quel sera le sort de Joas? » (GEOFFROY.)

(4) Tout ce chœur est plein de Joas et d'Athalie. Présentes à l'interrogatoire, les jeunes Israélites en ont partagé toutes les émotions; maintenant elles célèbrent la sagesse merveilleuse du jeune enfant, et son aimable vertu; par un contraste naturel, elles expriment aussi leur horreur pour la reine impie qui règne sur Sion, et détestent ses plaisirs que suit un éternel désespoir.
Ce sont les deux parties dont ce chœur est composé; la première est délicieuse de grâce et de douceur; la seconde a une couleur sombre et terrible.

(5) « Quel, pensez-vous, sera un jour cet enfant? » (LUC, I, 66.) — « Qui nous racontera sa naissance? » dit Isaïe en parlant du Sauveur futur (LIII, 8).

(6) *Se laisse séduire à...*, v. p. 345, note 2.

ACTE II, SCÈNE IX

Devant cette autre Jézabel (1).

UNE AUTRE.

Qui nous révélera ta naissance secrète,
Cher enfant? Es-tu fils de quelque saint prophète?

UNE AUTRE.

Ainsi l'on vit l'aimable Samuel (2)
　　Croître à l'ombre du Tabernacle (3).
Il devint des Hébreux l'espérance et l'oracle.
Puisses-tu, comme lui, consoler Israël!

UNE AUTRE.

　　O bienheureux mille fois
　　　L'enfant que le Seigneur aime,
　　Qui de bonne heure entend sa voix,
　　Et que ce Dieu daigne instruire lui-même (4)!
Loin du monde élevé, de tous les dons des cieux

---

(1) Le contraste et le grand nom d'Elie relèvent singulièrement le courage du jeune Joas. Le prophète Elie est célèbre par le zèle qu'il déploya contre l'idolâtrie, et par l'intrépidité avec laquelle il brava les menaces de Jézabel.

(2) « Or l'enfant Samuel se fortifiait et croissait, aimé de Dieu et des hommes...; il servait le Seigneur, et il dormait dans le temple où était l'arche de Dieu. » (I. *Rois*, II, 26.) C'était à Silo, avant la translation de l'arche à Jérusalem. Samuel croissait sous les yeux du grand prêtre Héli, comme Joas près de Joad; les mots *placebat Deo et hominibus* expliquent l'emploi de l'épithète *aimable*.

Samuel, 14e et dernier juge d'Israël, de la tribu de Lévi, né vers l'an 1132 et mort l'an 1043, trois ans avant la chute de Saül. Il gouverna longtemps son peuple en qualité de juge; puis, sur la demande des Israélites, il institua la royauté, sacra Saül et plus tard le jeune David; ses vertus, sa sagesse et le don de prophétie lui avaient donné une très grande autorité.

(3) Le *Tabernacle* était proprement la tente que Dieu avait choisie pour demeure au milieu du camp d'Israël; lui-même en avait donné le modèle à Moïse sur le Sinaï. (*Exode*, XXV, 9.) Cette tente ou temple portatif était une construction rectangulaire de 15 mètres de long sur 5 de large; une palissade en formait les parois de trois côtés, et cinq colonnes décoraient le frontispice; une triple tenture recouvrait le monument. L'intérieur était divisé en deux pièces par un voile suspendu à quatre colonnes. Ces deux pièces étaient le *Lieu Saint* et le *Saint des Saints*, reproduits avec plus de magnificence dans le temple de Jérusalem; on y voyait les mêmes objets avec la même disposition. (V. plus haut, p. 522.) Devant la porte du Tabernacle se trouvaient l'autel des holocaustes et le grand bassin des ablutions. Le tout était entouré d'une enceinte formée d'une colonnade soutenant des courtines.

Le Tabernacle devait être, selon les lois de Moïse, le sanctuaire central et le seul lieu consacré au culte chez les Israélites. Après la conquête, il fut établi à Silo; plus tard, il fut transféré à Nob, puis à Gabaaon, où il resta jusqu'à ce qu'il fût remplacé par le temple de Salomon.

(4) « Bienheureux l'homme que vous instruisez vous-même, Seigneur. » (Ps. 93. 12.)

Il est orné dès son enfance ;
Et du méchant l'abord contagieux
N'altère point son innocence.

TOUT LE CHOEUR.

Heureuse, heureuse l'enfance
Que le Seigneur instruit et prend sous sa défense !

LA MÊME VOIX, *seule*.

Tel en un secret vallon,
Sur le bord d'une onde pure,
Croît à l'abri de l'aquilon,
Un jeune lis, l'amour de la nature (1).
Loin du monde élevé, de tous les dons des cieux
Il est orné dès sa naissance ;
Et du méchant l'abord contagieux
N'altère point son innocence.

TOUT LE CHOEUR.

Heureux, heureux mille fois
L'enfant que le Seigneur rend docile à ses lois !

UNE VOIX, *seule*.

Mon Dieu, qu'une vertu naissante
Parmi tant de périls marche à pas incertains (2) !
Qu'une âme qui te cherche et veut être innocente
 Trouve d'obstacle à ses desseins !
 Que d'ennemis lui font la guerre !
 Où se peuvent cacher tes saints ?
 Les pécheurs couvrent la terre.

---

(1) La gracieuse comparaison du lis est fréquente dans les livres saints :
« Écoutez-moi, rejetons divins : fructifiez comme des rosiers plantés près du courant des eaux ; fleurissez comme les fleurs de lis, exhalez un doux parfum. » (*Eccli.*, XXXIX, 19.) — « Il a brillé dans sa vie comme les lis qui croissent sur le bord des eaux. » (*Eccli.*, L, 8.)

Homère et Catulle ont des comparaisons du même genre qui ont peut-être fourni quelques traits à Racine :

« Tel un jeune plant d'olivier que le laboureur élève en un lieu solitaire, arrosé par une source abondante, beau, plein de sève, caressé par le souffle des vents, est couvert de fleurs fraîches et blanches.... tel.... » (*Il.*, XVII, 53.) — De même Catulle (*Carmen nupt.*, LXII) :

Ut flos in septis secretus nascitur hortis,
 Ignotus pecori, nullo contusus aratro,
 Quem mulcent auræ, firmat sol, educat imber.

(2) « Le juste... ne peut pas même obtenir que le monde le laisse en repos dans ce sentier solitaire et rude où il grimpe plutôt qu'il ne marche. Accourez, dit saint Grégoire, puissances du siècle, voyez dans quel sentier la vertu chemine, doublement à l'étroit, et par elle-même, et par l'effort de ceux qui la persécutent. » (BOSSUET, *Or. funèbre de la reine d'Angleterre*.)

ACTE II, SCÈNE IX

UNE AUTRE.

O palais de David, et sa chère cité (1),
Mont fameux, que Dieu même a longtemps habité (2),
Comment as-tu du ciel attiré la colère?
Sion, chère Sion, que dis-tu quand tu vois
  Une impie étrangère
 Assise, hélas! au trône de tes rois?

TOUT LE CHOEUR.

Sion, chère Sion, que dis-tu quand tu vois
  Une impie étrangère
 Assise, hélas! au trône de tes rois?

LA MÊME VOIX *continue.*

 Au lieu des cantiques charmants
Où David t'exprimait ses saints ravissements,
Et bénissait son Dieu, son Seigneur, et son père,
Sion, chère Sion, que dis-tu quand tu vois
 Louer le dieu de l'impie étrangère,
Et blasphémer le nom qu'ont adoré tes rois?

UNE VOIX, *seule.*

Combien de temps, Seigneur, combien de temps encore
Verrons-nous contre toi les méchants s'élever (3)?
Jusque dans ton saint temple ils viennent te braver.
Ils traitent d'insensé le peuple qui t'adore.
Combien de temps, Seigneur, combien de temps encore
Verrons-nous contre toi les méchants s'élever?

UNE AUTRE.

Que vous sert, disent-ils, cette vertu sauvage?
  De tant de plaisirs si doux
  Pourquoi fuyez-vous l'usage?
 Votre Dieu ne fait rien pour vous.

UNE AUTRE.

 Rions, chantons, dit cette troupe impie;

---

(1) « David fixa sa résidence sur la forteresse de Sion, et il l'appela la *Cité de David.* » (II. *Rois*, V, 9.) Les rois de Juda y avaient leur palais.

(2) « Pourquoi, ô montagnes superbes, enviez-vous la colline où il a plu à l'Eternel de fixer sa demeure? Des millions d'esprits célestes environnent son char de triomphe; le Seigneur est au milieu d'eux, la gloire du Sinaï réside en ce sanctuaire. » (Ps. 67. 17.) C'est David qui opéra la translation de l'arche à Sion, où il avait fait dresser une tente pour la recevoir. Elle y resta jusqu'à la consécration du temple de Salomon.

(3) « Jusques à quand, Seigneur, jusques à quand les impies triompheront-ils? Jusques à quand vous braveront-ils par leurs discours arrogants? Ils foulent aux pieds votre peuple, et dévastent votre héritage? » (Ps. 93. 3-5.)

De fleurs en fleurs, de plaisirs en plaisirs,
  Promenons nos désirs.
Sur l'avenir, insensé qui se fie!
De nos ans passagers le nombre est incertain.
Hâtons-nous aujourd'hui de jouir de la vie;
  Qui sait si nous serons demain (1)?

TOUT LE CHOEUR.

Qu'ils pleurent, ô mon Dieu! qu'ils frémissent de crainte,
  Ces malheureux, qui de ta cité sainte
  Ne verront point l'éternelle splendeur.
C'est à nous de chanter, nous à qui tu révèles
  Tes clartés immortelles;
C'est à nous de chanter tes dons et ta grandeur.

UNE VOIX, *seule*.

De tous ces vains plaisirs où leur âme se plonge,
Que leur restera-t-il? ce qui reste d'un songe
  Dont on a reconnu l'erreur (2).
  A leur réveil, ô réveil plein d'horreur!
    Pendant que le pauvre à ta table
Goûtera de ta paix la douceur ineffable (3),
Ils boiront dans la coupe affreuse, inépuisable,
Que tu présenteras au jour de ta fureur
  A toute la race coupable.

TOUT LE CHOEUR.

  O réveil plein d'horreur!
  O songe peu durable!
  O dangereuse erreur!

(1) « Ils ont dit : Venez, hâtons-nous de jouir des biens de la terre, parce que la jeunesse passe vite; enivrons-nous de vins exquis, couvrons nos têtes de parfums, couronnons-nous de roses, avant qu'elles soient fanées; promenons notre joie en tout lieu. » (*Sag.*, II, 6-8.) — « Mangeons et buvons, disent-ils, nous mourrons demain. » (Is., XXII, 13.)

Le poète épicurien chantait de même : « La jeunesse s'enfuit loin de nous. Les fleurs du printemps ne durent pas toujours. Couronnons de roses nos cheveux blancs; parfumons-nous, tandis que nous le pouvons encore. » (HORACE, *Od.*, I, 8.)

(2) « Comment sont-ils tombés soudain? Ils ont défailli; ils se sont évanouis comme un songe après le réveil? Seigneur, quand vous réveillerez les morts, vous mépriserez leur ombre vaine. » (Ps. 73. 19-20.) — « Jéhovah tient dans sa main une coupe pleine d'un vin amer; il l'épanche çà et là, et la lie ne s'épuise pas; tous les pécheurs en boiront. » (Ps. 74. 9.) — « Toi qui as bu de la main du Seigneur le calice de sa colère. » (ISAÏE, LI, 17.)

(3) « O qu'elle est douce, Seigneur, votre miséricorde! les enfants des hommes seront enivrés du torrent de vos délices; car en vous est la vie. » (Ps. 35. 8-10.)

QUESTIONS SUR LE IIe ACTE.

Quel est le sujet du 2e acte ?
Quelle nouvelle vient apporter Zacharie ? — Qualités de son récit.
Pourquoi Athalie s'arrête-t-elle dans le vestibule du grand prêtre ?
Analysez la scène du conseil d'Athalie ?
Comment Athalie fait-elle l'apologie de son règne ?
Analysez le songe d'Athalie. — Montrez-en les beautés littéraires et l'importance dramatique. — Comment ce songe est-il surnaturel ?
Quel motif a conduit la reine au temple ?
Comment Eliacin est-il mis en cause ?
Quelle est dans ce conseil l'attitude de Mathan et d'Abner ?
A quoi se résout Athalie ?
Quelles sont les insinuations de Mathan pendant l'absence d'Abner ?
Analysez la scène de l'interrogatoire. — Quel en est le mérite ?
Comment sert-elle à l'action et à l'impression dramatique ?
Comment se termine cette scène ?
Où était Joad pendant l'interrogatoire ?
Que va-t-il faire pendant les chants du chœur ?
Quel est le sujet du 2e chœur ? — Quel contraste présente-t-il ?
Citez les strophes les plus belles.

ACTE TROISIÈME

Confidence de Mathan. — Mathan devant le grand prêtre. — Prophétie de Joad.

SCÈNE I

MATHAN, NABAL, LE CHŒUR.

MATHAN.

Jeunes filles, allez : qu'on dise à Josabeth
Que Mathan veut ici lui parler en secret (1).

UNE DES FILLES DU CHŒUR.

Mathan ! O Dieu du ciel, puisses-tu le confondre ?

NABAL.

Hé quoi ! tout se disperse, et fuit sans vous répondre ?

MATHAN.

Approchons.

---

(1) Athalie est rentrée au palais, agitée, irrésolue. Mathan, après avoir mis sur pied les troupes tyriennes, est allé aigrir ses soupçons et attiser sa colère ; elle se résout enfin à faire réclamer l'enfant, et c'est Mathan qu'elle charge de ce message. Craignant d'aborder Joad, il s'adresse à Josabeth.

SCÈNE II

ZACHARIE, MATHAN, NABAL.

ZACHARIE.

Téméraire, où voulez-vous passer?
Au delà de ce lieu gardez-vous d'avancer.
C'est des ministres saints la demeure sacrée;
Les lois à tout profane en défendent l'entrée (1).
Qui cherchez-vous? Mon père, en ce jour solennel,
De l'idolâtre impur fuit l'aspect criminel;
Et devant le Seigneur maintenant prosternée,
Ma mère en ce devoir craint d'être détournée.

MATHAN.

Mon fils, nous attendrons : cessez de vous troubler.
C'est votre illustre mère à qui je veux parler.
Je viens ici chargé d'un ordre de la Reine.

SCÈNE III

MATHAN, NABAL.

NABAL.

Leurs enfants ont déjà leur audace hautaine.
Mais que veut Athalie en cette occasion (2)?
D'où naît dans ses conseils cette confusion?
Par l'insolent Joad ce matin offensée,
Et d'un enfant fatal en songe menacée,
Elle allait immoler Joad à son courroux,
Et dans ce temple enfin placer Baal et vous.
Vous m'en aviez déjà confié votre joie,
Et j'espérais ma part d'une si riche proie (3).
Qui fait changer ainsi ses vœux irrésolus?

(1) *Profane*, qui n'appartient pas à la religion, qui est en dehors du temple, non consacré à Dieu (de *pro* devant, *fanum*, lieu ou temple consacré à la Divinité). Chez les peuples de l'antiquité, l'autel des sacrifices sanglants était placé en dehors du temple, sous le portique du frontispice ou en plein air; le peuple y assistait, en se tenant en dehors de l'enceinte réservée aux prêtres.

(2) Cette grande scène de confidence est fort intéressante pour le spectateur; elle lui fait connaître : 1° les secrets du palais, les hésitations de la reine, les intrigues du ministre; 2° le caractère de Mathan, les motifs qui le font agir, son influence sur Athalie, et par conséquent son influence sur l'issue de la lutte engagée entre la reine et le grand prêtre.

(3) Ce trait peint Nabal.

ACTE III, SCÈNE III

MATHAN.

Ami, depuis deux jours je ne la connais plus.
Ce n'est plus cette reine éclairée, intrépide,
Elevée au-dessus de son sexe timide,
Qui d'abord accablait ses ennemis surpris (1),
Et d'un instant perdu connaissait tout le prix.
La peur d'un vain remords trouble cette grande âme :
Elle flotte, elle hésite; en un mot, elle est femme (2).
J'avais tantôt rempli d'amertume et de fiel
Son cœur déjà saisi des menaces du ciel ;
Elle-même, à mes soins confiant sa vengeance,
M'avait dit d'assembler sa garde en diligence ;
Mais soit que cet enfant devant elle amené,
De ses parents, dit-on, rebut infortuné,
Eût d'un songe effrayant diminué l'alarme,
Soit qu'elle eût même en lui vu je ne sais quel charme,
J'ai trouvé son courroux chancelant, incertain,
Et déjà remettant sa vengeance à demain.
Tous ses projets semblaient l'un l'autre se détruire.
« Du sort de cet enfant je me suis fait instruire,
Ai-je dit. On commence à vanter ses aïeux ;
Joad de temps en temps le montre aux factieux,
Le fait attendre aux Juifs, comme un autre Moïse,
Et d'oracles menteurs s'appuie et s'autorise. »
Ces mots ont fait monter la rougeur sur son front.
Jamais mensonge heureux n'eut un effet si prompt.
« Est-ce à moi de languir dans cette incertitude (3)?
Sortons, a-t-elle dit, sortons d'inquiétude.
Vous-même à Josabeth prononcez cet arrêt :
Les feux vont s'allumer, et le fer est tout prêt ;
Rien ne peut de leur temple empêcher le ravage,
Si je n'ai de leur foi cet enfant pour otage (4). »

(1) *D'abord*, c'est-à-dire du premier coup.

(2) Ce mot si familier, presque méprisant et satirique, fait ici le plus grand effet, parce qu'il peint très bien la situation. Athalie hésite avant de se jeter dans les dernières violences; dès lors, elle passe aux yeux de Mathan pour avoir perdu toute son énergie. Ces irrésolutions du reste sont un effet de la prière de Joad : déjà Dieu a commencé à répandre sur elle l'*esprit d'imprudence et d'erreur*...

(3) Ces deux discours directs donnent de la vivacité au récit.

(4) L'importance du rôle de Mathan apparaît dans cette résolution inspirée par lui. Athalie est méchante et cruelle; Mathan l'est encore plus; c'est lui qui la pousse et la conduit. La démarche qu'il vient faire, va, comme on dit vulgairement, mettre le feu aux poudres. Joad refusera, Athalie furieuse fera cerner le temple, en ordonnera l'assaut, et le réduira en cendres, si Dieu ne prévient pas ses coups.

NABAL.

Eh bien! pour un enfant qu'ils ne connaissent pas,
Que le hasard peut-être a jeté dans leurs bras,
Voudront-ils que leur temple enseveli sous l'herbe....

MATHAN.

Ah! de tous les mortels connais le plus superbe (1).
Plutôt que dans mes mains par Joad soit livré
Un enfant qu'à son Dieu Joad a consacré,
Tu lui verras subir la mort la plus terrible.
D'ailleurs pour cet enfant leur attache est visible.
Si j'ai bien de la Reine entendu le récit,
Joad sur sa naissance en sait plus qu'il ne dit.
Quel qu'il soit, je prévois qu'il leur sera funeste.
Ils le refuseront. Je prends sur moi le reste;
Et j'espère qu'enfin de ce temple odieux
Et la flamme et le fer vont délivrer mes yeux.

NABAL.

Qui peut vous inspirer une haine si forte?
Est-ce que de Baal le zèle vous transporte?
Pour moi, vous le savez, descendu d'Ismaël (2),
Je ne sers ni Baal, ni le Dieu d'Israël.

MATHAN.

Ami, peux-tu penser que d'un zèle frivole
Je me laisse aveugler pour une vaine idole,
Pour un fragile bois, que malgré mon secours
Les vers sur son autel consument tous les jours (3)?
Né ministre du Dieu qu'en ce temple on adore,
Peut-être que Mathan le servirait encore,
Si l'amour des grandeurs, la soif de commander,

---

(1) Le méchant juge des autres par son propre cœur : Mathan attribue à Joad l'orgueil dont il est plein.

(2) Ismaël, fils d'Abraham et d'Agar son esclave; les Ismaélites ses descendants, établis dans le désert, sur les confins de l'Egypte et de l'Arabie, étaient devenus idolâtres.

(3) Corneille a dit avec plus d'énergie dans *Polyeucte* (Acte III, sc. 6) :
    Allons fouler aux pieds ce foudre ridicule
    Dont arme un bois pourri ce peuple trop crédule.

« Ces arbres destinés au feu de l'homme, il en forme une statue, et s'incline devant elle... Moi, je me prosternerais devant un tronc d'arbre ! Une partie est de la cendre ; ce cœur insensé l'adore, et il ne se sauvera pas. » (Isaïe, XLIV, 15. 19. 20.)

ACTE III, SCÈNE III

Avec son joug étroit pouvaient s'accommoder (1).
    Qu'est-il besoin, Nabal, qu'à tes yeux je rappelle
De Joad et de moi la fameuse querelle,
Quand j'osai contre lui disputer l'encensoir (2),
Mes brigues, mes combats, mes pleurs, mon désespoir ?
Vaincu par lui, j'entrai dans une autre carrière,
Et mon âme à la cour s'attacha tout entière.
J'approchai par degrés de l'oreille des rois,
Et bientôt en oracle on érigea ma voix.
J'étudiai leur cœur, je flattai leurs caprices,
Je leur semai de fleurs le bord des précipices.
Près de leurs passions rien ne me fut sacré ;
De mesure et de poids je changeais à leur gré (3).
Autant que de Joad l'inflexible rudesse
De leur superbe oreille offensait la mollesse,
Autant je les charmais par ma dextérité,
Dérobant à leurs yeux la triste vérité,
Prêtant à leurs fureurs des couleurs favorables,
Et prodigue surtout du sang des misérables (4).
    Enfin, au dieu nouveau qu'elle avait introduit,
Par les mains d'Athalie un temple fut construit (5).
Jérusalem pleura de se voir profanée ;
Des enfants de Lévi la troupe consternée
En poussa vers le ciel des hurlements affreux (6).

(1) Mathan retrace ici avec une énergie rare l'histoire de sa honteuse apostasie. Le principe en a été l'orgueil et l'ambition ; tel fut le mobile de presque tous les hérésiarques. « Ce sont les passions qui ont toujours fait les impies. » (L. Racine.)

(2) *L'encensoir*, c'est-à-dire la dignité de grand prêtre.

(3) C'est un portrait achevé du flatteur sans conscience ; Racine en a déjà fourni un type dans Narcisse.

(4) Ce trait abominable montre à quelle dégradation morale un apostat peut descendre.

(5) Pour la première fois depuis les temps de David, l'idolâtrie osa se montrer avec cette audace dans la ville sainte. Ce fut à l'instigation d'Athalie que Joram, son époux, « éleva des hauts lieux dans les villes de Juda, et entraîna les habitants de Jérusalem dans l'idolâtrie ; il marcha dans les voies d'Achab, car sa femme était fille d'Achab. » (II. *Paral.*, XXI, 11 ; IV. *Rois*, VIII, 18.) A Jérusalem comme à Samarie, un temple fut élevé à l'idole des Phéniciens ; Mathan en était le prêtre. L'Ecriture ne dit pas si ce fut sous le règne d'Athalie ou sous les deux règnes précédents.

(6) *Jérusalem pleura..., et poussa des hurlements affreux...* ; ces expressions énergiques montrent à la fois l'attachement des Juifs à la religion de leurs pères, et la perversité de l'apostat qui triomphe de ces larmes. Le mot *hurlements*, *ululatus*, a une couleur antique. L'Ecriture parle des *hurlements* poussés dans les combats, des *hurlements* de la douleur, de l'affliction et du

Moi seul, donnant l'exemple aux timides Hébreux,
Déserteur de leur loi, j'approuvai l'entreprise,
Et par là de Baal méritai la prêtrise.
Par là je me rendis terrible à mon rival,
Je ceignis la tiare, et marchai son égal (1).
Toutefois, je l'avoue, en ce comble de gloire,
Du Dieu que j'ai quitté l'importune mémoire
Jette encore en mon âme un reste de terreur;
Et c'est ce qui redouble et nourrit ma fureur.
Heureux si, sur son temple achevant ma vengeance,
Je puis convaincre enfin sa haine d'impuissance,
Et parmi le débris, le ravage et les morts,
A force d'attentats perdre tous mes remords (2)!
Mais voici Josabeth.

désespoir : « Prêtres, pleurez ; ministres de l'autel, poussez des hurlements; les sacrifices ont cessé dans la maison de votre Dieu. » (JOEL, I, 13.) Virgile rappelle aussi les *hurlements* des femmes : *fœmineos ululatus*.

(1) Ce vers est célèbre : il est beau par les deux images pittoresques qu'il renferme, et surtout par son allure ferme et fière qui peint très bien l'orgueil triomphant.
L'emploi si heureux du verbe *marcher* rappelle le vers de Virgile (*En.*, I, 46):

Ast ego quæ divum *incedo* Regina....

Mathan ne manque pas de vanter sa *tiare*, qui l'élève à la hauteur de Joad, du moins dans son temple.

(2) Vers d'une énergie effrayante : rarement la méchanceté du scélérat a été peinte d'un trait si vigoureux. Racine a pénétré au plus profond de la perversité humaine; il y a trouvé ces deux espoirs également insensés : le premier, d'étouffer les remords à force de crimes, et le second, de convaincre Dieu d'impuissance.
Ces derniers vers rappellent le mot hideux de Narcisse (*Brit.*, II, 8) :

Et pour nous rendre heureux, perdons les misérables;

et ce trait également odieux de Cléopâtre (*Rodogune*, IV, 7) :

Allons chercher le temps d'immoler mes victimes,
Et de me rendre heureuse à force de grands crimes.

Plusieurs critiques trouvent que ces impudents aveux de Mathan sont peu vraisemblables : « Ce caractère, dit Houdart de la Motte, tout odieux, tout excessif qu'il est, ne laisse pas d'être naturel; et il n'y a que trop d'ambitieux qui lui ressemblent; mais ce qui n'est plus dans la nature, c'est qu'il se peigne lui-même sous d'aussi noires couleurs. On ne croira jamais qu'un homme si superbe s'avilisse à ce point, et sans nécessité, aux yeux d'un autre homme; et quand l'histoire fournirait quelque exemple d'une pareille conduite, il ne suffirait pas pour le théâtre, où l'on veut voir des hommes, et non pas des monstres. » Fontenelle et l'Académie, dans ses *Sentiments sur Athalie*, parlent de même. L. Racine et La Harpe ont défendu le poète.
On peut dire : 1° que Mathan pense non point s'avilir, mais se grandir par la peinture qu'il fait de son ambition heureuse, de ses intrigues couronnées de succès; 2° qu'au moment où il croit toucher au dernier terme

SCÈNE IV

JOSABETH, MATHAN, NABAL.

MATHAN.

Envoyé par la Reine
Pour rétablir le calme et dissiper la haine,
Princesse, en qui le ciel mit un esprit si doux (1),
Ne vous étonnez pas si je m'adresse à vous.
Un bruit, que j'ai pourtant soupçonné de mensonge,
Appuyant les avis qu'elle a reçus en songe,
Sur Joad, accusé de dangereux complots,
Allait de sa colère attirer tous les flots.
Je ne veux point ici vous vanter mes services.
De Joad contre moi je sais les injustices ;
Mais il faut à l'offense opposer les bienfaits.
Enfin je viens chargé de paroles de paix (2).
Vivez, solennisez vos fêtes sans ombrage.
De votre obéissance elle ne veut qu'un gage :
C'est, pour l'en détourner j'ai fait ce que j'ai pu (3),
Cet enfant sans parents, qu'elle dit qu'elle a vu.

JOSABETH.

Eliacin ?

MATHAN.

J'en ai pour elle quelque honte.
D'un vain songe peut-être elle fait trop de compte.
Mais vous vous déclarez ses mortels ennemis,
Si cet enfant sur l'heure en mes mains n'est remis.
La Reine impatiente attend votre réponse.

JOSABETH.

Et voilà de sa part la paix qu'on nous annonce !

de ses coupables espérances, où Baal va triompher sur les ruines du Dieu des Juifs, il se complaît en son œuvre et aime à s'en attribuer d'avance la gloire ; 3° que Nabal est son confident et son complice, attaché à sa fortune par les plus viles convoitises ; Mathan, en l'éclairant sur ses projets, en espère un concours plus efficace ; 4° enfin, si l'aspect d'un scélérat inoffensif révolte le spectateur, il n'en est pas ainsi quand ce scélérat peut causer de grands maux, comme c'est le cas de Mathan ; sa vue inspire la terreur. Il ne faut pas oublier que Mathan est l'âme d'Athalie.

(1) « Les lèvres de l'hypocrite distillent le miel le plus doux, ses paroles sont onctueuses comme l'huile. » (*Prov.*, V, 3.)

(2) « Ne me perdez pas avec les ouvriers d'iniquité qui parlent de paix à leur frère, et qui cachent le mal dans leur cœur. » (Ps. 27. 3-4.)

(3) Menteur et fourbe : il s'est vanté tout à l'heure du contraire.

MATHAN.

Pourriez-vous un moment douter de l'accepter?
D'un peu de complaisance est-ce trop l'acheter?

JOSABETH.

J'admirais si Mathan, dépouillant l'artifice,
Avait pu de son cœur surmonter l'injustice,
Et si de tant de maux le funeste inventeur
De quelque ombre de bien pouvait être l'auteur.

MATHAN.

De quoi vous plaignez-vous? Vient-on avec furie
Arracher de vos bras votre fils Zacharie?
Quel est cet autre enfant si cher à votre amour?
Ce grand attachement me surprend à mon tour.
Est-ce un trésor pour vous si précieux, si rare?
Est-ce un libérateur que le ciel vous prépare?
Songez-y : vos refus pourraient me confirmer
Un bruit sourd que déjà l'on commence à semer.

JOSABETH.

Quel bruit?

MATHAN.

Que cet enfant vient d'illustre origine;
Qu'à quelque grand projet votre époux le destine.

JOSABETH.

Et Mathan, par ce bruit qui flatte sa fureur....

MATHAN.

Princesse, c'est à vous à me tirer d'erreur.
Je sais que du mensonge implacable ennemie,
Josabeth livrerait même sa propre vie,
S'il fallait que sa vie à sa sincérité
Coûtât le moindre mot contre la vérité.
Du sort de cet enfant on n'a donc nulle trace?
Une profonde nuit enveloppe sa race?
Et vous-même ignorez de quels parents issu,
De quelles mains Joad en ses bras l'a reçu?
Parlez; je vous écoute, et suis prêt de vous croire.
Au Dieu que vous servez, princesse, rendez gloire.

JOSABETH.

Méchant, c'est bien à vous d'oser ainsi nommer

Un Dieu que votre bouche enseigne à blasphémer (1).
Sa vérité par vous peut-elle être attestée,
Vous, malheureux, assis dans la chaire empestée
Où le mensonge règne et répand son poison (2)?
Vous, nourri dans la fourbe et dans la trahison?

SCÈNE V
JOAD, JOSABETH, MATHAN, NABAL.

JOAD.

Où suis-je? de Baal ne vois-je pas le prêtre (3)?
Quoi! fille de David, vous parlez à ce traître?
Vous souffrez qu'il vous parle? et vous ne craignez pas
Que du fond de l'abîme entr'ouvert sous ses pas
Il ne sorte à l'instant des feux qui vous embrasent,
Ou qu'en tombant sur lui ces murs ne vous écrasent (4)?
Que veut-il? de quel front cet ennemi de Dieu
Vient-il infecter l'air qu'on respire en ce lieu (5)?

MATHAN.

On reconnaît Joad à cette violence.
Toutefois il devrait montrer plus de prudence,

(1) Par quel prodige une mère si tendre, naguère encore si craintive et si tremblante, est-elle en même temps si énergique? Sa foi et son amour lui inspirent une sainte horreur pour l'apostat qui voudrait lui arracher son royal pupille.

Racine a peint dans Josabeth l'idéal de la femme et de la mère : c'est un mélange admirable de tendresse et de force, de dévouement et d'abandon à la volonté divine, de prudence maternelle et de docilité envers son époux.

(2) « Heureux l'homme qui n'est pas entré dans le conseil de l'impie, qui ne s'est pas assis dans la chaire de pestilence, » où s'enseigne l'erreur. (Ps. 1. 1.)

(3) Joad arrive, informé sans doute par Zacharie de la présence de Mathan.
Cette scène est une des plus énergiques qu'il y ait au théâtre. Joad est sublime dans son indignation : un saint zèle le transporte à l'aspect de cet odieux apostat, maudit de Dieu, et que la loi juive vouait à la mort. Un pontife, tout pénétré de la sainteté du Dieu qu'il adore, tout plein de ses vengeances contre les impies, devait parler et agir comme Joad parle et agit; il ne pouvait voir qu'avec une horreur mêlée d'épouvante, l'ennemi déclaré de Jéhovah, venant le braver jusque dans son temple.

(4) On raconte que l'Apôtre saint Jean, étant entré dans les Thermes d'Ephèse et apprenant que l'impie Cérinthe s'y trouvait, en sortit à l'instant, « de peur, disait-il à ses disciples, que la colère de Dieu, tombant sur cette maison, ne nous écrase avec le méchant qu'elle abrite. »

L'indifférence religieuse ne comprend plus ces ardeurs de la foi et ces haines vigoureuses du mal : on maudit le traître qui livre son pays; celui qui trahit son Dieu, doit-il exciter moins d'horreur?

(5) Quelle véhémence! quelles images vives et effrayantes!

Respecter une reine, et ne pas outrager
Celui que de son ordre elle a daigné charger.

JOAD.

Eh bien, que nous fait-elle annoncer de sinistre?
Quel sera l'ordre affreux qu'apporte un tel ministre?

MATHAN.

J'ai fait à Josabeth savoir sa volonté.

JOAD.

Sors donc de devant moi, monstre d'impiété.
De toutes tes horreurs, va, comble la mesure.
Dieu s'apprête à te joindre à la race parjure,
Abiron et Dathan, Doëg, Achitophel (1).
Les chiens, à qui son bras a livré Jézabel,
Attendant que sur toi sa fureur se déploie,
Déjà sont à ta porte, et demandent leur proie (2).

MATHAN.

(*Il se trouble.*)
Avant la fin du jour... on verra qui de nous....
Doit.... Mais sortons, Nabal.

(1) « Lorsque dans le désert Moïse eut appris la révolte de Coré de la tribu de Lévi, de Dathan et d'Abiron, soutenus par deux cent cinquante autres princes de la synagogue, il dit à Coré : Placez-vous, toi et les tiens, d'un côté devant le Seigneur, et Aaron d'un autre côté. Prenez, tous, vos encensoirs, Aaron tiendra le sien... Puis il dit au peuple : Retirez-vous des tentes de ces hommes impies... Si le Seigneur opère un prodige nouveau, et que la terre ouvrant ses abimes les engloutisse avec tout ce qui leur appartient, et qu'ils descendent vivants dans les enfers, vous saurez qu'ils ont blasphémé le nom du Seigneur. Aussitôt qu'il eut cessé de parler, la terre se fendit sous leurs pieds, et ouvrant ses abimes, elle les engloutit avec leurs tentes, et ils descendirent vivants en enfer, recouverts par la terre.» (*Nombres*, XVI.)

Doëg, Iduméen, est maudit dans les psaumes pour avoir dénoncé à Saül le pontife Achimélech qui avait donné des vivres à David fugitif.

Achitophel, d'abord conseiller de David, le trahit en encourageant Absalon dans sa révolte; dédaigné bientôt par ce prince, il se pendit. (II. *Rois*, XV, XVI, XVII.)

(2) Racine, dans cette tirade, atteint toute la vigueur de Corneille; le caractère sacré du grand prêtre donne à ses imprécations et à ses menaces un pressentiment prophétique qui fait frissonner. C'est comme la voix de Dieu annonçant par un éclat de tonnerre la foudre qui va écraser l'impie.

« L'énergie du pontife produit ici l'effet le plus théâtral. Voltaire, dans ses dernières années, a eu le malheur de ne voir que du fanatisme dans cet enthousiasme de la vertu, dans cette horreur si naturelle d'un saint prophète contre un lâche apostat, contre le ministre d'une usurpatrice sanguinaire et sacrilège. Voltaire, admirateur d'*Athalie* tant qu'il conserva du goût, semblait n'avoir plus, dans sa vieillesse, d'autre littérature que sa haine pour la religion. » (GEOFFROY.)

ACTE III, SCÈNE VI

NABAL.

Où vous égarez-vous?
De vos sens étonnés quel désordre s'empare (1)?
Voilà votre chemin.

SCÈNE VI

JOAD, JOSABETH.

JOSABETH.

L'orage se déclare (2).
Athalie en fureur demande Eliacin.
Déjà de sa naissance et de votre dessein
On commence, Seigneur, à percer le mystère :
Peu s'en faut que Mathan ne m'ait nommé son père.

JOAD.

Au perfide Mathan qui l'aurait révélé?
Votre trouble à Mathan n'a-t-il point trop parlé?

JOSABETH.

J'ai fait ce que j'ai pu pour m'en rendre maîtresse.
Cependant, croyez-moi, Seigneur, le péril presse.
Réservons cet enfant pour un temps plus heureux (3).
Tandis que les méchants délibèrent entre eux,
Avant qu'on l'environne, avant qu'on nous l'arrache,
Une seconde fois souffrez que je le cache.
Les portes, les chemins lui sont encore ouverts.
Faut-il le transporter aux plus affreux déserts?
Je suis prête. Je sais une secrète issue
Par où, sans qu'on le voie, et sans être aperçue,
De Cédron avec lui traversant le torrent (4),
J'irai dans le désert, où jadis en pleurant,

---

(1) L'effarement de l'apostat est le présage de sa chute.

(2) Ce mot de Josabeth peint la situation. Mathan est renvoyé avec ignominie, sans avoir rien obtenu, rien appris. Sa fureur n'en sera que plus violente, et la colère d'Athalie, enflammée par ce nouvel affront, se portera aux derniers excès. Le trouble croit à chaque scène.

(3) Josabeth fait un dernier effort pour obtenir que Joas soit mis en sûreté loin de ses ennemis : elle propose deux moyens, ou la fuite dans le désert, ou le recours à Jéhu.

(4) Le torrent de Cédron coule du N. au S. dans l'étroite vallée qui est à l'E. de Jérusalem; il se jette dans la mer Morte. Il fallait le passer pour entrer dans le désert d'Engaddi où s'était retiré David, en fuyant devant son fils Absalon. N.-S. le traversa, comme autrefois David, la veille de sa passion, en allant au Jardin des Oliviers.

Et cherchant comme nous son salut dans la fuite,
David d'un fils rebelle évita la poursuite.
Je craindrai moins pour lui les lions et les ours....
Mais pourquoi de Jéhu refuser le secours?
Je vous ouvre peut-être un avis salutaire.
Faisons de ce trésor Jéhu dépositaire.
On peut dans ses Etats le conduire aujourd'hui,
Et le chemin est court qui mène jusqu'à lui.
Jéhu n'a point un cœur farouche, inexorable;
De David à ses yeux le nom est favorable.
Hélas! est-il un roi si dur et si cruel,
A moins qu'il n'eût pour mère une autre Jézabel,
Qui d'un tel suppliant ne plaignît l'infortune?
Sa cause à tous les rois n'est-elle pas commune?

JOAD.

Quels timides conseils m'osez-vous suggérer?
En l'appui de Jéhu pourriez-vous espérer?

JOSABETH.

Dieu défend-il tout soin et toute prévoyance?
Ne l'offense-t-on point par trop de confiance?
A ses desseins sacrés employant les humains,
N'a-t-il pas de Jéhu lui-même armé les mains?

JOAD.

Jéhu, qu'avait choisi sa sagesse profonde,
Jéhu, sur qui je vois que votre espoir se fonde,
D'un oubli trop ingrat a payé ses bienfaits.
Jéhu laisse d'Achab l'affreuse fille en paix,
Suit des rois d'Israël les profanes exemples,
Du vil dieu de l'Egypte a conservé les temples.
Jéhu, sur les hauts lieux enfin osant offrir (1)
Un téméraire encens que Dieu ne peut souffrir,
N'a pour servir sa cause et venger ses injures
Ni le cœur assez droit ni les mains assez pures.
Non, non: c'est à Dieu seul qu'il nous faut attacher.
Montrons Eliacin; et loin de le cacher,
Que du bandeau royal sa tête soit ornée.
Je veux même avancer l'heure déterminée,
Avant que de Mathan le complot soit formé (2).

(1) Les *hauts lieux* étaient des temples privés élevés sur les hauteurs; Dieu avait sévèrement défendu d'y offrir des sacrifices depuis l'établissement du sanctuaire national de Jérusalem.

(2) Plus la tendresse de Josabeth tremble et se réfugie dans les conseils de la prudence humaine, plus la foi de Joad s'illumine de clartés célestes

SCÈNE VII

JOAD, JOSABETH, AZARIAS, *suivi du chœur et de plusieurs lévites.*

JOAD.

Eh bien, Azarias, le temple est-il fermé?

AZARIAS.

J'en ai fait devant moi fermer toutes les portes.

JOAD.

N'y reste-t-il que vous et vos saintes cohortes?

AZARIAS.

De ses parvis sacrés j'ai deux fois fait le tour.
Tout a fui, tous se sont séparés sans retour,
Misérable troupeau qu'a dispersé la crainte;
Et Dieu n'est plus servi que dans la tribu sainte.
Depuis qu'à Pharaon ce peuple est échappé,
Une égale terreur ne l'avait point frappé.

JOAD.

Peuple lâche, en effet, et né pour l'esclavage,
Hardi contre Dieu seul (1)! Poursuivons notre ouvrage (2).
Mais qui retient encor ces enfants parmi nous (3)?

UNE DES FILLES DU CHOEUR.

Hé! pourrions-nous, Seigneur, nous séparer de vous?
Dans le temple de Dieu sommes-nous étrangères?
Vous avez près de vous nos pères et nos frères.

UNE AUTRE.

Hélas! si pour venger l'opprobre d'Israël,

---

et s'affermit dans la seule confiance en Dieu. Au lieu de reculer, il marche au but avec plus d'ardeur; il avance l'heure de l'exécution; il ne parle plus même d'Abner convoqué pour la 3e heure : Dieu seul est son soutien.

(1) Traits d'une vigueur sublime qui dépassent l'énergie même de Tacite. On se rappelle le mot de Tibère, quand il sortait du sénat : « Quels hommes prêts pour la servitude! » (TAC., *Ann.*, III, 65.)

(2) L'intrépidité de Joad grandit à chaque pas; la solitude se fait autour de lui; un peuple lâche s'enfuit; il répond : *Poursuivons notre ouvrage.*

(3) Cette dernière question adressée aux jeunes filles du chœur, et leur héroïque réponse ajoutent le pathétique tendre au pathétique véhément de la situation. Le génie de Racine aime à mêler une pitié attendrissante aux fortes émotions de la terreur.

Nos mains ne peuvent pas, comme autrefois Jahel (1),
Des ennemis de Dieu percer la tête impie,
Nous lui pouvons du moins immoler notre vie.
Quand vos bras combattront pour son temple attaqué,
Par nos larmes du moins il peut être invoqué.

JOAD.

*Voilà donc quels vengeurs s'arment pour ta querelle,
Des prêtres, des enfants, ô Sagesse éternelle* (2) !
Mais si tu les soutiens, qui peut les ébranler (3)?
Du tombeau, quand tu veux, tu sais nous rappeler.
Tu frappes et guéris ; tu perds et ressuscites (4).
Ils ne s'assurent point en leurs propres mérites,
Mais en ton nom sur eux invoqué tant de fois,
En tes serments jurés au plus saint de leurs rois,
En ce temple où tu fais ta demeure sacrée,
Et qui doit du soleil égaler la durée (5).
Mais d'où vient que mon cœur frémit d'un saint effroi ?
Est-ce l'Esprit divin qui s'empare de moi ?
C'est lui-même. Il m'échauffe. Il parle. Mes yeux s'ouvrent,
Et les siècles obscurs devant moi se découvrent.
Lévites, de vos sons prêtez-moi les accords,

(1) Sisara, chef de l'armée de Jabin, un des rois de Chanaan, ayant été vaincu par Débora et Barac, se réfugia dans la tente de Jahel, femme d'Haber ; Jahel le tua pendant son sommeil, en lui enfonçant un clou dans la tête. (*Juges*, IV.)

(2) Cette exclamation est sublime ; le reste du discours est à la même hauteur. L'esprit humain ne peut concevoir une confiance en Dieu plus grande dans un danger plus pressant, dans un abandon plus complet de tout secours humain. La foi n'a jamais parlé un langage plus noble, plus humble, plus ferme et plus héroïque. Aussi la grande âme de Joad se montre digne des communications surnaturelles de la Divinité. L'esprit de Dieu descend sur lui, l'inspire et le transfigure comme autrefois Moïse, pour enflammer d'un saint enthousiasme les enfants de Lévi, ses seuls défenseurs. Voilà comment le poète a préparé dramatiquement la prophétie qui va suivre.

(3) « Voilà tout le fond de la pièce : le faible, armé de la confiance en Dieu, et luttant contre le fort. Ce genre de sublime s'élève au-dessus de celui des plus grands écrivains profanes : c'est le plus simple et le plus vrai de tous, et il semble que Dieu seul pouvait l'inspirer aux hommes » (GEOFFROY.)

(4) « Je tuerai et je ferai vivre ; je frapperai et je guérirai. » (*Deutér.*, XXXII, 39.) — « C'est le Seigneur qui donne la mort et qui donne la vie, qui conduit aux enfers et qui en ramène. » (I. *Rois*, II, 6 ; *Cantique d'Anne, mère de Samuel.*)

(5) Dieu avait dit à David et à Salomon : « J'établirai mon nom pour jamais dans ce temple. » (II. *Paralip.*, XXXIII, 7.)

ACTE III, SCÈNE VII

Et de ses mouvements secondez les transports (1).

LE CHŒUR *chante au son de toute la symphonie des instruments.*

Que du Seigneur la voix se fasse entendre,
Et qu'à nos cœurs son oracle divin
 Soit ce qu'à l'herbe tendre
Est, au printemps, la fraîcheur du matin.

JOAD.

Cieux, écoutez ma voix ; terre, prête l'oreille (2).
Ne dis plus, ô Jacob, que ton Seigneur sommeille.
Pécheurs, disparaissez : le Seigneur se réveille (3).

(*Ici recommence la symphonie, et Joad aussitôt reprend la parole.*)

Comment en un plomb vil l'or pur s'est-il changé (4)?
Quel est dans le lieu saint ce pontife égorgé (5)?

(1) Ce début si calme, si noble et si majestueux, offre un contraste frappant avec les convulsions violentes de la prêtresse d'Apollon : on voit dans Joad l'action tranquille du vrai Dieu, dans la sibylle l'agitation de l'enfer « où règne le désordre et l'horreur éternelle. » Voici la scène de Cumes si poétiquement décrite par Virgile (*En.*, VI, 40...) : « La prêtresse d'Apollon appelle les Troyens au temple : antre immense, creusé dans le flanc de la montagne... Lorsqu'ils furent à l'entrée du sanctuaire : « Il est temps, dit-elle, d'interroger l'oracle ; voici le dieu, le voici. » Elle parlait encore à la porte du temple, quand tout à coup son visage change d'expression et de couleur, ses cheveux se hérissent, sa poitrine est haletante, son cœur se gonfle d'une rage furieuse, sa taille semble grandir, sa voix n'est plus celle d'une mortelle, quand elle est touchée par le souffle du dieu. La prêtresse lutte, se débat et s'agite avec violence dans son antre ; mais plus elle cherche à repousser le dieu de son cœur, plus il fait d'efforts pour dompter son âme farouche, et la rendre docile à ses inspirations. Enfin elle s'écrie : « Je vois des guerres, d'horribles guerres, et le Tibre qui regorge de sang.... » C'est ainsi que la sibylle de Cumes, du fond de l'antre qu'elle remplit de ses mugissements, annonce des mystères redoutables, et des vérités enveloppées d'épaisses ténèbres ; c'est ainsi qu'Apollon conduit ses fureurs et gouverne ses transports. »

(2) Racine, dans ce prélude majestueux, semble avoir eu devant les yeux le grand législateur d'Israël, Moïse, quand, avant de mourir, il rassembla une dernière fois devant lui le peuple qu'il avait sauvé : « Cieux, dit-il, entendez ma voix ; terre, écoute les paroles de ma bouche. Que mes paroles se pressent comme la pluie ; qu'elles descendent comme la rosée sur l'herbe, comme les gouttes d'eau sur le gazon. » (*Deutér.*, XXXII, 1-3.)

(3) « Le Seigneur s'est réveillé. » (Ps. 77-65.) — « Que Dieu se lève, et que ses ennemis disparaissent ; que les pécheurs périssent. » (Ps. 67. 2-3.)

(4) Joas. — « Comment l'or s'est-il obscurci, et comment son éclat s'est-il changé? » (*Lament.*, IV, I.)

(5) Zacharie. (V. plus haut, p. 521.) — Cette vision, comme il arrive d'ordinaire dans les prophéties, n'est entièrement comprise ni par Joad ni par ceux qui l'entendent, de sorte qu'elle ne nuit pas à l'intérêt et à l'affection dont ils entourent Joas ; il en est de même du spectateur qui est supposé ignorer ce

Pleure, Jérusalem, pleure, cité perfide,
Des prophètes divins malheureuse homicide (1).
De son amour pour toi ton Dieu s'est dépouillé.
Ton encens à ses yeux est un encens souillé (2).
  Où menez-vous ces enfants et ces femmes?
Le Seigneur a détruit la reine des cités (3).
Ses prêtres sont captifs, ses rois sont rejetés.
Dieu ne veut plus qu'on vienne à ses solennités.
Temple, renverse-toi. Cèdres, jetez des flammes (4).
  Jérusalem, objet de ma douleur,
Quelle main en un jour t'a ravi tous tes charmes?
Qui changera mes yeux en deux sources de larmes
    Pour pleurer ton malheur (5)?

AZARIAS.

O saint temple!

JOSABETH.

  O David!

LE CHOEUR.

      Dieu de Sion, rappelle,
Rappelle en sa faveur tes antiques bontés.

(*La symphonie recommence encore; et Joad, un
  moment après, l'interrompt.*)

JOAD.

Quelle Jérusalem nouvelle (6)

qui se passa trente ans plus tard. Même pour un spectateur instruit de l'histoire, cette connaissance ajoute à la sympathie qu'on porte à ce charmant enfant, un sentiment de commisération profonde, car Joas est encore à un âge où l'on ne peut que le plaindre.

De plus, un intérêt supérieur à celui de Joas, est ici en jeu : c'est l'intérêt de Dieu, fidèle en ses menaces comme en ses promesses, de Dieu sauvant Joas malgré le meurtre prévu de son prophète, parce qu'il est le dernier rejeton de David à qui fut assurée la descendance du Messie.

(1) « Jérusalem, disait le divin Sauveur, Jérusalem, qui tues les prophètes. » (MATTH., XXIII, 37.)

(2) « Ne m'offrez plus de sacrifices ; votre encens m'est en abomination. » (ISAÏE, I, 13.) — « Je hais vos solennités ; elles me sont devenues à charge. » (ISAÏE, II, 14.)

(3) « La maîtresse des nations est devenue comme veuve ; la reine des provinces a été assujettie au tribut. » (*Lament.*, I, 1.) — Il s'agit de la captivité de Babylone. (606-536 av. J.-C.) V. *Esther*, p. 450.

(4) Apostrophes sublimes.

(5) « Qui donnera de l'eau à ma tête, et à mes yeux une fontaine de larmes? » (JÉRÉMIE, IX, 1.)

(6) « Quelle est celle qui s'élève du désert comme une fumée qui monte des parfums de myrrhe et d'encens? » (*Cant. des Cant.*, III, 6.) C'est

Sort du fond du désert brillante de clartés,
Et porte sur le front une marque immortelle?
 Peuples de la terre, chantez.
Jérusalem renaît plus charmante et plus belle.
 D'où lui viennent de tous côtés
Ces enfants qu'en son sein elle n'a point portés?
Lève, Jérusalem, lève ta tête altière.
Regarde tous ces rois de ta gloire étonnés.
Les rois des nations, devant toi prosternés,
 De tes pieds baisent la poussière;
Les peuples à l'envi marchent à ta lumière.
Heureux qui pour Sion d'une sainte ferveur
  Sentira son âme embrasée!
  Cieux, répandez votre rosée (1),
 Et que la terre enfante son Sauveur (2).

l'Eglise, dont Isaïe a célébré en termes si magnifiques les grandeurs futures :
« Lève les yeux, Jérusalem, regarde autour de toi ; vois ces peuples rassemblés qui viennent vers toi... Et tu diras : qui m'a donné tous ces enfants ? J'étais chassée de mon pays et captive; qui les a nourris ? Les rois seront tes nourriciers; ils se prosterneront devant toi, et ils baiseront la poussière de tes pieds. Lève-toi, Jérusalem, ouvre les yeux; la gloire du Seigneur a brillé sur toi. Et les nations marcheront à ta lumière. » (ISAÏE, XLIV et LX.) Cf. Fénelon, *Sermon de l'Epiphanie*, 1er point.

Avant de clore ses révélations publiques, Dieu montra à l'apôtre saint Jean, dans son exil de Pathmos, une troisième Jérusalem, plus brillante encore que la seconde, la Jérusalem céleste, terme éternel de l'humanité fidèle à Dieu : « Et l'ange me transporta sur une grande et haute montagne, et il me montra Jérusalem, la sainte cité qui descendait du ciel, venant de Dieu, illuminée de la clarté de Dieu... Les nations marcheront à sa lumière, et les rois de la terre lui apporteront leur gloire et leur honneur.»

(1) « Cieux, versez votre rosée; nuées, faites descendre le Juste comme une pluie bienfaisante; que la terre s'entr'ouvre et enfante son Sauveur. » (ISAÏE, XLV, 8.)

(2) Cette prophétie, précédée d'un prélude dont le ton solennel et la couleur religieuse élèvent l'âme aux hauteurs surnaturelles, comprend deux parties distinctes, comme Racine l'indique dans sa préface :

1° la prédiction des malheurs de la Jérusalem antique;

2° la prédiction des gloires de la Jérusalem nouvelle qui est l'Eglise.

Le chœur intervient dans le prélude et entre les deux parties. Outre l'avantage de la musique qui se trouve très naturellement amenée par la coutume des anciens prophètes, Racine en signale un autre très considérable pour l'impression tragique : « Cette prophétie, dit-il, sert beaucoup à augmenter le trouble de la pièce, par la consternation et par les différents mouvements où elle jette le chœur et les principaux acteurs.» V. la Préface.

Comme poésie, la prophétie de Joad est le morceau lyrique le plus achevé et le plus sublime qu'ait produit une inspiration humaine. La solennité du début, l'enthousiasme sacré, le souffle divin, les élans impétueux, les émotions fortes et tendres, les images tour à tour gracieuses, vives et terribles, la richesse du style, l'harmonie de la cadence, les voiles de l'avenir déchirés et

JOSABETH.

Hélas! d'où nous viendra cette insigne faveur,
Si les rois de qui doit descendre ce Sauveur....

JOAD.

Préparez, Josabeth, le riche diadème
Que sur son front sacré David porta lui-même (1).
(*Aux lévites.*)
Et vous, pour vous armer, suivez-moi dans ces lieux
Où se garde caché, loin des profanes yeux,
Ce formidable amas de lances et d'épées
Qui du sang philistin jadis furent trempées,
Et que David vainqueur, d'ans et d'honneurs chargé,
Fit consacrer au Dieu qui l'avait protégé (2).
Peut-on les employer pour un plus noble usage?
Venez, je veux moi-même en faire le partage (3).

SCÈNE VIII

SALOMITH, LE CHOEUR.

SALOMITH.

Que de crainte, mes sœurs, que de troubles mortels (4)!
Dieu tout-puissant, sont-ce là les prémices,

les vastes horizons de l'histoire ouverts aux regards : telles sont, en résumé, les beautés de cette composition grandiose.

(1) Josabeth reste dans son rôle en manifestant de nouveau ses craintes. Joad, de son côté, montre, en sortant de ses visions merveilleuses, le même calme qu'il avait en y entrant; son cœur semble avoir reçu de nouvelles forces pour le combat qui se prépare.

(2) « Cette dernière circonstance d'un dépôt d'armes consacrées par David dans le temple, répand sur la fin de cet acte une ardeur guerrière qui l'anime et l'échauffe. » (GEOFFROY.)

(3) Cet acte, dont la prophétie de Joad fait le plus grand ornement, a donné une vive impulsion aux événements. Les exigences d'Athalie et l'expulsion ignominieuse de son ministre aggravent le péril de Joas et du grand prêtre; de là le conseil que Joad tient avec Josabeth, la résolution héroïque de Joad, les mesures qu'il prend pour le couronnement de Joas et pour la défense du temple. A la fin du 2° acte, Joad se proposait encore de se concerter avec Abner; maintenant, pressé par le danger, il se décide à agir, quoique seul.

Le secret reste toujours entre Joad et Josabeth.

Pendant les chants du chœur, Joad arme les lévites, et Josabeth prépare la cérémonie du couronnement.

(4) Le chœur, sous l'impression de la prophétie de Joad et des ordres qu'il vient de donner, exprime ses craintes et ses espérances. Il déplore l'isolement où se trouve le temple, le lâche abandon de Jérusalem, le silence d'Abner.

Les parfums et les sacrifices
Qu'on devait en ce jour offrir sur tes autels?

UNE FILLE DU CHOEUR.

Quel spectacle à nos yeux timides!
Qui l'eût cru, qu'on dût voir jamais
Les glaives meurtriers, les lances homicides
Briller dans la maison de paix?

UNE AUTRE.

D'où vient que, pour son Dieu pleine d'indifférence,
Jérusalem se tait en ce pressant danger?
D'où vient, mes sœurs, que pour nous protéger
Le brave Abner au moins ne rompt pas le silence?

SALOMITH.

Hélas! dans une cour où l'on n'a d'autres lois
Que la force et la violence,
Où les honneurs et les emplois
Sont le prix d'une aveugle et basse obéissance,
Ma sœur, pour la triste innocence
Qui voudrait élever sa voix?

UNE AUTRE.

Dans ce péril, dans ce désordre extrême,
Pour qui prépare-t-on le sacré diadème?

SALOMITH.

Le Seigneur a daigné parler.
Mais ce qu'à son prophète il vient de révéler,
Qui pourra nous le faire entendre?
S'arme-t-il pour nous défendre?
S'arme-t-il pour nous accabler?

TOUT LE CHOEUR *chante.*

O promesse! ô menace! ô ténébreux mystère!
Que de maux, que de biens sont prédits tour à tour!
Comment peut-on avec tant de colère
Accorder tant d'amour?

UNE VOIX *seule.*

Sion ne sera plus. Une flamme cruelle
Détruira tous ses ornements.

UNE AUTRE VOIX.

Dieu protège Sion. Elle a pour fondements
Sa parole éternelle (1).

(1) La Sion des Juifs était le berceau et l'image de la Sion spirituelle qui est l'Eglise; de là les deux destinées si opposées qui leur sont prédites. La

LA PREMIÈRE.
Je vois tout son éclat disparaître à mes yeux.
LA SECONDE.
Je vois de toutes parts sa clarté répandue.
LA PREMIÈRE.
Dans un gouffre profond Sion est descendue.
LA SECONDE,
 Sion a son front dans les cieux.
LA PREMIÈRE.
Quel triste abaissement!
LA SECONDE.
   Quelle immortelle gloire (1)!
LA PREMIÈRE.
Que de cris de douleur!
LA SECONDE.
   Que de chants de victoire!
UNE TROISIÈME.
Cessons de nous troubler. Notre Dieu quelque jour
 Dévoilera ce grand mystère.
TOUTES TROIS.
 Révérons sa colère;
Espérons en son amour.

Jérusalem antique, à cause de ses crimes et de son endurcissement, devait être livrée aux flammes; la Jérusalem nouvelle qui prit sa place après l'avènement du Messie, a des promesses éternelles, confirmées par son divin Fondateur : « Et les portes de l'enfer ne prévaudront pas contre elle.» (MATTH., XVI, 18.)

(1) Ces réponses alternatives du chœur sont remarquables par le constraste des pensées et des images, et par la vivacité du mouvement; elles rappellent le magnifique dialogue de *Polyeucte* (Acte IV, scène 3) :

 PAULINE. — Au nom de cet amour, ne m'abandonnez pas.
 POLYEUCTE.— Au nom de cet amour, daignez suivre mes pas.
 PAULINE. — C'est peu de me quitter, tu veux donc me séduire.
 POLYEUCTE.— C'est peu d'aller au ciel, je vous y veux conduire.
 PAULINE. — Imaginations !
 POLYEUCTE.—   Célestes vérités !
 PAULINE. — Etrange aveuglement !
 POLYEUCTE.—   Eternelles clartés !

Et à l'acte V, scène 3 :
 PAULINE. — Où le conduisez-vous ?
 FÉLIX. —   A la mort.
 POLYEUCTE. —   A la gloire.

ACTE III, SCÈNE VIII

UNE AUTRE.

D'un cœur qui t'aime,
Mon Dieu, qui peut troubler la paix?
Il cherche en tout ta volonté suprême,
Et ne se cherche jamais.
Sur la terre, dans le ciel même,
Est-il d'autre bonheur que la tranquille paix
D'un cœur qui t'aime?

QUESTIONS SUR LE IIIᵉ ACTE.

Que s'est-il passé au palais d'Athalie depuis son départ?
Pourquoi Mathan demande-t-il une entrevue à Josabeth?
Pourquoi est-il arrêté par Zacharie?
Analysez la scène de la confidence de Mathan.
Comment cette confidence se justifie-t-elle?
Tracez d'après cette scène le portrait de Mathan.
Comment Nabal s'y montre-t-il?
Quelles propositions Mathan fait-il à Josabeth de la part d'Athalie?
Comment Josabeth accueille-t-elle ces propositions?
Comment Joad traite-t-il Mathan?
En quoi consiste la beauté dramatique de cette scène?
La vigueur de Joad est-elle indigne de son caractère?
De quoi s'agit-il dans le second conseil que Joad tient avec Josabeth?
Que propose Josabeth? — Que répond Joad?
Quelle nouvelle vient apporter Azarias?
Que répond Joad, en apprenant que le temple est cerné et que le peuple s'est enfui?
Comment montre-t-il sa foi et sa confiance en Dieu?
Dans quel but le poète lui fait-il prophétiser l'avenir?
Quel est le caractère qui distingue le prélude de cette prophétie?
Comparez la prophétie de Joad avec l'oracle de la sibylle de Cumes.
Quels événements sont annoncés dans la 1ᵉʳᵉ partie de la prophétie?
— Dans la 2ᵉ partie?
Quel est le mérite littéraire de cette prophétie?
A quelles sources le poète l'a-t-il puisée? (V. la Préface.)
Quels ordres Joad donne-t-il au sortir de cette prophétie?
Quelle a été la marche de l'action pendant le 3ᵉ acte?
Quel est le sujet du 3ᵉ chœur?
Quelle forme dramatique présente la dernière partie de ce chœur?

ACTE QUATRIÈME

Joas est proclamé roi. — Départ pour le combat.

SCÈNE I

JOAS, JOSABETH, ZACHARIE, SALOMITH, UN LÉVITE, LE CHOEUR.

SALOMITH.

D'un pas majestueux, à côté de ma mère,
Le jeune Eliacin s'avance avec mon frère.
Dans ces voiles, mes sœurs, que portent-ils tous deux?
Quel est ce glaive enfin qui marche devant eux (1)?

JOSABETH, *à Zacharie.*

Mon fils, avec respect posez sur cette table
De notre sainte loi le livre redoutable (2).
Et vous aussi, posez, aimable Eliacin,
Cet auguste bandeau près du livre divin.
Lévite, il faut placer, Joad ainsi l'ordonne,
Le glaive de David auprès de sa couronne.

JOAS.

Princesse, quel est donc ce spectacle nouveau?
Pourquoi ce livre saint, ce glaive, ce bandeau?
Depuis que le Seigneur m'a reçu dans son temple,
D'un semblable appareil je n'ai point vu d'exemple (3).

JOSABETH.

Tous vos doutes, mon fils, bientôt s'éclairciront.

JOAS.

Vous voulez essayer ce bandeau sur mon front?
Ah! princesse, gardez d'en profaner la gloire.
Du roi qui l'a porté respectez la mémoire.
Un malheureux enfant aux ours abandonné....

---

(1) « Comme le glaive était porté en cérémonie, l'expression *qui marche* est aussi juste que poétique. » (L. RACINE.)

(2) Le livre des anciens, *liber*, était une grande feuille de papyrus roulée sur elle-même ; le lecteur développait ce rouleau à mesure qu'il avançait dans sa lecture. Le *libellus* ou *petit livre* était un volume composé de quelques feuilles de parchemin ou de papyrus couvertes d'écriture et reliées les unes aux autres, à la manière de nos livres. » (V. RICH, *Antiq. rom. et grecques.*)

(3) « Toute la pompe sacrée qui enrichit cet acte n'est point une vaine décoration, elle fait partie de l'action même, et parle au cœur comme aux yeux. Qui est-ce qui n'est pas ému, quand Josabeth essaie en pleurant le bandeau de David sur le front d'un orphelin qui est sous le glaive? » (LA HARPE.)

ACTE IV, SCÈNE II

JOSABETH, *lui essayant le diadème.*

Laissez, mon fils : je fais ce qui m'est ordonné.

JOAS.

Mais j'entends les sanglots sortir de votre bouche!
Princesse, vous pleurez! Quelle pitié vous touche?
Est-ce qu'en holocauste aujourd'hui présenté,
Je dois, comme autrefois la fille de Jephté,
Du Seigneur par ma mort apaiser la colère?
Hélas! un fils n'a rien qui ne soit à son père (1).

JOSABETH.

Voici qui vous dira les volontés des cieux.
Ne craignez rien. Et nous, sortons tous de ces lieux (2).

SCÈNE II
JOAS, JOAD.

JOAS, *courant dans les bras du grand prêtre.*

Mon père!

JOAD.

Eh bien, mon fils?

---

(1) Ces pieux et nobles sentiments de Joas montrent que son cœur a été cultivé à l'égal de son esprit. — Jephté, juge d'Israël, avait fait vœu, si Dieu lui donnait la victoire sur les Ammonites, d'immoler la première personne de sa maison qu'il rencontrerait à son retour; ce fut sa fille unique. Le père désolé déchira ses vêtements; sa fille lui répondit avec une héroïque résignation : « Mon père, si vous avez fait vœu au Seigneur, après la victoire qui vous a été accordée, faites de moi tout ce que vous avez promis. Accordez-moi seulement d'aller sur les montagnes pendant deux mois pour pleurer ma virginité avec mes compagnes. Les deux mois accomplis, Jephté fit ce qu'il avait promis. » (*Juges*, XI, 34...) Plusieurs interprètes pensent que le père n'immola point sa fille, mais la consacra au service du Seigneur dans le temple. Jephté était contemporain de la guerre de Troie; son vœu et le sacrifice de sa fille peuvent avoir donné lieu aux légendes du vœu d'Idoménée et du sacrifice d'Iphigénie.

(2) Le silence mystérieux et attendrissant qui domine cette première scène, prépare le spectateur à la révélation qui va se faire; le départ de Josabeth, de Zacharie et du chœur, laissant l'enfant seul en présence du grand pontife, augmente l'émotion et la curiosité.

« Ici le chœur, témoin des préparatifs du couronnement, sort avec Josabeth pour laisser Joad seul avec Joas, parce qu'il est contre la vraisemblance que ce chœur reste sur la scène dès qu'on y peut dire quelque chose qu'il ne doit point entendre. Cet artifice de Racine ressemble à celui de Sophocle, qui, dans *Ajax*, écarte le chœur du lieu de la scène, afin qu'Ajax puisse se tuer en présence du spectateur sans que personne s'y oppose. C'est un coup de maître, selon Racine, et le seul endroit des tragédies grecques où le chœur sorte de la scène depuis qu'il y est entré. » (L. DE BOISJERMAIN.)

JOAS.
Qu'est-ce donc qu'on prépare?

JOAD.
Il est juste, mon fils, que je vous le déclare (1).
Il faut que vous soyez instruit, même avant tous,
Des grands desseins de Dieu sur son peuple et sur vous.
Armez-vous d'un courage et d'une foi nouvelle.
Il est temps de montrer cette ardeur et ce zèle
Qu'au fond de votre cœur mes soins ont cultivés,
Et de payer à Dieu ce que vous lui devez.
Sentez-vous cette noble et généreuse envie?

JOAS.
Je me sens prêt, s'il veut, de lui donner ma vie.

JOAD.
On vous a lu souvent l'histoire de nos rois.
Vous souvient-il, mon fils, quelles étroites lois
Doit s'imposer un roi digne du diadème?

JOAS.
Un roi sage, ainsi Dieu l'a prononcé lui-même,
Sur la richesse et l'or ne met point son appui,
Craint le Seigneur son Dieu, sans cesse a devant lui
Ses préceptes, ses lois, ses jugements sévères,
Et d'injustes fardeaux n'accable point ses frères.

JOAD.
Mais sur l'un de ces rois s'il fallait vous régler,
A qui choisiriez-vous, mon fils, de ressembler (2)?

JOAS.
David, pour le Seigneur plein d'un amour fidèle,
Me paraît des grands rois le plus parfait modèle.

JOAD.
Ainsi dans leurs excès vous n'imiteriez pas

(1) Ici commence cet interrogatoire sublime où le grand prêtre, avant de révéler à l'enfant sa royale naissance, s'assure qu'il est digne du trône où il va le faire monter; les promesses et les engagements que Joad lui demande, seront les gages de sa fidélité à la loi du Dieu qui lui rend la couronne.

(2) « Quelle grandeur! quel pathétique dans cet examen que le grand prêtre fait subir à Joas! On est saisi d'admiration en songeant aux créations extraordinaires de Racine, dont le génie a tiré d'un fond si simple des beautés si neuves, si extraordinaires, des beautés à part, qui ne ressemblent à rien de ce que nous avions dans le genre tragique, et qui sont au-dessus de tout. » (GEOFFROY.)

ACTE IV, SCÈNE II

L'infidèle Joram, l'impie Ochosias (1)?

JOAS.

O mon père!

JOAD.

Achevez, dites, que vous en semble?

JOAS.

Puisse périr comme eux quiconque leur ressemble!
(*Joad se prosterne à ses pieds.*)
Mon père, en quel état vous vois-je devant moi (2)?

JOAD.

Je vous rends le respect que je dois à mon roi (3).
De votre aïeul David, Joas, rendez-vous digne.

JOAS.

Joas? Moi?

JOAD, *se relevant.*

Vous saurez par quelle grâce insigne,
D'une mère en fureur Dieu trompant le dessein,
Quand déjà son poignard était dans votre sein,
Vous choisit, vous sauva du milieu du carnage.
Vous n'êtes pas encore échappé de sa rage (4).
Avec la même ardeur qu'elle voulut jadis
Perdre en vous le dernier des enfants de son fils,
A vous faire périr sa cruauté s'attache,
Et vous poursuit encor sous le nom qui vous cache.
Mais sous vos étendards j'ai déjà su ranger
Un peuple obéissant et prompt à vous venger.
Entrez, généreux chefs des familles sacrées,
Du ministère saint tour à tour honorées.

(1) Joad peut faire cette question à l'enfant, et provoquer ses anathèmes contre Joram et Ochosias, sans manquer aux convenances commandées par la piété filiale, parce que Joas ignore encore les liens qui l'unissent à ces rois.

(2) Le grand pontife aux pieds d'un enfant, c'est un spectacle sublime qui arrache des larmes d'attendrissement et d'admiration.
Les rois des Hébreux étaient l'objet d'un respect profond; on se prosternait devant eux *la face en terre*, et on les saluait par ces mots : « Vive mon Seigneur le roi éternellement! » — « David sortit de la caverne derrière Saül, et cria : Seigneur roi. Saül ayant regardé derrière lui, David s'inclina la face contre terre et l'adora. » (I. *Rois*, XXIV, 9.) — « Séméi se prosterna devant le roi David. » (II. *Rois*, XIX, 18.)

(3) Voilà la première révélation : elle est simple, grande et touchante.

(4) Joad ne s'arrête pas aux effusions du cœur; il montre sans retard au nouveau roi l'ennemi qui le menace, et les défenseurs qu'il lui a préparés. Il y a dans ces deux scènes une rapidité qui ne laisse pas le temps de respirer.

SCÈNE III

JOAS, JOAD, AZARIAS, ISMAEL, ET LES TROIS AUTRES CHEFS DES LÉVITES.

JOAD *continue.*

Roi, voilà vos vengeurs contre vos ennemis.
Prêtres, voilà le roi que je vous ai promis (1).

AZARIAS.

Quoi ! c'est Eliacin ?

ISMAEL.

Quoi ! cet enfant aimable....

JOAD.

Est des rois de Juda l'héritier véritable,
Dernier né des enfants du triste Ochosias,
Nourri, vous le savez, sous le nom de Joas.
De cette fleur si tendre et si tôt moissonnée,
Tout Juda, comme vous, plaignant la destinée,
Avec ses frères morts le crut enveloppé.
Du perfide couteau comme eux il fut frappé.
Mais Dieu du coup mortel sut détourner l'atteinte,
Conserva dans son cœur la chaleur presque éteinte,
Permit que des bourreaux trompant l'œil vigilant,
Josabeth dans son sein l'emportât tout sanglant,
Et n'ayant de son vol que moi seul pour complice (2),
Dans le temple cachât l'enfant et la nourrice.

JOAS.

Hélas ! de tant d'amour et de tant de bienfaits,
Mon père, quel moyen de m'acquitter jamais ?

JOAD.

Gardez pour d'autres temps cette reconnaissance.
Voilà donc votre roi, votre unique espérance (3),

---

(1) Deux mots d'une concision toute militaire peignent la situation : Joad, dans cet acte, allie, avec une dignité parfaite, le rôle d'un général d'armée aux sublimes fonctions du pontife. — « Voilà le fils du roi : c'est lui qui doit régner, selon ce que le Seigneur a prononcé en faveur de tous les descendants de David. » (II. *Paral.*, XXIII, 3.)

(2) « *De son vol :* Josabeth, dit l'Ecriture, déroba, *furata est*, l'enfant royal. » (IV. *Rois*, XI, 2.) — Joad a dit plus haut à Josabeth : *Et votre heureux larcin* (acte I, sc. 2). La différence des situations explique la différence du langage.

(3) Cette magnifique harangue est un modèle d'éloquence militaire et religieuse tout ensemble. C'est un pontife qui parle à ses prêtres pour enflammer leurs courages, avant de les mener au plus saint des combats.

J'ai pris soin jusqu'ici de vous le conserver :
Ministres du Seigneur, c'est à vous d'achever.
Bientôt de Jézabel la fille meurtrière,
Instruite que Joas voit encor la lumière,
Dans l'horreur du tombeau viendra le replonger.
Déjà, sans le connaître, elle veut l'égorger.
Prêtres saints, c'est à vous de prévenir sa rage.
Il faut finir des Juifs le honteux esclavage,
Venger vos princes morts, relever votre loi,
Et faire aux deux tribus reconnaître leur roi.
L'entreprise, sans doute, est grande et périlleuse (1).
J'attaque sur son trône une reine orgueilleuse,
Qui voit sous ses drapeaux marcher un camp nombreux
De hardis étrangers, d'infidèles Hébreux.

Ce qui distingue ce discours, c'est le mélange du sentiment religieux et des idées guerrières : Dieu apparaît partout, son nom est invoqué sans cesse ; tout a un caractère sacré : le jeune roi, le pontife, les prêtres, les armes, le serment. Et cependant un souffle belliqueux est répandu partout. « Les historiens latins sont remplis de belles harangues de généraux à leur armée ; aucune n'est plus vive, plus éloquente que ce discours de Joad. » (Geoffroy.)

L'orateur commence par un exorde *ex abrupto* tiré du fond même du sujet : *voilà donc votre roi, votre unique espérance*. La proposition générale suit de près : *c'est à vous d'achever* l'œuvre commencée, notre délivrance et l'avènement du jeune roi.

Joad précise la situation en montrant le danger et le moyen d'y échapper : le danger, c'est la fureur d'Athalie ; le moyen de l'éviter, c'est de la prévenir.

L'entreprise est *noble et belle* : délivrer les Juifs, venger leurs rois, relever la loi, et faire reconnaître le roi légitime.

Elle est aussi *périlleuse* : Athalie est puissante ; mais Dieu est avec Joad.

Le grand prêtre expose ensuite son plan de campagne : d'abord couronner et proclamer Joas au temple, puis attaquer Athalie dans son palais.

Les défenseurs de Joas auront pour appui : 1° le peuple qui les suivra au combat ; 2° Dieu qui répandra la terreur sur ses ennemis.

Une péroraison véhémente achève de remplir les cœurs d'un saint enthousiasme : Joad en appelle à la foi et à l'histoire : les prêtres ont pour ancêtres ces fameux lévites qui se signalèrent jadis par le plus glorieux exploit. Comme conclusion, Joad leur demande de se lier à leur roi par un serment solennel. « La harangue du pontife montre à la fois tous ses dangers et tout son courage, le glaive d'Athalie levé pour frapper cet enfant royal, et le bras de Dieu levé pour le protéger. » (La Harpe.)

(1) « Sans la foi de Joad et la puissance divine, son entreprise serait *téméraire, insensée* ; et l'extrême disproportion des moyens avec la fin dépouillerait l'action de tout intérêt. D'un autre côté, si l'on était sûr d'un miracle, il n'y aurait ni terreur ni pitié ; mais l'espérance et la crainte se balancent. On admire l'intrépidité du grand prêtre, parce que sa confiance en Dieu est fondée, sans qu'il ait cependant aucune certitude du succès, parce que les desseins de Dieu sont impénétrables, et qu'il permet souvent le triomphe de l'impie par des raisons inconnues aux mortels. » (Geoffroy.)

Mais ma force est au Dieu dont l'intérêt me guide.
Songez qu'en cet enfant tout Israël réside.
Déjà ce Dieu vengeur commence à la troubler;
Déjà trompant ses soins, j'ai su vous rassembler.
Elle nous croit ici sans armes, sans défense.
Couronnons, proclamons Joas en diligence.
De là, du nouveau prince intrépides soldats,
Marchons, en invoquant l'arbitre des combats;
Et réveillant la foi dans les cœurs endormie,
Jusque dans son palais cherchons notre ennemie (1).

Et quels cœurs si plongés dans un lâche sommeil,
Nous voyant avancer dans ce saint appareil,
Ne s'empresseront pas à suivre notre exemple?
Un roi que Dieu lui-même a nourri dans son temple,
Le successeur d'Aaron de ses prêtres suivi,
Conduisant au combat les enfants de Lévi,
Et dans ces mêmes mains des peuples révérées,
Les armes du Seigneur par David consacrées!
Dieu sur ses ennemis répandra sa terreur.
Dans l'infidèle sang baignez-vous sans horreur;
Frappez et Tyriens, et même Israélites (2).
Ne descendez-vous pas de ces fameux lévites
Qui, lorsqu'au dieu du Nil le volage Israël
Rendit dans le désert un culte criminel,
De leurs plus chers parents saintement homicides,
Consacrèrent leurs mains dans le sang des perfides (3),
Et par ce noble exploit vous acquirent l'honneur

(1) Déjà, au XVIᵉ siècle, le rude du Bartas (1544-1590) avait entrevu le grand rôle de Joad; voici la harangue qu'il prête au pontife, au moment où celui-ci présente aux Lévites l'enfant royal « retiré de la pile des morts: »

Voici votre vrai roi, chefs d'Isaac: voici,
Voici du grand David la légitime race;
Si vous ne m'en croyez, croyez-en cette face,
Vif portrait d'Ochosie: au moins ajoutez foi
A ces prêtres qui l'ont vu transporter chez moi
Croître, élever, nourrir. Consacrez, saints gendarmes,
A sa juste querelle et votre ire et vos armes;
Plantez ce rejeton dans le royal verger,
Vengez le sang d'Obed par le sang étranger...

Il y a une mâle énergie dans ce vieux langage: mais quelle distance entre le poète des *Semaines* et l'auteur d'*Athalie!*

(2) Les Israélites que Joad désigne au fer des lévites, ce sont des Israélites infidèles, traîtres et idolâtres, engagés au service d'Athalie, par conséquent ennemis de leur roi et de leur Dieu.

(3) « Et Moïse ayant pris le veau d'or que les Hébreux avaient fait (et adoré en son absence), il le jeta au feu, et se plaçant à la porte du camp, il

D'être seuls employés aux autels du Seigneur?
Mais je vois que déjà vous brûlez de me suivre.
Jurez donc, avant tout, sur cet auguste livre,
A ce roi que le ciel vous redonne aujourd'hui,
De vivre, de combattre, et de mourir pour lui.

AZARIAS.

Oui, nous jurons ici pour nous, pour tous nos frères (1),
De rétablir Joas au trône de ses pères,
De ne poser le fer entre nos mains remis,
Qu'après l'avoir vengé de tous ses ennemis.
Si quelque transgresseur enfreint cette promesse,
Qu'il éprouve, grand Dieu, ta fureur vengeresse :
Qu'avec lui ses enfants, de ton partage exclus,
Soient au rang de ces morts que tu ne connais plus (2).

JOAD.

Et vous, à cette loi, votre règle éternelle,
Roi, ne jurez-vous pas d'être toujours fidèle?

JOAS.

Pourrais-je à cette loi ne me pas conformer?

JOAD.

O mon fils, de ce nom j'ose encor vous nommer,
Souffrez cette tendresse, et pardonnez aux larmes
Que m'arrachent pour vous de trop justes alarmes.
Loin du trône nourri, de ce fatal honneur (3),

---

dit : Qui est pour le Seigneur, qu'il se joigne à moi. Et tous les enfants de Lévi s'assemblèrent autour de lui. Il leur dit : Voici ce que commande le Seigneur, Dieu d'Israël : que chaque homme prenne son glaive, et qu'il tue son frère, son ami, et celui qui lui est plus proche. Les enfants de Lévi firent ce que Moïse avait ordonné. Et Moïse leur dit : Vous avez consacré aujourd'hui vos mains au Seigneur, et attiré sur vous sa bénédiction. » (*Exode*, XXXII.)

(1) Ce serment prêté sur le livre de la loi, entre les mains du pontife du Très-Haut, donne à la scène un caractère de grandeur religieuse.
Le serment solennel et public était connu des Hébreux; le livre des *Paralipomènes* parle d'une *alliance* conclue entre Joïada et les centeniers, d'un *traité* conclu dans le temple entre les princes des familles d'Israël et le jeune roi Joas : *iniit cum iis fœdus, iniit pactum...* L'alliance était sans aucun doute consacrée par le serment, comme on peut le conclure de ce qui se passa au retour de la captivité. Esdras ayant lu au peuple le livre de la Loi, les chefs des lévites se levèrent et dirent : « Nous *faisons alliance* et nous l'écrivons... Et les principaux du peuple s'avancèrent pour promettre et *jurer* qu'ils marcheraient dans la loi de Dieu. » (II. *Esdras*, IX et X.)

(2) « Comme ces blessés de la mort qui dorment dans le sépulcre, effacés de votre souvenir, et retranchés par votre main. » (Ps. 87.5.)

(3) *Nourri*, c'est-à-dire *élevé*; usage fréquent au XVIIe siècle.

Hélas! vous ignorez le charme empoisonneur.
De l'absolu pouvoir vous ignorez l'ivresse,
Et des lâches flatteurs la voix enchanteresse (1).
Bientôt ils vous diront que les plus saintes lois,
Maîtresses du vil peuple, obéissent aux rois ;
Qu'un roi n'a d'autre frein que sa volonté même;
Qu'il doit immoler tout à sa grandeur suprême;
Qu'aux larmes, au travail, le peuple est condamné,
Et d'un sceptre de fer veut être gouverné;
Que, s'il n'est opprimé, tôt ou tard il opprime.
Ainsi de piège en piège, et d'abîme en abîme,
Corrompant de vos mœurs l'aimable pureté,
Ils vous feront enfin haïr la vérité,
Vous peindront la vertu sous une affreuse image.
Hélas! ils ont des rois égaré le plus sage (2).
 Promettez sur ce livre, et devant ces témoins,
Que Dieu fera toujours le premier de vos soins (3);
Que sévère aux méchants, et des bons le refuge,
Entre le pauvre et vous, vous prendrez Dieu pour juge,
Vous souvenant, mon fils, que caché sous ce lin,

(1) Le pontife, avant de conférer au jeune prince la dignité royale, lui donne ses derniers conseils; au nom du Dieu par qui règnent les rois, il lui rappelle les enseignements de la Loi sur les devoirs de la royauté. Après l'avoir prémuni contre les tentations du pouvoir et les suggestions des flatteurs, il lui fait prêter le serment de fidélité à Dieu et à sa loi sainte.

(2) Salomon.

(3) L'idéal de la royauté que Joad met devant les yeux du jeune Joas, c'est l'idéal révélé par Dieu lui-même : « *princeps minister Dei in bonum*, le prince est le ministre de Dieu pour le bien... Il porte le glaive, comme exécuteur de la vengeance de Dieu à l'égard de celui qui fait le mal... Voulez-vous n'avoir point à craindre la puissance ? faites le bien, et vous en recevrez des louanges.» (*Rom.*, XIII, 3.4.)

Le programme du roi comprend donc : 1º et avant toute chose, Dieu et sa gloire; 2º la répression des méchants et le soutien des bons; 3º la justice fondée sur la loi divine; 4º la protection du pauvre.

En résumé, le roi est le ministre de Dieu et le père du peuple.

La religion seule pouvait donner une idée aussi élevée et aussi pure de l'exercice du pouvoir. L'émotion contenue de l'amour paternel uni au respect du sujet pour son roi, une simplicité de langage en rapport avec l'âge de l'enfant, une piété et une onction qui ne se rencontrent que sur les lèvres d'un pontife, produisent sur le spectateur une impression indéfinissable de grandeur, d'admiration et d'attendrissement. C'est une scène sublime et unique en son genre.

« Dans tous les théâtres anciens et modernes, on ne trouverait pas un autre exemple d'une éloquence aussi vraie, aussi touchante, d'une philosophie aussi noble et aussi sublime. Avant *Athalie*, on n'avait pas même l'idée de ce genre de beautés théâtrales. » (GEOFFROY.)

Comme eux vous fûtes pauvre, et comme eux orphelin (1).

JOAS.

Je promets d'observer ce que la loi m'ordonne (2).
Mon Dieu, punissez-moi si je vous abandonne.

JOAD.

Venez : de l'huile sainte il faut vous consacrer (3).
Paraissez, Josabeth : vous pouvez vous montrer.

SCÈNE IV

JOAS, JOAD, JOSABETH, ZACHARIE, SALOMITH, AZARIAS, ISMAEL, LES TROIS AUTRES CHEFS DES LÉVITES, LE CHOEUR.

JOSABETH, *embrassant Joas.*

O Roi, fils de David (4) !

(1) Fénelon semble s'être rappelé ces deux vers, lorsque, dans le livre II du *Télémaque*, il fait dire à Mentor : « Quand tu seras le maître des autres hommes, souviens-toi que tu as été faible, pauvre et souffrant comme eux. »

(2) « Quand le roi sera établi sur le trône, il lira tous les jours de sa vie la loi du Seigneur, pour apprendre à craindre le Seigneur son Dieu, et à garder ses commandements et son culte ; que son cœur ne se laisse pas élever par l'orgueil au-dessus de ses frères. » (*Deutér.*, XVII, 18-19.)
L'Eglise a conservé le serment dans le sacre des rois : « Voici ce que je promets au nom du Christ au peuple chrétien soumis à mon autorité. Je jure de veiller, avant toute chose, à ce que tout le peuple chrétien appartenant à l'Eglise de Dieu jouisse d'une paix véritable ; j'aurai soin de défendre toutes rapines et toutes injustices, et de faire que l'équité et la miséricorde président aux jugements... Je confirme ces promesses par mon serment. Que Dieu me vienne en aide, ainsi que ces saints Evangiles. » (GODEFROY, *le Cérémonial français.*)

(3) Le pontife ne confère pas l'onction sainte sur la scène ; par respect pour les cérémonies de la religion, le poète suppose cette action dans le temple où Joad va mener le jeune roi. Le génie de Racine, toujours fidèle aux convenances, n'a eu garde de manquer à la plus haute de toutes, en exposant sur un théâtre profane les rites sacrés réservés au sanctuaire.
L'*onction* remonte, chez les Hébreux, à la plus haute antiquité. Moïse conféra le sacerdoce suprême à son frère Aaron par l'*onction*, en versant sur sa tête l'huile sainte ; cette onction dut être donnée également à ses successeurs. L'onction eut lieu aussi dans l'initiation des prophètes, à raison du pouvoir spirituel dont ils étaient revêtus (III. *Rois*, XIX, 16), et dans le sacre des rois, comme symbole de l'autorité politique que Dieu leur conférait. C'est ainsi que Samuël répandit l'huile sainte sur la tête de Saül, et plus tard sur celle de David. Le roi légitime, sacré par l'onction qu'il a reçue lui-même, ou par celle de ses ancêtres, était appelé l'*Oint de Jéhovah* (*Messie* ou *Christ.*)

(4) Une troisième scène de reconnaissance, pleine de vivacité et de charme intime, succède à ce tableau grandiose et pathétique. Le roi Joas est présenté à Josabeth, à Zacharie, au chœur ; Josabeth a naturellement le rôle principal. Mais de terribles nouvelles viennent à l'instant mettre fin à cette scène de délicieux épanchement.

JOAS.

O mon unique mère !
Venez, cher Zacharie, embrasser votre frère.

JOSABETH, *à Zacharie.*

Aux pieds de votre roi prosternez-vous, mon fils.
(*Zacharie se jette aux pieds de Joas.*)

JOAD, *pendant qu'ils s'embrassent.*

Enfants, ainsi toujours puissiez-vous être unis (1) !

JOSABETH, *à Joas.*

Vous savez donc quel sang vous a donné la vie ?

JOAS.

Et je sais quelle main sans vous me l'eût ravie.

JOSABETH.

De votre nom, Joas, je puis donc vous nommer.

JOAS.

Joas ne cessera jamais de vous aimer.

LE CHOEUR.

Quoi ! c'est là....

JOSABETH.

C'est Joas.

JOAD.

Ecoutons ce lévite.

SCÈNE V

JOAS, JOAD, JOSABETH, ZACHARIE, SALOMITH, AZARIAS, ISMAEL, LES TROIS AUTRES CHEFS DES LÉVITES, UN LÉVITE, LE CHOEUR.

UN LÉVITE.

J'ignore contre Dieu quel projet on médite.
Mais l'airain menaçant frémit de toutes parts ;
On voit luire des feux parmi des étendards ;
Et sans doute Athalie assemble son armée.
Déjà même au secours toute voie est fermée ;
Déjà le sacré mont où le temple est bâti,
D'insolents Tyriens est partout investi (2).

---

(1) C'est un souhait, et non une prédiction ; v. plus haut, page 608, n. 2.

(2) La fureur d'Athalie est à son comble ; docile aux suggestions de Mathan, elle a jeté Abner dans les fers et donné les ordres pour l'assaut du temple.

L'un d'eux, en blasphémant, vient de nous faire entendre
Qu'Abner est dans les fers, et ne peut nous défendre.

JOSABETH, à Joas.

Cher enfant, que le ciel en vain m'avait rendu,
Hélas! pour vous sauver j'ai fait ce que j'ai pu.
Dieu ne se souvient plus de David votre père.

JOAD, à Josabeth.

Quoi! vous ne craignez pas d'attirer sa colère
Sur vous et sur ce roi si cher à votre amour (1)?
Et quand Dieu de vos bras l'arrachant sans retour,
Voudrait que de David la maison fût éteinte,
N'êtes-vous pas ici sur la montagne sainte
Où le père des Juifs sur son fils innocent
Leva sans murmurer un bras obéissant,
Et mit sur un bûcher ce fruit de sa vieillesse,
Laissant à Dieu le soin d'accomplir sa promesse,
Et lui sacrifiant, avec ce fils aimé,
Tout l'espoir de sa race, en lui seul renfermé?

  Amis, partageons-nous (2). Qu'Ismaël en sa garde
Prenne tout le côté que l'Orient regarde;
Vous, le côté de l'Ourse (3); et vous, de l'Occident;
Vous, le Midi. Qu'aucun, par un zèle imprudent,
Découvrant mes desseins, soit prêtre, soit lévite,
Ne sorte avant le temps, et ne se précipite;
Et que chacun enfin, d'un même esprit poussé,
Garde en mourant le poste où je l'aurai placé.
L'ennemi nous regarde, en son aveugle rage,
Comme de vils troupeaux réservés au carnage,
Et croit ne rencontrer que désordre et qu'effroi.
Qu'Azarias partout accompagne le Roi.

  (A Joas.)

---

(1) Le danger, plus imminent que jamais, réveille toutes les craintes de Josabeth, et fait éclater la grandeur d'âme de Joad. Sa foi s'élève à l'héroïsme sublime du père des croyants, d'Abraham, dont il rappelle l'exemple avec une éloquence de feu.

(2) Le pontife a parlé, le général commande; il assigne les postes, donne ses ordres, encourage ses soldats, trace au roi son devoir, et en partant pour le combat, vrai prêtre du Très-Haut, il recommande la prière.

D'après l'Ecriture, Joad divisa les lévites en trois troupes : Racine en suppose quatre, pour les portes et les murs des quatre côtés de l'esplanade du temple.

(3) L'*Ourse* (en grec ἄρκτος), le Nord. On trouve dans la *Vulgate* des noms de constellations qui montrent que celle de l'Ourse pouvait être connue sous ce nom des peuples de l'Asie; ainsi la *Vulgate* mentionne dans *Amos* (V, 8) l'Arcturus et Orion; dans *Job* (IX, 9) Orion et les Hyades.

Venez, cher rejeton d'une vaillante race,
Remplir vos défenseurs d'une nouvelle audace;
Venez du diadème à leurs yeux vous couvrir (1),
Et périssez du moins en roi, s'il faut périr.

(*A un lévite.*)

Suivez-le, Josabeth. Vous, donnez-moi ces armes.

(*Au chœur.*)

Enfants, offrez à Dieu vos innocentes larmes.

SCÈNE VI

SALOMITH, LE CHŒUR.

TOUT LE CHŒUR *chante*.

Partez, enfants d'Aaron, partez (2).
Jamais plus illustre querelle
De vos aïeux n'arma le zèle.
Partez, enfants d'Aaron, partez.
C'est votre roi, c'est Dieu pour qui vous combattez.

UNE VOIX *seule*.

Où sont les traits que tu lances,
Grand Dieu, dans ton juste courroux?
N'es-tu plus le Dieu jaloux?
N'es-tu plus le Dieu des vengeances (3)?

UNE AUTRE.

Où sont, Dieu de Jacob, tes antiques bontés?
Dans l'horreur qui nous environne,
N'entends-tu que la voix de nos iniquités?
N'es-tu plus le Dieu qui pardonne?

TOUT LE CHŒUR.

Où sont, Dieu de Jacob, tes antiques bontés?

UNE VOIX *seule*.

C'est à toi que dans cette guerre
Les flèches des méchants prétendent s'adresser.

---

(1) « Le diadème ceint et ne couvre point, dit l'Académie; plusieurs cependant ont excusé *se couvrir* d'un diadème, surtout en poésie. » L'expression de Racine peut se justifier par le sens primitif du mot *diadème*; c'était le bandeau blanc et bleu porté par les monarques d'Asie autour de la tiare (XÉN., *Cyr.*, VIII, 3. 13); dans la suite, le diadème adopté comme emblème de la souveraineté, fut un large bandeau blanc attaché autour de la tête et noué par derrière. (V. RICH, *Antiq. rom. et gr.*)

(2) Ce chœur commence par un chant de guerre; il est coupé par d'ardentes prières adressées au Dieu des combats.

(3) « Je suis le Seigneur votre Dieu, fort et jaloux. » (*Exode*, XX, 5.) — « Le Dieu jaloux, et le Dieu des vengeances. » (*Nahum*, I, 2.)

« Faisons, disent-ils, cesser
　Les fêtes de Dieu sur la terre.
De son joug importun délivrons les mortels.
Massacrons tous ses saints. Renversons ses autels.
　Que de son nom, que de sa gloire
　Il ne reste plus de mémoire ;
Que ni lui ni son Christ ne règnent plus sur nous (1). »

TOUT LE CHOEUR.

　Où sont les traits que tu lances,
Grand Dieu, dans ton juste courroux ?
　N'es-tu plus le Dieu jaloux ?
N'es-tu plus le Dieu des vengeances ?

UNE VOIX *seule*.

　Triste reste de nos rois,
Chère et dernière fleur d'une tige si belle (2),
Hélas ! sous le couteau d'une mère cruelle
Te verrons-nous tomber une seconde fois ?
Prince aimable, dis-nous si quelque ange au berceau
Contre tes assassins prit soin de te défendre ;
　Ou si dans la nuit du tombeau
La voix du Dieu vivant a ranimé ta cendre (3).

UNE AUTRE.

D'un père et d'un aïeul contre toi révoltés,
Grand Dieu, les attentats lui sont-ils imputés ?
Est-ce que sans retour ta pitié l'abandonne ?

LE CHOEUR.

Où sont, Dieu de Jacob, tes antiques bontés (4) ?
　N'es-tu plus le Dieu qui pardonne ?

---

(1) « Les impies ont dit dans leur cœur : Faisons cesser toutes les fêtes de Dieu sur la surface de la terre. » (Ps. 73. 8.)
Le *Christ* de Dieu, c'est-à-dire le Messie, l'Oint du Seigneur ; ce sont les impies qui parlent ; ils ne veulent ni de Dieu ni de son Christ. « *Nolumus hunc regnare super nos* ; nous ne voulons pas que celui-ci (le fils du Roi du ciel) règne sur nous. » (Luc, XIX, 14.)

(2) Cette image revient souvent dans l'Ecriture au sujet du Messie : « Et un rejeton sortira de la tige de Jessé ; une fleur s'élèvera de sa racine. » (Isaïe, XI, 1.)

(3) Le chœur n'a pas assisté à la scène où Joad a raconté la manière dont le jeune enfant avait été sauvé ; on comprend dès lors qu'il fasse encore ces questions.

(4) Il est contraire aux règles que deux rimes masculines différentes se suivent immédiatement ; le style lyrique excuse cette licence.

UNE DES FILLES DU CHOEUR, *sans chanter.*
Chères sœurs, n'entendez-vous pas
Des cruels Tyriens la trompette qui sonne (1)?
SALOMITH.
J'entends même les cris des barbares soldats,
Et d'horreur j'en frissonne.
Courons, fuyons; retirons-nous (2)
A l'ombre salutaire
Du redoutable sanctuaire (3).

QUESTIONS SUR LE IVᵉ ACTE.

Quel est le sujet du 4ᵉ acte ? — Quels sont les faits qui s'y passent ?
Comment le poète expose-t-il les préparatifs du couronnement ?
Quelles sont les dispositions de Joas à l'approche de cette grande action ?
Quel est l'interrogatoire que lui fait subir Joad ?
Comment le pontife reconnaît-il Joas pour son roi ?
Comment présente-t-il le nouveau roi aux lévites ?
Analysez la harangue que Joad leur adresse.
Quels sont les derniers conseils que Joad donne au jeune roi ?
Quel serment lui fait-il prêter ?
Comment Joas est-il présenté à Josabeth et au chœur ?
Quelles sont les nouvelles qui viennent troubler la scène de la reconnaissance ?
Quels sentiments ces nouvelles excitent-elles dans le cœur de Josabeth et dans celui de Joad ?
Comment le pontife distribue-t-il les postes pour la défense du temple ?
Quel est le sujet du 4ᵉ chœur ? — Quel est son caractère ?
Quelles sont les plus belles strophes de ce chœur ?
Que se passe-t-il dans le temple pendant les chants du chœur ?
Quel est le caractère spécial de ce 4ᵉ acte ?

(1) Le bruit des trompettes qui sonnent, les cris des soldats qui assiègent le temple, et cette fuite précipitée du chœur, augmentent la terreur; on tremble à l'approche de l'ennemi.

(2) Ce vers rime avec le premier vers de l'acte suivant, parce que le chœur lie les deux actes ensemble; Salomith, qui termine le quatrième acte, commence le cinquième en allant au-devant de Zacharie, au moment où les jeunes filles se retirent dans l'enceinte intérieure, près du temple.

(3) Les scènes de l'interrogatoire de Joad, de la reconnaissance de Joas, du serment des lévites et du roi, donnent à cet acte une grandeur imposante, une couleur moitié religieuse moitié guerrière, et font passer l'âme par les émotions les plus dramatiques.

ACTE CINQUIÈME

Dénoûment. — L'ultimatum. — Athalie devant Joas. — Mort d'Athalie.

SCÈNE I
ZACHARIE, SALOMITH, LE CHŒUR.

SALOMITH.

Cher Zacharie, eh bien? que nous apprenez-vous (1)?

ZACHARIE.

Redoublez au Seigneur votre ardente prière.
Peut-être nous touchons à notre heure dernière.
Pour l'horrible combat, ma sœur, l'ordre est donné.

SALOMITH.

Que fait Joas?

ZACHARIE.

Joas vient d'être couronné.
Le grand prêtre a sur lui répandu l'huile sainte (2).
O ciel! dans tous les yeux quelle joie était peinte
A l'aspect de ce roi racheté du tombeau!
Ma sœur, on voit encor la marque du couteau.
On voit paraître aussi sa fidèle nourrice,
Qui cachée en un coin de ce vaste édifice,
Gardait ce cher dépôt, et n'avait de ses soins
Que les yeux de ma mère et que Dieu pour témoins (3).

(1) Zacharie vient chercher les filles du chœur pour les conduire près du roi et du sanctuaire ; les nouvelles qu'il apporte instruisent le spectateur de la cérémonie du sacre qui s'est faite dans le parvis des prêtres, en face de l'autel et du temple ; on apprend aussi les ordres donnés par Joad, et les préparatifs d'Athalie pour l'assaut du temple.

(2) Le cérémonial du couronnement chez les Hébreux ne paraît pas avoir été soumis à des règles fixes. Salomon se présenta au peuple sur la monture royale, entouré de la cour et de la garde du roi ; la foule fit retentir des cris de joie mêlés au son de la musique ; de nombreux sacrifices furent offerts.

L'avènement du nouveau roi était toujours publié au son des trompettes, et la foule assemblée faisait retentir le cri de *vive le roi ;* en frappant des mains. (III. *Rois*, I, 39 ; IV. *Rois*, IX, 13.)

Les rois de Juda, s'il faut en juger par l'exemple de Joas, recevaient les hommages de la nation dans le parvis du temple, placés sur une tribune, et portant les insignes royaux. (IV. *Rois*, XI, 12.) Ces insignes étaient : la couronne d'or et le diadème ornés de pierres précieuses, le sceptre qui était un bâton de bois couvert d'or, des bracelets d'or, et probablement un manteau de pourpre. (I. *Mach.*, X, 62 ; XIV, 43.) Le roi, dans ses audiences solennelles, était assis sur un trône. (MUNK, *Palestine.*)

(3) Le poète prépare déjà la scène du dénoûment, où la nourrice de Joas servira de témoin contre Athalie ; un mot du texte sacré lui a fourni l'idée de ce moyen dramatique.

Nos lévites pleuraient de joie et de tendresse,
Et mêlaient leurs sanglots à leurs cris d'allégresse.
Lui, parmi ces transports, affable et sans orgueil,
A l'un tendait la main, flattait l'autre de l'œil,
Jurait de se régler par leurs avis sincères,
Et les appelait tous ses pères ou ses frères (1).

SALOMITH.

Ce secret au dehors est-il aussi semé ?

ZACHARIE.

Ce secret dans le temple est encor renfermé.
Des enfants de Lévi la troupe partagée
Dans un profond silence aux portes s'est rangée.
Tous doivent à la fois précipiter leurs pas,
Et crier pour signal : « Vive le roi Joas! »
Mais mon père défend que le Roi se hasarde,
Et veut qu'Azarias demeure pour sa garde.
Cependant Athalie, un poignard à la main,
Rit des faibles remparts de nos portes d'airain (2).
Pour les rompre, elle attend les fatales machines (3),
Et ne respire enfin que sang et que ruines.
Quelques prêtres, ma sœur, ont d'abord proposé
Qu'en un lieu souterrain, par nos pères creusé,
On renfermât du moins notre arche précieuse.
« O crainte, a dit mon père, indigne, injurieuse (4)!
L'arche qui fit tomber tant de superbes tours (5),
Et força le Jourdain de rebrousser son cours (6),

(1) Tableau charmant qui repose agréablement l'esprit et le cœur, au milieu des terreurs dont la scène est remplie.

(2) Cette peinture si vive nous met l'implacable Athalie sous les yeux, frémissante de rage, et se flattant d'une facile victoire. Le poète nous la montre pour la seconde fois *un poignard à la main*, comme au jour de l'horrible massacre; aucune autre image ne pourrait mieux rendre la fureur sauvage de cette femme sanguinaire.

(3) Le temple, bâti sur une montagne escarpée de tous les côtés, et fermé par une enceinte de murs formidable, était une véritable forteresse déjà au temps des rois de Juda.

(4) Joad montre toujours la même vivacité de foi et le même courage.

(5) L'arche fut portée pendant sept jours en procession autour de Jéricho; le septième jour, au son des trompettes, les murs s'écroulèrent subitement, et la ville tomba au pouvoir de Josué.

(6) Quand les Hébreux arrivèrent au Jourdain, le fleuve coulait à pleins bords, car on était au mois d'avril. Sur l'ordre de Josué, les prêtres qui portaient l'arche sainte, entrèrent dans le Jourdain : à l'instant, le cours du fleuve s'arrêta, l'eau qui venait du nord s'amoncela comme une digue, et au sud elle s'écoula vers la mer Morte, laissant le lit à sec. Le peuple passa

Des dieux des nations tant de fois triomphante (1),
Fuirait donc à l'aspect d'une femme insolente. »
Ma mère, auprès du Roi, dans un trouble mortel,
L'œil tantôt sur ce prince et tantôt vers l'autel,
Muette, et succombant sous le poids des alarmes,
Aux yeux les plus cruels arracherait des larmes (2).
*Le Roi de temps en temps la presse entre ses bras,
La flatte....* (3) Chères sœurs, suivez toutes mes pas ;
Et s'il faut aujourd'hui que notre roi périsse,
Allons, qu'un même sort avec lui nous unisse.

SALOMITH.

Quelle insolente main frappe à coups redoublés ?
Qui fait courir ainsi ces lévites troublés ?
Quelle précaution leur fait cacher leurs armes ?
Le temple est-il forcé ?

ZACHARIE.

     Dissipez vos alarmes :
Dieu nous envoie Abner (4).

SCÈNE II

JOAD, JOSABETH, ZACHARIE, SALOMITH, ABNER, ISMAEL, DEUX LÉVITES, LE CHOEUR.

JOAD.

      En croirai-je mes yeux,
Cher Abner ? Quel chemin a pu jusqu'en ces lieux
Vous conduire au travers d'un camp qui nous assiège ?
On disait que d'Achab la fille sacrilège
Avait, pour assurer ses projets inhumains,
Chargé d'indignes fers vos généreuses mains.

d'abord, puis les prêtres ; et l'on plaça douze pierres au milieu du fleuve, et douze autres sur sa rive droite, pour servir aux générations futures de monument commémoratif de ce miracle.

(1) Surtout des rois de Chanaan, sous la conduite de Josué.

(2) En face de l'intrépide Joad, le poète aime à nous montrer les alarmes de la mère, tantôt éloquentes, tantôt muettes, toujours attendrissantes.

(3) Ce trait gracieux achève le tableau : Joas y apparaît, tout entier à l'affection et à la reconnaissance, avec la naïveté tranquille d'un enfant qui oublie ses dangers dans les bras de sa mère.

(4) Cette apparition inattendue d'Abner excite la plus vive curiosité ; il y a quelques instants, on le savait chargé de fers : comment a-t-il pu échapper des mains d'Athalie ? vient-il de sa part ? et dans quel dessein ? Joad, qui a permis de le laisser entrer, va à sa rencontre avec Josabeth, et le reçoit sous le vestibule.

ABNER.

Oui, Seigneur, elle a craint mon zèle et mon courage.
Mais c'est le moindre prix que me gardait sa rage.
Dans l'horreur d'un cachot, par son ordre enfermé,
J'attendais que le temple en cendre consumé,
De tant de flots de sang non encore assouvie,
Elle vînt m'affranchir d'une importune vie,
Et retrancher des jours qu'aurait dû mille fois
Terminer la douleur de survivre à mes rois (1).

JOAD.

Par quel miracle a-t-on obtenu votre grâce?

ABNER.

Dieu dans ce cœur cruel sait seul ce qui se passe.
Elle m'a fait venir, et d'un air égaré (2) :
« Tu vois de mes soldats tout ce temple entouré,
Dit-elle. Un feu vengeur va le réduire en cendre,
Et ton Dieu contre moi ne le saurait défendre.
Ses prêtres toutefois, mais il faut se hâter,
A deux conditions peuvent se racheter :
Qu'avec Eliacin on mette en ma puissance
Un trésor dont je sais qu'ils ont la connaissance,
Par votre roi David autrefois amassé,
Sous le sceau du secret au grand prêtre laissé (3).
Va, dis-leur qu'à ce prix je leur permets de vivre (4). »

JOAD.

Quel conseil, cher Abner, croyez-vous qu'on doit suivre (5)?

(1) Ce regret marque le changement qui s'est opéré dans l'âme d'Abner.

(2) La reine ne pouvait choisir un meilleur ambassadeur; si quelqu'un pouvait amener l'inflexible Joad à quelque concession, c'était Abner.

(3) « Voici une nouvelle suspension de la catastrophe. Joad peut écarter le péril, s'il consent à livrer Joas. Cet incident va faire éclater plus que jamais la fermeté du grand prêtre, et resserrer les engagements d'Abner, qu'il fera juge entre Athalie et l'enfant qu'elle demande. » (LA HARPE.)

(4) Athalie, en faisant faire ces propositions, obéit à son avarice. Mathan, depuis longtemps, lui avait parlé de trésors cachés par Dieu dans un endroit du temple connu du seul Joad. En livrant aux flammes l'édifice et ses habitants, Athalie craint que les trésors ne lui échappent : par une odieuse fourberie, elle offre la paix à condition qu'on lui livre le trésor avec l'enfant, décidée du reste à se défaire ensuite d'un pontife et d'un temple qui la gênent. Mais, comme dit l'Ecriture, elle tombera dans la fosse qu'elle pense creuser pour les autres.

(5) Joad, en ce moment critique, montre le même sang-froid que le matin, quand, recevant Abner, il lui adressait cette question si calme :

D'où vous vient aujourd'hui ce noir pressentiment?

En lui demandant son avis, Joad donne lieu à Abner d'exposer de la manière

ABNER.

Et tout l'or de David, s'il est vrai qu'en effet
Vous gardiez de David quelque trésor secret,
Et tout ce que des mains de cette reine avare
Vous avez pu sauver et de riche et de rare,
Donnez-le. Voulez-vous que d'impurs assassins
Viennent briser l'autel, brûler les chérubins,
Et portant sur notre arche une main téméraire,
De votre propre sang souiller le sanctuaire?

JOAD.

Mais siérait-il, Abner, à des cœurs généreux
De livrer au supplice un enfant malheureux,
Un enfant que Dieu même à ma garde confie,
Et de nous racheter aux dépens de sa vie?

ABNER.

Hélas! Dieu voit mon cœur. Plût à ce Dieu puissant
Qu'Athalie oubliât un enfant innocent,
Et que du sang d'Abner sa cruauté contente
Crût calmer par ma mort le ciel qui la tourmente!
Mais que peuvent pour lui vos inutiles soins?
Quand vous périrez tous, en périra-t-il moins?
Dieu vous ordonne-t-il de tenter l'impossible?
Pour obéir aux lois d'un tyran inflexible,
Moïse, par sa mère au Nil abandonné,
Se vit presque en naissant à périr condamné;
Mais Dieu le conservant contre toute espérance,
Fit par le tyran même élever son enfance.
Qui sait ce qu'il réserve à votre Eliacin,
Et si, lui préparant un semblable destin,
Il n'a point de pitié déjà rendu capable
De nos malheureux rois l'homicide implacable?
Du moins, et Josabeth, comme moi l'a pu voir,
Tantôt à son aspect je l'ai vu s'émouvoir (1);
J'ai vu de son courroux tomber la violence.
Princesse, en ce péril vous gardez le silence?
Hé quoi! pour un enfant qui vous est étranger,
Souffrez-vous que sans fruit Joad laisse égorger

la plus éloquente, toutes les raisons que suggérait la prudence humaine. « Cette invention *d'un trésor caché*, qui est de l'auteur, est très ingénieuse. Il s'ensuit qu'Athalie, trompée par son *avarice*, a l'air de se précipiter dans le piège au lieu d'y être attirée par Joad. Il n'y songeait nullement : il voulait même aller *la chercher jusque dans son palais*, mais elle vient se livrer entre ses mains. » (LA HARPE.)

(1) Il faut écrire aujourd'hui, en parlant d'une femme : *je l'ai vue s'émouvoir*.

Vous, son fils, tout ce peuple, et que le feu dévore
Le seul lieu sur la terre où Dieu veut qu'on l'adore?
Que feriez-vous de plus, si des rois vos aïeux
Ce jeune enfant était un reste précieux (1)?

JOSABETH, *tout bas à Joad.*

Pour le sang de ses rois vous voyez sa tendresse :
Que ne lui parlez-vous?

JOAD.

Il n'est pas temps, princesse.

ABNER.

Le temps est cher, Seigneur, plus que vous ne pensez.
Tandis qu'à me répondre ici vous balancez,
Mathan, près d'Athalie, étincelant de rage (2),
Demande le signal, et presse le carnage.
Faut-il que je me jette à vos sacrés genoux?
Au nom d'un lieu si saint qui n'est ouvert qu'à vous,
Lieu terrible où de Dieu la majesté repose (3),
Quelque dure que soit la loi qu'on vous impose,
De ce coup imprévu songeons à nous parer.
Donnez-moi seulement le temps de respirer.
Demain, dès cette nuit, je prendrai des mesures
Pour assurer le temple et venger ses injures.
Mais je vois que mes pleurs et que mes vains discours
Pour vous persuader sont un faible secours:
Votre austère vertu n'en peut être frappée (4)
Eh bien! trouvez-moi donc quelque arme, quelque épée;

(1) Abner conseille : 1° de livrer tout l'or dont Joad dispose, afin d'éviter les suprêmes malheurs pour le temple et pour le pontife; le grand prêtre ne fait aucune objection à cet égard; 2° de remettre même l'enfant, parce que d'abord il est impossible de le sauver des mains d'Athalie, et qu'ensuite on peut espérer qu'il sera protégé par Dieu, comme autrefois Moïse, et même respecté par la reine qui naguère éprouvait pour lui de la pitié. C'est avec beaucoup d'à-propos qu'Abner cherche un appui dans la tendresse de Josabeth; la mère tremblante croit le moment favorable pour lui révéler le grand secret; Joad ne se laisse pas toucher.

(2) C'est le dernier trait pour achever le portrait de l'infâme apostat.

(3) Abner parle du *Saint des Saints* qui renfermait l'arche sainte; le propitiatoire était le trône où Dieu avait fixé sa présence spéciale au milieu de son peuple. Le grand prêtre seul pouvait pénétrer dans le Saint des Saints; il ne lui était permis d'y entrer qu'une fois l'an, au grand *jour des Expiations* (fixé au 5° jour avant la fête des Tabernacles, le 10 du 7° mois, 25 août).

(4) Abner a recouru aux derniers moyens de persuasion : 1° l'urgence du péril; 2° le salut du sanctuaire; 3° la nécessité de gagner du temps. Joad reste inébranlable.

ACTE V, SCÈNE II

Et qu'aux portes du temple, où l'ennemi m'attend,
Abner puisse du moins mourir en combattant.

JOAD.

Je me rends. Vous m'ouvrez un avis que j'embrasse.
De tant de maux, Abner, détournons la menace.
Il est vrai, de David un trésor est resté (1).

(1) Ce trésor n'est autre que le jeune roi. Tout ce que Joad en dit, est rigoureusement vrai. Le piège consiste à laisser croire à la reine qu'il s'agit d'un trésor véritable, d'or et d'argent. Joad prend donc le mot *trésor* dans le sens figuré ; Athalie et Abner l'entendent au sens propre, et le grand prêtre ne dit rien pour les détromper.

C'est une équivoque : mais cette équivoque est-elle blâmable ? Non, elle est permise comme sont permises les ruses de guerre ; et le danger imminent où se trouve Joad l'autorise parfaitement. « La ruse, dit Geoffroy, est admise à la guerre ; les stratagèmes militaires sont regardés comme une preuve de talent et de génie : tromper ses ennemis est une mesure usitée et légitime ; et tous ces artifices sont encore plus permis à un ennemi à qui sa faiblesse ne permet pas d'agir à force ouverte. »

Telle est la situation de Joad. Athalie assiège le temple avec une armée puissante ; elle offre perfidement la paix à Joad s'il livre l'enfant et le trésor caché dans le temple. Joad, qui n'a d'autre trésor que Joas, promet, sans nommer Joas, de découvrir son trésor à la reine, pourvu qu'elle vienne sans son armée, avec sa seule escorte ; quant à l'enfant, Abner sera juge. Athalie arrive : elle trouve Joas sur le trône et les lévites prêts à le défendre.

L'équivoque du trésor n'empêche pas que la conduite de Joad n'ait un caractère de grandeur et de loyauté qui impose ; s'il fait entrer Athalie, ce n'est pas pour la faire égorger par surprise dans un guet-apens, c'est pour la mettre en face de son roi.

Si la reine, en ce moment, repentante de ses crimes, s'était prosternée aux pieds de son roi en lui rendant un trône usurpé, tout rentrait dans l'ordre. Mais l'orgueilleuse Athalie, l'inhumaine marâtre, persiste à vouloir faire égorger ce petit-fils qui lui avait échappé : dès lors, son supplice était nécessaire pour sauver le roi et rendre la paix à la nation.

Rien donc de plus légitime que la feinte dont le pontife se sert pour attirer Athalie devant son roi, sans qu'elle soit en état de lui nuire.

Ainsi tombe cette objection tirée de l'équivoque de Joad, la plus spécieuse qu'on ait faite contre *Athalie*. Racine d'ailleurs, en imaginant ce stratagème, avait rassemblé, comme pour se mettre à couvert, une foule d'exemples tirés de l'Ecriture sainte et de l'histoire ecclésiastique. On lit dans ses *Notes manuscrites sur Athalie* : « Equivoque de Joad. 1° Détruisez ce temple. Saint Jean, II, 19. » Notre-Seigneur parlait de son corps et les Juifs croyaient qu'il parlait du temple. « 2° Martyre de saint Laurent. — A qui le juge demanda les trésors de l'Eglise. » Saint Laurent promit de les lui montrer. Le lendemain, après avoir distribué aux pauvres les biens dont il avait l'administration, il amena ces pauvres au juge, en lui disant : voilà les richesses de l'Eglise. Les saints Pères ont loué cette conduite. — « 3° Dieu a trompé Pharaon. Dieu dit à Moïse : laissez partir ce peuple pour qu'il m'offre un sacrifice dans le désert. Dieu voulait faire sortir le peuple tout à fait, et Pharaon ne l'entendait pas ainsi.... »

Par ces exemples, Racine voulait montrer que « Dieu a coutume d'envelopper

La garde en fut commise à ma fidélité.
C'était des tristes Juifs l'espérance dernière,
Que mes soins vigilants cachaient à la lumière.
Mais puisqu'à votre reine il faut le découvrir,
Je vais la contenter, nos portes vont s'ouvrir.
De ses plus braves chefs qu'elle entre accompagnée;
Mais de nos saints autels qu'elle tienne éloignée
D'un ramas d'étrangers l'indiscrète fureur.
Du pillage du temple épargnez-moi l'horreur.
Des prêtres, des enfants lui feraient-ils quelque ombre?
De sa suite avec vous qu'elle règle le nombre.
Et quant à cet enfant si craint, si redouté,
De votre cœur, Abner, je connais l'équité.
Je vous veux devant elle expliquer sa naissance :
Vous verrez s'il le faut remettre en sa puissance;
Et je vous ferai juge entre Athalie et lui.

ABNER.

Ah! je le prends déjà, Seigneur, sous mon appui.
Ne craignez rien. Je cours vers celle qui m'envoie.

SCÈNE III

JOAD, JOSABETH, ZACHARIE, SALOMITH, ISMAEL,
DEUX LÉVITES, LE CHOEUR.

JOAD.

Grand Dieu, voici ton heure, on t'amène ta proie (1).
Ismaël, écoutez.

(*Il lui parle à l'oreille.*)

JOSABETH.

Puissant maître des cieux,
Remets-lui le bandeau dont tu couvris ses yeux,
Lorsque lui dérobant tout le fruit de son crime,
Tu cachas dans mon sein cette tendre victime.

les impies dans leurs propres filets, de les punir par leurs propres vices. Ici Athalie est la victime de son avarice, et c'est l'espoir d'un trésor qui l'attire dans le piège tendu par le grand prêtre. » (GEOFFROY.)

(1) « Quelle énergie dans cette expression *ta proie!* Elle paraîtrait même trop hardie, si les livres saints n'étaient pas remplis de figures non moins extraordinaires pour exprimer les terribles vengeances du Seigneur. Quel moment que celui où le spectateur attend Athalie dans le temple! Quelle terreur et quelle émotion ne font pas éprouver les préparatifs que l'on fait pour recevoir l'implacable ennemie de David et de son héritier! Avec quel intérêt on écoute les ordres que le grand prêtre donne aux lévites! Enfin, quel spectacle que celui du jeune roi, qui monte sur le trône à l'instant même où Athalie arrive pour lui ôter la vie! » (GEOFFROY.)

ACTE V, SCÈNE IV

JOAD.

Allez, sage Ismaël, ne perdez point de temps :
Suivez de point en point ces ordres importants.
Surtout qu'à son entrée et que sur son passage,
Tout d'un calme profond lui présente l'image.
Vous, enfants, préparez un trône pour Joas.
Qu'il s'avance suivi de nos sacrés soldats.
Faites venir aussi sa fidèle nourrice,
Princesse, et de vos pleurs que la source tarisse.

(*A un lévite.*)

Vous, dès que cette reine, ivre d'un fol orgueil,
De la porte du temple aura passé le seuil,
Qu'elle ne pourra plus retourner en arrière,
Prenez soin qu'à l'instant la trompette guerrière
Dans le camp ennemi jette un subit effroi.
Appelez tout le peuple au secours de son roi ;
Et faites retentir jusques à son oreille
De Joas conservé l'étonnante merveille.
Il vient.

SCÈNE IV

JOAS, JOAD, JOSABETH, ZACHARIE, SALOMITH, AZARIAS,
TROUPES DE PRÊTRES ET DE LÉVITES, LE CHOEUR.

JOAD *continue.*

Lévites saints, prêtres de notre Dieu,
Partout, sans vous montrer, environnez ce lieu ;
Et laissant à mes soins gouverner votre zèle,
Pour paraître attendez que ma voix vous appelle.

(*Ils se cachent tous.*)

Roi, je crois qu'à vos vœux cet espoir est permis,
Venez voir à vos pieds tomber vos ennemis.
Celle dont la fureur poursuivit votre enfance
Vers ces lieux à grands pas pour vous perdre s'avance.
Mais ne la craignez point. Songez qu'autour de vous
L'ange exterminateur est debout avec nous.
Montez sur votre trône, et.... Mais la porte s'ouvre :
Permettez un moment que ce voile vous couvre (1).

(*Il tire un rideau.*)

---

(1) Quel général d'armée eût agi avec plus de présence d'esprit, de sang-froid, de prévoyance, de vigueur et de précision dans les ordres donnés? Joad pense à tout, règle tout sans la moindre émotion : il envoie Ismaël avec des instructions secrètes, il fait préparer un trône à Joas, il le mande avec sa garde et sa nourrice, il fortifie Josabeth, il marque quand et comment devra se faire la proclamation au peuple, il dispose les lévites dans les salles voi-

Vous changez de couleur, princesse?

JOSABETH.

Ah! sans pâlir,
Puis-je voir d'assassins le temple se remplir?
Quoi! ne voyez-vous pas quelle nombreuse escorte....

JOAD.

Je vois que du saint temple on referme la porte.
Tout est en sûreté (1).

SCÈNE V

JOAS, ATHALIE, JOAD, JOSABETH, ABNER,

SUITE D'ATHALIE.

(Joas est caché derrière le rideau.)

ATHALIE, *à Joad.*

Te voilà, séducteur,
De ligues, de complots pernicieux auteur,
Qui dans le trouble seul as mis tes espérances,
Eternel ennemi des suprêmes puissances.
En l'appui de ton Dieu tu t'étais reposé.
De ton espoir frivole es-tu désabusé?
Il laisse en mon pouvoir et son temple et ta vie (2).
*Je devrais sur l'autel, où ta main sacrifie,
Te....* (3) Mais du prix qu'on m'offre il faut me contenter.
Ce que tu m'as promis, songe à l'exécuter.

---

sines, il inspire enfin une confiance divine au jeune roi, quand il monte sur son trône. Tous ces mouvements s'exécutent en un clin d'œil; à peine sont-ils terminés, que la porte s'ouvre devant Athalie.

(1) Une dernière fois, le poète nous présente le contraste de la mère et du pontife; Josabeth pâlit en apercevant l'escorte de la reine; Joad, voyant qu'on referme la porte, se contente de répondre : *Tout est en sûreté.* Voilà comment les personnages gardent leur caractère du commencement à la fin de l'action.

(2) Quel orgueil! quelle insolence! quelle confiance folle et impie! Athalie traite Joad comme un vaincu qu'elle tient déjà sous ses pieds. Les injures qu'elle lui adresse sont familières aux tyrans : toujours les pontifes, censeurs de leur impiété et de leurs excès, ont été traités par eux de rebelles et de perturbateurs de la tranquillité publique. Ainsi Achab traitait le grand prophète Elie; la réponse d'Elie aurait pu servir à Joad. « Achab, en abordant le serviteur de Dieu, lui dit : Te voilà donc enfin, toi qui troubles depuis si longtemps le repos d'Israël. — Je ne trouble point le repos d'Israël, répondit Elie; c'est vous-même qui le troublez; c'est la maison de votre père qui y a jeté le désordre, en abandonnant Jéhovah le Seigneur pour l'idole de Baal. » (III. *Rois*, XVIII, 17.)

(3) Réticence célèbre, qui rappelle le vers de Virgile (*En.*, I, 139):
Quos ego...., sed motos præstat componere fluctus.

Cet enfant, ce trésor qu'il faut qu'on me remette,
Où sont-ils ?

JOAD.

Sur-le-champ tu seras satisfaite :
Je te les vais montrer l'un et l'autre à la fois.

(Le rideau se tire. On voit Joas sur son trône; sa nourrice est à genoux à sa droite; Azarias, l'épée à la main, est debout à sa gauche ; et près de lui Zacharie et Salomith sont à genoux sur les degrés du trône ; plusieurs lévites, l'épée à la main, sont rangés sur les côtés.)

Paraissez, cher enfant, digne sang de nos rois (1).
Connais-tu l'héritier du plus saint des monarques,
Reine? de ton poignard connais du moins ces marques.
Voilà ton roi, ton fils, le fils d'Ochosias.
Peuples, et vous, Abner, reconnaissez Joas.

ABNER.

Ciel !

ATHALIE, à Joad.

Perfide !

JOAD.

Vois-tu cette Juive fidèle
Dont tu sais bien qu'alors il suçait la mamelle?
Il fut par Josabeth à ta rage enlevé.
Ce temple le reçut, et Dieu l'a conservé.
Des trésors de David voilà ce qui me reste.

ATHALIE.

Ta fourbe à cet enfant, traître, sera funeste.
D'un fantôme odieux, soldats, délivrez-moi.

---

(1) « Je ne connais point, dit La Harpe, de plus grand coup de théâtre. Voltaire a dit que le dernier tableau de *Rodogune* était *plus fort*. Oui, de terreur et d'horreur, mais celui-ci réunit la terreur, l'attendrissement, la pompe et la majesté. Cette pièce me semble, sous tous les rapports, le chef-d'œuvre de l'esprit humain. »

Comme on peut le voir par le texte du livre des *Paralipomènes* placé en tête de la tragédie (v. 11 et 13), la mise en scène si majestueuse de la fin de cet acte a été suggérée au poète par le récit de l'Ecriture.

Ce coup de théâtre si tragique consiste en deux mouvements également saisissants par la soudaineté imprévue et la grandeur imposante du spectacle. D'abord le rideau se tire, Joas apparaît sur son trône, et Joad le présente, comme le roi légitime, à Athalie, à ses officiers, à Abner; en second lieu, lorsqu'Athalie commande à son escorte de massacrer Joas, le fond du théâtre s'ouvre, et l'on voit les parvis du temple et les lévites armés qui entrent de tous côtés pour défendre leur roi. C'est alors que la reine se voit enveloppée d'ennemis et prise dans le piège.

JOAD.

Soldats du Dieu vivant, défendez votre roi (1).

(Le fond du théâtre s'ouvre : on voit le dedans du temple ; et les lévites armés entrent de tous côtés sur la scène.)

ATHALIE.

Où suis-je ? ô trahison ! ô reine infortunée !
D'armes et d'ennemis je suis environnée.

JOAD.

Tes yeux cherchent en vain, tu ne peux échapper,
Et Dieu de toutes parts a su t'envelopper.
Ce Dieu que tu bravais, en nos mains t'a livrée,
Rends-lui compte du sang dont tu t'es enivrée (2).

ATHALIE.

Quoi ! la peur a glacé mes indignes soldats ?
Lâche Abner, dans quel piège as-tu conduit mes pas !

ABNER.

Reine, Dieu m'est témoin....

ATHALIE.

Laisse là ton Dieu, traître,
Et venge-moi.

ABNER, *se jetant aux pieds de Joas.*

Sur qui ? sur Joas ! sur mon maître (3) !

ATHALIE.

Lui, Joas ? lui, ton roi ? Songez, méchants, songez
Que mes armes encor vous tiennent assiégés.

---

(1) « Ce vers... électrise le spectateur. Pourquoi ? parce que ce roi est un enfant, et que cet enfant est devenu le nôtre pendant toute la pièce. Voilà ce que personne n'avait même imaginé possible. » (LA HARPE.)

(2) « J'ai vu une femme enivrée du sang des saints. » (*Apoc.*, XVII, 7.)
Le style dans ces deux scènes a une fermeté, une concision et une rapidité remarquables ; on ne pourrait pas en retrancher un mot.

(3) Abner a été surpris aussi bien qu'Athalie ; Joad ne l'avait mis au courant d'aucun de ses projets ; il s'était contenté de lui dire qu'il le prendrait pour arbitre au sujet de l'enfant réclamé par la reine. Joad maintenant le met en face de son roi : son devoir est tout tracé, il s'accorde avec son honneur : c'est de reconnaître son roi et d'abandonner l'usurpatrice. Il le fait, mais là se borne son rôle : les convenances lui défendaient d'en faire davantage devant une reine qu'il a servie sept ans. Les officiers de l'escorte suivent son exemple.

J'entends à haute voix tout mon camp qui m'appelle (1).
On vient à mon secours. Tremblez, troupe rebelle.

SCÈNE VI

JOAS, ATHALIE, JOAD, ISMAEL, ET TOUS LES ACTEURS DE LA SCÈNE PRÉCÉDENTE.

ISMAEL, *à Joad.*

Seigneur, le temple est libre et n'a plus d'ennemis.
L'étranger est en fuite, et le Juif est soumis.
Comme le vent dans l'air dissipe la fumée (2),
La voix du Tout-Puissant a chassé cette armée.
Nos lévites, du haut de nos sacrés parvis (3),
D'Ochosias au peuple ont annoncé le fils,
Ont conté son enfance au glaive dérobée,
Et la fille d'Achab dans le piège tombée.
Partout en même temps la trompette a sonné.
Et ses sons et leurs cris dans son camp étonné
Ont répandu le trouble et la terreur subite
Dont Gédéon frappa le fier Madianite (4).
Les Tyriens, jetant armes et boucliers,
Ont par divers chemins disparu les premiers.
Quelques Juifs éperdus ont aussi pris la fuite;

(1) Nous assistons ici à la lutte suprême entre Athalie et Joad, entre Dieu et l'impie fille de Jézabel.
Plus Athalie s'enflamme, s'agite et menace, plus Joad est calme et ferme dans son droit. Le trouble du spectateur est à son comble : malgré l'impuissance où se trouve la reine, les fureurs de son désespoir et l'énergie qu'elle déploie avant de succomber, font trembler qu'un incident funeste ne remette la fortune de son côté. Ses troupes sont toujours rangées au pied du temple : un signe suffit pour les ébranler. Le retour précipité d'Ismaël ajoute encore à la terreur; on ne commence à respirer qu'en apprenant la déroute de l'ennemi.

(2) « Comme la fumée que dissipe le vent. » (*Sag.*, V, 15.)

(3) C'est du haut de la terrasse du temple. Racine avait pris l'idée de cette proclamation faite au peuple du haut du temple dans l'histoire du martyre de saint Jacques le Mineur, comme on le voit par ces lignes de ses *Notes manuscrites* : « On fit monter saint Jacques, frère du Seigneur, au haut du temple, pour y déclarer à tout le peuple ses sentiments sur J.-C. Et aussitôt tous ses ennemis y montèrent en foule pour l'en précipiter. »

(4) Quand Gédéon conduisit ses trois cents guerriers contre les Madianites (tribu arabe, au S.-O. de la mer Morte), « il leur donna des trompettes à la main, et des vases de terre vides et des lampes au milieu... » Arrivés dans le camp pendant la nuit, les trois cents à la fois sonnèrent de la trompette, heurtèrent leurs vases de terre les uns contre les autres, élevèrent leurs lampes allumées et crièrent : l'épée du Seigneur et de Gédéon. Les Madianites épouvantés prirent la fuite. » (*Juges*, VII, 16.)

Mais de Dieu sur Joas admirant la conduite,
Le reste à haute voix s'est pour lui déclaré.
Enfin d'un même esprit tout le peuple inspiré,
Femmes, vieillards, enfants, s'embrassant avec joie,
Bénissent le Seigneur et celui qu'il envoie.
Tous chantent de David le fils ressuscité.
Baal est en horreur dans la sainte cité.
De son temple profane on a brisé les portes.
Mathan est égorgé (1).

ATHALIE.

Dieu des Juifs, tu l'emportes (2)!
Oui, c'est Joas, je cherche en vain à me tromper.
Je reconnais l'endroit où je le fis frapper;
Je vois d'Ochosias et le port et le geste :
Tout me retrace enfin un sang que je déteste.
David, David triomphe; Achab seul est détruit (3).
Impitoyable Dieu, toi seul as tout conduit (4).

(1) Parmi les narrations qui finissent les pièces de Racine, celle d'Ismaël est une des plus vives. Le récit de la joie publique et l'annonce du meurtre de Mathan montrent à Athalie que tout espoir est perdu pour elle. Fidèle à son caractère, elle meurt comme elle a vécu, en impie.

(2) Cette exclamation du désespoir est sublime. Athalie proclame en blasphémant la victoire de Dieu. Ainsi Julien l'Apostat s'écriait dans sa rage impuissante : « Tu as vaincu, Galiléen! » Sans y penser, Athalie confirme par ses paroles mêmes la funeste prédiction de sa mère; Jézabel lui avait dit :

Le cruel *Dieu des Juifs l'emporte* aussi sur toi.

« La tragédie tout entière n'est que le tableau du combat de Dieu contre Athalie, combat dans lequel Dieu daigne s'engager pour instruire les rois, consoler les opprimés, et faire trembler les oppresseurs. » (GEOFFROY.)

(3) *David, Achab*, pour la maison de David, d'Achab.

(4) Ce vers explique l'action tout entière. Athalie avait fait la guerre à Dieu; par impiété et par vengeance, elle avait voulu l'exterminer de Juda et de Jérusalem : il convenait dès lors que Dieu intervînt dans sa cause; son intervention a été si manifeste, qu'Athalie elle-même est forcée de la proclamer. Elle tombe sous sa main terrible, comme Satan, en insultant son vainqueur tout-puissant.

Il est intéressant de voir comment Dieu a conduit ce grand drame en laissant agir les hommes, et l'a fait aboutir au résultat le plus inattendu.

C'est l'arrivée d'Abner au temple qui a suggéré au grand prêtre l'idée de profiter de la fête pour proclamer le jeune roi; Joad lui donne dans ce but un rendez-vous dans la matinée.

Mais Athalie, troublée par un songe qui ne peut venir que de Dieu, arrive au temple, et par ses menaces montre à Joad qu'il est urgent d'agir : il renouvelle à Abner son invitation pour la 3ᵉ heure du jour.

Ses plans bientôt sont renversés par la sommation d'Athalie qui fait réclamer Joas; le pontife, en refusant l'enfant, sait qu'il s'expose à toutes les

ACTE V, SCÈNE VII

C'est toi qui me flattant d'une vengeance aisée,
M'as vingt fois en un jour à moi-même opposée,
Tantôt pour un enfant excitant mes remords,
Tantôt m'éblouissant de tes riches trésors,
Que j'ai craint de livrer aux flammes, au pillage.
Qu'il règne donc ce fils, ton soin et ton ouvrage;
Et que pour signaler son empire nouveau,
On lui fasse en mon sein enfoncer le couteau.
Voici ce qu'en mourant lui souhaite sa mère :
Que dis-je, souhaiter? je me flatte, j'espère
Qu'indocile à ton joug, fatigué de ta loi,
Fidèle au sang d'Achab, qu'il a reçu de moi,
Conforme à son aïeul, à son père semblable,
On verra de David l'héritier détestable
Abolir tes honneurs, profaner ton autel,
Et venger Athalie, Achab et Jézabel (1).

(*Athalie sort, les lévites la suivent.*)

JOAD.

Qu'à l'instant hors du temple elle soit emmenée,
Et que la sainteté n'en soit pas profanée.
Allez, sacrés vengeurs de vos princes meurtris (2),
De leur sang par sa mort faire cesser les cris.
Si quelque audacieux embrasse sa querelle,
Qu'à la fureur du glaive on le livre avec elle (3).

vengeances de la reine. Dès lors, il n'y a plus un instant à perdre : il arme les lévites, couronne le roi et se prépare à marcher contre la reine.

Mais Athalie ne lui en laisse pas le temps ; excitée par Mathan, elle enveloppe le temple de ses troupes, fait emprisonner Abner ; puis tout à coup la soif de l'or l'engage dans une dernière démarche qui la perd. Joad en profite pour l'attirer sans défense aux pieds de son roi, entre les mains du Dieu qui l'attend pour la frapper.

(1) « L'atrocité des crimes d'Athalie, le sang de ses enfants dans lequel elle s'est baignée sans pitié, la volonté de Dieu dont le grand prêtre est l'interprète, sauvent tout l'odieux qui pourrait résulter pour Joas de commencer son règne par le meurtre de son aïeule. Quelle fierté, quelle énergie dans ces imprécations! Ce ne sont pas de vaines déclamations : l'histoire nous apprend qu'elles ne furent que trop accomplies. » (GEOFFROY.)

(2) *Meurtris*, c'est-à-dire mis à mort; *meurtrir*, aujourd'hui, signifie seulement faire des contusions.

(3) Athalie fut emmenée par le chemin de la porte aux Chevaux, et mise à mort suivant l'ordre de Joad.

SCÈNE VII

JOAS, JOAD, JOSABETH, ABNER, et tous les
acteurs de la scène précédente.

JOAS.

Dieu, qui voyez mon trouble et mon affliction,
Détournez loin de moi sa malédiction,
Et ne souffrez jamais qu'elle soit accomplie.
Faites que Joas meure avant qu'il vous oublie.

JOAD, *aux lévites.*

Appelez tout le peuple, et montrons-lui son roi ;
Qu'il lui vienne en ses mains renouveler sa foi.
Roi, prêtres, peuple, allons, pleins de reconnaissance,
De Jacob avec Dieu confirmer l'alliance,
Et saintement confus de nos égarements,
Nous rengager à lui par de nouveaux serments (1).
Abner, auprès du roi reprenez votre place.

SCÈNE VIII

JOAS, JOAD, un lévite, et tous les acteurs
de la scène précédente.

JOAD, *au lévite.*

Eh bien? de cette impie a-t-on puni l'audace?

LE LÉVITE.

Le fer a de sa vie expié les horreurs.
Jérusalem, longtemps en proie à ses fureurs,
De son joug odieux à la fin soulagée,
Avec joie en son sang la regarde plongée.

---

(1) L'Ecriture insiste sur ce renouvellement de l'alliance du peuple juif et de Dieu. « L'avènement de Joas fut une restauration complète du culte national et des institutions mosaïques. Le pontife, par les soins duquel cet heureux événement avait été si longtemps préparé et si habilement accompli, fut chargé d'administrer le royaume pendant la minorité du roi ; elle s'écoula dans la paix et la fidélité au Seigneur... Le grand prêtre remit au jeune prince le royaume de Juda dans un état florissant. Tant que vécut le sage vieillard, Joas continua sa politique ferme et prudente. Il débuta par un acte de piété et de reconnaissance. Le temple de Jérusalem, dévasté par Athalie qui en avait enlevé les ornements pour décorer les autels de Baal, fut restauré par les soins de Joas. La vieillesse de Joïada se prolongea au delà des limites ordinaires de la vie humaine, pour que le saint pontife pût jouir des splendeurs d'une restauration à laquelle il avait tant contribué. Il parvint à l'âge de cent trente ans. » (DARRAS, *Hist. de l'Eglise*, II.) — V. plus haut, p. 526.

ACTE V, SCÈNE VIII

JOAD.

Par cette fin terrible, et due à ses forfaits,
Apprenez, roi des Juifs, et n'oubliez jamais
Que les rois dans le ciel ont un juge sévère,
L'innocence un vengeur, et l'orphelin un père (1).

QUESTIONS SUR LE Vᵉ ACTE.

Quel est le sujet du 5ᵉ acte ? — Quels sont les faits qui s'y passent ?
Quelle est la situation générale à l'ouverture de ce dernier acte ?
Pourquoi Abner se présente-t-il au temple ?
Que vient-il demander ? — Quels conseils donne-t-il à Joad ?
Quelle est la réponse du grand prêtre ? — Cette réponse est-elle blâmable ?
Quels ordres Joad donne-t-il à l'approche d'Athalie ?
Comment rassure-t-il Joas et Josabeth ?
Quel est le langage d'Athalie en abordant Joad ?
Par quel coup de théâtre le pontife lui répond-il ?
Quelles preuves lui donne-t-il des droits de Joas ?
Comment défend-il le jeune roi des fureurs d'Athalie ?
Comment se fait la proclamation du roi à l'extérieur du temple ?
Quelle en a été la suite ? — Quel est le récit d'Ismaël ?
Par quelles imprécations s'exhale la rage d'Athalie ?
Comment reconnaît-elle le bras de Dieu qui la frappe ?
Quelle est la sentence que Joad prononce contre elle ?
Comment est-elle exécutée ?
Comment le pontife profite-t-il de l'avènement de Joas pour restaurer le culte du vrai Dieu ?
Quelle est la leçon qu'il tire de ce grand événement ?
Quelles sont les qualités du dénoûment d'*Athalie* ?

(1) Ces quatre vers expriment l'enseignement sublime de l'action qui vient de se dérouler sous les regards du spectateur. Une fin si majestueuse répond dignement à la grandeur du drame.
Dans le *Dictionnaire philosophique*, Voltaire dit, en parlant du dénoûment d'*Athalie* : « C'est là que la catastrophe est admirablement en action ; c'est là que se fait la reconnaissance la plus intéressante : chaque acteur y joue un grand rôle. On ne tue point Athalie sur le théâtre ; le fils des rois est sauvé, et est reconnu roi : tout ce spectacle transporte les spectateurs. »

ESTHER ET ATHALIE.

« *Esther* et *Athalie* sont ce que Racine a produit de plus parfait. Affranchi de la servitude que lui imposaient le goût des comédiens et la mode du théâtre, dégagé de l'influence des passions, se trouvant dans toute sa maturité et dans la plus grande force de son génie, il négligea les finesses du sentiment et tous les ressorts des intrigues communes pour s'abandonner uniquement à la nature, à la vérité, au sublime dont ses sujets étaient remplis, et au souffle de l'Esprit divin dont il était environné de toutes parts. Regardé jusqu'alors comme moins grand que Corneille, il prit dans ses deux dernières tragédies un vol plus haut encore que celui de Corneille lui-même, et la grandeur romaine, si bien exprimée par son prédécesseur, s'abaissa devant la majesté des prophètes, dont il sut faire passer dans notre langue toute la poésie et tout l'enthousiasme. *Esther* et *Athalie* sont les plus nobles et les plus beaux monuments de la poésie dramatique, et ceux dont elle doit le plus s'honorer. » (GEOFFROY.)

SUJETS DE COMPOSITIONS LITTÉRAIRES

SUR LA VIE ET LE THÉÂTRE DE RACINE [1].

1. Vie de Racine ; sa carrière littéraire, son caractère, VII-VIII, 37, 157, 407, 429, 537.
2. Racine et Port-Royal, VII-VIII, 405, 410.
3. Rapports de Racine avec Molière, VII, 88; avec Corneille, 18, 149, 241 ; avec Boileau, VII-VIII, 32, 88, 157, 407, 421, 538.
4. Le génie de Racine ; son genre et son système dramatique ; 2, 37, 149, 429, 529, 646.
5. Le théâtre de Racine ; ses pièces profanes, ses tragédies sacrées ; 2.
6. Quelles sont, parmi les tragédies de Racine, celles que vous préférez ? Raisons de ce choix.
7. Quelle est la pièce de Racine qui réalise l'idéal de la tragédie ? (529, 533.)
8. La morale dans le théâtre profane de Racine, 2, 93, 238, 242, 249, 272, 317, 404, 408, 409.
9. Racine, poète chrétien dans ses pièces profanes, 38, 161, 270, 317, 375 ; dans ses pièces sacrées, 2, 424, 428, 529.
10. Le style de Racine, 2, 18, 40, 92, 162-163, 243, 320, 433, 536.
11. Racine, poète lyrique, ou les chœurs de Racine, 418, 429, 433, 537, 609.

[1] Plusieurs de ces sujets peuvent être traités sous forme de lettre, ou de dialogue, ou de parallèle ; il est facile de faire intervenir des personnages contemporains, comme Boileau, Molière, Corneille, Saint-Evremond, Fénelon, Bossuet, Condé, le duc de Bourgogne, La Bruyère, La Motte, Perrault, Fontenelle, Mme de Sévigné, Mme de Maintenon, Mme de Caylus, Mme de Grignan, etc.

Les chiffres indiquent les pages.

COMPOSITIONS LITTÉRAIRES

12. Racine, poète comique, 91.
13. Racine, disciple et émule des anciens, 34, 87, 92, 309, 315-316, 403, 418, 428, 431, 437, 520.
14. Racine, émule et imitateur de Corneille : dans *Alexandre*, 18 ; dans *Britannicus*, 157 ; dans *Mithridate*, 271, 281. Cf. 612.
15. Comparaison de Racine et de Corneille, 2, 646.
16. Expliquez la parole de La Bruyère disant, en parlant de Racine, que « le grand et le merveilleux ne lui ont pas manqué... Quelle grandeur ne se remarque point en Mithridate, en Porus, et en Burrhus ? » (*Caractères*, ch. 1.) Cf. *Esther*, *Athalie*.
17. Les rôles d'hommes dans le théâtre de Racine [1].
18. Les rôles de femmes dans le théâtre de Racine [2].
19. Les caractères odieux dans Racine : *Néron*, 159 ; *Narcisse*, 162 ; *Aman*, 432 ; *Mathan*, 536 ; *Eriphile*, 319.
20. Les Préfaces de Racine : expositions, justifications, théories dramatiques ; 3, 17, 31, 87, 147, 240, 244, 263, 306, 403, 416, 515.
21. Quelles sont les plus belles expositions de Racine ? V. *Bajazet*, 250, 257 ; *Iphigénie*, 323, 341 ; *Athalie*, 554, 561.
22. Les dénoûments de Racine. — Qu'y a-t-il de vrai dans cette

[1] Joad, le pontife prophète, 534 ;
Mithridate, l'adversaire indomptable de Rome, 270 ;
Acomat, le vieux vizir, 248 ;
Mardochée, type de la foi et du patriotisme, 432 ;
Burrhus, l'honnête homme à la cour, 161 ;
Abner, le soldat loyal et fidèle, mais indécis, 535 ;
Agamemnon, le roi ambitieux et faible, 319 ;
Achille, le héros brillant et impétueux, 318 ;
Britannicus, la franchise et l'imprudence de la jeunesse, 160 ;
Xipharès, le modèle de la piété filiale, 271 ;
Joas, les grâces de l'enfance, 535 ;
Pyrrhus, la fougue de caractère, 39 ;
Oreste, le désordre de la passion, 39 ;
Etéocle et Polynice, la haine fraternelle, 4 ;
Néron, le monstre naissant, 159 ;
Aman, le ministre orgueilleux et sanguinaire, 432 ;
Narcisse, le scélérat courtisan, 162 ;
Mathan, le prêtre apostat, 536 ;
Pharnace, le fils ingrat et traître, 271.

[2] L'héroïsme de la foi : Esther ; 432 ;
La piété filiale : Iphigénie ; 317 ;
L'amour maternel : Josabeth et Clytemnestre ; 319, 536, 601 ;
L'amour maternel et conjugal : Andromaque ; 38 ;
L'amour pur et généreux : Junie et Monime ; 161, 270 ;
L'amour déréglé et criminel : Hermione, Roxane, Phèdre, 39, 248, 407 ;
L'envie et la perfidie : Eriphile ; 319 ;
L'ambition : Agrippine ; 159 ;
L'impiété et la tyrannie : Athalie ; 535.

remarque de Voltaire : « Si on peut condamner en Racine quelque chose, c'est d'avoir été faible dans presque tous ses derniers actes? » (*Comment. sur Corneille, Pulchérie.*) V. surtout p. 3, 149, 163, 235, 249, 299, 401, 508, 645.

23. La simplicité d'action : théorie de Racine, 149, 240, 320; comment l'a-t-il appliquée?
24. Les tragédies historiques de Racine; comment Racine a-t-il été fidèle à l'histoire, à la fable, à la couleur locale? 17, 18, 34, 151, 157, 248, 263, 269, 418, 428, 515, 520-521, 529.
25. L'influence de la société du XVIIe siècle sur le génie de Racine, sur son genre, son système, son style, ses personnages; 2, 4, 18, 163, 164, 248-249, 318-321, 367, 646.
26. Les scènes de confidences dans Racine : *Andromaque*, 64; *Britannicus*, 165; *Bajazet*, 250; *Iphigénie*, 342, 371; *Esther*, 466; *Athalie*, 595-599.
27. Décrire le rôle d'Achille dans l'*Iphigénie* de Racine. (*Sorbonne*, 1881.)
28. Comparez le rôle de Narcisse dans *Britannicus* et celui de Mathan dans *Athalie*. (*Sorbonne*, 1881.)
29. Comparez le rôle de Narcisse et celui de Burrhus dans *Britannicus*. (*Sorbonne*, 1875.)
30. Analysez le caractère d'Agrippine dans *Britannicus*. (Rennes.)
31. Analysez l'*Andromaque* de Racine. (*Sorbonne*.)
32. Esther plaide devant Assuérus la cause du peuple juif. (*Sorbonne*, 1874.)
33. Faites connaître ce que Racine doit à Tacite dans *Britannicus*. (*Douai.*)
34. Analyse littéraire et appréciation de la scène de la réconciliation entre Néron et Agrippine dans *Britannicus*, 209.
35. Comparez le songe d'Athalie et celui de Pauline dans *Polyeucte*.
36. Pourquoi les tragédies d'*Esther* et d'*Athalie* sont-elles ce que Racine a produit de plus parfait? 646 (1).

(1) On trouvera dans les questionnaires qui accompagnent les pièces, beaucoup de sujets semblables à ceux des numéros 27-34.

FIN.

TABLE

Préface	v
Notice biographique sur Racine	vii
Le génie de Racine; son théâtre	2

THÉATRE PROFANE.

La Thébaïde	3
Alexandre	17
Andromaque	30
Les Plaideurs	87
Britannicus	146
Bérénice	239
Bajazet	244
Mithridate	263
Iphigénie	306
Phèdre	403

TRAGÉDIES SACRÉES.

Esther	416
Athalie	515
Sujets de compositions littéraires	646

— Lille. Typ. J. Lefort. 1882 —